Unsere Heiligen

Annette Faber

Unsere Heiligen

Ein Begleitbuch durchs Jahr

Leben, Legenden und Kunstwerke
im Erzbistum Bamberg

Verlag Fränkischer Tag

Abbildungshinweis

Anton Koberger brachte im Jahr 1488 den Frühdruck »Das ist der heÿligen Leben« mit 259 Holzschnitten heraus, die erste gedruckte und bebilderte deutsche Sammlung von Heiligenlegenden. Die beiden Ausgaben in der Staatsbibliothek Bamberg (Signatur Inc. typ. Ic. IV. 20 und Inc. typ Ic. IV. 20[a]) wurden für diese Publikation benutzt. Die Holzschnitte der hll. Michael und Ambrosius sind dem Exemplar der Universitätsbibliothek Würzburg (Signatur l. t. f. 954) entnommen.

Impressum

Produktion und Lektorat: Monika Beer
Register und Glossar: Susanne Schmid
Layout: Melanie Peters, empe-art, Köln
Fotographie: Gerald Raab
Lithographie: Meiler, Heilsbronn
Satz und Gestaltung: Daniel Palasti
Gesamtherstellung: Fränkischer Tag GmbH & Co. KG

ISBN 3-928648-55-1
Printed in Germany

Inhalt

Zum Geleit

Noch ein Heiligenlexikon? Die Buchhandlungen halten zu diesem Thema eine wohlsortierte Auswahl bereit, vom üppig oder gar nicht illustrierten Heiligenkalender bis zu nüchtern-wissenschaftlichen Nachschlagewerken reicht das Angebot. Ja selbst die bekannteste Sammlung mittelalterlicher Heiligenlegenden, die 1263 bis 1273 von Jacobus de Voragine verfaßte *Legenda aurea*, liegt stets als deutsche Übersetzung aus dem Lateinischen in den Regalen bereit.

¶ Das Buch, das Sie in Händen halten, ist anders. Formal den traditionsreichen, aber reformierten Gedenktagen der Heiligen nach dem »Calendarium Romanum Generale« von 1969 verpflichtet, würdigt es ausführlich nur die Lebensläufe jener heiligen Frauen und Männer, deren Bedeutung für die Erzdiözese Bamberg in Kunstwerken belegt ist. Sein Inhalt und sein konkretes Anliegen gehen damit über das Vermitteln bekannter Inhalte hinaus und neuen Fragen nach. Warum, seit wann, wo und in welcher Form wird ein Heiliger im Bistum verehrt? So betrachtet eröffnen sich dem Leser neue, oftmals unerwartete Perspektiven in der Wahrnehmung dessen, was altvertraut erscheint. Denn die Auswahl der Heiligen, unter deren Schutz Kirchen, Kapellen und Altäre stehen, war nie dem Zufall überlassen und immer wohl überlegt. Aus diesem Blickwinkel ermöglicht die Beschäftigung mit den Kirchenpatrozinien und der Heiligenverehrung des nicht zufällig auch am Allerheiligen-Tag des Jahres 1007 gegründeten Bistums eine neue Sicht auf unsere Geschichte: Die uralten Martins-Kirchen verweisen auf die Einwanderung der ersten, westfränkischen Christen in das heidnische Land an Main und Regnitz, die Kilians-Kirchen auf die einstige Ausdehnung des älteren Bistums Würzburg nach Süden und Osten; Kaiser Otto I. und Heinrich II. förderten persönlich die Verehrung des römischen Märtyrers Laurentius; in der Spätgotik entstanden innerhalb weniger Jahre viele Altäre, Skulpturen und Wallfahrten zu Ehren der in Mode gekommenen, dem hohen Mittelalter noch unbekannten hl. Mutter Anna; seit 1729 gehört zu fast jeder Brücke in Süddeutschland eine Figur des hl. Johann Nepomuk, der 1393 in Prag ermordet worden war. Allein diese wenigen Beispiele verdeutlichen, daß wir in einer jahrhundertealten, unverwechselbaren Sakrallandschaft leben, die von der Politik und den Sorgen des Bistumsgründers genauso wie der seiner gläubigen Untertanen und ihrer Nachfolger geprägt ist.

¶ Selbstverständlich bezieht dieses Buch auch die Heiligendarstellungen mit ein, die nach der Glaubensspaltung in evangelischen Gotteshäusern verblieben und dort noch heute zu sehen sind. Gerade hier haben sich mehr als in katholischen Kirchen viele spätmittelalterliche Altäre unverändert erhalten, die besonders ausführlich das Leben und Sterben unserer Heiligen schildern. Allein aus den Beständen von St. Lorenz, der berühmten evangelischen Stadtpfarrkirche Nürnbergs, könnte ein eigenes Kalendarium zusammengestellt werden. Daß auch nach der Reformation Heiligenbilder zur lehrreichen Ausschmückung evangelischer Kirchen geschaffen wurden, beweisen viele Beispiele.

¶ Heilige wurden im Laufe der Geschichte zu Wegweisern und Landmarken des Bistums, die auch in unserer modernen Welt noch nicht verloren gegangen sind. Dieses Buch spürt ihnen ohne Anspruch auf Vollständigkeit nach und will mit ihrer Hilfe zu einer sehr persönlichen Entdeckungsreise auffordern in das manchen schon unbekannte, nahe Land, dessen einmalige, vom Christentum geprägte Kultur, Kunst und Überlieferung wir gar nicht gut genug kennen können – in unsere Heimat.
¶ Die Lebensläufe »Unserer Heiligen« illustriert ein fränkisches Kunstwerk, das es ebenfalls noch zu entdecken gilt: der von dem Nürnberger Buchdrucker und Verleger Anton Koberger (gest. 1513) im Jahr 1488 herausgebrachte Frühdruck »Das ist der heÿligen Leben« mit 259 Holzschnitten, die erste gedruckte und reich bebilderte deutsche Sammlung von Heiligenlegenden (Prosapassional). Die beiden guterhaltenen, altkolorierten Exemplare dieses Legendenbuches in der Staatsbibliothek Bamberg (Signatur Inc. typ. Ic. IV. 20 und Inc. typ Ic. IV. 20[a]) werden im Rahmen dieses Heiligenkalenders erstmals mit einer Vielzahl ihrer Graphiken farbig publiziert. Der einheitlichen Bebilderung zuliebe haben wir auf Abbildungen aus anderen Quellen verzichtet. Sie werden also leider nicht zu jedem Heiligen eine Darstellung finden.
¶ Dem Benutzer sind einige Hilfsmittel an die Hand gegeben. Um Berührungsängste mit kunstgeschichtlichen Fachwörtern gar nicht erst aufkommen zu lassen, sind sie – so weit möglich – vermieden worden. Wenn sie nicht zu umgehen waren, kann das hinten angefügte Glossar die Bedeutung erklären. Dort finden Sie auch ein Register der Patronate, damit schnell und ohne langes Blättern der oder die Heilige für jedes persönliche Anliegen gefunden werden kann. Eine Zusammenstellung der Ortschaften und Kirchen, in denen die einzelnen Heiligen in Kunstwerken zu sehen sind, vervollständigt die Texte und soll Anregungen zum Selbstentdecken und kleinen Reisen durch Franken geben. Beginnen Sie doch einfach an Ihrem Namenstag!
¶ Ohne die zahlreichen Mesner und Pfarrer beider Konfessionen, die mir bereitwillig ihre Kirchen und Kunstschätze gezeigt haben, hätte dieses Buch nicht entstehen können. Ich bin ihnen genauso zu großem Dank verpflichtet wie Herrn Prof. Dr. Bernhard Schemmel von der Staatsbibliothek Bamberg, der mich auf die wunderbar naiven Holzschnitte des Prosapassionales aufmerksam machte und ihre Veröffentlichung ermöglichte. Seine Mitarbeiter und die der Universitätsbibliothek haben mir mit großer Hilfsbereitschaft ungezählte Heiligenbücher zugänglich gemacht, die zu studieren waren, bevor ich selbst ans Werk ging. Das so entstandene Manuskript haben mein Vater und Frau Dr. Renate Baumgärtel-Fleischmann mit Geduld und Wohlwollen kritisch durchgelesen. Ihnen allen danke ich sehr.

Im Mai 2000 Annette Faber

Alphabetische Reihenfolge

A

Achatius	22.6.
Adam	24.12.
Adauctus	30.8.
Adelgunde	30.1.
Adelheid	16.12.
Aegidius	1.9.
Afra	7.8.
Agatha	5.2.
Agilolf	9.7.
Agnes	21.1.
Agritius	19.1.
Alban	21.6.
Alberich	26.1.
Alberich von Utrecht	14.11.
Albert	7.8.
Albertus Magnus	15.11.
Albin	1.3.
Aldegunde	30.1.
Alexius	17.7.
Alix Le Clerc	9.1.
Allerheiligen	1.11.
Aloysius	21.6.
Amadeus	30.3.
Amandus	26.10.
Ambrosius	7.12.
Amor	17.8.
Andreas	30.11.
Angela von Foligno	4.1.
Angela Merici	27.1.
Anna	26.7.
Anno	5.12.
Anselm	21.4.
Antonius der Einsiedler	17.1.
Antonius Zaccaria	5.7.
Antonius von Padua	13.6.
Apollinaris	23.7.
Apollonia	9.2.
Aquilinus	29.1.
Augustinus	28.8.

B

Balthasar	6.1.
Barbara	4.12.
Barnabas	11.6.
Bartholomäus	24.8.
Beatus	9.5.
Benedikt von Aniane	11.2.
Benedikt von Nursia	11.7.
Benedikta	8.10.
Benjamin	31.3.
Benno	16.6.
Beregis	2.10.
Bernadette Soubirous	16.4.
Bernardin	20.5.
Bernhard	20.8.
Bibiana	2.12.
Bilhildis	27.11.
Birgitta	23.7.
Blasius	3.2.
Bona	29.5.
Bonaventura	15.7.
Bonifatius	5.6.
Bonifatius von Lausanne	19.2.
Bonifatius von Tarsus	14.5.
Bonosus	17.2.
Boris	2.5.
Brigida	1.2.
Bruno von Köln	11.10.
Bruno von Würzburg	27.5.

Burchard	25.6.
Burkard	14.10.

C

Cäcilia	22.11.
Caspar	6.1.
Cassianus	13.8.
Christina	24.7.
Christophorus	24.7.
Clara	11.8.
Clemens	23.11.
Coloman	13.10.
Cyriakus	8.8.
Cyrill	18.3.

D

Dagobert	23.12.
Damasus	11.12.
Damian	26.9.
Deocarus	7.6.
Dionysius	9.10.
Dionysius von Augsburg	26.2.
Dominikus	8.8.
Dominikus von Silos	20.12.
Domitian	6.5.
Dorothea	6.2.

E

Eberhard	17.4.
Edeltraud	23.6.
Edith Stein	9.8.
Eduard	5.1.
Einhard	14.3.
Eldrad	13.3.
Eligius	1.12.
Elisabeth und Zacharias	5.11.
Elisabeth von Frankreich	22.2.
Elisabeth von Thüringen	19.11.
Englmar	14.1.
Erasmus	2.6.
Erhard	8.1.
Eucharius	9.12.
Eucherius	20.2.
Eulalia	10.12.
Eusebius	2.8.
Eustachius	20.9.
Eva	24.12.
Evergislus	24.10.

F

Fabian	20.1.
Felix I.	30.12.
Felix und Adauctus	30.8.
Felix und Nabor	12.7.
Felizian	9.6.
Felizitas und Perpetua	7.3.
Felizitas und ihre sieben Söhne	23.11.
Felizius	18.6.
Fidelis	24.4.
Fides	6.10.
Fina	12.3.
Firmin	25.9.
Florian	4.5.
Franz von Paula	2.4.
Franz von Sales	24.1.
Franz Xaver	3.12.
Franziska Romana	9.3.
Franziska Cabrini	22.12.
Franz von Assisi	4.10.
Fridolin	6.3.
Friedrich	18.7.

G

Gabriel	29.9.
Gallus	16.10.
Gangolf	11.5.

Gatianus	18.12.
Gelasius I.	21.11.
Genovefa	3.1.
Georg	23.4.
Gereon	10.10.
Germanus	28.5.
Gertrud von Helfta	17.11.
Gertrud von Nivelles	17.3.
Gisela	7.5.
Goar	6.7.
Gorgonius	9.9.
Gottfried	8.11.
Gottschalk	14.6.
Gregor I., der Große	3.9.
Gregor von Nazianz	2.1.
Gregor von Utrecht	26.8.
Gregor II.	12.2.
Gregor X.	10.1.
Guido	12.9.
Gumbertus	15.7.
Gummar	16.3.
Guntram	28.3.

H

Haimo	27.3.
Hedwig	16.10.
Heinrich II.	13.7.
Helena	18.8.
Hermenegild	13.4.
Hieronymus	30.9.
Hilaria	12.8.
Hilarius	13.1.
Hildegard	17.9.
Hildegund von Münchaurach	14.10.
Hildegund von Schönau	20.4.
Hubertus	3.11.
Hugo von Cluny	28.4.
Hugo von Grenoble	1.4.

I

Ignatius von Antiochien	17.10.
Ignatius von Loyola	31.7.
Ildefons	23.1.
Innozenz I.	28.7.
Irene	22.1.
Irmengard	16.7.
Isidor von Madrid	10.5.
Isidor von Sevilla	4.4.
Ivo Hélory	19.5.

J

Jakobus d. Ä.	25.7.
Jakobus d. J.	3.5.
Jakobus de Marchia	28.11.
Januarius	19.9.
Joachim	26.7.
Jobst, auch Jodokus	13.12.
Johann de la Salle	7.4.
Johanna von Chantal	12.12.
Johanna von Orléans	30.5.
Johannes I.	18.5.
Johannes Bosco	31.1.
Johannes von Capistrano	23.10.
Johannes Chrysostomus	13.9.
Johannes Evangelist	27.12.
Johannes von Gott	8.3.

Johannes vom Kreuz	14.12.
Johannes von Matha	8.2.
Johannes Nepomuk	16.5.
Johannes Ogilvie	10.3.
Johannes Righi	11.3.
Johannes der Täufer	24.6.
Johannes Vianney	4.8.
Joseph	19.3.
Judas Thaddäus	28.10.
Juliana	16.2.
Justina	7.10.

K

Kajetan	7.8.
Kajus	22.4.
Kamillus	14.7.
Karl der Gute	2.3.
Karl Borromäus	4.11.
Kasimir	4.3.
Kaspar del Bufalo	28.12.
Kastor	13.2.
Katharina von Alexandria	25.11.
Katharina von Schweden	24.3.
Katharina von Siena	29.4.
Kilian	8.7.
Klothilde	4.6.
Knud	10.7.
Konrad von Konstanz	26.11.
Konrad von Parzham	21.4.
Konstantin	21.5.
Korbinian	20.11.
Kordula	22.10.
Kornelius	16.9.
Kosmas	26.9.
Krispin und Krispinian	25.10.
Kunibert	12.11.
Kunigunde	3.3.

L

Lambertus	18.9.
Laurentius	10.8.
Laurentius von Brindisi	21.7.
Lazarus	17.12.
Lea	22.3.
Leo der Große	10.11.
Leo III.	12.6.
Leo IX.	19.4.
Leodegar	3.10.
Leonhard	6.11.
Liborius	23.7.
Lidwina	14.4.
Liudger	26.3.
Ludmilla	15.9.
Ludolf	29.3.
Ludwig	25.8.
Luise de Marillac	15.3.
Lukas	18.10.
Lupizinus und Romanus	28.2.
Luzia	13.12.
Lydia	3.8.

M

Magdalena von Canossa	10.4.
Magdalena Sophie Barat	24.5.
Magnus	6.9.
Margareta	20.7.
Margareta Ebner	20.6.
Margareta von Ungarn	18.1.

Mariae Lichtmeß	2.2.
Mariae Geburt	8.9.
Mariae Himmelfahrt	15.8.
Mariae Unbefleckte Empfängnis	8.12.
Mariae Verkündigung	27.3.
Maria Magdalena	22.7.
Markus	25.4.
Markward	27.2.
Martha	29. 7.
Martin	11.11.
Marzellus I.	16.1.
Marzellinus und Petrus	2.6.
Maternus	11.9.
Matthäus	21.9.
Matthias	24.2.
Mauritius	22.9.
Maurus	15.1.
Maximilian von Lorch	12.10.
Maximilian Kolbe	14.8.
Mechthild von Dießen	31.5.
Mechthild von Hackeborn	19.11.
Medardus	8.6.
Melchior	6.1.
Merbot	23.3.
Michael	29.9.
Modestus	24.11.
Monika	27.8.
Morand	3.6.
Moritz	22.9.

N

Nabor	12.7.
Narzissus	29.10.
Nidker	15.4.
Nikolaus	6.12.
Nonnosus	2.9.
Notburga	14.9.
Norbert	6.6.

O

Odo von Cluny	18.11.
Olivia	5.3.
Oliva von Palermo	10.6.
Oswald	5.8.
Otmar	16.11.
Ottilie	13.12.
Otto	30.9.

P

Pankratius	12.5.
Pantaleon	27.7.
Paschalis Baylón	17.5.
Paulinus von Aquileja	11.1.
Paulin von Trier	31.8.
Paulus	29.6.
Paulus' Bekehrung	25.1.
Paulus von Theben	15.1.
Perpetua und Felizitas	7.3.
Peter Friedhofen	21.12.
Petrus	29.6.
Petrus Canisius	27.4.
Petrus Chrysologus	30.7.
Petrus Damiani	21.2.
Petrus Faber	1.8.
Petrus Märtyrer	6.4.
Petrus und Marzellinus	2.6.
Petrus von Alcántara	19.10.
Philipp Neri	26.5.
Philippus	3.5.
Philippus Benitus	22.8.

Pius V.	5.5.
Pius X.	21.8.
Placidus	5.10.
Potentinus	18.6.
Primus	9.6.

Q

Quintin	31.10.
Quirin	30.4.

R

Raimund	7.1.
Rainer von Pisa	17.6.
Raphael	29.9.
Rasso	19.6.
Regina	7.9.
Reiner von Osnabrück	11.4.
Remigius	1.10.
Richard der Angelsachse	7.2.
Richard von Chichester	3.4.
Richeza	21.3.
Robert	26.1.
Rochus	16.8.
Romanus von Subiaco	22.5.
Romanus und Lupizinus	28.2.
Rosa von Lima	23.8.
Roswinda	5.9.
Rupert von Salzburg	24.9.
Rupert Mayer	1.11.

S

Sabina	29.8.
Saturnin	29.11.
Scholastika	10.2.
Sebald	19.8.
Sebastian	20.1.
Servatius	13.5.
Siebenschläfer	27.6.
Siegfried	15.2.
Sigismund	1.5.
Silvester	31.12.
Simeon von Jerusalem	18.2.
Simeon von Trier	1.6.
Simon Zelotes	28.10.
Simplizius	18.6.
Sixtus II.	6.8.
Sophia	15.5.
Stanislaus Kostka	13.11.
Stephanus	26.12.
Stephan Harding	26.1.
Suitbert	4.9.
Susanna	11.8.

T

Tatjana	12.1.
Thekla	23.9.
Theodard	10.9.
Theoderich	1.7.
Theodgar	30.10.
Theodor Tiro	9.11.
Theresa von Avila	15.10.
Therese von Lisieux	1.10.
Thomas	3.7.
Thomas Becket	29.12.
Thomas von Aquin	28.1.
Trudpert	26.4.

U

Ulrich	4.7.
Ulrike Nisch	8.5.
Urban I.	25.5.
Urban V.	19.12.
Ursula	21.10.

V

Valentin	14.2.
Veit	15.6.
Veronika	4.2.
Vigilius	26.6.
Vincentia Gerosa	28.6.
Vinzenz von Ferrer	5.4.
Vinzenz von Paul	27.9.
Vitus	15.6.

W

Walburga	25.2.
Waldetrudis	9.4.
Walter	8.4.
Weihnachten	25.12.
Wendelin	20.10.
Wenzeslaus	28.9.
Wibert	23.5.
Wikterp	18.4.
Wilgefortis	20.7.
Wilhelm	1.1.
Willibald	7.7.
Willibold	2.11.
Willibrord	7.11.
Willigis	23.2.
Wiltrud	2.7.
Wolfgang	31.10.
Wolfhard	27.10.
Wulfram	20.3.
Wunibald	15.12.

Z

Zacharias und Elisabeth	5.11.
Zeno	12.4.

Januar

Februar

März

April

Mai

Juni

Juli

August

September

Oktober

November

Dezember

1. Januar
Hl. Wilhelm
(gest. 1031)

2. Januar
Hl. Gregor von Nazianz d. J.
(330–390)

3. Januar
Hl. Genovefa von Paris
(422–502)

Im Jahr 422 wurde armen Bauern in Nanterre (Frankreich) ein Mädchen namens Genovefa geboren. Schon mit sechs Jahren Gott geweiht, führte sie ein frommes Leben in Fürsorge für die Menschen, denen sie während der grausamen Hunneneinfälle beistand. Sie gilt als Erbauerin der Kathedrale von St. Denis bei Paris, der Krönungskirche der französischen Könige, und damit als Nationalheilige. Auch in Süddeutschland wird die hl. Genovefa verehrt.

¶ Sie ist als weltliche junge Frau mit offenen Haaren (seltener als Nonne) dargestellt, meist lesend und mit einer Kerze. Detailreiche Bilder vergessen nicht, das Teufelchen abzubilden, das ihre Kerze während eines Meßbesuches auszublasen versuchte, und dazu den kleinen Engel, der sie wieder entfachte. Genovefa schützt gegen Feuer, Pest und Fieber; die Wachszieher und Schäferinnen nennen sie ihre Patronin.

¶ Wie eine Königin in prachtvolle Gewänder gehüllt, mit einer Krone auf dem langen Haar, steht Genovefa lesend vor einem kostbaren Vorhang, in der linken Hand eine lange Kerze. So können wir sie auf der Innenseite des Predellenflügels entdecken, der zum spätgotischen Altar der Andreas-Kirche in Dietenhofen (Lkr. Ansbach) gehört. Die von der hl. Kunigunde [→ 3. März] gestiftete Kirche hat nach der Reformation ihren um 1510 in Nürnberg entstandenen Wandelaltar behalten. Geöffnet zeigt er zur Verehrung der Kaiserin ein Bildprogramm ausschließlich weiblicher Heiliger. Reliefs schildern auf den Flügeln Details aus dem Leben Kunigundes und der hl. Birgitta von Schweden [→ 23. Juli]. Den Schrein der Predella mit den Büsten der hll. Dorothea [→ 6. Februar], Barbara [→ 4. Dezember] und Margareta [→ 20. Juli] verschließen zwei bemalte Türchen, die neben Genovefa die hl. Christina [→ 24. Juli] porträtieren. Eine eigene Kirche ist ihr im Bistum nicht geweiht.

4. Januar
Sel. Angela von Foligno
(1248–1309)

5. Januar
Hl. Eduard von England
(1003–1066)

6. Januar
Hll. Drei Könige
Caspar
Melchior
Balthasar

Am 6. Januar feiert die Christenheit von alters her das Fest der Epiphanie, der Anbetung des Jesusknaben durch die Weisen aus dem Morgenland, wie sie das Matthäus-Evangelium (2,1-12) mit dem Mordplan des Königs Herodes überliefert. Aus den drei Magiern, der neuesten Forschung nach

wohl reisende Händler aus dem wohlhabenden arabischen Reich der Nabatäer, wurden im Laufe der Zeit drei Könige. Ihre Namen Caspar, Melchior und Balthasar verbreiteten sich erst ab dem 9. Jahrhundert. Sie sind ebenso ungeschichtlich wie die Überlieferung, einer der drei sei ein Farbiger, ein Mohr, gewesen. Wahrscheinlich haben sie sich aus der Abkürzung C+M+B entwickelt, die für die Worte *Christus mansionem benedicat*, zu deutsch: »Christus möge dieses Haus segnen« steht. Noch heute werden sie alljährlich von den Sternsingern, den Nachfolgern der Magier, an die Türen geschrieben.

Ist Dreikönig hell und klar, gibt's viel Wein in diesem Jahr.

In Deutschland entstand der Kult der Hll. Drei Könige in Köln, wo man erstmals am 23. Juli 1164 die von Friedrich Barbarossa aus dem eroberten Mailand geraubten Reliquien feierte. Der Kaiser hatte sie seinem Kanzler Rainald von Dassel geschenkt, der sie in einem Aufsehen erregenden Triumphzug in den Kölner Dom übertragen ließ. Hier wurde im Spätmittelalter die Epiphanie immer mehr ein Dreikönigsfest, das durch die Anwesenheit vieler deutscher Könige eine politische Dimension bekam.

¶ Außerhalb Kölns verehrte man die drei Weisen zunächst nur in der Weihnachtslegende. Die mittelalterliche Kunst machte es sich zur bevorzugten Aufgabe, den Reichtum und die ferne Welt des Morgenlandes mit viel Phantasie vor Augen zu führen. Zahlreiche religiöse Spiele und Bräuche verbinden sich mit den Hll. Drei Königen, deren Erscheinen die gefürchteten »Rauhnächte« beendet. So heißt die Zeit »zwischen den

Jahren«, in denen so mancher Christ sich damals noch vor dem Unwesen der Gespenster fürchtete und in denen die Arbeit in Haus und Hof ruhte. Mit viel Lärm und Maskeraden werden die Dämonen aus dem Haus getrieben, ein neues Jahr kann beginnen. Deshalb ist der Unheil abweisende Dreikönigssegen so wichtig, der das häufige Vorkommen der Weisen auf den Westportalen gotischer Kirchen erklärt und in der alljährlich ersehnten Inschrift der köstlich verkleideten Sternsinger auf unseren Haustüren seinen Niederschlag findet. Auch das Brauchtum des Bohnenkönigs oder Königsessens geht auf die Weisen zurück. Wer die in einem Kuchen versteckte Bohne fand, durfte einen Tag lang regieren. Im Bamberger Raum beherrscht das »Stärk Antrinken« den Dreikönigstag; wer sich für das neue Jahr etwas vorgenommen hat, kommt daran nicht vorbei. Ausgewiesene Patrone sind die Hll. Drei Könige für Pilger, gegen Zauberei und für Spielkartenhersteller.

Die Erzbischöfe Kölns wachten Jahrhunderte streng darüber, daß selbst bei Bitten von höchster Stelle keine Reliquien aus dem Schrein entnommen wurden. Dennoch geht von hier entlang der Handelsstraßen eine Kultwelle aus.

¶ Im Bamberger Dom hat man um 1300 ein Kunstwerk geschaffen, das an die Hll. Drei Könige erinnert. Die heute im Bayerischen Nationalmuseum München bewahrte Stickerei aus Seide diente als Antependium für den auch Maria geweihten Hochaltar im Ostchor. Die Weisen nähern sich zu Pferd der thronenden Muttergottes, jeder in einem farbigen Medaillon. (Die 1923 erfolgte Leihgabe der wertvollen Textilie nach München macht es möglich, daß im Bamberger Diözesanmuseum die Tunika Kaiser Heinrichs II. besichtigt werden kann.)

Aus dem Dom stammen die um 1400 entstandenen Skulpturen der Hll. Drei Könige, deren Fragmente sich heute im Diözesanmuseum befinden: Sie waren an den Pfeilern einer kleinen Halle vor dem Georgschor und in Zusammenhang mit dem Dreikönigs-Altar aufgestellt. Den um 1625 gestifteten Nachfolgealtar mit Figuren von Hans Mathes Sebert verkaufte das Domkapitel 1653 nach Schnaid (Lkr. Forchheim), dessen Kirche im 30jährigen Krieg abgebrannt war. 1725 übernahm man die krippenhaften Figuren von Sebert in den neuen Hochaltar.

**Ist bis Dreikönig kein Winter,
folgt keiner mehr dahinter.**

Seit der Spätgotik ist die Anbetung der Magier eines der beliebtesten Themen der christlichen Kunst, von dem sich zahlreiche Varianten auch im Bistum Bamberg finden. Als Patrone einer Pfarrkirche begegnen uns die Hll. Drei Könige nur in Burk (Lkr. Forchheim). Möglicherweise hat man ihren Kult von der Kapelle der nahen Königspfalz Forchheim übernommen. Der Ort Burk wird 1127 erstmals schriftlich erwähnt, dürfte aber wesentlich älter und im 7.

Jahrhundert gegründet sein. Die jetzige Kirche entstand 1729 und ist den Hll. Drei Königen geweiht. Als Steinrelief begleiten sie uns vom Portal der Westfassade in das Innere, wo in der reichen barocken Stuckdecke mehrere Felder mit Fresken ihrer Legende ausgemalt sind. Johann Caspar Hubert hat in naiver Art das Matthäus-Evangelium nacherzählt. Schriftbänder mit lateinischen Texten erläutern zusätzlich die großen Bilder und die kleinen Medaillons in Grisaille-Technik. Letztere bilden ein theologisch klug erdachtes Programm alttestamentlicher Textstellen, die von der Ankunft des Herrn künden.

Die Anbetung des Jesuskindes war in Burk bereits das Thema des spätgotischen Hochaltars. Teile des um 1500 geschaffenen, kostbar gefaßten Retabels überstanden den 30jährigen Krieg und hängen heute an der Empore. Für den Hochaltar der barocken Kirche schuf der Bamberger Maler Johann Joseph Scheubel d. Ä. 1732 ein Leinwandgemälde; eindrucksvoll wird das überirdische Licht in den Mittelpunkt gerückt, das vom Jesuskind auf die dunkle, noch ungläubige Welt strahlt. Der ältere Altar dagegen hatte den Reichtum der Geschenke im Stall zu Bethlehem betont und präsentiert die soeben ankommenden Magier in der modischen Kleidung der Dürer-Zeit.

¶ Ein außergewöhnliches Kunstwerk besitzt die Kirche von Burk mit dem »Handschuh der Drei Könige«, einer zierlichen dunklen Hand, in golddurchwirkte Klosterarbeit eingebettet, die heute im Chor hängt. Wahrscheinlich handelt es sich dabei um das Motiv der »Schwarzen Hand der hl. Anna«, das um 1600 in Wien bekannt wird.

¶ In das Jahr 1419 datiert die erste Erwähnung der Filialkirche in Lauf (Lkr. Bamberg), deren Patronat ebenfalls die Hll. Drei Könige übernommen haben. Das barocke Altarblatt zeigt deren Verehrung des Jesuskindes und kann Ostern gegen ein gleichformatiges Bild der Kreuzigung ausgetauscht werden.

¶ Eine Erinnerung an die weite Reise der drei Magier geben die lebensgroßen plastischen Gruppen wieder, die in einigen gotischen Kirchen aufgestellt waren. Um 1280/90 in der Lorenzkirche von Nürnberg und eine Generation später in der ehemaligen Klosterkirche von Neunkirchen am Brand (Lkr. Forchheim) nähern sich die auf Konsolsteinen knienden oder stehenden Könige einer Muttergottes mit Kind und bringen ihre Gaben dar. Erst der ihnen mit Abstand folgende Blick oder das persönliche Nachgehen ziehen die einzelnen Figuren zu einer Gruppe zusammen.

¶ Eine märchenhafte Darstellung der Hll. Drei Könige bekommt der Besucher des Forchheimer Pfalzmuseums zu Gesicht. Aus der Zeit um 1400 mögen die Szenen stammen. Maler, die die böhmische Kunst aus dem Umkreis der Parler-Werkstatt kannten, schmückten die Kapelle der Kaiserpfalz mit der Anbetung der Magier, die sich der thronenden Muttergottes und dem Jesuskind andächtig nähern.

7. Januar
Hl. Raimund von Penafort
(um 1175–1275)

8. Januar
Hl. Erhard
(gest. um 700?)

Am Hof des Herzogs Theodo in Regensburg lebte und starb in der zweiten Hälfte des 7. Jahrhunderts der aus dem südfranzösischen Narbonne stammende Missionsbischof Erhard. Weil moslemische Araber seine Heimat erobert hatten, machte er sich auf den Weg nach Osten. Im Elsaß soll er die Herzogstochter Ottilie [→ 13. Dezember] durch die Taufe von angeborener Blindheit befreit haben. Über sein Wirken ist wenig bekannt. Erst vor wenigen Jahrzehnten fanden Archäologen im merowingischen Vorgängerbau der Basilika von Niedermünster sein Grab.

¶ 1002 gewährte König Heinrich II. dem Stift, in dessen Kirche seine Großeltern und seine Mutter begraben sind, Königsschutz, Immunität und das Wahlrecht für seine Äbtissinnen. Die damit beginnende spirituelle und finanzielle Blüte des Frauenklosters beeinflußte die Verehrung Erhards nachhaltig. Sein Kult breitete sich bis in die Steiermark aus, wo ein beliebter Wallfahrtsort seinen Namen trägt; im Elsaß war er wegen der Heilung der Ottilie sehr beliebt. 1052 nahm der später selbst heiliggesprochene Papst Leo IX. [→ 19. April], ein gebürtiger Elsässer, in Regensburg persönlich die Erhebung der Gebeine Erhards vor, eine der Heiligsprechung gleichzusetzende Ehrung. Daraufhin gab das Stift die Abfassung seiner Vita bei einem Fuldaer Mönch in Auftrag. Anläßlich einer Graböffnung im Jahr 1280 wurden viele Reliquien entnommen und verkauft, wodurch sich der Erhard-Kult verbreitete. Trotzdem erreichte er nie die Volkstümlichkeit des ebenfalls in Regensburg begrabenen hl. Wolfgang [→ 31. Oktober].

¶ Erhard wird in Pontifikalkleidung mit Buch dargestellt, individuelle Attribute hat er nicht. Er gilt in Süddeutschland als Schutzheiliger der zum Tod Verurteil-

ten, der Kranken und des Viehs, selten als Zunftpatron der Schuster, Schmiede und Bäcker.

Die engen Bindungen Heinrichs II. an Regensburg und an Stift Niedermünster bewirkten in Bamberg eine besondere Verehrung des hl. Erhard. Im ersten Dom war ihm einer der beiden östlichen Seitenaltäre geweiht, auch die Stiftskirche St. Stephan hatte einen Erhard-Altar. In unserer Diözese sind ihm mehr Kirchen geweiht als in seinem Heimatbistum. Von diesen meist im 14. Jahrhundert entstandenen Kirchen stehen nur noch wenige unter seinem Schutz; in Goldkronach, Frommetsfelden, Steppach und Sugenheim sind seit der Reformation die Hinweise auf sein Patronat verschwunden; in der Urpfarrei Sachsen gab es eine Krypta des hl. Erhard.

Von den Erhard-Altären der großen Kirchen Nürnbergs, St. Lorenz und St. Sebald, blieben beeindruckende Darstellungen ebenso erhalten wie auf einem bemalten Flügel des spätgotischen Altars der Kirche von Hirschneuses (Lkr. Neustadt/Aisch). Dort gibt eine verblaßte Inschrift im Heiligenschein den Namen »S. Erhardus« preis.

¶ In den katholischen Erhard-Kirchen von Geutenreuth und Wichsenstein, wohl das älteste Erhard-Patrozinium, sind ihm einfache barocke Skulpturen auf den Altären gewidmet. In Kühlenfels teilt er sich das Patronat nachweisbar seit 1340, vielleicht schon länger, mit dem Evangelisten Matthäus [→ 21. September], eine Abbildung suchen wir hier jedoch vergebens. Eine strenge spätgotische Skulptur aus der Kirche von Seußling (Lkr. Bamberg) in Pontifikalkleidung mit Bischofsstab und aufgeschlagenem Buch könnte den hl. Erhard darstellen, der hier noch in der Mitte des 17. Jahrhunderts bezeugt ist. Später wurde er aber als hl. Valentin bezeichnet. Eine Arkadenlaibung des Langhauses der gotischen Kirche von Neunkirchen am Brand (Lkr. Forchheim) wurde um 1400 mit heiligen Bischöfen bemalt, zu denen auch der hl. Erhard gehört.

Katholische Erhard-Kirchen

Geutenreuth (Lkr. Lichtenfels), Filialkirche
Wichsenstein (Lkr. Forchheim), Pfarrkirche

Evangelische Erhard-Kirchen

Goldkronach (Lkr. Bayreuth); Frommetsfelden (Lkr. Ansbach); Kühlenfels (Lkr. Bayreuth); Rugendorf (Lkr. Kulmbach); Steppach (Lkr. Bamberg); Sachsen (Lkr. Ansbach); Sugenheim (Lkr. Neustadt/Aisch)

9. Januar
Sel. Alix Le Clerc
(1576–1622)

10. Januar
Sel. Gregor X. Papst
(1210–1276)

11. Januar
Hl. Paulinus von Aquileja
(gest. 802)

12. Januar
Hl. Tatjana von Rom Märtyrerin
(gest. um 200)

13. Januar
Hl. Hilarius
(um 315–367)

Der hl. Hilarius von Poitiers (Abb. oben) ist eine geschichtliche Persönlichkeit und der Lehrer des hl. Martin [→ 11. November]; gemeinsam gründeten sie das erste Kloster Galliens in Lulegé (Frankreich).

14. Januar
Sel. Englmar
(gest. um 1096)

15. Januar
Hl. Maurus
(um 500–584)

Maurus (Abb. S. 23) gilt als Schüler des hl. Benedikt [→ 11. Juli] und soll mit ihm das berühmte Kloster in Monte Cassino (Italien) errichtet haben. Von hier aus brachte er die Regel der Benediktiner nach Gallien und gründete 553 die Abtei Glaufeuil, das heutige St. Maur-sur-Loire (Frankreich). Sein Tod wird unterschiedlich überliefert: Er starb im Bußkleid, betend vor dem Altar des hl. Martin [→ 11. November], oder an einer Seuche, die fast alle Mönche dahinraffte. Begraben ist er in seinem Kloster.

¶ Der Abt wird im Ordensgewand mit Stab und Buch abgebildet, manchmal liegt ein Ketzer zu seinen Füßen. Drei Lilien weisen auf seine Tätigkeit in Gallien hin. Er gilt als Patron der Köhler und Kupferschmiede. Man ruft ihn gegen Gicht und Erkältungskrankheiten an.

¶ Seine Verehrung ist eng an die des hl. Benedikt geknüpft, so daß wir ihm ausschließlich in Klöstern begegnen: Im Bistum Bamberg sind das Banz (Lkr. Lichtenfels), Weißenohe (Lkr. Forchheim) und das Kloster Michelsberg in Bamberg. In der ehemaligen Klosterkirche von Banz erinnert der Würzburger Hofbildhauer Balthasar Esterbauer 1714 mit einem vergoldeten Portraitmedaillon an den hl. Maurus, das, von Engeln gehalten, zur Bekrönung des Hochaltars gehört. Auch in der Rückwand des prächtig furnierten

Chorgestühls ist er zu sehen. Im Chorgestühl (1726) der Bamberger Kirche St. Michael ist ein Bild des hl. Maurus als Intarsie eingelegt; um 1750 stellte man ihn mit dem hl. Benedikt als lebensgroße Statue von Georg Anton Reuß neben den Choraltar. Zu erwähnen ist die spätbarocke Figur des Heiligen am Benedikt-Altar der Kirche in Weißenohe, die dem hl. Placidus [→ 5. Oktober] gegenübersteht. Beide tragen schlichtes Habit und einen Abtsstab, so daß sie nicht zu unterscheiden sind. Nichts verweist auf die enge menschliche Verbindung der beiden, obwohl Maurus einmal sogar über das Wasser gegangen sein soll, um den Mitbruder vor dem Ertrinken zu retten.

15. Januar
Hl. Paulus von Theben
(um 228–341)

Paulus (Abb. S. 24) soll der erste Eremit gewesen sein. Der Sohn reicher Eltern aus Theben (Ägypten) flüchtete während der Christenverfolgungen unter Kaiser Decius in die Wüste und lebte dort allein in einer Höhle. Erst kleidete und nährte ihn ein Palmbaum, später brachte ihm ein Rabe das tägliche Brot. Als die Menschen schließlich von seinem frommen Leben erfuhren, war Paulus schon 113 Jahre alt.

Ein anderer Eremit der nordafrikanischen Wüste, der hl. Antonius [→ 17. Januar], hörte von ihm und machte sich – selbst schon 90jährig – auf den Weg. Er suchte denjenigen, der noch länger als er selbst im einsamen Gebet ausgeharrt hatte. Als er Paulus wie durch ein Wunder fand, umarmten sich die Greise zur Begrüßung. Kurz darauf starb Paulus. Zwei Löwen sollen Antonius geholfen haben, seinen späten Freund zu begraben.

¶ Paulus von Theben wird als Greis dargestellt, bisweilen in Palmblätter gekleidet und von einem Raben oder Löwen begleitet. Sein Bastgewand machte ihn zum Patron der Korbflechter.

¶ Die Begegnung von Paulus und Antonius hat sich in der Kunst niedergeschlagen. Der »Meister des Tucheraltars« hat nach 1440 die beiden greisen Eremiten im Gespräch gemalt und vor einen kostbaren Goldgrund gesetzt. Das Tafelbild gehört zu dem Flügelaltar, der ursprünglich in der Kirche der Nürnberger Augustiner-Eremiten stand; sie hatten die beiden ehrwürdigen Heiligen zu ihren Patronen gewählt.

¶ Nach Zwischenstationen gelangte das bedeutende Kunstwerk in die dortige Frauenkirche und dient nach dem Einbau eines modernen Tabernakels wieder als Hochaltar.

¶ In der berühmten, erst im 19. Jahrhundert entstandenen Korbmacherstadt Lichtenfels suchen wir übrigens vergebens nach einem Hinweis auf den Patron des traditionellen Berufsstandes.

16. Januar
Hl. Marzellus I.
(gest. um 307)

17. Januar
Hl. Antonius Einsiedler
(251–356)

Antonius Abbas (Abb. S. 25) wurde in Kome (Ägypten) um 251 geboren. Sein ursprünglicher Name war wohl »Anatenens«, zu deutsch »der, der das Obere hält«. Der Sohn wohlhabender Eltern ging als Einsiedler in die Wüste, wo sich viele Schüler um ihn versammelten. Er wurde zum Vorbild und Vater des christlichen Mönchtums schlechthin, was ihm den Beinamen *Abbas* = Abt eingetragen hat. Legendenhaft ist seine Begegnung mit dem Einsiedler Paulus [→ 15. Januar]. Über sein Leben berichten die Quellen sehr unterschiedlich, Erzählungen schwanken zwischen seinem asketischen Kampf mit den Teufeln der Versuchung und der Wundertätigkeit im Heilen vor allem psychisch Kranker. Trotz seines entbehrungsreichen Lebens starb Antonius hochbetagt, angeblich bei Mönchen, die versprechen mußten, sein Grab geheimzuhalten.

¶ 561 wollte man seinen Leichnam entdeckt haben und begrub ihn erst in Alexandrien, später in Konstantinopel, wohin auch die Reliquien aus Angst vor den Sarazenen gebracht wurden. Von hier aus verbreitete sich sein Kult ins Abendland, verstärkt durch die Übertragung der Reliquien nach Frankreich. Ihre Berührung heilte einen französischen Adeligen vom Antonius-Feuer und soll 1059 in St. Didier de la Motte die Gründung des ritterlichen Antoniter-Ordens veranlaßt haben, der sich fortan der Pflege Kranker und Armer widmete. Offenbar waren die Antoniter vor allem begehrte Chirurgen, die Amputationen vornehmen konnten, wenn das Antonius-Feuer, eine seuchenartige Krankheit des Mittelalters, Gliedmaßen befallen hatte. Das Tau-Kreuz des hl. Antonius hat Ähnlichkeit mit den Krücken, die nach einer solchen Operation notwendig wurden. Der Antonius-Wein, der gegen jene Krankheit helfen soll, stand als Betäubungsmittel ursprünglich wohl in diesem Zusammenhang. Im Mittelalter gab es mehr als 350 von Antoniter-Chorherrn betreute Spitäler. Die Verehrung des Asketen aus Ägypten erlebte im von unerklärbaren Seuchen geplagten Mittelalter eine große Blüte. 1777 gingen die Antoniter im Malteserorden auf.

Der hl. Antonius wird als bärtiger Eremit in brauner Kutte dargestellt. Das Privileg der Antoniter, Schweine zur kostenlosen Mast durch die Straßen treiben zu dürfen, hat Antonius Abbas dieses Tier als Attribut eingebracht. Er ist auch am T-förmigen Antonius-Kreuz zu erkennen. Das Antonius-Glöckchen erinnert an die Pflicht der Pestkranken, Gesunde vor Ansteckung zu warnen.

¶ Die »Versuchung des Heiligen Antonius« hat die Kunst immer wieder zu erschreckend realistischen, grausamen und phantasievollen Interpretationen des Themas angeregt; die berühmteste findet sich am Isenheimer Altar (1515) des Matthias Grünewald.

¶ Antonius gehört mancherorts zu den Nothelfern und seit Mitte des 13. Jahrhunderts zusammen mit Kornelius [→ 16. September], Hubertus [→ 3. November] und Quirinus [→ 30. März] zu den »Vier Marschällen« Gottes, die allerdings in Franken wenig bekannt sind. Er ist Patron der Armen, Kranken, Metzger und Haustiere. Man ruft ihn zur Hilfe bei allen Seuchen, vor allem der Pest und dem Antonius-Feuer. Er wurde zum Schutzherrn der Ritter, nachdem Albert von Bayern 1382 einen Antonius-Orden gegründet hatte. Im 17. Jahrhundert, nach dem Rückgang des gefürchteten Antonius-Feuers, verdrängte der hl. Antonius von Padua [→ 13. Juni] allmählich den beliebten heiligen Abt.

Im Bistum Bamberg begegnet Antonius uns meist im Zusammenhang mit der Krankenpflege. So wurden ihm Kapellen im Bamberger Siechenhaus und im Nürnberger Karmeliterkloster geweiht. Auch das Forchheimer Katharinen-Spital war im 12. Jahrhundert eine Niederlassung der Antoniter. Davon zeugen eine Holzfigur des hl. Antonius und die Reste eines spätgotischen Wandelaltars, der ihm gemeinsam mit der hl. Katharina [→ 25. November], der Schutzheiligen des 1328 neu gegründeten Spitals, gewidmet war. Ein Flügel mit zwei Szenen zum Leben des Abtes befindet sich heute im Forchheimer Pfalzmuseum; zu sehen sind zwei Szenen aus der *Legenda aurea:* die Versuchung des Antonius durch eine am Wegrand liegende silberne Schale und das Gleichnis vom verärgerten Schützen, der seinen Bogen nicht spannen kann. Antonius trägt ein rotes Tau-Kreuz auf dem dunklen Gewand und ist in ein gebärdenreiches Gespräch mit einem anderen Mönch, vielleicht dem hl. Paulus von Theben, vertieft. Neben diesem ist er auch auf dem Hochaltar der Nürnberger Augustiner-Eremiten abgebildet, deren Patron Antonius ist. Heute befindet sich der nach 1440 entstandene »Tucheraltar« in der Nürnberger Frauenkirche. Dort gibt es neben dem nördlichen Eingang auch eine Antonius-Skulptur mit Schwein und Glöckchen aus dem frühen 15. Jahrhundert, die zur ursprünglichen Ausstattung gehört. Die Kirchen des hl. Sebald und des hl. Lorenz in Nürnberg haben ihren eigenen Antonius.

¶ Die einzige unter den Schutz des Antonius Abbas gestellte Pfarrkirche des Bistums steht in Sambach, wahrscheinlich schon seit 1295. Warum man ihn zum Patron bestimmte, ist ungewiß, vielleicht gab es hier ein Spital für Menschen, die am Antonius-Feuer erkrankt waren. Die barocke Kirche besitzt eine strenge Sitzfigur des Heiligen, die zum spätgotischen Hochaltar gehörte. Sie wurde beim Wiederaufbau des im 30jährigen Krieg fast vollständig zerstörten Gotteshauses im Schutt gefunden, restauriert und im 18. Jahrhundert mit einer »modischen« Rahmung aus Palmbäumen und Putti versehen, die eine Krone über den bärtigen Greis mit dem Buch auf dem Schoß halten. Selbstverständlich zeigt auch der um 1740 datierte Hochaltar den Kirchenpatron, diesmal im Gemälde von Christoph Wilhelm oder Georg Albrecht Meuser. Der lesende Heilige ist wieder am Antonius-Kreuz auf dem Mantel zu erkennen. Er ist mannigfachen Anfechtungen in Form von Fratzen und Frauenköpfen ausgesetzt. Rechts unten erkennt man ein Schwein, das zu seinen Attributen gehört.

¶ In Gleismuthhausen steht die Filialkirche unter dem Schutz des hl. Antonius. Eine barocke Figur in Mönchskutte, ein Glöckchen in der Linken, finden wir deshalb auf dem Hochaltar. Das ungewöhnliche barocke Nothelferprogramm an der Empore der Adelgundis-Kapelle auf dem Staffelberg (Lkr. Lichtenfels) richtet folgende Fürbitte an den hl. Antonius: »St. Anton frommer Einsiedler / Für bösen brand sei unser Mittler.«

18. Januar
Hl. Margareta von Ungarn
(1242–1270)

Die ungarische Prinzessin Margareta wurde schon als Mädchen zur Nonne bestimmt, nachdem ihre Eltern in höchster Kriegsnot das noch ungeborene Kind Gott versprochen hatten. Von Dominikanerinnen erzogen, widmete sich die junge Frau selbstlos der Krankenpflege, bis sie mit 28 Jahren in Bratislava einen sanften Tod starb. Sie wurde 1943 heiliggesprochen.

¶ Die Patronin gegen Überschwemmungen darf nicht mit der viel bekannteren und im Mittelalter sehr beliebten Margareta von Antiochien [→ 20. Juli] verwechselt werden, in deren Andenken die meisten Mädchen mit diesem Namen getauft sein dürften.

19. Januar
Hl. Agritius
(gest. um 332)

20. Januar
Hl. Fabian Märtyrer
(gest. 250)

Papst Fabian (Abb. unten) leitete die römische Kirche zur Zeit des Kaisers Decius und erlitt 250 den Märtyrertod durch Enthauptung. Er wird meist mit dem hl. Sebastian [→ 20. Januar] abgebildet, mit dem er den Gedenktag teilt;

wie dieser gilt er als Pestheiliger. Als Papst trägt er Ornat und Tiara, bisweilen ein Buch; auch der Segensgestus gehört zu seinen Attributen. Er ist Patron der Töpfer.

¶ Im Bistum Bamberg war zwar ein Domherrenhof nach ihm und dem hl. Sebastian benannt (Domplatz 2, der Raum dient heute als Lesesaal des Erzbischöflichen Archivs), von einer besonderen Verehrung oder einem Kirchenpatrozinium erfahren wir aber nichts. Das spätgotische Kopfreliquiar und die gemalte Figur auf einem der Innenflügel des spätgotischen Altars des hl. Rochus [→ 16. August] der Lorenzkirche in Nürnberg ergänzen ein Bildprogramm aller spätmittelalterlichen Pestheiligen. Dazu gehörten neben dem Altarpatron auch die hll. Sebastian und Fabian. Der schöne Name des in Franken seltenen Heiligen erfreut sich zur Zeit größter Beliebtheit. Ob Eltern wohl an den heiligen Papst denken, wenn sie ihren Sohn nach ihm benennen?

20. Januar
Hl. Sebastian
Märtyrer
(gest. 288)

Sebastian war nach der von Ambrosius [→ 7. Dezember] überlieferten romanhaften Legende ein mustergültiger Offizier der Leibwache Kaiser Diocletians. Der schöne und kluge junge Mann, dessen griechischer Name »der Erhabene« bedeutet, genoß die besondere Gunst des Kaisers, der nicht ahnte, daß Sebastian getauft war. Seine hohe Stellung nutzte er, um verfolgten Christen zu helfen. Ein Abtrünniger, der zum heidnischen Götzendienst zurückgekehrt war, verriet ihn jedoch. Wütend übergab der Kaiser seinen Offizier den gefürchteten Mauretanischen Bogenschützen. Auf dem Richtplatz fesselte man Sebastian nackt an einen Pfahl. Bald bohrten sich Pfeile in seinen Körper, und er brach scheinbar tot zusammen. Nachts bemerkte Irene [→ 22. Januar], die fromme Witwe des Castulus, daß sein Herz noch schlug. Sie zog die Pfeile aus seinen Wunden und pflegte ihn gesund.

Zum Märtyrer bestimmt, forderte Sebastian sein Schicksal geradezu heraus. Vor dem Jupitertempel sprach er den Kaiser unerschrocken an: »Christus machte mich wieder leben, damit ich dir das Unrecht vorhalte, seine Diener zu verfolgen.« Außer sich vor Zorn ließ der Kaiser Sebastian so lange in der Arena geißeln, bis er starb. Sein Leichnam wurde in die Kloake geworfen, woraus ihn eine Christin namens Lucina barg. Sebastian soll ihr im Traum die Stelle bei den Katakomben beschrieben haben, wo er begraben werden wollte: dort, wo die Gebeine der Apostelfürsten Petrus und Paulus eine Zeitlang geruht hatten. Im Jahr 367 errichtete Papst Damasus hier die Kirche San Sebastiano.

¶ Nur kurze Zeit blieb die Verehrung Sebastians auf Rom beschränkt, wo man seit 354 sein Fest am 20. Januar feierte. Man rief ihn zu Pestzeiten um Hilfe an, weil die Pfeile, mit denen er gemartert wurde, wie auch die Pest als Sinnbild unberechenbaren, göttlichen Zorns galten. Der Kult verbreitete sich schnell über Italien, Nordafrika, Frankreich, Spanien und Deutschland. 826

wurde ein Teil der Reliquien nach Soissons (Frankreich) verbracht, 931 gelangte die Hirnschale in die oberbayrische Abtei Ebersberg. Als nach 1348 die Pest halb Europa verwüstete, wuchs dem hl. Sebastian eine noch größere Bedeutung zu. In Mailand (1575) und Lissabon (1599) soll die Fürsprache des Heiligen der verheerenden Seuche Einhalt geboten haben.

Fabian und Sebastian lassen den Saft in die Bäume gehen.

Obwohl die Bogenschützen den Tod des hl. Sebastian nicht herbeiführen konnten, ist diese Folter zur häufigsten Abbildung geworden. Mit einem Lendenschurz bekleidet, unter Verrenkungen an einen Baum gebunden und von Pfeilen durchbohrt – so sahen Künstler und Auftraggeber den Heiligen zu allen Zeiten am liebsten. In einer Zeit, da anatomische Studien verboten waren, stellte er eine Herausforderung für Maler und Bildhauer dar, die ihn nur selten als jungen Edelmann mit Pfeilen in der Hand zeigen.

¶ Die Schützen, Büchsenmacher und Soldaten haben sich Sebastian zum Patron gewählt, auch die Bürstenbinder, Eisenhändler, Nadler, Zinngießer und Gärtner. Er hilft nicht nur gegen die Pest und andere Seuchen, sondern gegen Ketzerei und Religionsfeinde. Es scheint, als habe sich in der Spätantike die zunächst noch andauernde Verehrung des römischen Gottes Apollo mit der Legende des Heiligen verbunden.

¶ Selbstverständlich verwahrte auch der Bamberger Dom Reliquien des hl. Sebastian, die sich Heinrich II. für sein Kreuzreliquiar geben ließ. Einen Altar weihte man ihm aber erst 1685. Mit der Erhebung Sebastians zum Nebenpatron der Abtei Münsterschwarzach (Lkr. Kitzingen) verbreitete sich seit dem 11. Jahrhundert sein Kult im klösterlichen Franken. Der Heilige ist in allen kirchlichen Festkalendern vertreten, bis zum Konzil von Trient war sogar eine eigene Votivmesse üblich.

¶ Im Spätmittelalter stellte man vor allem Kapellen unter seinen Schutz, die großen Pfarrkirchen waren um diese Zeit ja schon gegründet. In einigen Pfarreien wie Kirchensittenbach und Hallerndorf gelang es Sebastian, die älteren Ortspatrone abzulösen, und in Reundorf wurde er neben dem hl. Otto [→ 30. September] zum Schutzheiligen. In Großgressingen und Kronach (heute die Kapelle auf dem Kreuzberg) teilt er mit Rochus das Patronat.

Wegen einer Viehseuche erbaute man 1745 die Sebastiani-Kapelle in Unteroberndorf, deren Inventar verschwunden ist. Viel älter als die kunstvolle Stuckdecke von 1757 vermuten läßt, ist die Sebastians-Kirche in Peulendorf. In der Nische des Hochaltars steht ihr von Pfeilen durchbohrter Patron, kleine Putten halten die Marterwerkzeuge, einen Bogen und einen Köcher mit Pfeilen. Nicht nur für Männer mit dem Namen Sebastian eindrucksvoll dürfte die Lichterprozession sein, die seit einigen Jahren am Abend des 20. Januar in dem idyllischen kleinen Dorf unterhalb der Giechburg durch die mit Kerzen erleuchtete Straße führt, und der Gemeinde die mit Votivgaben festlich geschmückte Figur des Heiligen zeigt.

Die volkstümliche Verehrung des Pestheiligen führte dazu, daß es seit der Spätgotik kaum eine Kirche ohne Bild oder Figur des an einen Baum gefesselten Heiligen gibt. Die früheste Darstellung dürfte ein Wandbild an einem der südlichen Pfeiler des Bamberger Doms aus der Mitte des 14. Jahrhunderts sein.

¶ Ein künstlerischer Höhepunkt ist im späten 15. Jahrhundert erreicht, als – vielleicht nach dem berühmten Holzschnitt Martin Schongauers – die ersten bis heute erhaltenen Skulpturen entstehen. Eine wertvolle Sebastiansfigur aus der Werkstatt des berühmten Würzburger Bildschnitzers Tilman Riemenschneider besaß überraschenderweise die unscheinbare Kirche von Mühlendorf (Lkr. Bamberg). Wer das Original betrachten will, muß allerdings nach München reisen, denn 1912 hat die Kirchenstiftung ihren Kunstschatz an das Bayerische Nationalmuseum in München verkauft und gegen eine Kopie ausgetauscht. Die als Pendant dazugehörende Figur des hl. Rochus hat man behalten. Andere sehenswerte Figuren der Spätgotik gibt es in der Kirche von Burk (Lkr. Forchheim), im Seitenaltar der Kirche von Wiesenthau (Lkr. Forchheim) und über dem Portal der Kirchhofmauer von Effeltrich (Lkr. Forchheim), um nur einige zu nennen.

¶ Nicht nur Kunsthistorikern dürfte es Freude bereiten, die stilistischen Unterschiede in den Darstellungen des mehr oder weniger bekleideten Körpers im Laufe der Jahrhunderte zu betrachten, denn auch die barocken Varianten des Themas sind zahlreich.

¶ Ein vollständig »angezogener« Sebastian, der die Marterpfeile gebündelt in der Hand hält, gehörte zum spätgotischen Flügelaltar der Kirche in Seußling und wurde 1717 in den barocken Altar integriert. Ein Tafelbild der Nürnberger Schule zeigt um 1500 einen bekleideten

Sebastian in der Kirche von Kalchreuth. Die Kirche von Herzogenaurach besitzt schließlich einen Sebastian dieser Zeit, dessen mageren Körper ein weiter Mantel verhüllt. Auch auf dem barocken Hochaltar von Weismain hat man die Figur des hl. Sebastian als Pendant zum hl. Otto lieber korrekt gekleidet dargestellt, genauso auf dem Sebastiansaltar der Klosterkirche Michelsberg in Bamberg (um 1726).

Seit 1713 förderte die neu eingerichtete Sebastiani-Bruderschaft in der Oberen Pfarre in Bamberg die Verehrung im barocken Sinn. Noch im gleichen Jahr stiftete Georg Boxberger einen von Martin Walther gefertigten Altar, für das Gemälde benutzte Sebastian Reinhard eine Stichvorlage nach Antonius van Dyck. Zur Sebastiansfigur vor der Bamberger Kirche St. Gangolf ist eine persönliche Geschichte überliefert: Der Bildhauer Bonaventura Mutschele, der im Pfarrsprengel wohnte, schuf sie 1771, nachdem er auf einer Reise nach Moskau der Pest entronnen war.

¶ Wie sich die volkstümliche Verehrung des hl. Sebastian entwickelt hat, kann man im Bamberger Raum gut beobachten: In Gaustadt erinnert eine 1652 aufgestellte »Pestsäule« daran, daß hier 1630 die Pest Halt machte und Bamberg verschonte. 1731 hat man eine Holzkapelle durch einen Steinbau ersetzt, der 1805 vergrößert werden mußte. Nach der Viehseuche von 1729 wurden lange Zeit vor dem Marterl in der Oktav des hl. Sebastian Betstunden abgehalten.

¶ Wer heute noch die Beliebtheit des Heiligen unmittelbar erfahren will, muß sich zur ersten Prozession im Bamberger Kirchenjahr einfinden. »Oh großer Held Sebastian, sieh wie vertrauensvoll wir nah'n« singen die Bamberger Gärtner, wenn sie mit einer wertvollen Skulptur ihres Schutzpatrons zur Sebastiani-Kapelle in der Siechenstraße ziehen. Dort stand seit dem 15. Jahrhundert ein »Sebastiani-Kurhaus« mit Kapelle. Den frühbarocken Bau konnte 1981 der Verein Gärtner- und Häckermuseum Bamberg e. V. übernehmen, der das schon fast dem Verfall preisgegebene Gotteshaus vorbildlich instandsetzte. Er führt damit eine Tradition der Sebastians-Verehrung fort, die im 17. Jahrhundert aufgezeichnet wurde, aber viel älter sein dürfte.

Zum zweiten und letztlich tödlichen Martyrium Sebastians findet sich in der den hll. Blasius und Sebastian geweihten Kapelle in Rothenburg ein gotisches Fresko (um 1390). Aus der Barockzeit gibt es Gemälde, die die Auffindung und Pflege des hl. Sebastian durch die hl. Irene zeigen. Eines hängt in der Bamberger Kirche St. Getreu. »St. Sebastian mit deinem Pfeil / Von Pestilenz uns Kranke heil« lautet die Bitte an der Emporenbrüstung in der Adelgundis-Kapelle auf dem Staffelberg (Lkr. Lichtenfels).

Sebastians-Kirchen und -Darstellungen

Autenhausen (Lkr. Coburg), kath. Pfarrkirche

Bamberg, Obere Pfarre, Sebastian-Altar von 1712

Bamberg, St. Gangolf, Sebastian-Altar von 1753

Binzwangen (Lkr. Ansbach), evang. Kirche, ehem. St. Sebastian

Buckendorf (Lkr. Lichtenfels), kath. Kapelle, barocke Figur im Hochaltar

Großgressingen (Lkr. Bamberg), Wallfahrtskirche St. Rochus und Sebastian

Hallerndorf (Lkr. Forchheim), kath. Pfarrkirche
Herzogenaurach (Lkr. Erlangen-Höchstadt), kath. Stadtpfarrkirche St. Maria Magdalena, spätgotische Figur
Kalchreuth (Lkr. Erlangen-Höchstadt), evang. Kirche, ehem. St. Andreas, spätgotisches Tafelbild
Kirchensittenbach (Lkr. Nürnberger Land), evang. Kirche, ehem. St. Sebastian
Kronach, Kapelle auf dem Kreuzberg
Mistendorf (Lkr. Bamberg), kath. Pfarrkirche Mariae Himmelfahrt, Sebastians-Altar von 1676
Nürnberg, Sebastian-Kapelle mit Pesthospital
Peulendorf (Lkr. Bamberg), kath. Filialkirche
Rambach (Lkr. Bamberg), kath. Kirche, Hochaltarbild 1735
Reichmannsdorf (Lkr. Bamberg), kath. Kuratiekirche, Hochaltarbild 1735
Reundorf (Lkr. Bamberg), kath. Pfarrkirche St. Otto und Sebastian
Rothenburg (Lkr. Ansbach), ehem. Kapelle St. Blasius und Sebastian
Seußling (Lkr. Bamberg), kath. Pfarrkirche St. Sigismund, spätgotische Figur
Treunitz (Lkr. Bamberg), kath. Kapelle
Unteroberndorf (Lkr. Bamberg) kath. Kapelle St. Sebastian
Weismain (Lkr. Lichtenfels), kath. Stadtpfarrkirche St. Martin, barocke Figur

21. Januar
Hl. Agnes von Rom
Märtyrerin
(gest. 258 oder 304)

Agnes, die schöne Tochter aus vornehmem römischen Geschlecht, ließ sich taufen und verweigerte dem Sohn des heidnischen Präfekten die Ehe. Wegen ihres standhaften Glaubens wurde sie ermordet. Weder das Jahr noch die Art ihres Todes sind genau bekannt, sie werden in den Legenden unterschiedlich angegeben. Vom Tod in den Flammen eines Scheiterhaufens verschont, soll sie unter Kaiser Valerian oder Diocletian erdolcht oder enthauptet worden sein. Die Eltern setzten sie auf einem ihrer Güter bei, später erbaute ihr Kaiser Konstantin [→ 21. Mai] eine Kirche in Rom.

**Wenn Agnes und Vincentus kommen,
wird neuer Saft im Baum vernommen.**

Seit dem 6. Jahrhundert ist als ihr Attribut das Lamm, lateinisch *agnus*, überliefert. Dies ist eine Anspielung auf ihren Namen und auf Christus, mit dem sie sich zu verloben wünschte. Sie ist Schutzpatronin der Jungfrauen und Gärtner.

¶ Im Bistum Bamberg hatte man der hl. Agnes die Schutzherrschaft über die Kirche in Neunkirchen am Brand (Lkr. Forchheim) übertragen, bevor sich hier 1314 ein Augustinerchorherrn-Stift unter den Schutz des hl. Michael [→ 29. September] stellte. Als heilige Jungfrau ist sie meist anderen Heiligen zugeordnet und in der Gotik häufig abgebildet.

¶ Die früheste Darstellung dürfte auf dem sogenannten »Dreijungfrauenstein« der Nürnberger Kirche St. Lorenz zu sehen sein. Das Sandsteinrelief reiht sie neben die hll. Barbara [→ 4. Dezember] und Katharina [→ 25. November]. Die kindlich wirkende Agnes trägt eine riesige Krone auf dem offenen Haar, die übergroße linke Hand deutet auf das Lämmchen in ihrer

Rechten. Die weich, aber teigig rieselnden Gewandfalten lassen eine Entstehung im »weichen Stil« um 1400 vermuten.

¶ Auf dem Marienaltar der ehemaligen Wallfahrtskirche in Veitsbronn (Lkr. Fürth) ist sie seit 1480 auf der Predella zu sehen. In der Kirche St. Sigismund in Seußling gehörte ein 120 Zentimeter hohes Flachrelief der Heiligen zu dem 1613 geschaffenen nachgotischen Marienaltar; es ist seit dem 18. Jahrhundert dem barocken Hochaltar zugeordnet. Ein um 1900 im süßlichen Nazarener-Stil gemaltes Glasbild der hl. Agnes mit Lämmchen finden wir über dem nördlichen Eingang der alten Kirche von Oberhaid.

Agnes-Darstellungen

Nürnberg, evang. Stadtpfarrkirche St. Lorenz, Dreijungfrauenstein

Nürnberg, Germanisches Nationalmuseum, Vermählung der hl. Agnes, Meister des Bartholomäus-Altars, um 1500

Nürnberg, kath. Kirche Unsere Liebe Frau, Predella des »Tucheraltars«, nach 1440

Oberhaid (Lkr. Bamberg), kath. Pfarrkirche St. Bartholomäus, Glasfenster

Seußling (Lkr. Bamberg), kath. Pfarrkirche St. Sigismund, Relief am Hochaltar

22. Januar
Hl. Irene
(gest. 288)

Irene, die Witwe des Märtyrers Castulus, lebte zurückgezogen in Rom. Der Legende nach soll sie, deren Namen »die Friedliche« bedeutet, dem auf Befehl Kaiser Diocletians durch die Mauretanischen Bogenschützen gefolterten hl. Sebastian [→ 20. Januar] die mörderischen Pfeile herausgezogen und ihn, nachdem sie merkte, daß er noch lebte, gesund gepflegt haben. Wahrscheinlich starb Irene noch im selben Jahr wie Sebastian, ein Martyrium ist nicht überliefert. In der Irenen-Kirche von Konstantinopel fand 381 das Konzil statt, auf dem das Glaubensbekenntnis der

Christen seine endgültige Fassung erhielt.

¶ Wegen ihrer mutigen Pflege gilt die Witwe, die manchmal auch als Nonne dargestellt wird, als Patronin der Kranken.

¶ Ein Gemälde des 17. Jahrhunderts in der Bamberger Kirche St. Getreu schildert, wie Irene, als Matrone mit modischer Hörnerhaube charakterisiert, Sebastians Fesseln löst, während ein Engel die Pfeile aus seinem unversehrten Körper zieht.

23. Januar
Hl. Ildefons von Toledo
(um 606–667)

Gegen den Willen seiner Eltern wurde Ildefons Mönch und später Abt des Klosters St. Kosmas und Damian bei Toledo (Spanien). Seine im Mittelalter weit verbreiteten theologischen Schriften setzen sich besonders mit der Muttergottes auseinander; in einer Erscheinung soll sie ihm selbst das Meßgewand gereicht haben. Ildefons starb am 23. Januar 667. Er wird hauptsächlich in Spanien und den spanischen Niederlanden verehrt, wo es eine Bruderschaft von San Ildefonso gab.

¶ Überraschend finden wir eine überlebensgroße Statue des in Franken weitgehend unbekannten Heiligen in einer der Wandpfeilernischen der barocken Klosterkirche von Banz. Balthasar Esterbauer hat sie 1714 geschaffen. Der hl. Bischof hält eine Ikone, auf der die Muttergottes zu sehen ist. Der Zusammenhang dieser mächtigen Figur mit den anderen Bischöfen, die sich Verdienste um den Benediktinerorden erworben haben, ist unklar, könnte jedoch mit Abt Otto de la Bourde zusammenhängen, der 1665 bis 1677 die Geschicke des Klosters leitete.

24. Januar
Franz von Sales
(1567–1622)

Franz von Sales wurde 1567 bei Annecy (Frankreich) als kränkliches Kind einer Adelsfamilie geboren. Er studierte in den Jesuitenkollegien von Paris und Padua Rhetorik, Philosophie und Rechtswissenschaften. Nachdem er in einer Lebenskrise der Muttergottes ewige Keuschheit gelobt hatte, empfing er 1594 die Priesterweihe. Die Inhalte der Gegenreformation, insbesondere die Beschlüsse des Konzils von Trient, durchzusetzen, war sein erklärtes Ziel. Am Genfer See, wo sich der Calvinismus durchgesetzt hatte, kämpfte er für die Rekatholisierung. Er soll über 72 000 Protestanten wortgewaltig, aber mit Sanftmut bekehrt haben. Zu diesem Zweck gründete er 1610 zusammen mit Johanna Franziska von Chantal [→ 12. Dezember] den Orden der Heimsuchung Mariens (Salesianerinnen). Franz von Sales starb am 28. Dezember 1622 in Lyon. In Annecy wird sein unverwester Leichnam in einem gläsernen Schrein verwahrt; ihm gegenüber liegt der seiner Seelenfreundin. 1661 erfolgte die Seligsprechung, 1665 die Kanonisation. 1877 hat man ihm den Rang eines Kirchenlehrers gegeben.

¶ Franz von Sales wird als bärtiger Priester dargestellt, sein Attribut ist ein

dornenumwundenes Herz. Gerne hat man die Übergabe der Ordensregeln an Johanna Franziska und ihre Nonnen vergegenwärtigt.

¶ Obwohl Franz von Sales ein bedeutender Verfechter der Gegenreformation ist, hat man im Bistum Bamberg kaum Anlaß gesehen, an ihn zu erinnern. Für die Forchheimer Stadtpfarrkirche St. Martin hat Adam Friedrich Ditterich 1846 ein Idealportrait des Heiligen als Pendant zum hl. Aloysius [→ 21. Juni] gemalt; in der Kirche von Posseck (Lkr. Kronach) steht eine Skulptur des Heiligen über dem seitlichen Durchgang des barocken Hochaltars.

25. Januar

Bekehrung Pauli

An diesem Tag feiert die Kirche die Bekehrung des jüdischen Christenhassers Saulus. Mit dem Namen Paulus wird er als letzter in die Reihe der Apostel aufgenommen [→ 29. Juni].

26. Januar

Hl. Robert von Molesme

(um 1027–1111)

Sel. Alberich

(gest. 1109)

Hl. Stephan Harding

(1059–1134)

Seit 1965 gedenkt die katholische Kirche am 26. Januar dreier großer Zisterzienseräbte und Zeitgenossen des hl. Bernhard [→ 20. August]. Sie werden meist im Zusammenhang mit ihrem Orden verehrt.

Hl. Robert

Robert, der jüngere Sohn einer französischen Adelsfamilie, trat um 1044 in ein Benediktinerkloster ein. Auf der Suche nach dem ursprünglichen Mönchtum und evangelischer Armut gründete er 1075 das Kloster Molesme. Da er sich hier mit seinen Reformen nicht durchsetzen konnte, verließ er das Kloster mit einigen Mönchen und machte 1098 gemeinsam mit Alberich einen weiteren Versuch in der Neugründung Cîteaux, nach der sich wenig später der Orden der Zisterzienser benennen sollte. Auf Wunsch des Papstes kehrte er jedoch nach Molesme zurück und starb hier am 17. April 1111. Die Heiligsprechung erfolgte 1222.

¶ Die Zisterzienser haben ihren Gründerabt stets in ehrenvollem Andenken gehalten. So war ihm in der Klosterkirche in Ebrach (Lkr. Bamberg) ein Altar im Langhaus geweiht. Das Retabel hat seit 1702/14 ein großes Leinwandgemälde. Es zeigt, wie die Muttergottes dem noch in benediktinisches Schwarz gewandeten Mönch einen Ring überreicht.

Sel. Alberich

Am Hochaltar der uralten Pfarrkirche »bei Unserer Lieben Frauen« in Altenkunstadt (Lkr. Lichtenfels) treffen wir unvermutet auf den selten dargestellten Alberich. Er gründete mit Robert von Molesme den Zisterzienserorden, wurde 1099 zum zweiten Abt des Klosters Cîteaux in Burgund und starb dort 1109. Gemeinsam mit Bernhard von Clairvaux reformierte er den Orden und führte das für dessen Mönche verbindlich gewordene weiße Gewand ein.

¶ Das ursprüngliche Kilianspatrozinium deutet an, daß Altenkunstadt einst zum Bistum Würzburg gehörte. 1336 inkorporierte es der Bamberger Bischof Leupold II. von Egloffstein (1335–1343) der Zisterzienser-Abtei Klosterlangheim, unter dessen Schutz der Ort zur bedeutendsten Pfarrei des Klosters wurde. Hieraus erklärt sich die Aufstellung einer überlebensgroßen, versilberten Skulptur Alberichs durch den Langheimer Abt Stephan Mösinger. Um 1740 schuf sie ein unbekannter Bildhauer für den Hochaltar als Pendant zum hl. Bernhard.

Stephan Harding

Der Benediktinermönch Stephan Harding stammt aus England und lernte auf der Rückreise von Rom das Kloster Molesme kennen. Er trat in den gerade gegründeten Reformorden ein und leitete das Kloster Cîteaux als dritter Abt. Aus seiner Hand empfing Bernhard von Clairvaux das Ordensgewand. Während seiner Abtszeit entstanden die ersten zwölf Tochterklöster des Zisterzienserordens, zu denen auch Ebrach (gegründet 1127) gehört. Erblindet legte Abt Stephan 1133 sein Amt nieder, er starb am 28. März in Cîteaux. 1623 wurde er heiliggesprochen.

¶ In Ebrach hat man zu Ehren des hl. Stephan Harding einen Altar der Klosterkirche geweiht. Auf seinem barokken Gemälde ist die Übergabe des Ordensgewandes an den hl. Bernhard zu sehen.

27. Januar
Hl. Angela Merici
(1474–1540)

28. Januar
Hl. Thomas von Aquin
(um 1225–1274)

Thomas von Aquin (Abb. S. 38) wurde um 1225 nahe Monte Cassino (Italien) in adeligem Haus geboren. Er trat in den Dominikanerorden ein, lernte während seines Studiums halb Europa kennen und wurde nach Aufenthalten in Neapel und Paris Schüler von Albertus Magnus [→ 15. November] in Köln. Papst Urban IV. holte den berühmten Lehrer der Philosophie schließlich als Lektor an seinen Hof nach Rom. Hier vollzog er die Synthese zwischen den Werken des antiken Aristoteles und denen des hl. Augustinus [→ 28. August], die er in seiner wichtigsten Schrift veröffentlichte, der *Summa theologica*. Auch mit der arabischen Philosophie setzte sich der universal gebildete Dominikaner auseinander. Daß Thomas eine religiös-mystische Begabung zu eigen war, zeigt seine Autorschaft des Fronleichnams-Offiziums. Der bedeutende Scholastiker starb auf einer Reise in der Zisterzienserabtei Fossanuova (Italien) am 7. März 1274. Um seine Reliquien entbrannte ein heftiger Streit, so daß sich der Kopf heute in Toulouse (Frankreich) befindet und ein Arm in Rom. 1323 wurde der große Kirchenlehrer heiliggesprochen.

¶ Ältere Biographen haben Thomas noch zu Lebzeiten als hochgewachsen beschrieben, kahlgeschoren und korpulent. Er trug das schwarz-weiße Habit der Dominikaner, darüber bisweilen den schwarzen Talar des Magisters. Buch und Feder stehen für Gelehrsamkeit, eine Lilie für Keuschheit. Ein leuchtender Stern oder eine Sonnenscheibe auf der Brust weisen ihn als *Doctor angelicus* aus. An diese Vorgaben haben sich die Künstler gehalten, wenn sie – meist für Dominikaner-Kirchen – ein Bild des Heiligen abgaben. Er ist Patron der katholischen Hochschulen und daher der studierenden Jugend, der Buchhändler und wohl erst seit jüngerer Zeit der Bleistiftfabrikanten, von denen es nur noch wenige gibt. Man erbittet seine Hilfe bei Unwettern auf dem Meer, da Thomas einen Sturm zur Ruhe gebracht haben soll. Ein volkstümlicher Heiliger wurde der intellektuelle Kirchenlehrer nie. Die Eltern, die ihren Söhnen den Namen Thomas geben, werden dabei wohl an den Apostel gleichen Namens denken [→ 3. Juli].

Selbstverständlich oblag die Einführung des hl. Thomas von Aquin in die Bamberger Heiligenwelt den Dominikanern; Bischof Wulfing von Stubenberg (1304–1318), selbst ein Mitglied des Ordens, berief kurz nach seiner Wahl 1304 die ersten Dominikaner in die Bistumsstadt, wo sie bald darauf mit dem Bau einer beeindruckend schlichten Kirche nach ihren strengen Regeln begannen. Sie wurde nach der Säkularisation aufgehoben und profaniert; viele Leser werden sie als Konzertsaal der Bamberger Symphoniker in Erinnerung haben. 1721 schuf der Klosterschreiner einen heute verlorenen Hochaltar, auf dem Thomas mit ausgebreiteten Armen und der Sonnenscheibe auf der Brust als Nebenfigur dem hl. Dominikus [→ 8. August] zugeordnet war. Einen eigenen Altar erhielt der Heilige dann um 1755, und kein geringerer als Johann Anwander schuf dafür das Gemälde des knienden Mönchs, den zwei Engel beim Gebet umgürten. Dies soll seiner Keuschheit gedient haben (die Gürtelreliquie wird in Chieri/Italien aufbewahrt) und war nach 1649 zum Vorbild einer Gürtelbruderschaft geworden, der zahlreiche Mitglieder angehörten. 1804 wurde das Retabel in die Pfarrkirche von Hollfeld (Lkr. Bayreuth) verkauft.

¶ Verbunden mit dem zusätzlichen Kunstgenuß eines Konzertes hat man heute die Möglichkeit, in der ehemaligen Bibliothek der Bamberger Dominikaner das Deckenbild zu bewundern, das den hl. Thomas inmitten der vier Kirchenväter diskutierend zeigt. Die um 1735 entstandenen Fresken von Johann Jakob Gerhard – das Programm wird von kleinen Bildern gelehrter Dominikaner ergänzt – sind erst vor wenigen Jahren freigelegt worden. Sie bezeugen die Gelehrsamkeit der Auftraggeber.

¶ In Bamberg gab es seit 1356 auch ein Dominikanerinnen-Kloster. Aus dessen Hl. Grab-Kirche stammt die spätgotische Figur des hl. Thomas, die zusammen mit anderen Kunstgegenständen 1806 in die neue Kirche St. Laurentius nach Strullendorf gelangte. Der Patron der Studenten ist schreibend dargestellt und – als Linkshänder.

¶ Spätmittelalterliche Kunstwerke aus dem (1543 aufgelösten) Nürnberger Dominikanerkloster sind heute in anderen Kirchen zu sehen. So ein Flügelaltar der Zeit um 1420 mit der Darstellung des hl. Thomas von Aquin in der evangelischen Matthäus-Kirche von Hiltpoltstein (Lkr. Forchheim) und ein Dreikönigs-Altar mit dem Heiligen, um 1460 entstanden, in der Nürnberger Lorenz-Kirche. Nach Entwürfen des aus Bamberg stammenden Malers Hans Pleydenwurff wurden die strengen Idealportraits der hll. Dominikus und Thomas gemalt. In unserer Zeit wurde die Pfarrkirche von Trockau (Lkr. Bayreuth) unter den Schutz des heiligen Dominikaners gestellt.

29. Januar
Hl. Aquilinus
Märtyrer
(um 970 – vor 1018)

Aus Würzburg soll Aquilinus stammen, der Kanoniker in Köln und Paris war und später nach Mailand kam. Hier wurde er von Anhängern der Manichäer um 1015 erstochen. Der Schwerpunkt seiner Verehrung liegt in

Mailand und Unterfranken, wohin seine Reliquien erst 1705 gelangten.

¶ Der hl. Aquilin wird als Priester im Meßgewand abgebildet, seine Attribute sind ein Buch und ein kurzes Schwert, das ihm beim Martyrium durch den Hals gestoßen wurde. Die Überlieferung berichtet, daß er Mailand vor der Pest rettete. Er wird deshalb oft mit dem hl. Karl Borromäus [→ 4. November] dargestellt, der 1584 als Bischof von Mailand starb und sich ebenfalls durch seinen mutigen Einsatz bei einer Epidemie auszeichnete.

¶ Skulpturen des Heiligen finden sich im Bistum Bamberg selten, meist als Pendant zum hl. Karl Borromäus. So um 1715 auf einem Marienaltar der einst bedeutenden Wallfahrtskirche von Eggenbach und um 1750 auf dem Johann-Nepomuk-Altar der nahen Pfarrkirche St. Wolfgang von Kaltenbrunn im Itzgrund. Diese Ortschaften kamen erst nach der Säkularisation an Bamberg, was die Aufstellung des seltenen würzburgischen »Modeheiligen« erklärt. Im unterfränkischen Birklingen bei Iphofen verwundert es hingegen nicht, daß eine Figur des hl. Aquilin 1794 auf dem Hochaltar der ehemaligen Augustinerchorherrnkirche steht.

30. Januar
Hl. Aldegundis
(um 630–684)
in Franken: Adelgunde

Die hl. Aldegunde, deren Namen »edle Kämpferin« bedeutet, stammt aus vornehmem fränkischen Geschlecht. Um 630 wurde sie als Tochter des Grafen Walbert von Hennegau, einem Mitglied des merowingischen Königshauses, in Nordfrankreich geboren. Von ihrer frommen Schwester, der heiliggesprochenen Waldetrudis [→ 9. April], Äbtissin des Klosters von Mons, christlich erzogen, lehnte sie die Ehe standhaft ab und entzog sich einer glanzvollen weltlichen Zukunft durch die Flucht aus dem Elternhaus.

Zunächst lebte sie als Einsiedlerin, verteidigte tapfer ihren Entschluß zur Ehelosigkeit und gründete um 661 mit ihrer unverbrauchten Mitgift in Maubeuge (Nordfrankreich) ein Kloster. Ihre Ordensregel ist nicht überliefert; es handelte sich wohl um ein adeliges Stift, dessen Weihe und geistliche Aufsicht Bischof Antbertus von Cambrai übernahm. Hier lebte Aldegunde in Keuschheit und christlicher Fürsorge für die Armen und ihre Familie, aus der zwölf Heilige hervorgingen. Erst in der französischen Revolution wurde das beliebte Kloster aufgelöst. 1815 setzten preußische Truppen die Kirche der heiligen Aldegundis in Brand. Teile ihrer Reliquien konnten jedoch gerettet werden. Den zerstörerischen Ereignissen zum Trotz gibt es noch heute eine lebhafte Verehrung der Aldegundis in Nordfrankreich, Belgien und dem Rheinland.

¶ Aldegunde wird meist als Nonne dargestellt, der eine Taube den Schleier aufsetzt. Sie gilt als Helferin bei Krankheiten, vor allem gegen Krebs, dem sie selbst erlegen sein soll. Man bildet sie deshalb als Nonne mit Buch ab, auf dem ein Krebs sitzt.

¶ Im Bistum Bamberg wird die Heilige, hier Adelgunde genannt, wohl schon seit der Zeit um 800 besonders auf dem Staffelberg bei Lichtenfels verehrt. Auf diesem sagenumwobenen Berg der Kelten hat man nach der fränkischen Landnahme die alte heidnische Kultstätte mit einer christlichen Heiligen besetzt. Die aus dem Westen kommenden Franken, die seit dem 6. Jahrhundert in das heutige Oberfranken einwanderten, werden mit dem Patronat einer Heiligen aus dem Geschlecht der Merowinger ein weithin sichtbares Zeugnis ihrer Herrschaft gesetzt haben wollen. Als mutmaßlicher Gründer der Kapelle gilt nach den neuesten Forschungen ein Gesandter Karls des Großen namens Madalgaud, der vielleicht sogar mit der Heiligen verwandt war und sich 805 nachweislich als *missus* des Kaisers in Hallstadt aufhielt.

Erstmals schriftlich erwähnt ist die Kapelle auf dem Staffelberg im Jahr 1419. Nach der Zerstörung im Bauernkrieg verzögerten sich der Wiederaufbau und die Erneuerung der Wallfahrt. Großen Zulauf erhielt die Adelgundis-Verehrung, nachdem Pfarrer Jakob Winckelmann 1657 die Vita übersetzt und aus den Niederlanden Reliquien erworben hatte. Die Kapelle der hl. Adelgunde auf dem Staffelberg ist die einzige in Franken und die östlichste überhaupt. Wer sich der Heiligen nahefühlen und die bildhafte Erzählung ihres Lebens kennenlernen will, sollte sich selbst zu einer Wallfahrt aufmachen. Nach anstrengendem Fußmarsch belohnen nicht nur der weite Ausblick in den »Gottesgarten am Obermain« und eine deftige Brotzeit, sondern vor allem die kühle Stille der Kapelle. Hier läßt es sich anhand der Bilder und Figuren trefflich über das Leben der Heiligen (und auch ein wenig das eigene) nachdenken. Die sechs barocken, hölzernen Votivtafeln (1658) sind eindrucksvolle Werke naiver Volksfrömmigkeit. Je zwei Medaillons schildern Begebenheiten aus ihrer Vita, für die lesekundigen Gläubigen in opulenten barocken Versen und malerischer Schrift zusätzlich erläutert. Dem regen Zuspruch noch im aufgeklärten späten 18. Jahrhundert verdankt die Kapelle ein etwas schlicht geratenes Deckenfresko.

¶ In der Kirche von Burgellern (Lkr. Bamberg) findet sich ein barockes Gemälde der Heiligen, das zu den schönsten Adelgunden-Bildern zählen dürfte; vielleicht ist es eine Stiftung nach erhörter Bitte. Im weiß-schwarzen Nonnenhabit steht Adelgunde vor einer Landschaft, in der die ferne Kapelle auf dem Staffelberg zu erkennen ist; ein großer Engel begleitet sie. Neben ihr liegen die verschmähte Krone und ein Szepter. Sie zeigt ein aufgeschlagenes Buch mit dem Krebs, während eine Taube sanft den Nonnenschleier über ihr Haupt fallen läßt.

¶ Eine weitere Aldegundis-Kirche in Süddeutschland findet sich nur noch in Anhausen bei Augsburg. »St. Adelgundis uns bewahr / vor Fieber, Krebs u. Todsgefahr« lesen wir an der Emporenbrüstung der Staffelbergkapelle, und wer mag sich dieser Bitte nicht anschließen?

31. Januar
Hl. Johannes (Don) Bosco
(1815–1888)

Das Ideal eines modernen Priesters verkörpert der in armen bäuerlichen Verhältnissen aufgewachsene Giovanni Bosco. 1841 zum Priester geweiht, widmete er sich der Erziehung verwahrloster Jungen, was 1859 zur

Gründung der Kongregation der Salesianer Don Boscos führte. Sie wurde 1874 päpstlich bestätigt. Mit Vertrauen, Milde und Kreativität versuchen die Salesianer noch heute, schwierigen Jugendlichen einen Halt im Christentum zu geben. (Ihre Fröhlichkeit hat sie mancherorts längst zum Treffpunkt aller Kinder gemacht.) Der Gründer Don Bosco starb am 31. Januar 1888, am 1. April 1934 sprach Papst Pius XI. ihn heilig.

¶ In Bamberg residieren die Salesianer im Canisiusheim sowie im Josephsheim (Jakobsplatz) und machten zuletzt durch die Anlage einer Halfpipe (für Skateboard-Fahrer) von sich reden. Älteren Bambergern wird eher die beliebte Blaskapelle Don Bosco ein Begriff sein, die seit vielen Jahren nicht nur kirchliche Feiern musikalisch umrahmt.

Januar

Februar

März

April

Mai

Juni

Juli

August

September

Oktober

November

Dezember

1. Februar
Hl. Brigida von Kildare
(um 453–523/525)
auch Brigitta

Brigida, die »Kräftige« oder »Tugendstarke«, außereheliche Tochter des irischen Königs Dubtach wurde in einer fremden Familie erzogen. Die junge Frau, von einem Schüler des hl. Patrick im Glauben unterrichtet, wollte nicht an den Hof ihres Vaters zurückkehren. Auch eine standesgemäße Ehe lehnte sie ab, denn sie hatte sich mit Christus verlobt. Um keine weltlichen Begierden zu wecken, soll sie um Häßlichkeit gebetet haben. Der Verlust eines Auges entstellte wenig später ihr Gesicht so sehr, daß man ihr sogar riet, sich in ein Kloster zurückzuziehen.

¶ Als sie dort den Schleier nahm, kehrte ihre Schönheit wieder zurück, und der hölzerne Altar fing an zu grünen. Brigida gründete das Doppelkloster Kildare in Irland, das für seine Gastfreundschaft und Armenfürsorge bekannt war. Als sie an einem 1. Februar des Jahres 523 oder 525 starb, entzündeten ihre Nonnen einen Feuerkreis um das Grab, der das Näherkommen jahrhundertelang für männliche Personen unmöglich machte. Soweit die Legende. Ihre Reliquien gelangten später über Lissabon nach Straßburg. Von dort, getragen von der Mission iroschottischer Mönche, breitete sich ihre Verehrung bis nach Süddeutschland aus.

Es ist denkbar, daß in der Person der hl. Brigida Züge der keltischen Göttin Brig verschmolzen sind, die Namen sind sich ja sehr ähnlich. Brigida wird als Äbtissin mit Stab und Schleier, aber auch mit bäuerlichen Geräten und Tieren dargestellt. Fern der Heimat gilt sie als Patronin des Viehs und der außerehelichen Kinder. Ihr Kult ist seit dem 15. Jahrhundert kaum von dem der hl. Birgitta von Schweden [→ 23. Juli] zu trennen.

¶ Die einzige Brigittenkirche der Diözese Bamberg stand in Pegnitz (Lkr. Bayreuth). Die 1484 schriftlich bezeugte Kapelle an der Straße nach Nürnberg verfiel nach der Reformation, wurde abgetragen und als Baumaterial verwendet. Seit dem 17. Jahrhundert erinnern nur noch Flurnamen an die Heilige, wobei nicht immer eindeutig ist, ob man hier Brigida von Kildare, die Patronin Irlands, oder die schwedische Ordensgründerin Birgitta verehrte.

Als Pfarrer Winckelmann nach 1657 die Adelgundiskapelle auf dem Staffelberg (Lkr. Lichtenfels) mit dem Ziel wiederherstellte, ein Wallfahrtszentrum als Gegenpol zum nahen Vierzehnheiligen zu schaffen, ließ er die Empore mit einem Zyklus von 16 Nothelfern bemalen. Zu ihnen gehört die hl. Brigida, unter deren schlichter Gestalt die Bitte steht: »St. Brigida laß uns genesen / von Wunden, Aussatz u. bösen Wesen.«

2. Februar
Darstellung des Herrn oder Mariae Lichtmeß

Maria Lichtmeß (Abb. unten) ist eines der ältesten christlichen Feste. Es wurde im 7. Jahrhundert aus der Ostkirche übernommen und dafür der Name »Mariae Reinigung« eingeführt.

¶ Bei uns hat sich wegen der Kerzenweihe und der Lichterprozessionen an diesem Tag der Name »Lichtmeß« eingebürgert; die Tage werden nun sichtbar länger, das bäuerliche Jahr beginnt. Die Darbringung des neugeborenen Jesuskindes im Tempel ist auf zahlreichen spätgotischen Altären zu sehen.

¶ Früher war es für die Dienstboten üblich, immer an Lichtmeß die Herrschaft zu wechseln. Viele Haushaltsbücher und Kirchenrechnungen wurden nicht nach dem Jahreskalender sondern von Lichtmeß zu Lichtmeß geführt.

3. Februar
Hl. Blasius
Märtyrer
(gest. um 316)

Der Legende nach war Blasius ein Arzt, bevor er Bischof von Sebaste (Armenien) wurde. Als treuer Hirte seiner Gemeinde wollte er ihr auch während der Christenverfolgung unter Diocletian beistehen und versteckte sich erst auf »Drängen Gottes« in der Einöde. Von Vögeln ernährt, lebte er in einer Höhle, wo er kranke Menschen und Tiere segnete und heilte. Jäger entdeckten den frommen Einsiedler schließlich doch und verrieten ihn an den heidnischen Präfekten. Blasius kam in Gefangenschaft, setzte aber sein Wirken fort. So konnte er einen kleinen Jungen retten, der eine Gräte verschluckt hatte. Einer armen Frau, der ein Wolf das einzige Schwein geraubt hatte, ließ er es zurückbringen. Vor Gericht widersetzte sich Blasius dem geforderten Götzendienst, was dem Statthalter Anlaß für eine grausame Folter bot. Mit eisernen Kämmen riß man ihm das Fleisch vom Körper, am nächsten Tag sollte er ertränkt werden. Er ging jedoch trockenen Fußes bis zur Mitte des Sees und setzte sich seelenruhig auf das Wasser. »Wenn ihr glaubt, eure Götter haben dieselbe Macht, so kommt mir nach«, rief er seinen Henkern zu. Alle, die es versuchten, ertranken jämmerlich. Schließlich kehrte Blasius an das Ufer zurück und wurde enthauptet.

¶ Der hl. Blasius erscheint als Bischof und hält eine gedrehte oder zwei überkreuzte Kerzen in der Hand. Dies beruht auf dem weitverbreiteten Kult, bei Krankheiten Kerzen zu seiner Ehre zu opfern. Er soll diesen Brauch selbst angeregt haben. Auch ein eiserner Kamm oder ein Schwein können seine Attribute sein. Blasius schützt vor allen Halskrankheiten und ist der Patron der Ärzte, Wollhändler, Wachszieher und Blas(ius)musiker.

¶ Im 14. Jahrhundert nahm man ihn in die Reihe der Nothelfer auf. Noch heu-

te gibt es den »Blasius-Segen«: Der Priester legt zwei Kerzen in Form eines Andreaskreuzes unter das Kinn des Gläubigen und spricht das Segensgebet: »Durch die Anrufung des hl. Bischofs und Märtyrers Blasius befreie und bewahre dich der Herr von allem Übel des Halses und jedem anderen Übel im Namen des Vaters, des Sohnes und des Heiligen Geistes. Amen.«

St. Blasius stößt dem Winter die Hörner ab.

Dem hl. Blasius war bereits im Bamberger Dom Heinrichs II. ein Altar geweiht. Später mußte er hier dem hl. Kilian [→8. Juli] weichen. Von den wenigen Blasius-Patrozinien im Bistum hat sich keines erhalten. Die Gotteshäuser in Auernhofen, Aufseß und Buchheim sind heute protestantisch; nichts erinnert dort mehr an den Heiligen.

¶ Figuren des hl. Blasius gehören zu allen Bildprogrammen der Vierzehn Nothelfer. So finden wir seine Statuen 1611 in der Wallfahrtskirche auf dem Gügel, 1763 in Vierzehnheiligen, seit 1720 in Michelfeld und schließlich 1852 in Tiefenhöchstadt, um nur einige zu nennen. Einen originellen Nothelfer-Altar entwarf Bernhard Kamm 1780 für die Kirche in Pinzberg. Um eine mittlere Nische baute er eine ornamenthafte Architekur, die auf Voluten, Konsolen und Giebeln mit antikischen Büsten der Heiligen bestückt ist. Oben rechts, triumphierend seine Kerzen haltend, ist der hl. Blasius angebracht. Unvermutet begegnet man einer einzelnen neugotischen Skulptur mit den gekreuzten Kerzen in der von mittelalterlicher Kunst geprägten Wehrkirche von Effeltrich. Der schmale, jugendliche Blasius mit langem Haar wirkt fast ein wenig melancholisch gegenüber der Kraft und Menschenfreundlichkeit, die seine barocken Vorgänger ausstrahlen.

Blasius-Darstellungen

Auernhofen (Lkr. Neustadt/Aisch), evang. Kirche, ehem. St. Blasius
Aufseß (Lkr. Bayreuth), evang. Kirche, ehem. St. Blasius
Bamberg, St. Gangolf, Figur auf dem Johann-Nepomuk-Altar, 1754
Buchheim (Lkr. Neustadt/Aisch), evang. Kirche, ehem. St. Blasius
Effeltrich (Lkr. Forchheim), kath. Kirche St. Georg, Figur
Gügel (Lkr. Bamberg), Wallfahrtskirche St. Pankratius, Figur
Hollfeld (Lkr. Bayreuth), Stadtpfarrkirche, barocke Figur neben dem Hochaltar
Michelfeld (Lkr. Amberg-Sulzbach), ehem. Klosterkirche St. Johannes, Figur
Pinzberg (Lkr. Forchheim), kath. Kirche St. Nikolaus, Büste
Rothenburg (Lkr. Ansbach), ehem. Burgkapelle St. Blasius, heute Kriegergedächtnisstätte
Tiefenhöchstadt (Lkr. Bamberg), kath. Kapelle, Figur
Vierzehnheiligen (Lkr. Lichtenfels), Wallfahrtskirche, Figur

4. Februar
Hl. Veronika

Eine legendenhafte Persönlichkeit, die zu großer symbolischer Bedeutung gelangte, ist Veronika. Sie wird zum Kreis der Frauen gerechnet, die Christus auf dem Weg nach Golgatha begleiteten. »Es folgte ihm aber nach ein großer Haufe Volks und Frauen, die klagten und beweinten ihn.« (Lk 23, 27) Auch in Martha, der Schwester des Lazarus aus Bethanien, oder dem von Christus geheilten blutflüssigen Weib will manche Auslegung sie erkennen. Die Anfänge ihrer Legende tauchen erst in den apokryphen Schriften des 5. und 6. Jahrhunderts auf, denn im Neuen Testament wird ihr Name nicht genannt, der heute fest mit dem Christentum verbunden ist: »Veronika« leitet sich vom lateinischen *vera icon* ab, zu deutsch: das wahre Bild, das Christusbild. Auf das Schweißtuch, das sie Jesus auf seinem Kreuzweg gereicht hat, haben sich seine Gesichtszüge übertragen und für die Welt erhalten. Es zeigt unter einer Dornenkrone ein längliches Männergesicht, umrahmt von langem, in der Mitte gescheiteltem Haar und mit einem Bart, der am Kinn in zwei Strähnen ausläuft. Jüngere Theorien gehen davon aus, daß das Tuch auf das Gesicht des toten Christus gelegt wurde.

Zum Verbleib des Schweißtuches gibt es unterschiedliche Nachrichten, jüngst erst glaubt man es in einem Kloster der kleinen italienischen Ortschaft Manopello wiederentdeckt zu haben, wohin es 1622 der Vatikan geschenkt haben soll. Den Pilatusakten nach brachte es Veronika zur Heilung des Kaisers Tiberius nach Rom. Eine weitere Überlieferung besagt, daß es erst 705 zu den »Großen Reliquien« der Peterskirche in Rom kam. Die Legende berichtet, daß Veronika nach der Himmelfahrt Christi als Glaubensbotin in Frankreich lebte und dort in Soulac begraben ist. Ihre Reliquien gelangten nach Bordeaux.

Veronika gilt als Fürsprecherin für einen guten Tod sowie als Helferin bei schweren Verletzungen und Blutungen. Sie ist Patronin der Leinenweber und Wäscher. Bilder zeigen sie als verschleierte Matrone in der jeweiligen Zeittracht, das Schweißtuch mit dem Antlitz Christi zwischen ihren Händen gespannt.

¶ Seit der Einführung des kanonischen Kreuzwegs Mitte des 18. Jahrhunderts gehört sie als kniende Frauengestalt zur 6. Station. Das auf mittelalterlichen Sakramentshäusern abgebildete Christushaupt geht auf das Schweißtuch zurück; das feine Tuch wird von Engeln gehalten.

¶ Eine der Veronika geweihte Kirche soll es seit dem 13. Jahrhundert in Birk (Lkr. Bayreuth) gegeben haben. Nach der Einführung des protestanischen Glaubens erinnert dort nichts mehr an die Heilige. Die *vera icon* finden wir aber auf vielen Sakramentshäuschen, so in den Kirchen von Pettstadt (Lkr. Bamberg), Seßlach (Lkr. Coburg) oder Herzogenaurach und Höchstadt/Aisch (beide Lkr. Erlangen-Höchstadt), um nur einige zu nennen.

Einzelne Abbildungen hat man der hl. Veronika selten gewidmet: So ist an einem der südlichen Langhauspfeiler der Nürnberger Lorenz-Kirche die frühgotische Steinfigur einer Veronika mit kindlichen Gesichtszügen befestigt, die um 1330 entstand. Etwas später datiert eine ähnliche Skulptur am nördlichen Portal, das in die Vorhalle der Frauenkirche in Nürnberg führt. Eine barocke Umsetzung des Themas finden wir in Weißenohe. In der um 1720 geschaffenen Kreuzkapelle der ehemaligen Klosterkirche sitzt sie als reife Frau mit Schleier und auffälligem grünem Kleid auf dem Gesims des Kreuzaltars. Sie hält dem Betrachter das Schweißtuch mit dem Haupt des dornengekrönten Christus entgegen und gehört mit der hl. Helena [→ 18. August] zum Bildprogramm des Kreuzaltars.

Ein unbekannter Gönner stiftete 1712 ein Gemälde der hl. Veronika, die das Schweißtuch mit beiden Händen auseinanderbreitet, in die Kirche von Dormitz, wo es unter der Empore kaum wahrzunehmen ist. 1726 malte Johann Joseph Gebhardt eine hl. Veronika für die Serie fünf kleiner Medaillons der Leidenswerkzeuge Christi an die Decke der Pfarrkirche Büchenbach. Die häufigste Begegnung mit Veronika wird sich aber durch die Kreuzwegstationen einstellen, die zu jeder katholischen Kirche gehören.

¶ Veronika könnte mit der im Jahre 1838 heilig gesprochenen italienischen Mystikerin Veronika von Giuliani (1660–1727) verwechselt werden. Deren Gedenktag am 9. Juli ist im Erzbistum Bamberg aber wahrscheinlich kaum bekannt.

Veronika-Darstellungen

Büchenbach (Stadt Erlangen), kath. Kirche St. Sixtus, Deckenbild
Dormitz (Lkr. Forchheim), kath. Kirche Mariae Verkündigung, Votivbild von 1712
Nürnberg, kath. Kirche Unsere Liebe Frau, Gewändefigur um 1360
Nürnberg, evang. Kirche St. Lorenz, Figur
Weißenohe (Lkr. Forchheim), ehem. Klosterkirche, Kreuzkapelle

5. Februar
Hl. Agatha von Catania
Märtyrerin
(gest. 251)

Die aus sizilianischem Geschlecht stammende christliche Jungfrau Agatha (Abb. S. 50) hatte schon als Kind immerwährende Keuschheit gelobt. Der Legende nach widerstand sie daher dem hartnäckigen Werben des heidnischen Präfekten Quintian, der es auf ihre Schönheit und ihren Reichtum abgesehen hatte. Er ließ sie erst in ein Freudenhaus, dann in den Kerker bringen, wo ihr seine Schergen die Brüste abschnitten. In der Nacht erschien jedoch der Apostel Petrus und heilte ihre Wunden. Erst nach erneuter Folter auf glühenden Kohlen verschied Agatha, während ein Erdbeben zugleich zwei ihrer Mörder erschlug.

An Agathe Sonnenschein bringt viel Korn und Wein.

Ihre Gebeine liegen in Catania (Italien), wo die Bevölkerung sie zum Schutz gegen Ausbrüche des Vulkans Ätna anruft, seitdem eine Marmortafel aus ihrem Grab am Jahrtag ihres Todes einen gefährlichen Lavastrom vor der Stadt zum Stillstand gebracht hatte. Die Insel Malta soll sie 1551 vor den Türken gerettet haben. Agatha gehört zu den bedeutendsten frühchristlichen Heiligen.

¶ Agatha wird als schöne Jungfrau dargestellt, die ihre abgeschnittenen Brüste

auf einem Tablett trägt oder gerade die Folter erleidet. Auch ein Eisenhaken oder eine Fackel können ihr Attribut sein. Sie gilt als Helferin gegen Feuer, Vulkanausbrüche, Unwetter und Brustkrankheiten. Die Ammen haben sie zu ihrer Schutzpatronin ernannt.

¶ Als Schutz vor Feuersbrünsten steckte man noch in der Barockzeit sogenannte »Agatha-Zettel« unter die Türschwelle oder hinter die Vertäfelungen der Häuser.

¶ Das einzige der heiligen Agatha in Franken geweihte Gotteshaus stand in Kappel bei Hiltpoltstein (Lkr. Forchheim). Es wird um 1400 erstmals erwähnt und 1414 zur Pfarrkirche erhoben. Aus dem – wie der Ortsname schon sagt – Kirchlein wird um 1400 eine Pfarrei. Doch die Schutzpatronin konnte ihr Gotteshaus nicht vor dem Untergang bewahren: Ein Unwetter zerstörte es 1612 so gründlich, daß man auf den Wiederaufbau verzichtete und stattdessen die Kirche in Hiltpoltstein ausbaute.

¶ Agatha gehört zu den jungfräulichen Heiligen, die oft auf spätmittelalterlichen Flügelaltären und Wandgemälden zu finden sind. Im Bistum Bamberg läßt sie sich zwischen anderen weiblichen Heiligen auf der Predella des spätgotischen Martha-Altars [→ 29. Juli] finden, der – 1517 für die Nürnberger Martha-Kirche geschaffen – heute in der Lorenz-Kirche aufgestellt ist. Als Zeichen ihres Martyriums hält sie einen eisernen Haken.

6. Februar
Hl. Dorothea
Märtyrerin
(gest. um 305)

auch Dora, Doris, Dorit

Zur Zeit der Christenverfolgungen unter Kaiser Diocletian floh der getaufte römische Senator Dorus mit seiner Familie nach Kappadokien (Türkei). Seine hier geborene Tochter Dorothea (Abb. S. 52), zu deutsch »das Geschenk Gottes«, war das schönste Mädchen weit und breit, dazu klug und fromm. Sie verweigerte die Ehe mit dem einflußreichen Statthalter, da sie sich Jesus versprochen hatte, und blieb auch gegen den ihr abverlangten Götzendienst standhaft. Ruhig forderte sie die drohende Folter heraus, überstand aber das Bad in siedendem Öl genauso wie den Entzug von Speisen und Getränken im Kerker. Als es ihr sogar gelang, ihre Schwestern für den Glauben zurückzugewinnen, ließ Fabricius sie grausam geißeln. Nachdem ihr das nichts anhaben konnte, befahl ihr Peiniger schließlich die Enthauptung. Auf dem Weg zum Richtplatz sagte sie: »In dieser Welt ist es kalt. Ich bin froh, in ein Land gehen zu dürfen, in dem es keinen Winter und keinen Schnee gibt und wo die Sonne nie untergeht.« Spöttisch rief ihr ein junger Heide zu, sie solle ihm doch von dort ein paar Äpfel und Rosen schicken. Als Dorothea kurz darauf ihr Leben aushauchte, trat ein Knabe mit einem duftenden Körbchen voller Früchte vor den Spötter Theophil. Furchtbar erschrocken, faßte er sich ein Herz und bekehrte sich angesichts des Wunders, obwohl dies seinen grausigen Märtyrertod bedeutete.

¶ Die legendäre Geschichte der Dorothea ähnelt in vielem der *passio* der hl. Agnes, der wir am 21. Januar gedenken. Dorothea ist als schöne Jungfrau an einem Blumen- und Fruchtkorb zu erkennen, den ihr manchmal ein Knabe reicht. Oft trägt sie einen Kranz aus Rosen auf dem langen Haar oder hält einen Apfel in der Hand. Sie gilt als Patronin der Blumengärtner und Bräute, auch der Bierbrauer und Wöchnerinnen. Sie wird gegen falsche Anschuldigungen und in den Geburtswehen angerufen.

¶ Außer der kleinen Kapelle in Weiher bei Viereth (Lkr. Bamberg) ist der hl. Dorothea keine Kirche im Bistum geweiht. Als heilige Jungfrau genoß sie im Mittelalter hohes Ansehen. Ihre Geschichte, von der mehrere lateinische Fassungen und deutsche Reimgedichte vorliegen, gehört zu den beliebtesten Texten dieser Zeit und wurde als Anhang in die *Legenda aurea* aufgenommen. 1466 wird der Altar des Apostels Matthias [→ 24. Februar] im Bamberger Dom um das Patrozinium der hl. Dorothea erweitert, die ihn 1653 schließlich ganz verdrängt. Das barocke Altarbild ist verschollen.

St. Dorothee bringt meistens Schnee.

Dem Beispiel des Doms folgend, bildet man im Bistum Dorothea nun auf vielen »Jungfrauen-Altären« ab. Stellvertretend für viele, wird hier auf einige typische Darstellungen verwiesen: In der Pfarrkirche von Unterleiterbach ist Dorothea als Halbrelief auf dem inneren Flügel eines spätgotischen Marienaltärchens zu sehen. Als Jungfrau trägt sie langes offenes Haar und eine Krone, ein kostbarer goldener Mantel öffnet sich über ihrem roten Kleid. Sie reicht einem Jungen den mit Rosen gefüllten Korb, den er dem Spötter Theophil übergeben soll. In Kirchröttenbach hält die spätgotische Figur der hl. Dorothea aus einer Nürnberger Werkstatt einen Apfel in der Hand. 1613 läßt die Kirchenstiftung Seußling für ihren Marien-

altar ein lebensgroßes Relief der Heiligen im Stil des ausgehenden Mittelalters anfertigen. Nach dem 30jährigen Krieg scheint die Beliebtheit der hl. Dorothea im Bistum abzunehmen. 1728 schuf der Würzburger Hofbildhauer Balthasar Esterbauer eine kraftvolle barocke Dorothea für den Nothelfer-Altar der Klosterkirche von Banz.

¶ Die hl. Dorothea darf nicht mit der seligen Dorothea von Montau verwechselt werden, die erst im 14. Jahrhundert lebte. Die Patronin von Preußen, deren Gedenktag der 30. Oktober ist, wird verständlicherweise im Bistum Bamberg nicht verehrt.

Ausgewählte Abbildungen der hl. Dorothea

Banz (Lkr. Lichtenfels), ehem. Klosterkirche St. Dionysius, Altarfigur

Dietenhofen (Lkr. Ansbach), evang. Kirche, ehemals St. Andreas, spätgotische Büste in der Predella

Hirschfeld (Lkr. Kronach), kath. Kirche Mariae Heimsuchung, spätgotische Figur um 1500

Kirchröttenbach (Lkr. Nürnberger Land), kath. Kirche St. Walburgis, spätgotische Figur um 1480

Seußling (Lkr. Bamberg), kath. Pfarrkirche St. Sigismund, nachgotisches Relief

Unterleiterbach (Lkr. Bamberg), kath. Pfarrkirche Maria Magdalena, spätgotisches Relief

7. Februar

Richard der Angelsachse

(gest. 720)

Der legendäre angelsächsische König Richard (Abb. S. 53) ist der Vater der heiligen Walburga [→ 25. Februar] sowie deren Brüder Willibald [→ 7. Juli] und Wunibald [→ 15. Dezember]. Er starb 720 in Lucca (Italien) auf dem Weg nach Rom und ist in St. Frediano begraben. Von anderen heiligen Pilgern unterscheidet er sich durch fürstliche Tracht, Krone und Szepter. Meist erscheint er in Begleitung seiner Kinder. Die wenigsten Männer, die den beliebten Namen Richard tragen, werden die fromme Familie aus England kennen, die sich im frühen 8. Jahrhundert aufgemacht hatte, die heidnischen Stämme Germaniens zu missionieren.

¶ Die größte Verehrung genießt der hl. Richard in der Diözese Eichstätt, deren Patrone Willibald und Walburga wurden. In unserem Bistum finden wir ihn nur am barocken Hochaltar der Benediktinerklosterkirche von Weißenohe (Lkr. Forchheim). Das 1721 von Johann Michael Doser geschaffene, furnierte Retabel vereint um das Gemälde des Kirchenpatrons Bonifatius [→ 5. Juni], Skulpturen der hll. Richard und Willibald in den Seitenteilen sowie Wunibalds und Walburgas auf den äußeren Konsolen. Die lebensgroße, vergoldete Figur Richards zeigt einen demütigen Herrscher ohne Kopfbedeckung, der über der Rüstung einen hermelinbesetzten Umhang trägt und ein Szepter in der rechten Hand hält. Sein Blick ist auf Bonifatius gerichtet, dessen Martyrium das Altarbild schildert, die Krone liegt zu seinen Füßen. Die warmen Gold- und Holztöne des Altars stehen nicht nur für die Kunstfertigkeit der beauftragten Handwerker, sie betonen die Verbundenheit der Familienmitglieder untereinander und beziehen den Betrachter mit ein.

8. Februar
Johannes von Matha
(um 1160–1213)

Johannes von Matha kam um 1160 in der Provence zur Welt. Gemeinsam mit dem später seliggesprochenen Felix von Valois gründete er um 1194 den Orden der Heiligsten Dreifaltigkeit, der sich in den Zeiten der Kreuzzüge dem Freikaufen gefangener Christen aus arabischer Gefangenschaft widmete. Eine Million Menschen soll ihre Freiheit dem Wirken des Ordens verdanken. Nach der Approbation durch den Papst konnten 30 Konvente in Spanien und Frankreich gegründet werden, der erste in einer französischen Waldeinöde mit dem Namen Cerfroid, zu deutsch: »der

kalte Hirsch«. (Die Erscheinung eines Hirsches soll nämlich die Ordensgründung veranlaßt haben.) Johannes starb am 17. Dezember 1213 in Rom, seine Gebeine liegen in der Thomas-Kirche. Erst 1694 wurde er heiliggesprochen.

¶ In Bamberg führte 1739 der Michelsberger Abt Anselm Geisendörfer die Bruderschaft der Allerheiligsten Dreifaltigkeit in der zu seinem Kloster gehörenden Probstei St. Getreu ein. Etwa gleichzeitig entstand dort der Trinitarier-Altar, der zu den eigenartigsten Kunstwerken dieser interessanten Kirche gehört. Zu sehen sind eine plastische Quellengrotte mit Hirsch, darüber ein Engel, der mit überkreuzten Armen auf einen zerlumpten Europäer und einen halbnackten Mohren weist, in Ketten gelegte Gefangene der Kreuzzüge. Unter dieser Szene sind Johannes und Felix im Ordensgewand mit blau-rotem Kreuz auf der Brust, darüber die Heiligste Dreifaltigkeit abgebildet. Der Altar hat eine baldachinartige Bekrönung, von der über einer Weltkugel eine Gloriole mit dem IHS-Symbol strahlt. – Das Dreifaltigkeitsfest feiert die Dompfarrei in St. Getreu, das seit 1804 zu diesem Sprengel gehört.

9. Februar
Hl. Apollonia
Märtyrerin
(gest. um 249)

Im ägyptischen Alexandria erlitt Apollonia (Abb. unten), eine ältere, unverheiratete Christin, während der Regierungszeit des römischen Kaisers Philippus Arabs das Martyrium. Ein heidnischer Sterndeuter soll mit seinen unguten Weissagungen das Volk gegen die Christen aufgewiegelt haben. Auch Apollonia wurde von den Massen aus ihrem Haus gezerrt und auf der Straße mit Steinen beworfen. Aber es kam noch schlimmer: Ein Scherge brach ihr mit einer Beißzange die Zähne und sogar ein Stück Kiefer aus. Zudem verhöhnte sie der Pöbel: »Wo ist dein Gott der Liebe, der dir jetzt die Schmerzen

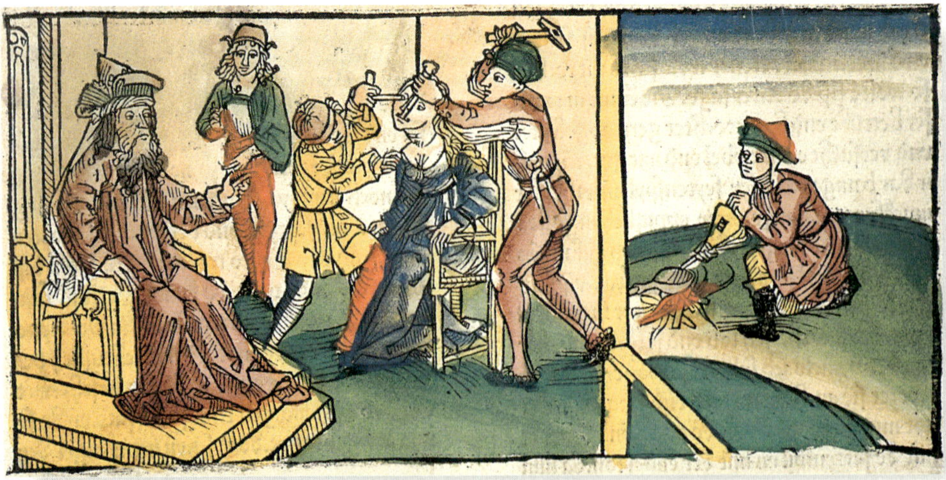

wegnehmen könnte? Widerrufe, dann bist du frei.« Apollonia aber näherte sich, wie von unsichtbarer Hand geführt, dem großen Feuer, das auf dem Platz geschürt wurde, und sprang ohne Angst hinein. Freiwillig überließ sie sich für ihren Glauben den lodernden Flammen.

¶ Abbildungen zeigen eine unerschrockene Frau mit Zange und Märtyrerpalme, bisweilen ihre grausame Folter. Kein Wunder, daß sie Patronin der Zahnärzte wurde und gegen Zahnweh helfen soll.

Reliquien-, Kalender- und Patrozinienbelege erweisen, daß Apollonia erst ab dem 14. Jahrhundert zur volkstümlichen Heiligen wurde. Im Bistum Bamberg hat man der tapferen Christin nur eine einzige Kirche bei Langenzenn (Lkr. Fürth) geweiht, die es heute nicht mehr gibt. Da Zahnschmerz zu aller Zeit eine Plage war, stößt man im Spätmittelalter auf viele Abbildungen der Märtyrerin mit der bedrohlichen Zange, aus den Tagen, als der Bader die Zähne noch auf den Jahrmärkten zog. Auf spätgotischen Jungfrauenaltären wie dem der 11 000 Jungfrauen in der Stiftskirche von Heilsbronn (Lkr. Ansbach) finden wir sie daher genauso wie in der barocken Valentinskapelle von Unterleiterbach, für die Johann Peter Benkert um 1740 ihre überlebensgroße barocke Skulptur schuf. Auch auf dem Hochaltar der Kirche in Steinbach am Wald steht die hl. Apollonia.

¶ Als zeitgenössische, elegant gekleidete Hofdame, die Märtyrerpalme und Zange mit zierlichen Fingern hält, sah der Maler die Heilige, der zu Beginn des 18. Jahrhunderts ihr Idealportrait für die Bamberger Kirche St. Getreu schuf. Selbstverständlich gehört Apollonia als Helferin gegen Zahnschmerzen auch zur Nothelfergruppe der Adelgundiskapelle auf dem Staffelberg (Lkr. Lichtenfels), wo sie mit der verständlichen Fürbitte abgebildet ist: »St. Apollonia durch dein große Pein / wollst von Zahnweh uns befrein«.

Zu Zeiten moderner Zahnpflege scheint ihr schöner, an den antiken Gott Apoll erinnernder Name, der sich einst größter Beliebtheit erfreute, aus der Mode gekommen zu sein.

Weitere Apollonia-Darstellungen

Hollfeld (Lkr. Bayreuth), kath. Pfarrkirche St. Salvator, Figur

Neunkirchen am Brand (Lkr. Forchheim), kath. Pfarrkirche St. Michael, spätgotische Holztafel um 1500 in der Schatzkammer

Poppendorf (Lkr. Forchheim), kath. Filialkirche St. Georg, Figur um 1720

10. Februar
Hl. Scholastika
(480–542)

Einem greisen Elternpaar wurden nach langen Gebeten unerwartet Zwillinge geboren, Scholastika und Benedikt [→ 11. Juli], zwei Menschen, die das christliche Mönchtum grundlegend beeinflussen sollten. Die Geschichte der Scholastika, zu deutsch »die Lernende«, ist eng mit der ihres Bruders verknüpft, dessen Biographie ist die beste Quelle für ihr Leben. Schon als Kind hatte sie sich einem Leben für Gott geweiht. Sie gründete, Benedikts Beispiel folgend, ein Frauenkloster in Subiaco (Italien), führte die Regeln des Bruders ein und setzte damit für die weibliche Ordenswelt neue Maßstäbe. Einmal im Jahr trafen sich die Geschwister zum geistlichen Gedankenaustausch. Bei ihrer letzten Begegnung wollte sich Scholastika nicht von Benedikt trennen. Sie bat um göttlichen Beistand, und ein plötzliches Gewitter zwang ihn tatsächlich gegen seine Gewohnheit über Nacht zu bleiben. Als Scholastika drei Tage später starb, sah er aus dem Fenster seiner Zelle ihre reine Seele in Gestalt einer Taube in den Himmel fliegen. Benedikt wußte sofort, daß er seiner Schwester in diesem Leben nicht mehr begegnen würde und ordnete an, sie in dem Grab zu bestatten, das er für sich selbst in Kloster Monte Cassino bestimmt hatte.

Gern stellt die bildende Kunst Scholastika, die über 60 Jahre alt wurde, als jugendliche Benediktinerin dar, der Äbtissinnenstab, ein Regelbuch und die Taube fehlen selten. Sie gilt als Schutzpatronin für Regen, aber gegen Gewitter.

¶ Der Kult der hl. Scholastika ist von dem ihres Bruders kaum zu trennen und wird nur in Benediktinerklöstern gepflegt. Als Einzelszene wird ihr Tod dargestellt, so in der ehemaligen Klosterkirche von Weißenohe (Lkr. Forchheim), wo am Benediktus-Altar das Hauptgemälde mit dem Tod des Ordensgründers im Auszug durch den Tod seiner Schwester ergänzt wird. Für die Klosterkirche St. Michael in Bamberg hat Johann Joseph Scheubel d. Ä. um 1726 ihren Tod für einen der nördlichen Seitenaltäre gemalt. Von hier dürfte ein frühbarocker Altar des hl. Otto [→ 30. September] stammen, auf dem Benedikt und Scholastika in dunkler Ordenskleidung, gemeinsam mit den Bistumsgründern Heinrich und Kunigunde, dem heiligen Bischof huldigen; das Retabel befindet sich heute in der nahen Kirche St. Getreu.

In der Benediktinerabtei Banz (Lkr. Lichtenfels) steht eine Steinfigur der Heiligen in der Kirchenfassade. Im übrigen war die Erinnerung an die Schwester des Ordensgründers nur für die Mönche bestimmt: Als kleine Szene im Zyklus der Benedikt-Vita hat der Kunsttischler Johann Georg Nestfell im nördlichen Chorgestühl die letzte Begegnung Scholastikas mit ihrem Bruder als Intarsienarbeit verewigt. Die Darstellung über der Tür soll die Mönche beim Verlassen des Mönchschors an die wichtigste Botschaft Christi erinnern: an die barmherzige Liebe, wie sie Benedikt und Scholastika füreinander empfanden. Beim Wiederaufbau der Klosterkirche von Michelfeld (Lkr. Amberg-Sulzbach) hat man 1720 der hl. Scholastika eine eigene Kapelle geweiht.

11. Februar
Hl. Benedikt von Aniane
(um 750–821)

12. Februar
Hl. Gregor II.
(669–731)

13. Februar
Hl. Kastor
(gest. um 400)

14. Februar
Hl. Valentin
Märtyrer
(gest. um 269)

Der greise Priester Valentin, zu deutsch »der Gesunde, der Starke«, erregte wegen seines hohen Ansehens bei Heiden und Christen die Neugier des römischen Kaisers Claudius II., der ihn zu sich rufen ließ. Valentin erzählte ihm von der Herrlichkeit Gottes und lehnte den Götzendienst ab. Dies wollte man bei Hof nicht hören, er wurde als Zauberer verleumdet und dem Urteil des Richters Asterius übergeben. Valentin blieb standhaft. Als geforderten Beweis für das Licht Christi und den Glauben an ihn erlöste er die Tochter des Richters von ihrer Blindheit. Daraufhin bekehrten sich der Römer und seine Familie. Der Kaiser wollte diese Abkehr von traditionellen Werten nicht hinnehmen: Er ließ die Familie des Asterius hinrichten, den greisen Valentin an der Flaminischen Straße mit Knüppeln erschlagen und enthaupten. Über seinem Grab wurde im 4. Jahrhundert eine Kirche errichtet, die wegen ihrer zahlreichen Wunder viele Pilger anzog. Dieser Märtyrer dürfte mit Valentin, dem Bischof von Terni (Italien) identisch sein, der 273 starb.

¶ Valentin wird meist als älterer Bischof mit Schwert, Märtyrerpalme und Buch dargestellt, manchmal liegt ein Epileptiker zu seinen Füßen. Er gilt als Patron der Bienenzüchter und Fallsüchtigen sowie als Helfer gegen die Pest. Seinen außerordentlichen Bekanntheitsgrad auch außerhalb des christlichen Lebens verdankt er der »Erfindung« des Valentins-Tags, des Tags der Liebenden. Dies steht in keinem Zusammenhang mit seiner Vita, sondern mit der mittelalterlichen Überlieferung, daß sich am 14. Februar die Vögel zu paaren beginnen. Das Fest des heiligen Valentin wurde so zum Schicksalstag und Vorboten für die Heiraten des beginnenden Jahres. Heute ist es vielfach zu einem Tag des Kommerzes verflacht, an dem sich vor allem die Blumenhändler erfreuen.

Zum Schutzpatron der Fallsüchtigen machte ihn der Gleichklang seines Namens mit dem Wort »fallen«.

Valentin gehört zu den Heiligen, die schon im Bamberger Dom Heinrichs II. verehrt wurden. Seine Beliebtheit hat uns seit dem Spätmittelalter viele Skulpturen beschert. So in der Valentins-Kirche von Straßgiech oder in den Kirchen von Frensdorf und Drügendorf. Daß ein barocker Seitenaltar der Kirche von Burk dem Heiligen geweiht ist, dürfte auf Fürstbischof Philipp Valentin (!) Voit von Rieneck (1653–1672) zurückgehen.

¶ Eine ganz besondere Wallfahrtskapelle hat man an der Straße zwischen Unterleiterbach und Ebensfeld unter seinen Schutz gestellt. Die einsame Lage außerhalb der Ortschaft und die Wahl der Nebenpatrone Rochus [→ 16. August] und Sebastian [→ 20. Januar] lassen vermuten, daß der Standort an eine Epidemie erinnert. Vielleicht hat die Bevölkerung hier einst ihre Pesttoten begraben und mit dem Bau einer Kapelle die Hilfe der Schutzpatrone erbeten. 1738/39 ersetzte der berühmte Architekt Johann Michael Küchel das ältere Kirchlein durch einen ungewöhnlichen Baukörper mit Flachkuppel, der fast wie ein ovaler Zentralraum wirkt. Der originelle Grundriß variiert den der Kirche des Bamberger Katharinen-Spitals von Balthasar Neumann und ist gleichzeitig eine Reduktion von Küchels unausgeführten Plänen für die Wallfahrtskirche im nahen Vierzehnheiligen (Lkr. Lichtenfels). Der Architekturmaler Giovanni Francesco Marchini freskierte 1740, als er schon 70 Jahre alt war, die Decken mit leuchtenden Szenen aus dem Leben des hl. Valentin. Die Bilder wurden von Fürstbischof Friedrich Karl Graf von Schönborn (1708–1746) genau festgelegt. Einbrüche und Diebstähle haben die Kirchenstiftung veranlaßt, den schönen Sandsteinbau, der schon von außen barocke Heiterkeit ausstrahlt, geschlossen zu halten. Wer sich von der genialen Verbindung von Baukunst, Malerei und der Verehrung des hl. Valentin einen eigenen Eindruck verschaffen will, tut also gut daran, sich im Pfarramt Ebensfeld anzumelden.

¶ Der hl. Valentin des 3. Jahrhunderts ist mit dem heiligen Bischof Valentin zu verwechseln, der um 450 starb und Schutzpatron der Diözese Passau ist. Seiner wird am 7. Januar gedacht.

Valentins-Kirchen und Darstellungen

Burk (Lkr. Forchheim), kath. Kirche Hll. Drei Könige, Valentins-Altar
Drügendorf (Lkr. Forchheim), kath. Pfarrkirche St. Margareta, barocke Figur
Frensdorf (Lkr. Bamberg), kath. Pfarrkirche Johannes d. T., barocke Figur
Hollfeld (Lkr. Bayreuth), kath. Kirche, Seitenaltar des hl. Valentin von 1760, aus der Bamberger Dominikanerkirche erworben
Obermembach (Lkr. Erlangen-Höchstadt), kath. Kapelle St. Valentin
Straßgiech (Lkr. Bamberg), kath. Pfarrkirche
Unterleiterbach (Lkr. Bamberg), Wallfahrtskirche

15. Februar
Hl. Siegfried
(gest. um 1040)

16. Februar
Hl. Juliana Märtyrerin
(gest. um 304)

17. Februar
Hl. Bonosus
(gest. 374)

18. Februar
Hl. Simeon von Jerusalem Märtyrer
(gest. um 107)

Simon, der Sohn des Kleophas und Vetter Jesu, übernahm die Führung der Gemeinde von Jerusalem, nachdem Jakobus der Jüngere [→ 3. Mai] ermordet worden war. Er soll im Alter von 107 Jahren das Martyrium erlitten haben.

19. Februar
Hl. Bonifatius von Lausanne
(um 1180–1260?)

20. Februar
Hl. Eucherius
(gest. 738)

21. Februar
Petrus Damiani
(1007–1072)

22. Februar
Hl. Elisabeth von Frankreich
(1225–1270)

auch Isabella

Elisabeth, die Schwester des hl. Ludwig [→ 25. August] gründete ein Clarissenkloster, in dem sie zurückgezogen ab 1260 in strenger Klausur lebte und am 22. Februar 1270 starb.

23. Februar
Hl. Willigis
(gest. 1011)

Der Hofkaplan Kaiser Ottos II. stammte aus einer einfachen Bauernfamilie und wurde 975 Erzbischof von Mainz. Er führte 996 Gregor V. als ersten deutschen Papst in Rom ein, krönte 1002 Heinrich II. zum deutschen König und war 1007 wesentlich an der Gründung des Bistums Bamberg beteiligt. Er starb am 23. Februar 1011.

24. Februar
Hl. Matthias Apostel, Märtyrer
(gest. um 63?)

auch Mathes

Matthias (Abb. S. 60) ist der erste Apostel, dessen Fest im Kalenderjahr begangen wird. Petrus [→ 29. Juni] bestimmte ihn zum Nachfolger, der den Verräter Judas Ischariot im Kreis der zwölf Apostel ersetzen sollte. Sein Name bedeutet »Geschenk Gottes«.

¶ Nach der Aussendung der Apostel predigte er in Judäa, Kappadokien (Türkei) und am Schwarzen Meer. Er soll Blinde und Aussätzige geheilt haben, auch von Totenerweckungen wird berichtet. Feinde versuchten vergebens, ihn mit vergiftetem Wein umzubringen; er trank davon, ohne Schaden zu nehmen. Wütenden Kritikern weissagte er, sie würden zur Hölle fahren, und die Erde tat sich auf und verschluckte sie.

¶ Über die letzten Tage des Apostels gibt es keine einheitlichen Berichte, einem friedlichen Tod steht ein Martyrium gegenüber. Wahrscheinlicher er-

scheint die Ermordung des eifrigen Predigers; er soll gesteinigt und schließlich mit einem Beil erschlagen worden sein. Die hl. Helena [→ 18. August] brachte seine Gebeine nach Rom und von da nach Trier, wo man sie in der aus dem 4. Jahrhundert stammenden Kirche St. Matthias noch heute sehr verehrt. Es ist das einzige Apostelgrab auf deutschem Boden.

Wenn Matthias kommt herbei, legen Gans und Huhn das erste Ei.

Das wichtigste Kennzeichen des hl. Matthias ist zweifelsohne das Beil, aber auch Buch, Steine und Schwert können ihm beigegeben sein. Den Patron der Bauhandwerker, Zimmerleute und Zuckerbäcker ruft man gegen Blattern und eheliche Unfruchtbarkeit an.

¶ Der Apostel Matthias schützte in unserem Bistum nur eine Kapelle. Sie wurde 1331 vom Michelsberger Abt Hermann unter dem Paradies, dem Westwerk der mittelalterlichen Klosterkirche, geweiht, beim großen Brand von 1610 vernichtet und danach abgebrochen. Bischof Friedrich von Truhendingen (1363–1366) stiftete zwischen 1362 und 1366 einen Matthias-Altar in den Dom, vor dem er sich begraben ließ. Später wurde das Patrozinium um die hl. Dorothea [→ 6. Februar] erweitert, bei der barocken Umgestaltung des Doms verdrängte sie ihn schließlich ganz. Einzelne Kunstwerke des letztberufenen Apostels sind im Bistum nicht bekannt. Er wird stets nur in der Schar der Jünger dargestellt und ist in der mittelalterlichen Kunst Bambergs, etwa am Fürstenportal oder den Chorschranken des Doms, nicht als Individuum zu erkennen. Dies leisten erst die Skulpturenzyklen, mit denen man die Pfeiler der hochgotischen Kirchen schmückte. Wir finden sie seit etwa

1390 in der Nürnberger Lorenz-Kirche, ab 1480–1482 in der Oberen Pfarre in Bamberg und wenig später in Forchheim, St. Martin. In der Oberen Pfarre hatte man schon um 1392 das Sakramentshaus mit kleinen Sandsteinfiguren der Apostel versehen. Den eigenwilligsten Apostelaltar der Barockzeit schuf Bernhard Kamm 1780 für die Kirche in Pinzberg (Lkr. Forchheim). Um eine Mittelnische der Muttergottes sind Voluten und Konsolen so angeordnet, daß zwölf antikisierende Büsten der Jünger Christi aufgestellt werden konnten; Matthias ist an seinem Attribut zu erkennen.

25. Februar
Hl. Walburga
(um 710–779)

auch Walpurgis, Waldburga oder Burgel

Um 710 kam Walburga in Südengland als Tochter eines Adeligen, in dem man den hl. Richard [→ 7. Februar] vermutet, zur Welt. Man gab sie schon als Kind zur Erziehung in das berühmte Doppelkloster Wimborne. Was die Schwester der hll. Willibald [→ 7. Juli] und Wunibald [→ 15. Dezember] vor ihrem ersten geschichtlichen Erscheinen als Äbtissin des Klosters Heidenheim (Lkr. Weißenburg-Gunzenhausen) im Jahr 761 tat, muß im Dunkeln bleiben. Nach dem Tod Wunibalds leitete sie den 751 gegründeten Benediktinerkonvent, den sie auch für Frauen zugänglich machte. 777 nahm Walburga an der Erhebung der Gebeine ihres Bruders Willibald in Eichstätt teil. Als ihr Todestag gilt der 25. Februar 779.

Die weise Äbtissin geriet zunächst in Vergessenheit und nur einem Zufall haben wir die Entstehung des volkstümlichen Walburgis-Kults zu verdanken: Als eine Mauer der Stiftskirche von Heidenheim einfiel, deutete Bischof Otgar dies als Strafe für die unwürdige Behandlung der verstorbenen Walburga. In feierlichem Zug ließ er ihre Gebeine nach Eichstätt überführen; die ihres Bruders nahm man zur Begleitung mit. Unter Bischof Erchanbald kamen ihre Reliquien vorübergehend in das Kloster Monheim (Lkr. Donauwörth), wo sich daraufhin viele Wunder ereigneten und für den Zustrom von Wallfahrern sorgten. Später gelangten die Gebeine nach Eichstätt zurück. Fromme Pilger und der Tausch unter Kirchenfürsten verbreiteten sie über ganz Mitteleuropa. Das Eichstätter Benediktinerinnenkloster gilt als das Walburgis-Heiligtum schlechthin. Dort setzte ein wunderbarer Ölfluß an der Grabplatte ein, der, in kleine Fläschchen abgefüllt, besonders gegen die Pest und andere Epidemien wirken soll. (Ähnliches wird auch von anderen Heiligengräbern berichtet.)

Walburga erscheint als Äbtissin, die als Attribut ein Ölfläschchen oder einen von einer Schlange umwundenen Stab trägt. Ihre vornehme Herkunft betont bisweilen eine kleine Krone über dem Schleier. Ihre Fürsprache sucht man bei Husten und Pest, aber auch gegen die Tollwut. Sie sorgt für eine gute Ernte und ist deshalb die Patronin der Bauern; drei Ähren sind daher ebenfalls zu ihrem Symbol geworden. Seit 1968 ist sie neben ihrem Bruder Willibald gleichberechtigte Patronin des Bistums Eichstätt. – Ihre außerordentliche Beliebheit äußert sich auch darin, daß an Walburga in manchen alten Kalendern gleich zweimal erinnert wird: Der »einfache« Gedenktag ist der 25. Februar, ihr Todestag; das Hauptfest zu ihren Ehren beging man jahrhundertelang am 1. Mai, dem Tag der Übertragung der Gebeine nach Eichstätt. Die Nacht zum 1. Mai galt schon den Germanen als Freinacht für Hexenspuk, Liebeszauber und allerlei Aberglauben. Wer in Franken eine rechte Walburgis-Nacht erleben will, sollte sich zum nächsten 30. April auf der Ehrenbürg bei Forchheim einfinden.

¶ Die enge persönliche Verbindung, die Kaiser Heinrichs II. zu Megingaud, dem Eichstätter Bischof, hatte, dürfte den Kult der Walburga im frühen Bistum Bamberg gefördert haben. So sind 1012 bei der Domweihe Reliquien der Äbtissin im Hochaltar des Ostchors niedergelegt worden. Zu dieser Zeit hat vielleicht schon die Walburgis-Kirche in Bad Steben bestanden, die 1019 erstmals erwähnt wird. Beinahe hundert Jahre später erhält 1109 der Altar der Bamberger Jakobskirche unter Bischof Otto I. Reliquien der Heiligen, wie später noch zahlreiche andere Altäre des Bistums. Selbst der Bamberger Heiltumsschatz enthielt »... von den gepein sant Walpurgen ...«.

¶ Die Verehrung der hl. Walburga ist vor allem dort zu finden, wo sich die Bistümer Bamberg und Eichstätt geographisch am nächsten kommen; so gehörte St. Walburga in Kirchröttenbach ursprünglich zur Missionspfarrei Neunkirchen am Sand, einer eichstättischen Gründung. In die Bamberger Heiligenlandschaft hat Bischof Otto I. die Äbtissin eingebracht; er schenkte die Altenburg über der Stadt Bamberg dem Stift St. Jakob, das hier mit seinem Einverständnis eine Kapelle errichtete. Am 1. Mai 1124 weihte er persönlich diese Kirche zu Ehren der hl. Walburga sowie der hll. Philippus und Jakobus [→ 3. Mai]. Am ursprünglichen Festtag der Apostel wurde ja auch bis 1969 der Erhebung der Gebeine Walburgas gedacht. Auf der Nürnberger Burg verdrängte die Eichstätter Heilige im 15. Jahrhundert das Patronat des hl. Otmar [→ 16. November]. Das 1149 vom Meißener Burggrafen und seinem Bruder Graf Sterker gegründete Benediktinerkloster Mönchröden hatte neben der Muttergottes die Benediktinerin Walburga zur Schutzheiligen.

Zeugnisse des mittelalterlichen Walburgis-Kults finden wir mit den spätgotischen Skulpturen der Kirchen in Büchenbach und Külsheim sowie im Gemälde an der Predella des Flügelaltars der ehemaligen Laurentius-Kirche von Burggrub. Lebendig blieb die tief verwurzelte Verehrung der Heiligen in Kirchröttenbach, für deren Hochaltar wohl Johann Joseph Scheubel d. Ä. um 1720 ihre Aufnahme in den Himmel gemalt haben dürfte.

¶ Älter als die früheste Urkunde von 1360 scheint die Kapelle auf dem »Ehrenbürg« genannten, steil abfallenden Berg zwischen Wiesenthau und Kirchehrenbach zu sein. Archäologische Forschungen konnten hier, wie auf dem Staffelberg, eine dichte keltische Besiedlung mit Kultzentrum nachweisen; Walburga trat die Nachfolge einer heidni-

schen Göttin auf dem heiligen Berg an. Den Hochaltar der äußerlich bescheidenen, aber weithin sichtbaren Kapelle stiftete Pfarrer Johann Ringmüller am 1. Mai 1697. Die Figur der Heiligen wurde 1962 gestohlen und durch eine etwas derbe Kopie ersetzt. Heute ist das Kirchlein gewöhnlich geschlossen und nur am 1. Mai den zahlreichen Besuchern der Kirchweih geöffnet, die schon vor 1360 auf den Berg gekommen sein sollen, um mit einem Markt und weltlichem Treiben recht unbekümmert der heiligen Äbtissin zu gedenken.

Walburgis-Kirchen und -Darstellungen

Bad Steben (Lkr. Hof), evang. Kirche, ehem. St. Walburgis
Bamberg, Kapelle auf der Altenburg
Benk (Lkr. Bayreuth), evang. Kirche, ehem. St. Walburgis, mit heiligem Brunnen
Büchenbach (Stadt Erlangen), kath. Pfarrkirche St. Sixtus, Walburga ist hier Nebenpatronin, spätgotische Figur
Burggrub (Lkr. Kronach), evang. Pfarrkirche, ehem. St. Laurentius, Flügelaltar
Mönchröden (Lkr. Coburg), evang. Kirche, ehem. Benediktinerklosterkirche St. Maria und Walburgis
Nürnberg, Kapelle auf der Burg, vorher St. Otmar
Kirchröttenbach (Lkr. Nürnberger Land), kath. Pfarrkirche
Külsheim (Lkr. Neustadt/Aisch), evang. Kirche, ehem. St. Walburgis, Figur um 1490
Weißenohe (Lkr. Forchheim), ehem. Klosterkirche St. Bonifaz, Darstellung der hl. Walburga mit ihrer Familie auf dem Hochaltar
Wiesenthau (Lkr. Forchheim), Wallfahrtskapelle auf dem Ehrenbürg, genannt »Walberla«

26. Februar
Hl. Dionysius von Augsburg

Der hl. Dionysius gilt als erster Bischof von Augsburg und Onkel der hl. Afra [→ 7. August]. Er soll mit ihr gemeinsam den Martertod erlitten haben. 1258 wurden seine Gebeine feierlich erhoben. Der Märtyrer darf nicht mit dem viel bekannteren hl. Dionysius von Paris [→ 9. Oktober] verwechselt werden.

27. Februar
Hl. Markward
(gest. 853)

28. Februar
Hll. Romanus und Lupizinus
(gest. 464 bzw. 480)

Januar

Februar

März

April

Mai

Juni

Juli

August

September

Oktober

November

Dezember

1. März
Hl. Albin
(gest. um 550)

2. März
Hl. Karl der Gute
Märtyrer
(um 1082/86–1127)

3. März
Hl. Kunigunde
(um 980–1033)

Zwischen den Jahren 998 und 1000 heiratete Kunigunde, das sechste von elf Kindern des Grafen Siegfried aus dem noch unbedeutenden Geschlecht von Lützelburg (Luxemburg) und seiner Frau Hedwig, Heinrich [→ 13. Juli], den Sohn des bayerischen Herzogs Heinrich des Zänkers. Noch immer rätseln die Historiker, wie es zu dieser unter dynastischen Gesichtspunkten nicht gerade ehrgeizigen Ehe gekommen ist, denn der junge Herzog hätte in den Hochadel einheiraten können. Wahrscheinlich hatte er am Hof Kaiser Ottos III. einen der Brüder Kunigundes kennengelernt. Das Leben der jungen, gebildeten Herzogin, die am 10. August 1002 nur wenige Monate nach ihrem Gemahl in Paderborn zur deutschen Königin gekrönt wird, ist von dem ihres Mannes kaum zu trennen. Sie teilte das unruhige Wanderleben, das sich die mittelalterlichen Herrscher ohne feste Residenz zumuteten. Von diesen für eine Frau besonders beschwerlichen Reisen berichten indirekt die zahlreichen Urkunden, die sie gemeinsam mit Heinrich unterzeichnete. Köln, Paderborn und immer wieder Bamberg sind die festen Bezugspunkte des Paares, Bamberg dabei die Lieblingsstadt, die Heinrich seiner Gemahlin nach der Hochzeit als Morgengabe geschenkt hatte. Als sich ihre Kinderlosigkeit abzeichnet, willigt Kunigunde ein, »Gott als Erben und an Kindes Statt« Bamberg anzuvertrauen: Gegen manche Widerstände gründet Heinrich 1007 nicht ohne politisches Kalkül, aber auch mit missionarischem Eifer und in tiefer Frömmigkeit das Bistum Bamberg, das er in den folgenden Jahren mit reichen Stiftungen ausstattet.

¶ Es scheint, als habe die kinderlos bleibende Ehe das Herrscherpaar fest zusammengeschweißt. Dem Mittelalter war es selbstverständlich, daß Unfruchtbarkeit auf die Frau zurückzuführen sei, und hätte sogar einem frommen Regenten Möglichkeiten an die Hand gegeben, einen Erben zu bekommen. Das Kaiserpaar aber hält sich die Treue und trennt sich selten. So nimmt Kunigunde sogar die Italienreise auf sich, um zusammen mit ihrem Gemahl am 14. Februar 1014 in Rom zur Kaiserin gekrönt zu werden.

Während seiner Fahrten übernimmt sie wiederholt die Regentschaft, Zeichen des großen Vertrauens und gleichen politischen Wollens. In vielen Urkunden des Kaisers findet sich die Formulierung »... auf die Fürbitte unserer Gattin Kunigunde ...«. Ohne Murren erträgt sie 1008 die strengen Maßnahmen Heinrichs gegen ihre eigene, unbotmäßige Verwandtschaft. Als die Kaiserin im Frühjahr des Jahres 1017 schwer erkrankt, gelobt sie die Gründung des Benediktinerinnen-Klosters Kaufungen (Hessen) aus dem Besitz des ihr übertragenen Königshofs Kassel. Selbstverständlich weilt Kunigunde auch an der Seite ihres Gemahls, als Heinrich am 13. Juli 1024 in seiner Pfalz Grona (bei Göttingen) stirbt. Ganz im Sinne des verstorbenen Kaisers ordnet sie die weltlichen Angelegenheiten des Reiches und übergibt nach der Wahl Konrads II. am 8. September 1024 die Reichskleinodien an den neuen König. Als sich der Todestag ihres Mannes jährt, nimmt Kunigunde aus der Hand des Mainzer Erzbischofs Ring und Schleier einer Benediktinerin und zieht sich nach Kaufungen zurück. Unter Verzicht auf alle Vorrechte lebt sie hier einfach und bescheiden im Kreise ihrer Mitschwestern. Nach dem Tod am 3. März 1033 soll der Leichnam an der Seite Heinrichs im Bamberger Dom aufgebahrt und bestattet worden sein.

¶ Die Legenden, die sich alsbald um das Leben der beliebten Kaiserin ranken, machen Kunigunde noch frömmer und großzügiger, als sie es vielleicht zu Lebzeiten war; ihre unfreiwillige Kinderlosigkeit wird zum marianischen Ideal der Jungfräulichkeit umgedeutet. Besonders hervorzuheben ist das Gottesurteil, dem sich Kunigunde unterziehen mußte, weil man bei Hofe an ihrer Treue zu Heinrich gezweifelt haben soll. Unbeschadet und lächelnd überstand sie reinen Gewissens den geforderten grausamen Gang mit bloßen Füßen über glühende Pflugscharen, die dann seit dem frühen 13. Jahrhundert zu ihrem Attribut wurden.

Eine andere Erzählung berichtet, daß sie die Bauarbeiter der Bamberger Kirche St. Stephan, die das Herrscherpaar 1009 gestiftet hatte, selbst entlöhnte. Die volkstümliche Überlieferung will sogar in Kunigunde die alleinige Stifterin sehen. In Anlehnung an das Gleichnis von den Arbeitern im Weinberg (Mt 20,1-10) kann jeder Arbeiter von Kunigunde nur genau den Lohn, der ihm nach seiner Leistung zusteht, aus einer Schüssel mit Münzen entnehmen.

¶ Bis gegen Ende des 12. Jahrhunderts schweigen die Quellen über Kunigunde; ihre Verehrung scheint hinter der ihres 1147 heiliggesprochenen Gemahls

zurückzustehen. Unter Papst Coelestin III. beginnen, von der Amtskirche gelenkt, die Vorbereitungen für ihre Kanonisation; zur Untermauerung entsteht die legendenhafte *Vita S. Cunegundis*. Kunigunde wird am 29. März 1200 heiliggesprochen, nachdem schon ein Jahr vorher das erste Wunder an ihrem Grab erfolgt war. Mit der feierlichen Erhebung ihrer Gebeine wartete man bis zum Hoftag am 9. September 1201. In Anwesenheit Philipps von Schwaben wurden ihre sterblichen Reste auf den Altar des Georgschors im Dom übertragen und später dahinter in einem »Kunigunden-Häuslein« ausgesetzt. Ihr Grab wurde von den Gläubigen fast stellvertretend zum Grab der Muttergottes besucht und verehrt. Seit 1513 liegen die Gebeine Kunigundes neben denen ihres Gemahls in dem weltberühmten Grabmal, das Tilman Riemenschneider für das Kaiserpaar schuf und mit Szenen aus deren Leben schmückte. Ihr Haupt ist in einem eigenen Reliquiar ausgestellt.

Kunigunde wird stets als prächtig und modisch gekleidete Herrscherin dargestellt. Szepter und Krone sowie ein Kirchenmodell oder die Pflugscharen sind ihre Attribute. Kunigunde ist die Patronin des Erzbistums Bamberg, der hoffenden Frauen und kranken Kinder. Aus Thymian flocht man in der Gärtnerstadt die »Kunigunden-Kränzlein«.

¶ Die kirchlichen Festkalender des Bistums vermerken nicht nur den Todestag der Heiligen, sondern auch den Tag ihrer Translation am 9. September als nahezu gleichrangiges Hochfest mit fest vorgeschriebener Liturgie und einer Prozession durch den Dom. Heute hat der Todestag Kunigundes das größere Gewicht; er wird als Namenstag aller Kunigunden der Diözese nach der Messe im Dom als volkstümliches Fest in der Alten Hofhaltung begangen, bei dem »frau« eifrig die »Kunigunden-Ringe« verzehrt. Ein gemeinsames Fest Kunigundes zusammen mit Kaiser Heinrich gab es übrigens nie.

Die Verehrung der Bistumspatronin nimmt nach der Kanonisation zu, der volkstümliche Kult verbreitete sich rasch und mit marianischen Zügen, die Kaiserin wurde die Bamberger Volksheilige schlechthin und stellte mit ihrer Beliebtheit den Gemahl in den Schatten. Als Beweis dafür kann die großzügige Weitergabe erbetener Kunigunden-Reliquien gesehen werden, so daß auch in anderen Bistümern Kirchen unter ihren Schutz gestellt werden und viele größere Gotteshäuser einen Heinrichs- und Kunigunden-Altar aufstellen. 1214 wird Heinrich und Kunigunde das Kon-Patronat des Klosters Michelsberg übertragen, spätestens seit 1285 gibt es im Bamberger Dom, seit 1307 in Klosterlangheim (Lkr. Lichtenfels) einen Heinrichs- und Kunigunden-Altar. In Ebrach findet die Verehrung der Kaiserin in einem Altarpatrozinium ihren Niederschlag und in der Weihe der gotischen Abteikirche am 9. September 1285, dem Festtag ihrer Translation. 1361 wird der dem heiligen Kaiserpaar geweihte Altar in der Kirche St. Stephan bereits erneuert, hier ist Kunigunde – allerdings ohne offiziellen Weihetitel – Kon-Patronin. Schließlich gilt auch die gegenüberliegende *Curia Caroli* als ihr Bamberger Wohnsitz.

Ist Kunigunde tränenschwer, dann bleibt gar oft die Scheune leer.

1231 wurde das Dorf Kunigundenreuth bei Bayreuth gegründet; in der Nähe von Lauf gibt es die Ortschaft »St. Kunigund«. Allein der hl. Kunigunde geweihte Kirchen und Kapellen entstehen, so vor 1348 – heute verschwunden – in Uttenreuth (Lkr. Erlangen-Höchstadt), um 1395 in Schnaittach, vor 1410 die Spital- und Friedhofskirche in Pottenstein sowie die Friedhofskirchen von Herzogenaurach und der Nürnberger Pfarrei St. Lorenz (1703 abgebrochen). Das Bamberger Stift St. Stephan hat in seinen Dörfern, besonders in Schnaittach und Bieberehren, den Kult der Bistumsgründer besonders gefördert, Kunigunde genoß jedoch immer die bevorzugte Verehrung. Als nach dem Zweiten Weltkrieg die Bamberger Bevölkerung stark angewachsen war, wurde 1953 in der Gartenstadt eine Kirche unter ihren Schutz gestellt.

Zahlreiche Kunstschätze erinnern an die hl. Kunigunde. Dazu gehören die überaus wertvollen, märchenhaft schönen Textilien aus dem frühen 11. Jahrhundert, die aus ihrem Besitz stammen sollen und heute im Diözesanmuseum zu sehen sind. Die mit Edelsteinen besetzte »ältere Kunigunden-Krone«, die Bischof Gunther zwischen 1063/65 dem Domschatz stiftete, gehörte zum Reliquiar und nicht zur Ausstattung der Heiligen. Vor Tageslicht geschützt und nur in abgedunkelten Ausstellungen zu bewundern, sind die liturgischen Prunkhandschriften, die seit dem 11. Jahrhundert das Kaiserpaar abbilden. Sie zusammenzustellen wäre eine eigene Veröffentlichung wert.

¶ Die früheste Skulptur der Kunigunde, um 1220 entstanden, dürfte die im Tympanon der Gnadenpforte des Bamberger Doms sein; zwischen 1225 und 1230 schuf ein jüngerer Meister die Kaiserin des Adamsportals. Die lebensgroße, gekrönte Kunigunde hält ein Kirchenmodell auf dem Arm und trägt ein schlichtes langes Kleid mit weitem Mantel, eine Tracht, die zu ihren Lebzeiten üblich war. Aus konservatorischen Gründen wurden diese und die anderen Skulpturen des Adamsportals in das Diözesanmuseum verbracht.

Nach dem 14. Jahrhundert entsteht eine unübersehbare Menge an Figuren, Reliefs, Gemälden und Drucken der außerordentlich beliebten Heiligen. Es ist fast schwieriger, eine Kirche zu finden, die kein Zeugnis ihrer Verehrung aufweist. Nur stichpunktartig und persönlich gefärbt kann hier neben den bekanntesten Kunstwerken wie dem Kaisergrab eine Auswahl sein: die im 14. Jahrhundert entstandene Figur der Kunigunde aus Pettstadt (Lkr. Bamberg), die heute im Historischen Museum Bamberg zu sehen und vor Ort durch eine lieblose, ja mitleiderregende Kopie ersetzt ist; oder der spätgotische Altar der Kirche von Dietenhofen (Lkr. Ansbach), einer Gründung Kunigundes. Zwei Reliefs der Feiertagsseite beziehen sich auf die bekanntesten Legenden, die Feuerprobe, d. h. das Gottesurteil, des Gangs über die glühenden Pflugscharen, und das Gleichnis vom gerechten Lohn beim Bau von St. Stephan. Das Pflugscharwunder ist 1775 auch als Altarbild für die Kirche von Pettstadt (Lkr. Bamberg) gemalt worden.

Kunigund macht warm von unt'.

Die das Volk rührende Zuneigung des kinderlosen Paares inspirierte die Künstler zu der innigen Bilderfindung der gemeinsam ein Dom-Modell tragenden Heiligen, denn über ihre Kirche und ihr Bistum sind die beiden verbunden. Wir finden sie als Relief auf dem nach 1435 entstandenen Grabmal des hl. Otto [→ 30. September] in der Bamberger Michaelskirche und auf dem Altar von Nankendorf (Lkr. Bayreuth), den die Werkstatt des Malers Paul Lautensack 1515 schuf. Als Altarbild stiftete es der Bamberger Domdekan Hertnid von Stein um 1480 in die Kirche St. Lorenz in Hof, als Fresko erscheint es in der Sakristei der gotischen Michaelskirche von Zeil (Lkr. Haßberge), das damals noch zu Bamberg gehörte. In den Kreis heiliger Jungfrauen ist Kunigunde im Flügelaltar der Kirche von Hirschfeld (Lkr. Kronach) aufgenommen.

Schier unübersehbar werden die Kunigunden-Skulpturen im Barock. Nach den Schrecken des 30jährigen Krieges entsann man sich dankbar der Bistumsgründer, die seither auf vielen Altären verehrt werden und oft den Kirchenpatronen zur Seite gestellt sind. Eine der schönsten Frauenskulpturen des 18. Jahrhunderts verdanken wir dem Bildhauer Johann Peter Benkert. 1744/45 schuf er eine überlebensgroße Kunigunde für die Untere Rathausbrücke in Bamberg. Mächtig und mütterlich steht sie da, gekrönt, im höfischen Kleid, festlich geschmückt, das Szepter in der Hand. Unvergleichlich ausdrucksvoll bleibt selbst in der Kopie noch ihr Lächeln: Es tröstet über den Verlust der anderen Brückenfiguren beim verheerenden Eisgang des Jahres 1784 hinweg, vielleicht sogar über die Banalität der modernen Brücke; der wahre Grund für ihr leises und hintergründiges Schmunzeln wird jedoch immer ihr Geheimnis bleiben. (Die originale Figur steht heute in der Bamberger Kirche St. Jakob.)

¶ Eine Besonderheit stellt der 1676 entstandene Bildstock in der sogenannten Kunigundenruh bei Bamberg dar. Hier ist die Legende vom Ringwurf der Kaiserin dargestellt.

Kunigunden-Kirchen

Bamberg, kath. Pfarrkirche St. Kunigunde
Bullenheim (Lkr. Kitzingen), Ruine der Kunigundenkapelle
Herzogenaurach (Lkr. Erlangen-Höchstadt), kath. Friedhofskirche
Pottenstein (Lkr. Bayreuth), kath. Spital- und Friedhofskirche
Schnaittach (Lkr. Nürnberger Land), kath. Pfarrkirche
Kunigundenruh (bei Bamberg), Kunigundenmarter

4. März
Hl. Kasimir von Polen
(1458–1484)

5. März
Hl. Olivia
Märtyrerin
(2. Jh.)

6. März
Hl. Fridolin
von Säckingen
(gest. 538?)

7. März
Hl. Perpetua
und
Hl. Felizitas
Märtyrerinnen
(gest. 203?)

8. März
Hl. Johannes
von Gott
(1495–1550)

9. März
Hl. Franziska Romana
(1384–1440)

10. März
Hl. Johannes Ogilvie
Märtyrer
(um 1580–1615)

11. März
Hl. Johannes
Baptista Righi
(1469–1539)

12. März
Hl. Fina
(gest. 1253)

13. März
Hl. Eldrad
(gest. um 840)

14. März
Hl. Einhard
(gest. 840)

Einhard, der gebürtige Mainfranke und berühmte Berater Karls des Großen, ist Historikern vor allem wegen seiner Biographie des karolingischen Kaisers bekannt. Er überführte die Gebeine der hll. Petrus und Marzellinus [→ 2. Juni] in die von ihm errichtete Kirche in Steinbach/Odenwald, heute als Einhards-Basilika bekannt, später nach Seligenstadt. Einhard starb am 14. März 840.

15. März
Luise de Marillac
(1591–1660)

Gemeinsam mit dem hl. Vinzenz von Paul [→ 27. September] gründete Luise in Paris den Orden der »Töchter der christlichen Liebe«, die »Vinzentinerinnen«, deren Generaloberin sie wurde.

16. März
Hl. Gummar
(gest. um 774)

17. März
Hl. Gertrud
von Nivelles
(626–659)
auch Gertraud

Die hl. Gertrud, germanisch »die Speerträgerin«, ist eine Tochter Pippins d. Ä., des mächtigen Hausmeiers der Merowinger und Stammvaters der Karolinger. Wenige Jahre nach ihrem Tod zeichnete ein Mönch ihre Vita auf. Ihr

Geburtsort ist Nivelles (Belgien). Nachdem sie sich für ein geistliches Leben entschieden hatte, wurde sie als junge Frau Äbtissin des von ihrer Mutter Itta gegründeten Klosters. Dort widmete sie sich nicht nur der Anfertigung feinster Handarbeiten, sondern – für eine Frau des Mittelalters sicher ungewöhnlich – unter der Anleitung irischer Mönche dem Studium der Bibel und der Pflege der Liturgie, besonders aber der Anlage einer großartigen Bibliothek. Daneben galt ihre Sorge den Menschen, sie gründete eines der ersten Spitäler für Pilger und Reisende, auch um die Armen kümmerte sie sich. Unter ihrer Leitung wurde die Abtei zu einem kulturellen Mittelpunkt am Niederrhein und Zentrum der Mission. Ihre Gesundheit war dem entbehrungsreichen Klosterleben nicht lange gewachsen, sie starb am 17. März 659 während der heiligen Messe.

¶ Schon unter der dritten Äbtissin entstand in Nivelles eine Kirche zu Ehren der hl. Gertrud, die alsbald zu einer Hausheiligen der Karolinger werden sollte. Seit dem 9. Jahrhundert ist ihre Verehrung in Mainfranken nachgewiesen; die lokale Tradition wollte sie sogar zur Gründerin der nicht mehr bestehenden Klöster Karlburg und Neustadt am Main (beide Lkr. Main-Spessart) machen, die zu karolingischen Königshöfen gehörten. Gertrud soll vor einer erzwungenen Ehe hierher geflüchtet sein.

Ist St. Gertraud sonnig,
wird's dem Gärtner wonnig.

Die hl. Gertrud wird in Ordenstracht dargestellt, manchmal klettern Mäuse auf ihren Äbtissinnenstab. Im Volksglauben gehört sie zu den beliebten Frühlingsbotinnen, die »erste Gärtnerin« wurde zur Schutzheiligen dieses Berufsstandes; so manche Bauernregel rankt sich um den Gertrudistag. Ihre Sorge für wandernde Mönche und Pilger machte sie zur Patronin der Reisenden. Viele ihrer Legenden sind mit germanischen Bildern durchsetzt, da sich ihre Kunst im Weben und Spinnen mit den Zügen der Göttin Frigga vermischt. Aus ihrem germanischen Namen leitet sich das Patronat für die »Letzte Reise« der Verstorbenen ab, die sie nach der Überlieferung in der ersten Nacht nach dem Tod bei sich aufnimmt. Die speerbewehrten Töchter des Donnergottes sollen nämlich die gefallenen Helden nach Walhall geleitet haben.

Wie im Bistum Würzburg gehört Gertrud auch in Bamberg zu den besonders verehrten Heiligen. Der im Jahr 1065 auf einer Pilgerfahrt in Ungarn verstorbene Bischof Gunter (1057–1065) wollte vor dem Altar der hl. Gertrud im Bamberger Dom beerdigt werden. Seither gab es nahezu kontinuierlich eine Gertruden-Kapelle im Dom. Seit 1127 gehörte ein in Kristall gefaßter Finger der Heiligen zum Domschatz; das in der Säkularisation verlorengegangene »Gertrudenkreuz« hielt man lange für die Gabe, die Heinrich II. seiner Gattin Kunigunde anstelle eines Traurings überreicht hatte. Am 28. April 1737 weihte Fürstbischof Friedrich Karl von Schönborn (1708–1746) einen neuen Gertruden-Altar. Hofmaler Scheubel zeigt auf dem Altarblatt die Heilige in Anbetung der Madonna. Auf volkstümliche Attribute ist bis auf Buch und Stab verzichtet. 1837 verkaufte man bei der Purifizierung des Doms diesen Altar für 20 Gulden nach Roschlaub bei Scheßlitz, wo er seitdem in großem Ansehen steht.

¶ Bischof Otto I. hat die hl. Gertrud sehr verehrt und 1102/03 im Gedenken ihrer Gastfreundschaft für Reisende in Bamberg das Gertruden-Spital gegründet. Er verbreitete ihren Kult in Kärnten und ganz Österreich. Die zum Spital gehörende Kirche wurde 1867 für den Durchbruch der Luitpoldstraße als Verbindung zum neuen Bahnhof abgebrochen. Eine der hl. Gertrud geweihte Pfarrkirche gibt es in Wachenroth, einer iroschottischen Gründung, Urpfarrei und Eigenkirche des Würzburger Bischofs, die erst 1821 ganz zum Bistum Bamberg kam. Zu ihrer Ausstattung gehört eine kleine gotische Figur der Äbtissin mit Buch und Stab, die um 1400 entstand, sowie eine größere spätgotische Figur aus einem Wandelaltar. Die Kirche der hl. Gertrud in Oberzenn ist heute evangelisch; kein Kunstwerk erinnert hier mehr an die Patronin.

¶ Die hl. Gertrud von Nivelles darf nicht mit der ebenfalls heilig gesprochenen Zisterzienseräbtissin Gertrud von Helfta [→ 16. November] verwechselt werden.

18. März
Hl. Cyrill
(gest. 386)

19. März
Hl. Joseph

Aus dem Geschlecht Davids stammte der tugendhafte Zimmermann Joseph; er lebte in Nazareth. Im Hebräischen bedeutet sein Name der »Vermehrer«. Nachdem er sich mit Maria verlobt hatte, wurde ihr die Geburt Christi verkündet, sie war schwanger. Im Traum von einem Engel über die wunderbare Empfängnis Mariens unterrichtet, blieb Joseph bei ihr, denn er hatte sie wegen ihrer vermeintlichen Untreue heimlich verlassen wollen (Mt

1,18-21): »Fürchte dich nicht, Maria zu dir zu nehmen; denn was in ihr gezeugt worden, das ist vom Heiligen Geiste.« Die eheliche Gemeinschaft nahm er nach Meinung der Kirchenlehrer mit seiner jungen Frau jedoch nicht auf. Gemeinsam mit Maria macht er sich auf den Weg zur Volkszählung nach Bethlehem, wo Jesus geboren wird. Diesen Namen gab ihm Joseph, wie der Engel geboten hatte. Als König Herodes befahl, alle Knaben bis zum Alter von drei Jahren zu ermorden, floh Joseph wieder auf Weisung eines Engels mit seiner Familie nach Ägypten. Erst nach dem Tod des Königs kehrten sie in ihre Heimat zurück. Vermutlich starb Joseph vor dem ersten öffentlichen Auftreten Jesu.

In der koptischen Kirche beginnt die Verehrung des Nährvaters Christi früher als im westlichen Abendland, das das juristisch nur schwer verständliche Vaterschaftsverhältnis Josephs nicht recht einzuordnen weiß. Immerhin erwähnt ihn ein Martyrologium des Klosters Reichenau erstmals 850. Die theologische Deutung Josephs in der Heilsgeschichte beginnt mit Bernhard von Clairvaux [→ 20. August] im 12. Jahrhundert, der Kult verbreitet sich über die Orden. Erst 1487 führte der Franziskanerpapst Sixtus IV. sein Fest am 19. März in das römische Brevier ein, einem Tag, der in der Antike Minerva, der Göttin der Handwerker, vorbehalten war. Im November 1675 machte Kaiser Leopold I. den hl. Joseph zum Patron des Deutschen Reiches. Die Jesuiten haben ihn als Vermittler zu Jesus angerufen und damit die ausschließlich marianische Verbindung aufgelöst. Einen Höhepunkt erlebte sein Kult im 19. Jahrhundert, was nicht zuletzt an der Häufigkeit des Namens Joseph abzulesen ist.

¶ Reliquien des hl. Joseph gibt es nicht, 1254 brachten Kreuzfahrer die nach der Legende von Maria genähten Kleider ihres Mannes nach Joinville (Frankreich).

Seit dem Spätmittelalter entwickelten sich verschiedene Darstellungen des hl. Joseph, zuerst im Rahmen der heiligen Sippe oder der Kindheit Jesu. Im Barock hält er als Einzelfigur das Jesuskind auf dem Arm, ein Bild, das auf die Visionen der hl. Theresa von Avila [→ 15. Oktober] zurückgeht. Gern gibt man ihm Zimmermannsgeräte und wegen seiner Keuschheit eine Lilie als Attribut. Ein blühender Stab erzählt von der Verlobung mit Maria: Der Hohepriester hatte allen unverheirateten Männern befohlen, eine Rute zum Tempel zu bringen, damit über die Vermählung des Mädchens entschieden werden könne. Joseph, der als älterer Mann gar nicht heiraten wollte, fand seine Rute plötzlich blühend, eine Taube ließ sich darauf nieder; die göttliche Vorsehung wurde offensichtlich, der Verlobung stand nichts mehr im Wege.

¶ Joseph ist Patron der ganzen Kirche, vor allem Bayerns, sowie zahlreicher Bruderschaften und Vereine, der christlichen Familie und der Keuschheit. Handwerksberufe, wie die Zimmerleute, Schreiner, Wagner und Holzhauer haben ihn zum Schutzheiligen, auch die Ingenieure, Verbannten, Erzieher, Jugendlichen und Waisen. Seine Hilfe sucht man bei Augenleiden und in verzweifelten Lagen, schließlich bittet man ihn um einen guten Tod.

Der erste Josephs-Altar wird 1451 anläßlich der Rekonziliation des Hochaltars in der Nürnberger Heilig-Geist-Kirche erwähnt. 1518 folgt ein Altar in der Kapelle des Bamberger Siechenhauses in der Hallstadter Straße. Seit 1610 fördert der ansässige Jesuitenorden die Verehrung des hl. Joseph im Bamberger Land. 1745 findet sich in der neuerbauten Karmeliten-Kirche eine »josephinische Bruderschaft« zusammen. Als einziges Retabel der wertvollen furnierten Barockausstattung konnte der Josephs-Altar 1903 aus der Kirche in Gaustadt zurückgekauft werden.

¶ Die ersten Kirchenbauten unter dem Schutz des hl. Joseph dürften um 1700 in Heuchelheim und 1789 in Leups entstanden sein. 1808 erhält Gaustadt seine Pfarrei St. Joseph. Im Laufe des 19. Jahrhunderts werden zahlreiche Kirchen und Kapellen unter seinen Schutz gestellt, so in Behringersdorf, Bubenreuth und Hannberg, ferner in Melkendorf, Rehau, Schwarzenstein und Zirndorf; der Kult erlebt jetzt seinen Höhepunkt.

Viele kirchliche Bildprogramme des Barock sehen einen Josephs-Altar vor; einer der schönsten dürfte jener in der Wallfahrtskirche Gößweinstein sein, den Martin Mutschele nach Wachsmodellen von Johann Peter Benkert 1742/43 aus Stuckmarmor modellierte. Wie Friedrich Theiler mit seinen Figuren unser Bild des hl. Wendelin [→ 20. Oktober] prägte, so hat die Bamberger Werkstatt der Familie Mutschele in ihren innigen Statuen des zärtlich das Jesuskind schaukelnden Joseph einen Typus geschaffen, der vielen anderen zum Vorbild wurde. Auf dem Hochaltar der Kirche von Leups ist der Tod des hl. Joseph dargestellt, ein Thema, das auf sein Patronat für einen guten Tod verweist. Eine barocke Vorstellung des Heiligen als Zimmermann zeigt das Gemälde des Josephs-Altars in Trunstadt. Er sitzt in seiner Werkstatt und hält schützend die Hand vor den Jesusknaben, Engel bringen einen Lorbeerkranz.

Als Skulptur mit Jesuskind auf dem Arm gehört er zu vielen Marienaltären, z. B. in Kirchenpingarten (Lkr. Bayreuth) und in Pettstadt (Lkr. Bamberg), während in Pretzfeld (Lkr. Forchheim) ein zarter, blühender Stab des verinnerlichten Heiligen auf das Wunder seiner Erwählung als Beschützer Mariens anspielt. Hier wird deutlich, daß Joseph die Rolle des greisen Statisten verlassen hat und als Ehemann und Ziehvater neben Maria stehen kann.

¶ Die »Heilige Familie« ist eine Bilderfindung der Gegenreformation, sie zeigt Maria und Joseph mit dem Jesusknaben in der Mitte, wobei ihre Flucht nach Ägypten der familiären Innigkeit untergeordnet wird. Als »irdische Dreifaltigkeit« kommt ihr eine eigene theologische Bedeutung zu. In Kirchschletten (Lkr. Bamberg) hat man diese Szene zum Hochaltarbild gewählt; wahrscheinlich hat der Würzburger Maler Georg Sebastian Urlaub die vertraute Szene in warmen Farben festgehalten. Einem besonders zärtlichen Joseph, der am Boden kniend das Christuskind in seinen Armen wiegt, begegnen wir auf dem Josephs-Altar der ehemaligen Klosterkirche Ebrach. Die Pfarrei Geiselwind schließlich bewahrt eine spätbarocke Zunftstange der Zimmerleute auf, die den hl. Joseph mit Winkeleisen und Hacke als Patron und Vertreter dieses traditionsreichen Berufstandes ehrt.

Josephs-Kirchen und ausgewählte -Darstellungen

Bamberg, St. Joseph (im Hain)
Bamberg, St. Gangolf, Josephs-Altar, nach 1753
Bamberg, St. Michael, überlebensgroße barocke Figur
Behringersdorf (Lkr. Nürnberger Land), kath. Kirche
Bubenreuth (Lkr. Erlangen-Höchstadt), kath. Kirche
Ebrach (Lkr. Bamberg), ehem. Zisterzienserklosterkirche, Josephs-Altar
Forchheim, St. Martin, Josephs-Altar
Gaustadt (Stadt Bamberg), kath. Pfarrkirche
Geiselwind (Lkr. Kitzingen), kath. Pfarrkirche St. Burkard, Josephs-Altar
Gößweinstein (Lkr. Forchheim), Wallfahrtskirche, Josephs-Altar
Hannberg (Lkr. Erlangen-Höchstadt), kath. Kirche
Heuchelheim (Lkr. Bamberg), kath. Filialkirche
Kirchschletten (Lkr. Bamberg), kath. Pfarrkirche St. Johannes d. T., Hochaltarbild
Leups (Lkr. Bayreuth), kath. Kirche
Melkendorf (Lkr. Bamberg), kath. Kapelle
Nürnberg, evang. Stadtpfarrkirche St. Lorenz, spätgotischer Annen-Altar
Rehau (Lkr. Hof), kath. Kirche
Scheinfeld (Lkr. Neustadt/Aisch), kath. Pfarrkirche Mariae Himmelfahrt, Josephs-Altar 1775
Schwarzenstein (Lkr. Hof), kath. Kirche
Trunstadt (Lkr. Bamberg), kath. Pfarrkirche St. Petrus und Marzellinus, Nebenaltar
Zirndorf (Lkr. Fürth), kath. Kirche

20. März
Hl. Wulfram von Sens
(gest. um 720)

21. März
Hl. Richeza
(gest. 1063)

22. März
Hl. Lea
(gest. um 384)

23. März
Sel. Merbot
(gest. 1110)

24. März
Hl. Katharina von Schweden
(1331–1381)

Die Tochter der hl. Birgitta von Schweden [→ 23. Juli] reiste mit ihrer Mutter nach Rom und wurde ihre Schülerin. Jung verwitwet leitete sie nach dem Tod Birgittas Kloster Vadstena und erlangte vom Papst die Bestätigung des Birgittenordens. Sie starb am 24. März 1381 in ihrem Kloster.

25. März
Mariae Verkündigung

Seit dem 6. Jahrhundert gedenken Christen heute der Verkündigung der Geburt Christi durch den Erzengel Gabriel [→ 29. September] an die Jungfrau Maria (Abb. S. 77). Seit dem Mittelalter wird diese Szene in einer intimen Stube dargestellt, Maria kniet lesend an einem Pult, wo der hereinrauschende Engel sie überrascht. Ein verschlungenes Spruchband verkündet die Botschaft »Ave Maria gratia plena«, eine Vase mit Lilien symbolisiert die Reinheit Mariens.

26. März
Hl. Liudger von Münster
(um 742–809)

27. März
Hl. Haimo
(gest. 853)

28. März
Hl. Guntram
(um 525–592)

29. März
Hl. Ludolf
Märtyrer
(gest. 1250)

30. März
Sel. Amadeus
von Savoyen
(1435–1472)

31. März
Hl. Benjamin
Märtyrer
(gest. 422)

Januar
Februar
März
April
Mai
Juni
Juli
August
September
Oktober
November
Dezember

1. April
Hl. Hugo von Grenoble
(1053–1132)

Der Franzose Hugo wurde 1080 Bischof von Grenoble (Frankreich) und hatte dieses Amt über 50 Jahre bis zu seinem Tod inne. In dieser Zeit war er an der Gründung einiger wichtiger Klöster maßgeblich beteiligt: 1084 ermöglichte er die Gründung der »Großen Kartause«, der Keimzelle des Kartäuserordens, und um 1100 des Benediktinerklosters Chalais. Er starb am 1. April 1132 und wurde in der Kathedrale seiner Bistumsstadt begraben. Schon 1134 erfolgte die Heiligsprechung. Während der Hugenottenkriege hat der Mob die sterblichen Überreste Hugos öffentlich verbrannt.

¶ Hugo ist meist als Bischof mit Mitra und Stab, aber in das helle Gewand der Kartäuser gekleidet, dargestellt, drei Blumen sind sein Attribut. So sehen wir ihn auf einem Außenflügel des Wolfgang-Altars von Puschendorf (Lkr. Fürth), der um 1490 entstanden war. Dieser ungewöhnliche Heilige auf dem Altar einer kleinen ländlichen Wallfahrtskirche belegt die Grundherrschaft des Nürnberger Kartäuserklosters, das den Ort an der alten Reichsstraße von Köln nach Regensburg 1466 gekauft hatte.

2. April
Hl. Franz von Paula
(gest. 1507)

3. April
Hl. Richard von Chichester
(gest. 1253)

4. April
Hl. Isidor von Sevilla
(560–633)

5. April
Hl. Vinzenz von Ferrer
(um 1350–1419)

Wohl der berühmteste Heilige unter denen, die den etwas aus der Mode gekommenen Namen Vinzenz tragen, ist der Mönch Vinzenz Ferrer. Um 1350 in Valencia (Spanien) geboren, trat der Sohn eines Notars jung in den Dominikanerorden ein. Sein Studium der Philosophie und Theologie schloß er mit der Doktorwürde ab, um Lehrer an der Domschule seiner Heimatstadt zu werden. Da er sich als Prediger hervortat, rief ihn Papst Benedikt XIII. an seinen Hof in Avignon (Frankreich), machte ihn zu seinem Beichtvater und 1395 zum Magister des apostolischen Rats.

¶ Vinzenz kämpfte vergebens gegen die Kirchenspaltung und begann schließlich 1399 seine zehn Jahre dauernde Reise durch halb Europa, bei der er Tausende bekehrt haben soll. Unermüdlich setzte er sich für den Glauben ein und predigte gegen die Verderbnis der Sitten, die nach den großen Pestwellen in Europa das Volk erfaßt hatte. Nach einer Zeit als Beichtvater am Hof Ferdinands I. von Aragon und dem endgültigen Bruch mit dem Papst zog er rastlos durch Frankreich. Nach schwerer Krankheit starb er am 5. April 1419 in Vannes (Bretagne). 1455 wurde er heiliggesprochen.

¶ Vinzenz trägt das Gewand der Dominikaner, auf der Brust mit einer Sonne und dem Monogramm Christi verziert. Weitere Attribute sind Buch, Kreuz und eine Flamme. Er ist der Patron der Bleigießer und Dachdecker, den man bei Epilepsie, Besessenheit und Kopfweh anruft. Seine Fürbitte gilt einer guten Heirat, Fruchtbarkeit und einem friedlichen Tod.

¶ In Bamberg führte der Dominikaner-Orden die Verehrung des hl. Vinzenz Ferrer ein. In der Kirche im Sand stand möglicherweise seine barocke Skulptur (1718) auf dem Dominikus-Altar [→ 8. August] als Pendant zu Thomas von Aquin [→ 28. Januar]. Um 1752 weihte man ihm einen eigenen Altar mit einem Gemälde von Johannes Zick. Es zeigt den versöhnlich gestimmten Vinzenz, der einen auf Stroh gebetteten Gichtbrüchigen heilt. Nach der Säkularisation verkaufte man den Altar in die Pfarrkirche von Hollfeld (Lkr. Bayreuth), die so zu einem ungewöhnlichen Bildprogramm gekommen ist. In der heute als Konzertsaal genutzten Bibliothek der Bamberger Dominikaner ist der predigende hl. Vinzenz in ein Medaillon der Decke gemalt.

6. April
Hl. Petrus Märtyrer
(um 1205–1252)

Petrus (Abb. unten) kam um 1205 in Verona (Italien) als Sohn eines Ehepaars zur Welt, das zur Sekte der Katharer gehörte. Die Irrlehre der Eltern ablehnend, schloß er sich während des Studiums in Bologna dem neuen Orden der Dominikaner an. Er war besessen von dem Wunsch, seinem Lehrer, dem hl. Dominikus [→ 8. August], in allem nachzueifern, ja ihn vielleicht sogar zu übertreffen. Der junge Mönch hatte sich jedoch zuviel vorgenommen und erkrankte schwer. Erst nach seiner Genesung wurde er zum Priester geweiht und entwickelte sich zum wortgewalti-

gen Prediger, der in Norditalien gegen die Ketzer wetterte. Das Volk liebte seine engagierten Reden, die er auf Kirchentreppen, Kanzeln und öffentlichen Plätzen hielt. Trotz mancher Verleumdung erhoben ihn seine Brüder zum Prior der Abtei Como. Seit 1251 leitete er die päpstliche Inquisition in Oberitalien. Gerecht und gütig soll er dieses Amt des kirchlichen Untersuchungsrichters ausgeübt haben, immer das Ziel der Bekehrung Ungläubiger, nicht deren Bestrafung vor Augen.

¶ Der Unmut der Katharer wuchs angesichts dieser Erfolge, seine Ermordung wurde beschlossen. Am 6. April 1252 überfielen ihn gedungene Mörder auf dem Weg von Como nach Mailand; sie spalteten seinen Schädel mit einem Beil. Sterbend soll Petrus mit dem eigenen Blut das Wort *credo* – »ich glaube« – in den Staub der Straße geschrieben haben. Seine Brüder konnten nur noch die Leiche nach Mailand bringen; schon ein Jahr später wurde Petrus heiliggesprochen. Wegen seines gewaltsamen Todes erhielt er den Beinamen Märtyrer.

Petrus Märtyrer wurde in Norditalien zu einem der beliebtesten Heiligen und Wundertäter. Zahlreiche (und nicht immer echte) Reliquien und bedeutende Kunstwerke erinnern an ihn. Man stellt ihn mit Märtyrerpalme, vor allem aber mit einem Beil dar, das tief in seiner Schädeldecke steckt. Weil er für den bedingungslosen Glauben seines Ordens starb, wurde Petrus zum Patron der Dominikaner. Auch die Wöchnerinnen und die unter Kopfweh Leidenden rufen ihn an. Seine Fürsprache schützt vor Häresie, Blitz und Sturm.

¶ In der Diözese Bamberg wie in ganz Deutschland ist Petrus Märtyrer nicht zum Volksheiligen geworden. Man findet ihn nur im Zusammenhang mit den Dominikanern. Aus der Bamberger Dominikanerinnen-Kirche Hl. Grab kam nach der Säkularisation eine spätgotische Skulptur des Heiligen in das nach einem Brand wieder aufgebaute Gotteshaus von Strullendorf (Lkr. Bamberg).

7. April
Hl. Johann Baptist de La Salle
(1651–1719)

8. April
Hl. Walter
(gest. 1099)

9. April
Hl. Waldetrudis
(gest. um 686)
auch Waltraud, Traudel

Waldetrudis, die ältere Schwester der hl. Aldegunde [→ 30. Januar], hatte auf Wunsch der Eltern geheiratet und vier Kinder zu frommen Christen erzogen. Als Witwe gründete Waldetrudis, deren althochdeutscher Name »die waltende Göttliche« bedeutet, ein Kloster bei Mons (Belgien), dem sie als Äbtissin vorstand. Almosen, die sie an Arme verteilte, sollen sich auf wunderbare Weise vermehrt haben. Besondere Verdienste erwarb sie sich um Aldegunde, die sie in ihrem Kloster aufnahm und bestärkte, ein Leben in Keuschheit zu führen. Die Heiligsprechung der Waldetrudis erfolgte 1250; ihre Schädelreliquie wird am Sonntag Trinitatis in einer Prozession durch die Stadt Mons, deren Patronin sie ist, getragen.

¶ Waldetrudis wird als Nonne dargestellt, manchmal mit ihren Töchtern, meist mit einem Kirchenmodell. Ihre Verehrung bleibt auf Belgien und den Niederrhein beschränkt. – Der Mädchenname Waltraud war noch vor einer Generation recht beliebt.

¶ Von der Schwester der auf dem Staffelberg (Lkr. Lichtenfels) so hoch verehrten hl. Aldegunde hat sich im Bistum Bamberg keine Abbildung finden lassen. Nicht einmal die großen barocken Tafelbilder in der Bergkapelle erinnern an sie.

10. April
Hl. Magdalena von Canossa
(1774–1835)

11. April
Hl. Reiner von Osnabrück
(gest. 1233)

12. April
Hl. Zeno
(gest. um 372)

13. April
Hl. Hermenegild
(gest. 585)

14. April
Hl. Lidwina
(1380–1433)

15. April
Hl. Nidker
(gest. nach 829)

16. April
Hl. Bernadette Soubirous
(1844–1879)

Die junge Bernadette hatte im Jahr 1858 achtzehn Erscheinungen der Unbefleckt Empfangenen Gottesmutter Maria in einer Grotte bei Lourdes (Frankreich). Der kleine Ort wurde in den folgenden Jahren zu einer der bedeutendsten Marienwallfahrten, zu der alljährlich hunderttausende Gläubige pilgern. Zahlreiche öffentliche und private Lourdes-Grotten erinnern mit ihren typischen, hellblauweiß gefaßten Marienskulpturen in unseren Städten und Dörfern an die Erscheinungen. Bernadette starb als bescheiden dienende Schwester in einem Caritas-Heim in Nevers am 16. April 1879.

17. April
Hl. Eberhard von Wolfegg
(gest. um 1180)

18. April
Hl. Wikterp von Augsburg
(gest. um 771?)

19. April
Hl. Leo IX.
(1002–1054)

20. April
Sel. Hildegund von Schönau
(gest. 1188)

Hildegund pilgerte mit ihrem Vater, einem reichen Bürger aus Neuß, ins Heilige Land. Nach seinem Tod fern der Heimat, verkleidete sie sich als Junge und trat als Novize namens Joseph in das Zisterzienserkloster Schönau ein. Hier verbarg sie ihr Geschlecht mit strenger Disziplin, so daß es erst nach ihrem Tod im Jahr 1188 entdeckt wurde. Man bestaunte das Wunder und ersetzte in der Leichenrede das Wort Mönch durch »Mönchin«.

¶ Die Verehrung der Frau im Mönchsgewand blieb auf die Zisterzienser beschränkt. Hildegund darf nicht verwechselt werden mit der Hildegund von Münchaurach [→ 14. Oktober].

21. April
Hl. Bruder Konrad von Parzham
(1818–1894)

Viel bekannter als der im Mittelalter verehrte hl. Konrad von Regensburg [→ 26. November] ist heute der hl. Bruder Konrad. Johannes Evangelist Birndorfer wird 1818 als elftes von zwölf Kindern auf einem wohlhabenden oberbayrischen Hof im Rottal geboren. Jung verwaist, arbeitet er als Bauer, zeichnet sich aber durch sein frommes, weltabgewandtes Leben aus, das ganz und noch etwas unbeholfen der Verehrung Gottes gewidmet ist. 1849 verzichtet er auf sein Erbe und kann nach langen Jahren der Vorbereitung als Laienbruder Konrad in den Kapuzinerorden eintreten. Geduldig verbringt er den Rest seines Lebens fast ohne Unterbrechung an der Pforte des St. Anna-Klosters in Altötting. Hier hat er für alle ein Ohr und ein freundliches Wort, für Bettler stets auch ein Essen bereit; schon zu Lebzeiten wächst ihm der Ruf des Heiligmäßigen zu. Nach seinem Tod am 21. April 1894 beginnen die Mitbrüder mit Aufzeichnungen über die Gebetserhörungen an seinem Grab, 1930 wird Konrad von Parzham selig, 1934 heilig gesprochen.

¶ Seither haben viele Kirchen künstlerisch schlichte, aber eindrucksvolle Skulpturen des bescheidenen Kapuzinermönchs angeschafft. In allen Nöten kann man auf die Fürsprache des Patrons der Pförtner und Burschenvereine vertrauen.

21. April
Hl. Anselm von Canterbury
(um 1033–1109)

Anselm war Abt im französischen Kloster Rouen, bevor ihn Wilhelm der Eroberer nach der Einnahme Englands auf Drängen des Klerus zum Erzbischof nach Canterbury ernannte. Anselm setzte sich entschieden für die Freiheit der Kirche gegenüber der weltlichen Macht ein, wurde deshalb zweimal verbannt, aber jedesmal zurückgeholt. Die theologischen Schriften des wichtigen Scholastikers galten der Unbefleckten Empfängnis Mariens. Er starb 1109 und wurde 1494 heiliggesprochen. Erst 1720 hat ihn der Papst als Kirchenlehrer anerkannt.

¶ Der hl. Anselm war zusammen mit den hll. Oswald [→ 5. August], Sebastian [→ 20. Januar] und der Muttergottes Patron der Kirche von Möhrendorf (Lkr. Erlangen-Höchstadt); eine bildliche Darstellung des Erzbischofs hat sich hier nach der Einführung der Reformation und an anderer Stelle des Bistums nicht erhalten.

22. April
Hl. Kajus
(gest. um 295)

23. April
Hl. Georg
Märtyrer
(gest. um 303)

auch Jörg

Eusebius, der Vater der Kirchengeschichte und Theologe am Hof Kaiser Konstantins [→ 21. Mai], berichtete als erster von einem jungen christlichen Offizier aus der römischen Provinz Kappadokien (Türkei). Mutig und standhaft sprach er sich gegen ein kirchenfeindliches Edikt Kaiser Diocletians aus und wurde für seinen Glauben an einem 23. April enthauptet: entweder in Nikodemia (heute Izmir/Türkei) oder in Lydda (nahe Jerusalem). Schon während seiner Leiden und am Begräbnisplatz sollen zahlreiche Wunder geschehen sein.

¶ Eindeutige Urkunden darüber oder eine Lebensbeschreibung des Märtyrers, den wir als hl. Georg verehren, gibt es nicht. Sein Kult ist in Rom bereits vor 482 anzunehmen. Seine romanhafte Vita wurde immer weiter ausgeschmückt. Die byzantinische, später auch die römische Kirche warnte mehrfach vor den nicht beweisbaren Geschichten; Papst Paul VI. ließ nach dem Zweiten Vatikanum den hl. Georg aus dem offiziellen Heiligenkalender streichen, die private Verehrung ist aber weiterhin erlaubt.

¶ Dies alles hat die Gläubigen nie an der Verehrung des hl. Georg gehindert, die von den Kreuzfahrern besonders gefördert worden war. Sie berichteten wiederholt, der Heilige habe zu ihren Gunsten in die Schlacht eingegriffen und brachten zahlreiche Reliquien mit.

¶ In erster Linie verbindet man den hl. Georg mit dem Drachenkampf, ein in vielen Religionen bekanntes Symbol für den Kampf gegen das Böse. Er taucht jedoch erst nach der Jahrtausendwende in der Buchmalerei auf und erfuhr durch die *Legenda aurea* des Jakobus von Voragine zwischen 1245 und 1273 seine endgültige Ausprägung: Ein giftiger Drache soll die Stadt Silene bedroht und zunächst täglich zwei Schafe, später je einen Jüngling und ein Mädchen gefordert haben. Schließlich fiel das Los auf die einzige Tochter des Königs. In dieser ausweglosen Situation nahm allein der Ritter Georg den Kampf mit dem Untier auf. Nachdem er ihm schwere Verletzungen zugefügt hatte, führte die Prinzessin es an ihrem Gürtel in die Stadt. Georg gab sich als Christ zu erkennen, der ausgezogen war, das Ungeheuer zu besiegen und die Einwohner zu bekehren. Erst als alle getauft waren, erschlug er den Drachen. Manche Texte verknüpfen die Prinzessin mit der Drachenbezwingerin Margareta [→ 20. Juli].

Den grausamen Foltern, denen Georg trotz seines Sieges ausgesetzt war, ist ein ausführlicher Legendenstrang gewidmet. Neben der Enthauptung sind seine Räderung, das Zu-Tode-geschleift-Werden und andere Martern genannt. Sie haben im Strafrecht des Mittelalters ihre Wurzeln.

¶ Der Drache ist das Attribut des hl. Georg. Er liegt entweder besiegt zu seinen Füßen oder wird noch vom Pferd aus bekämpft. Die Prinzessin und ihre Eltern ergänzen manchmal diese Szene. Oft hat Georg eine weiße Fahne mit rotem Kreuz oder einen Schild dabei. Bis zur Reformation waren szenenreiche Zyklen mit der Schilderung seiner Martern sehr beliebt. Seine enge Verbundenheit mit der Muttergottes, als deren Beschützer er gilt, zeigen viele Gemälde.

Als Inbegriff der kämpferischen christlichen Tugend wurde er neben Mauritius [→ 22. September] zum Schutzheiligen des Adels schlechthin und blieb es in Franken auch nach der Reformation für beide Konfessionen. Ritter und Kreuzfahrer, besonders ihre Orden, die Deutschherrn, Templer und Johanniter, nahmen ihn zum Patron und stellten Burgkapellen und adlige Kirchenstiftungen unter seinen Schutz. 1469 stiftete Kaiser Friedrich III. den St. Georgs-Orden, den sein Sohn Maximilian I. 1494 gegen den »mohamedanischen Trach« erneuerte; als 1729 der bayerische Kurfürst Karl Albrecht den Georgsritterorden ins Leben rief, standen die Türken wieder vor den Toren Europas.

¶ Die Reiter, Schmiede, Bergleute und Sattler, daneben auch die Pferde und das Vieh, haben Georg zum Patron. Er wird gegen Kriegsgefahren, Unwetter, Blindheit, Aussatz, Fieber, gerichtliche Bedrängnis und Versuchungen angerufen. Georg ist der Schutzpatron der Stadt Bamberg. Als besonderer Heiliger Englands hat er einen Stellenwert, wie ihn der hl. Martin [→ 11. November] für die Franken besaß. Im 14. Jahrhundert wurde Georg in die Reihe der Nothelfer gestellt. Obwohl seine Ritterlichkeit im Vordergrund steht, ist er den Bauern ein wichtiger Patron geworden, sein Name *Georgos* bedeutet im Griechischen ja auch »der Landwirt«.

In der spielfreudigen Welt des Mittelalters hat man das Leben vieler Heiliger an ihrem Festtag in Umzügen und Theaterspielen nachgestellt, frommen Glauben und Dankbarkeit für erwiesene Hilfe mit allerlei Volksbelustigungen zu verbinden gewußt. Noch heute erinnert der »Drachenstich« der Stadt Furth im Wald (Oberpfalz) an den hl. Georg. Nicht nur in Oberbayern, auch in Effeltrich und am nahen Senftenberg hat sich der Georgi-Ritt erhalten, auch Kaltenhausen, Pirkendorf und Poppendorf waren einst Ziel solcher Pferdewallfahrten. In feierlicher Prozession reitet man dreimal um die Kirche, anschließend werden die geschmückten Pferde gesegnet. Auf dem Land wissen die Kinder heute noch, daß nach Georgi die Felder nicht mehr betreten werden dürfen.

Heinrich II. hielt den hl. Georg in größten Ehren, der ihm im Kampf gegen die Slawen persönlich erschienen sein und geholfen haben soll. Er stellte 1012 den Hochaltar des Ostchors seines neuen Doms in Bamberg unter den Schutz des Drachentöters Georg sowie des Erzengels Michael [→ 29. September] und der Muttergottes; eine Georgs-Reliquie aus dem Privatbesitz des Kaisers gehörte zum »Heinrichs-Portatile«. Über Jahrhunderte im Domschatz als Gabe Kaiser Heinrichs gehütet, mußte Bamberg 1803 mit ansehen, wie die kostbare Goldschmiedearbeit nach München gebracht wurde, wo sie heute in der Schatzkammer der Residenz zu sehen ist. Weitere Reliquien des Doms waren das Georgs-Fähnlein, das nach Aus-

kunft des Heiltumsbuchs von 1508/09 »von himel ist komen«, also vom Himmel fiel, bevor es in den Domschatz gelangte. Erhalten ist nur die Lanzenspitze, die das Diözesanmuseum verwahrt. Ein Reliquiar aus vergoldetem Silber in Form eines Armes mit der Bezeichnung »sant Jorgen arm« gehörte ebenfalls zu den Heiltümern, wurde aber 1553 eingeschmolzen.

¶ Die im Volksmund gebräuchliche Bezeichnung »Georgenchor« macht deutlich, wie sehr man gerade diesen Heiligen in Bamberg als Schutzpatron betrachtet. Bischof Ekbert (1203–1237) übernahm die Patrozinien des Vorgängerbaus, als er nach dem Brand von 1185 den Dom wieder aufbauen ließ. In das Tympanon der Gnadenpforte wurde um 1220 ein figürliches Relief eingefügt. In der Mitte thront die Muttergottes, deren Fürsprache Heinrich und Kunigunde sowie die Dompatrone Petrus und Georg die Bauherren empfehlen. Links steht der hl. Georg, als Kreuzritter gewandet, aber unbewaffnet, und faßt den in kleinem Maßstab wiedergegebenen Bischof Ekbert an der Hand.

¶ 1575 wurde im Ostchor ein neuer Hochaltar im Stil spätgotischer Flügelaltäre aufgestellt, für den der Bamberger Maler Jakob Ziegler sechzehn Tafeln zur Legende des hl. Georg malte und sich ausführlich seinem Martyrium widmet; die Reste des im 17. Jahrhundert entfernten Altars hängen heute im nördlichen Querschiff des Doms. Zu dieser Ausstattung gehörte eine Kanzel, deren Reliefs das Diözesanmuseum verwahrt; eines zeigt den hl. Georg als Drachentöter. Während der Gegenreformation verlor der hl. Georg für Bamberg an Bedeutung, 1605 konnte nur der Protest des Domkapitels verhindern, daß man ihn aus dem Heiligenkalender strich. Später wurden zwar noch zweimal Georgsaltäre für den Dom geschaffen, die dazugehörenden Skulpturen sind jedoch verloren gegangen. Die Kanoniker des Doms nannten sich »Georgsbrüder«, da ihre Bruderschaft unter dem Schutz des Heiligen stand, und führten bis in das

15. Jahrhundert ein »Georgssiegel«. An der »schönen Pforte« von 1572, dem Eingang zur Alten Hofhaltung, weist ein Relieffries mit Heiligen nochmals auf die Bedeutung des hl. Georg für die Bischofsresidenz hin.

Die besondere Bedeutung des hl. Georg für das Bistum und die Stadt Bamberg ließ ihn als Ritter mit Schild und Fahnenlanze auf dem ältesten Abdruck des Stadtsiegels aus dem Jahr 1279 erkennen und zum Stadtritter umwidmen. Jüngste Forschungen wollen darin allerdings den hl. Mauritius sehen, dessen Kult die Andechs-Meranier eingeführt hatten. Eine Rokoko-Variante des mittelalterlichen Mauritius/Georg-Stadtritters stellte Bonaventura Mutschele 1756 in eine riesige Wappen-Rocaille, die über dem geschwungenen steinernen Balkon das Brückenrathaus auf der dem Dom zugewandten Seite schmückt. (Das Original ist heute aus konservatorischen Gründen abgenommen und im Hof von Schloß Geyerswörth zu sehen.)

Gefördert von Bischof Otto I. [→ 30. September] wurde der hl. Georg Schutzpatron der Klöster Tückelhausen (Lkr. Würzburg), Georgenberg bei Rodach (Lkr. Coburg) und Aura (Lkr. Bad Kissingen) sowie zahlreicher Pfarrkirchen und Kapellen, von denen es einige zu überregionaler Bedeutung brachten, weil sie noch immer das Brauchtum des Georgi-Ritts pflegen – so die für ihre Obstbaumzucht und die trachtentragenden Frauen bekannte Ortschaft Effeltrich (Lkr. Forchheim), deren Kirche sich hinter einer malerischen, mit Türmen verstärkten Wehrmauer verbirgt. Über dem Torbogen wird der Eintretende heute gleich zweimal vom Schutzpatron begrüßt. In drei Nischen finden sich die spätgotischen Figuren eines stehenden hl. Georg zwischen den hll. Laurentius [→ 10. August] und Sebastian [→ 20. Januar]. Sie wurden hier aufgestellt, nachdem man um 1760 den Flügelaltar im Chor der Kirche gegen ein barockes Retabel austauschte. Schon zur spätmittelalterlichen Anlage gehörte ein maßwerkverzierter, vorne offener Erker in der Mauer, in dem man die Prozessionsfigur des berittenen hl. Georg ausstellte. Das Gemälde des barocken Hochaltars zeigt den Schutzheiligen hoch zu Roß und im Kampf mit dem Drachen, von Figuren der hll. Margareta(!) und Barbara [→ 4. Dezember] sowie den hll. Sebastian und Laurentius aus dem mittelalterlichen Bildprogramm ergänzt.

Zu den fränkischen Kirchenburgen gehört auch die nicht weniger malerische Georgs-Kirche in Kraftshof. Sie soll 1305 von dem Nürnberger Patrizier Friedrich Kreß und seiner Frau Margareta (!) gestiftet worden sein und hat sich ihr idyllisches Aussehen trotz erheblicher Kriegszerstörungen (1943) bewahrt. In die Bauzeit datiert ein Relief, das heute über dem Eingang zu sehen ist. Der hl. Georg zu Pferde, mit Schwert und Schild bewaffnet, stößt dem sich aufbäumenden Drachen eine Lanze in den Rachen. Links kniet, flehentlich betend, im schlichten Gewand die Prinzessin. Nach der Reformation blieb der Kirche eine Barockisierung erspart, so daß wir heute ihre spätgotische Ausstattung bewundern können. Den Schrein des Flügelaltars im Chor füllt vor dem goldbrokatenen Hintergrund ein Relief des hl. Georg zu Pferde. Stolz erhebt er sich mit gezücktem Schwert über den Drachen, dem er seine Lanze schon in den Schlund gestoßen hat. Im Hintergrund ist auf einer Burgzinne das Königspaar zu erkennen, die Prinzessin fehlt hier.

Wegen ihrer 1974 freigelegten gotischen Fresken im Untergeschoß des Chorturms rückte die 1434 erstmals erwähnte Kirche St. Georg in Friesen in das Interesse der Kunstfreunde. Auf der Grundlage der *Legenda aurea* sind in 18 Szenen neben dem Drachenkampf und der Bekehrung des Volks vor allem die Martyrien des Heiligen in allen Einzelheiten illustriert, die Malereien dürften um 1470/80 entstanden sein. Das neugotische Altargemälde von Lorenz Kaim kann im Vergleich mit der Kraft dieser mittelalterlichen Bilder nicht bestehen.

St. Jörgen vorbei,
geht die Wiese ins Heu.

Eine beeindruckende Georgs-Kirche steht auch in Höchstadt/Aisch, ihre Anfänge gehen in das 13. Jahrhundert zurück. Sie erhielt 1502 einen Flügelaltar, dessen lebensgroße Figur des hl. Georg mit beiden Beinen auf dem Drachen steht. Den barocken Altar von 1741 soll Johann Michael Küchel entworfen haben, das Altarbild eines hl. Georg zu Pferd schuf der Bamberger Hofmaler Johann Joseph Scheubel. Es wird zu seinen besten Werken gerechnet. In der Tradition des Ritterheiligen haben sich nach dem 30jährigen Krieg viele Fürsten hoch zu Roß abbilden lassen.

Die landschaftlich eindrucksvollste unter den Georgs-Kirchen des Bistums steht auf dem Senftenberg. Sie ging aus einer hochmittelalterlichen, im Bauernkrieg zerstörten Burg hervor, deren Kapelle Georg zum Patron hatte und selbst nach der Zerstörung ihre Bedeutung für die Gläubigen nicht verlor. 1668/69 erhielt die Wallfahrtskirche ihre barocke Form. Aus der Mitte des 17. Jahrhunderts hat sich ein »Mirakelverzeichnis« mit 31 tabellarisch notierten Gebetserhörungen erhalten, die der Fürbitte des hl. Georg zugeschrieben werden. Das Hochaltargemälde (1767) stammt wohl von Johann Joseph Scheubel dem Jüngeren und hat eine unverkennbare Ähnlichkeit mit dem oben erwähnten aus Höchstadt; wahrscheinlich hat der Künstler die gleiche graphische Vorlage benutzt.

¶ Von einem volkstümlicheren Maler hingegen stammen die sechs Gemälde an der Empore, die Stationen der Georgs-Legende illustrieren. Hoch zu Roß sehen wir eine einfache Figur des Heiligen auf dem Kanzeldeckel, er stößt dem Drachen die tödliche Lanze ins Maul. Seit 1951 findet hier wieder der Georgi-Ritt statt, der einst durch die Kirche hindurchführte und 1848 nach einer Schlägerei mit tödlichem Ausgang verboten wurde. Den farbenprächtigen Zug aus geschmückten Pferden und rot gewandeten Reitern sollte man sich nicht entgehen lassen, und danach geht's in den nahen Biergarten, der überall zu einer richtigen Wallfahrtsstätte gehört.

In bester Gesellschaft befindet sich der hl. Georg in der kath. Kirche von Arnstein (Lkr. Lichtenfels). Mit dem drachentötenden Erzengel Michael und dem hl. Mauritius gehörte er zum spätgotischen Mauritius-Altar der abgebrochenen Burgkapelle des Ortes und fand hier einen neuen, würdigen Standort. – Eine der schönsten spätgotischen Georgs-Figuren steht unvermittelt im barocken Hochaltar der Kirche von Altenkunstadt (Lkr. Lichtenfels). Das Fragment eines Flügelaltars schreibt die Forschung dem namenlosen bambergischen Meister des Hersbrucker Altars zu. Georg, ein schöner Jüngling mit langen Locken, dessen kriegerisches Aussehen ein weiter, geraffter Mantel über der Rüstung mildert, stößt dem Drachen die Lanze in den Rachen. Sein Gesicht bleibt still und ist weder von der Anstrengung des Kampfes noch vom Triumph über das Untier bewegt, als erfülle ihn ein anderer, göttlicher Auftrag.

Für die Bamberger Seesbrücke (heute Kettenbrücke) schuf Ferdinand Tietz eine 1768 aufgestellte, überlebensgroße Sandsteinskulptur des Drachentöters Georg. Sie wurde 1784 bei einem vernichtenden Eisgang im reißenden Fluß zerstört. Anhand des erhaltenen Modells aus Lindenholz kann der mit der Kunst dieses Rokoko-Bildhauers vertraute Betrachter eine Rekonstruktion des Originals vor seinem geistigen Auge wagen. Der Reiter mit wehendem Mantel und dem sich aufbäumendem Pferd stand auf dem Mittelpfeiler der Brücke und verwies einerseits auf die städtebauliche Achse zum Dom und seinem Georgenchor, andererseits auf die Schildfigur des bürgerlichen Stadtwappens. Die traurigen Fragmente der einst prächtigsten Brücke der Stadt sind gemeinsam mit dem Bozzetto im Historischen Museum Bamberg zu sehen.

Katholische Georgs-Kirchen

Burghöchstadt (Lkr. Neustadt/Aisch), Kapelle
Erlach (Lkr. Lichtenfels), Wallfahrtskapelle St. Georg und Helena
Friesen (Lkr. Kronach), Pfarrkirche
Höchstadt/Aisch (Lkr. Erlangen-Höchstadt), Stadtpfarrkirche
Lembach (Lkr. Haßberge), Kirche
Marienroth (Lkr. Kronach), Kirche
Marktzeuln (Lkr. Lichtenfels), Kirche, bis 1510 auch St. Georg
Pfaffendorf (Lkr. Lichtenfels), kath. Kirche
Poppendorf (Lkr. Forchheim), Kapelle
Roßstadt (Lkr. Haßberge), Kirche
Senftenberg (Lkr. Bamberg), Wallfahrtskirche
Staffelstein (Lkr. Lichtenfels), kath. Pfarrkirche St. Kilian und St. Georg, barocke Nebenfigur des Hochaltars
Staffelstein (Lkr. Lichtenfels), Kapelle, Deckenfresken der Georgs-Legende

Evangelische Georgs-Kirchen

Bayreuth, Ordenskirche St. Georgen; Bettwar (Lkr. Ansbach); Brunn, Geckenheim, Hohlach und Ickelheim (alle Lkr. Neustadt/Aisch); Guttenberg (Lkr. Kulmbach); Igensdorf (Lkr. Forchheim); Kraftshof (Stadt Nürnberg); Laubendorf (Lkr. Fürth); Neustadt/Coburg (Lkr. Coburg); Oberfeldbrecht (Lkr. Neustadt/Aisch); Rückersdorf (Lkr. Nürnberger Land); Streitau (Lkr. Bayreuth)

24. April
Hl. Fidelis
Märtyrer
(1577–1622)

25. April
Hl. Markus
Evangelist, Märtyrer
(gest. um 67 n. Chr.)
auch Marx

Das kürzeste Evangelium, das vor allem die Taten Jesu überliefert, verdanken wir Markus. Die Apostelgeschichte berichtet über den in Jerusalem geborenen Juden Johannes mit dem Beinamen Markus, zu deutsch: »Schützling des Mars«, der im Haus seiner Mutter die christliche Lehre kennenlernte; die Pfingstpredigt des Petrus bekehrte ihn. Markus und sein Vetter Barnabas [→ 11. Juni] begleiteten Paulus [→ 29. Juni] auf dessen erste Reise nach Kleinasien, wegen Meinungsverschiedenheiten missionierten sie später allein in Zypern. Bezeugt ist Markus' Aufenthalt in Rom während der zweiten Gefangenschaft des Paulus, der Streit war offenbar ausgeräumt. Die römischen Christen baten Markus schließlich als Dolmetscher und Berichterstatter die Predigten des Petrus, dem er sehr nahe stand, aufzuschreiben. Zwischen 63 und 64 n. Chr. entstand so das Markus-Evangelium. Sein weiteres Leben ist nur als Legende überliefert. Es bleibt daher ungewiß, ob Markus der Begründer der christlichen Gemeinde in Alexandria (Ägypten) ist und dort im Jahr 67 als Bischof das Martyrium erlitt. Heiden sollen ihn am Altar gefangengenommen und durch die Straßen zu Tode geschleift haben.

¶ Kaufleute entführten 828 seine Gebeine aus der islamischen Stadt nach Venedig – verborgen unter Schweinefleisch, das Moslems nicht berühren dürfen. Dort erhob man den Evangelisten zum Stadtpatron, aus dem Inselstaat wurde die »Republik San Marco«. Seine sterblichen Überreste ruhen seither unter dem Hochaltar des Markus-Doms, die Lagunenstadt ist das Zentrum seiner Verehrung für die ganze Christenheit. Eine Reliquie gelangte im 10. Jahrhundert in das Kloster Reichenau im Bodensee.

¶ In der Spätantike feierte man in Rom das Fest des hl. Markus am 25. April, dem Tag des beliebten Frühlingsumzugs für den Gott Robigus, dem Beschützer der wachsenden Saat. Auf Markus übertragen, erhielt dieses heidnische Fest einen christlichen Inhalt. Seine Bedeutung als Lostag für das bäuerliche Jahr spiegelt sich in zahlreichen Wetterregeln.

Bauen um Markus schon die Schwalben, gibt's viel Futter, Korn und Kalben.

Dargestellt wird Markus als bärtiger, antiker Schriftsteller, ihm zur Seite ein geflügelter Löwe, sein Symbol. Markus ist der Patron vieler Berufsgruppen, so der Maurer, Glaser, Notare, Schreiber und Schuster. Er hilft gegen Krätze und Unwetter. Man bittet ihn um eine gute Sterbestunde und – in Übernahme heidnischer Bräuche – um Erntesegen. Am Markus-Tag verzehrt ganz Venedig ein süßes Mandelbrot, das *Marci-panis*, unser Marzipan.

¶ Der Kult des Evangelisten scheint in unserem Bistum keine besondere Verbreitung gefunden zu haben. Nur im Gertrudenkreuz des Doms befand sich eine, vermutlich sehr kleine Markus-Reliquie. Selten finden wir sein Patronat. In vorbambergische Zeit datiert die Markus-Kirche in Bischberg, ehemals Biscoffesberge, wo der hl. Kilian [→ 8. Juli] selbst gepredigt haben soll. Vielleicht entstand dieses Patrozinium aber erst 1251, als der Ort in den Besitz des Klosters Michelsberg überging; zum Bistum Bamberg gehört er seit 1726. Auf dem barocken Hochaltarbild von 1728 ist Markus als schreibender Evangelist zu sehen.

Solange es vor St. Markus warm ist, solange ist es nachher kalt.

Auch das Markus-Patrozinium in Küstersgreuth scheint auf dieses Kloster zurückzugehen, das zwischen 1300 und 1314 die Ortschaft erwarb. Bald darauf fiel das kleine, idyllisch im Steigerwald gelegene Dorf wüst, vielleicht durch die Pest. Die Erinnerung blieb über Jahrhunderte hinweg lebendig und äußerte sich in einer beliebten Wallfahrt zur erhaltenen Kirche, heute noch am Markus-Tag ein Anziehungspunkt für die Gläubigen bis ins Untere Ebrachtal. Die Altarfigur des Evangelisten kopiert ein älteres Vorbild, um das sich eine köstliche Geschichte rankt. Im 17. Jahrhundert verwahrte man die ursprüngliche Figur von 1552 unterm Jahr im nahegelegenen, protestantisch gewordenen Dorf Steppach (Lkr. Bamberg) und stellte sie am Festtag der katholischen Kapelle des verfallenen Ortes zur Verfügung; mittags mußte sie der Lehrer zurückbringen, wofür er zehn Pfennig Zehrgeld erhielt. Um 1700 schaffte man einen eigenen »katholischen« Markus an, was aber die evangelischen Steppacher nicht daran hinderte, ihren Evangelisten weiterhin nach Küstersgreuth zu tragen. Dieser ging dann in den Wirren der Säkularisation verloren. Die jüngere Skulptur blieb in Küstersgreuth, setzte sich also durch. Putzig ist der kleine Löwe zu Füßen des Evangelisten, der eifrig in einem aufgeschlagenen Buch zu lesen scheint. Erst um 1710 betrieb das Kloster Michelsberg die Wiederansiedlung des Dorfes, dessen Bewohner heute eifrig die Kirche pflegen und die »Kerwa« ausrichten.

Leg erst nach St. Markus Bohnen, er wird's dir reichlich lohnen.

Obwohl Markus-Patrozinien – der Vollständigkeit halber sei noch die jetzt evangelische Kirche in Oberickelsheim (Lkr. Neustadt/Aisch) erwähnt – in Franken selten sind, gibt es zahlreiche Abbildungen des Heiligen, zusammen mit den anderen Evangelisten. Oft hat man sie in die Gewölbesegel gotischer Kirchen, meist im Chor, gemalt und sich dabei manchmal auf die Symbole beschränkt. Beispiele hierfür sind die spätgotischen Fresken der Augustinus-Kapelle in Neunkirchen am Brand (Lkr. Forchheim) sowie der heute evangelischen Kirchen Bayreuth, St. Johannis, und Einberg (Lkr. Coburg).

¶ Als wortgewaltige Künder des Evangeliums gehören sie zum klassischen Bildprogramm der Kanzeln in katholischen wie evangelischen Kirchen. Sie sind meist nur an ihren Attributen zu erkennen; ein Löwe steht für den hl. Markus, unter vielen Beispielen auch an den barocken Kanzeln in Effeltrich (Lkr. Forchheim), Höchstadt (Lkr. Erlangen-Höchstadt) und Waischenfeld (Lkr. Bayreuth).

¶ Die enge menschliche Verbindung des hl. Markus mit seinem Vetter Barnabas schildert ein spätgotisches Tafelbild, das um 1495 für die Nürnberger Katharinen-Kirche gemalt wurde und heute im Chor der Lorenz-Kirche hängt. Schreibend wendet sich Barnabas seinem Vetter zu, der ihm vertraut die Hand auf die linke Schulter legt. Der Name des Evangelisten ist zwar in den goldenen Heiligenschein eingraviert, aber schon ein grimmiger kleiner Löwe gibt den hl. Markus zu erkennen.

26. April
Hl. Trudpert
Märtyrer
(7. Jh.)

27. April
Hl. Petrus Canisius
(1521–1597)

28. April
Hl. Hugo von Cluny
(1024–1109)

29. April
Hl. Katharina von Siena
(1347–1380)

Schon als Mädchen soll Katharina Benincasa, die Tochter eines Färbers aus Siena (Italien), sich Gott geweiht haben. Die Liebe ihrer Eltern, die 25 Kinder hatten, schlug in Unverständnis um, als sie sich tatsächlich an das Gelübde hielt, wochenlang fastete und sich mit Bußübungen kasteite. Erst als der Vater im Traum über seiner schlafenden Tochter eine weiße Taube sah, erlaubte er 1362 ihren Eintritt in den Dritten Orden des hl. Dominikus [→ 8. August]. In der freiwilligen Abgeschiedenheit ihrer Zelle, unterstützt von ihrem Beichtvater Raimund von Capua, erlebte sie Visionen von der Zuneigung Christi. In einer ihrer Ekstasen schenkte er ihr als Vermählungsring seine Vorhaut, die seit der Beschneidung im Tempel versteckt worden war.

Ihre Frömmigkeit kreiste immer mehr um Christus und die Verehrung seines Blutes. Ihre Briefe und mystischen »Dialoge mit Gott« gehören zu den Höhepunkten der italienischen Literatur. Nach Buße und innerer Einkehr widmete sie sich aufopfernd den Armen und Kranken, wobei sie 1375 selbst an der Pest erkrankte. Im Alter von 27 Jahren begann sie auf Befehl des Heilands, öffentlich – und mit großem Erfolg – zu predigen. Schließlich mischte sich diese für ihre Zeit ganz ungewöhnliche Frau mutig in die Politik ein, wobei sie tiefe Religiosität und bedingungslosen Friedenswillen mit diplomatischem Geschick verband. Ihre Mahnungen bewirkten die Rückkehr des Papstes aus dem »babylonischen Exil« in Avignon; sie übersiedelte 1378 nach Rom.

¶ Als die Spaltung der Kirche fortdauerte, litt Katharina so sehr, daß sie bis zum Skelett abmagerte und am 29. April 1380 starb. Erst jetzt wurde man der Wundmale Christi an ihrem ausgezehrten Körper gewahr. In Demut hatte sie den Herrn gebeten, bis zu ihrem Tod unentdeckt zu lassen, was sie 1375 von einem wundertätigen Kreuz in Pisa empfangen hatte. Die Gebeine Katharinas wurden in der römischen Kirche S. Maria Minerva beigesetzt, Ringfinger und Haupt gelangten in die Dominikanerkirche von Siena. 1461 sprach Pius II. sie heilig.

¶ Die Mystikerin Katharina trägt auf Abbildungen die schwarzweiße Tracht der Dominikanerinnen. Sie hat eine Lilie als Zeichen ihrer Keuschheit oder Kruzifix, Dornenkrone, Buch und Ring zum Attribut. Auch ein Herz, aus dem ein Kreuz wächst, wird ihr beigegeben. Bisweilen sind ihre Wundmale dargestellt. Sie ist Patronin Italiens, der Wäscherinnen sowie der Sterbenden und hilft gegen Kopfweh und die Pest.

¶ Den Kult der hl. Katharina von Siena verbreiteten die Dominikaner; er darf nicht mit dem wesentlich älteren der frühchristlichen Märtyrerin Katharina von Alexandria [→ 25. November] verwechselt werden, zu deren Legende ebenfalls die mystische Vermählung mit dem Jesusknaben gehört. Der Mystikerin ist keine Kirche geweiht. Sie begegnet uns auch nicht in der erhaltenen Ausstattung der Bamberger Dominikanerkirche, deren Altäre in die Stadtpfarrkirche von Hollfeld (Lkr. Bayreuth) gelangten. Das Auszugsgemälde einer Nonne, die vom Jesuskind mit einem Blumenkranz gekrönt wird, zeigt nicht Katharina von Siena, sondern die kaum bekannte hl. Rosa von Lima [→ 23. August]. Wir finden sie aber unter der Empore der ehemaligen Abteikirche von Banz (Lkr. Lichtenfels). Melchior Steidl malte um 1716 die Stigmatisierung der Mystikerin Katharina und stellte ihr im gelehrten Bildprogramm den ebenfalls stigmatisierten hl. Bernhard von Clairvaux [→ 20. August] gegenüber.

¶ Die Pfarrkirche von Unterrodach (Lkr. Kronach) besitzt ein Votivbild aus dem Jahr 1647, das die Heilige zusammen mit Dominikus und der Muttergottes zeigt. Mit einem großen Deckenbild der Heiligen bemalte Hans Stengel 1909 die Kirche von Wattendorf (Lkr. Bamberg). Wer das barocke Gemälde von Katharina und Dominikus für die 1932 entstandene Kapelle von Weidenhüll (Lkr. Bayreuth) stiftete, ist nicht zu ermitteln.

30. April
Hl. Quirin von Neuß
Märtyrer
(gest. um 130)

Quirin soll nach der Legende Tribun unter Kaiser Hadrian gewesen sein und in dessen Auftrag gefangene Christen bewacht haben. Unter ihnen befand sich Papst Alexander. Er konnte die kranke Tochter Quirins heilen, indem er sie die Ketten suchen ließ, mit denen der Apostel Petrus [→ 29. Juni] einst gefesselt war. Man fand sie in einem alten Kerker, und das Mädchen wurde sofort gesund, als sie die Ketten küßte. Dies beeindruckte Quirin so stark, daß er sich bekehrte. Wieder in Freiheit, ernannte Alexander dieses Ereignis zum jährlichen Festtag und baute eine Kirche zu Ehren des hl. Petrus, wo dessen Fesseln noch heute gezeigt werden. Quirin und seine Tochter wurden jedoch für ihren Glauben ermordet, dabei grausam zerstückelt. Im Jahr 1050 ließ Papst Leo IX. [→ 19. April] die Gebeine des Märtyrers in das Stift Neuß übertragen, dem seine Schwester Geba als Äbtissin vorstand. Von hier verbreitete sich der Kult; die Quirinus-Kirche gehört zu den bedeutendsten Bauwerken der Spätromanik am Niederrhein.

¶ Wie andere römische Soldatenheilige wird Quirin in der Spätgotik als Ritter mit Helm und Harnisch, Schild und Lanze dargestellt; im Barock suchte man Vorbilder in der Antike. Der hl. Quirin wird zum Schutz des Viehs und gegen Krankheiten, vor allem der Haut,

angerufen. Als Offizier schützt er besonders die Ritter und gehört mit Antonius [→ 17. Januar], Kornelius [→ 16. September] und Hubertus [→ 3. November] zu den vier heiligen Marschällen, die in der Kirchenprovinz Köln hoch verehrt sind. Da insgesamt 17 römische Heilige den Namen Quirin tragen, sind Verwechslungen häufig.

¶ Im Bistum Bamberg stößt man selten auf den hl. Quirin vom Rhein, eine Kirche hat man ihm nicht geweiht, nur in Obertrubach (Lkr. Forchheim) wird er 1624 als Nebenpatron genannt. Hier bestand eine Gebetsverbrüderung mit Kloster Tegernsee, das ihn sehr verehrte. Das seltene Patronat, zu dem sich in der Kirche keine Abbildung finden läßt, mag hierin seinen Grund haben.

Reliquien gibt es im Altar der Marienkapelle des Klosters Michelfeld (Lkr. Amberg-Sulzbach) schon seit 1125, in der Nürnberger Lorenz-Kirche seit 1472. Als prächtigen mittelalterlichen Ritter mit gefiedertem Helm, glänzender Rüstung und dem Schild mit den charakteristischen Kugeln präsentiert ihn ein unbekannter Maler auf dem spätgotischen Altar der Andreas-Kirche von Dietenhofen (Lkr. Ansbach) in Gesellschaft der Ritterheiligen Georg [→ 23. April], Mauritius [→ 22. September] und Wenzel [→ 28. September]. Als antikischen Krieger sahen die barocken Künstler den hl. Quirin – so Johann Michael Doser, der gleich zwei Statuen des Heiligen schuf: 1720 für den Hochaltar der zum Kloster Speinshart gehörenden Kirche St. Jakobus Maior in Kirchenpingarten (Lkr. Bayreuth) und 1730 für die Pfarrkirche St. Leonhard in Michelfeld (heute Friedhofskirche). Zusammen mit den hll. Otto [→ 30. September] und Heinrich [→ 13. Juli] verwies der Heilige auf die Abhängigkeit der Bürger vom mächtigen Benediktinerkloster. – Im Nothelfer-Programm der Adelgundiskapelle auf dem Staffelberg (Lkr. Lichtenfels) ist der Heilige mit einer Fürbitte verewigt: »St. Quirin der mit Glori blüht / vor offnen Schäden uns behüt«.

Januar
Februar
März
April
Mai
Juni
Juli
August
September
Oktober
November
Dezember

1. Mai
Hl. Sigismund
(gest. 524)

Der burgundische Königssohn Sigismund gehörte der Glaubensgemeinschaft der Arianer an, bevor er sich und sein Volk 496 zum katholischen Glauben bekehrte. 516 übernahm er die Regierung seines Landes. Von seiner zweiten Gemahlin angestiftet, ließ er 522 den Sohn aus erster Ehe erdrosseln, weil der ihm angeblich nach dem Leben trachtete. Diese heute unvorstellbare Grausamkeit spiegelt bis in die Heiligenviten hinein die Verhältnisse der Merowingerzeit wider. Sigismund bereute jedoch seine Tat und büßte dafür in Acanaum, der späteren Abtei St. Moritz (Schweiz), am Grab des Märtyrers Mauritius [→ 22. September], wo er den ununterbrochenen Chorgesang einrichtete. Wenig später besiegten die Franken in einem blutigen Krieg Burgund. Sie nahmen Sigismund und seine Familie auf der Flucht gefangen, verurteilten und ertränkten sie 524 in einem Brunnen bei Orléans (Frankreich).

Um 535 bargen Mitglieder einer frommen Stiftung den Leichnam und setzten ihn in St. Moritz würdig bei, wo schon bald eine lebhafte Verehrung des ermordeten Königs einsetzte. Wunder geschahen, der Ort wurde immer mehr zum Reichsheiligtum. Zunächst stand der Sigismund-Kult allerdings noch im Schatten des hl. Mauritius. Die Wende brachte Kaiser Karl IV. aus dem Geschlecht der Luxemburger. Er besuchte das Grab auf dem Rückweg von seiner Krönung in Arles 1365 (und nicht 1354, wie früher vermutet), stiftete einen kostbaren silbernen Schrein und konnte einige Reliquien in einem glanzvollen Translationszug nach Prag bringen. Sigismund sollte hier bald zu einem der wichtigsten Heiligen Böhmens werden, Karl IV. nannte sogar einen seiner Söhne, den späteren Kaiser, nach ihm. Der Diözese Freising wurde Sigismund neben dem hl. Korbinian [→ 20. November] zum zweiten Patron.

Sigismund wird als König mit Szepter, Reichsapfel und Krone dargestellt. Wegen seines Todes durch Ertränken tritt anstelle des Reichsapfels bisweilen ein kleiner Brunnen. Er wird gegen Sumpffieber und Bruch angerufen.

¶ Sigismund gehört zu den Heiligen, die seit der Weihe des Bamberger Doms 1012 im Bistum verehrt werden. Ein volkstümlicher Kult entwickelte sich jedoch erst, nachdem Kaiser Karl IV. auf seinem Reliquienzug 1365 eine Rast in Seußling eingelegt haben soll. Das uralte Gotteshaus über dem Regnitztal ist eine der Slawenkirchen Karls des Großen und schon um 800 entstanden. Hier soll ein Arm des Sigismund nach mehrmaligem Herausfallen zurückgelassen worden sein – untrügliches, wunderbares Zeichen für den ernstzunehmenden Wunsch des Heiligen, hier verehrt zu werden. Wenig später stellte sich die Pfarrei unter seinen Schutz und erweiterte das Gotteshaus zu einer beliebten Wallfahrtskirche. Einer Nachricht zufolge war die (heute nicht mehr vorhandene) Armreliquie bis ins 17. Jahrhundert in einem Sarkophag der dafür eigens errichteten Krypta ausge-

stellt, eine Öffnung ermöglichte die Berührung. Eine Statue des Heiligen im »weichen Stil«, um 1400 geschaffen, ist das früheste Zeugnis der Sigismund-Verehrung in Seußling. In der 1470 fertiggestellten Kirche wurde der Choraltar über der Krypta dem hl. Sigismund geweiht. Nur zwei Reliefs haben sich davon erhalten: die Verurteilung Sigismunds und seiner Familie sowie ihre Tötung. Die Art der bildlichen Erzählung und ihre Nähe zu den Holzschnitten der Bamberger Halsgerichtsordnung von 1507 lassen vermuten, daß sie in der Werkstatt des Malers Wolfgang Katzheimer entstanden sind. Die große Standfigur des Heiligen aus dem Mittelschrein ging verloren. Im Rahmen der 1716 beginnenden Barockisierung gab man ein großes Bild mit der Verklärung des hl. Sigismund für den Hochaltar in Auftrag. Eine Serie von sieben kleinen Medaillons an der Empore schildert weitere Szenen aus seinem Leben. – Von der volkstümlichen Verehrung zeugt ein uralter, verwitterter Bildstock von 1497 am Ortsausgang von Seußling, der Sigismund neben eine Kreuzigungsgruppe stellt. Hier wird noch immer am 1. Mai des ermordeten Burgunder-Königs gedacht.

Der aufblühende Kult in Seußling und die politischen Kontakte des Bistums nach Böhmen mögen auch im Dom die Sigismund-Verehrung wieder belebt haben. Man machte ihn zum Nebenpatron der 1414 geweihten Andreaskapelle über dem Kreuzgang, wovon eine wunderschöne Glasmalerei (heute im Diözesanmuseum) zeugt. In einigen Diözesen wird das Gedächtnis des hl. Sigismund auch am 2. Mai begangen.

Weitere Sigismund-Darstellungen

Bamberg, Staatsgalerie in der Neuen Residenz, Außenflügel des Annen-Altars aus Nürnberg, St. Lorenz, 1510

Waischenfeld (Lkr. Bayreuth), kath. Stadtkapelle St. Michael und Laurentius, Figur am rechten Nebenaltar (1707)

2. Mai
Hl. Boris
(gest. 907)

3. Mai
Hl. Jakobus der Jüngere
(gest. 64 n. Chr.)
und
Hl. Philippus
Apostel, Märtyrer

Hl. Jakobus d. J.

Wenig ist über Jakobus den Jüngeren bekannt. Er soll der Sohn von Alphäus und Maria, einer Schwester der Gottesmutter, gewesen sein und wurde von Jesus zum Apostel berufen. Er wird auch »Bruder des Herrn« genannt und soll Christus ähnlich gesehen haben; Grund für den verräterischen Kuß des Judas, damit es bei der Gefangennahme nicht zur Verwechslung käme. Jakobus tat sich selbst unter den Aposteln noch durch sein asketisches, heiliges Leben hervor. Für die Zeit nach seinem irdischen Wirken stellte Christus die Kirche von Jerusalem unter die Obhut des Jakobus, und die Apostel ernannten ihn zum Bischof.

¶ Er gilt als Verfasser des Jakobus-Briefes an die Judenchristen in der Diaspora. Viele Jahre schätzten ihn Juden und Christen gleichermaßen wegen seiner Weisheit als »Säule der Kirche«, wobei er stets bemüht war, die Traditionen des Judentums in den neuen Glauben einzubinden. Während der Abwesenheit des römischen Statthalters im Jahr 60, 62 oder 64 beschuldigte ihn ein Neider, das Gesetz gebrochen zu haben. Das aufgehetzte Volk warf ihn von den Zinnen des Tempels und steinigte ihn. Doch Jakobus überlebte und betete für das Seelenheil seiner Peiniger, bis sich ein Tuchwalker näherte und ihm feige mit der ganzen Wucht seiner Keule den Schädel zerschlug. Die Judenchristen schrieben diesem ungeheuerlichen Frevel die Zerstörung des Tempels zu.

¶ Eine Tuchwalkerstange ist zum Attribut Jakobus d. J. geworden, manchmal

hat er auch einen Kranz in den Händen. Die Tuchmacher ernannten ihn trotz des Mordes, den doch einer der ihren an dem Apostel verübt haben soll, zu ihrem Patron, desgleichen die Hutmacher und Krämer. Seit 1956 begeht man den Festtag des ersten Bischofs von Jerusalem am 3. Mai. Seine Verehrung steht im Volk hinter der des beliebteren Jakobus des Älteren [→ 25. Juli], der vor ihm zum Apostel berufen worden war, zurück.

¶ Seit alters her ist die Verehrung Jakobus d. J. nicht von der des Philippus zu trennen, die Jünger werden oft zusammen abgebildet. Erst in unserer Zeit hat man in Guttenberg (Lkr. Kulmbach) eine Kirche allein unter den Schutz des jüngeren Jakobus gestellt.

Hl. Philippus

Philippus lebte als gottesfürchtiger Fischer am See Genezareth und folgte Johannes dem Täufer [→ 24. Juni], bevor Jesus ihn zu seinem Jünger machte. Überliefert ist seine Teilnahme an der Hochzeit zu Kana. Während des Letzten Abendmahls soll Philippus den Herrn nach seinem Vater gefragt haben. Jesus antwortete: »Wer mich sieht, der sieht auch den Vater; denn ich bin in dem Vater, und der Vater ist in mir.«

¶ Nach dem Auseinandergehen der Apostel wanderte Philippus nach Phrygien in Kleinasien, wo er die Frohe Botschaft verkündete. Insbesondere seine Fähigkeit, Giftschlangen zu bändigen, soll viele bekehrt haben. Lange wirkte er unbehelligt, bis man ihn vor ein Standbild des Mars führte, das er anbeten sollte. Ein Drache erschien und vergiftete alle mit seinem Atem. Schließlich warf man ihn doch in den Kerker und kreuzigte ihn nach der Folter kopfüber. Er überlebte dieses Martyrium zwar, bat aber darum, wie Christus am Kreuz sterben zu dürfen. Das grausame Volk steinigte ihn daraufhin, um den Tod zu beschleunigen. Über Konstantinopel kamen seine Reliquien nach Rom in die Zwölf-Apostel-Kirche.

Der Name Philippus bedeutet »der Pferdefreund«. Der Heilige wird als bärtiger Apostel in antiker Tunika dargestellt, ein Kreuz oder Kreuzstab ist sein Attribut, seine Kreuzigung ein häufiges Motiv. Er ist Patron der gleichen Zünfte wie Jakobus d. J. In früheren Festkalendern feierte man den Gedenktag des hl. Philippus am 1. Mai. In der »Philippi-Nacht« am Vorabend dieses Tages, nach dem ursprünglichen Fest der hl. Walburga [→ 25. Februar] auch »Walpurgis-Nacht« genannt, herrschte in bäuerlichen Gegenden wildes, fröhliches Treiben. Es war eine Freinacht, mit der sich in allen Ländern zahlreiche Bräuche, Liebesorakel und Schutzmaßnahmen vor den Hexen verbanden. Den Bauern gilt der darauffolgende Tag als Lostag für das Wetter.

Außerhalb der Apostelzyklen wird Philippus gewöhnlich zusammen mit dem hl. Jakobus d. J. verehrt. Als Skulptur von Sebastian Degler steht er heute auf dem Hochaltar der Kirche von Regensberg (Lkr. Forchheim), der um 1714 ursprünglich für die Bamberger Karmeliten-Kirche geschaffen worden war. Seit wenigen Jahren gibt es in Bamberg eine evangelische Philippus-Kirche.

¶ Die früheste Verehrung des Apostelpaares Jakobus und Philippus im Bistum ist auf der Bamberger Altenburg bezeugt, wo Bischof Otto I. [→ 30. September] am 1. Mai 1124 ein Oratorium unter ihren Schutz und den der hl. Walburga stellte. Die Wahl fiel hier offenbar auf die Heiligen des Weihetages. Im Dom gab es einen Philippus-Jakobus-Altar, Domdekan Krafto hatte ihn 1237/38 gestiftet. 1663 durch Fürstbischof Philipp (!) Valentin Voit von Rieneck (1653–1672) erneuert und versetzt, wurde er 1837 aus dem Dom entfernt. – Geweiht war diesen Aposteln nur die heute evangelische Pfarrkirche von Artelshofen (Lkr. Nürnberger Land).

¶ Die älteste gemeinsame Darstellung dürfte der von dem Patrizier Konrad Imhoff um 1420 gestiftete Altar in der Nürnberger Lorenz-Kirche zeigen. In die Komplementärfarben rot und grün gekleidet stehen sie wie Statuen vor dem Goldgrund der Altarflügel, der Stifter und seine Familie knien als winzige Figuren zu ihren Füßen; alle sind der Krönung Mariens auf der mittleren Tafel zugewendet.

¶ Auf dem spätgotischen Apostelaltar der ehemaligen Augustinerchorherrn-Kirche in Langenzenn (Lkr. Fürth) stehen Jakobus und Philippus im Gespräch einträchtig nebeneinander vor dem leuchtend goldenen Hintergrund, barfuß, aber in brokatbesetzten, rot-grünen Gewändern. Der namentlich nicht bekannte Maler hat versucht, dem »Herrenbruder« Jakobus die immer wieder dargestellten Gesichtszüge Christi zu geben. Etwas älter dürfte das Fresko im Chor der Coburger Nikolaus-Kapelle sein, das beide mit ihren Marterwerkzeugen in ein kompliziertes Bildprogramm einbindet.

Meist sind jedoch Figuren oder Gemälde der beiden Jünger an Apostelzyklen gebunden. In der Oberen Pfarre in Bamberg gibt es gleich zwei solcher Gruppen, 1392 am Sakramentshaus und 1480–82 in Lebensgröße an den Pfeilern des Langhauses, wo man sie bei der Barockisierung der

Kirche in flache Nischen gestellt und mit Schriftkartuschen gekennzeichnet hat. Dies erleichtert die manchmal nicht ganz einfache Identifikation, denn man hat Jakobus d. J. ein Schwert statt der Walkerstange in die rechte Hand gesteckt; Philippus kennzeichnen Kreuzstab und Buch.

¶ Idealportraits der Apostel hat man im Barock gerne auf die Emporen der wenig bilderfreundlichen evangelischen Kirchen gemalt. Eine farbenfrohe Versammlung alttestamentlicher Propheten sowie der Apostel und Evangelisten zeigt z. B. um 1755 die Kirche von Trautskirchen (Lkr. Neustadt/Aisch).

4. Mai
Hl. Florian
Märtyrer
(gest. 304)

Spärlich fließen die Nachrichten über den hl. Florian, aber viele, immer neu ausgeschmückte Geschichten ranken sich seit der ersten Niederschrift seines Martyriums in karolingischer Zeit um ihn. Um 1900 glaubten die Historiker fast, ihn ganz in das Reich der Legende verweisen zu müssen. Erst nach langen Forschungen ließ sich ein glaubwürdiger Kern herausschälen: Florian, dessen Name im Lateinischen »der Blühende« bedeutet, war ein hoher, aber aus dem Dienst entlassener Beamter in der römischen Provinz Noricum (heute Niederösterreich) und angeblich in dem Örtchen Zeiselmauer geboren; erst später machte man ihn zum Offizier. Freiwillig soll er sich zur Zeit der Christenverfolgungen vor dem Statthalter Aquilinius zu seinem Glauben bekannt haben und dafür mit anderen gestorben sein. Man riß ihm mit Eisenhaken das Fleisch von den Schultern, schlug ihn mit Knüppeln halb tot und stürzte ihn schließlich, mit einem Mühlstein beschwert, bei Lauriacum (heute Lorch) von einer Brücke in die Enns, einen Nebenfluß der Donau.

¶ Eine Matrone namens Valeria soll den von einem Adler bewachten Leichnam am Ufer gefunden und beerdigt haben. Ein Ochsengespann, das die Leiche zog, verweigerte den Dienst, bis aus dem Fels plötzlich eine erfrischende Quelle sprudelte. Hier wurde eine Kirche errichtet, um die sich bald eine Ansiedlung von Mönchen scharte: das heutige Augustinerchorherrn-Stift St. Florian bei Linz.

Der Florian, der Florian noch einen Schneehut setzen kann.

In den unruhigen Zeiten der Ungarnstürme, die das Land an der Donau im 10. Jahrhundert heimsuchten, wurden die Reliquien wahrscheinlich nach Norditalien verbracht. Ein Teil davon gelangte 1183 nach Krakau, so daß sich in Polen ein eigener Florian-Kult entwickelte. Seine Verehrung in Süddeutschland und an der Donau dürfte auf Karl den Großen zurückgehen, der 791 vor seinem Feldzug gegen die Awaren einen dreitägigen Gottesdienst am Grab des Heiligen abhalten ließ. Florian galt hier als christlicher Grenzwächter gegen die muslimischen Türken.

Im Spätmittelalter wird der hl. Florian allmählich zum Schutzpatron gegen Feuersbrunst. Sein Martyrium des Ertränkt-Werdens hatte ihn ja mit den Kräften des Wassers verbunden. Man bittet ihn um fruchtbaren Regen für die Felder – wohl einem vorchristlichen Maikult folgend – und dann um Beistand bei Feuer. Die Kunst schafft und festigt das Bild des hl. Florian als das eines Ritters mit Schöpfkübel, der ein brennendes Haus löscht. Selten wird er mit einem Mühlstein dargestellt.

¶ Nachdem die Habsburger ihn zu einem ihrer Hausheiligen machten, wurde Florian im Volk noch populärer. Kein geringerer als Martin Luther hat als erster berichtet, daß der hl. Laurentius [→ 10. August], wegen seines Martyriums auf dem Rost ebenfalls ein Patron gegen Feuer, in Florian einen ernsthaften Konkurrenten erhalten habe, der ihn schließlich ganz verdrängt. Selbstverständlich erscheint es uns heute, daß der hl. Florian Patron der Feuerwehren, der »Floriansjünger«, ist.

Auch andere Berufe, die mit Feuer umgehen, stellen sich unter seinen Schutz, so die Schmiede, Töpfer, Kaminkehrer und Bäcker. Da Florian mit Hilfe eines Mühlsteins ertränkt worden war, haben ihn sich auch die Müller zum Schutzheiligen genommen. Häufig stellt man den hl. Florian mit dem hl. Sebastian [→ 20. Januar], dem Pestpatron, dar. Der Schutz vor Feuer und heimtückischen Krankheiten gehört zu den wichtigsten Anliegen der bedrängten Menschen und verbindet die beiden Heiligen.

¶ Größere Bedeutung kam dem hl. Florian im mittelalterlichen Bistum Bamberg nicht zu; für den Dom bemühte man sich offenbar nicht um Reliquien. Einige spätgotische Flügelaltäre zeigen den Heiligen mit Schöpfkübel als gepanzerten *miles Christi* in Gesellschaft anderer Ritterheiliger, so in Dietenhofen, Hirschneuses und Limbach. Als die Verehrung des hl. Florian im 18. Jahrhundert eine Blütezeit erlebt, findet man ihn in Franken häufiger. Mit Wasserkübel und in antikischem Harnisch steht er seit 1725 als Nebenfigur auf dem Hochaltar der Kirche in Pegnitz, als Einzelfigur in den Kirchen von Höchstadt, Neuengrün und Pottenstein. Seit 1764 finden wir ihn sogar in der Wallfahrtskirche Gößweinstein.

Die kleine St. Florians-Kapelle in Speikern entstand 1715 als Stiftung des Müllers Konrad Kroder. Er mag einen persönlichen Anlaß gehabt haben, dem Schutzpatron seiner Zunft den kleinen, aber feinen Bau auf dem Grundstück seiner Mühle errichten zu lassen. Der 1715 entstandene Altar von Johann Michael Doser ist künstlerisch außergewöhnlich und ein wahres Schmuckstück: Statt Säulen rahmen mit Engeln besetzte Volutenpilaster und vergoldetes Akanthusschnitzwerk das barocke Gemälde des hl. Florian.

¶ In der Hauptstraße von Ebensfeld steht auf einem hohen, reich dekorierten Vierkantpfeiler eine Sandsteinstatue des hl. Florian mit wehender Fahne auf einem brennenden Haus. Sie wurde 1740 von den damaligen Bürgermeistern gestiftet, soll sicher an eine Brandkatastrophe (den Dorfbrand von 1677?) erinnern und vor weiteren schützen.

¶ Moderne Abbildungen des hl. Florian sehen wir heute an fast allen Feuerwehrhäusern, die die bayerische Kunst der sogenannten »Lüftl-Malerei« zusammen mit ihrem Schutzpatron aus dem Süden übernommen haben. Das Florians-Prinzip, der jedem Kind vertraute Reim »Oh heiliger Sankt Florian, schütz unser Haus, zünd andre an« tut dabei sowohl dem tapferen Florian als auch den nicht minder für die Sicherheit und das Gemeinwohl verpflichteten Feuerwehrleuten unserer Tage Unrecht. Seit vielen Jahren gehört der wohlklingende Name Florian zu den beliebtesten im deutschsprachigen Raum.

Florians-Kirchen

Speikern (Lkr. Nürnberger Land), kath. Kapelle St. Florian

Florians-Darstellungen

Dietenhofen (Lkr. Ansbach), evang. Pfarrkirche, spätgotischer Flügelaltar
Ebensfeld (Lkr. Lichtenfels), Florians-Säule von 1740
Gößweinstein (Lkr. Forchheim), Wallfahrtskirche, barocke Einzelfigur
Hirschneuses (Lkr. Ansbach), evang. Kirche, spätgotischer Flügelaltar
Höchstadt (Lkr. Erlangen-Höchstadt), kath. Kirche St. Georg, barocke Figur
Hollfeld (Lkr. Bayreuth), kath. Stadtpfarrkirche Mariae Himmelfahrt, barocke Figur am Hochaltar
Limbach (Lkr. Bamberg), evang. Kirche, spätgotischer Flügelaltar
Neuengrün (Lkr. Kronach), kath. Kuratiekirche Mariae Himmelfahrt, barocke Einzelfigur
Pegnitz (Lkr. Bayreuth), kath. Kirche Mariae Namen, barocke Figur am Hochaltar (um 1725)
Pottenstein (Lkr. Bayreuth), kath. Kirche St. Bartholomäus, barocke Einzelfigur

5. Mai

Hl. Pius V.

(1504–1572)

Zu den bedeutenden Theologen der Gegenreformation gehört Michele Ghislieri, jener Dominikanermönch, der 1566 als Pius V. auf den päpstlichen Thron kam. Der Papst, dessen traditionsreicher Name aus dem Lateinischen übersetzt »der Fromme« heißt, bemühte sich besonders um die Durchsetzung des Konzils von Trient und die Verehrung des Rosenkranzes, den der Ordensgründer Dominikus [→ 8. August] selbst von der Muttergottes erhalten haben soll. Die für das Christentum siegreiche Seeschlacht bei Lepanto über die Türken hat Pius V. 1571 mit engagierten Gebeten begleitet. Er starb am 1. Mai 1572 und wurde 1712 heiliggesprochen.

¶ Pius V. trug auch als Papst das weiße Ordenshabit, Kreuz und Rosenkranz sind seine Attribute. Durch zeitgenössische Stiche und Medaillen ist sein Aussehen überliefert, das wiederzugeben sich die bildenden Künstler seither bemüht haben.

Seine Verehrung beschränkt sich gewöhnlich auf die Kirchen der Dominikaner. Für deren Bamberger Gotteshaus schuf Bernhard Kamm 1781 einen neuen, spätbarocken Hochaltar, auf dem der überlebensgroßen Figur des hl. Pius als Pendant ein weiterer Papst aus dem Orden, der selige Benedikt XI., gegenübergestellt ist. Nach der Säkularisation hat man den großen Altar an die Kirche von Stegaurach (Lkr. Bamberg) verkauft. Die mittlere Figur des hl. Dominikus wurde hier durch ein Gemälde der Unbefleckten Empfängnis Mariens, des Patronats der Kirche, ersetzt und ist seither verschwunden. Eine weitere Darstellung Pius' V. findet sich in einem Gemälde auf dem linken Seitenaltar der ehemaligen Franziskanerklosterkirche in Kronach.

6. Mai
Hl. Domitian
(gest. 560)

Zwischen 536 und 549 war Domitian Bischof der Diözese Tongern und verlegte die Residenz nach Maastricht (Niederlande), einem schönen Städtchen im Länderdreieck Niederlande/Belgien/Deutschland, das durch den dort geschlossenen, gleichnamigen Vertrag in unseren Tagen wieder in aller Munde kam. Begraben ist der Heilige in Huy.

¶ Domitian schützt vor Fieber und geschwollenen Lymphknoten. In unser Bistum hat der rheinische Heilige nur einmal den Weg gefunden, nämlich in die Adelgundis-Kapelle auf dem Staffelberg (Lkr. Lichtenfels). Als einer der dort verehrten 16 Nothelfer können wir folgende Bitte an ihn richten: »St. Domician das Weh der Lenden / durch deine Bitt tu von uns wenden«.

7. Mai
Sel. Gisela
(um 985–1060)

Die Schwester Kaiser Heinrichs II. [→ 13. Juli] wurde mit König Stephan von Ungarn vermählt und bemühte sich dort sehr um die Ausbreitung des christlichen Glaubens. Nach dem Tod ihres Mannes 1038 durch seine heidnischen Gegner verfolgt und mißhandelt, wurde sie von Heinrich III. befreit und in das Passauer Kloster Niedernburg gebracht, wo sie als Äbtissin am 7. Mai 1060 starb.

8. Mai
Ulrike Nisch
(1882–1913)

9. Mai
Hl. Beatus
(gest. um 112)

10. Mai
Hl. Isidor von Madrid
(um 1070–1130)

Isidor arbeitete für einen reichen Herrn aus Madrid. Als dieser ihn eines Tages beim Beten auf dem Feld beobachtete und beschimpfen wollte, sah er plötzlich, daß Engel an Isidors Stelle den Pflug führten und seine schwere Arbeit verrichteten. Am 10. oder 15. Mai 1130 starb Isidor, der 1622 heiliggesprochen wurde.

¶ Isidor ist nicht nur Patron der Stadt Madrid, sondern vor allem der Bauern, die ihn für eine gute Ernte und gegen Dürre anrufen.

¶ Im Bistum Bamberg begegnet uns Isidor auf dem rechten Seitenaltar der Kirche St. Burkard in Geiselwind (Lkr. Kitzingen), wo er seit 1766 zusammen mit dem hl. Wendelin [→ 20. Oktober], dem wichtigsten Patron der bäuerlichen Welt, als Seitenfigur des Sebastian-Altars aufgestellt ist. Auf einem Nebenaltar der Kirche von Hochstahl (Lkr. Bayreuth) ist sein Pendant die hl. Notburga

[→ 14. September], die Patronin der Mägde. Ein großer goldener Pflug ist das Attribut des in zeitgenössische Tracht gekleideten Heiligen, der deswegen keine Verwechslung mit dem hl. Isidor von Sevilla [→ 4. April] erfahren dürfte.

11. Mai
Hl. Gangolf
Märtyrer
(gest. um 760)

Am Hof des Merowingerkönigs Pippin lebte der gottesfürchtige burgundische Adelige Gangolf. Auf der Jagd plagte ihn einmal schrecklich der Durst, aber er durfte aus einer frischen Quelle nur trinken, nachdem er dem geizigen Gutsherrn das Grundstück abgekauft hatte. Zu Hause schalt den Gutmütigen darum sein zänkisches Weib. Er aber steckte einen Stock in die Erde und siehe da: köstliches Wasser sprudelte heraus, während es beim Verkäufer versiegte. Die böse Frau blieb von diesem Wunder gänzlich unbeeindruckt und pflegte zudem weiterhin ihr ehebrecherisches Verhältnis mit einem Kleriker. Die Vorwürfe ihres Mannes stritt sie so lange ab, bis dieser ein Gottesurteil verlangte: Sie solle ein Steinchen vom Grund der Quelle aufheben; bleibe sie unverletzt, wolle er ihr glauben. Zuversichtlich langte sie in das scheinbar harmlose Wasser hinein, doch wie von einem Feuer verbrannt zog sie die Hand unter Schmerzen wieder heraus. Gangolf trennte sich darauf von ihr und zog sich in das von ihm gegründete Kloster Varennes (Frankreich) zurück.

Obwohl er für ihr standesgemäßes Auskommen sorgte, war sie nicht versöhnt und ließ ihn schließlich von ihrem Liebhaber ermorden. Spöttisch bemerkte sie über die vielen wunderbaren Heilungen am Grab: »Gangolf vollbringt ebenso sicher Wunder, wie mein Hintern Lieder singt« – und sogleich kamen die ersten unanständigen Töne. Dies geschah von nun an jeden Freitag, sobald sie den Mund aufmachte, denn an einem Freitag war der fromme Gangolf zum Märtyrer geworden. Während der Normanneneinfälle wurden die Gebeine Gangolfs zur Sicherheit nach Langres gebracht, von hier später nach Toul und Florennes (beide Diözese Lüttich). Hier und in den Reformklöstern des 11. Jahrhunderts hat sich sein Kult besonders verbreitet.

¶ Als Adeliger gehört Gangolf zu den Ritterheiligen. Rüstung, Lanze, Schild und Schwert sind neben dem Stab und der Quelle seine Attribute. Er ist im Spätmittelalter ein beliebter Patron der Bauern, Gerber und Schuhmacher, schützt Quellen, Brunnen, Berge und – wie könnte es anders sein – gegen Ehebruch.

Gangolf gehört nicht zu den Heiligen, deren Reliquien im Bamberger Dom verehrt werden. Dennoch erhielt er im Bistum große Beachtung. Sein Name steht in den Festkalendern und mehr noch: Otto I. wurde 1106 am Tag des hl. Gangolf zum Bischof geweiht. In der Theuerstadt, am nördlichen Ufer der Regnitz gelegen und damals noch eigene Ortschaft, hatte Bischof Gunther einem Adeligen namens Reginold zwischen 1057 und 1059 die

Gründung eines Kollegiatsstifts zu Ehren der Muttergottes und des hl. Gangolf gestattet. Pfarrei wurde die markante Kirche, deren gedrungene, vom Ruß der Eisenbahn schwarz gewordene Türme zum Wahrzeichen des Stadtteils geworden sind, erst 1806. Das Gotteshaus des 11. Jahrhunderts ist das älteste noch bestehende Bambergs und auch nach seiner einheitlichen Umgestaltung im Rokoko überaus sehenswert.

Das ungewöhnliche Gangolf-Patrozinium könnte sich aus den engen Verbindungen erklären, die Bamberg im 11. Jahrhundert mit der Diözese Lüttich pflegte. Papst Leo IX. [→ 19. April], der ehemalige Bischof von Toul, hielt sich 1052 in Bamberg auf. Der Lütticher Bischof Wazo wiederum war einst Mitglied des Bamberger Domkapitels. Mit einem Teil des Hauptes konnte das Stift im Jahre 1640 eine größere Gangolf-Reliquie aus Eichstätt erwerben.

¶ Die älteste Abbildung des Heiligen ist ein Schlußstein von 1458 im Chor. Klein und bescheiden finden wir ihn nochmals auf dem spätgotischen Allerheiligenbild mit Fahne und goldenem Adler auf rotem Schild gegenüber einem Stiftskanoniker. Obwohl sich im Volksmund die Bezeichnung »St. Gangolf« fest eingebürgert hat, ist die Muttergottes die Hauptpatronin der Kirche. Ritter Gangolf mit Lanze und Schild ist deshalb nur Nebenfigur auf dem Hochaltar der Mutschele-Werkstatt von 1766.

¶ Reginold aus dem Geschlecht der Walpoten hatte dem Bamberger Stift auch seine Burg in Hollfeld geschenkt. Wohl um das Besitzrecht auszudrücken, entstand hier kurz danach eine weitere Gangolfs-Kirche, deren markanter Turm zum Wahrzeichen des malerischen Städtchens auf dem Jura wurde. Die Auflösung der Propstei 1803 bedeutete für die Hollfelder Kirche den Verlust der Ausstattung und die Profanierung. Von den Nationalsozialisten als »Weihehalle« genutzt, steht ihr aber nunmehr eine Zukunft als wirklicher Kulturraum bevor. Das nahegelegene Drosendorf (Lkr. Bayreuth) verdankt dem Einfluß des Bamberger Stifts die Figur des hl. Gangolf auf einem Seitenaltar.

Gangolfs-Kirchen

Bamberg, kath. Stiftskirche St. Gangolf
Hollfeld (Lkr. Bayreuth), kath. Kirche St. Gangolf

12.–15. Mai: Die Eisheiligen

12. Mai
Hl. Pankratius
Märtyrer
(gest. um 305)

Pankratius, zu deutsch »der Allwaltende«, lebte im Rom der Christenverfolgungen unter Kaiser Diocletian. Der verwaiste Sohn reicher Eltern aus Kleinasien kam hier mit dem Christentum in Berührung. Durch die Vermittlung eines Mannes namens Eusebius ließ er sich von Papst Kornelius bekehren und taufen. Der Kaiser versuchte manches, um den selbstlos die christliche Gemeinde unterstützenden Jüngling von seinem Glauben abzubringen – vergeblich. Der tapfere, angeblich erst 14 Jahre alte Pankratius sah lieber einem Martyrium entgegen, als seinen Glauben preiszugeben. Er wurde enthauptet. Papst Sy-

machus errichtete um 500 eine Kirche über der Hinrichtungsstätte. Hier soll sich auch das erste Wunder zugetragen haben: In einem Rechtsstreit ließ der Richter den Angeklagten über dem Grab des Heiligen schwören. Da dieser nicht nur einen Meineid ablegte, sondern sich dabei auch noch dreist auf dem Sarkophag abstützte, konnte er sich nicht mehr lösen und starb am gleichen Ort. Seither wird Pankratius als Schutzheiliger für die Einhaltung von Schwüren angerufen. So soll es sich zumindest der *passio* nach zugetragen haben, wenn auch Historiker den einen oder anderen Widerspruch entdecken mögen.

Trotz seines Todes noch fast im Kindesalter ist es üblich geworden, Pankratius als christlichen Ritter darzustellen. Er trägt dann entweder die idealisierte Tracht römischer Soldaten oder im 15. und 16. Jahrhundert eine detailgetreue »moderne« Rüstung – willkommenes Studienobjekt für alle Waffenkundler. Diese Interpretation des Märtyrers geht auf den späteren Kaiser Arnulf von Kärnten zurück. Er hat nachweislich vor seiner Eroberung Roms im Jahr 886 eine Messe in der dortigen Pankratius-Kirche lesen lassen und führte seinen militärischen Erfolg auf die Fürsprache des Heiligen zurück. Aus Dank stiftete er zu Ehren des Pankratius eine Kapelle in Roding (Österreich), die erste nördlich der Alpen. Zum beliebten Heiligen der deutschen Ritter wurde Pankratius spätestens, als man die Kapelle von Schloß Tirol unter seinen Schutz stellte.

¶ Wir finden seitdem auch im Bistum Bamberg das Pankratius-Patrozinium in Burgkapellen. An der heute evangelischen Kirche in Schottenstein, die zur gleichnamigen Burg gehörte, hat sich am Turm eine spätgotische Steinskulptur des Märtyrers bewahrt. Eine weitere Pankratius-Kirche steht in Steinberg, einst gleichfalls die Kapelle einer Burg. Hier zeigt uns ein naives Nazarenerbild den jugendlichen Heiligen. Das Patronat für die Schloßkapelle von Aufseß haben die hll. Pankratius und Blasius [→ 3. Februar] inne.

¶ Die bedeutendste Pankratius-Kirche entstand indessen aus der mittelalterlichen Burg der Truhendinger auf dem Gügel, einer steilen Felskuppe östlich der Giechburg bei Scheßlitz. Aus der erstmals 1384 erwähnten Kapelle entwickelte sich nach dem Verfall der Burg und der Übernahme durch das Fürstbistum eine zweigeschossige, steil aufragende Kirche aus goldgelb leuchtendem Sandstein, die ihre einstige Verteidigungsaufgabe noch immer weit ins Land hinein bekundet.

Heute wird hier das Fest Mariae Himmelfahrt am 15. August als wichtigster Feiertag mit Gottesdiensten, Wallfahrten und Kräuterweihen begangen. Aber der Ritterheilige ist nicht vergessen: Zwei kleine Reliefs sind in das riesige frühbarocke Retabel integriert. Sie und eine Skulptur des hl. Pankratius stammen von dem spätgotischen Flügelaltar, den die Bischöfe Veit Truchseß von Pommersfelden (1501–1503) und sein Nachfolger Georg II. Marschalk von Ebneth (1503–1505) in der Werkstatt des Bamberger Malers Wolfgang Katzheimer für 21 3/4 Gulden bestellten und laut Hofkammerrechnungen bis zum Februar 1505 bezahlten. Mehr wissen wir nicht über diesen Altar, der nicht sehr groß gewesen sein kann. Die heute weiß überfaßten Reliefs zeigen die Schlüsselszenen aus dem Leben des Heiligen: die Taufe durch Papst Kornelius und die Enthauptung. In holzschnitthafter, fast graphischer Komposition sind die Figuren so eindrucksvoll nebeneinander gereiht, daß der Inhalt auch ohne Erklärung deutlich wird. Die einfache, plakative Bildsprache erinnert an die Holzschnitte, die Katzheimer 1506 für die Bamberger Halsgerichtsordnung entwarf. Die vollplastische Skulptur des Märtyrers verkörpert einen stolzen Ritter in prächtiger Rüstung, die mit Liebe zu den technischen Raffinessen ausgearbeitet ist. Visierhelm, Schulterplatten, Armkacheln, Turnierhandschuhe, Brustpanzer mit Schößen, Diechlinge für die Oberschenkel und Schutzplatten für die empfindliche Kniescheibe erzählen von der genauen Kenntnis zeitgenössischer Rüstungen.

Drei Heilige auf Az, die stehlen wie der Spatz.

Seit dem späten Mittelalter gehört Pankratius in Franken auch zum Kreis der Vierzehn Nothelfer und wird in dieser Runde noch abgebildet, als die Zeit der Ritter und Burgkapellen längst aus der Wirklichkeit der Gläubigen verschwunden war. Neben seinem doppelten Auftreten als Schutzpatron und Nothelfer auf dem Gügel finden wir ihn 1763 am Gnadenaltar der Wallfahrtskirche von Vierzehnheiligen (Lkr. Lichtenfels) und um 1720 als Figur Egid Quirin Asams in der ehemaligen Klosterkirche von Michelfeld (Lkr. Amberg-Sulzbach).

¶ Wie Pankratius zu der Ehre kam, mit Servatius und Bonifatius zu den Eisheiligen oder Eismännern zu zählen, wissen wir nicht genau. In der nicht nur bäuerlichen, sondern auch vom Gärtnerleben bestimmten Welt der Bistumsstadt Bamberg und ihres Umlands kommt den Eisheiligen, die Mitte Mai den gefährlichen letzten Frost bringen können, eine besondere Bedeutung und Verehrung zu. Sie schlägt sich in der früheren Beliebtheit des Namens Pankraz nieder – fränkisch liebevoll in »Banger« verwandelt. Mit dem fruchtbaren Gärtnerland, auf das unsere Vorfahren noch so stolz waren, geht leider auch das ganz besondere, namengebende Verhältnis zu Pankratius verloren.

Pankratius-Kirchen und -Darstellungen

Aufseß (Lkr. Bayreuth), Schloßkapelle St. Pankratius und Blasius
Gügel (Lkr. Bamberg), Wallfahrtskirche St. Pankratius
Nürnberg, evang. Kirche St. Lorenz, Glasmalerei im Konhofer-Fenster
Schottenstein (Lkr. Coburg), evang. Kirche, ehem. St. Pankratius
Steinberg (Lkr. Kronach), alte kath. Pfarrkirche St. Pankratius

13. Mai
Hl. Servatius
(vor 345–384)

Wahrscheinlich stammt Servatius, zu deutsch »der Gerettete«, aus dem Orient, mancher Überlieferung nach soll er sogar mit der Sippe der hl. Anna [→ 26. Juli] verwandt gewesen sein. Geschichtlich wird er 350 als Gesandter des oströmischen Gegenkaisers Magnentius greifbar, als er sich im theologischen Kampf gegen die Arianer auszeichnete. Später wird er der erste Bischof von Tongern (Belgien). Eines Tages soll Gott ihm einen Adler geschickt haben, der dem auf nackter Erde in der Sonne schlafenden Bischof Schatten spendete. 366 und 384 reist er nach Rom, wo der hl. Petrus ihm einen der beiden Schlüssel, an dem sich noch Feilspäne der Ketten des Apostels befanden, übergeben haben soll. Das größte Anliegen des Servatius war jedoch die Bitte um Hilfe gegen die bevorstehenden Hunneneinfälle, die er vorausgesehen hatte. Im Traum befahl Petrus ihm, unverrichteter Dinge nach Hause zu ziehen und in Maastricht sein Grab vorzubereiten, da Gott seinen Entschluß, Gallien den Barbaren zu überlassen, nicht zurücknehmen werde.

¶ Tatsächlich starb Servatius am 13. Mai 384, bevor die Hunnen im Jahr 406 halb Europa verwüsteten; nur

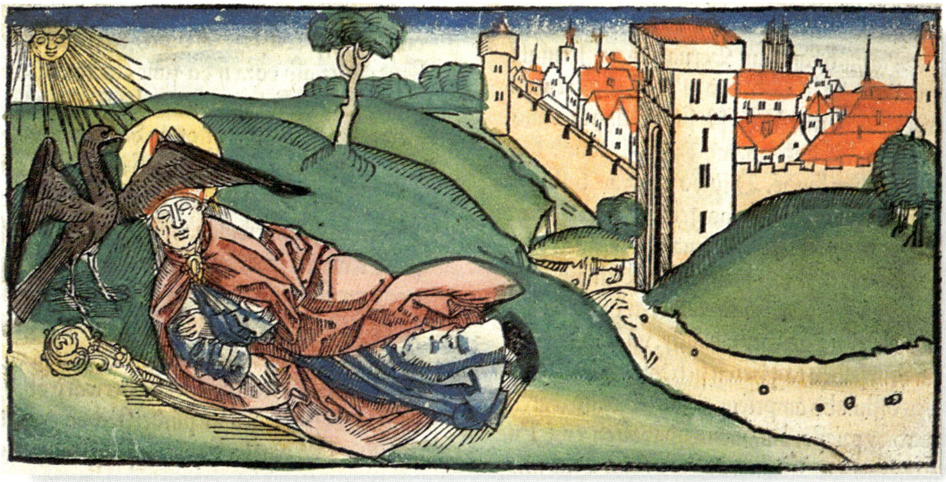

Maastricht wurde wie durch ein Wunder verschont. Das Grab des Bischofs blieb stets frei von Schnee und war eine der wichtigsten Kultstätten des Mittelalters, die auch Heinrich II. besucht hat.

¶ Servatius ist unter der Vielzahl heiliger Bischöfe an seinen Attributen zu erkennen, dem Schlüssel und manchmal auch den Holzschuhen, mit denen man ihn einer Legende nach ermordet haben soll. Über die besondere Verehrung im Rhein-Mosel-Gebiet hinaus ist er als Eisheiliger bekannt, der gegen Fieber und Frostschäden helfen soll. Er ist Patron der Tischler und Schlosser.

Pankrazi, Servati, Bonifazi
sind drei frostige Bazi,
und zum Schluß fehlt nie
die kalte Sophie.

Servatius ist in Franken meist als Eisheiliger bekannt und kaum verehrt worden, ein Patrozinium hat man ihm nicht übertragen. Eine gewisse Servatius-Verehrung kann im mittelalterlichen Nürnberg festgestellt werden: Er erscheint auf einem Flügel des um 1460 entstandenen Wolfgang-Altars in der Nürnberger Kirche St. Lorenz, mit einem Schriftband eindeutig bezeichnet. Als bartloser Bischof steht er gedankenverloren auf einer Blumenwiese, in kostbare Gewänder aus Brokat gehüllt und mit seinen Attributen Mitra, Krummstab sowie einem vergoldeten Schlüssel versehen. Weitere Bischöfe sind ihm zur Seite gestellt. In der Katharinen-Kirche und im Hl.-Geist-Spital gab es einen Servatius-Altar, die Kirche St. Sebald besitzt schließlich ein Tafelbild der hl. Sippe, zu der Servatius gehört haben soll.

14. Mai
Hl. Bonifatius von Tarsus Märtyrer
(gest. um 306)

Bonifatius, zu deutsch »der Wohltäter«, soll nach einer romanhaften *passio* für seinen Glauben hingerichtet worden sein. Die wohlhabende Christin Aglae, deren Landgut er verwaltete, entsandte ihn nach Tarsus (Türkei), um dort gefangene Christen freizukaufen. Doch Bonifatius wollte sogleich mit ihnen den Märtyrertod sterben, als er auf dem Richtplatz ankam. Der römische Statthalter nahm Bonifatius unverzüglich fest und ging an sein grausiges Werk. Viele Torturen, u. a. ein Bad in siedendem Pech, soll der tapfere Christ überlebt haben, bevor man ihn schließlich enthauptete. Der nach Rom gebrachte Leichnam wurde an der Via Latina beigesetzt.

¶ Bonifatius, der nicht mit dem nach ihm benannten Bonifatius, dem Apostel der Deutschen [→ 5. Juni], verwechselt werden darf, erscheint als bärtiger Römer zwischen Henkern. Ein Kessel mit Pech verweist auf sein Martyrium. Er gilt zwar auch als Patron der Bierbrauer, ist aber vor allem als Eisheiliger bekannt.

¶ Bisher hat man allein die Namensendung auf *-atius*, lateinisch für »Eis«, für die volkstümliche Heiligengruppe der Eisheiligen, also Pankratius, Servatius und Bonifatius, verantwortlich machen können. Trotz der weitgehend bäuerlichen Bevölkerung im Bistum Bamberg, die bei eisigen Nächten Mitte Mai um ihre Ernte fürchten mußte, ist es zu einer einzelnen Verehrung des Bonifatius von Tarsus in unserer Heimat nicht gekommen.

Vor Nachtfrost bist Du sicher nicht, bevor Sophie vorüber ist.

15. Mai
Hl. Sophia
Märtyrerin

Die noch zu den Eisheiligen gehörende »Kalte Sophie« oder »Eisfrau« ist mehr eine allegorische als eine geschichtliche Persönlichkeit, ihr Name bedeutet »die Weise«. Sie gilt als verwitwete Mutter dreier Töchter, denen man die Namen der christlichen Haupttugenden gegeben hat: Glaube, Liebe und Hoffnung. Sophia soll mit ihren Kindern während der Christenverfolgungen unter Kaiser Hadrian umgekommen sein; nach Erduldung vieler Qualen wurde sie hingerichtet. Die größte Verehrung genießt die Patronin der Witwen in Rom und im Elsaß, wo ihre Gebeine seit dem 8. Jahrhundert im Frauenkloster Eschau bei Straßburg ruhen. Eine andere Überlieferung nennt die hl. Sophia in Zusammenhang mit der hl. Quirilla. Die frommen Jungfrauen starben in Rom den Märtyrertod durch das Schwert, nachdem sie sich geweigert hatten, heidnischen Göttern zu opfern.

¶ Im Bistum Bamberg ist die hl. Sophia offenbar nur durch ihren Festtag zur Zeit der Maifröste bekannt. Eine Abbildung oder Skulptur ließ sich bislang nicht finden.

16. Mai
Hl. Johannes Nepomuk
Märtyrer
(um 1350–1393)

Johannes Welflin aus der böhmischen Ortschaft Pomuk bei Pilsen, ein schwächliches Kind, wurde von seinen Eltern zu einem geistlichen Beruf bestimmt und wuchs zu einem gesunden und wißbegierigen Knaben heran. Nach dem Studium erhielt er die Doktorwürde im kanonischen Recht. 1389 ernannte man den beliebten und nicht unbegüterten Priester zum Generalvikar der Erzdiözese Prag und Beichtvater der Königin Johanna. Seine Weigerung, das Beichtgeheimnis zu brechen, soll ihn das Leben gekostet haben. König Wenzel IV., wegen seines liederlichen Lebenswandels gefürchtet, überdies rasend vor Eifersucht und Mißtrauen gegen seine fromme Gemahlin, ließ den tapferen Kanoniker in der Nacht vom 20. zum 21. März 1393 foltern und in der Moldau ertränken.

¶ Die konkrete Ursache seines Todes blieb ungeklärt. Gläubige bargen den Leichnam aus dem leuchtenden Fluß und setzten ihn im Veitsdom bei. 1719 fand man im Grab die unverweste Zunge Johann Nepomuks, ein Wunder, das 1721 zur Seligsprechung, 1729 zur Kanonisation führte.

In Böhmen schon seit der Gegenreformation als einer der Landespatrone hoch verehrt, breitete sich nach 1729 der volkstümliche Kult des Johannes Nepomuk rasch aus. Neben dem Kreuz und Abbildungen der Muttergottes sind Skulpturen dieses Heiligen heute am häufigsten zu sehen und gelten gewissermaßen als »Landmarke« der katholischen Kulturlandschaften Bayerns und Böhmens.

¶ Sein Martyrium ließ Johannes Nepomuk zum Schutzherrn des Beichtgeheimnisses, aber auch der Gewässer, Flößer und Schiffer werden. Als kurzbärtigen Kanoniker mit langem schwarzen Rock, spitzengesäumtem Chorhemd und hermelinbesetztem Schulterumhang, Birett auf dem welligen Haar, ein Buch oder Kruzifix in der Hand, bisweilen einen Kranz von fünf, manchmal auch sieben oder zwölf Sternen um das Haupt, finden wir ihn daher gleichermaßen als Skulptur auf Beichtstühlen oder unzähligen Brücken und Furten. Hier löste er den im Mittelalter »zuständigen« hl. Nikolaus [→ 6. Dezember] ab. In der Mitte des 18. Jahrhunderts hat man dem tapferen Priester viele Altäre geweiht und ihn anderen »Mode-Heiligen«, etwa dem hl. Karl Borromäus [→ 4. November] oder dem hl. Franz Xaver [→ 3. Dezember], als Nebenfigur zugesellt.

Schon 1731 veranlaßten die Franziskaner-Mönche in Bamberg die Gründung einer Johann-Nepomuk-Bruderschaft, die sich zunächst größten Zulaufs erfreute und in der Klosterkirche St. Anna zusammenkam. Schon vor der Aufhebung des Konvents war ein Rücklauf der Neumitglieder zu verzeichnen, und der Johann-Nepomuk-Altar wurde 1812 in die Kirche von Rattelsdorf verkauft. Eine gleichermaßen typische, aber den Geist und das Können des Rokoko besonders atmende Sandsteinskulptur findet sich am Anger in Scheßlitz. Sie wird wegen ihrer besonderen künstlerischen Qualität der Werkstatt des berühmten fränkischen Bildhauers Ferdinand Tietz zugeschrieben und verwandelt das 1683 für die Prager Moldaubrücke geschaffene »Urbild« des hl. Johann Nepomuk in einen eleganten Chorherrn, der fast ein wenig zu schmunzeln scheint über das ihm anvertraute Geheimnis. In der Scheßlitzer Stadtpfarrkirche gibt es darüber hinaus einen dem Heiligen geweihten Seitenaltar. Auf dem Gemälde sind die Glorie Johann Nepomuks zu sehen und ganz klein im Hintergrund sein Sturz von der Brücke.

Für die vielbenutzte mittelalterliche »Cles-Brücke«, die bei Grasmannsdorf über das sumpfige Tal der Rauhen Ebrach führt, hat man ab 1714 mittels eingenommener Zollgelder ein zeitgenössisches Skulpturenprogramm geschaffen. Neben dem althergebrachten Brückenheiligen Nikolaus steht seither sein barocker Nachfolger als überlebensgroße Sandsteinfigur von Johann Nikolaus Rösch. Unweit davon wurde der Opferstock aufgestellt.

¶ Die Ebracher Zisterzienser haben Johann Nepomuk besonders verehrt, ist doch sein Geburtsort Nepomuk aus einer Filiation dieses Klosters hervorgegangen. Umgeben von einer Engelsschar, die seine Attribute trägt, modellierte ihn Daniel Humbach 1741 aus Stuck über den Eingang einer Chorkapelle der Ebracher Abteikirche. – Leider nicht für die Öffentlichkeit zugänglich sind die um 1727 stuckierten Fensterlaibungen im Abtszimmer des Konventbaus im Kloster Weißenohe (Lkr. Forchheim); sie zeigen Szenen aus dem Leben des hl. Johann Nepomuk.

Einen der schönsten Altäre des »neuen« Heiligen schuf Bonaventura Mutschele 1754 für die Bamberger Kirche St. Gangolf. Während der Märtyrer gen Himmel schwebt, sind im ornamentalen Retabel geistreich verspielt Stationen seines Lebens untergebracht: Ein Putto hält ein Medaillon mit der beichtenden Königin, ein anderer die Ketten, mit denen der eifersüchtige Wenzel ihn gefangen nehmen ließ; die Schilfstauden, der seitliche Delphin und die Muscheln im Haar eines weiteren Puttos verweisen schließlich auf den Tod in der Moldau.

¶ In der Bamberger Frauenstraße finden wir den Heiligen sogar als Hausfigur: Der Bildhauer Bernhard Kamm hat ihn 1770 samt Brücke über die Moldau als außergewöhnlichen Fassadenschmuck eingesetzt. Skulpturen des hl. Johann Nepomuk finden sich im Hochstift Bamberg so häufig, daß jeder sicher längst seine persönliche Lieblingsfigur gefunden hat.

Einige Johann-Nepomuk-Altäre und -Darstellungen

Autenhausen (Lkr. Coburg), kath. Kirche St. Sebastian, Johann-Nepomuk-Altar aus der ehem. Klosterkirche Tambach

Bamberg, St. Gangolf, Johann-Nepomuk-Altar, 1754

Buchbach (Lkr. Kronach), kath. Kuratiekirche St. Laurentius, Hochaltarfigur

Gößweinstein (Lkr. Forchheim), Wallfahrtskirche, Seitenaltar von 1765

Grasmannsdorf (Lkr. Bamberg), Cles-Brücke, Figur

Langensendelbach (Lkr. Forchheim), kath. Pfarrkirche St. Peter und Paul, Seitenaltar

Posseck (Lkr. Kronach), kath. Pfarrkirche St. Johannes Ev., Hochaltarfigur

Scheßlitz (Lkr. Bamberg), kath. Pfarrkirche St. Kilian, Seitenaltar

Scheßlitz (Lkr. Bamberg), Sandsteinfigur am Anger

17. Mai
Hl. Paschalis Baylón
(1540–1592)

18. Mai
Hl. Johannes I. Märtyrer
(gest. 526)

19. Mai
Hl. Ivo Hélory
(1253–1303)

Der Richter und Theologe Ivo Hélory gab sein Amt als Priester auf, um ein Leben der Askese und Nächstenliebe zu führen. Unentgeltlich trat er als Anwalt für die Armen und Unterdrückten ein. Sein Grab in der Kathedrale von Treguier (Bretagne) ist alljährlich zu seinem Todestag am 19. Mai Ziel einer gut besuchten Juristen-Wallfahrt.

¶ Im Bistum Bamberg dürfte der fromme Jurist nur wenigen bekannt sein. Der Name Ivo wird in Franken mit Ivo Hennemann (1824–1900) verbunden. Den Einsiedler auf dem Staffelberg hat der Dichter Victor von Scheffel in seinem Frankenlied unsterblich gemacht, nachdem er ihn im Sommer 1859 kennengelernt hatte. Das schlichte Grab Ivo Hennemanns liegt im Kirchhof seines Heimatortes Oberleiterbach (Lkr. Bamberg).

20. Mai
Hl. Bernardin
(1380–1444)

21. Mai
Konstantin
(um 285–337)

Flavius Valerius Constantinus, später Konstantin der Große genannt, wurde um 285 als nicht standesgemäßer Sohn des römischen Offiziers und späteren Teilkaisers Constantius Chlorus und der Wirtin Helena [→ 18. August] geboren. Als Kind lebte er am Hof des Christenhassers Diocletian, dessen Tochter Fausta er heiratete. Nach dem Tod des Vaters rief das Heer 306 den tüchtigen und beliebten Konstantin zum Herrscher über den Nordwesten des Römischen Reiches aus. Obwohl er 311 das Toleranzedikt Oberkaisers Galerius zur Duldung des Christentums unterschrieb, huldigte er weiter dem Sonnengott Apollo.

Vor der berühmten Schlacht an der Milvischen Brücke sah Konstantin am 28. Oktober 312 eine Erscheinung, genauer ein Lichtkreuz, am Himmel, die das Abendland verändern sollte: *in hoc signo vinces*, zu deutsch »In diesem Zeichen wirst du siegen.« Der Sieg wurde ihm also verheißen, wenn er im Zeichen des christlichen Kreuzes kämpfen würde. Nach dem Triumph über seinen Mitregenten Maxentius begrüßte das römische Volk Konstantin als Alleinherrscher und Befreier. Den Christen erlaubte er nach langer, grausamster Unterdrückung ihren Glauben, dem auch er sich zuwandte, ohne jedoch die Taufe zu empfangen.

¶ Während des Pontifikats von Papst Silvester [→ 31. Dezember], das mit seiner Regierungszeit fast zusammenfiel, ebnete er dem Christentum den Weg. Mit Silvester und seiner frommen Mutter Helena ließ er viele Kirchen errichten. Er selbst leitete 325 das erste Konzil von Nicaea, auf dem das Glaubensbekenntnis und die Lehrautorität des Papstes festgeschrieben wurden. Der Legende nach soll er mit Hilfe des neuaufgefundenen Leichnams von Antonius [→ 17. Januar] seine Tochter vom bösen Geist erlöst haben. Erst auf dem Sterbebett ließ sich Konstantin taufen, allerdings im arianischen Glauben. Er ist in der Apostelkirche von Konstantinopel, der nach ihm benannten christlichen Hauptstadt des Römischen Reiches am Bosporus, begraben. Während die Ostkirche Konstantin, den »Apostelgleichen«, sehr verehrt, gibt es wenig Spuren in der römischen Kirche, eine offizielle Heiligsprechung erfolgte nicht. Der arianisch Getaufte steht im Schatten seiner Mutter, deren Kult mit der Auffindung des Heiligen Kreuzes verbunden ist.

¶ Konstantin wird als bärtiger Kaiser dargestellt, in der Hand den Reichsapfel und das Feldzeichen mit dem Christusmonogramm. In den letzten Jahren ist der Name Konstantin zu überraschender Beliebtheit gekommen.

¶ Im Bistum Bamberg begegnet uns Konstantin selten. Die Erscheinung des Kreuzes vor der Entscheidungsschlacht an der

Milvischen Brücke stellte Melchior Steidl 1716 in einem Deckenfeld über dem Kreuzaltar der ehemaligen Klosterkirche Banz (Lkr. Lichtenfels) dar. Im Schrein des spätgotischen Flügelaltars von St. Helena (Lkr. Nürnberger Land) steht eine fast lebensgroße Figur des bartlosen Konstantin neben der Helenas und des byzantinischen Kaisers Heraklius, der 627 das von den Persern erbeutete Heilige Kreuz zurückeroberte und barfuß nach Jerusalem brachte. Das Kaiserfenster der Nürnberger Lorenz-Kirche stellt Konstantin mit Papst Silvester in das Zeichen des Kreuzes.

22. Mai
Romanus von Subiaco
(5. Jh.)

Der Mönch Romanus soll dem hl. Benedikt [→ 11. Juli] jene Höhle gezeigt haben, in der er sich drei Jahre verborgen hielt und auf sein künftiges Leben vorbereitete. Romanus hat Benedikt dort nicht nur über einen am Seil heruntergelassenen Korb mit Nahrung versorgt, sondern gilt auch als sein Lehrer. Der Legende nach gründete er das Kloster Auxerre in Frankreich, das heute als romanisches Kunstdenkmal bekannt ist.

¶ Der bärtige Mönch mit Buch wird selten und nur in Zusammenhang mit dem hl. Benedikt abgebildet. Wir finden ihn daher als Skulptur in der ehemaligen Klosterkirche von Banz auf dem Benediktus-Altar (um 1721). Neben dem Gemälde mit dem Tod des Ordensgründers steht der treue Lehrer, einen Korb mit Brot am Arm.

23. Mai
Hl. Wibert von Gorze
(gest. 962)

24. Mai
Hl. Magdalena Sophie Barat
(1779–1865)

25. Mai
Hl. Urban I.
(gest. 230)

Obwohl Urban um 222 zum ersten Papst dieses Namens gewählt wurde, gibt es kaum Nachrichten zu seinem Leben; das kurze Pontifikat verstrich ohne besondere Ereignisse. Da sein Name übersetzt »der Städter«, im übertragenen Sinn »der Gebildete« bedeutet, kann auf seine Herkunft aus dem römischen Patriziat geschlossen werden. Er starb am 25. Mai 230 in Rom, wo er auch begraben ist. Sein in der *Legenda aurea* überliefertes Martyrium hat keinen geschichtlichen Hintergrund. Urban soll demnach enthauptet worden sein, weil er sich weigerte, den Götzen zu opfern. Das herabstürzende Götterbild erschlug stattdessen seine Peiniger (Abb. S. 119).

Urban soll als Papst angeordnet haben, daß Meßkelch und Patene aus Gold oder Silber herzustellen sind. Daraus erwuchs ihm zunächst der Kelch als Attribut, was ihn seit dem 13. Jahrhundert zum Schutzherrn der Winzer machte. Auch wer zu viel Wein getrunken hat, kann Urban anrufen: Er hilft gegen Trunkenheit und Gicht. Schließlich gab man ihm die Weintraube zum Kennzeichen, die ihn heute noch als den Ur-Patron des Weins (von 70 Rebpatronen!) ausweist, ohne daß allerdings eine einzige Weinlage nach ihm benannt ist. Auch sein Festtag, nach alter Vorstellung der Beginn des Sommers, steht mit der edlen Rebe in Zusammenhang, hängt doch deren Gedeihen vom Wetter im späten Mai ab, wenn die Stöcke die ersten Blüten treiben. Gegen deren Verderbnis, nämlich heftige Gewitter, kann man den heiligen Urban ebenfalls anrufen.

¶ Da früher selbst an wenig geeigneten Orten – ein nicht immer wohlschmeckender – Wein angebaut werden mußte, den man meist mit Wasser vermischt trank, kam der guten Weinernte und damit dem hl. Urban eine große Bedeutung zu. In feierlichen Prozessionen trugen die Winzer, oft in Bruderschaften zusammengeschlossen, seine Statue durch die Weinberge. Mancherorts übergoß man sie sogar mit dem edlen Naß und trieb allerlei Schabernack. Berühmt war etwa vor dem 30jährigen Krieg das Nürnberger »Urban-Reiten«. Viellcicht mag da noch so manche Erinnerung an Bacchus, den römischen Gott des Weins, und seine wilden Feste im christlichen Gewand überlebt haben.

St. Urban hell und rein
segnet die Fässer ein.

Die römische Frühlingsfeier hieß *urbana* und markiert den Abschluß der ersten Arbeit im Weinberg. Nach mittelalterlichem Gewohnheitsrecht war derjenige, der einen Acker oder Weinberg bestellt hatte, Eigentümer der zu erwartenden Ernte. Grund genug für die Winzer zu feiern. Heute beschränkt sich der Weinbau auf die ergiebigeren Lagen im Westen, die östlichsten Weinberge Frankens dürften rund um Lichtenfels anzutreffen sein. Nur noch der Dorf-, Flur- oder Straßenname »Weinberg«, »Weingarten« oder »Wingert« gibt Auskunft über die frühere Nutzung und somit die Verehrungsgebiete des hl. Urban.

¶ Bei der Domweihe in Bamberg gedachte man 1012 auf dem linken Altar im Querhaus des hl. Urban, zum Kirchenpatron wurde er jedoch selten; nur die Kirche in Ottenhofen war einst unter seinen Schutz gestellt. Heute ist dort weder der Weinanbau noch der hl. Urban anzutreffen; das Patronat erhielt später der Ansbacher Patron Gumbert [→ 15. Juli], die Kirche wurde in der Reformation evangelisch und später vollständig erneuert. In Kemmern, Unterhaid und Weiden verweisen spätgotische Figuren auf die Tradition des oberfränkischen Weinbaus, die sich mit dem »Unterhaider Rötla«, einem roten Frankenwein, durchaus sehen (und trinken) lassen kann.

Im Regnitztal um Forchheim herum gibt es gleich mehrere Hinweise auf den hl. Urban: in Eggolsheim einen um 1500 entstandenen Bildstock und in Reuth eine barocke Figur; in der Forchheimer Kirche St. Martin erinnern ein Messingleuchter aus dem 17. Jahrhundert und eine Skulptur auf dem Laurentius-Altar an die Urbani-Bruderschaft. Eine solche bestand auch in Kirchehrenbach seit 1624; ihre Ordnung aus dem Jahr 1720 und eine Figur sind überliefert.

Ist am Urbanstag
das Wetter schön,
so wird man
volle Rebstöck sehn.

In der Gärtner- und Häckerstadt Bamberg ist die Verehrung des hl. Urban zu einem bedeutenden Teil der Volkskultur geworden. Bis ins 19. Jahrhundert war ja das südwestliche Stadtgebiet von Weinbergen umgeben. Die Ursprünge der Häcker- (oder Winzer-) Bruderschaft auf dem Kaulberg reichen bis in das 16. Jahrhundert zurück; kirchlich gehört sie zur Oberen Pfarre. Für das Jahr 1636 ist ihre Prozession über den Kaulberg bis zum »Hohen Kreuz« und über den »Oberen Stephansberg« zurück erstmals urkundlich nachgewiesen. Im Barock erhielt sie das feierliche Gepräge fränkischer Volksfrömmigkeit, das sie noch heute kennzeichnet.

Wie Urbanus sich verhält, so ist auch das Heuwetter bestellt.

Im Zentrum steht dabei die Statue des heiligen Papstes Urban mit Kreuzstab und Weintraube, die festlich geschmückt, umgeben von Zunftstangen und Fahnen, von den Häckern durch die Straßen getragen wird. Sie ist in der wiederaufgebauten Laurenzi-Kapelle auf dem Kaulberg aufgestellt. Der neue Bamberger Stadtteil Süd-West entstand auf den historischen Weinbergen; für seine Kirche hat man deshalb den hl. Urban zum Schutzpatron erwählt.

Urbani-Kirchen und -Darstellungen

Bamberg, kath. Kirche St. Urban
Burgwindheim (Lkr. Bamberg), kath. Pfarrkirche St. Jakobus, Figur
Eggolsheim (Lkr. Forchheim), Bildstock
Geisfeld (Lkr. Bamberg), kath. Pfarrkirche St. Magdalena, Figur
Kemmern (Lkr. Bamberg), kath. Pfarrkirche St. Peter und Paul, spätgotische Figur
Ottenhofen (Lkr. Neustadt/Aisch), evang. Pfarrkirche, ehem. St. Gumbertus und Urban
Reuth (Lkr. Forchheim), kath. Pfarrkirche St. Johannes d. T., barocke Figur
Unterhaid (Lkr. Bamberg), kath. Pfarrkirche St. Barbara, spätgotische Figur
Weiden (Lkr. Lichtenfels), kath. Filialkirche St. Andreas, spätgotisches Relief um 1520

26. Mai
Hl. Philipp Neri
(1515–1595)

Den Knaben Philipp Neri aus Florenz beeinflußten die leidenschaftlichen Bußpredigten seines Zeitgenossen Savonarola so sehr, daß er ein Leben der Askese der vorgezeichneten Laufbahn als Kaufmann vorzog. Er verdiente sich seinen kärglichen Lebensunterhalt als Hauslehrer in Rom, bis er eine Dreifaltigkeitsbruderschaft zur Betreuung kranker Pilger gründete und 1551 zum Priester geweiht wurde. Unkonventionell und fröhlich predigte er den Menschen und bemühte sich auf eine ganz persönliche Art um die religiöse Erneuerung der Ewigen Stadt. Mit Freundlichkeit und derbem Humor förderte er den Glauben vor allem der Kinder, Jugendlichen und armen Leute. Er gehörte zum Freundeskreis der Jesuiten um Ignatius von Loyola [→ 31. Juli], leitete die Vereinigung der Oratorianer und lehnte in aller Bescheidenheit die angebotene Kardinalswürde wiederholt ab. Schon zu Lebzeiten wie ein Heiliger verehrt, starb er am 26. Mai 1595.

Philipp Neri gehört zu den einflußreichsten Persönlichkeiten der Gegenreformation und wird als Oratorianerpriester mit Buch und flammendem Herzen dargestellt, vor der Muttergottes kniend. Er ist Schutzpatron der Humoristen und wird nicht nur von diesen gegen Gliederkrankheiten und Unfruchtbarkeit angerufen.

¶ Im Bistum Bamberg haben die Jesuiten Philipp Neri eingeführt. Begegnen können wir dem humorvollen Heiligen in der ehemaligen Stiftskirche St. Gangolf. In einer südlichen Seitenkapelle ist ihm hier mit den hll. Otto [→ 30. September] und Karl Borromäus [→ 4. November] ein Altar geweiht, für den Bonaventura Mutschele ab 1755 die dynamisch bewegten Figuren schuf.

27. Mai
Hl. Bruno von Würzburg
(um 1005–1045)

Aus salischer Herrscherfamilie stammte Bruno, zu deutsch »der Braune«, Sohn Konrads I. von Kärnten und seiner Gemahlin Mathilde von Schwaben, außerdem Vetter des salischen Königs Konrad II. Er schlug wohl in Salzburg die geistliche Laufbahn ein und ist bald Kapellan am Hof des Königs. Im unmittelbaren Umfeld des Herrschers mit diplomatischen Aufgaben betraut, begleitet er ihn zur Kaiserkrönung nach Rom. Schließlich wird der junge Priester zum italienischen Kanzler des Reichs.

¶ 1034 macht ihn Konrad II. mit Zustimmung des Klerus zum Bischof in Würzburg, ein Amt, das Bruno bis zu seinem Tod innehaben sollte. Hier kümmerte er sich um die Ausbildung des Klerus und den Kirchenbau. Die Burkardus-Kirche und der romanische Dom gehen auf seine Initiative zurück. Bruno gilt auch als Deuter der Bibel; sein Psalmenkommentar gehört zu den wichtigen theologischen Texten des hohen Mittelalters. Auf einer Reise mit König Heinrich III. nach Ungarn verunglückt Bruno tödlich: Beim Einbruch einer morschen Holzdecke auf Schloß Persenbeug an der Donau wird er von herabfallenden Steinen schwer verletzt, am 27. Mai 1045 stirbt er.

Rückblickend fällt im Leben dieses tatkräftigen Reichsbischofs und Politikers wenig Heiligenhaftes auf. Noch der barocke Chronist Ignaz Gropp bemerkt in seiner Abhandlung über die heiligen Würzburger Bischöfe »keine sonderbare Merckmahlen einer über die gemeine Lebens-Arth anderer der Vollkommenheit befliessenen Seelen sich erhebenden Heiligkeit« an Bruno. Allein die Wunder an seinem Grab sprachen für sich. Seit 1202 sind zahlreiche Heilungen protokolliert, von denen besonders das Schicksal zweier Frauen interessiert, die zunächst vergeblich am Grab der hl. Kunigunde [→ 3. März] in Bamberg Hilfe gesucht hatten. 1237 begann das Kanonisationsverfahren, aber erst im Barock hat man sich in Würzburg wieder stärker an den Heiligen erinnert und sein Fest mit großen Ehren gefeiert. Nach dem Vorbild des Otto-Sarkophags in der Bamberger Michaelskirche wurde seine Grablege im Würzburger Dom konzipiert, die ein Durchkriechen erlaubte. Bei der Öffnung des Grabes fielen 1699 die Knochenfrakturen des für seine Zeit bemerkenswert groß gewachsenen Mannes auf.

Bruno wird als Bischof mit Buch und Feder dargestellt, ein Hinweis auf seine Rolle als Kommentator der Bibel. Im 1949 gegründeten Bruno-Werk der Diözese Würzburg leben das Andenken und der Dienst am Nächsten des für seine Menschenliebe bekannten Bischofs in unserer Zeit fort. In die Heiligenverehrung der Diözese Bamberg hat Bruno, der Zeitgenosse Kaiser Heinrichs II., keinen Eingang gefunden.

28. Mai

Hl. Germanus von Paris

(496–576)

29. Mai

Hl. Bona von Pisa

(1156–1208)

30. Mai

Hl. Johanna von Orléans

(1412–1431)

31. Mai

Sel. Mechthild von Dießen

(gest. 1160)

Januar
Februar
März
April
Mai
Juni
Juli
August
September
Oktober
November
Dezember

1. Juni
Hl. Simeon von Trier
(gest. 1035)

2. Juni
Hl. Erasmus
Märtyrer
(gest. um 303)
auch Rasmus,
Ermo, ital. Elmo

Erasmus, dessen Name im Griechischen »der Liebenswürdige« bedeutet, lebte lange als Einsiedler, bevor er Wanderprediger und schließlich Bischof von Antiochia (Türkei) wurde. Von den Häschern des Christenhassers Diocletian in seinem Versteck in den Bergen Libanons aufgespürt, stand ihm ein erstes grausames Martyrium bevor. Mit Keulen geschlagen, mit Harz und heißem Blei begossen, überlebte er ungebrochenen Mutes, was viele Gläubige bekehrte. Ein Engel soll ihn aus dem Kerker gerettet und im Schiff nach Italien gebracht haben. Unterwegs predigte er den Matrosen, und die See blieb ruhig.

¶ Nach seiner Genesung lebte Erasmus wahrscheinlich im heutigen Istrien, geriet aber auch hier in den Strudel unbarmherziger Verfolgungen. Unter Kaiser Maximian spürte man ihn erneut auf und stellte ihn vor Gericht. Selbst der glühende Panzer, den man ihm anlegte, und die unter die Nägel getriebenen Pfrieme brachten Erasmus nicht vom Glauben ab. Abermals überstand er die Folter. Erst als ihm die Henker auch noch den Bauch aufschlitzten und die Gedärme mit einer Winde herausdrehten, starb er. Die Gebeine des Bischofs wurden im 9. Jahrhundert nach Gaeta (Italien) übergeführt. Hier schildern 19 gotische Tafelgemälde in allen Einzelheiten seine grausamen, schmerzhaften Martyrien.

¶ Als Bischof trägt Erasmus Mitra, Stab und Buch, bisweilen sind ihm kleine Pfeile unter die Nägel der Hand getrieben, meist aber hat er eine Winde zum Attribut, auf die seine Gedärme aufgespult sind. In der detailverliebten Kunst des Spätmittelalters haben Maler gerne die besondere Grausamkeit seines letzten Martyriums in allen Einzelheiten geschildert. Lucas Cranach läßt 1506 seine Version des Geschehens auf einem berühmten Holzschnitt vor dem Hintergrund der Veste Coburg stattfinden.

¶ Erasmus ist der Patron der Drechsler, vor allem aber der Schiffer und Seeleute, die seinen Beistand bei Stürmen erflehen; die kleinen Strahlenbündel, die bei Gewittern manchmal an Schiffsmasten zu beobachten sind, werden nach ihm »Elmsfeuer« genannt. Erasmus ist – wohl wegen der schier unerträglichen Leibschmerzen – auch Patron der Gebärenden. Man ruft ihn bei allen Bauchkrämpfen an. Fast selbstverständlich ist es da, daß Erasmus zu den Nothelfern gehört.

Als um 1400 die volkstümliche Verehrung der Nothelfer begann, stiftete Domherr Heinrich Marschalk sen. einen Altar zu Ehren des hl. Erasmus, des hl. Bischofs Otto [→ 30. September] und der 11 000 Jungfrauen in das nördliche Querhaus des Bamberger Doms. Er mußte allerdings 1624 einem neuen Altar weichen, der Otto zum alleinigen Patron machte. An einem Pfeiler des Doms entdeckte Friedrich Karl Rupprecht 1830 ein

schlecht erhaltenes gotisches Fresko des Heiligen, dem die Gedärme über eine Winde herausgezogen werden. Auch andere spätgotische Fresken erzählen von seinen Martyrien, so in der Bamberger Kirche St. Jakob und in der Coburger Nikolaus-Kapelle. Dem Bischof sind hier Pfrieme unter die Nägel der erhobenen Hände getrieben.

Um 1470 entstand in der ehemaligen Laurentius-Kirche von Neunkirchen am Main ein Wandbild, das in drastischer Weise die Marter mit dem aufgeschlitzten Bauch zeigt. In Nankendorf stehen im Hochaltar von 1794 drei spätgotische Bischöfe. In der Mitte – wie es sich gehört – der hl. Martin [→ 11. November] als Kirchenpatron, auf niedrigeren Podesten begleitet von den hll. Wolfgang [→ 31. Oktober] und Erasmus. Dieser hält rechts seinen Stab und in der linken Hand die Spule mit seinen aufgewickelten Därmen wie ein Szepter. Im Spätmittelalter nahm Erasmus einen festen Platz im Reigen der vierzehn Nothelfer ein und ist seither in jedem der bekannten Zyklen zu sehen. So um 1450 auf dem Barbara-Altar in Veitsbronn, 1611 auf dem Gügel, um 1720 in der ehem. Klosterkirche Michelfeld, 1763 in der Wallfahrtskirche Vierzehnheiligen und 1780 in der idyllischen Dorfkirche von Pinzberg.

Einige Erasmus-Darstellungen

Bamberg, St. Jakob, Fresko
Coburg, Nikolaus-Kapelle, Fresko
Gügel (Lkr. Bamberg), Wallfahrtskirche St. Pankratius, Alabasterfigur, 1611
Michelfeld (Lkr. Amberg-Sulzbach), ehem. Klosterkirche, Stuckfigur, um 1720
Nankendorf (Lkr. Bayreuth), kath. Kirche St. Jakob und Martin, Figur
Neunkirchen am Main (Lkr. Bayreuth), evang. Pfarrkirche, ehem. St. Laurentius, Fresko
Pinzberg (Lkr. Forchheim), kath. Kirche St. Nikolaus, barocke Büste
Veitsbronn (Lkr. Fürth), evang. Kirche, ehem. St. Veit, Barbara-Altar
Vierzehnheiligen (Lkr. Lichtenfels), Wallfahrtskirche, Stuckfigur, um 1763

2. Juni
Hll. Marzellinus und Petrus
Märtyrer
(gest. um 300)

Der Priester Marzellinus und der Exorzist Petrus sollen während der Christenverfolgungen unter Kaiser Diocletian um 300 n. Chr. in Rom wegen ihres Glaubens das Martyrium durch Enthaupten erlitten haben. Einige Reliquien gelangten 827 unter ziemlich abenteuerlichen Umständen durch Einhard [→ 14. März], den Vertrauten Karls des Großen, zuerst nach Steinbach im Odenwald und von da in die Benediktinerabtei Seligenstadt bei Würzburg.

¶ Darstellungen der frühchristlichen Märtyrer sind selten; eine ausgeprägte Bildtradition scheint es nicht zu geben. Römische Fresken zeigen sie, das Lamm Gottes anbetend.

¶ In Trunstadt (Lkr. Bamberg), der einzigen Kirche, die den beiden Heiligen in unserem Bistum geweiht ist, finden sich zwei kleine Statuen neben dem Tabernakel des Hochaltars. Als Priester hält Marzellinus Kelch und Hostie, der Diakon Petrus neben dem Palmzweig des Märtyrers ein Buch in der Hand. Der kleine Ort slawischer Siedler im Maintal wurde urkundlich erstmals 788, eine Kapelle 1013 erwähnt. Kirchlich gehörte »Truonasteti« bis 1807 zum Bistum Würzburg. Daher rührt nicht nur die Überlieferung, der hl. Kilian [→ 8. Juli] habe hier gepredigt, sondern auch das seltene Patrozinium der hll. Marzellinus und Petrus, das in Franken nach Seligenstadt (Lkr. Würzburg) weist. Ein konkreter, etwa wirtschaftlicher Zusammenhang mit dem bedeutenden Kloster ließ sich jedoch noch nicht ermitteln.

3. Juni
Hl. Morand
(gest. um 1115)

4. Juni
Hl. Klothilde
(gest. 544)

5. Juni
Bonifatius
Märtyrer
(um 675–754)

Im Gegensatz zu seinem Namensvetter von Tarsus [→ 14. Mai] ist Bonifatius eine geschichtliche Persönlichkeit des frühen Mittelalters, deren Lebensgeschichte der Mainzer Mönch Willibald aufzeichnete. Der Knabe Winfrid, ein Name der sich aus den Worten »Freude« und »Friede« zusammensetzt, kam um 675 in Wessex (England) zur Welt. Seine Eltern ließen ihm in den Benediktinerklöstern von Exeter und Nursling eine umfassende Bildung zukommen. 716 brach er auf, um in Friesland zu missionieren. Obwohl dieser Versuch mißlingt, wagte er es wieder. Von 719 bis 737 war er rastlos und mit manchen Rückschlägen unterwegs, um neben den Friesen auch den Hessen und Thüringern die Frohe Botschaft zu verkünden. Vor Beginn seiner zweiten Mission begab er sich 719 nach Rom, wo er am 14. Mai seinen offiziellen Sendeauftrag und nach dem Heiligen des Vortags im Festkalender einen neuen Namen erhielt: Bonifatius, zu deutsch »der Wohltäter«.

¶ Über die Alpen kommt der Missionar nach Bayern und Thüringen, bevor er nach Friesland zurückkehrt. Die erste Zeit verbringt er in Utrecht bei dem später ebenfalls heiliggesprochenen Willibrord [→ 7. November]. Nachdem er viele Menschen taufen konnte, bricht er nach Hessen auf, wo auf der Amöneburg ein erstes kleines Kloster entsteht. Um seine Erfolge auch politisch abzusichern, wendet er sich erneut an den Papst. Gregor II. [→ 12. Februar] weiht ihn 722 am Tag des hl. Andreas [→ 30. November] zum Bischof und erteilt ihm den offiziellen kirchlichen Auftrag, die Germanen zu bekehren. Auch das erstarkende Geschlecht der Karolinger unterstützt ihn maßgeblich. Zurück in Hessen, fällt Bonifatius bei Geismar die berühmte, dem germanischen Gott Donar geweihte Eiche und errichtet an ihrer Stelle und aus ihrem Holz eine Kapelle. 732 ernennt Papst Gregor III. den erfolgreichen Missionar schließlich zum Erzbischof, 737 zum *Legatus Germanicus* mit dem Auftrag, sein Werk fortzusetzen, organisatorisch zu vertiefen und durch die Weihe weiterer Bischöfe zu festigen. Die Bistümer Würzburg, Erfurt und Eichstätt entstehen, ältere wie Regensburg, Freising, Salzburg und Passau werden aktiviert.

Auf dem Höhepunkt seiner Bemühung um die Christianisierung Germaniens gründet Bonifatius 744 sein Lieblingskloster in Fulda, von dem lange Zeit wichtige Impulse für die Glaubens- und Reichspolitik ausgehen sollten. Den sogenannten »Fuldischen Schenkungen« verdanken viele fränkische Dörfer ihre erste geschichtliche Nennung. Später übernimmt Bonifatius die Führung des Erzbistums Mainz, mit der Abdankung des Karolingers Karlmann sinkt jedoch sein Einfluß. Verbittert berichtet er in seinen Briefen von den »inneren Feinden«, die sein Lebenswerk bedrohen. Als alter Mann begibt er sich 753 nochmals nach Friesland. Zusammen mit 52 Gefährten wird er am 5. Juni 754 bei Dokkum (Ostfriesland) ermordet. Als die Barbaren das bischöfliche Lager plünderten, fielen ihnen keine

Wertgegenstände, sondern »nur« Bücher in die Hände. Mit einem Buch soll Bonifatius versucht haben, seinen Kopf vor dem tödlichen Schwerthieb zu schützen. Sein Leichnam wurde nach Fulda gebracht und am 9. Juli 754 in der Klosterkirche beigesetzt.

Unmittelbar nach dem Mord setzt in den von Bonifatius christianisierten Gebieten Mitteldeutschlands seine Verehrung ein, die trotz seiner Schlüsselstellung bei der Verbreitung des Glaubens nie volkstümlich ist. So gibt es kaum Stadt- oder Zunftpatrozinien, sondern nur lokale Zentren seines Kults. In der süddeutschen Gegenreformation wird die Erinnerung an den »Apostel der Deutschen« erneuert, im national gesinnten 19. Jahrhundert wiederbelebt, was nun zu zahlreichen Patrozinien und Stiftungen führt. Seit 1867 treffen sich die deutschen Bischöfe jährlich am Grab des Heiligen in Fulda. ¶ Bonifatius ist an seinem bischöflichen Habit sowie dem Kreuzstab zu erkennen und führt als Zeichen seines Martyriums ein Buch mit sich, das von einem Dolch oder Schwert durchbohrt ist. Eine Bußgeißel in der Hand verweist auf sein strenges Vorgehen gegen unwürdige Kleriker und Ketzer.
¶ Obwohl seine Reliquien zur Altarausstattung des Heinrichs-Doms gehörten, begegnet uns Bonifatius im Bistum Bamberg selten und meist in den geographisch nah bei Würzburg liegenden Pfarreien wie in Mönchsondheim. Am bedeutendsten dürfte seine Verehrung in Weißenohe sein. Das 1109 erstmals erwähnte Benediktinerkloster, eine Stiftung des Pfalzgrafen Eribo, hatte von Anfang an Bonifatius zum Patron, dessen Statue deshalb über dem Haupteingang grüßt. Das große barocke Leinwandgemälde des Hochaltars (um 1721) von Johann Jakob Gebhard zeigt das Martyrium des Heiligen, seitlich zugeordnet sind ihm die Skulpturen der hll. Richard [→ 7. Februar], Willibald [→ 7. Juli], Wunibald [→ 15. Dezember] und Walburga [→ 25. Februar], angelsächsische Missionsgeistliche, die Bonifatius auf

den Kontinent geholt hatte. Sein Patronat erklärt sich hier aus der Zugehörigkeit zum Benediktinerorden. Auch die anderen Klosterkirchen des Ordens hielten das Andenken an ihn wach. In der Kirche von Banz ist er mit einer überlebensgroßen Wandfigur vertreten, in der Bamberger Michaelskirche steht seine Skulptur neben der Orgel, aber auch neben dem hl. Benedikt [→ 11. Juli] über dem nördlichen Zugang zum Klosterhof.

Bonifatius-Kirchen und -Darstellungen

Bad Windsheim (Lkr. Ansbach), kath. Kirche, erbaut 1939
Bamberg, ehem. Klosterkirche St. Michael, Skulptur neben der Orgel
Bamberg, ehem. Kloster St. Michael, Fassadenfigur
Banz (Lkr. Lichtenfels), ehem. Benediktinerklosterkirche, Figur
Breitenloh (Lkr. Kronach), kath. Kirche, erbaut 1933
Erlangen, kath. Kirche, erbaut 1928
Mönchsondheim (Lkr. Kitzingen), evang. Kirche, ehem. St. Bonifatius
Röthenbach an der Pegnitz (Lkr. Nürnberger Land), kath. Kirche, erbaut 1955
Weißenohe (Lkr. Forchheim), ehem. Benediktinerklosterkirche St. Bonifatius

6. Juni
Hl. Norbert
(um 1085–1134)

Ein wundersamer, schrecklicher Blitzschlag soll es gewesen sein, der im Jahr 1115 einen adeligen, wohlhabenden Stiftsherrn und kaiserlichen Almosenverwalter aus Xanten von seinem allzu weltlichen Leben abrief. (Ein Vergleich mit der Bekehrung des hl. Paulus bietet sich hier förmlich an.) Norbert, aus dem Althochdeutschen übersetzt »der Fürst des Nordens«, trat in das reformierte Benediktinerkloster Siegburg ein, wo er nach zwei Jahren die höheren Weihen erhielt. Ganz unstandesgemäß lebte er fortan als Wanderprediger, der zu Buße und Umkehr vor der eitlen Welt aufrief, und ließ sich zum Priester weihen.

Da seine Reformbemühungen in den bestehenden Stiften ohne Erfolg blieben, gründete er 1121 das Kloster Prémontré (Frankreich), aus dem sich nach den Regeln der Augustinerchorherrn der strenge Orden der weißgekleideten Prämonstratenser mit eigenen Statuten entwickelte und 1124 bestätigt wurde. In Antwerpen trat Norbert dem Ketzer Tankelin mit Macht entgegen und führte die Einwohner zum rechten Glauben zurück. 1121, spätestens 1124 lernte er Bernhard von Clairvaux [→ 20. August] persönlich kennen. Eine enge Freundschaft verband die beiden Mönche.

¶ 1126 ernannte König Lothar III. den zuerst bescheiden diese Ehre zurückweisenden Norbert, seinen treuen Gefolgsmann, zum Erzbischof von Magdeburg, wo seine Reformideen auf heftigen Widerstand unter den Geistlichen stießen. Trotz Norberts häufiger Abwesenheit im Dienste des Kaisers wurde sein Bistum und hier das Stift Unserer Lieben Frauen zu einer Wiege der deutschen Prämonstratenser. Der Bamberger Bischof Otto I. legte hier am 4. Mai 1128 auf seiner zweiten Pommernreise einen Halt ein, um – vergebens – Norberts Unterstützung für seine Slawenmission zu gewinnen. Am 6. Juni 1134 raffte die Malaria den Erzbischof dahin. Erst 1582 wurde er heiliggesprochen. Seine Gebeine kamen 1627 in das Prager Prämonstratenserkloster Strahov. Seitdem ist der hl. Norbert ein böhmischer Landespatron.

Norbert wird dargestellt als Bischof oder in Ordenstracht mit Monstranz, Buch und Kelch, aus dem er beim Trinken eine giftige Spinne verschluckt und nach dem Gottesdienst wieder von sich gegeben haben soll. Auch der gefesselte Teufel zu seinen Füßen, als Sinnbild des überwundenen Unglaubens, kennzeichnet den Heiligen. Er ist Patron seines Ordens und der Wöchnerinnen, die vom Staub seiner Reliquien genesen können.

¶ Da es in der Diözese Bamberg keine Niederlassung der Prämonstratenser gibt, ist kein Ort, keine Kirche unter den Schutz des hl. Norbert gestellt. Die barocke Statue im neugotischen Altar der Kirche St. Ägidius in Kirchenlaibach (Lkr. Bayreuth/Diözese Regensburg) erinnert an die frühere Zugehörigkeit der Ortschaft zum Kloster Speinshart (Lkr. Neustadt a. d. Waldnaab). In der Zeit kurz vor der Reformation entstand für den Chor der Nürnberger Kirche St. Jakob ein Glasfenster, das den hl. Norbert zusammen mit der hl. Barbara [→ 4. Dezember] zeigt.

7. Juni
Hl. Deocarus
(gest. 847)

auch Theutgar,
Dietker oder Gottlieb

Der Einsiedler Deocarus, zu deutsch »der von Gott geliebte«, wurde als Schüler Alkuins mit Karl dem Großen bekannt und in die Hofkapelle aufgenommen. 795 gründete er das Kloster Herrieden bei Ansbach (Diözese Eichstätt), dem er von 798 bis 832 als Abt vorstand. Der Überlieferung nach nahm sich der Kaiser den klugen Benediktiner zum Beichtvater und setzte ihn auch als Gesandten ein. Nach seinem Tod im Jahr 847 entwickelte sich rasch eine Wallfahrt zum Grab in der Stiftskirche zu Herrieden. Viele Kranke wurden hier geheilt; ein Wunder ist besonders in die Legende eingegangen: Einem unbotmäßigen Knaben sollen die Augen aus dem Kopf gefallen sein, da er Votivgaben vom Grab des Heiligen entwendet hatte. Durch das Opfer seines Vaters wurde die Tat gesühnt, der Junge erhielt sein Augenlicht zurück.

¶ Der Abt Deocarus wird zum Schutz der Augen angerufen und wegen seiner Nähe zu Kaiser Karl als Reichsheiliger verehrt. Dargestellt ist er als Bischof mit Kirchenmodell oder – als Pendant zur hl. Ottilie [→ 13. Dezember] – mit Augäpfeln.

König Ludwig der Bayer ließ 1316 nach der Eroberung von Herrieden das Grab des Deocarus öffnen. Einige Reliquien bestimmte er für die Hofkapelle in München, den größten Teil übergab er dem Zwölfbotenaltar in der Nürnberger Lorenzkirche, einen kleinen dem Bistum Eichstätt. Schnell wurde der hl. Deocarus zu einem hochverehrten Heiligen der Lorenzer Stadthälfte und damit zum Rivalen des hl. Sebald [→ 19. August], dem Schutzpatron des burgseitigen Nürnberg. Bis zur Reformation hielt man jährlich am 7. Juni eine prunkvolle Prozession zu seinen Ehren ab.

Seit 1437 hatte sie einen neuen Altar zum Ziel, der die Vita des Heiligen in ausführlicher, aber ungewöhnlicher Form erzählt und mit dessen Apostel-Patrozinium verbindet. In einem doppelreihigen Schrein thronen jeweils zwischen sechs stehenden Aposteln die vergoldeten Skulpturen von Christus – und darunter Deocarus. Der bartlose Abt hält seinen Stab in der Rechten, in der Linken ein dickes Buch, schwer drückt die Mitra auf sein Haupt. Sind die Altarflügel an Werktagen geschlossen, erkennt man folgende Szenen: der Heilige im Gebet vor einer Kirche, die Bestrafung und Heilung des blinden Knaben, der Tod des Deocarus und die Übergabe seiner Reliquien durch Ludwig den Bayern. Die heutige Predella war ursprünglich ein eigener, mit Flügeln versehener Schrein. In geöffnetem Zustand und von hinten erblickt man den aufgebahrten Leichnam des Deocarus, auf den Flügeln ist die Vita um die Darstellung der Beichte Kaiser Karls ergänzt. In geschlossenem Zustand sehen wir wieder die zwölf Apostel. Wahrscheinlich hat man die beiden Kunstwerke erst im 19. Jahrhundert zum heutigen Altar kombiniert. Auch in einem der farbigen Glasfenster des Hallenchors ist der Heilige zu sehen.

¶ Mit der Reformation endete 1525 die vielfältige Heiligenverehrung in Nürnberg; die wichtigsten Kunstwerke, aber auch Reliquien blieben der Stadt jedoch erhalten. Erst 1845 gab man die des hl. Deocarus an das Bistum Eichstätt zurück. Der einst so volkstümlich gefeierte Heilige ist heute nahezu unbekannt.

8. Juni
Hl. Medardus von Noyon
(gest. um 500)

9. Juni
Hll. Primus und Felizian
Märtyrer
(gest. um 304)

10. Juni
Hl. Oliva von Palermo
(10. Jh.)

11. Juni
Hl. Barnabas
Märtyrer
(gest. 61 n. Chr.)

Barnabas (Abb. S. 132 oben), zu deutsch »der Sohn des Trostes«, ist der Beiname des Leviten Joseph aus Zypern. Er gehörte dem Kreis der Jünger an, ohne im engeren Sinn ein Apostel zu sein. Er begleitete Paulus [→ 29. Juni] auf der ersten Missionsreise in den Jahren 45/48 und verteidigte stets die Freiheit der »Heidenchristen« gegenüber den strengen Vorschriften der jüdischen Gesetze, die in das Urchristentum eingeflossen waren. Mit dem Evangelisten Markus [→ 25. April], einem Verwandten, ging er später in seine Heimat, um hier die Frohe Botschaft zu verkünden. Wahrscheinlich hat er den Hebräerbrief des Neuen Testaments und das Barnabas-Evangelium verfaßt. Weitere zuverlässige Angaben zu seinem Leben fehlen, der Legende nach gilt er als erster Bischof von Mailand, wo man ihn seit dem 5. Jahrhundert verehrt. Er fand den Märtyrertod in Salamis auf Zypern; nach der Steinigung hat man ihn angeblich bei lebendigem Leib verbrannt,

nach anderer Überlieferung zu Tode geschleift. Erst um 485 entdeckte man sein Grab.

¶ Der hl. Barnabas wird als älterer, bärtiger Apostel mit Buch dargestellt, als Bischof von Mailand mit Mitra. Steine sind sein Attribut. Die Küfer und Weber haben ihn zum Patron. Barnabas hilft gegen Betrübnis und Hagel.

¶ Im Bistum Bamberg wurde bislang nur eine Abbildung des hl. Barnabas gefunden. Die Werkstatt Michael Wolgemuts malte ihn auf einen Apostelaltar, den Andreas Harsdörfer um 1495 in die Nürnberger Katharinen-Kirche gestiftet hatte. Einige der farbenfrohen spätgotischen Tafelbilder hängen heute im Chor von St. Lorenz. Barnabas und Markus

sind im Gespräch einander zugewandt und in ihren Heiligenscheinen deutlich bezeichnet. Die lodernden Flammen, auf denen Barnabas unbeeindruckt steht, und ein einzelner Stein auf dem Boden deuten sein Martyrium an.

12. Juni
Hl. Leo III.
(gest. 816)

Leo III. (Abb. S. 132 unten) wurde 795 zum Papst ernannt. Tapfer mischte er sich in die Politik ein und vertrieb den feindlichen König Alja aus Italien. Seine engen Verbindungen zu Karl dem Großen, den er am Weihnachtsfest des Jahres 800 in Rom zum Kaiser krönte, schufen die Grundlage für das Heilige Römische Reich Deutscher Nation und wurden für die europäische Geschichte von außerordentlicher Bedeutung.

13. Juni
Hl. Antonius von Padua
(1195–1231)

Kaum jemand wird wissen, daß der hl. Antonius 1195 in Lissabon (Portugal) auf den Namen Fernando getauft wurde und aus ritterlichem Geschlecht stammt. 15jährig trat er in den Orden der Augustiner ein und bildete sich zum Kenner der Heiligen Schrift fort. Auf der feierlichen Beerdigung von fünf in Marokko getöteten Franziskanern spürte er plötzlich seine eigene Berufung und trat 1220 in den Bettelorden ein. Als äußeres Zeichen des neuen Lebensabschnitts ließ er sich den Namen des Eremiten Antonius [→ 17. Januar] geben. Von einer Missionsreise kehrte er krank und seelisch geschwächt zurück. Sein Schiff wurde nach Sizilien verschlagen, und von dort folgte er dem Ruf des hl. Franziskus [→ 4. Oktober] zu einer Versammlung nach Assisi.

¶ In Demut und Freundlichkeit lebte er danach im italienischen Kloster Forli, wo seine Mitbrüder nur durch Zufall auf seine enorme Begabung als Redner aufmerksam wurden. Begeistert soll Franziskus ihn zum Lektor des Ordens für Theologie ernannt und zum öffentlichen Predigen aufgefordert haben. Bald erlangte Antonius große Beliebtheit und setzte mit der Gewalt seiner Worte ein entscheidendes Gegengewicht zu den Katharern, deren Irrlehre in Südfrankreich und Oberitalien weit verbreitet war. Daß die Schriften des hl. Augustinus [→ 28. August] von den Franziskanern übernommen wurden, geht auf den gebildeten Antonius zurück.

Trotz der vielen Reisen und der großen Verantwortung, die ihm der Orden auferlegte, führte er ein Leben der Buße, das seiner Gesundheit nicht zuträglich war. Die letzten Wochen verbrachte er in Camposampiero in einem alten Nußbaum, den er sich zur Behausung hergerichtet hatte. Am 13. Juni 1231 starb er im Clarissenkloster Cella mit den Worten »Ich sehe meinen Herrn Jesus Christus«.

¶ Begraben ist er im nahen Padua, wo sich alsbald die ersten Wunder ereigneten. Bereits 1232 wurde er kanonisiert, 1263 übertrug man seine Gebeine im Beisein des hl. Bonaventura [→ 15. Juli]

in die prächtige neue Basilika von Padua. Die unversehrte Zunge des Heiligen wurde in einem kostbaren Reliquiar beigesetzt und seit 1350 in einer eigenen Kapelle ausgestellt. Diese wichtigste Verehrungsstätte des hl. Antonius wird täglich von Tausenden besucht. Einige kommen wohl auch, um die wertvollen Kunstwerke der italienischen Renaissance zu studieren, mit denen berühmte Künstler an das Leben und die Wunder des beliebten Heiligen erinnern.

Antonius wird als jugendlicher Franziskaner mit Tonsur und in brauner Kutte mit Buch, Lilie und flammendem Herz dargestellt, am bekanntesten ist er mit dem Jesuskind auf dem Arm. Dies geht auf eine Geschichte zurück, die sich im Haus des Grafen von Tiso zugetragen haben soll. Hier weilte Antonius, als der Graf ihn abends sprechen wollte. Überrascht fand er seinen Gast betend in einem erleuchteten Raum, vor sich ein Kind, das noch heller strahlte. Als die Erscheinung zu Ende war, bat Antonius, niemandem davon zu erzählen. Erst nach dem Tod des Heiligen brach Tiso sein Wort. Selten sind außerhalb Italiens die Wunder oder die Versuchung des hl. Antonius in Bilder umgesetzt.

¶ Antonius gilt als Patron der Armen, Liebenden, Frauen und Kinder, auch der Bäcker, Bergleute und Reisenden. Bekannter ist er aber als Retter aus allen Nöten, vor allem für seine Hilfe beim Wiederfinden verlorener Dinge, was ihm in Bayern den liebevollen Beinamen »Schlamperl-Toni« eingebracht hat. (Dies geht übrigens auf einen Übersetzungsfehler zurück, weil man das Antonius-Wort der *res perditas* mit »verlorenen Gegenständen« statt mit »verlorenen Geschäften« verwechselt hat, denn Antonius galt eigentlich als Anwalt der zu Unrecht Verdächtigten.) Für das Antonius-Brot, das Bedürftigen gegeben wird, sammelt noch heute jede Pfarrei. In der Barockzeit löste der volkstümliche Kult des hl. Antonius von Padua den des Eremiten Antonius ab.

Ihr Name ist in unserem Jahrhundert leider aus der Mode gekommen.

¶ Außerhalb Italiens und der Franziskanerklöster wurde der hl. Antonius von Padua erst nach dem 30jährigen Krieg so richtig bekannt. Zahlreiche Stiche, Antonius-Bruderschaften und nicht zuletzt die Verehrung durch die bayerischen Kurfürsten haben zur Verbreitung des Kults und der berühmten Gebetsszene vor dem strahlenden Jesuskind beigetragen. Innerhalb eines Jahrhunderts schafften im Bistum Bamberg viele Kirchen eine Statue oder ein Gemälde des hl. Antonius an; besonders ausgeprägt blieb sein Kult aber bei den Franziskanern. Sie haben 1684 ihre Forchheimer Kirche unter seinen Schutz gestellt und Antonius mit dem Jesuskind als Motiv für das Hochaltargemälde von Sebastian Reinhard ausgesucht.

Beinahe prunkvoll wurde dem Gedenken in der Antonius-Kapelle des ehemaligen Franziskanerklosters in Kronach Ausdruck verliehen. Um 1790 schuf Georg Joseph Mutschele dafür einen schon in klassizistischen Formen gehaltenen Altar mit der vergoldeten Figur des Mönchs im Mittelpunkt. In der rechten Hand hält er als Zeichen seiner Keuschheit eine Lilie, auf dem linken Arm sitzt das Jesuskind. Zwischen den seitlichen Säulenpaaren hängen an schön geschnitzten Schleifen je zwei vergoldete Medaillons mit zarten Reliefszenen zu seinem Leben. Das Deckenfresko stellt seine Verklärung dar. So schön der Altar dem Bildhauer auch geraten ist, bleibt die Frage berechtigt, ob dieser Glanz dem asketischen Bettelordensmönch wohl gefallen hätte.

Ein Gelöbnis hatte den Höchstädter Amtmann Johann Georg von Lauter 1676 zur Errichtung oder Restaurierung einer Kapelle auf dem Lauberberg (bei Sterpersdorf) veranlaßt. In seiner Not und Dankbarkeit – die Familie war von einem »hitzigen Fieber« befallen und dann genesen – ließ er sie dem hl. Antonius von Padua weihen. 1753 erlaubten die nicht unerheblichen Einnahmen den Bau einer prächtigen barocken Kirche, die 1826 auf Anweisung der bayerischen Verwaltung versteigert und abgebrochen werden mußte. Auf den Ruinen entstand aus Privatinitiativen wieder eine kleine bescheidene Wallfahrtsstätte, die bis heute lebendig geblieben ist. Die Pilger singen auf ihrem Weg durch den Seebachsgrund und den Berg hinauf ein eigenes Antonius-Lied. Von der barocken Ausstattung hat sich nur eine kleine Figur erhalten, der Altar kam nach Thüngfeld (Lkr. Bamberg).

¶ 1910 hat man im protestantischen Nürnberg die katholische Kirche St. Antonius gegründet, aber allgemein ist festzuhalten, daß mit dem Verbot der Antonius-Bruderschaften nach der Säkularisation seine offizielle Verehrung zurückgegangen ist.

Antonius-Kirchen und ausgewählte -Darstellungen

Glosberg (Lkr. Kronach), kath. Pfarr- und Wallfahrtskirche, barocke Figur auf dem Seitenaltar (Glosberg wurde von den Kronacher Franziskanern betreut.)

Forchheim, kath. Stadtpfarrkirche St. Martin, barockes Gemälde

Forchheim, ehem. Franziskanerklosterkirche (heute Redemptoristen) St. Antonius

Klosterdorf (Lkr. Neustadt/Aisch), ehem. Franziskanerklosterkirche, Gemälde eines Seitenaltars um 1765
Kronach, ehem. Franziskaner-, jetzt Oblatenkloster, Kapelle
Lauberberg (Lkr. Erlangen-Höchstadt), Wallfahrtskirche St. Antonius von Padua
Lohndorf (Lkr. Bamberg), kath. Pfarrkirche Mariae Geburt, Figur um 1800
Mistendorf (Lkr. Bamberg), kath. Pfarrkirche Mariae Himmelfahrt, Figur von Friedrich Theiler
Oberscheinfeld (Lkr. Neustadt/Aisch), kath. Pfarrkirche St. Gallus, Relief an der Kanzel um 1700
Prächting (Lkr. Lichtenfels), Hankirche, barocke Figur von Sebastian Degler, 1719
Schnaid (Lkr. Forchheim), kath. Pfarrkirche St. Peter und Paul, barocke Figur
Weismain (Lkr. Lichtenfels), kath. Stadtpfarrkirche St. Martin, barocke Figur auf dem Seitenaltar

14. Juni
Hl. Gottschalk
Märtyrer
(gest. 1066)

15. Juni
Hl. Vitus
Märtyrer
(gest. um 304)
auch Veit

Vitus hieß der Sohn eines sizilianischen Edlen aus Mazara, den die christliche Amme Creszentia erzog. Sein Name leitet sich aus dem Lateinischen *vita*, das Leben, ab. Schon als Kind soll er Wunder bewirkt und Kranke geheilt haben, was seinen Vater mißtrauisch machte. Er brachte seinen Sohn vor den Richter, der ihn auspeitschen ließ. Als den Schergen die Arme erstarrten und sich erst auf ein Zeichen des Gefolterten wieder bewegen konnten, gab man den Jungen seiner Familie zurück. Es gelang nicht, Vitus durch weltliche Genüsse von seinem Glauben abzubringen. Als der Vater ihn heimlich beobachtete, erblindete er und bekehrte sich nicht einmal durch die wundersame Heilung. Schließlich floh Vitus mit Creszentia und seinem Lehrer Modestus aufs Festland. Hier befreite er ein Kind Kaiser Diocletians von einem Dämon. Der undankbare Christenhasser übergab Vitus dennoch seinen Knechten und ließ ihn mit seinen Gefährten den wilden Tieren vorwerfen. Sie schadeten ihnen jedoch genausowenig wie der Kessel siedendes Blei oder Öl, in den sie danach gesetzt wurden. Ein plötzliches Erdbeben beendete ihre Qualen und zerstörte die Stadt, während ein Engel Vitus, Creszentia und Modestus an den Fluß Siber in der Campagna brachte, wo sie ungestört ihr Leben beenden konnten. Der Heilige war da erst sieben, nach anderer Überlieferung zwölf Jahre alt.

Erst nach dem 9. Jahrhundert ist die Verehrung Veits in der römischen Liturgie nachgewiesen. Seine Gebeine müssen sich aber schon früher hier befunden haben, denn Papst Stephan brachte sie 754 persönlich nach Frankreich in die Abtei St. Denis, als er Pippin zum ersten karolingischen König krönte. Von da an ist der hl. Vitus von diesem Herrscherhaus nicht mehr zu trennen. 836 schenkte Hilduin, der mächtige Abt von St. Denis, dem niedersächsischen Kloster Corvey, das ihm Asyl gewährt hatte, Reliquien des Heiligen. Damit wird Vitus zum Hausheiligen der sächsischen Herrscher, eine Aufgabe, die er vom hl. Dionysius [→ 9. Oktober] übernimmt.

1019 nahm Kaiser Heinrich II. [→ 13. Juli] persönlich am Vitus-Fest in Corvey teil. Von hier hat sich der Kult nach Frankreich, Belgien, Oberitalien und vor allem in Deutschland ausgebreitet. Im 14. Jahrhundert nahm man ihn in die Gruppe der Nothelfer auf. 1355 erwarb Kaiser Karl IV. bedeutende Reliquien und brachte sie nach Prag in den Veitsdom.

Vitus, ein junger Heiliger in vornehmer Kleidung, hat einen Kessel zum Attribut, aber auch Löwe, Buch und Knüppel sowie ein Hahn können dazu dienen. Er gilt als Schutzpatron der Jugendlichen, Kesselschmiede, Apotheker, Bergleute und Winzer; der Tauben, Lahmen und Blinden; der Bierbrauer und Schauspieler. Auch die Haustiere, besonders das Geflügel, stehen unter seinem Schutz. Seine Fürbitte gilt bei Epilepsie, Tollwut und Besessenheit sowie gegen Unwetter und Feuer. Man kann ihn um Fruchtbarkeit bitten, aber auch um Bewahrung der Keuschheit.

St. Vit bringt die Fliegen mit.

Der »Veitstanz« war ursprünglich der Tanz um das Sonnwendfeuer, denn vor der Gregorianischen Kalenderreform (1582) war der Tag des heiligen Veit die Sommersonnenwende. Nach der ersten großen Pestseuche Europas breitete sich um 1350 eine krankhafte, die Massen mitreißende Tanzwut aus, auf die wohl auch die Echternacher Springprozession zurückgeht. Als Namensgeber dieser Epidemie, die auf Unbeteiligte als Besessenheit wirken mußte, löste der hl. Veit im 15. Jahrhundert den hl. Valentin [→ 14. Februar] ab, der bis dahin bei allen Anzeichen unerklärbarer Fallsucht angerufen worden war. Der Legende nach soll Vitus vor seinem Tod für eine viertägige Abwehr der Fliegen von den Leibern der Märtyrer gebetet haben. Dieses sonderbare »Fliegengebet« hat orientalische Vorbilder und findet über die hier zitierte Bauernregel Eingang in unsere Kultur.

Auf dem Territorium unserer Diözese gab es schon in vorbambergischer Zeit Veits-Kirchen. Eine karolingische Gründung ist Iphofen; die Stadt ist aus dem Königshof hervorgegangen, den Pippin um 750 dem Bistum Würzburg geschenkt hatte. Seit 1303 gilt Vitus als alleiniger Kirchenpatron; er soll Johannes den Täufer abgelöst oder verdrängt haben, denn schon unter den Karolingern hatte seine Verehrung begonnen. Aus dem 15. und 16. Jahrhundert stammt die baugeschichtlich interessante Hallenkirche. Zu ihren kostbarsten Schätzen gehört ein mehrszeniges Glasfenster (1425/30) mit der Legende des Kirchenpatrons; es ist eines der wichtigsten Zeugnisse mainfränkischer Glasmalerei. Das 1611 datierte Hochaltarbild schildert das Martyrium des Schutzpatrons im Ölkessel.
¶ Auch die Kirche in Burgebrach, das erst 1807 zur Diözese Bamberg kam, dürfte in die Zeit vor der Bistumsgründung datieren. Eine barocke Figur und das etwas verunglückte Deckenbild erinnern an den Kirchenpatron. Zu Würzburg gehörte darüber hinaus die weit im Osten Frankens gelegene Urpfarrei Büchenbach, die unter dem

Schutz des hl. Veit steht. Bischof Otto I., der die Vitus-Verehrung besonders förderte, schenkte sie 1119 dem neu gegründeten Kloster Michelfeld, wobei vielleicht ein Patronatswechsel stattfand. Die Kirche zeichnet sich nach der Barockisierung durch die Deckenfresken von Thomas Wild (1741) aus; neben seiner Legende im Chor sehen wir den Heiligen am Chorbogen im Kreis der Nothelfer, das Hochaltarbild ist verlorengegangen.

Die traditionelle Verehrung des hl. Veit in Franken steigerte sich im Bistum Bamberg, das künftig ein Zentrum des Kults werden sollte. Heinrich II. ließ dem Heiligen im nördlichen Querhaus seines Doms 1012 einen Altar, gemeinsam mit den traditionellen Königsheiligen und Märtyrern Dionysius und Laurentius [→ 10. August] weihen. Veit setzte sich durch, denn später ist an gleicher Stelle ein Veits-Altar für die in der Domburg wohnenden Laien nachgewiesen. Seit spätestens 1422 gab es hier auch eine Veits-Bruderschaft, die älteste kirchliche Laienvereinigung in Bamberg. 1639 stiftete Bischof Franz von Hatzfeld für den Altar ein neues Retabel. Es wurde 1836 versteigert; das Altarblatt gelangte zunächst in die Stadtpfarrkirche von Forchheim und hängt heute als Leihgabe im Diözesanmuseum Bamberg.

Bischof Suidger (1040–1047) gründete 1047 von Bamberg aus das Kloster Theres (Lkr. Haßberge), das er unter den Schutz der hll. Vitus und Stephanus [→ 26. Dezember] stellte. Die im Kern romanische Kirche von Gaiganz hat heute einen barocken Hochaltar, für den Johann Michael Doser um 1750 eine Figur des hl. Vitus schuf. Röbersdorf wird 1109 erwähnt, eine dem hl. Veit geweihte Kirche könnte damals schon bestanden haben. Nach einem zweckmäßigen Umbau unserer Zeit hat sie ihren Charme verloren, den auch der archaisch anmutende Veit im Ölkessel, eine Steinfigur des 17. Jahrhunderts, und das barocke Hochaltarbild nicht wiederbringen können. In Oesdorf hat man vermutlich im 15. Jahrhundert eine kleine Kirche unter seinen Schutz gestellt. Zwei Kunstwerke erinnern an ihn: Eine kleine spätgotische Statue des hl. Veit, vornehm gekleidet, mit Hahn und Buch, stammt aus dem Flügelaltar und erfüllt heute die Funktion eines Seitenaltars, eine ähnliche, 1669 für den barocken Hochaltar geschaffene Figur steht im Chor.

Wie alt das Veit-Patrozinium in Hirschaid ist, weiß man nicht genau. Der 1007 erwähnte Ort wird erst 1505 Pfarrei, besaß aber seit dem 13. Jahrhundert eine eigene Kirche. Als Altarbild hat Johann Joseph Scheubel d. Ä. um 1725 die Verherrlichung des Patrons gemalt, ganz klein sind im Hintergrund die Marter im Ölkessel und der erblindete Vater des Heiligen zu sehen. Im Gebälk des Altars finden sich die seltenen Darstellungen von Modestus und Creszentia. Darüber hinaus besitzt die Kirche ein umfangreiches Bildprogramm, das der Legende des hl. Veit gewidmet ist. Hans Riedhammer malte es 1878 in die barocke Stuckdecke hinein, sicher über ein älteres Fresko. In den Szenen der Hohlkehle, die den verschiedenen Foltern gewidmet sind, ist Veit an seinem roten Gewand zu erkennen. Die Art wie das Bild im Deckenspiegel und die kleineren Medaillons komponiert sind, erinnert sehr an die Illustration der Margareten-Legende [→ 20. Juli] im nahen Drügendorf.

So manche Veits-Kirche gab der dazugehörenden Ortschaft den Namen, so Veitlahm, Veitsweiler und das vor den Toren Würzburgs liegende, durch seinen barocken Lustgarten bekannte Veitshöchheim. Zur Pfarrei Herzogenaurach gehörte einst die Kapelle von »Vitesprunne«, heute Veitsbronn. Die örtliche Legende erzählt, der hl. Veit habe hier gewohnt, und dem Wasser der Veits-Quelle, die leider seit 1890 abgedeckt ist, wurde eine wunderbare Heilwirkung bei Augenkrankheiten zugeschrieben. Noch immer ziehen zweimal im Jahr Wallfahrer zu der gotischen Kirche, in der 1529 die Reformation eingeführt wurde; sie sind stets willkommen. Dies mag der Grund sein, warum die Kirche ihre spätgotische Altarausstattung bewahrt hat, die nicht nur Gläubige, sondern auch Kunstfreunde anzieht. Dazu gehört auch ein Veits-Altärchen, das in einem Schrein die spätgotische Schnitzfigur des Kirchenpatrons als jungen, modischen Edelmann zeigt, der ein Buch mit einem darauf sitzenden Hahn hält.

Für mich immer noch die schönste und beeindruckendste Veits-Kirche ist die auf dem Ansberg bei Dittersbrunn, dem jenes edelfreie Geschlecht seinen Namen gab, das hier im 11. Jahrhundert eine Burg besaß. Schon im Spätmittelalter errichtete man an ihrer Stelle und in Sichtweite zur Adelgundis-Kapelle auf dem Staffelberg eine Wallfahrtskirche. Nach der Wanderung von Dittersbrunn aus mit Blick auf den »Gottesgarten am Obermain« erreicht der Pilger die einsame und von markanten Buchen umstandene Kapelle, die 1718 einen älteren Bau ersetzte. Meist ist man an diesem großartigen Platz mit sich, der Natur und dem hl.

Veit allein, denn keine Klause lockt den lärmenden Ausflugstouristen. Wer sich vorab den Schlüssel besorgt, kann in Ruhe die Ausstattung besichtigen; das Hochaltarblatt eines unbekannten Malers schildert das Martyrium des Heiligen. Als Victor von Scheffel 1859 in seinem Frankenlied den »heil'gen Veit von Staffelstein« besang, hatte er sicher den Ansberg vor Augen, der im Volksmund schon lange »Veitsberg« heißt.

Die Nachtigall singt nur bis Vitustag.

Für Kunsthistoriker auf den Spuren des hl. Veit in Franken ein Muß ist schließlich der riesige Choraltar der Nürnberger Augustiner-Eremiten-Kirche, der heute im Germanischen Nationalmuseum ausgestellt ist. Der geschlossene Altar aus dem Jahr 1487 zeigte den Mönchen in acht Szenen die wichtigsten Stationen aus dem Leben des hl. Veit, unter dessen Schutz ihr Kloster stand. In den figurenreichen Bildern ist er nicht nur an seinem Heiligenschein, sondern auch am leuchtend roten Gewand zu erkennen. Bei der Folter sind Creszentia und Modestus zugegen, ihre Seelen werden von einem Engel geborgen und in den Himmel gebracht. Das kokette Bild des Heiligen, der, von Engeln unterstützt, die Ehe mit einer hübschen jungen Frau verweigert, gehört nicht zur bekannten Vita des zwölfjährigen Märtyrers. Sollte es vielleicht eine Lebenshilfe für die Augustinermönche sein?

Katholische Veits-Kirchen

Büchenbach (Lkr. Bayreuth), Pfarrkirche
Burgebrach (Lkr. Bamberg), Pfarrkirche
Dittersbrunn (Lkr. Lichtenfels), Filial- und Wallfahrtskirche
Gaiganz (Lkr. Forchheim), Filialkirche
Hirschaid (Lkr. Bamberg), Pfarrkirche
Iphofen (Lkr. Kitzingen), kath. Stadtpfarrkirche
Kupferberg (Lkr. Kulmbach), kath. Pfarrkirche
Oesdorf (Lkr. Forchheim), Filialkirche
Röbersdorf (Lkr. Bamberg), Filialkirche
Sterpersdorf (Lkr. Erlangen-Höchstadt), Pfarrkirche

Evangelische Veits-Kirchen

Heiligenstadt (Lkr. Bamberg); Naila (Lkr. Hof); Ottensoos (Lkr. Nürnberger Land); Sparneck (Lkr. Hof); Veitlahm (Lkr. Kulmbach); Veitsbronn (Lkr. Fürth), ehem. Wallfahrtskirche St. Veit; Veitsweiler (Lkr. Ansbach)

16. Juni

Hl. Benno

(um 1010–1105/07)

Zum Leben des hl. Benno, Bischof von Meißen, gibt es viele Legenden, aber nur wenig Fakten. Er entstammte einem sächsischen Adelsgeschlecht, kam um 1010 wahrscheinlich in Hildesheim zur Welt und wurde für den geistlichen Stand bestimmt. Er trat dem Benediktinerorden bei und lebte im Kloster St. Michael, bevor ihn Kaiser Heinrich III. als Kanoniker in das neu gegründete Stift Goslar berief. 1066 wurde Benno zum Bischof von Meißen gewählt und geriet unter Heinrich IV. in die Strudel des Investiturstreits und zwischen die Wahl zweier deutscher Könige. Ein abenteuerliches Leben zwischen der europäischen Politik und seinen Aufgaben als Seelsorger ließ Benno nun als Anhänger kirchlicher Reformen nicht mehr zur Ruhe kommen. Gefangennahme, Absetzung und Flucht sind nur einige Stationen auf dem gefährlichen Weg, den Benno gehen mußte, bis er 1088 als gewöhnlicher Pilger verkleidet wieder in Meißen eintraf. In einem Gasthaus geschah das »Fischwunder«: Bei der Zubereitung eines großen Fisches aus der Elbe fand man in dessen Magen genau den Domschlüssel, den Benno vor seiner Reise nach Rom in den Fluß geworfen hatte. Nach diesem Ereignis blieb der Bischof nicht länger unerkannt, im Triumphzug führten ihn seine Untertanen in den Dom zurück.

Die Angaben über das Todesjahr Bennos schwanken zwischen 1105 und 1107, nicht jedoch die zahlreichen Berichte über Gebetserhörungen an seinem Grab im Meißener Dom. 170 Jahre nach seinem Tod erfolgt die Erhebung seiner Gebeine, 1285 wird ein Ablaß für Besucher gewährt. Erst 1497 bemüht man sich um die offizielle Kanonisation, die sich bis 1524 hinzieht und in die Reformationszeit hineingerät; Martin Luther wettert öffentlich gegen die geplanten Feierlichkeiten zur Heiligsprechung, so daß ein Teil des evangelisch gewordenen Adels der Veranstaltung fernbleibt. 1539 kommt es noch schlimmer: Die Tumba mit den Reliquien muß vor Bilderstürmern in Sicherheit gebracht werden, der Altar des hl. Benno im Meißener Dom und eine Statue werden mit Duldung Herzog Heinrichs mutwillig zerstört. Schließlich erbat sich Albrecht V. von Bayern die Reliquien und ließ sie 1576 nach München überführen. Hier genießt der hl. Benno seit 1580 in der Frauenkirche eine in seiner Heimat kaum mehr denkbare Verehrung. Neu gegründete Bruderschaften, Gebetserhörungen, eine ihm geweihte Glocke, schließlich der »Benno-Bogen« in der Kirche und eine berühmte silberne Büste bezeugen den Kult, der ihn zum Patron von München und Bayern machte.

¶ Der hl. Benno wird als Bischof dargestellt, dem in Erinnerung an seine wunderbare Rückkehr Fisch und Schlüssel beigegeben sind. Die Fischer haben ihn deshalb als Patron, außerdem die Tuchmacher. Er hilft gegen Pest und Trockenheit.

¶ Für Altbayern von besonderer Bedeutung, hat man den hl. Benno im Bistum Bamberg nur zögernd verehrt. Weder hat man sich um Reliquien bemüht, was spätestens während des Translationszugs 1576 möglich gewesen wäre, noch hat man ihm eine Kirche geweiht. Nur in Kirchröttenbach (Lkr. Nürnberger Land) erinnert auf dem Hochaltar der Kirche St. Walburga eine 1720 geschaffene Skulptur von Johann Michael Doser an den Bischof aus Meißen, dem der hl. Otto [→ 30. September] und die Bistumsgründer Heinrich [→ 13. Juli] und Kunigunde [→ 3. März] zur Seite stehen.

17. Juni

Hl. Rainer von Pisa

(gest. 1160)

18. Juni

Hll. Potentinus, Felizius und Simplizius

(4. Jh.)

19. Juni

Hl. Rasso von Andechs

(gest. 953)

20. Juni

Hl. Margareta Ebner

(1291–1351)

21. Juni

Hl. Alban von Mainz Märtyrer

(gest. 406)

Um 1060 wurde die Legende des hl. Alban aufgeschrieben. Er soll Bischof von Mainz gewesen und dort 406 ermordet worden sein. Danach trug er seinen abgeschlagenen Kopf selbst zum Begräbnisplatz südlich der Stadt, über dem man später ein Benediktinerkloster mit seinem Namen errichtete. Hier ließ sich Fastrada, eine der Gemahlinnen Karls des Großen, begraben. Historische Angaben über seine Vita fehlen allerdings, ja man weiß nicht einmal, ob er tatsächlich Bischof oder nur ein Diakon gewesen ist.

¶ Ungeachtet dessen wird er seit dem 16. Jahrhundert immer als vollständiger Bischof, also mit Kopf, dargestellt, der im Unterschied zum hl. Dionysius [→ 9. Oktober] seinen eigenen Kopf zusätzlich als Attribut mit sich führt. Verständlich, daß man den hl. Alban bei allen Kopfleiden als Schutzheiligen anruft, auch bei Epilepsie soll er helfen.

¶ Der Schwerpunkt seiner Verehrung liegt im Rheinland, im Umfeld Kaiser Karls des Großen, aber auch im Ober- und Niederbayrischen. Im Bistum Bamberg kennt man ihn nur im Maindreieck und in wenigen mittelfränkischen Ortschaften in der Nähe von Ansbach, so im Dorf Sachsen (Lkr. Ansbach). Hier gab es eine dem hl. Alban geweihte, heute evangelische Kirche. Vielleicht hängt das seltene Patronat der großen Urpfarrei mit der karolingischen Siedlungspolitik zusammen, von der schon der Ortsname beredtes Zeugnis ablegt. Nach der Reformation und einem späteren Kirchenumbau ist kein Hinweis mehr auf den legendären Mainzer Bischof zu finden.

¶ Eine lebensgroße Statue des Heiligen hat sich hingegen in dem spätgotischen Flügelaltar erhalten, den die Markgräfin Barbara zu Brandenburg, verwitwete Herzogin zu Croissen, 1511 für die Kirche St. Johannes der Täufer in Gutenstetten (Lkr. Neustadt/Aisch) stiftete. Alban steht neben dem Kirchenpatron und dem hl. Markus [→ 25. April] im geöffneten Schrein, den wahrscheinlich ein Nürnberger Bildhauer geschaffen hat.

21. Juni

Hl. Aloysius

(1568–1591)

Der hl. Aloysius entstammt der vornehmen Familie Gonzaga und kam als Page an den Hof des Herzogs von Mantua, später den des spanischen Königs Philipp II., wo er das ausschweifende Leben der Renaissancezeit kennenlernte. Es rief in ihm den Wunsch nach persönlicher Reinheit und Keuschheit wach: Niemals soll er einer Frau, ja nicht einmal seiner eigenen Mutter, in die Augen geblickt haben. Die erste Kommunion spendete ihm Karl Borromäus [→ 4. November], der Erzbischof von Mailand. Aloysius, volkstümlich auch Luigi genannt, schlug bald darauf sein beachtliches Erbe aus und trat gegen den Willen des Vaters 1585 in die Gesellschaft Jesu ein. Asketisch und streng gegen sich selbst, lebte er nur wenige Jahre in ihrer Gemeinschaft. Bei der aufopfernden Pflege von Pestkranken steckte er sich an und starb am 21. Juni 1591 im Alter von 23 Jahren. Sein Leichnam ruht in der römischen Kirche S. Ignazio, wo seinem Andenken schon vor der 1726 erfolgten Heiligsprechung ein bedeutender Altar errichtet wurde.

Künstler bilden den jugendlichen Aloysius gerne als Novizen mit Soutane und Chorhemd ab, eine Lilie ist das Symbol seiner Reinheit, auch Totenkopf und Geißel können ihm zugeordnet sein. Im 19. Jahrhundert hat man den »engelreinen« Heiligen zum sentimentalen Schwärmer umgedeutet, der er sicher nicht war. Es verwundert nicht, daß er zum Patron der Jugend und der Studenten wurde, den man gegen Pest und Augenleiden anruft. Populäre Stiche des 18. Jahrhunderts nach einem echten Portrait haben sein Andenken im süddeutschen Raum verbreitet und ihm als Vorbild für die nachreformatorische Jugend zu großer Beliebtheit verholfen. Gern wird er gemeinsam mit dem hl. Stanislaus Kostka [→ 13. November] dargestellt.

¶ Erwartungsgemäß finden wir die früheste Verehrung des hl. Aloysius bei den Jesuiten. In ihrer Bamberger Kirche, jetzt St. Martin, gehört er deshalb zum Bildprogramm der überlebensgroßen Ordensheiligen an den Wandpfeilern des Langhauses. 1714 schuf Johann Bitterich seine 240 Zentimeter hohe, weißgefaßte Skulptur. Die Einrichtung einer Aloysius-Bruderschaft vertiefte den Kult und machte für ihre Zusammenkünfte die Anschaffung weiterer Statuen nötig. Die wohl von Franz Martin Mutschele geschaffene Figur des hl. Aloysius steht heute in der Josephs-Kapelle der Bamberger Kirche St. Jakob.

¶ Eine der volkstümlichen Verehrung entsprechende elegante Figur im fließenden Chorgewand schuf Friedrich Theiler für die Empore der ehemaligen Forchheimer Franziskanerklosterkirche (heute Redemptoristen), Beispiele finden sich auch in Ebermannstadt, Poppendorf und Rothenkirchen.

Weitere Aloysius-Darstellungen

Bamberg, St. Gangolf, Ölgemälde von 1765
Ebermannstadt (Lkr. Forchheim), kath. Pfarrkirche St. Nikolaus, Figur
Forchheim, ehem. Franziskanerklosterkirche (heute Redemptoristen), Figur
Poppendorf (Lkr. Forchheim), kath. Filialkirche St. Georg, Figur
Rothenkirchen (Lkr. Kronach), kath. Pfarrkirche St. Bartholomäus, Figur
Staffelstein (Lkr. Lichtenfels), kath. Stadtpfarrkirche St. Kilian, Auszugsbild des Laurentius-Altars

22. Juni
Hl. Achatius
Märtyrer
(117–138)

Zum Ansporn der christlichen Kreuzfahrer wurde im 12. Jahrhundert die Legende von Achatius und den 10 000 Märtyrern, nach dem Vorbild der Thebäischen Legion, berichtet. Hauptmann Achatius, dessen Name im Hebräischen »Gott hält«, im Griechischen »der Unschuldige« bedeutet, war mit seinen Männern von Kaiser Hadrian für einen gefährlichen Feldzug nach Kleinasien verpflichtet worden. Ein Engel verhieß ihnen in aussichtsloser Lage den Sieg, wenn sie sich zum Christentum bekehren würden. Das geschah, und auf dem mythischen Berg Ararat wurden die Sieger im Glauben unterwiesen. Der erboste Kaiser ließ die Abtrünnigen steinigen und in das Dornengestrüpp der Berghänge werfen. Nachdem die Vita des Achatius 1343 ins Deutsche übersetzt war, nahm man den tapferen Krieger in die Gruppe der Nothelfer auf.

Reliquien des hl. Achatius besitzen die Städte Rom, Bologna und Köln. Man stellt ihn selten allein, gern als Pendant zur hl. Ursula [→ 21. Oktober], meist jedoch im Kreis der Nothelfer als vornehmen Ritter dar, dessen Attribute – Dornenzweig oder Gestrüpp – zu seinem Martyrium gehören. Seltener hat er ein Kreuz oder Waffen wie Schwert, Lanze und Streitaxt dabei. Er wird bei schweren Krankheiten und in Todesangst angerufen.

¶ Im Bistum Bamberg hat man dem hl. Achatius keine Kirche geweiht, man begegnet ihm nur in den Nothelfergruppen. 1611 schuf Michael Kern für die Wallfahrtskirche St. Pankratius [→ 13. Mai] auf dem Gügel Skulpturen aus feingeädertem Alabaster, die durch vergoldete und lüstrierte Attribute und Gewandsäume besonders kostbar sind und jeder fürstlichen Kunstkammer würdig wären. Wer den steilen Aufstieg in die Kirche gewagt hat, wird in vielerlei Hinsicht belohnt: mit einem großartigen Blick auf die gegenüberliegende Giechburg und einem hellen nachgotischen Kirchenraum, den vierzehn Heiligenfiguren in rotgefaßten Muschelnischen umstehen.

¶ Die bedeutendste Nothelferkirche Frankens ist die Wallfahrtskirche Mariae Himmelfahrt in Frankenthal, besser bekannt als »Vierzehnheiligen«, wo die Nothelfer seit 1445 verehrt werden. Nach mehreren Erweiterungen der mittelalterlichen Kirche legte man schließlich 1743 den Grundstein für die heutige Kirche nach Plänen Balthasar Neumanns. Selbstverständlich gehört der hl. Achatius zu dem von Johann Michael Küchel entworfenen Gnadenaltar. Dieses Meisterwerk des fränkischen Rokoko steht über der Stelle der ersten Erscheinung des Klosterschäfers Hermann Leicht und ist in seiner bis dahin nicht gekannten Form mehr Ornament als Architektur. In das Gebilde aus Rocaillen und Voluten sind nicht nur drei Altäre eingestellt, sondern auch die Figuren der Nothelfer, die der Stukkateur Johann Michael Feichtmayer um 1763 so meisterlich formte. Der hl. Achatius sitzt lässig auf einer der Voluten. Er trägt eine Rüstung und hat ein großes Kreuz in den Armen. Sein jugendlicher, dornengekrönter Kopf blickt zum Christuskind auf dem Baldachin hinauf.

Einige Achatius-Darstellungen

Gügel (Lkr. Bamberg), Wallfahrtskirche St. Pankratius, Figur
Vierzehnheiligen (Lkr. Lichtenfels), Wallfahrtskirche, Figur

23. Juni
Hl. Edeltraud
(gest. 679)

24. Juni

Hl. Johannes der Täufer

Das betagte jüdische Ehepaar Zacharias und Elisabeth [→ 5. November] nannte auf Geheiß des Erzengels Gabriel seinen langersehnten Sohn Johannes, was im Hebräischen »Gott ist gnädig« bedeutet. Schon im Mutterleib wurde er heilig, denn er erkannte Maria, die Gottesmutter, als sie Elisabeth besuchte. Er kam ein halbes Jahr vor Jesus zur Welt und zog sich als junger Mann zu einem Leben in Einsamkeit zurück. Als Dreißigjähriger folgte er dem Ruf Gottes und begann dem Volk Israel wortgewaltig eine Taufe zur Vergebung der Sünden und die notwendige Buße zu predigen sowie das Nahen des messianischen Reiches zu verkünden. Das geschah in der Wüste und in vielen Ortschaften, hauptsächlich aber am Jordan, wo sich das Volk in Scharen einstellte. Auch Jesus ließ sich von ihm, seinem Vorläufer, taufen.

¶ Johannes, der den Übergang vom Alten zum Neuen Bund markiert, nannte sich selbst einen »Rufer in der Wüste«, Jesus ihn »den Größten unter den vom Weibe Geborenen«. Der Prophet, vor dem die Pharisäer zitterten, stellt sich bescheiden hinter Jesus: »Seht das Lamm Gottes, das hinwegnimmt die Sünden der Welt« rief er seinen Hörern zu, die sich daraufhin dem Erlöser zuwendeten.

¶ Johannes zieht sich nach der Taufe Christi aus dem öffentlichen Leben zurück, prangert aber den Ehebruch des Königs Herodes Antipas an. Dieser läßt den furchtlosen Prediger gefangennehmen und auf Betreiben seiner Frau Herodias enthaupten. Sie hatte ihre hübsche Tochter Salome überredet, zum Dank für einen aufreizenden Schleiertanz das Haupt des Asketen zu fordern.

¶ Das Fest Johannes des Täufers wird seit dem 5. Jahrhundert am 24. Juni gefeiert, genau sechs Monate vor Christi Geburt. Dies ist auch die Sommersonnenwende; ihre in fast allen Kulturen be-

kannte kalendarische Bedeutung geht mit manchem Brauchtum einher. Am bekanntesten dürfte das Johannis-Feuer sein, bei dem in der kürzesten Nacht des Jahres um ein loderndes Feuer getanzt und gesungen wird. Verliebte Paare springen über das Feuer. Der Johannis-Tag gilt als wichtiger Lostag für das Wetter, auf den sich viele Bauernregeln beziehen. Auf dem Land werden Kräuter gesucht und geweiht, das Johanniskraut ist eine wirkungsvolle Heilpflanze.

Sunnwendfeuer – der Haber ist teuer.

Wir erkennen Johannes als spärlich bekleideten Propheten, den ein zottiges Fell nur notdürftig verhüllt. Als Attribut hat er ein Lamm und einen Kreuzstab. Neben der Einzelfigur ist die »Taufe Christi durch Johannes« ein beliebtes Bildthema; auch die Szene seiner Enthauptung und das Haupt in einer Schüssel haben die Künstler oft dargestellt. Johannes der Täufer ist der Patron vieler Berufe, die sich auf Grund der bildlichen Traditionen mit ihm identifizieren können: der Architekten, Bauern, Böttcher, Färber, Gastwirte, Hirten und Kaminkehrer sowie der Maurer, Schneider, Winzer und Zimmerleute. Auch die Lämmer, Schafe und Weinstöcke stehen unter seinem Schutz. Viele religiöse Gemeinschaften und Bruderschaften verehren ihn besonders; die Johanniter sind heute unter ihnen die bekanntesten. Man ruft ihn an gegen Kopfschmerzen und Epilepsie.

Seit dem 4. Jahrhundert sind Johannes dem Täufer verständlicherweise viele Taufkirchen geweiht worden; die älteste von ihnen dürfte die Lateranbasilika in Rom sein. Auch in Franken weisen die Johannes-Kirchen ein hohes Alter auf, denn sie stehen nach der Verankerung des Christentums im Volk für den Aufbau einer kirchlichen Organisation mit festen Taufkirchen. Die Blütezeit des Patroziniums liegt im 9. und 10. Jahrhundert, auch das karolingische Iphofen wird in diesem Zusammenhang 741 erstmals erwähnt. Als Gründungen des Bistums Würzburg werden außerdem die Johannes-Kirchen von Burgbernheim, Gollhofen, Gutenstetten, Isling und Ützing angesehen. Die Johannes-Kirche von Ansbach ist gleichfalls sehr alt. Die Forschung kann dagegen noch nicht mit Sicherheit belegen, ob Kirchschletten eine der auf Veranlassung Karls des Großen um 800 errichteten Kirchen zur Bekehrung der heidnischen Slawen ist.

Eine uralte Johannes-Kirche, in der es eines der ältesten christlichen Kunstwerke Bayerns zu bestaunen gibt, steht außerhalb der kleinen Ortschaft Großbirkach im Steigerwald. Kirche und Gottesacker sind von einer hohen Friedhofsmauer umgeben, ein viel begangener Pfad führt zum romanischen Zackenportal des archaischen Gotteshauses. 1927 fand sich hier ein Relief von überraschender bildhauerischer Qualität. Es zeigt den bärtigen, priesterlich gewandeten Johannes frontal auf einem Regenbogen, in den Händen eine Scheibe mit dem

Lamm Gottes. Neben ihm stehen mit erhobener Schwurhand zwei Männer in mittelalterlicher Tracht, die meist als bekehrte Slawen gedeutet werden. Am oberen Rand sind die Worte »Wolfherus Abbas« eingeschlagen. Sie machen eine Datierung des Kunstwerks möglich, denn ein Abt mit Namen Wolfherus leitete zwischen 1026 und 1036 die Geschicke des unweit gelegenen Klosters Münsterschwarzach (Lkr. Kitzingen).

Aus der Fülle der zur Verehrung des Täufers geschaffenen Kunstwerke einzelne auszuwählen, ist schwer und immer subjektiv gefärbt. Erwähnt werden muß jedoch der Johannes-Altar, der 1511 für die heute evangelische Kirche von Gutenstetten, eine der Slawenkirchen Karls des Großen, geschaffen wurde. Das 6,40 Meter hohe Kunstwerk ist nahezu vollständig erhalten und schildert in eigenwilligen Szenen ausführlich das Leben des Heiligen: seine Geburt, sein Wirken, seine Enthauptung, das Gastmahl des Königs Herodes, zu dem Salome mit dem abgeschlagenen Haupt des Johannes erscheint, und schließlich den vergeblichen Versuch, seinen Leichnam zu verbrennen. Auf dem letzten Gemälde der Werktagsseite sieht sich der fromme Betrachter schließlich selbst: als Wallfahrer, der das Haupt des Johannes verehrt. Barbara zu Brandenburg, verwitwete Herzogin von Croissen, hat den Altar gestiftet (sie ist auf dem Bild der Predigt mit weißer Haube ganz vorne sitzend zu erkennen), der Nürnberger Hanns Peheim hat ihn gemalt. In geöffnetem Zustand steht eine spätgotische Figur des Täufers im Schrein. Auf der Predella ist die Taufe Christi im Jordan zu sehen, ein Gemälde, dem der bekannte Kupferstich von Martin Schongauer zugrundeliegt.

¶ Drei Reliefs eines Bamberger Johannes-Altars der Spätgotik sind heute im Frankfurter Museum Liebig-Haus ausgestellt. Sie zeigen die Geburt des Johannes-Knaben, bei der Maria, ausgezeichnet durch ein kostbares Kleid, zugegen ist, die Enthauptung durch einen modisch-stutzerhaft gekleideten jungen Henker, der einer betreten zur Seite schauenden Salome den abgeschlagenen Kopf reicht, sowie die Tafel des Königs, an der Salome ihrer Mutter die Schüssel mit dem Kopf überreicht. Die Skulptur des Täufers im Fellgewand, die sich heute in der Stadtpfarrkirche von Schlüsselfeld befindet, stand vermutlich im Schrein dieses auseinandergerissenen Altars.

**Wer kein Holz zum Feuer git,
erreicht das ewige Leben nit.**

Den geistlichen Schauspielen des Mittelalters, in denen Johannes innerhalb der Passion eine wichtige Rolle zukam, diente das sogenannte »Johannes-Haupt«, eine Schüssel aus Holz oder Metall mit einem lebensechten Kopf des Täufers zur Erinnerung an sein Martyrium. Erhalten hat sich ein solches Objekt in der Kirche von Auerbach (Lkr. Amberg-Sulzbach) und im Auszug des Hochaltars der Johannes-Kirche von Steinbach am Wald, letzteres wurde nachweislich 1746 aus Bamberg hierher überführt.

¶ Nach der Reformation beginnt man in evangelischen und katholischen Gotteshäusern, die Deckel der Taufsteine mit Täufergruppen zu schmücken. Eine Darstellung findet sich 1604 auf dem Taufstein in Markt Taschendorf; Johann Michael Doser schuf um 1721 eine Taufszene für die Johannes-Kirche in Reuth; in Straßgiech (Lkr. Bamberg) gibt es eine kleine, in der Pfarrkirche von Scheßlitz (Lkr. Bamberg) eine sehenswerte halblebensgroße Darstellung der Taufe. In Kirchschletten ist sie das Thema des Gemäldes auf dem Johannes-Altar von 1799.

Johannes d. T. ist in Dormitz Nebenpatron der Kirche Mariae Verkündigung; der rechte Seitenaltar ist ihm deshalb geweiht. Hier finden wir ein Gemälde von Johann Joseph Scheubel d. Ä. (um 1724) mit der seltenen Darstellung des Johannes in der Einsamkeit der Wüste; das Auszugsbild ist eine gemalte Johannes-Schüssel.

Vor Johannis bitt um Regen,
nachher kommt er ungelegen.

Im Schein einer Fackel wird Johannes der Täufer auf einem Gemälde enthauptet, das Domdekan Johann Sebastian Schenk von Stauffenberg 1651 für den Altar seines Namenspatrons in den Bamberger Dom gestiftet hat. Salome schaut neugierig zu, Gesicht und Gewand scheinen in der nächtlichen Beleuchtung und vor Aufregung zu glühen, doch ihre Hand macht eine abwehrende Geste. Joachim von Sandrart malte das eindrucksvolle Bild, das heute im Diözesanmuseum zu bewundern ist. Das Altargehäuse wurde 1840 in die Kirche von Moggast (Lkr. Forchheim) verkauft. Als lebensgroße barocke Skulptur steht Johannes der Täufer neben dem Kirchenpatron auf dem Hochaltar von St. Stephan in Neufang (Lkr. Kronach).

Gern hat man – auch in protestantischen Kirchen – Johannes den Täufer dem Evangelisten Johannes [→ 27. Dezember] gegenübergestellt. So um 1750 am Kanzelaltar des evangelischen Gotteshauses in Münchsteinach (Lkr. Neustadt/Aisch) oder nach 1621 am Bernhards-Altar der ehemaligen Zisterzienserklosterkirche Ebrach (Lkr. Bamberg). Ein Johannes mit kokett geschürztem Fellgewand ziert die Altäre des oberpfälzer Bildhauers Johann Michael Doser, so 1707 in der Waischenfelder Stadtkapelle St. Michael und um 1723 in Neunkirchen am Sand (Lkr. Nürnberger Land). Noch knapper wird die Gewandung des Täufers eine Generation später in den asketischen Bildwerken Friedrich Theilers, die seit 1795 in Kirchröttenbach (Lkr. Nürnberger Land) und 1814 in Ludwag zu finden sind.

In jüngster Zeit hat die Johannes-Kirche von Reuth ein ganz besonderes Kunstwerk bekommen: Für seine Heimatkirche malte der »Ikonenschreiber« Peter Bauer eine große Ikone nach klassischen Vorbildern vom griechischen Klosterberg Athos.

Katholische Johannes-Kirchen

Bamberg, profanierte Johannes-Kapelle auf dem Stephansberg
Dormitz (Lkr. Forchheim), kath. Pfarrkirche Mariae Verkündigung und Johannes d. T.
Frensdorf (Lkr. Bamberg), Pfarrkirche
Hochstahl (Lkr. Bayreuth), Pfarrkirche
Hüttenheim (Lkr. Kitzingen), Pfarrkirche
Iffigheim (Lkr. Kitzingen), Kirche
Iphofen (Lkr. Kitzingen), Spitalkirche
Isling (Lkr. Lichtenfels), Pfarrkirche
Kersbach (Lkr. Forchheim), Pfarrkirche
Kirchenbirkig (Lkr. Bayreuth), Pfarrkirche
Kirchschletten (Lkr. Bamberg), Pfarrkirche
Kronach, Stadtpfarrkirche
Ludwag (Lkr. Bamberg), Pfarrkirche
Modschiedel (Lkr. Lichtenfels), Pfarrkirche
Posseck (Lkr. Kronach), Pfarrkirche
Reuth (Lkr. Forchheim), Pfarrkirche
Rothenburg o. d. T. (Lkr. Ansbach), ehem. Johanniterkirche
Schirnaidel (Lkr. Forchheim), Filialkirche
Schlüsselfeld (Lkr. Bamberg), Pfarrkirche
Schweisdorf (Lkr. Bamberg), Filialkirche
Seßlach (Lkr. Coburg), Pfarrkirche
Steinbach (Lkr. Kronach), Filialkirche
Ützing (Lkr. Lichtenfels), Pfarrkirche
Waischenfeld (Lkr. Bayreuth), Pfarrkirche
Witzmannsberg (Lkr. Coburg), Filialkirche

Evangelische Johannes-Kirchen

Ansbach; Burgbernheim (Lkr. Neustadt/ Aisch); Burgfarrnbach (Stadt Fürth); Diespeck (Lkr. Neustadt/Aisch); Gefrees (Lkr. Bayreuth); Gollhofen (Lkr. Neustadt/ Aisch); Großbirkach (Lkr. Bamberg); Gutenstetten (Lkr. Neustadt/Aisch); Helmbrechts (Lkr. Hof); Hirschneuses (Lkr. Neustadt/Aisch); Hutschdorf (Lkr. Kulmbach); Ipsheim (Lkr. Neustadt/Aisch); Kasendorf (Lkr. Kulmbach); Lauf (Lkr. Nürnberger Land); Lenkersheim (Lkr. Neustadt/ Aisch); Lichtenberg (Lkr. Hof); Limmersdorf (Lkr. Kulmbach); Linden (Lkr. Neustadt/Aisch); Markt Taschendorf (Lkr. Neustadt/Aisch); Neidhardswinden (Lkr. Neustadt/Aisch); Neustadt/Aisch; Nürnberg, Friedhofskirche St. Johannis; Ohrenbach (Lkr. Ansbach); Schwarzach (Lkr. Kulmbach); Tauberscheckenbach (Lkr. Ansbach); Trebgast (Lkr. Kulmbach); Uffenheim (Lkr. Neustadt/Aisch); Ullstadt (Lkr. Neustadt/ Aisch); Wirsberg (Lkr. Kulmbach); Zautendorf (Lkr. Fürth)

25. Juni
Hl. Burchard
(gest. 1122)

Burchard, ein Mönch aus dem Bamberger Kloster St. Michael, wurde 1109 Abt der neugegründeten Abtei Mallersdorf in Bayern. Nach einem Leben als Vorbild für den kleinen Konvent starb er am 25. Juni 1122 und wurde 1695 heiliggesprochen.

26. Juni
Hl. Vigilius
Märtyrer
(gest. um 405)

27. Juni
Die hll. Siebenschläfer
Märtyrer
(gest. um 251?)

Aus Angst vor den Christenverfolgungen unter Kaiser Decius versteckten sich sieben junge Männer bei Ephesus (Türkei) in einer Höhle. Dennoch entdeckt, stand ihnen ein Martyrium durch Verhungern bevor, denn der Kaiser ließ den Eingang vermauern. Ungefähr 187 Jahre später entfernte der Grundstücksbesitzer zufällig die Steine, und siehe da, die Jünglinge erwachten: gut ausgeschlafen, aber hungrig. Wie staunte einer von ihnen über die Veränderungen der Welt, als er im Ort Brot kaufen wollte, denn die Stadt war

christlich geworden. Auch der junge Mann im altertümlichen Gewand blieb nicht unbemerkt. Nach langem Hin und Her offenbarte sich die Geschichte von dem Schlaf, der die Sieben gerettet hatte. Eine Menge Volks, ja der Kaiser selbst, eilten herbei, um die Höhle zu besichtigen und die wundersame Begebenheit zu hören. Danach segneten die »Siebenschläfer« die Anwesenden und schlossen die Augen für immer.

**Ist's an Siebenschläfer naß,
regnet's ohne Unterlaß.**

Die Märtyrer werden im Volksmund »Siebenschläfer« genannt und als eng aneinander gekauerte Gruppe dargestellt. Die Patrone gegen Fieber werden – natürlich! – auch bei Schlaflosigkeit angerufen. Der Siebenschläfer-Tag in der Mitte des Jahres gilt seit alter Zeit als Wetterlostag für die kommenden sieben Wochen, die Erntezeit.

¶ Trotz ihrer Bekanntheit sind den Siebenschläfern kaum eigene Kirchen oder Kapellen geweiht. In Süddeutschland gibt es eine Siebenschläferkapelle in Rotthof/Niederbayern, eine einzige weitere in Stegaurach (Lkr. Bamberg). Aus Dankbarkeit für die Rettung seines Gespanns bei der Fahrt über die Aurach soll ein Fuhrmann hier schon 1589 einen Bildstock außerhalb des Dorfes gestiftet haben. Einer hölzernen Kapelle folgte 1696 der solide Steinbau von Bonaventura Rauscher, der die schlafenden Jünglinge (denen in der Höhle offenbar ein langer Bart gewachsen ist) als steinernes Relief sowohl im Altar, als auch im Giebeldreieck zeigt. Noch heute führt manche Bittprozession hierher.

28. Juni
Hl. Vincentia Gerosa
(1784–1847)

29. Juni

Hll. Petrus und Paulus
Apostel
Märtyrer

Schon die frühen Christen gedachten an diesem Tag der Apostelfürsten Petrus und Paulus, deren Wege zu Christus so unterschiedlich begannen und in Rom endeten. Am 29. Juni des Jahres 258 wurden ihre Gebeine aus den Gräbern genommen und vorübergehend in die Katakomben an der Via Appia übertragen, da Kaiser Valerian die christlichen Begräbnisse konfiszieren wollte. Nachdem sie an den ursprünglichen Bestattungsort zurückgebracht waren, verehrte man die Apostel weiterhin an diesem Tag, an dem sich übrigens das antike Rom seiner Gründung durch Romulus erinnerte.

Hl. Petrus

(gest. zwischen 64 und 67 n. Chr.)

Der Fischer Simon aus Kapharnaum, geboren in Bethsaida am See Genezareth, wurde durch seinen älteren Bruder Andreas [→ 30. November] zu Jesus geführt, dem er sich begeistert anschloß. Da er in ihm den Messias, den »Sohn des lebendigen Gottes« erkannt hatte, machte ihn Christus zum Oberhaupt der Jünger: »Du bist Petrus der Fels, und auf diesem Felsen will ich meine Kirche bauen, und die Mächte der Finsternis werden sie nicht überwältigen. Ich werde dir die Schlüssel des Himmelreichs geben, was du auf Erden binden wirst, das wird auch im Himmel gebunden sein, und was du auf Erden lösen wirst, soll auch im Himmel gelöst sein.« (Mt 16, 18). So erhielt Simon den Beinamen Petrus.

¶ In vielen Episoden schildert das Neue Testament sein Leben an der Seite Christi: Er war Zeuge bei der Auferweckung der Tochter des Jairus, begleitete Jesus auf den Berg Tabor und in den letzten Stunden auf den Ölberg. Trotzdem verleugnete er in der Not der Gefangennahme seinen Herrn dreimal.

Nach der Himmelfahrt Christi festigte sich die Rolle des Petrus unter den Aposteln, und er leitete die Gemeinde von Jerusalem. Als er sich auf seine Missionsreisen begab, übernahm Jakobus d. J. [→ 3. Mai] dieses Amt, zum Apostelkonzil kehrte Petrus aber noch einmal zurück. Bezeugt ist sein Wirken in Antiochien und Kleinasien; sein Aufenthalt in Rom kann nur indirekt aus anderen literarischen Quellen erschlossen werden. Hier wurde er gefangengesetzt, konnte aber fliehen, nachdem er seine Wärter bekehrt hatte. Eine wundersame Begegnung mit Christus vor den Toren der Stadt veranlaßte seine Rückkehr. Unter Kaiser Nero erlitt er hier zwischen den Jahren 64 und 67 das Martyrium. Da er sich für unwürdig hielt, wie Christus zu sterben, nagelte man ihn mit dem Kopf nach unten an ein Kreuz.

¶ Kaiser Konstantin [→ 21. Mai] ließ über dem Grab eine große Basilika zu Ehren des Apostels errichten; archäologische Untersuchungen bestätigen dies. Die bedeutende Kirche wurde 1506 abgerissen, um Platz für das Meisterwerk des heutigen Petersdoms zu schaffen. Durch seinen Märtyrertod in Rom hat Petrus den »Apostolischen Stuhl« für

immer mit der Ewigen Stadt verbunden. Ein Teil der Reliquien des hl. Petrus wurde im Mittelalter in alle Welt zerstreut. Sein Hirtenstab wird je zur Hälfte in Trier und Köln, ein Teil seines Mantels in Prag, das Schwert, mit dem er Malchus das Ohr abgeschlagen hat, in Konstantinopel aufbewahrt. Ein Teil der Ketten des römischen Kerkers sind vor Ort geblieben.

Der hl. Petrus wird als antiker Apostel mit krausem Haar dargestellt. Zwei Schlüssel in der Hand verweisen auf das Himmelreich, an dessen Pforte er auf die Verstorbenen wartet. Andere Attribute können der Hahn oder das auf dem Kopf stehende Kreuz sein. Petrus ist Patron der Brückenbauer (lateinisch *pontifex*), Maurer, Steinhauer, Fischer und Schiffer, aber auch der Schlosser und Schmiede, Tuchweber und anderer Gewerbe. Sein Beistand hilft gegen Besessenheit und Fieber, Fußleiden, Schlangenbiß und Diebe. Viele andere Heilige haben seinen Namen angenommen. Als Hüter am Eingang des Himmels hat man Petrus auch für das Wetter verantwortlich gemacht. Zahlreiche Bauernregeln beziehen sich daher auf ihn.

¶ Da Petrus der bevorzugte Heilige der iroschottischen Missionare und der Karolinger war, findet sich sein Patronat im Umkreis der frühen Kirchengründungen Frankens im 7. Jahrhundert. Der germanische Volksglaube hat in den Anfängen des Christentums Vorstellungen des Wotanskults auf Petrus übertragen. Die ältesten Peters-Kirchen auf dem Gebiet des Bistums Bamberg liegen – so z.B. Kirchfarrnbach, Oberlaimbach und Unteraltenbernheim – im Aischgrund; sie sind würzburgische Gründungen, ohne daß wir genaue Daten kennen. Im Itzgrund wurde die Kirche in Rattelsdorf wahrscheinlich vom Kloster Fulda gegründet. Manche Bergkirchen sind ihm in Anlehnung an das Wortspiel »Petrus der Fels, der Berg« geweiht, so die Burgkapelle auf der Veste Coburg.

Hl. Paulus
(gest. 67 n. Chr.)

Saulus, der Sohn jüdischer Eltern, wurde etwa 10 n. Chr. in Tarsus (Türkei) geboren. Von seinem Vater, einem römischen Bürger, erlernte er den Beruf des Zelttuchwebers, ließ sich aber gleichzeitig an der Tempelakademie in Jerusalem zum Rabbiner ausbilden. Als strenggläubiger Jude verfolgte er die wachsende Anhängerschar Jesu mit Haß und Unverständnis. Bei der Steinigung des hl. Stephanus [→ 26. Dezember] soll er es gewesen sein, der die abgelegten Kleider der Mörder beaufsichtigte. Die Apostelgeschichte berichtet ausführlich von seiner Reise nach Damaskus im Jahr 33 oder 35 n. Chr., wo er die Christengemeinde ausrotten sollte. Unterwegs erlebte der religiöse Eiferer eine übermächtige Erscheinung. Eine Stimme aus dem Himmel rief ihn an »Saul, Saul, warum verfolgst du mich?« und von einem grellen Licht geblendet stürzt er zu Boden und bekehrt sich augenblicklich. An dieses Ereignis erinnert ein eigener Gedenktag im römischen Kalender [→ 25. Januar]. Man bringt ihn in die Stadt, wo ein Christ namens Ananias ihn tauft und damit heilt.

¶ Als leidenschaftlicher Anhänger des Christentums versucht er nun sofort, die Juden zu bekehren und muß – in einem Korb über die Stadtmauer – fliehen. Mit dem Namen Paulus, lateinisch »der Geringe, der Kleine«, zog er nach Arabien, um hier die Heiden, nicht die Juden zu bekehren. Barnabas [→ 11. Juni] machte ihn in Jerusalem mit Petrus bekannt.

¶ Später gründete Paulus, der vielsprachige Völkerapostel, christliche Gemeinden in Kleinasien, Mazedonien und Griechenland, mit denen er durch seine im Neuen Testament erhaltenen vierzehn Briefe in Verbindung blieb. 57/58 wurde er auf der Reise nach Jerusalem gefangengenommen und zwei Jahre in Cäsarea eingekerkert. Seine anschließende Reise nach Spanien ist historisch nicht belegbar. Letztlich kam er nach Rom, wo er gleichfalls das Christentum verbreitete. Unter Kaiser Nero wurde er zum Tode verurteilt und als römischer Bürger daher enthauptet.

Regnet's am Tag von Peter und Paul, steht es mit dem Wetter faul. Es drohen dreißig Regentage, da nützet nun mal keine Klage.

Eine Gleichzeitigkeit des Martyriums mit Petrus kann nicht nachgewiesen werden, auch liegt sein Grab nicht auf dem Gelände des Vatikan, sondern der Überlieferung nach an der Straße nach Ostia. Seit 258 wird das Andenken an das Martyrium des hl. Paulus gemeinsam mit dem des hl. Petrus am 29. Juni gefeiert. Sein Gedächtnis allein wird am 30. Juni begangen.

¶ Der hl. Paulus wird als Apostel in antikischer Kleidung dargestellt und hat entweder ein Buch oder als Zeichen seines Martyriums ein Schwert in der Hand. Die Weber, Seiler, Sattler und Theologen haben ihn zum Patron; er hilft gegen Ohrenleiden, Furcht und Krämpfe und wird gegen Unwetter angerufen. Man bittet ihn um Regen und Fruchtbarkeit der Felder. Bei gemeinsamen Abbildungen mit Petrus finden wir ihn stets rechts auf der Epistelseite, also als Lehrenden.

¶ Der hl. Paulus erscheint zwar bei vielen Peters-Kirchen als Nebenpatron, eine eigene Kirche hat man ihm im Bistum jedoch nur dreimal geweiht: die Pauluskapelle im Bamberger Domherrenhof des Kanonikers Karl Voygt, die um 1400 erwähnt wird; eine in Nürnberg, bei der sich um 1224 die Franziskaner niederließen; schließlich in unserer Zeit die moderne Kirche von Strullendorf (Lkr. Bamberg).

Nach Peter- und-Pauls-Tag reift das Korn auch bei Nacht.

Heinrich II. stellte das junge Bistum Bamberg unter den Schutz Mariens, der heiligen Petrus und Paulus sowie des hl. Kilian und des hl. Georg. Sie sind auch die Patrone des Doms, wobei Petrus zum wichtigsten Schutzheiligen des Westchors, des Peters-Chors, wird und die Bedeutung des Paulus zurücktritt. Möglicherweise bestand schon vor dem Dom Kaiser Heinrichs eine Peters-Kapelle an dieser Stelle. Erst gegen Ende des 14. Jahrhunderts wird ihm ein eigener Altar im Langhaus geweiht (und später zu Gunsten des hl. Rochus [→ 16. August] wieder aufgegeben). Daß der Frankfurter Bildhauer Justus Glesker zwischen 1649 und 1653 einen Altar für den Westchor nach dem Vorbild jenes viersäuligen Tabernakels baute, den Lorenzo Bernini 1633 über dem Grab des Apostels Petrus in Rom errichtet hatte, unterstreicht den hohen Anspruch des stets romtreuen Domkapitels, Bamberg zum Fränkischen Rom zu machen.

Im Dom finden wir deshalb auch die älteste Abbildung der beiden Apostelfürsten auf den südlichen Schranken des Georgenchors. Zu Beginn des 13. Jahrhunderts schuf ein romanischer Bildhauer die Reihe der lebhaft diskutierenden Apostel, paarweise angeordnet unter Arkaden. Sie gehören zu den bedeutendsten Kunstwerken dieser Epoche. Petrus dreht sich nach einem anderen Apostel, wohl seinem Bruder Andreas, um und hält einen großen Schlüssel in der Rechten. Paulus, an der Stirnlocke erkennbar, läßt seine Schriftrolle sinken und ist in ein Gespräch mit einem anderen Apostel vertieft. Im gleichzeitig entstandenen Tympanon der Gnadenpforte begegnet uns Petrus gemeinsam mit dem hl. Georg [→ 23. April] als Fürsprecher der Menschheit und insbesondere der Bauherrn vor der Muttergottes; auch hier ist er an den Haaren und dem Schlüssel erkennbar.

Ausgehend vom Patrozinium der Domkirche haben im Bistum Bamberg viele Kirchengründungen die Apostelfürsten zu ihren Schutzheiligen erwählt. In der figurenreichen Kunst des Spätmittelalters häuft sich ihre paarweise Darstellung über die Apostelzyklen der großen Pfarrkirchen wie Bamberg (Obere Pfarre), Forchheim und Nürnberg (St. Sebald und St. Lorenz) hinaus. Sie werden aus der Schar der zwölf Jünger herausgenommen und in die Flügelaltäre der Spätgotik eingebunden. Für die Peter-und-Paul-Kirche in Erlangen-Bruck

schnitzte der Nürnberger Meister Jorg 1508 die beiden Heiligen mit lang wallenden Bärten und gelichtetem Haupthaar. Aus ihren üppig gebauschten Mänteln ragen unvermittelt die Hände mit den bekannten Attributen heraus.

¶ Von ihrem Bilderverbot hat die evangelische Kirche die Apostel und besonders die Apostelfürsten immer ausgenommen. In Busbach hat man den spätgotischen Flügelaltar Mitte des 18. Jahrhunderts zum Kanzelaltar umgebaut, nachdem der Ort protestantisch geworden war. Die halblebensgroßen Figuren der beiden Titelheiligen mußten den angestammten Schrein verlassen und sind heute seitlich an der Wand aufgehängt. Auch in Ermreuth wurden um 1680 spätgotische Skulpturen der einstigen Kirchenpatrone in den Aufbau des evangelischen Altars integriert. Barocke Kanzelaltäre sind häufig mit Figuren oder Gemälden der hll. Petrus und Paulus geschmückt, wenn diese früher die Schutzheiligen waren – so 1680 in Gerhardshofen, 1712 in Wilhermsdorf (Lkr. Fürth) und 1966 in Neuhof an der Zenn (Lkr. Neustadt/Aisch), wo bei der Neumontage des Altars ältere Teile Verwendung fanden. In der evangelischen Kirche von Oberlaimbach hat man 1913 nachreformatorische Fresken der hll. Petrus und Paulus freigelegt.

Für zahlreiche katholische Kirchen sind nach der Gegenreformation Darstellungen der Apostelfürsten geschaffen worden. Sie stehen dann paarweise auf Altären: Petrus links auf der Evangelien-, Paulus rechts auf der Epistelseite. So begleiten sie den hl. Laurentius auf dem Altar der Kirche von Oberleiterbach (Lkr. Bamberg), die Muttergottes des Hochaltars von Langensendelbach (Lkr. Forchheim) und den Salvator auf dem Hochaltar in Kemmern. Auch die aus dem Dom übernommene Dreikönigsgruppe [→ 6. Januar] auf dem Altar der Kirche von Schnaid flankieren Statuen von Petrus und Paulus, um 1720 geschaffen. Neugotisch sind die Nebenfiguren am Choraltar der Kirche von Rattelsdorf.

¶ Weniger oft sind hingegen Szenen aus dem Leben der einzelnen Apostel. Da die Nürnberger Kirche St. Sebald aus einer kleinen Peters-Kapelle hervorgegangen ist, die zur Peters-Pfarrei Poppenreuth gehörte, finden sich hier Kunstwerke des späten Mittelalters, die auf den Apostel verweisen; zwischen den Fenstern des Ostchors steht eine überlebensgroße Steinfigur des Heiligen mit riesigen Schlüsseln und Buch, deren Stilmerkmale des Faltenwurfs auf eine Entstehung um 1370/80 verweisen. Petrus ist als antiker Gelehrter in eine schlichte Tunika gekleidet.

Später sehen die Auftraggeber in ihm den Papst und Gründer der römischen Kirche. So erscheint er um 1480 mit der päpstlichen Krone, der Tiara, auf dem Peters-Altar im Westchor der Kirche. Die Flügel des Wandelaltars berichten sowohl auf der Werktags- wie der Festtagsseite aus seinem Leben: die Befreiung aus dem Gefängnis durch einen Engel, die Kreuzigung mit dem Kopf nach unten, die Begegnung mit Jesus im Boot, die Auseinandersetzung mit dem Magier Simon. In geschlossenem Zustand waren eine Krankenheilung des Petrus, seine Krönung, seine Predigt und eine Totenerweckung zu sehen.

¶ In der Barockzeit wird die Szene der Schlüsselübergabe an Petrus beliebt, so als Relief auf dem Hochaltar der Kirche von Stadelhofen. Da dieser Altar bis 1721 in der Kirche St. Wenzeslaus in Litzendorf (Lkr. Bamberg) stand und dann erst in die kleine Jura-Kirche verkauft wurde, dürfte diese Szene eigens für den neuen Standort geschaffen worden sein. Als barockes Hochrelief zeigt der linke Seitenaltar der Kirche von Amlingstadt (Lkr. Bamberg) den knienden Apostel, dem Christus die Schlüssel des Himmels überreicht. In der ehemaligen Klosterkirche von Ebrach ist im nördlichen Langhaus ein Altar dem hl. Petrus geweiht. Im nächtlichen Fackelschein inszenierte Christian Fesel sein Gemälde, das heute leider eine schadhafte Oberfläche hat.

Nach Nürnberg wird verwiesen, wer eine Szene aus dem Leben des hl. Paulus sehen will. Wir finden sie im Ostchor der Kirche St. Sebald. Um 1390 datiert hier eine Wandmalerei; sie zeigt, wie der gerade selbst erst getaufte Paulus den König von Damaskus zu bekehren sucht. Dieser hat sein Urteil schon gesprochen und hält den Daumen der rechten Hand nach unten: Paulus muß fliehen. Eine gotische Sandsteinfigur des hl. Paulus ist am Chor der Lorenz-Kirche zu sehen.

¶ Die Bekehrung des Paulus [→ 25. Januar], die Künstler wie Michelangelo oder Peter Paul(!) Rubens zu dramatischen Bildern inspiriert hat, finden wir als lichtvolles Gemälde Melchior Steidls (um 1716) über der Orgelempore in der ehemaligen Klosterkirche Banz: Der vom Strahl der Gnade getroffene Saulus symbolisiert die Reinigung des Menschen auf dem Weg zur Anschauung Gottes. Als Lehrender ist hingegen die Figur des Paulus zu deuten, die mit Schwert und dem Namen Jesu auf der Kanzel von Trunstadt (Lkr. Bamberg) zu sehen ist.

Katholische Peter-und-Paul-Kirchen

Bruck (Stadt Erlangen): Die neue katholische Kirche nimmt das Patrozinium der alten, evangelisch gewordenen wieder auf.
Effelter (Lkr. Kronach), Pfarrkirche

Hopfenohe (Lkr. Amberg-Sulzbach), Pfarrkirche
Kemmern (Lkr. Bamberg), Pfarrkirche
Langensendelbach (Lkr. Forchheim), Pfarrkirche
Rattelsdorf (Lkr. Bamberg), Pfarrkirche
Schnaid (Lkr. Forchheim), Pfarrkirche
Stadelhofen (Lkr. Bamberg), Pfarrkirche St. Peter und Katharina
Tiefenstockheim (Lkr. Kitzingen), Pfarrkirche
Treppendorf (Lkr. Bamberg), Kapelle
Unteraltenbernheim (Lkr. Neustadt/Aisch), Filialkirche
Unterleinleiter (Lkr. Forchheim), Pfarrkirche
Zapfendorf (Lkr. Bamberg), Pfarrkirche

Evangelische Peter-und-Paul-Kirchen

Bruck (Stadt Erlangen); Busbach (Lkr. Bayreuth); Coburg, Burgkapelle; Cottenau (Lkr. Kulmbach); Ermreuth (Lkr. Forchheim); Gerhardshofen (Lkr. Neustadt/ Aisch); Gräfenberg (Lkr. Forchheim); Gräfenbuch (Lkr. Ansbach); Kirchfarrnbach (Lkr. Fürth); Kulmbach; Langensteinach (Lkr. Neustadt/Aisch); Limbach (Lkr. Bamberg); Münchaurach (Lkr. Erlangen-Höchstadt), ehem. Benediktinerklosterkirche; Münchberg (Lkr. Hof); Nürnberg, St. Sebald, ehem. St. Peter; Oberhöchstädt (Lkr. Neustadt/ Aisch); Oberlaimbach (Lkr. Neustadt/ Aisch); Petersaurach (Lkr. Ansbach); Poppenreuth (Stadt Fürth)

30. Juni
Hl. Otto
(um 1060–1139)

Am 30. Juni gedenkt die römische Kirche des heiligen Bischofs Otto, dem achten auf dem Thron der Diözese Bamberg. In seinem Bistum wird jedoch nicht sein Todestag, sondern der Tag seiner Translation am 30. September als Hochfest begangen und in diesem Buch aufgeführt.

Januar

Februar

März

April

Mai

Juni

Juli

August

September

Oktober

November

Dezember

1. Juli
Hl. Theoderich
(gest. 533)

2. Juli
Sel. Wiltrud
(gest. 1081)

3. Juli
Hl. Thomas
Apostel
Märtyrer
(gest. um 67)

Wie die meisten Jünger war Thomas ein Fischer am See Genezareth, bevor er berufen wurde und Jesus folgte. Nach dem Bericht des Johannes-Evangeliums weilte Thomas nicht bei den Aposteln, als Jesus ihnen am Abend des Ostertages als Auferstandener erschien. Ungläubig und entmutigt von den Ereignissen der Kreuzigung verlangt Thomas einen Beweis. Als Jesus acht Tage später die Jünger wieder besucht, kommt es zu einem der wichtigsten Dialoge des christlichen Glaubens, denn er fordert den Zweifler auf: »Reiche deinen Finger her, und siehe meine Hände, und reiche deine Hand her, und lege sie in meine Seite, und sei nicht ungläubig sondern gläubig.« Thomas berührt vorsichtig die Seitenwunde und begreift: »Mein Herr und mein Gott«. Damit vollzieht er den Glaubensakt wie Tausende nach ihm, die ihre Zweifel überwinden. Christus antwortet: »Selig sind, die nicht sehen und doch glauben.« (Jo 20,24-29). Noch einmal sollte Thomas seine Ungläubigkeit erfahren, als Maria zum Beweis ihrer leiblichen Himmelfahrt vor den staunenden Aposteln ihren Gürtel auf ihn herabfallen ließ.

Als die Apostel aufbrachen, um das Evangelium zu verkünden, soll Thomas bis nach Indien gekommen sein. Einige Legenden berichten, er habe um 67 bei Madras durch das Schwert oder die Lanze den Märtyrertod gefunden, nach anderen starb er eines natürlichen Todes. Vorher predigte er mit seinem Schüler Judas Thaddäus [→ 28. Oktober] in Edessa (Türkei), einer früh zum Christentum bekehrten Stadt in Mesopotamien. Ihre im Jahr 201 durch ein Hochwasser zerstörte Kirche gilt als ältestes christliches Gotteshaus der Welt. Am 21. Dezember 232 wurden die Gebeine des hl. Thomas feierlich von Indien hierher und im 13. Jahrhundert über die griechische Insel Chios nach Ortona bei Neapel gebracht, wo sie heute noch ruhen. 1969 hat man sein Fest vom 21. Dezember, dem kürzesten Tag des Jahres, auf den 3. Juli verschoben. Der Thomas-Tag und vor allem die lange Thomas-Nacht waren mit allerlei Bräuchen besetzt, von denen Liebesorakel für heiratswillige Mädchen sicher die wichtigsten waren. Wer vor Weihnachten noch immer keinen Mann hat, muß sich heute dem hl. Nikolaus anvertrauen. Am winterlichen Thomastag kam früher in Franken der »Rumpel-« oder »Buckel-Thomas« und schreckte die braven Menschen auf.

Der hl. Thomas erscheint als antiker Gelehrter mit Buch. Beliebt ist die Szene, in der er seine Hand in die Seitenwunde Christi legt. Er ist Patron der Architekten, Feldmesser, Maurer und Zimmerleute, ein Winkelmaß sein Attribut. Dies geht auf die Legende von den himmlischen Palästen zurück, die in den »Thomas-Akten«, einem religiösen Roman des 3. Jahrhunderts, erzählt wird. Demnach forderte Christus den Apostel auf, nach Indien zu gehen, wo König Gundaphar den besten Baumeister der Welt suche. Thomas – wie sollte es anders sein – zögerte zunächst und entwarf schließlich für Gundaphar einen herrlichen Palast. In Abwesenheit des Königs verteilte er jedoch das Baugeld unter die Armen und predigte dem Volk. Als Gundaphar dies hörte, ließ er den Apostel einkerkern. Später träumte er von dem wunderbaren Palast aus Gold und Edelsteinen, der im Paradies mit seinem Geld errichtet worden war. Als er den befreiten Thomas um Gnade bat, antwortete der nur: »Es sind unzählige Paläste im Himmel ..., die man mit dem Glauben kauft und mit den Almosen für die Armen. So mögen eure irdischen Schätze nütze sein, daß sie vor euch hergehen zu den himmlischen Wohnungen, denn nachfolgen werden sie euch nimmermehr.« Damit begann die Bekehrung (Nord)-Indiens, denn König Gundaphar ließ sich mit seinem Volk taufen. Darüber waren die heidnischen Priester so erzürnt, daß sie Thomas ermordeten.

Thomas gilt als Apostel vieler orientalischer Völker. Die moderne Geschichtsforschung liefert immer mehr Beweise für seine legendäre Wanderung nach Osten, zumal das apokryphe Thomas-Evangelium Geschichten buddhistischer Herkunft enthält. Für die indischen Katholiken ist Thomas der unbestrittene Gründer ihrer Kirche. Man sucht die Hilfe des hl. Thomas bei Rückenschmerzen und Augenleiden sowie gegen Ungläubigkeit.

¶ Im westlichen Hochaltar des Bamberger Doms wurden 1012 Reliquien des hl. Thomas zusammen mit denen anderer Apostel eingelegt. 1020 weihte Papst Benedikt VIII. in Anwesenheit Kaiser Heinrichs II. die Thomas-Kapelle der Alten Hofhaltung, die Hauskapelle des Bischofs. Die Fragmente der kostbaren Weihe-Inschrift – weiße Buchstaben

auf kaiserlich-purpurfarbenem Grund – sind erhalten und seit 1998 (zunächst als Kopie) in dem zweigeschossigen Bau zu besichtigen. Der durch historische Veränderungen stark beschädigte Raum wurde erst vor kurzem der Öffentlichkeit zugänglich gemacht und beeindruckt durch seine romanischen Baudetails. Im Mittelalter diente die Kapelle zeitweise als Gefängnis.

Darüber hinaus scheint es eine besondere Verehrung des hl. Thomas als Kirchenpatron im Bistum Bamberg kaum zu geben. Im 11. Jahrhundert stellte man das Gotteshaus in Altensittenbach unter seinen Schutz. Nach der Reformation hat es seine mittelalterliche Ausstattung verloren, die sicher einen künstlerischen Hinweis auf den Apostel gab. Die einzige Thomas-Kirche der Erzdiözese steht in Wallenfels. Seit dem Mittelalter mehrfach zerstört und wiederaufgebaut, präsentiert sie sich heute im neugotischen Stil, aber ohne Statue oder Gemälde ihres Patrons. Dennoch läßt sich auch außerhalb vollständiger Apostelzyklen der hl. Thomas finden. Um 1700 ist die Statuette entstanden, die im Auszug des rechten Seitenaltars der St. Matthäus-Kirche von Wiesenthau steht. Jünger ist die Thomas-Figur, die Franz Anton Schlott um 1730 als Pendant zum hl. Matthäus [→ 21. September] für den Valentins-Altar der Kirche von Burk schuf.

¶ Ein Motiv, das eindringlich vom Glauben erzählt, ist die Begegnung des Thomas mit dem Auferstandenen. Wir finden es auf dem Hochaltar der Spitalkirche in Hersbruck von 1688 genauso wie an der 1689 von Heinrich Andreas Lohe bemalten Kassettendecke der Spitalkirche von Hof oder um 1700 an der bemalten Empore des evangelischen Gotteshauses von Kirchgattendorf. Für den reich dekorierten Kanzelaltar der Kirche von Wilhermsdorf schuf um 1712 der Bildhauer Georg Ansorg den zweifelnden Apostel, der seine Hand in die Seitenwunde Christi legen darf.

Thomas-Kirchen und -Darstellungen

Altensittenbach (Lkr. Nürnberger Land), evang. Kirche, ehem. St. Thomas
Burk (Stadt Forchheim), kath. Pfarrkirche Hl.-Drei-Könige, Figur
Hersbruck (Lkr. Nürnberger Land), evang. Spitalkirche, Hochaltar
Hof, evang. Stadtpfarrkirche, Decke
Kirchgattendorf (Lkr. Hof), evang. Kirche, Empore
Wallenfels (Lkr. Kronach), kath. Pfarrkirche
Wiesenthau (Lkr. Forchheim), kath. Pfarrkirche St. Matthäus, Figur
Wilhermsdorf (Lkr. Fürth), evang. Kirche, Kanzelaltar

4. Juli
Hl. Ulrich
(um 890–973)

ursprünglich:
Udalricus
oder Udalrich

Udalrich, in unserer Sprache »der reich Begüterte«, entstammt dem alemannischen Adelsgeschlecht der Grafen von Dillingen. Seit dem zehnten Lebensjahr wurde er im Kloster St. Gallen auf den geistlichen Stand vorbereitet. Nach einer kurzen Zeit als Kämmerer des Augsburger Bischofs und Verwalter der Witwengüter seiner Mutter wählte man ihn 923 im Alter von 33 Jahren zum zwanzigsten Bischof der alten Römerstadt. Er übernahm damit auch viele weltliche Pflichten, begleitete als enger Vertrauter Kaiser Otto den Großen auf seinen Zügen durch das Reich und nahm an den Hoftagen teil. Als größtes politisches Problem seiner Epoche erwiesen sich die andauernden Überfälle heidnischer ungarischer Reitertruppen, die den Süden und Osten des Reiches stark bedrängten. Ulrich hatte deshalb schon kurz nach seiner Ernennung begonnen, in Augsburg eine Stadtmauer zu errichten. Sie konnte zwar nicht verhindern, daß im Sommer 955 die vor der Stadt liegende Kirche St. Afra [→ 7. August] niedergebrannt wurde, hielt aber die mordenden Reiter solange auf, bis sie am 10. August, dem Tag des hl. Laurentius, unter schweren eigenen Verlusten vom kaiserlichen Heer auf dem Lechfeld vernichtend geschlagen werden konnten. Diese Entscheidungsschlacht des Christentums wäre ohne den energischen Einsatz des Augsburger Bischofs anders ausgegangen.

Trotz der aufreibenden, aber notwendigen Teilnahme am Zeitgeschehen standen für Ulrich stets die Seelsorge und das Wohl der Armen im Mittelpunkt seines Handelns. Er ordnete die von den Ungarn zerstörte kirchliche Landschaft und machte die Domschule zum kulturellen Zentrum der Kleriker-Ausbildung, zu der er erstmals begabte Söhne aus Bauernfamilien zuließ. Viele Gotteshäuser gründete er neu, zerstörte ließ er renovieren und dem niedergebrannten Dom galt seine besondere Aufmerksamkeit. Viermal pilgerte er nach Rom, außerdem zu den Gräbern der hll. Mauritius [→ 22. September] und Willibald [→ 7. Juli] sowie dessen Schwester Walburga [→ 25. Februar]. Als er hochbetagt den Tod nahen fühlte, legte er, bescheiden in ein Mönchsgewand gekleidet, sein Amt nieder und starb am 4. Juli 973. Wolfgang, der Bischof von Regensburg [→ 31. Oktober], sein Schüler und engster Freund, kam rechtzeitig genug, um den väterlichen Ratgeber in aller Feierlichkeit einzusegnen. Ulrich selbst hatte sich schon zu Lebzeiten eine Grablege in der Kirche der hl. Afra bereiten lassen.

Seine Nachfolger und die Gläubigen Augsburgs brachten Ulrich eine so große Verehrung entgegen, daß er schon im Jahr 993 durch Papst Johannes XV. im ersten offiziellen Kanonisationsverfahren heiliggesprochen wurde. Auch die Mitglieder der deutschen Herrscherfamilien hielten ihn in hohen Ehren: Heinrich II. [→ 13. Juli] ließ 1002 in Augsburg die Eingeweide seines Vorgängers Otto III. beim Grab Ulrichs beisetzen, und nach dem Wiederaufbau der 1187 abgebrannten Kirche St. Ulrich und Afra trug kein geringerer als Kaiser Friedrich Barbarossa den Sarg des Heiligen an seine neue Ruhestätte.

**Wenn's am Ulrichstag donnert,
fallen die Nüsse vom Baum.**

Der Kult der Bürger machte Ulrich zum Patron ihrer Stadt, dem in Liedern, Bräuchen und Kunstwerken gedacht wird. Als Wasserpatron schützt er vor Überschwemmungen, weshalb viele Ul-

richs-Kirchen am Ufer eines Flusses errichtet sind. Dies erklärt den Fisch, der neben Mitra und Stab zu seinem Symbol geworden ist. Ulrich ist auch Patron der Weber und Reisenden, er hilft bei schweren Geburten, Fieber und Mäuseplagen.

Seine historische Bedeutung und die enge Beziehung, die Heinrich II. über den Regensburger Bischof Wolfgang mit dem hl. Ulrich verband, werden veranlaßt haben, daß dieser 1012 Konpatron einer der Nebenaltäre im Ostchor des Bamberger Doms wurde. Einen eigenen Altar erhielt er dort nicht, und erst 1835 wurde für eine der 22 Nischen des neuen Altars im Georgenchor auch eine Ulrichs-Figur bestimmt.

¶ Zwei Kirchen stehen im Bistum unter seinem Schutz: in Poppendorf und Insingen. In Poppendorf, das 1188 zusammen mit einer Taufkapelle dem Kloster Michelfeld (Lkr. Amberg-Sulzbach) geschenkt wurde, ist die spätgotische Sitzfigur des Heiligen erhalten. Beziehungslos an der Wand befestigt, hat sie ihre Ausstrahlung des in einem Schrein thronenden mittelalterlichen Kirchenfürsten verloren. Selbst die schöne Barockfigur des Hochaltars kann sie kaum ersetzen. Insingen wurde evangelisch, die vorreformatorische Ausstattung der Ulrichs-Kirche ist verschwunden.

¶ Eine barocke Skulptur des Heiligen stifteten wahrscheinlich die zahlreichen Weber von Amlingstadt ihrem Zunftpatron in die Ortskirche. Das Ulrichs-Benefizium in Waischenfeld gab Anlaß, bei Johann Michael Doser 1701 eine Figur des Heiligen für den Hochaltar der Stadtkapelle zu bestellen. Er steht seitlich unter einem Akanthusbaldachin und balanciert auf einem Buch einen kleinen Fisch, sein Symbol. Der Bamberger Domherr Wilhelm Ulrich (!) von Guttenberg stiftete 1748 einen Seitenaltar in die Kirche von Willanzheim, auf dem er seinen Namenspatron mit einer Skulptur ehrte.

Ulrichs-Kirchen und -Darstellungen

Amlingstadt (Lkr. Bamberg), kath. Pfarrkirche St. Ägidius, Figur
Insingen (Lkr. Ansbach), evang. Kirche, ehem. St. Ulrich
Nürnberg, evang. Stadtpfarrkirche St. Lorenz, Figur im spätgotischen Nikolaus-Altar
Poppendorf (Lkr. Bayreuth), kath. Pfarrkirche
Waischenfeld (Lkr. Bayreuth), kath. Stadtkapelle St. Laurentius, Figur
Willanzheim (Lkr. Kitzingen), kath. Pfarrkirche St. Martin, Figur auf Seitenaltar

5. Juli
Hl. Antonius Maria Zaccaria
(1502–1539)

6. Juli
Hl. Goar
(gest. um 575)

7. Juli
Hl. Willibald
(700–787)

Willibald (Abb. S. 166) stammt aus einer vornehmen angelsächsischen Familie. Sein Name bedeutet aus dem gotischen übertragen: der »ersehnte Tapfere«. Mit seinem Vater, dem hl. Richard [→ 7. Februar], und seinem Bruder Wunibald [→ 15. Dezember] pilgerte er um 720 nach Rom. Von hier brach er allein ins Heilige Land auf und kehrte über Byzanz nach Europa zurück. Zwischen 729 und 739 lebte er im berühmten Kloster des hl. Benedikt [→ 11. Juli] auf dem Monte Cassino, bevor ihn Papst Gregor III. schließlich zur Mission in den Norden schickte. Hier gründete Willibald 740 im Auftrag des hl. Bonifatius [→ 5. Juni], mit dem er verwandt gewesen sein soll, auf den Resten einer untergegangenen christlichen Siedlung im Altmühltal das Bistum Eichstätt.

Dieses Gebiet südlich des Limes war nach den Hunneneinfällen verwüstet und teilweise zum Heidentum zurückgekehrt, bevor er es in wenigen Jahren wieder in eine blühende Siedlung verwandelte. Zusammen mit seinem Bruder Wunibald legte er 752 den Grundstein für das Kloster Heidenheim (Lkr. Weißenburg-Gunzenhausen), das Walburga [→ 25. Februar], die jüngere Schwester der beiden, nach dessen Tod weiterführte. Am 7. Juli 787 starb Willibald hochbetagt in Eichstätt.

¶ Zu seinen Ehren wurde über seinem Grab im Dom eine Kapelle errichtet, an dem sich zahlreiche Wunder ereigneten. Sein abenteuerreiches Leben als Pilger im Namen Christi diktierte er der Nonne Hugeburc in lebhafter Sprache und in vielen Einzelheiten.

¶ Zu erkennen ist Willibald, der Patron von Eichstätt, an seiner Gewandung, denn er trägt über der Pontifikalkleidung das rechteckige Rationale, ein besonderes liturgisches Schultertuch, oder ein Schild auf der Brust. Zu seinen Attributen gehört ein aufgeschlagenes Buch. Nur gemeinsam mit seinem Bruder Wunibald ist er als Pilger dargestellt.

¶ Auch im Bistum Bamberg waren seine Reliquien hoch geschätzt. Immerhin tauscht Bischof Veit I. Truchseß von Pommersfelden (1501–1503) am 8. Juli 1501 ein Stück vom Hals Kaiser Heinrichs II. gegen Armteile des hl. Willibald

und der hl. Walburga ein. In der Bamberger Kunst begegnen wir ihm selten. Zu einem der Flügel des Annen-Altars der Nürnberger Kirche St. Lorenz gehörte der hl. Willibald; Hans von Kulmbach hat ihn 1510 als mächtigen, von seiner Mitra fast erdrückten Bischof neben den hl. Abt Benedikt gesetzt. (Das Bild ist heute in der Staatsgalerie Bamberg ausgestellt.) Einen barocken Willibald finden wir in der ehemaligen Benediktinerklosterkirche Weißenohe, wo seine vergoldete Skulptur 1721 zusammen mit den Mitgliedern seiner Familie zum Zeugen des gewaltsamen Todes von Bonifatius wird und einen Ehrenplatz auf dem barocken Hochaltar des Bildhauers Johann Michael Doser bekam.

Willibalds-Darstellungen

Bamberg, Staatsgalerie in der Neuen Residenz, Altarflügel
Nürnberg, kath. Pfarrkirche St. Willibald
Weißenohe (Lkr. Forchheim), ehem. Klosterkirche, Figur am Hochaltar

8. Juli
Hl. Kilian (mit Gefährten Kolonat und Totnan) Märtyrer
(gest. 689)

Der Ire Killena, in Franken Kilian genannt, war ein in seiner Heimat hochangesehener Bischof, als er sich um 685 aufmachte, Christus als Pilger nachzufolgen. Zusammen mit zwölf Gefährten, zu denen der Priester Kolonat und der Diakon Totnan gehörten, segelte er in einem abenteuerlichen Boot aus Weidengeflecht, das mit Häuten überspannt war, auf das Festland. Hier erreichten die irischen Wandermönche, schon an ihrem Äußeren mit dem geschorenen Vorderkopf, der keltischen Tonsur, erkennbar, schließlich »Wirciburc« am Main, damals wohl eine der wichtigsten Städte des Thüringerreiches. Das Land und seine wahrscheinlich schon oberflächlich christianisierten Bewohner gefielen ihm so gut, daß er sich vom Papst die Erlaubnis erbeten haben soll, hier zu missionieren.

Mit großem Erfolg, wie sich herausstellte, denn Herzog Gozbert ließ sich alsbald mit seinem Gefolge von den Missionaren taufen. Als Kilian aber die unrechtmäßige Ehe Gozberts mit seiner Schwägerin Geilana anprangerte und verbieten wollte, war sein Schicksal besiegelt. Die erboste Fürstin befahl ihren Henkern, Kilian und seine Begleiter bei Nacht zu enthaupten. Die Leichname und sogar die priesterliche Kleidung, Meßgeräte und Bücher wurden heimlich verscharrt. Dies geschah am 8. Juli 689, wie die um 840 niedergeschriebene *passio* berichtet. (Frühere Quellen, etwa der von einem Mönch namens Godescalc verfaßte Kalender Karls des Großen, erwähnen nur Todestag und Namen der Märtyrer.) Doch die Strafe Gottes folgte auf den Fuß: Der Henker zerfleischte sich selbst, dem Wahnsinn verfallen, Geilana starb, von einem bösen Geist oder dem Teufel gequält, Herzog Gozbert erschlugen die eigenen Knechte und den gemeinsamen Sohn Hetan jagte man außer Landes.

Am Grab der frommen Männer aber begannen sich Wunder zu ereignen, die Verehrung der irischen Märtyrer führte im Jahr 741 zur Gründung des Bistums Würzburg. Auf Anordnung von Papst Zacharias erhob nämlich Burkard [→ 14. Oktober], der erste Bischof, am 8. Juli 752 die Gebeine der Ermordeten und überführte sie in die Marienkirche auf dem gleichnamigen Berg. Über der Stätte des Martyriums entstand inmitten der rechtsmainischen Siedlung der erste Dom, der 788 in Anwesenheit Karls des Großen dem Salvator geweiht wurde. Wahrscheinlich hat man bei dieser Gelegenheit die Reliquien hierher übertragen. Sie wurden nochmals transloziert, als der Dom nach Brand und Einsturz 855 an anderer Stelle neu errichtet war. Über der ersten Krypta mit dem Sarkophag der Märtyrer erbaute Bischof Adalbero 1057 die Neumünsterkirche. Der Kult nahm, vom karolingischen Herrscherhaus gefördert, über die Stadt Würzburg hinaus stetig zu und trug wesentlich zur geistlichen und kulturellen Entwicklung Frankens bei.

Kilian wird als Bischof dargestellt; neben seinem Stab hält er Buch und Schwert als Verweis auf sein Martyrium. Die meisten Kilians-Darstellungen entstanden in der Spätgotik; die Büsten der drei Frankenapostel, die Tilman Riemenschneider 1509/10 für den Hochaltar des Würzburger Doms schnitzte, haben über die Diözese hinaus das Bild von den ermordeten Missionaren geprägt. (Sie verbrannten 1945 und sind heute als Kopien in der Kilians-Gruft der Neumünster-Kirche aufgestellt.) Kilian ist nicht nur Patron von Bistum und Stadt Würzburg, sondern auch Patron der Winzer, denn er soll den Weinbau in Franken eingeführt haben. Nicht umsonst nennen ihn die Büttner ihren Schutzheiligen. Man ruft ihn gegen Gicht, Rheumatismus und Augenkrankheiten an, die das Wasser aus dem Würzburger Kilians-Brunnen heilt.

¶ In der Zeit der Aufklärung zurückgegangen, im 19. Jahrhundert wiederbelebt und während des Nationalsozialismus als Demonstration des katholischen Franken begangen, wird die Kiliani-Wallfahrt in Würzburg seit 1952 wieder als großes geistliches, aber auch weltliches, eigentlich als *das* »National-fest« gefeiert.

¶ Überall dort, wo das östliche Frankenland bereits vor der Gründung des Bistums Bamberg durch Heinrich II. im Jahr 1007 christianisiert war, stoßen wir auf Kilians-Patrozinien; manchmal wurde er in späterer Zeit von anderen Heiligen verdrängt. Die nördlichste würzburgische Kirche lag in Stadtsteinach, die östlichste in Bindlach; Mittelfranken weist im Gebiet des Steigerwalds viele Kilians-Kirchen auf. Schon vor der Gründung des Bistums Bamberg standen in Hallstadt und Scheßlitz Gotteshäuser unter dem Schutz des Märtyrers; hier ist man noch heute stolz auf das uralte Patrozinium.

Für das neue Bistum mußte die ältere Diözese Würzburg 1007 ihre östlichen Gebiete, den Radenzgau, bis auf einige Pfarreien abgeben. Verständlich, daß sich der Würzburger Bischof zunächst gegen die Neugründung wehrte. Den historischen Verhältnissen trug Heinrich II. geschickt Rechnung, als er den hl. Kilian zu einem der Schutzpatrone seines Bistums machte und den westlichen Hochaltar des Doms zu Ehren der Dreifaltigkeit, des siegreichen Kreuzes, der Apostel Petrus und Paulus, aller Apostel *und* des hl. Kilian mit seinen Gefährten weihen ließ. Eine Reliquie des Würzburger Bistumsheiligen für den Altar konnte allerdings trotz dieser diplomatischen Geste nicht beschafft werden. Ein Kilians-Altar stand später im Nordostturm, blieb jedoch ohne große liturgische Bedeutung; er wird nach 1600 nicht mehr erwähnt. Als Julius Glesker 1651/52 für den Ostchor einen Baldachinaltar schuf, gehörte eine Skulptur des hl. Kilian zum Bildprogramm; sie ist seit der Purifizierung im Jahr 1835 nicht mehr auffindbar. Der Tag des hl. Kilian war in den Bamberger Kalendern des Mittelalters als Festtag verzeichnet, während übrigens die Bamberger Lokalheiligen in der Nachbardiözese keine offizielle Verehrung erfuhren.

In den Pfarrkirchen des Bistums wurde das Erbe Kilians sorgfältiger gepflegt, auch wenn nur wenige mittelalterliche Kunstwerke an ihn erinnern. Die älteste Darstellung ist eine kleine Statue des 14. Jahrhunderts aus Staffelstein. Streng und in sich gekehrt steht Kilian vor uns, im bischöflichen Ornat mit Krummstab und Meßbuch, ein Schwert hat er nicht dabei. Später zeigt man ihn als Herzog der Franken mit einem mächtigen Schwert. So ist er auf einem Schlußstein der Hallstadter Kirche und als Wappen am Turm der Kirche von Scheßlitz zu sehen, symbolisch mit der Würde eines Landesherrn ausgestattet.

Einen spätgotischen Kilians-Altar besaß die im Kern romanische Kirche in Fechheim, eine der Urpfarreien im östlichen Franken. Dort hat man sogar noch nach der Einführung der Reformation 1716 »die veraltete Ao 1480 nett gemahlte S. Kiliani Tafel« renoviert, das heißt völlig übermalt. Zu sehen sind drei Szenen aus seinem Leben, die Predigt vor den Würzburgern, sein Martyrium vor der Feste Marienberg in Anwesenheit der bösen Geilana und der Teufel, der ihre

Seele vor den Augen des entsetzten Herzogs entführt. In Hagenbüchach gibt es einen spätgotischen Altar von 1520, dessen Innenflügel ein Relief des Patrons Kilian mit übergroßem Kirchenmodell zeigt, das manchmal als hl. Wolfgang angesehen wird.

Die Barockzeit liebt das Pathos, es überrascht daher nicht, auf Kilians-Altären die dramatische Ermordung der drei Iren mitzuerleben; die imposanten Bildformate erlauben bewegte Szenen mit allen grausamen Details von Überfall und Ermordung. Während sich diese Gemälde in Würzburg naturgemäß großer Beliebtheit erfreuen, sind sie im Bamberger Raum nur in den Kirchen zu finden, die ungebrochen ihre Kilianstradition hochhalten. Für Hallstadt malt Johann Joseph Scheubel 1732, für Scheßlitz Anton Mattenheimer 1780 das blutrünstige Geschehen. Meist liegen Kolonat und Totnan schon tot am Boden, während Kilian, dessen weiße Albe unter dem aufgerissenen Chormantel im Mittelpunkt strahlt, noch niedergerissen wird. Die Künstler haben sich dabei an den zahlreichen Kupferstichen orientiert, die zur Illustration der Legende entstanden waren.

¶ Weniger gefährlich geht es auf dem Hochaltar der Kirche von Pretzfeld zu. In der mittleren Nische steht eine feierliche, barocke Figur Kilians, ein kleiner seitlicher Putto nimmt ihm die Last ab, das Schwert selbst tragen zu müssen. Neben ihm, aber etwas tiefer, stehen seine Gefährten. Damit in der uralten würzburgischen Kirchengründung die aktuellen Herrschaftsverhältnisse deutlich wurden, hat der frühklassizistische Hochaltar von Johann Anton Moritz 1783 die Figuren der Bistumsgründer Heinrich und Kunigunde in das Retabel integriert. Pretzfeld ist eine der schönsten fränkischen Landkirchen; der erste Bau Johann Michael Küchels war nämlich 1739 eingestürzt und konnte nach einem Vergleich vor dem Reichskammergericht (Küchel war unschuldig) noch prächtiger wieder aufgebaut und 1761 konsekriert

werden. Der 1742 von Küchel entworfene und aus eigenen Mitteln bezahlte Hochaltar wurde leider 40 Jahre später durch ein moderneres Retabel ersetzt.

¶ In der einst würzburgischen Kirche von Altenkunstadt erinnert nur noch eine barocke Skulptur Sebastian Deglers (um 1720) an den einstigen Patron. In der Antonius-Kirche von Sambach (Lkr. Bamberg) spiegelt der rechte Seitenaltar ein Stück Diözesangeschichte: Da der Ort politisch zum Hochstift Bamberg gehörte, kirchlich aber bis 1817 von Würzburg betreut wurde, stehen sich hier Skulpturen der hll. Kilian und Heinrich II. [→ 13. Juli] gegenüber. Auch auf der barocken Brücke bei Grasmannsdorf (Lkr. Bamberg), wichtige Station der alten Fernstraße von Bamberg nach Würzburg, hat man 1736/37 neben den Bamberger Heiligen Heinrich und Otto eine überlebensgroße Sandsteinfigur des hl. Kilian aufgestellt, der hier auf »seinem« Territorium begrüßt.

Katholische Kilians-Kirchen

Altenkunstadt (Lkr. Lichtenfels), Pfarrkirche Mariae Geburt und St. Kilian
Dietersdorf (Lkr. Coburg), Filialkirche
Hallstadt (Lkr. Bamberg), Pfarrkirche
Hemmersheim (Lkr. Neustadt/Aisch), Pfarrkirche
Pretzfeld (Lkr. Forchheim), Pfarrkirche
Scheßlitz (Lkr. Bamberg), Pfarrkirche
Schlüsselfeld (Lkr. Bamberg), Pfarrkirche St. Kilian und Johannes d. T.
Staffelstein (Lkr. Lichtenfels), Pfarrkirche St. Kilian und Georg

Evangelische Kilians-Kirchen

Dürrnbuch; Emskirchen; Fechheim (Lkr. Coburg); Hagenbüchach; Markt Erlbach; Neuhof an der Zenn; Reinhardshofen (alle Lkr. Neustadt/Aisch)

9. Juli
Hl. Agilolf
Märtyrer
(gest. 752)

10. Juli
Hl. Knud
Märtyrer
(um 1040–1086)

11. Juli
Hl. Benedikt
von Nursia
(um 480–547)

Das Leben des hl. Benedikt hat kein geringerer als der Papst und Kirchenlehrer Gregor der Große [→ 3. September] um 594 aufgezeichnet. In Nursia (heute Norcia, nordöstlich von Rom) kam um 480 Benedikt, der »Gesegnete«, zur Welt. Die wohlhabenden Eltern schickten ihn zum Studium nach Rom, doch die Weltstadt mit ihren Verlockungen ließ ihn in die Einsamkeit der Berge fliehen. Auf der Suche nach einem gottgefälligen Leben zeigte ihm der Mönch Romanus [→ 22. Mai] eine unzugängliche Höhle. Hier widmete sich der junge Eremit drei Jahre lang dem Gebet, von Romanus über einen Korb am Seil mit Lebensmitteln versorgt. Schließlich öffnete sich Benedikt den armen Hirten der Berge und bewirkte Wunder. Auf Drängen der Mönche von Vicovaro ließ er sich zum Abt wählen, doch seine strenge Zucht erregte großen Unwillen; der hl. Gregor berichtet sogar von der geplanten Vergiftung Benedikts. Niedergeschlagen kehrte er in die Wildnis zurück, wo er in der Einöde von Subiaco eine neue Gemeinschaft gründete.

Für sie erarbeitete er eine straffe Regel des Zusammenlebens, seine *Regula* in 73 Kapiteln, die unter dem Grundsatz *ora et labora* zum Gesetzbuch des abendländischen Mönchtums werden sollte: Nachdem Karl der Große sie für verbindlich erklärte, hatte sie bis in das 13. Jahrhundert, als die Bettelorden entstanden, fast ausschließliche Geltung. Ihren den ganzen Tagesablauf gliedernden Vorgaben mußte sich jeder Mönch unterwerfen.

¶ So brachte Benedikt Ordnung in seine Klöster sowie in das Chaos, das entstand, nachdem germanische Völker aus dem Norden innerhalb weniger Jahrzehnte das Römische Reich und seine Kultur zerstört hatten. Aus dem festgelegten Rhythmus erwuchs eine von Benedikt sicher nicht geahnte Kraft, die den Klöstern zu Macht, Einfluß und Wohlstand, vor allem aber zu einzigartiger kultureller Blüte verhelfen sollte. In den klösterlichen Schreibstuben konnte das Wissen der antiken Welt mit dem des Christentums verschmolzen und für die abendländische Kultur gerettet werden.

¶ Um 529 erbaute Benedikt über den Ruinen eines Apollo-Tempels auf dem Monte Cassino (zwischen Rom und Neapel) eigenhändig ein Kloster, in dem er ungestört seinem Ideal eines aktiven und zugleich geistigen Lebens nachgehen konnte. Den Umgang mit hochstehenden Personen mied er zeit seines Lebens, nur sein mutiges Zusammentreffen mit Totila, dem grausamen König der Goten, wird berichtet. Seiner geliebten Schwester Scholastika [→ 10. Februar] half er bei der Gründung eines Frauenkonvents in Subiaco. Bis zu ihrem Tod, dessen Tag er voraussah, blieb er ihr bei aller Strenge im Umgang mit dem anderen Geschlecht eng verbunden. Auch um seinen eigenen Tod wußte Benedikt, der die Gabe der prophetischen Vorhersehung hatte: Furchtlos ließ er sein Grab richten und am vorbestimmten Tag, dem 21. März

wohl des Jahres 547, starb er während der Heiligen Messe in Anwesenheit seiner Schüler Placidus [→ 5. Oktober] und Maurus [→ 15. Januar].

¶ Im Jahr 580 zerstörten die Langobarden das erste Kloster; einen Teil der Benedikt-Reliquien rettete man in die Abtei Fleury à Saint-Benoit-sur-Loire (Frankreich), wo sie in der Marienkirche verwahrt werden. Der Zweite Weltkrieg hat das mittelalterliche Kloster Monte Cassino, eine der Geburtsstätten des christlichen Abendlandes, durch ein sinnloses Bombardement vollständig vernichtet; aus den Ruinen war nur das Grab des heiligen Benedikt unversehrt zu bergen. 1964 weihte Papst Paul VI. die nach alten Plänen wiederaufgebaute Abteikirche.

Benedikt wird als Mönch im schlichten Habit dargestellt. Aus seinem Becher windet sich eine Schlange als Hinweis auf mehrere Giftanschläge. Meist hat er sein Regelbuch in der Hand; eine Geißel, der Rabe mit vergiftetem Brot, ein Kruzifix oder eine feurige Kugel sind weitere Attribute. Man ruft Benedikt gegen Fieber, Nierensteine, Vergiftung und Zauberei an. Den Heiligen der Lehrer, Schulkinder und Höhlenforscher ernannte Papst Paul VI. 1964 zum Schutzpatron Europas.

¶ Die Verehrung des hl. Benedikt war an die Klöster gebunden, ein volkstümlicher Heiliger wurde er nie, auch wenn wieder viele Jungen auf seinen Namen getauft werden. Heinrich II. [→ 13. Juli] hatte eine besondere Beziehung zu dem Ordensgründer, der den kranken Kaiser während eines Besuchs in Monte Cassino durch ein Wunder von seinem schmerzhaften Steinleiden befreit haben soll. Ein Relief des Kaisergrabs, das Tilman Riemenschneider 1513 im Bamberger Dom aufstellte, schildert diese Szene, wobei die Symbolik der feinen Hände besondere Beachtung verdient. Um 1070 entstand ein Kloster in Banz (Lkr. Lichtenfels), ebenfalls in der zweiten Hälfte des 11. Jahrhunderts das in Weißenohe (Lkr. Forchheim). Bischof Otto I. [→ 30. September] veranlaßte 1119 den Bau des Benediktinerklosters in Michelfeld (Lkr. Amberg-Sulzbach).

Kunstwerke der Verehrung des hl. Benedikt haben sich in Franken nur in barocken Klöstern erhalten. In Bamberg beherrscht der imponierende Klosterkomplex mit seiner barocken Architektur den Michelsberg, genannt nach dem Erzengel, unter dessen Schutz der Konvent gestellt wurde. Über dem südlichen Eingangstor zum weitläufigen Vorhof mit dem Blick auf die festlich barocke Fassade Leonhard Dientzenhofers von 1697 macht eine lebensgroße Sandsteinfigur des hl. Benedikt unmißverständlich klar, nach wessen Regeln hier fast 800 Jahre lang das Leben der Mönche verlief. In der Kirche ist dem Ordensgründer auf der Nordseite ein Altar geweiht. Das Gemälde des hl. Benedikt und seiner sterbenden Schwester Scholastika malte um 1726 Hofmaler Johann Josef Scheubel d. Ä. Eine Skulptur Benedikts ist in das mächtige Orgelgehäuse integriert, eine weitere, überlebensgroße steht als Pendant zum hl. Maurus seit 1750 neben dem Choraltar, Georg Anton Reuß hat sie geschaffen. In der Rückwand des Chorgestühls (1726) von Servatius Brickard, finden wir den Heiligen als kostbare Einlegearbeit, sein dunkles Habit hebt sich dekorativ von den hellen Hölzern ab.

In Kloster Banz steht eine Figur Benedikts über der barocken Einfahrt zum Konvent. In der Kirche ist er unübersehbar als vergoldete Relieffigur auf einer Wolke kniend in die Gloriole des Hochaltars von Balthasar Esterbauer eingearbeitet, Engel reichen ihm Regelbuch, Mitra und Abtsstab. Wie in Weißenohe gibt es in Banz einen Benediktus-Altar, für den Melchior Steidl 1723 den Tod des Ordensgründers malte. Auf einem Deckenfresko im Langhaus schildert der gleiche Maler darüber hinaus die Begegnung Benedikts mit dem wohl doch etwas ängstlichen Gotenkönig Totila, der ihm seinen Doppelgänger vorausgeschickt hatte. In Michelfeld zeigt das Altarbild der Benediktus-Kapelle den Triumph des Heiligen.

12. Juli

Hll. Nabor und Felix
Märtyrer

(gest. um 300)

13. Juli

Hl. Heinrich II.

(973–1024)

Am 6. Mai des Jahres 973 wurde dem bayerischen Herzog Heinrich dem Zänker und seiner Frau Gisela von Burgund ein Sohn geboren, den sie auf den Namen Heinrich tauften. Als Geburtsort werden sowohl die Burg Abbach an der Donau als auch Hildesheim angegeben. Heinrich war mit dem sächsischen Kaiserhaus verwandt. Als sich der Zänker 975 gegen Otto II. empörte, wurde er nach Utrecht (Niederlande) verbannt, die Familie zerrissen. Der junge Herzog kam in die Domschule von Hildesheim; ob dies seiner Erziehung allgemein oder der Vorbereitung auf den geistlichen Stand dienen sollte, ist unklar. Eine bessere Schulung hätte Heinrich in der damaligen Zeit jedenfalls kaum bekommen können. Er muß sich hier eine für den Fürstennachwuchs des Mittelalters ungewöhnliche Bildung angeeignet haben und traf mit den geistig führenden Persönlichkeiten wie dem hl. Bernward und Meinwerk, dem späteren Bischof von Paderborn, zusammen. Hier wurde der Grundstein für die tiefe Frömmigkeit gelegt, die sein Leben prägte. Im Jahr 985 konnte Heinrich der Zänker, mittlerweile geläutert, mit seiner Familie nach Regensburg zurückkehren, wo sein Sohn noch einen bedeutenden Kirchenmann kennenlernte, den später heiliggesprochenen Bischof Wolfgang [→ 31. Oktober].

¶ Nach dem Tod des Vaters trat Heinrich 995 die Nachfolge im Herzogtum Bayern an, politisch stellte er sich ganz auf die Seite des jungen Kaisers Otto III., seines Vetters. In dessen Umfeld mag er Kunigunde von Lützelburg [→ 3. März] kennengelernt haben, die er zwischen 998 und 1000 zur Frau nahm. Kurz darauf, im Januar 1002, starb der Kaiser unerwartet und ohne leibliche Erben in Italien. Unsicherheit lag über dem Land, bis nach hartem Ringen Heinrich von Bayern am 6. Juni in Mainz zum König ausgerufen, gesalbt und gekrönt wurde. Gemeinsam mit Kunigunde begann Heinrich II. von Bamberg aus seinen Königsritt durch das Reich, der mit der feierlichen Zeremonie auf dem Thron Karls des Großen in Aachen endete. Bald festigte sich seine starke, fast unumstrittene Herrschaft. Geduldig und mit klugem Sinn für das Machbare, milde gegen die Untertanen, streng gegen Unbotmäßige – auch in der eigenen Familie – und in allem von Kunigunde beraten, erzwang er den Zusammenhalt im Reich und sicherte vor allem dessen Ostgrenze.

Das bedrohliche Großreich Boleslavs von Polen hat Heinrich II. sowohl in dem politischen Entschluß wie in seinem frommen Wunsch bestärkt, Bollwerke zur Missionierung der Slawen zu errichten. Dazu stellte er 1004 das Bistum Merseburg wieder her. Als sich nach mehrjähriger Ehe ihre Kinderlosigkeit abzeichnete, gründete er im Einvernehmen mit Kunigunde ein neues Bistum in seiner Lieblingsstadt Bamberg. Der Bischof von Würzburg konnte damit nicht einverstanden sein, forderte man von ihm doch die Abtretung seiner östlichen Gebiete. Erst das nie eingelöste Versprechen, Würzburg zum Erzbistum zu machen, und der mehrmalige Fußfall Heinrichs vor dem Reichsklerus führten zur allgemeinen Zustimmung.

¶ Daß dieses Bistum für Heinrich und Kunigunde eine wahre Herzensangelegenheit bedeutete, spiegeln die reichen Schenkungen an Ländereien, Kunstschätzen und Geldzuweisungen, mit denen sie Bamberg überhäuften. Neben dem wohl schon 1002 begonnenen Dom, stifteten sie die Kirche St. Stephan und die Hofkapelle St. Thomas. Die Stadt wurde zur Sakrallandschaft, aber auch zum politischen Mittelpunkt des Königtums. Mehr als 30 Bischöfe weihten am 6. Mai 1012, dem 34. Geburtstag des Kaisers, den Dom und seine Altäre. Die Stiftskirche St. Stephan weihte 1020 Papst Benedikt VIII.

¶ Die Kirchenpolitik Heinrichs II. war von der sakralen Überhöhung des mittelalterlichen Herrschers geprägt, noch mehr aber von seiner tiefen Frömmigkeit. Sie hatte auch reformerische Ziele, denn Heinrich unterstützte und förderte gegen manchen Widerspruch den Wunsch der Klöster nach mehr Unabhängigkeit. Er räumte sich außerdem bei der Besetzung der großen Abteien weitreichende Rechte ein und schuf neue Machtverhältnisse durch die Verschiebung von Besitz- und Herrschaftsansprüchen. Einer solchen Aktion hat zum Beispiel das schweizerische Hochstift Basel seine Bedeutung zu verdanken; die manchen Kunstfreund überraschenden Skulpturen von Heinrich und Kunigunde an der dortigen Münsterfassade haben hier ihren Ursprung. 1014 wird Heinrich II. in Rom zum Kaiser gekrönt, mit ihm Kunigunde.

Sein Leben lang wird Heinrich als kränklich beschrieben, ein Steinleiden und Koliken plagten ihn, andere Quellen nennen ihn »lendenlahm«. Mit 51 Jahren erreicht er dann trotzdem ein für das 11. Jahrhundert verhältnismäßig hohes Alter. In seiner Pfalz Grona bei Göttingen schloß er am 13. Juli 1024 für immer die Augen; seine treue Gemahlin Kunigunde war bei ihm. Der Kaiser wird in einem feierlichen Zug nach Bamberg überführt und nach eigenem Wunsch im Mittelschiff des Domes beigesetzt. Am 12.

März 1146 spricht Papst Eugen III. Kaiser Heinrich II. nicht ganz ohne Widerstände offiziell heilig, der Todestag am 13. Juli bleibt aber das Hauptfest des Bistumsgründers.

¶ Das erste Heiligengrab im Bistum wurde schnell zu einer Wallfahrtsstätte. Nachdem im Jahr 1200 auch Kunigunde kanonisiert war, setzt eine volkstümliche Verehrung des Kaiserpaares ein, allerdings eroberte die Kaiserin mehr noch als ihr Gemahl die Herzen der Menschen. Ein gemeinsames Fest hat es nie gegeben, obwohl unzählige Kunstwerke sie gemeinsam zeigen.

An einem Altar fand Kaiser Heinrich im Zisterzienserkloster in Ebrach (Lkr. Bamberg) die früheste nachweisbare Verehrung. Bei der Weihe der Michaels-Kapelle erhebt man ihn 1207 zusammen mit der Muttergottes und dem hl. Georg zum Konpatron des dritten Altars in diesem kargen romanischen Raum, dessen Architektur nahezu unverändert auf uns gekommen ist. Im Bamberger Dom ist ein Altarpatrozinium des Herrscherpaares erstmals 1257 erwähnt; es mag schon eine Weile vorher bestanden haben. Der Altar wurde dann 1513 mit der Aufstellung des Kaisergrabs von Tilman Riemenschneider verändert, das zum Mittelpunkt der Verehrung von Heinrich und Kunigunde geworden ist.

¶ Über die wenigen Kirchen, die im 13. und frühen 14. Jahrhundert ein Altarpatrozinium des Kaiserpaars aufweisen, berichtet das Kapitel über die hl. Kunigunde. Obwohl die größeren Ortschaften Frankens damals schon Gotteshäuser besaßen, sieht man nur eines unter den Schutz des Kaiserpaares gestellt: die vor 1288 errichtete Stadtpfarrkirche in Burgkunstadt (Lkr. Lichtenfels). Auf dem klassizistischen Hochaltar des barock erneuerten Gotteshauses stehen selbstverständlich ihre Skulpturen. Im 18. Jahrhundert folgen dann Heinrichs-Kapellen in Unteraurach und Welkendorf. Eine deutliche Rückbesinnung auf den Bistumsgründer Heinrich findet unser Jahrhundert. Ihm wurden 1927/28 in Bamberg, 1920 in Fürth und 1925 in Plankenfels expressionistische moderne Kirchen geweiht, deren trutzige Architektur an seine Lebenszeit erinnert.

Bereits zu Lebzeiten sind in kostbaren liturgischen Handschriften Idealportraits Heinrichs II. entstanden, die ihn als gekrönten Herrscher zeigen. Ein authentisches Zeugnis seiner Großzügigkeit ist der berühmte Sternenmantel – unangefochtener Mittelpunkt des Bamberger Diözesanmuseums. Jüngere Forschungen haben ergeben, daß es sich um ein kostbares Geschenk des Fürsten Ismael von Apulien handelt, vor 1020 in einer süddeutschen Werkstatt hergestellt. Heinrich gab das wertvolle Kleidungsstück wohl noch zu Lebzeiten an den Dom weiter.

¶ Die Sandsteinskulptur Heinrichs, die um 1225/30 in die Adamspforte des Doms gestellt wurde, zeichnet für immer sein Bild als gekrönter, bärtiger Herrscher mit Reichsapfel, Szepter und Dom-Modell. Die zeittypische gotische Tracht eines langen schmucklosen Gewandes wird im Barock zwar zur Prunkrüstung, der kaiserliche Habitus läßt jedoch Heinrich stets erkennen.

Sein Leben in Einzelszenen auf einem Altar zu schildern, wie wir es von erzählerischen spätgotischen Flügelaltären anderer Heiliger kennen, hat offenbar kaum ein Auftraggeber oder Künstler gewagt. Nur Riemenschneider hat auf dem berühmten Kaisergrab für die menschliche Seite Heinrichs Ausdruck gefunden: In zartem Relief schildert er dessen legendäre Heilung, denn der hl. Benedikt [→ 11. Juli] soll ihn bei einem Besuch in Monte Cassino vom schmerzhaften Steinleiden kuriert haben. (Der erfolglose Arzt sitzt übrigens schlafend am Bettrand.) Die Pflugscharprobe Kunigundes verfolgt Heinrich inmitten seines Hofstaates. Auf einem weiteren Relief drängen sich die Menschen um den sterbenden Kaiser im gotischen Baldachinbett, liebevoll beugt sich Kunigunde über ihn. Doch nach dem Tod wiegt der ungerechtfertigte Verdacht gegen seine Gemahlin schwer auf der Seelenwaage des Erzengels Michael [→ 29. September]. Teufel eilen herbei, um sich an die Seite der schlechten Taten zu hängen. In dieser Situation hilft der hl. Laurentius [→ 10. August] und legt einen goldenen Becher, einst Geschenk Heinrichs an den Laurentius-Dom in Merseburg, in die andere Waagschale: Die Seele des Kaisers ist gerettet.

Nur selten begegnet uns Heinrich II. ohne seine Gemahlin Kunigunde, und wenn, dann hat es einen politischen Hintergrund. So auf dem Altar der Kirche von Sambach (Lkr. Bamberg); der weltlich zum Hochstift Bamberg gehörende Ort stand kirchlich bis 1817 unter der Obhut Würzburgs – Anlaß genug, auf dem barocken Seitenaltar dem hl. Kilian [→ 8. Juli], Schutzpatron Würzburgs, Kaiser Heinrich gegenüberzustellen, der demonstrativ eine große Urkunde in der Linken hält. Auf der uralten Nikolaus-Brücke bei Grasmannsdorf, einst wichtiger Übergang über die Rauhe Ebrach auf der Fernstraße von Bamberg nach Würzburg, hat man die aneinandergrenzenden Territorien im 18. Jahrhundert durch überlebensgroße Skulpturen der Bistumsgründer gekennzeichnet: Die Figuren der »Bamberger« Heiligen Heinrich und Otto [→

30. September] von 1736/37 treffen symbolhaft auf den Würzburger Kilian, dessen Einflußbereich bis vor die Tore Bambergs reichte. In Oberailsfeld (Lkr. Bayreuth) nehmen Heinrich und seine Gemahlin den ersten Würzburger Bischof Burkard [→ 14. Oktober] in die Mitte. Denn selbst ein heiliger Kaiser ist eben immer auch ein Politiker.

Heinrichs-Kirchen

Bamberg, kath. Pfarrkirche
Fürth, kath. Pfarrkirche
Plankenfels (Lkr. Bayreuth), kath. Pfarrkirche
Unteraurach (Lkr. Bamberg), Kapelle
Welkendorf (Lkr. Bayreuth), Kapelle

14. Juli
Hl. Kamillus de Lellis
(1550–1614)

15. Juli
Hl. Gumbertus
(gest. vor 793)
auch Gumpert, Gundpert

Die früheste Nachricht über ein Kloster in »Onoldsbach«, dem heutigen Ansbach, liefert ein Schreiben von Papst Zacharias aus dem Jahr 748, in dem er einigen »großherzigen Männern«, unter ihnen dem Edlen Gundpertus, für fromme Stiftungen dankt. 762 wird der reich begüterte Gumbert als Zeuge einer Urkunde von Pippin dem Jüngeren erneut genannt und als fränkischer Adeliger und historische Person greifbar. Er soll mit dem ersten Bischof von Würzburg, dem 754 gestorbenen hl. Burkard [→ 14. Oktober] befreundet und als dessen Nachfolger vorgeschlagen worden sein. Wahrscheinlich leitete er sein auf eigenem Grund errichtetes Kloster selbst und schenkte es 786 Karl dem Großen für das Recht der Immunität und freien Abtswahl. Diplomatisch wartete dieser den Tod des Stifters, der wahrscheinlich an einem 11. März vor dem Jahr 793 starb, ab und gab es dem Bistum Würzburg weiter.

¶ Der Kult des Gumbertus kann in Ansbach schon im 9. Jahrhundert nachgewiesen werden, 911 ersetzte er das erste Marienpatrozinium am Hochaltar der Kirche. Am 15. Juli 1196 wurden seine Gebeine in den Hochchor der neuen romanischen Basilika übertragen, dieser Tag wird seither zu seinem Gedenken feierlich begangen. Am spätgotischen Chor der alten Stiftskirche wurde 1501 ein flacher, rechteckiger Erker zur Aufnahme eines Reliquienschreins errichtet. Aber schon 1522, also noch vor der offiziellen Einführung der Reformation in Ansbach, ließ Markgraf Kasimir die Gebeine des Stifters in einem Gewölbe vermauern. 1563 wird das Stift aufgelöst und die Kirche ein evangelisches Gotteshaus. 1612 erbat sich Kurfürst Ferdinand von Köln größere Teile der Reliquien, die Verehrung blieb aber auf Ansbach und seine Umgebung beschränkt.

¶ Der hl. Gumbertus wird als Bischof mit Buch und Kirchenmodell dargestellt, wodurch es leicht zu Verwechslungen mit dem hl. Wolfgang [→ 31. Oktober] kommen kann.

In der ehemaligen Stiftskirche von Ansbach erinnert heute nur noch ein spätgotisches Glasgemälde im Chor (heute die Schwanenritterkapelle) an den hl. Gumbertus. Es entstand um 1520 in Nürnberg.

¶ In der 1830 errichteten katholischen Ludwigs-Kirche von Ansbach ist dem Gründer des Klosters und damit der Stadt, ein Seitenaltar geweiht; er erhielt 1947 ein strenges, modernes Gemälde, das Gumbertus mit Bischofsstab und dreitürmigem Kirchenmodell zeigt. Die ehemaligen Gumbertus-Kirchen von Schwarzenbach an der Saale, Ottenhofen und Westheim sind heute evangelisch und nach Umbauten ohne Hinweis auf den ursprünglichen Patron. In den genannten Ortschaften hatte das Ansbacher Stift Besitzungen. Die evangelische Kirche von Schalkhausen (Stadt Ansbach) hat sich ihren vorreformatorischen Flügelaltar von 1520 bewahrt, auf dem sich eine Darstellung des hl. Gumbertus befindet.

Evangelische Gumbertus-Kirchen

Ottenhofen (Lkr. Neustadt/Aisch); Schwarzenbach/Saale (Lkr. Hof); Westheim (Lkr. Neustadt/Aisch)

15. Juli

Hl. Bonaventura

(um 1217–1274)

Die Eltern des kleinen Giovanni Fidanza aus dem italienischen Städtchen Bagnoreggio brachten ihr kränkliches Kind zum hl. Franziskus von Assisi [→ 4. Oktober], damit er es segne. Als er den gesundeten Jungen später nochmals sah, soll er ausgerufen haben: *Buona ventura*, zu deutsch: welch glückliches Ereignis. Der Jüngling nahm dies als Name an, begab sich zu theologischen Studien nach Paris und trat dort den Franziskanern bei. Als Magister begann er 1253 seine Lehrtätigkeit. 1257 wurde Bonaventura Generalminister des Ordens und schuf die endgültige Fassung seiner Statuten.

Eine wichtige Aufgabe fiel ihm mit der Abfassung der offiziellen Legende des hl. Franziskus zu; sie wurde für den Orden und die Darstellungen des Ordensgründers verbindlich. 1273 ernannte Papst Gregor IX. Bonaventura zum Kardinal von Albano, eine Auszeichnung, die ihn der Legende nach seine Pflichten in der klösterlichen Garten- oder Hausarbeit nicht vergessen ließ. Der große Intellektuelle gilt neben Thomas von Aquin [→ 28. Januar] mit seinen theologischen Schriften als bedeutendster Vertreter der Scholastik. Unerwartet starb er während des zweiten Konzils von Lyon am 15. Juli 1274. Seine Gebeine übertrug man 1450 in die dortige Franziskanerkirche. 1482 erfolgte die Heiligsprechung, 1588 wurde er zum Kirchenlehrer ernannt.

Bonaventura kann sowohl im Habit der Minderbrüder, als auch in der Pontifikalkleidung des Kardinals abgebildet sein. Ein volkstümlicher Heiliger wurde er nie. Er gilt als Patron der Franziskaner und Theologen, der Kinder und Arbeiter.

¶ Im Bistum Bamberg finden sich Skulpturen des hl. Bonaventura in den gelehrten Bildprogrammen der Klöster. In der ehemaligen Benediktinerklosterkirche Weißenohe wendet er sich auf einer Konsole der Kreuzkapelle den Fresken der lateinischen und den äußerst selten abgebildeten orientalischen Kirchenlehrern im Langhaus zu. Dies erinnert an die angestrengten Bemühungen Bonaventuras um die Wiedervereinigung mit der griechischen Kirche. Im Gotteshaus des Klosters von Kronach steht Bonaventura als bewegte Nebenfigur auf dem Hochaltar, der Petrus von Alcantara [→ 19. Oktober] geweiht ist.

Darstellungen des hl. Bonaventura

Forchheim, ehem. Franziskanerklosterkirche (heute Redemptoristen), Figur am linken Seitenaltar, um 1770
Klosterdorf (Lkr. Neustadt/Aisch), ehem. Franziskanerklosterkirche, barockes Ölgemälde an der Orgelempore
Kronach, ehem. Franziskaner-, jetzt Oblatenkirche, Figur
Weißenohe (Lkr. Forchheim), ehem. Klosterkirche St. Bonifatius, Figur

16. Juli
Hl. Irmengard
(gest. 866)
auch Irmgard

17. Juli
Hl. Alexius
(5. Jh.?)

18. Juli
Hl. Friedrich von Utrecht Märtyrer
(gest. 838)
auch Fritz

Zur Zeit Ludwigs des Frommen, eines Sohns von Karl dem Großen, lebte Friedrich als Bischof in Utrecht (Niederlande). Da er dessen Ehe mit Judith mißbilligte, ließ ihn die Kaiserin im Jahr 838 von Meuchelmördern umbringen. Das Martyrium des hl. Friedrich ist dem des hl. Kilian [→ 8. Juli] ähnlich, der in Würzburg ermordet worden war, weil er sich gegen die Ehe Herzog Gozberts mit der Frau seines verstorbenen Bruders ausgesprochen hatte.

¶ Die wenigen Darstellungen, die Friedrich in Franken gewidmet sind, zeigen einen Bischof in Pontifikalkleidung mit Stab und Mitra; als Hinweis auf sein Martyrium kann ein Messer in seiner Brust stecken.

Wie kommt der Bischof aus den fernen Niederlanden in das Bistum Bamberg? Als 1734 Fürstbischof Friedrich(!) Karl von Schönborn (1708–1746) gemeinsam mit seinem berühmten Baumeister Balthasar Neumann den barocken Hochaltar für das Gnadenbild der Wallfahrtskirche Gößweinstein (Lkr. Forchheim) plante, entwarf er selbst das theologische Programm. Dazu gehören Figuren der Namenspatrone des Erbauers, die für die Zeitgenossen noch aussagekräftiger gewesen sein müssen als für den heutigen Betrachter. Auf der Südseite finden wir auf einer Konsole den hl. Friedrich, auf der Nordseite den Jesuiten Karl Borromäus als Pendant. Die überlebensgroße Skulptur, die der Bamberger Bildhauer Johann Peter Benkert 1740 aus weißem Stuckmarmor formte, geht über die feine Anspielung weit hinaus und trägt ungeniert die Portraitzüge des Fürstbischofs. Ihre überraschende Lebendigkeit ist nicht nur der Kunst Benkerts zu verdanken, sondern den eingesetzten Glasaugen, die ihren Blick auf die Marienkrönung im Zentrum des Altars richten. Welche geschichtliche Person sich hinter Karl Borromäus verbirgt, erfährt der Leser, der in diesem Buch den 4. November aufschlägt.

¶ An der Straße von Hochstahl (Lkr. Bayreuth) nach Unteraufseß stand einst die verschwundene Friedels-Kapelle. Ihren uralten Opferstock aus dem Jahr 1527 hat man in die örtliche Pfarrkirche übertragen. Im flachen Relief erkennt man eine strenge Bischofsfigur, ein Buch in der Linken, das erhobene Schwert in der rechten Hand. Die Ähnlichkeit mit Kilian ist überdeutlich, auch wenn der Name der Kapelle eine Darstellung des hl. Friedrich nahelegt.

20. Juli
Hl. Margareta
Märtyrerin

(gest. um 307)

auch Marina,
Marieta, Margret

Die christliche Jungfrau Margareta, auf deutsch »die Perle«, lebte im 4. Jahrhundert in Antiochia (heute Antakya, Türkei) und wurde in der Regierungszeit Kaiser Diocletians wegen ihres Glaubens ermordet. Erst im 7. Jahrhundert im Westen verehrt, fand ihre Legende nachträglich eine historisch nicht belegbare Ausschmückung. Demnach soll sie von ihrem Vater, einem heidnischen Priester, wegen ihres Glaubens an den Präfekten verraten worden sein. Dieser verliebte sich jedoch in ihre Schönheit und bot Margareta die Ehe an, wenn sie vom Christentum ablasse. Sie blieb standhaft und weigerte sich zu heiraten. Der zurückgewiesene Verehrer ließ sie daraufhin entkleiden und mit eisernen Kämmen foltern. Im Kerker stand ihr eine weitere Prüfung in Gestalt eines gefräßigen Drachens bevor. Tapfer machte Margareta das Kreuzzeichen und setzte dem Untier ihren Fuß in den Nacken. Es verwandelte sich daraufhin in seine wahre Teufelsgestalt und schrie: »Oh, ich bin besiegt ...«. Mutig geworden, widersetzte sich die Märtyrerin am nächsten Tag dem geforderten Götzendienst. Der Präfekt ließ sie nun auf eine glühende Eisenplatte legen und zur Steigerung der Schmerzen in kaltes Wasser tauchen. Als plötzlich die Erde zu beben begann, erschraken die abergläubischen Henker so sehr, daß sie Margareta rasch enthaupteten. Kopien der Margareten-Legende waren seit dem 12. Jahrhundert in Umlauf, davon die früheste einer Vita des Hl. Kilian [→ 8. Juli] aus Kloster Fulda beigebunden.

¶ Der Drache wurde zum Symbol der Heiligen, die in Franken als »Margarete mit dem Wurm« zu den heiligen »Drei Madln« gehört. Die Drachenbesiegerin erscheint als weibliches Pendant zum hl. Georg [→ 23. April]. Manche Überlieferungen sehen in ihr die gerettete Prinzessin, andere seine Schwester. Die zuerst in der Ostkirche, später auch bei den Slawen hochverehrte »Sweta Marieta« ist die Patronin der Frauen, besonders aber der Ammen, Schwangeren und Wöchnerinnen, nicht zuletzt auch der Bauern, wohl wegen der vermeintlichen Verwandtschaft zum hl. Georg. Sie wird bei Wunden und Gesichtskrankheiten angerufen und zählt zu den Vierzehn Nothelfern. Abgebildet ist sie gewöhnlich mit dem Drachen, bisweilen auch mit Kreuzstab, Krone und Perlenkranz, Fackel oder Kamm und stets vornehm gekleidet.

¶ Im mittelalterlichen Bamberger Dom gab es an einem Pfeiler des Mittelschiffs einen Jungfrauen-Altar, an dem neben den hll. Katharina [→ 25. November], Barbara [→ 4. Dezember], Dorothea [→

6. Februar] und Agnes [→ 21. Januar] auch Margareta verehrt wurde. Die älteste Margareten-Kirche des Bistums ist wahrscheinlich die Kapelle des 12. Jahrhunderts auf der Nürnberger Burg, die zusammen mit der »Oberen Kaiserkapelle« eine zweigeschossige Anlage bildet. Viele der vor allem im Südwesten des Bistums gelegenen Kirchen, die der hl. Margareta geweiht waren, sind heute protestantisch und haben nur selten eine Skulptur ihrer volkstümlichen Patronin bewahrt.

Allein schon die wunderschöne Margareten-Kirche von Drügendorf entschädigt für diese Verluste. 1376 erstmals genannt, als Hans Ochs und seine Frau Margareta (!) dem Gotteshaus verschiedene Güter verkaufen, wird sie im 18. Jahrhundert umfassend vergrößert. Hier finden wir den umfangreichsten Margareten-Zyklus Frankens, denn das Bildprogramm ist ganz auf die Patronin abgestimmt. In die stuckierte Decke von Jakob Vogel freskierte der Maler Joseph Anton Wunder aus Donauwörth Szenen aus dem Leben der Heiligen. Das zentrale Bild zeigt ihre Enthauptung; kleine, pastellfarbene Medaillons der Hohlkehle illustrieren das Martyrium, den Einzug in den Himmel sowie folgende Szenen: Margareta und andere Jungfrauen waschen ihre Gewänder im Blut des Lammes; die Jungfrauen folgen dem Lamm; die aufschwebende Seele Margaretas; eine Rauchkerze (nach dem Hohen Lied Salomos); Margareta im Kerker; Margareta als Patronin von schwangeren Frauen und Müttern und Margareta in der Glorie. Andreas Mattenheimers Hochaltarbild von 1785 zeigt die Glorie der Heiligen.

¶ Neben dieser ausschmückenden Erzählfreude sind die Margareten-Kirchen im nahen Regensberg und die erst 1932 erbaute in Kornhöfstadt zurückhaltend in der Darstellung ihrer Patronin, obwohl man in letztere den frühbarocken Hochaltar mit einer älteren Margareten-Figur übernommen hat. Ungezählte Skulpturen der Heiligen und ihres gezähmten »Wurms« schmücken jedoch die fränkischen Altäre der Spätgotik und des Barock. Sie zeugen von der Beliebtheit der Nothelferin, vor allem bei den Frauen. Eine Figur oder ein Bild auszuwählen, ist daher immer persönlich gefärbt.

Stellvertretend für die Kunst des Mittelalters sollen das spätgotische Margareten-Relief in der evangelischen Kirche von Weidenberg (Lkr. Bayreuth), die spätgotische Skulptur aus der Pfarrkirche in Hannberg (Lkr. Erlangen-Höchstadt) sowie die kindliche Margareta auf dem Altarbild der Vierzehn Nothelfer in der Nürnberger Friedenskirche, um 1435 entstanden, genannt werden; letztere scheint doch ein wenig Angst vor dem großen Drachen zu haben, der hinter ihrem Rücken hervorkriecht.

¶ In der Barockzeit sind es oft die Nothelfer-Zyklen, die uns Margareta vor Augen führen. Mit einem winzigen goldenen Krönchen auf dem zusammengebundenen Haar sitzt sie als glänzende weiße Stuckfigur auf dem 1763 geschaffenen Gnadenaltar von Vierzehnheiligen (Lkr. Lichtenfels). Es scheint fast, als habe sie den gefährlichen Drachen zu ihrer Linken mit der Märtyrerpalme beruhigt. Schließlich besitzt auch die ehemalige Klosterkirche Banz (Lkr. Lichtenfels) eine Figur der Margareta. Sie steht auf dem Vierzehnheiligen-Altar und wurde um 1728 von Johann Thomas Wagner geschaffen.

Katholische Margareten-Kirchen

Drügendorf (Lkr. Forchheim), Pfarrkirche
Kornhöfstadt (Lkr. Neustadt/Aisch), Kuratiekirche
Regensberg (Lkr. Forchheim), Filialkirche

Evangelische Margareten-Kirchen

Elsa (Lkr. Coburg); Heroldsberg (Lkr. Erlangen-Höchstadt); Lehrberg (Lkr. Ansbach), ehem. Wallfahrtskirche St. Margareta; Oberkrumbach (Lkr. Nürnberger Land), mit spätgotischer Figur der hl. Margareta; Rennhofen (Lkr. Neustadt/Aisch); Rügland (Lkr. Ansbach)

20. Juli
Hl. Wilgefortis
auch Kümmernis

Erst im Hochmittelalter nahm die uralte Legende der hl. Wilgefortis feste Gestalt an, obwohl gesicherte Berichte über ihr Leben und Martyrium nach wie vor fehlten. Die Tochter eines heidnischen Königs aus Portugal wurde von einem Ungläubigen zur Frau begehrt. Heimlich schon lange mit Christus verlobt, bat Wilgefortis, Gott möge ihr einen Bart wachsen lassen, damit der Verehrer sich von ihr abwende. Die Bitte wird ihr gewährt, aber die verunstaltete Prinzessin wird vom eigenen Vater verstoßen; nach einem anderen Bericht sogar gekreuzigt. Dabei soll sie vom Kreuz aus ihren goldenen Schuh abgestreift und einem armen Spielmann zugeworfen haben.

Die Legende der gekreuzigten Märtyrerin verschmolz mit der Darstellung des gekreuzigten und gekrönten Christus als König im langen Gewand. Diese Darstellung, »göttliche Hilfe« genannt, geht auf das Urbild des *Volto Santo* im Dom von Lucca (Italien) zurück. Meist ist kaum zu unterscheiden, ob wir eine hl. Wilgefortis oder einen gekreuzigten Christus vor uns haben. Das 18. Jahrhundert erlebte einen letzten Höhepunkt der Verehrung der hl. Kümmernis, die zur Patronin fraulicher Sorge wurde.

In Bamberg führte der Patrizier Franz Münzmeister 1356 die Verehrung des *Volto Santo* ein, nachdem er diesen Kult und eine Nachbildung des italienischen Originalkreuzes auf einer Wallfahrt zum Hülfensberg im Eichsfeld kennengelernt hatte. Eine Kopie davon wurde in Bamberg zum Mittelpunkt einer weiteren kultischen Verbreitung, dem die Bevölkerung eine lebhafte Verehrung entgegenbrachte. Im Bauernkrieg wurde 1525 das originale Kreuz mit der lebensgroßen Figur zerstört, aber wenig später eine Nachbildung geschaffen. 1632 verlieh Papst Innozenz VI. einen Ablaß auf die Wallfahrt zu diesem wertvollen Bamberger Gnadenbild. Im Barock erhielt es einen prächtigen Rahmen. Das Kunstwerk gelangte nach der Säkularisation aus der Heiliggrab-Kirche der Bamberger Dominikanerinnen in die ehemalige Stiftskirche St. Gangolf. Dort wurde die »Göttlich-Hilf-Kapelle« in Verlängerung des nördlichen Querschiffs eingerichtet. Sie steht noch immer in hohem Ansehen bei der Bevölkerung nicht nur dieses Kirchsprengels.

¶ Zahlreiche kleinere Kopien der charakteristischen, gekrönten Figur mit blau-goldendem, gegürteten Gewand am Kreuz zeugen von ihrer Beliebtheit in den ländlichen Gemeinden. So finden wir einem Göttlich-Hilf-Altar in der Wallfahrtskirche St. Pankratius auf dem Gügel (Lkr. Bamberg) und ein kleineres Kreuz der Kümmernis auf der Rückwand der Kanzel in der Kirche St. Sigismund in Seußling (Lkr. Bamberg).

21. Juli
Hl. Laurentius von Brindisi
(1559–1619)

22. Juli
Hl. Maria Magdalena
auch Magda, Lena,
Marlene, Madeleine

Wenig und nur ungenau berichtet das neue Testament über Maria Magdalena, eine der interessantesten Personen aus dem Umkreis Jesu. Gleich drei Frauen könnten mit ihr identisch sein: die reuige Sünderin, die Christus im Haus des Pharisäers Simon die Füße salbt und mit ihrem Haar trocknet (Lk 7,37-50) oder Maria von Bethanien, die Schwester des Lazarus [→ 17. Dezember] und der Martha [→ 29. Juli] (Lk 10,38-42). Lukas erwähnt eine dritte Maria mit Beinamen Magdalena und berichtet von den sieben bösen Geistern, die Christus ihr ausgetrieben habe, woraufhin sie sich ihm anschloß und mit ihrem Vermögen diente (Lk 8,2-3). Johannes schildert außerdem, wie Maria von Magdala nach der Kreuzigung Christi im Morgengrauen zur Grabkammer eilt, die sie leer findet. Als Christus plötzlich hinter ihr steht – sie also als erste seine Auferstehung erlebt –, hält sie ihn in ihrer Verzweiflung für einen Gärtner. *Noli me tangere*, zu deutsch »halte mich nicht fest; denn ich bin noch nicht zum Vater hinaufgegangen ...« antwortet er und gibt ihr den Auftrag, den Jüngern davon zu berichten (Joh 20,1-18). Eine klare Lebensgeschichte dieser Frau kann aus den Evangelien nicht rekonstruiert werden.

¶ Papst Gregor der Große [→ 3. September] verschmolz Ende des 6. Jahrhunderts in einer Predigt die drei Frauen des Lukas-Evangeliums zur Person der reuigen Sünderin Maria Magdalena, der die Rettung nicht versagt ist; die *Legenda aurea* verdichtet dies zu einer romanhaften Biographie, nachdem Magdalenas Verehrung im 10. Jahrhundert eingesetzt hatte. Die Überlieferung berichtet, daß die adeligen Geschwister Lazarus, Martha und Maria Magdalena nach dem Auszug der Apostel ihren Besitz verkauften und nach Südfrankreich gelangten, wo es im römischen Marseille eine große jüdische Gemeinde gab. Hier verkündeten sie das Evangelium. Maria Magdalena ließ sich nahe der Stadt in einer Grotte, dem heutigen Sainte Baume, als Einsiedlerin nieder, wo sie nach 30jähriger Buße starb.

Girard de Roussillon soll im 9. Jahrhundert ihre Reliquien in das burgundische Kloster Vezelay (Frankreich) gebracht haben, das durch die Verehrung der Maria Magdalena unter Abt Geoffrey von Cluny zu einem kultischen Zentrum und Pilgerort wird, den viele Jakobspilger auf dem Weg nach Compostela (Spanien) besuchen. Die romanische Kirche, auf einem steilen Bergsporn gelegen, erzählt davon noch heute auf eindrucksvolle Weise. 1146 hat Bernhard von Clairvaux [→ 20. August] hier gepredigt und zum 2. Kreuzzug aufgerufen. Später verlor Vezelay an Bedeutung und der Schwerpunkt des Kults verlegte sich nach Sainte Baume. (Die Ostkirche verehrte das Grab der Heiligen zuerst in Ephesus, später in Konstantinopel.) Die Bettelorden stellten die reuige Sünderin gern in den Mittelpunkt ihrer Predigten. In Anlehnung an das vermeintliche Schicksal Maria Magdalenas bildete sich in den Großstädten Deutschlands und Frankreichs seit 1225 ein Orden für bekehrte und büßende Frauen, der sich »Reuerinnen« oder »Magdalenerinnen« nannte.

¶ Eine wichtige Rolle nimmt Maria Magdalena in den spätmittelalterlichen Passionsspielen ein. Man schmückte nicht nur ihr weltliches Leben detailreich aus, sondern ahmte auch begeistert die Szenen der Fußwaschung und der Begegnung mit dem Auferstandenen am Grab nach.

Ihrer Geschichte entsprechend, haben sich zwei sehr unterschiedliche Bildtraditionen entwickelt. Oft ist Maria Magdalena eine vornehme, modisch gekleidete Dame, die ein Salbgefäß trägt. Der franziskanische Einfluß sieht Maria Magdalena als reuige, noch immer schöne Büßerin. Halb entkleidet und von ihrem langen Haar knapp bedeckt, betet sie mit Totenkopf, Buch und Geißel vor einer Höhle; Engel halten sie während des Gebets und im Sterben empor. Diese Darstellung wird nach der Reformation immer häufiger und ist von den Nachrichten über eine weitere heilige Büßerin, die in der Ostkirche sehr verehrte Maria Ägyptiaca, stark beeinflußt. Magdalena ist darüber hinaus seit dem 13. Jahrhundert auf vielen Kreuzigungen mit aufgelöstem Haar kniend und in heftiger Emotion den Kreuzstamm umarmend zu sehen.

¶ Magdalena ist die Patronin der Sünderinnen, Dirnen und Verführten, aller Handwerker, die mit der körperlichen Verschönerung beschäftigt sind, aber auch der Bleigießer, Gerber, Böttcher, Weber, Winzer und Gärtner. Sie hilft bei Augenleiden.

¶ Den wenigen Quellen nach, begann schon unter Heinrich II. die Verehrung der hl. Maria Magdalena im Bistum Bamberg, denn in der Sepultur des ersten Doms war ihr der Altar geweiht. Er wechselte erst in der Barockzeit zu einem Kreuzpatrozinium. Ab 1648 schuf Justus Glesker die monumentale Kreuzigungsgruppe für den Westchor des Doms, zu der eine kniende Magdalena gehört.

¶ Die Magdalenen-Kirchen des Bistums dürften dem 13. und 14. Jahrhundert angehören, es ist unmöglich zu sagen, welche die früheste ist. In Herzogenaurach suchen wir vergeblich nach einer historischen Darstellung der Schutzpatronin. In Geisfeld (1731) und Unterleiterbach (1702) haben die Gotteshäuser nach der Reformation zwar ihre Patronin behalten, aber im Barock die Ausstattung erneuert; Maria Magdalena tritt auf den Hochaltargemälden als spärlich bekleidete Büßerin auf, die – züchtig umhüllt von der Fülle ihrer Haare – fast mit dem dunklen Hintergrund ihrer Höhle verschmilzt. Sie liest und betet, einen mahnenden Totenschädel in der Hand. Auch der linke Seitenaltar der Kirche in Burgellern, der sie neben der hl. Katharina [→ 25. November] Patronin ist, zeichnet dieses Bild. Allein die reuige Sünderin, die Bernhard Kamm 1782 für die Kirche von Pinzberg (Lkr. Forchheim) geschaffen hat, erinnert in ihrem Prunkgewand an die bekehrte Dame von Welt aus dem Gefolge Christi.

**Magdalene weint
um ihren Herrn,
drum regnet's
an diesem Tage gern.**

Beispiele dafür gibt es im mittelalterlichen Nürnberg, wo Maria Magdalena auf dem ihrer Schwester Martha geweihten Altar in der Lorenz-Kirche zu sehen ist. In geschlossenem Zustand sehen wir auf der Werktagsseite eine Magdalena mit kokettem rotem Hütchen und ausgeschnittenem grünen Kleid in ein gebärdenreiches Gespräch mit Christus vertieft.

Ganz dem Bericht des Lukas folgend, illustriert Wolf Traut die vorwurfsvolle Bemerkung der mit demonstrativ erhobenem Kochlöffel wirtschaftenden Martha: »Herr, fragst Du nicht danach, daß mich meine Schwester läßt allein dienen? Sage ihr doch, daß sie es auch angreife.« Gelassen und wie immer die Partei Magdalenas ergreifend, antwortet er: »... Maria hat das gute Teil erwählet, das soll nicht von ihr genommen werden.« (Lk 10,40-42) Würdevoll und im stillen Einvernehmen steht dagegen Maria Magdalena an Feiertagen neben ihrer Schwester im geöffneten Schrein des Altars. Die wunderbare Skulptur des unbekannten Bildhauers mit dem Notnamen »Martha-Meister« portraitiert sie als junge Frau mit orientalischem Kopfputz, das Haar fließt über einen gerafften Mantel, der den größten Teil ihres Körpers verhüllt. Er wird von der rechten Hand gerafft, die auch das Salbgefäß hält. Mit einer vornehmen Geste stützt sie den kostbaren Pokal zusätzlich mit der Linken. In den Blicken hat der Künstler der individuellen Geschichte der Frauen mit ungewöhnlichem Geschick Ausdruck verliehen; dies fällt aber nur dem Besucher auf, der sich Zeit für eine ausführliche Betrachtung und innere Zwiesprache nimmt.

¶ Vom engen Verhältnis der ungleichen Schwestern berichtet auch die Legende vom Tod Marthas. In deren Sterbestunde erschien ihr die bereits verstorbene Magdalena, um die Totenkerze wieder anzuzünden, die der Teufel schon ausgeblasen hatte. So begegnen wir Maria Magdalena erstmals auf einem gotischen, um 1360 entstandenen Gemälde, das heute im Germanischen Nationalmuseum Nürnberg aufbewahrt wird. Es gehörte ursprünglich zu einem Altar der Geschwister von Bethanien, der für das Martha-Spital oder das Clarissenkloster geschaffen wurde. Magdalena hat ein Salbgefäß dabei und ist mit der Krone des überirdischen Lohns für ein Leben in Reue und Buße geschmückt. Eine Tafel des oben beschriebenen Martha-Altars wiederholt 1517 diese Szene.

Die Begegnung Magdalenas mit Christus nach der Auferstehung ist auf dem spätgotischen Wolfgangs-Altar in der Nürnberger Kirche St. Lorenz und einem Flügelaltar der Hospitalkirche von Hof zu sehen, der um 1511 entstand. Auch in den Passionszyklen auf den Emporen evangelischer Kirchen finden wir gelegentlich die ergreifende Begegnung *Noli me tangere*, z. B. 1714 in Fechheim (Lkr. Coburg). Die Erhebung Maria Magdalenas nach ihrem Tod hat Oswald Onghers 1659 gemalt. 1783 wurde das große Leinwandbild für den Magdalenen-Altar der ehemaligen Klosterkirche von Ebrach erworben. Die Heilige sinkt, unter der Last ihrer Sünden (?) auf einer geflochtenen Matte zusammengebrochen, zu Boden und wird von Engeln aufgehoben.

¶ Nahe Bamberg, aber schon zur Diözese Würzburg gehörend, liegt die Stadt Baunach. Hier gibt es außerhalb des Ortes und auf dem Weg zur Richtstätte eine gotische Kapelle, die der hl. Magdalena geweiht ist. Reste des einst bedeutenden spätgotischen Hochaltars haben sich erhalten können. Dazu gehören eine lebensgroße Figur der Heiligen mit strenger Haube, die den Deckel des Salbgefäßes abzunehmen scheint, und ein kleines Relief (wohl aus der Predella), das die Fußsalbung Christi durch Maria Magdalena zeigt. Die idyllische und nur verhalten restaurierte Kapelle hat sich trotz der barocken Altäre viel von ihrer mittelalterlichen Ausstrahlung bewahrt und ist mehr als einen Besuch wert. Ebenfalls im Würzburgischen zu bewundern ist der berühmte Altar Tilman Riemenschneiders von 1492 für die Magdalenen-Kirche von Münnerstadt (Lkr. Bad Kissingen); ein Hinweis auf dieses Meisterwerk spätgotischer Bildhauerkunst darf hier nicht fehlen.

¶ Das Nothelfer-Programm der Adelgundis-Kapelle auf dem Staffelberg wendet sich mit folgendem Gebet an Maria Magdalena: »St. Magdalena rett uns aus der Not / bewahre uns vor jähem Tod.«

Katholische Magdalenen-Kirchen

Bamberg, ehem. Magdalenen-Spital am Kaulberg, später Waisenhaus
Baunach (Lkr. Bamberg), Magdalenen-Kapelle (Diözese Würzburg)
Burgellern (Lkr. Bamberg), Kirche St. Magdalena und Katharina
Geisfeld (Lkr. Bamberg), Pfarrkirche
Herzogenaurach (Lkr. Erlangen-Höchstadt), Pfarrkirche
Ranna (Lkr. Amberg-Sulzbach), Kapelle
Unterleiterbach (Lkr. Bamberg), Pfarrkirche

Evangelische Magdalenen-Kirchen

Bayreuth; Behringersdorf (Lkr. Nürnberger Land); Gastenfelden (Lkr. Ansbach); Kirchleus (Lkr. Kulmbach); Wallmersbach (Lkr. Ansbach)

23. Juli

Hl. Birgitta von Schweden

(1302–1373)

auch Birgit

Birgitta wuchs auf dem Gut ihres Vaters in der Nähe von Upsala auf. Früh verheiratet, brachte sie acht Kinder zur Welt und lebte fromm an der Seite ihres reichen Gatten. Um Gott näher zu sein, lernte sie lesen und Latein, suchte schließlich das Gespräch mit Gelehrten. So wurde sie Beraterin König Magnus II. Erikson, begab sich aber 1341 mit ihrem Mann auf eine Pilgerfahrt nach Santiago de Compostela und ins Heilige Land, nachdem sie die Vergeblichkeit ihrer Bemühungen am Hof erkennen mußte. Auf der Reise verwitwet, konzentrierte sich Birgitta unter Anleitung eines Beichtvaters auf ihre Visionen. Als stimmgewaltige Mahnerin kehrte sie an den schwedischen Hof zurück, wo es ihr nur für kurze Zeit gelang, den König zum Guten zu bewegen. Immer mächtiger wurden ihre Prophezeihungen: Sie sagte sogar die Pest voraus, die auch Schweden nicht verschonte. In einer ihrer Ekstasen erhielt Birgitta den Auftrag, einen neuen Orden zu gründen und in Vadstena (Schweden) das erste Kloster zu errichten. Ihr selbst bestimmte Gott indessen, als Fürsprecherin des Friedens und der sozialen Eintracht wieder in den Süden zu ziehen.

¶ Birgittas größtes, aber unerfülltes Anliegen war die Rückkehr des Papstes aus Avignon nach Rom. Eindringlich, jedoch ohne Erfolg verhandelte sie mit Clemens VI., Innozenz VI. und Urban V. Wiederholt wurden ihre Warnungen in den Wind gesprochen, allein ihre

Schreckensvisionen von Untergang und Tod traten immer ein. Sie starb während einer Messe im Frühjahr 1373 in Rom und wurde 1391 heiliggesprochen.

¶ Erst nach Birgittas Tod vollendete ihre später ebenfalls heiliggesprochene Tochter Katharina [→ 24. März] das Werk der Birgitten-Doppelklöster, das sich rasch in ganz Europa ausbreitete. Vadstena war lange Zeit das kulturelle Zentrum Schwedens mit der größten Bibliothek des Landes. Seit 1492 erschienen Birgittas »Offenbarungen und Visionen«, bis zur Aufklärung das beliebteste christliche Erbauungsbuch, im Druck, zuerst in Lübeck, später in Augsburg. Ihre Symbolik hat die Kunst des Spätmittelalters nachhaltig geprägt. Im protestantischen Schweden steht die Heilige noch heute in höchstem Ansehen.

¶ Die hl. Birgitta, deren Namen sich bei uns großer Beliebtheit erfreut, erscheint als Pilgerin mit Hut und Kürbisflasche, auch schreibend mit Feder und Tintenfaß. Sie schützt die Pilger und ist Fürsprecherin einer guten Todesstunde.

¶ Ihr Kult ist wie ihr Name von dem der hl. Brigida von Kildare [→ 1. Februar] kaum zu trennen, weshalb die Kirche in Pegnitz (Lkr. Bayreuth) nicht eindeutig zuzuordnen ist. Im Bistum Bamberg hat es kein Birgittenkloster gegeben, wohl aber in Gnadenberg (Lkr. Neumarkt/Bistum Regensburg), wo heute noch eine Klosterruine von den ganz eigenwilligen Bauvorschriften zeugt. In der ehemaligen Andreas-Kirche von Dietenhofen (Lkr. Ansbach), einer Stiftung der hl. Kunigunde [→ 3. März], gibt es einen spätgotischen Flügelaltar, der in geöffnetem Zustand nur weiblichen Heiligen gewidmet ist. Neben den farbigen Reliefs zur Kunigundenlegende finden wir hier zwei Begebenheiten aus dem Leben der hl. Birgitta von Schweden: den Besuch beim Papst und ihren Tod. Im Schrein stand ursprünglich eine Skulptur der Heiligen.

¶ Dem Andenken an seine Frau Brigitte widmete der Nürnberger Patrizier Konrad Topler 1483 ein Bild der Heiligen als Nonne am Schreibpult. Als seltenes

Gegenstück zu den bekannten Darstellungen männlicher Gelehrter, z. B. des hl. Augustinus [→ 28. August], verdient dieses Tafelbild unsere besondere Beachtung. Es wurde ursprünglich in die Nürnberger Katharinen-Kirche gestiftet und hängt heute im Germanischen Nationalmuseum.

23. Juli
Hl. Apollinaris Märtyrer
(gest. 75)

Apollinaris (Abb. unten) war ein Jünger des Apostels Paulus [→ 29. Juni] und erster Bischof von Ravenna (Italien), wo er am 23. Juli 75 mit einer Keule erschlagen oder gesteinigt worden sein soll. Die ihm 549 geweihte Basilika S. Apollinare in Classe ist wegen ihrer bedeutenden Mosaiken jedem Kunsthistoriker ein Begriff. Im Mittelalter wurden seine Reliquien nach Reims und Dijon (Frankreich) sowie in das Elsaß und in die Rheinlande gebracht. Dort ist, besonders auf dem Apollinarisberg bei Remagen und in Siegburg, der Kult des frühchristlichen Märtyrers verbreitet.

¶ Der Heilige wird als jugendlicher Bischof dargestellt und gegen Steinleiden, Gicht und Epilepsie angerufen. Obwohl der erste Bamberger Dom eine Reliquie des hl. Apollinaris besaß, ist dieser im Bistum kaum bekannt. Erst der 16 Nothelfer-Zyklus in der Adelgundis-Kapelle auf dem Staffelberg (Lkr. Lichtenfels) hat hier Abhilfe schaffen wollen: mit einem Bild in der Emporenbrüstung und der Bitte: »St. Apollinaris Marter groß / von fallender Seuch mach uns los.«

23. Juli
Hl. Liborius von Le Mans
(gest. um 397)

Liborius, einer der ersten Bischöfe der uralten französischen Stadt Le Mans, war mit dem hl. Martin von Tours [→ 11. November] befreundet. Er soll am 9. Juli 397 an Liborius' Toten-

bett gewacht haben, der zunächst im Dom neben seinen Vorgängern begraben wurde. 836 bat Badurad von Paderborn den befreundeten Bischof von Le Mans um Reliquien für sein junges Bistum. Das dortige Kapitel kam überein, ihm Gebeine des hl. Liborius zu überlassen. Gleich drei zeitgenössische Chroniken berichten mehr oder weniger genau über die Einzelheiten des Reliquienzuges, der den Westfranzosen Liborius nach Paderborn brachte. Er wurde Patron der Diözese und trug zur schnellen Christianisierung der Sachsen bei. Am Niederrhein und in Niedersachsen sehr beliebt, hat man Liborius im Süden kaum verehrt.

¶ Er wird als Bischof mit einem Buch dargestellt, auf dem Steine liegen, denn er soll nicht nur gegen den Unglauben, sondern vor allem gegen Steinleiden helfen. In dieser Eigenschaft hat man ihn zu den 16 Nothelfern der Adelgundis-Kapelle auf dem Staffelberg (Lkr. Lichtenfels) genommen und auf der Emporenbrüstung mit einem Bild verewigt. Darunter steht der Reim: »St. Libori dein Gebet ausgies / den Stein zerreib, vertreib den Gries.«

24. Juli
Hl. Christina
Märtyrerin
(gest. um 300?)

Das Mädchen Christina (Abb. S. 191), zu deutsch »die Christin«, wurde von ihren Eltern dem heidnischen Götzendienst geweiht und dazu in einen Turm eingeschlossen. Eine Sklavin bekehrte sie zum Christentum, so daß Christina die Götzenfiguren zerbrach und fortan jedes Opfer verweigerte. Der eigene Vater soll die schöne Jungfrau deshalb allen möglichen Qualen ausgesetzt haben. Sie konnten aber weder ihrem Leib noch ihrem Glauben etwas anhaben. Schließlich wurde sie auf ein Schiff gebracht und mit einem Mühlstein beschwert ins Meer geworfen. Engel retteten Christina, konnten sie aber nicht vor weiteren, letztlich tödlichen Torturen wie der Erschießung mit Pfeilen und dem Abschneiden der Brüste bewahren.

Wahrscheinlich hat sich ihr Martyrium zur Zeit der Glaubensverfolgungen unter Kaiser Diocletian zugetragen. Unter dem Altar der Kirche S. Cristina in Bolsena, nördlich von Rom, soll noch heute jener Stein liegen, mit dem der grausame Vater seine Tochter ertränken wollte. Hier trug sich am 11. August 1263 während einer Messe jenes Wunder einer blutenden Hostie zu, das Papst Urban zur Einführung des Fronleichnamsfestes für die ganze Christenheit veranlaßte.

¶ Christina ist als gekrönte Jungfrau dargestellt und trägt Hinweise auf ihre Martyrien, wie Pfeile, Schlangen oder einen Mühlstein. Sie gilt als Schutzpatronin der Seeleute und Müller.

¶ Eine eigene Kirche hat man ihr im Bistum Bamberg nicht geweiht. In der Reihe heiliger Jungfrauen, die sich um die Muttergottes scharen, begegnet uns Christina auf der bemalten Innenseite der Predella eines um 1440 entstandenen Passionsaltars in der Friedhofskapelle von Langenzenn (Lkr. Fürth). Beinahe schwerelos ist der Mühlstein, den sie leicht wie eine Hostie in den Händen hält.

¶ So ist sie auch auf der Predella des spätgotischen Altars der ehemaligen

Andreas-Kirche in Dietenhofen (Lkr. Ansbach) zu sehen. Seine Feiertagsseite ist ausschließlich der Verehrung weiblicher Heiliger gewidmet, wohl weil die hl. Kunigunde [→ 3. März] die Kirche gestiftet haben soll. Eine weitere Christina finden wir in der Predella des Marienaltars von Veitsbronn (Lkr. Fürth). Obwohl das Gotteshaus seit der Reformation von protestantischen Christen genutzt wird, ist der Altar noch immer das Ziel katholischer Wallfahrer.

24. Juli
Hl. Christophorus
Märtyrer
(gest. um 250?)
auch Christoph

Christophorus gehört als Nothelfer und universaler Schutzpatron zu den beliebtesten Heiligen, ohne daß wir seine Biographie kennen. Scheinbar wurde nach der Erzählung eines Dichters erst im 12. Jahrhundert eine Legende erfunden, die seinen Namen, zu deutsch »der Christusträger«, illustriert. Die *Legenda aurea* hat daraus eine detailreiche *passio* gemacht, die dem Spätmittelalter als verbindlich galt. Wahrscheinlich lebte der historische Christophorus im 3. Jahrhundert in Kleinasien und kam dort durch die Christenverfolgungen unter Kaiser Decius um.

¶ Nach der *Legenda aurea* soll Christophorus Abkömmling eines verfluchten Stammes aus Kana gewesen sein und den Namen Reprobus, »der Verdammte«, geführt haben. Der Riese wollte seine Kräfte in den Dienst des mächtigsten Herrschers stellen und begab sich auf die Suche, bis er einen passenden Herrn fand. An dessen Hof trat eines Tages ein Gaukler und Spielmann mit allerlei Liedern auf. Als darin der Name des Teufels fiel, bekreuzigte sich der König. Reprobus fragte nach dem Sinn dieser Geste und erfuhr, daß dadurch dem Teufel die Macht genommen werde. Der Riese staunte über die Angst seines Königs und verließ ihn. Kreuz und quer mußte er durch die Welt wandern, bis er diesen Teufel, eine häßliche Gestalt, in einer unwirtlichen Gegend traf und sich in seinen Dienst begab. Eines Tages stießen die beiden unvermutet auf ein Kreuz und zur Überraschung des Reprobus machte der Teufel einen Umweg. Arg um eine Erklärung bedrängt, mußte dieser zugeben das Kreuz zu fürchten, seit Christus daran gestorben war. Folgerichtig verließ der Riese den furchtsamen Teufel und suchte nun nach Jesus Christus.

Ein Einsiedler wies ihm endlich den Weg und riet dem Kräftigen, hilflose Menschen über einen gefährlichen Fluß zu bringen. Dieses fromme Werk diene allen, und Jesus, der König aller Könige, werde ihm nicht länger verborgen bleiben. Gerne willigte Reprobus ein. Nach langen Jahren, in denen er so manchem über den Fluß geholfen hatte, begehrte ein Kind, hinübergetragen zu werden. Schwerer und schwerer wurde aber nun dem starken Mann diese scheinbar so geringe Last. Es ist, als hätte ich die ganze Welt auf meinen Schultern, sagte er erschöpft am anderen Ufer. Und erhielt die Antwort: »Christophorus, du hast mehr getragen als die Welt, du hast den Schöpfer der Welt getragen, ich bin der König Jesus Christus.« Seitdem hatte der »verdammte« Riese einen neuen Namen, der nichts anderes bedeutet als »Christusträger«.

¶ Eine Ableitung dieser legendenhaften Gestalt aus der antiken Mythologie ist zu vermuten. Der berühmte Sprachforscher Jakob Grimm, der den meisten leider nur wegen seiner Märchensammlungen bekannt ist, versuchte Christophorus mit dem germanischen Gott Thor und heidnischen Legenden gleichzusetzen, die von der Überfahrt der toten Seelen erzählen.

¶ Manche Legenden berichten, daß Christophorus durch ein Martyrium den Tod fand. Er soll vor seiner Enthauptung für alle im voraus gebetet haben, die eines Tages durch seine Fürbit-

te um das göttliche Erbarmen flehen würden. Dies machte ihn zum Patron gegen einen jähen, unbußfertigen Tod, eine der größten Ängste der Christen im Mittelalter. Christophorus zu sehen, sollte bis zum Abend das Leben schützen, und so hat man sein Bild möglichst groß an die Eingänge der Kirchen, an Türme, Brücken und Häuser gemalt, um einen plötzlichen Tod abzuwenden.

Fast schon selbstverständlich war es daher, einen Heiligen von so weitreichender Bedeutung unter die Nothelfer aufzunehmen. In den Zeiten der Reformation und mehr noch der Aufklärung fing man an, die Christophorus-Geschichte auch in offiziellen Kirchenkreisen ein wenig zu belächeln. Aber kaum brachen die Gefahren des modernen Verkehrs über die Menschheit herein, entsann man sich dieses Nothelfers und machte ihn flugs zum Schutzpatron der Autofahrer.

Im Bamberger Dom gab es seit 1012 eine Reliquie des hl. Christophorus, aber keinen Altar. Eine bedeutende spätgotische Figur, um 1485 mit anderen Skulpturen für einen Altarschrein entstanden und einem Mitarbeiter des »Meisters des Hersbrucker Hochaltars« zugeschrieben, wurde 1649 vom Dom an die Pfarrkirche von Zapfendorf abgegeben. Dort verbrannte sie mit der gesamten Ausstattung am 1. April 1945 nach der Explosion eines Munitionszugs. Dem steinernen Christophorus der Nürnberger Sebaldus-Kirche, 1442 von der Familie Schlüsselfelder vor das Portal des Südturms gestiftet, streicht der Jesusknabe liebevoll das Haar aus der Stirn. (Das Original ist im Germanischen Nationalmuseum aufgestellt und so vor Umweltschäden geschützt.)

¶ Gotteshäuser hat man dem hl. Christophorus im Bistum Bamberg wahrscheinlich wegen der zurückhaltenden Einstellung der offiziellen Kirche kaum geweiht. Nur die Dominikaner haben 1304 ihre Bamberger Kirche im Sand unter seinen Schutz gestellt. An ihrer Fassade wacht eine überlebensgroße Skulptur über das Geschehen in der Herrenstraße und schützt die Gläubigen. Das Patronat der modernen Kirche in Gräfenhäusling geht auf ihren Erbauer, den Wattendorfer Pfarrer Christoph Behringer, zurück.

Zahlreich waren dagegen die mittelalterlichen Fresken des Christophorus, mit denen man dem plötzlichen Tod ohne Sakramentsempfang entgegenwirken kann. Einige von ihnen sind seit dem 19. Jahrhundert freigelegt und geben uns einen Eindruck von der außerordentlichen Verehrung, die der Riese mit dem Christuskind auf den Schultern genoß. Bis ins Gewölbe hinein erstreckt sich der auf einen Baum gestützte Christophorus, der 1517 in die Kirche von Presseck gemalt wurde. Ein lateinisch dazu geschriebener Text lautet: »Sankt Christophorus, deine Kräfte sind groß. Wer Dich am Morgen ansieht, lacht zur Nachtzeit und trinkt frohgemut.« Auch in Schauenstein und Neunkirchen am Brand fällt der erste Blick des Kirchenbesuchers ganz unvermutet auf die riesigen Wandbilder des Heiligen. Viele andere Fresken sind noch unter Farbtünchen aus späteren Zeiten verborgen oder sind längst zerstört.

¶ Viele spätgotische Wandelaltäre binden den hl. Christophorus vorsorglich in ihr Bildprogramm ein. In Langenzenn entstand ein Christophorus-Altar, in dessen Schrein die barfüßige Figur des Riesen nur mit Mühe untergebracht ist; das Christuskind wird schon halb von der Maßwerkblende verdeckt. Der Altar wurde 1880 aus älteren Teilen neu zusammengefügt, was vielleicht die unglücklichen Größenverhältnisse erklärt. Der spätgotische Christophorus aus dem Flügelaltar in Hagenbüchach stapft durch das Wasser, als hätte er zähen Tang an den großen Füßen; das Jesuskind sitzt auf seinem Kopf.

Seit dem frühen 15. Jahrhundert entstanden zahlreiche Christophorus-Darstellungen in Zusammenhang mit den Nothelfern. Einer der frühesten (um 1435) dürfte aus der Nürnberger Kirche Heiligkreuz stammen und ist heute in der Friedenskirche zu sehen. Der Riese gesellt sich, von rechts kommend, den hll. Blasius, Erasmus und Leonhard zu. Sein Wanderstab blüht, das wehende Mäntelchen des Christuskindes deutet auf die Eile hin, mit der er zur Stelle sein will. Seine Füße stecken, ikonographisch richtig, noch im Wasser, während die anderen Nothelfer auf einer blühenden Wiese stehen. Auch auf dem Altar von Hirschneuses begegnen wir dem Christusträger.

¶ Barocke Gemälde der Nothelfer, etwa auf dem rechten Seitenaltar der ehemaligen Klosterkirche in Banz, rücken ihn gern in die Mitte der Heiligen und machen damit das Jesuskind zum strahlenden Zentrum. In den bekannten Zyklen der 14 Heiligen nimmt Christophorus oft eine herausragende Stellung ein. Auf dem 1665 geschaffenen Nothelfer-Altar der Wallfahrtskirche von Vierzehnheiligen, der heute in Haßlach steht, geht sogar der Riese Christophorus fast unter im Gezweig des Lebensbaums, auf dem die Heiligen stehen. 1763 hat ihn der Augsburger Stukkator Johann Michael Feichtmayr dann deutlich sichtbar und halb kniend so auf eine Volute des neuen Gnadenaltars von Vierzehnheiligen plaziert, daß er nicht größer ist als die anderen Nothelfer. Liebevoll streicht das Christuskind dem Riesen über das Haar, dankbar und voll Zuneigung blickt dieser auf seine schwere Last.

¶ Einen interessanten gotischen Bildstock finden wir am nördlichen Ortsausgang von Scheßlitz. Ein verwaschenes Sandsteinrelief des Christophorus im Aufsatz des Marterls schützte hier einst den Übergang des Ellerbachs, der sich im Frühjahr in einen reißenden Fluß verwandeln kann, oder vor dem gefährlichen Aufstieg in den Jura.

Christophorus-Kirchen und -Darstellungen

Bamberg, Dominikanerkirche St. Christophorus

Banz (Lkr. Lichtenfels), ehem. Klosterkirche, Nothelfer-Altar

Gräfenhäusling (Lkr. Bamberg), kath. Kirche St. Christophorus

Hagenbüchach (Lkr. Neustadt/Aisch), evang. Kirche, Flügelaltar

Haßlach (Lkr. Kronach), kath. Kirche St. Maria, Nothelfer-Altar

Himmelkron (Lkr. Kulmbach), ökum. Autobahnkirche St. Christophorus, Altarbild

Hirschneuses (Lkr. Neustadt/Aisch), evang. Kirche, Altar

Kirchgattendorf (Lkr. Hof), evang. Kirche, Fresko

Langenzenn (Lkr. Fürth), evang. Pfarrkirche, Altar

Lichtenfels, Kapelle, Wandmalerei um 1600
Neunkirchen am Brand (Lkr. Forchheim), ehem. Augustinerchorherrn-Kirche, Fresko
Presseck (Lkr. Kulmbach), evang. Kirche, Fresko
Schauenstein (Lkr. Hof), evang. Kirche, Fresko
Scheßlitz (Lkr. Bamberg), Bildstock am nördlichen Ortsausgang

25. Juli
Hl. Jakobus der Ältere
Apostel
Märtyrer
(gest. 44 n. Chr.)

Zebedäus und Maria Salome hatten zwei Söhne: Jakobus, von dem hier die Rede sein soll, und Johannes [→ 27. Dezember], den späteren Evangelisten. Der fromme Jude Jakobus war wie sein Vater Fischer am See Genezareth, als Jesus ihn berief. Er gehörte zu den bevorzugten Jüngern, die Jesus bei der Auferweckung der Tochter des Jairus, auf den Berg Tabor und schließlich auf den Ölberg begleiteten. Wegen seines ungestümen Temperaments erhielt er den Beinamen »Donnersohn«; sein eigentlicher Name kommt aus dem Arabischen und bedeutet soviel wie »möge Gott beschützen«. Nach der Himmelfahrt Christi verkündete Jakobus das Evangelium in Samaria und Judäa, historisch nicht bezeugt ist sein Wirken in Spanien. König Herodes Agrippa ließ den bedeutenden Prediger am Osterfest des Jahres 44 in Jerusalem enthaupten und machte Jakobus zum ersten Märtyrer unter den zwölf Aposteln.

¶ Aufgezeichnet wurden seine Reisen und Wunder erstmals im 5. Jahrhundert. Seine Gebeine sollen nach der Eroberung Jerusalems durch die Araber auf wunderbare Weise nach Nordspanien gelangt sein, wo man sie 820 im antiken Iria Flavia nach Lichterscheinungen entdeckte. König Alfonso II. ließ schon um 824 eine Kirche über der Grabstätte errichten. Der Ort, bald nur noch als Santiago de Compostela bekannt, entwickelte sich neben Rom und Jerusalem rasch zum Ziel der beliebtesten Fernwallfahrt der Christenheit, nicht zuletzt deshalb, weil Karl der Große in einer Biographie als legendärer Entdecker des Jakobswegs gefeiert wird. Aus allen Ländern führten berühmte Pilgerstraßen hierher, an denen Jakobskirchen und Spitäler für den unaufhörlichen Strom der Reisenden errichtet wurden.

**An Jakob Regen
stört den Erntesegen.**

Mit ihnen nimmt auch die Ausschmückung der Legenden zu, die schließlich im *Libri Sancti Jacobi*, einem zwischen 1140 und 1150 verfaßten Pilgerbuch, zusammenfaßt sind. Das Büchlein ist ein gleichermaßen vergnügliches, religions- und kirchengeschichtlich bedeutendes Dokument, das neben Erbaulichem auch den einen oder anderen guten Rat mit auf den nicht ungefährlichen Weg gibt. – Im 16. Jahrhundert versteckte man die Reliquien aus Angst vor englischen Überfällen und erst 1879 wurden sie wieder gefunden. Einige Jahre später erklärte Papst

Leo XIII. sie nach langen Untersuchungen für echt. Wallfahrt und Kult des hl. Jakobus erfuhren damit eine Wiederbelebung, die jedoch die fast mystische Anziehungskraft des Mittelalters nicht mehr erreichen kann.

Jakobus wird seit dem 15. Jahrhundert neben Petrus als einziger Apostel in individueller Tracht dargestellt, denn er liefert der Kunst das Urbild eines Pilgers, mit Wanderstab, Beutel und Kürbisflasche. Die nach ihm benannte »Jakobsmuschel« an der aufgeschlagenen breiten Hutkrempe galt im Mittelalter sogar als Rechtsschutz und Ausweis. Im Germanischen Nationalmuseum in Nürnberg kann die originale, muschelbesetzte Pilgertracht des Stefan Praun von 1570 bestaunt werden. – In politischer Absicht als »Maurentöter« angerufen, was im bedrohten Spanien über Jahrhunderte geboten schien, reitet der hl. Jakobus gewöhnlich auf einem Schimmel. Jakobus d. Ä. ist selbstverständlich der Hauptpatron der Pilger, aber auch die Hutmacher und Apotheker stehen unter seinem Schutz. Wenn letztere kein Mittel mehr gegen den Rheumatismus finden, kann der Geplagte ebenfalls den hl. Jakobus anrufen.

Reliquien von Jakobus d. Ä. wurden 1012 in den Hochaltar des Westchors im Bamberger Dom eingelegt. Die sichtbare Verehrung beginnt hier erst mit Bischof Hermann (1065–1075), der um 1071 aus eigenen Mitteln vor dem Westtor der Stadt ein Kollegiatsstift gründete und dem hl. Jakobus weihte. Von den Zeitgenossen wegen Ämterkaufs heftig kritisiert, pilgerte er 1074 nach Santiago, was aber seine Absetzung nicht mehr verhindern kann. 1075 muß er sich in das Kloster Münsterschwarzach zurückziehen. Es blieb Bischof Otto I. [→ 30. September] vorbehalten, die nach dem Vorbild des ersten Doms errichtete Säulenbasilika mit zwei Chören fertigzustellen. Das Langhaus spiegelt trotz vieler Veränderungen als einzige Bamberger Kirche noch die Baukunst der Zeit um 1100 wider. Die bedeutende Ausstattung ging weitgehend verloren. Fragmente bezeugen eine prächtige Überformung der Kirche im späten 18. Jahrhundert. Dazu gehört das Gemälde im Vierungsgewölbe, auf das der Tiepolo-Schüler Christoph Fesel aus Würzburg 1771 die Begegnung des hl. Jakobus mit König Herodes Agrippa malte. Ferdinand Tietz schuf 1771 die Sandsteinstatue des Titelheiligen in der Ostfassade der Kirche; sie ähnelt stilistisch der kurz darauf entstandenen Statue des Jakobus auf der Friedhofsmauer in Memmelsdorf (Lkr. Bamberg). Wie blutleer wirkt dagegen die Figur des Jakobus im neugotischen Hochaltar!

¶ In vorbambergische Zeit datiert die um 900 gegründete Pfarrei St. Jakob in Etzelskirchen. Die älteste Jakobus-Kirche des Bistums dürfte die 1014 bis 1020 erbaute Kapelle von Geroldsgrün sein; die Kirche ist heute evangelisch und ohne Hinweis auf den Pilgerheiligen. Neben einem älteren Königshof und an der alten Reichsstraße von Frankfurt nach Regensburg entstand im 11. Jahrhundert eine Kirche zu Ehren des hl. Jakobus vor den Mauern der Stadt Nürnberg. Kaiser Otto IV. schenkte sie 1209 dem Deutschen Ritterorden als Komturei. Sie blieb nach

der Einführung der Reformation im Jahr 1525 bis 1806 das einzige katholische Gotteshaus Nürnbergs. Zum Bestand der gotischen Kirche gehört eine Jakobus-Figur aus Sandstein, um 1350 entstanden, die im Chor unter einem reich verzierten Maßwerkbaldachin steht. Ungefähr einhundert Jahre später wurde die gefaßte Figur des Heiligen mit der großen Jakobsmuschel in der rechten Hand geschaffen, die heute den Eintretenden in der Vorhalle begrüßt.

Um 1500 datiert die Figur des sitzenden Jakobus für die Kirche von Niedermirsberg, ein seltenes und untypisches Motiv für einen Pilger. Aus dieser Zeit stammt auch eine Skulptur der Kirche St. Jakobus in Leutenbach. Zum freskierten Apostelzyklus im Chor der Kirche von Kirchrüsselbach, der um 1400 entstand und die Jünger unter gemalte Baldachine stellte, gehörte gleichfalls der hl. Jakobus. Die Kirche St. Jakob in Marktschorgast war einst im Besitz des Bamberger Stifts gleichen Namens und verwahrt eine spätgotische Figur ihres Patrons.

Den umfangreichsten mittelalterlichen Zyklus zum Leben des Heiligen finden wir in Neudrossenfeld. Für die barocke Sandsteinkirche schuf Johann Georg Brenck 1680 einen protestantischen Kanzelaltar. Es gelang ihm überzeugend, in dessen gewaltige Architektur neben Skulpturen auch vier Gemälde der Jakobs-Legende aus dem spätgotischen Altar zu integrieren, die Hans Süß von Kulmbach um 1519 für die vorreformatorische Jakobus-Kirche geschaffen hatte.

¶ Die mit mittelalterlichen Kunstschätzen am reichsten ausgestattete Jakobus-Kirche der Diözese Bamberg dürfte die von Rothenburg ob der Tauber sein. Das idyllische Städtchen liegt an der Kreuzung zweier bedeutender Pilgerstraßen, nämlich des Wegs von Norden nach Rom sowie aus dem östlichen Deutschland nach Südwesten und Santiago de Compostela. Während sich die Pilgerströme auf dem alten Jakobsweg nach Süden gerade wieder verstärken, besuchen zahlreiche »Kunstpilger« aus Nah und Fern(ost) täglich in großer Zahl dieses Gotteshaus, das als kostbarste Reliquie ein Kreuz mit Blutstropfen Christi aufbewahrt. Die Außenflügel des spätgotischen Hochaltars im Ostchor bemalte Friedrich Herlin 1466 mit acht Szenen aus der Legende des hl. Jakobus und der Geschichte des betrogenen Pilgers, dem ein heimtückischer Wirt einen goldenen Becher ins Gepäck steckt. Der vermeintliche Dieb wird entdeckt und soll gehenkt werden, doch sein Sohn stirbt für den unschuldigen Vater. Dieser setzt seine Pilgerreise fort und als er aus Santiago zurückkehrt, findet er seinen Sohn noch lebend am Galgen: zweifellos ein Wunder des hl. Jakobus. Der Apostel ist in der Kirche auch mit zahlreichen Einzelfiguren und in der Abendmahlszene des Heilig-Blut-Altars von Tilman Riemenschneider (1501) zu sehen, einem der schönsten Kunstwerke fränkischer Spätgotik.

Zur Verehrung des hl. Jakobus bildete sich in Bamberg 1496 eine Bruderschaft in der Kirche St. Martin, in der sich erfahrene und zukünftige Pilger zusammenfanden. Darin kamen zunächst nur wenige, aber wohlhabende Bürger zusammen, aber im Jahr 1829 konnten in ganz Franken 11 547 Mitglieder gezählt werden. Das 1763 gemalte Altarblatt von Marquard Treu ist in die neue Martins-Kirche übertragen worden.

¶ Nach der Reformation begegnete man dem Kult des hl. Jakobus mit Zweifeln. Martin Luther riet von einer Wallfahrt ab, »... dann man waißt nit ob sant Jakob oder ein todter hund oder ein todts roß da liegt ...« . Dies hat der weiteren Jakobus-Verehrung im Bistum Bamberg keinen Abbruch getan. Johann Michael Doser schuf 1710 einen ungewöhnlichen Jakobus-Altar für die Kirche in Auerbach (Lkr. Amberg-Sulzbach). Sie war 1144 von Bischof Egilbert (1139–1146) als Jakobus-Kirche geweiht worden; später wechselte das Patrozinium zu Johannes dem Täufer. Doser stellte den heiligen Pilger in eine Muschel(!)nische, die von einem überbreiten Rand aus wucherndem, vergoldeten Akanthuslaub fast erdrückt wird. Diese »Laubwerk und Blumbischl«-Altäre sind zu einem einprägsamen Kennzeichen seiner Kunst geworden.

Jakob klar und rein,
wird's Christfest
frostig sein.

In der Jakobus-Kirche von Burgwindheim hat ein spätbarockes Bildprogramm den Heiligen von allen Altären verdrängt und als einzelne Figur von hoher künstlerischer Qualität an die Wand verbannt. In Königsfeld blieb Jakobus auf dem barocken Hochaltar erhalten und wurde außerdem noch auf den Schalldeckel der Kanzel gestellt. Besondere Erwähnung verdient, daß auch in der evangelisch gewordenen Jakobus-Kirche von Creussen der Pilgerheilige seinen Ehrenplatz im Altar von 1686 behalten hat.

Seit wenigen Jahren bemühen sich engagierte Christen in Mittelfranken, den traditionsreichen Pilgerweg des hl. Jakobus der Vergessenheit zu entreißen und als »geistlichen Wanderpfad« gegen den Strom der Zeit wiederzubeleben. Von Nürnberg führt ein gut beschilderter Weg abseits des hektischen Verkehrs über Heilsbronn nach Rothenburg o. d. T. Das Teilstück der europäischen Pilgerstraße führt an zahlreichen Jakobus-Kirchen vorbei und ist mit eigenen Andachten und Veranstaltungen auf die Pilger gut vorbereitet.

Katholische Jakobus-Kirchen

Bamberg, Stiftskirche St. Jakob
Burgwindheim (Lkr. Bamberg), Pfarrkirche
Ebing (Lkr. Bamberg), Pfarrkirche
Elbersberg (Lkr. Bayreuth), Pfarrkirche
Enchenreuth (Lkr. Hof), Pfarrkirche
Etzelskirchen (Lkr. Erlangen/Höchstadt), Pfarrkirche
Königsfeld (Lkr. Bamberg), Pfarrkirche St. Jakobus und Kilian
Leutenbach (Lkr. Forchheim), Pfarrkirche
Lichtenfels, Kapelle St. Jakob
Marktschorgast (Lkr. Kulmbach), Pfarrkirche
Marloffstein (Lkr. Erlangen/Höchstadt), Filialkirche
Neustetten (Lkr. Ansbach), Filialkirche
Niedermirsberg (Lkr. Forchheim), Kirche
Teuchatz (Lkr. Bamberg), Filialkirche
Tschirn (Lkr. Kronach), Pfarrkirche
Viereth (Lkr. Bamberg), Kuratiekirche

Evangelische Jakobus-Kirchen

Berg (Lkr. Hof); Creussen (Lkr. Bayreuth); Custenlohr (Lkr. Neustadt/Aisch); Fischbach (Lkr. Kronach); Geroldsgrün (Lkr. Hof); Gollachostheim (Lkr. Neustadt/Aisch); Kirchrüsselbach (Lkr. Forchheim); Küps (Lkr. Kronach); Neudrossenfeld (Lkr. Kulmbach); Nürnberg, 1209 dem Deutschorden übergeben; Oberkotzau (Lkr. Hof); Obermichelbach (Lkr. Fürth); Rothenburg (Lkr. Ansbach); Rugendorf (Lkr. Kulmbach); Schönberg (Lkr. Nürnberger Land); Thuisbrunn (Lkr. Forchheim); Ühlfeld (Lkr. Neustadt/Aisch); Ulsenheim (Lkr. Neustadt/Aisch); Urphertshofen (Lkr. Neustadt/Aisch); Weihenzell (Lkr. Ansbach); Weissenstadt (Lkr. Wunsiedel)

26. Juli

Hll. Anna und Joachim

auch Hanna, Anne

Im Neuen Testament nicht erwähnt ist Anna, die Mutter Mariens, die zu den beliebtesten Heiligen des Christentums gehört. Nur das Protoevangelium des Jakobus aus dem 2. Jahrhundert liefert einige Nachrichten über sie. Die Gemahlin des Joachim, eines reichen, gottesfürchtigen Mannes, stammte wie er aus dem Geschlecht König Davids. Die Ehe blieb zwanzig Jahre lang kinderlos, im alten Israel eine offene Schande. In seiner großen Not gelobte das Paar, wenn ihnen denn Gott eines schenken würde, ihr Kind dem Tempel zu weihen. Aber der Hohepriester wies ihre Opfergabe zurück. Beschämt floh Joachim in die Wüste zu seinen Hirten und ließ Anna allein. Nach langem Warten erschien beiden zur gleichen Stunde ein Engel mit der Botschaft, daß Gott ihr Flehen erhört habe. Überglücklich eilten sie zum Tempel und fielen sich an der »Goldenen Pforte« erlöst in die Arme. Nach einer Überlieferung soll Marias Mutter jetzt erst den Namen Hanna, d. h. »die Begnadete«, bekommen haben. Er bedeutet im Hebräischen: Gnade, Liebe, Gebet.

¶ In Erfüllung des Gelöbnisses wurde Maria im Alter von drei Jahren in den

Tempel gebracht, wo sie zum Dienst Gottes erzogen werden sollte (Abb. S. 204). Der Bericht verschweigt, ob Anna und Joachim ihre Tochter danach noch einmal gesehen und von ihrer großen Aufgabe erfahren haben. Nach einer späteren Überlieferung soll Joachim bald darauf gestorben sein, Anna hingegen sich noch zweimal verheiratet haben. (Das Konzil von Trient versuchte im 16. Jahrhundert vergeblich, diese Legende zu verbieten.) Aus diesen Ehen hatte sie jeweils eine Tochter, die sie gleichfalls Maria nannte. Das Grab der hl. Anna liegt nach alter Tradition in Jerusalem am Schafteich, wo die Kreuzfahrer eine Kirche errichteten. Anna-Reliquien, deren Echtheit sich nicht bestätigen lassen, gelangten von hier in den Westen; die Stadt Düren beansprucht für sich den Besitz des Hauptes der hl. Anna.

Lange wurde im Christentum nur der Name Annas weitergegeben. Die frühesten Zeugnisse ihrer Verehrung stammen aus der Zeit um 550, als ihr zu Ehren in Konstantinopel eine Kirche erbaut wurde. Die *Legenda aurea* berichtet zwar ausführlicher über die Mutter Mariens, eine genaue Lebensgeschichte wird aber erst mit dem Aufkommen des Buchdrucks im ausgehenden 15. Jahrhundert verbreitet. Innerhalb kürzester Zeit entwickelte sich nun ein volkstümlicher, vor allem bürgerlicher Kult, der in der Gründung zahlreicher mitgliedsstarker Bruderschaften seinen Niederschlag findet. 1496 tritt sogar Kaiser Maximilian in eine Annenbruderschaft ein. 1481 wurde die hl. Anna in das römische Brevier aufgenommen. Papst Gregor XIII. machte ihren Festtag 1584 für die ganze Kirche verbindlich. Während des Spätmittelalters stand die im hohem Alter zur Mutter gewordene Anna in höchstem Ansehen: Die Orden, besonders die Karmeliter förderten dies, und die Humanisten setzen sich mit ihr auseinander. Martin Luther, in seiner Jugend ihr glühender Verehrer, wird dagegen als Reformator immer mehr zum Kritiker des »modischen« Annenkults. Ihre außerordentliche Beliebtheit beweist indessen noch heute die häufige Wahl ihres wohlklingenden Namens als Taufnamen.

Werfen die Ameisen
an St. Anna höher auf,
so folgt ein
strenger Winter drauf.

Die hl. Anna erscheint als Matrone, deren Haar ein langes Tuch verhüllt; ein grüner Mantel liegt als Zeichen der Hoffnung über dem roten Kleid. Ihre Attribute sind Buch und Sonnenblume. Am bekanntesten ist seit dem Spätmittelalter die Figurengruppe der »Anna selbdritt«, die sie mit ihrer Tochter Maria und ihrem Enkelsohn Jesus abbildet. Zahlreiche spätgotische Altarbilder und -reliefs erzählen mit zeittypischen Details die Geschichte von Anna und ihrem Mann, auch auf Szenen des Marienlebens gehören sie dazu. Eine der rührendsten Szenen der christlichen Kunst ist die Begegnung von Joachim und Anna an der »Goldenen Pforte«, ihre Umarmung und der Kuß, den das altgewordene Paar austauscht. Der Florentiner Maler Giotto hat in der Arena-

Kapelle von Padua um 1300 dafür einen ergreifenden Bildtypus geschaffen, der noch jahrhundertelang für Künstler und ihre Auftraggeber Vorbild ist.

¶ Die Geburt Mariens wird am 8. September als eigenes kirchliches Fest gefeiert. Die Kunst um 1500 hat sich besonders um die Vergegenwärtigung dieser Szene bemüht und liebevolle Bilder für diesen Moment häuslichen Glücks gefunden. Im Paradebett unter einem Baldachin liegend betrachtet die glückliche Mutter ihre neugeborene, stramm gewickelte Tochter. Badezuber, Tischchen, Frauen am Feuer und allerlei Gerätschaften lassen uns einen Blick in den Alltag der Menschen werfen. Im Barock haben Künstler gern die innige Szene dargestellt, in der Anna ihre kleine Tochter unterrichtet. (Joachim steht im Hintergrund.) Peter Paul Rubens hat um 1625 mit einem oft kopierten und über Stiche verbreiteten Gemälde dazu die Vorlage geschaffen.

¶ Anna gilt als Patronin der Witwen, der werdenden Mütter und kinderlosen Frauen, außerdem der Ammen, Brautleute und Sterbenden. Der gesamte Haushalt steht unter ihrem Schutz, so daß sie von allen hier Beschäftigten angerufen wird. Die Berufsgruppe der Bergleute hat sie erst seit dem 18. Jahrhundert zu ihrer Schutzpatronin erwählt. Die alte Bergwerkstadt Annaberg erhielt ihren Namen auf dem Höhepunkt des Annen-Kultes um 1500; eine Verbindung zum Bergbau bestand damals noch nicht.

Der hl. Joachim erhält erst in der Barockzeit eine nennenswerte eigene Ikonographie, nachdem er im Spätmittelalter eine Randfigur blieb. Er trägt entweder einen langen Rock oder Hirtenkleidung und ist an seinem schaufelförmigen Schäferstab zu erkennen. Er ist Patron der Schreiner. Er soll auch die Eheleute schützen.

¶ Die älteste, noch vor der großen Verehrungswelle entstandene Skulptur der Anna selbdritt ist in Bamberg im Diözesanmuseum zu besichtigen. Sie dürfte

um 1400 entstanden sein; bei der Datierung hilft Annas modisches Kopftuch, der »Kruseler«, dessen Rand fein gekräuselt ist. Vor Jahren aus dem Münchner Kunsthandel erworben, ist eine Zuordnung zu einer Kirche der Diözese leider nicht mehr möglich. Der Bamberger Dom erhält erst zwischen 1600 und 1663 einen Annen-Altar in der Sepultur. Die kinderlose Kaiserin Kunigunde [→ 3. März], so meint man, hätte in ihrer Not Zuflucht bei der spät zur Mutter gewordenen Anna nehmen müssen; in dieser Zeit ist die Verehrung noch nicht bekannt.

Die älteste Altarweihe in Bamberg, in der die hl. Anna als Mitpatronin genannt ist, fand 1356 in der Dominikanerinnenklosterkirche Hl. Grab statt, 1441 stellt man den Hochaltar der Karmelitenkirche unter ihren alleinigen Schutz. 1468 stiftete die St. Anna-Krämer-Bruderschaft einen Annen-Altar auf die Empore der alten Martins-Kirche. Nach dem 30jährigen Krieg stellen nicht mehr die Kaufleute, sondern die Gärtner die wichtigste Berufsgruppe dieser frommen Vereinigung.

¶ Es sind nicht die großen Stadtpfarrkirchen, sondern kleine, oft außerhalb der Ortschaften gelegene Kapellen, die der hl. Anna geweiht sind und in Wallfahrten von den Menschen der Umgebung besucht werden. Zwischen 1466 und 1520 sind in unserem Bistum fast 20 Kirchen unter ihren Schutz gestellt worden. Auch hier finden sich die schönsten Kunstwerke, die an die Mutter Mariens erinnern. Um 1500 schufen die Bildhauer in Franken wie anderswo Skulpturengruppen der »Anna selbdritt«. In der Sprache der Kunst soll hier die im 15. Jahrhundert heftig umstrittene Frage der Unbefleckten Empfängnis Mariens veranschaulicht werden. Es überrascht, wie viele Varianten des Themas dabei gefunden wurden und wie viele dieser zu allen Zeiten hochverehrten spätgotischen Figuren sich erhalten haben. In der Anna-Kapelle der Bamberger Gangolfs-Kirche sitzen Anna und Maria auf einer gepolsterten Bank, das Jesuskind steht zwischen ihnen und wendet sich seiner Großmutter zu. In Bug (Stadt Bamberg) und Burk gibt es eine stehende hl. Anna, die in ihren Händen links Maria, rechts Jesus hält. Die Anna der Kirche von Burgkunstadt steht und umfaßt das Töchterchen Maria vor ihr mit der Linken; auf ihrem rechten Arm sitzt der Jesusknabe mit segnend erhobener Hand. Auch in den Kirchen von Pinzberg und Schlammersdorf findet sich diese Figurengruppe.

¶ Ein bedeutendes Kunstwerk ist der Annen-Altar der Nürnberger Kirche St. Lorenz, den 1510 eine fromme Witwe stiftete. Im geöffneten Zustand sitzen sich Anna und Maria gegenüber; die runden Faltenwürfe ihrer Röcke verbinden sich zu einer großen, vergoldeten Welle, die durch den Schrein rauscht. Maria reicht ihrer Mutter das strampelnde Enkelkind, liebevoll streckt diese ihm die Arme entgegen. Neben jede Frau hat Hans von Kulmbach auf die Altarflügel den zugehörigen Ehemann gemalt.

Erhalten haben sich darüber hinaus Reste spätmittelalterlicher Altäre mit Szenen aus der Legende des Ehepaars Anna und Joachim. Die Kirche von Dormitz (Lkr. Forchheim) bewahrt zwei Tafelbilder aus der Werkstatt des Wolf Traut, die die Verkündigung des Engels an Joachim und die Begegnung des greisen Paares an der Goldenen Pforte zeigen. Sie sind nach 1500 entstanden. In Heroldsbach (Lkr. Forchheim) hat man 1896 aus spätgotischen Fragmenten einen neuen Flügelaltar zusammengesetzt. Zu sehen sind hier Reliefs mit der Verkündigung an Anna und Joachim, die Zurückweisung von Joachims Opfer, Joachim in der Wüste und die Geburt Mariens. Ergänzt wird dieser Zyklus eines Annen- oder Marien-Altars von Darstellungen der Maria Salome und der Maria Kleophas, den Schwestern Mariens.

Im Bistum Bamberg hat die Verehrung der hl. Anna in der 1511 erstmals erwähnten Wallfahrt nach Unterweilersbach ihren Höhepunkt und wird nach dem 30jährigen Krieg wieder aufgenommen; sie ist noch immer Ziel überregionaler Wallfahrten mit einer stetig wachsenden Zahl von Pilgern, von denen die Diözesanmännerwallfahrt die bemerkenswerteste sein dürfte. Aus den Resten einer spätromanischen Burganlage hervorgegangen, liegt das Gotteshaus erhöht und malerisch über dem Dorf. Es wurde 1651 wiedererrichtet und in der zweiten Hälfte des 19. Jahrhunderts im neuromanischen Stil erheblich erweitert. Heute ist die Mutter Mariens hier in barocken Kunstwerken vertreten; das Hochaltarblatt zeigt sie bei der Unterweisung ihrer Tochter (nach dem Vorbild von Peter Paul Rubens), das Gnadenbild ist eine barocke »Anna selbdritt«. 1972 wurde die alte Kapelle wegen des großen Zustroms um eine moderne Kirche erweitert und 1989 eine Annasäule mit einer zeitgemäßen Interpretation des Gnadenbilds der Anna selbdritt aufgestellt. Seit 1840 ist bezeugt, daß die Wallfahrer aus dem nahen Forchheim heimwärts auf den Bierkellern der Stadt einkehrten. Die Verbindung von Schützenfest und Heiligenverehrung rund um den Anna-Tag gehört noch immer zu den schön-

sten Volksfesten Frankens. Die Annen-Verehrung in Forchheim ist übrigens seit 1446 nachgewiesen; die erste Prozession nach Unterweilersbach fand 1692 statt.

¶ Die jüngste Annen-Wallfahrt des Bistums führt nach Schönbrunn, wo Kriegsheimkehrer 1951 an der Stelle eines im Volk hoch verehrten barocken Bildstocks zum Dank für ihre gesunde Heimkehr eine Kapelle erbauten und eine Friedenswallfahrt einrichteten. Die Barockzeit hat im Bistum Bamberg eine weitere Blüte der Verehrung Annas hervorgebracht. Es entstehen Seitenaltäre, die ihr allein geweiht sind, so 1743 in der Wallfahrtskirche Gößweinstein, und sie gehört mit Joachim zur Figurenausstattung von Marienaltären, wie 1729 in Obertrubach, 1762 in Eggolsheim, um 1765 in Schnaid und um 1770 in Neufang.

¶ In der Hallstadter Anna-Kapelle hat man in den barocken Hochaltar von 1711 eine spätgotische Anna selbdritt gestellt, ergänzt von den barocken Skulpturen der hll. Joachim und Joseph. Vom Würzburger Hofbildhauer Johann Peter Wagner stammt das vornehme Figurenpaar von Anna und Joachim für den Hochaltar der Kirche in Markt Bibart (Lkr. Neustadt/Aisch); es wurde 1778 für ein Altarbild geschaffen, das inzwischen leider ausgetauscht ist.

**Anna warm und trocken,
macht den Bauer
frohlocken.**

Eine »Schwarze Hand« der hl. Anna besitzt die Pfarrkirche von Burk. Das außergewöhnliche Objekt, ein zierlicher Lederhandschuh, in eine kostbare Stickerei eingesetzt, wird dort zwar als Handschuh einer der Drei Heiligen Könige bezeichnet, dürfte wohl aber ein Motiv der Annen-Verehrung sein, das sich ab 1600 von Wien aus verbreitet hat.

¶ Zum Schluß soll noch auf ein außergewöhnliches Bildprogramm verwiesen werden, zu dem eine Skulptur des hl. Joachim gehört. Das Gemälde des barocken Marienaltars von Weismain (Lkr. Lichtenfels), um 1735 entstanden, ergänzen eine Statue des hl. Joseph [→ 19. März] mit dem Jesuskind sowie der hl. Joachim. Er ist, in Anlehnung an die bekannte Anna selbdritt, mit seinem Töchterchen Maria auf dem Arm abgebildet, zu seinen Füßen steht das Christkind. Ein vergleichbares Kunstwerk ist mir nicht bekannt.

Anna-Kirchen und -Kapellen

Altenkunstadt (Lkr. Lichtenfels), Kapelle an der Stadtpfarrkirche
Bamberg, St. Gangolf, Annen-Kapelle
Bamberg, Kapelle im Hauptsmoorwald
Forchheim, St. Anna, Neubau von 1953
Hallstadt (Lkr. Bamberg), Kapelle
Höchstadt (Lkr. Erlangen-Höchstadt), Spitalkirche
Königsfeld (Lkr. Bamberg), Friedhofskapelle
Kronach, Spitalkapelle
Michelau (Lkr. Lichtenfels), evang. Kirche, ehem. St. Anna
Neuhausen (Lkr. Bamberg), Kapelle
Pinzberg (Lkr. Forchheim), Kapelle
Schönbrunn (Lkr. Bamberg), Wallfahrtskapelle St. Anna
Staffelstein (Lkr. Lichtenfels), Kapelle
Unterweilersbach (Lkr. Forchheim), Wallfahrtskirche
Waischenfeld (Lkr. Bayreuth), Kapelle
Welitsch (Lkr. Kronach), Filialkirche
Weppersdorf (Lkr. Erlangen-Höchstadt), Kapelle

Ausgewählte Darstellungen der Anna selbdritt

Bamberg, St. Gangolf
Bug (Stadt Bamberg), kath. Kapelle Hl. Dreifaltigkeit
Burk (Lkr. Forchheim), kath. Pfarrkirche Hll. Drei Könige
Burgkunstadt (Lkr. Lichtenfels), kath. Pfarrkirche St. Heinrich und Kunigunde
Dormitz (Lkr. Forchheim), kath. Pfarrkirche Mariae Verkündigung
Pinzberg (Lkr. Forchheim), kath. Pfarrkirche St. Nikolaus
Schlammersdorf (Lkr. Forchheim), kath. Filialkirche Kreuzerhöhung

Ausgewählte Annen-Altäre

Eggolsheim (Lkr. Forchheim), kath. Pfarrkirche St. Martin
Gößweinstein (Lkr. Forchheim), Wallfahrtskirche
Neufang (Lkr. Kronach), kath. Pfarrkirche St. Laurentius
Obertrubach (Lkr. Forchheim), kath. Pfarrkirche St. Laurentius
Schnaid (Lkr. Forchheim), kath. Pfarrkirche St. Peter und Paul

27. Juli
Hl. Pantaleon
Märtyrer
(gest. um 300)

Pantaleon (Abb. S. 206) soll als junger Mann Leibarzt des römischen Kaisers Maximinian gewesen sein. Ein Kollege denunzierte den getauften Christen, der daraufhin ein grausames Martyrium zu erleiden hatte: Man band ihn auf ein Rad, warf ihn wilden Tieren vor, kreuzigte ihn, nagelte ihn an einen Ölbaum, versuchte schließlich noch, ihn mit einem Mühlstein um den Hals zu ertränken, bevor ihn die Enthauptung erlöste. Dabei soll Milch statt Blut aus seinem Körper geflossen sein. Noch an den Ölbaum gefesselt, bat er Christus um Verzeihung für seine Henker. Daraufhin bekam er den Namen Pantaleon, zu deutsch »der All-Erbarmer«. Andere Quellen übersetzen stattdessen »der Löwenstarke«.

¶ Die Verehrung Pantaleons ist in der Ostkirche seit dem 4. Jahrhundert bezeugt; er gehört zusammen mit Kosmas und Damian [→ 26. September] zu den heiligen Ärzten. Im Westen beginnt sein Kult später, seit dem Mittelalter zählt er zu den Nothelfern. Pantaleon erkennt man an den über dem Kopf zusammengenagelten Händen, manchmal liegen Kranke oder Salbgefäße zu seinen Füßen. Er gilt als Schutzpatron der Ammen und Ärzte, den man auch gegen Auszehrung und Heuschreckenplage anruft.

¶ Dem Heiligen wurde im deutschsprachigen Raum erstmals 866 ein Gotteshaus geweiht: St. Pantaleon in Köln, wo er zu einem der Schutzpatrone der Stadt erhoben wurde. Die Reliquien stammten aus Lyon (Frankreich). Die größte Verehrung genießt der Heilige zwar im Rheinland, aber auch im Bamberger Dom wurde 1012 eine Reliquie in den rechten Seitenaltar des Ostchors eingelegt.

¶ Als figürliche Darstellung begegnen wir ihm im Bistum nur zusammen mit den Nothelfern – erstmals wohl um 1440/50 auf einem Werktagsflügel des Barbara-Altars in Veitsbronn; vornehm in Brokat gekleidet steht er neben dem hl. Eustachius [→ 20. September]. Eine noch relativ unbekannte Nothelfergruppe dürften die naiv gemalten und 1980 freigelegten, um 1600 entstandenen Brüstungsfelder der Kirche von Gaiganz sein, auf denen eine Tafel mit dem hl. Pantaleon nicht fehlen darf.

Ohne Attribute, die Hände über dem Kopf gefaltet, sitzt der jugendliche Pantaleon in schlichtem, enganliegendem Gewand als Stuckfigur auf dem Gnadenaltar in Vierzehnheiligen – eine Schöpfung des Bildhauers Johann Michael Feichtmayer von 1763. Wer den 1611 entstandenen Pantaleon aus Alabaster von Michael Kern auf dem Gügel schon kennt, sollte auch die Reise nach Tiefenhöchstadt nicht scheuen. In der neugotischen Kapelle der klei-

nen Ortschaft auf dem Jura gibt es einen Nothelfer-Altar, dessen Figuren der Bamberger Hofmodelleur Carl Ferdinand Schropp 1852 aus Pappmaché geschaffen hat. Die puppenhafte Figur des heiligen Arztes ist mit erhobenen Händen an einem Ästchen befestigt. Es soll den Ölbaum symbolisieren, an dem er gefoltert wurde.

Pantaleon-Darstellungen

Gaiganz (Lkr. Forchheim), kath. Pfarrkirche St. Veit, Empore
Gügel (Lkr. Bamberg), kath. Wallfahrtskirche St. Pankratius, Figur
Tiefenhöchstadt (Lkr. Bamberg), kath. Filialkirche, Altarfigur
Veitsbronn (Lkr. Fürth), evang. Kirche, ehem. St. Veit, Tafelbild
Vierzehnheiligen (Lkr. Lichtenfels), Wallfahrtskirche, Gnadenaltar

28. Juli

Hl. Innozenz I. Papst

(gest. 417)

29. Juli

Hl. Martha

Das Neue Testament berichtet von Martha aus Bethanien, der Schwester des durch Christus vom Tode erweckten Lazarus und der Maria Magdalena (Jo 12,1-8). Da sie Christus oft bei sich aufnahm, erhielt sie den Beinamen »Gastwirtin des Herrn«. Als eifrige Hausfrau steht sie für ein aktives Leben, während ihre Schwester Maria Magdalena [→ 22. Juli] sich aufs Zuhören beschränkt und ein kontemplatives Leben vorzieht. Nach dem Tod Christi sollen die Geschwister durch ein Wunder in einem Schiff ohne Steuermann nach Südfrankreich in die römische Stadt Massilia, das heutige Marseille, gekommen sein. Martha verkündete im Gebiet um die Stadt Aix die Frohe Botschaft, bekehrte viele und heilte Besessene. Einmal wurde sie gebeten, etwas gegen den Drachen Tarascus zu unternehmen, der zwischen Arles und Avignon sein Unwesen trieb. Mutig nahm Martha diese Herausforderung an, stöberte das

Untier auf, besprengte es mit Weihwasser, machte das Kreuzzeichen und besiegte es damit. Mühelos fesselte sie das gezähmte Monster und führte es aus dem Wald heraus, so daß die erlöste Bevölkerung es steinigen konnte.

¶ Martha blieb in der Gegend und baute eine Kirche. In der Sterbestunde erschien ihr Jesus und sprach: »Liebste Wirtin, du hast mich bei dir als Gast aufgenommen, jetzt bist du im Himmel mein Gast, und wer dich anruft, den will ich aus Liebe zu dir erhören.« In der Kirche Sainte Marthe in Tarascon (Frankreich) steht ihr Grab. Chlodwig, der getaufte Frankenkönig, soll von ihr gehört haben und gesundete durch Marthas Fürbitte von seinen Nierensteinen. Der Kult erhielt neue Impulse, als 1187 ihre Gebeine entdeckt wurden.

Als Drachenbezwingerin darf Martha nicht mit der hl. Margareta [→ 20. Juli] verwechselt werden. Die schlicht gekleidete Matrone trägt ihr Haar bedeckt, Kreuzstab und Weihwasserwedel sind neben dem Drachen ihre Attribute, als Wirtin auch Kochlöffel und Schlüsselbund. Sie ist Patronin der Köchinnen und Hausfrauen, der Gastwirte und Spitäler, auf ihr Vorbild gehen die Martha-Schwestern zurück. Ihre Fürsprache hilft den Sterbenden und gegen die Pest. Auch bei Blutfluß ruft man sie an, denn sie soll nach dem Matthäus-Evangelium das blutflüssige Weib gewesen sein, das Jesus heilte (Mt 9,20-22).

¶ Im Bistum Bamberg scheint die Verehrung der hl. Martha erst in der 2. Hälfte des 14. Jahrhunderts einzusetzen. 1382 wird sie zur Nebenpatronin des Erhard-Altars [→ 8. Januar] in der Ostkrypta des Doms. Kurz vorher war ein Zentrum ihres Kults in Nürnberg entstanden, wo Conrad Waldstromer und seine Frau Agnes 1356 ein Pilgerspital unter ihren Schutz stellten. Im Zuge der Reformation wurde es 1526 geschlossen, seine Kirche vorübergehend zum Versammlungsraum der Nürnberger Meistersinger. Heute dient der gotische Raum mit den bedeutenden Glasfenstern (um 1400) der evangelisch-reformierten Gemeinde. Im Langhaus zeigt eines der Fenster Szenen aus dem Leben der Patronin. Ob ein zur Zeit der Spitalgründung um 1360 entstandenes Tafelbild mit dem »Tod der hl. Martha« aus jener Kirche stammt, konnte die Wissenschaft noch nicht klären. Das wunderbare Gemälde der sterbenden Heiligen, an deren Bett sich Christus, die Gottesmutter und die bereits vorher gestorbene Maria Magdalena versammelt haben (letzere zündet die ausgegangene Totenkerze wieder an), hängt heute im Germanischen Nationalmuseum. Die dem Gemeinwohl gewidmete Bestimmung dieses mittelalterlichen Spitals lebt im Martha-Maria-Krankenhaus fort.

Einen vollständigen Martha-Zyklus schuf 1517 die Werkstatt des Wolf Traut für den Hochaltar der Spitalkirche (jetzt in St. Lorenz aufgestellt). Die Gemälde erzählen vom Leben und Tod Marthas, die von dem ihrer Geschwister nicht zu trennen sind. Sie macht sich, als zeitgenössische Nürnberger Matrone gekleidet, ernsthaft und mit strengem Gesicht am Herd zu schaffen, während Magdalena, modisch und ein wenig freizügig, mit offenem Haar am Kamin sitzt, lebhaft mit Christus diskutierend. Köstlich ist das Bild des gezähmten Drachens an Marthas Halsband, dem noch die Reste eines soeben verschlungenen Menschen aus dem Maul hängen. Im Schrein des Altars steht Martha neben Magdalena. Die außerordentliche Kunstfertigkeit dieser spätgotischen Skulpturen hat dem unbekannten Schnitzer den Namen »Martha-Meister« eingebracht. Mit wenigen Mitteln, z. B. den züchtig niedergeschlagenen Augen und der Kopfhaltung schildert er auf diskrete Weise die Persönlichkeiten dieser biblischen Frauengestalt und ihrer Schwester.

¶ Auf dem Hochaltar der Spitalkapelle St. Anna in Kronach stehen sich barocke Skulpturen der beiden Spitalpatroninnen, die hl. Elisabeth von Thüringen [→ 19. November] und die hl. Martha gegenüber. Wer in Bamberg nach der Heiligen sucht, wird in St. Jakob fündig: Dort gibt es ein spätgotisches Fresko der hl. Martha. Verwechslungen mit der Drachenbezwingerin Margareta schließt ein Schriftband aus. Von dem St. Martha-Seelhaus, einem Spital in der Theuerstadt, hat sich nichts erhalten.

¶ Das Thema des aktiven und des kontemplativen Lebens, gespiegelt in dem Schwesternpaar, zeigt auch ein evangelischer Bilderzyklus. Er entstand 1710/11 für die Bayreuther Sophienkirche, deren Chordecke Gabriel Schreyer mit dem Besuch Jesus bei Martha und Magdalena bemalte. Es scheint, als stünden heute weder die Tugenden noch der Name Marthas besonders hoch im Kurs.

Martha-Darstellungen

Bamberg, kath. Kirche St. Jakob, Fresko
Bayreuth, evang. Sophienkirche, Deckenbild
Kronach, kath. Spitalkirche St. Anna, Altarfigur
Nürnberg, evang. Kirche, ehem. St. Martha, Glasfenster
Nürnberg, evang. Stadtpfarrkirche St. Lorenz, Martha-Altar

30. Juli
Hl. Petrus Chrysologus
(um 380–450)

31. Juli
Hl. Ignatius von Loyola
(1491–1556)

Inigo entstammte einer vornehmen baskischen Familie und schlug zunächst eine standesgemäße, weltliche Laufbahn am Hof der spanischen Könige ein. Bei der Belagerung von Pamplona (Spanien) durch die Franzosen 1521 schwer verwundet, änderten Krankheit und Genesung das Leben des jungen Offiziers. Er vertiefte sich in die Lektüre über das Leben Jesu und verinnerlichte sein Christsein. Als Eremit und Pilger begann er sich zu kasteien und vernachlässigte die gebotene Körperpflege, bis ihn eine Vision vom Gegenteil überzeugte. Von diesen Erfahrungen berichtet sein Exerzitienbuch. Im Gedenken an den hl. Ignatius von Antiochia nannte er sich nun Ignatius. Einer Wallfahrt nach Jerusalem folgten bis 1535 intensive theologische Studien.

Nach der Priesterweihe 1537 gründete er mit wenigen Gefährten die »Gesellschaft Jesu«, die Papst Paul III. 1540 bestätigte. Der neue, nicht unumstrittene Orden gab die gewohnte Erscheinung einer mönchischen Gemeinschaft wie Chorgebet oder Ordenstracht auf und widmete sich mit ganzer Kraft dem Apostolat. Da die geplante Missionsarbeit im Heiligen Land durch die Türkenkriege vereitelt wurde, stellten sich die Jesuiten in Rom dem Papst für Sonderaufgaben zur

Verfügung. Besonders nahm sich der straff, beinahe militärisch geführte Orden in der beginnenden Reformation der Erziehung junger Menschen sowie der Seelenführung durch Beichte und Exerzitien an. Das Ziel der Heidenbekehrung wurde im Fernen Osten weiterverfolgt, wo Franz Xaver [→ 3. Dezember] Bedeutendes für die Verbreitung des Christentums leistete. Bis zum Tod des Ignatius von Loyola am 31. Juli 1556 zählte die Gesellschaft Jesu (sie wurde 1773 vorübergehend aufgehoben) 1000 Mitglieder und hatte zahlreiche Niederlassungen in der ganzen bekannten Welt.

¶ 1587 nahm der Kult des Ignatius von der römischen Kirche »Il Gesù« seinen Ausgang. Er sollte lange vor der Heiligsprechung des Ordensgründers im Jahr 1622 nicht nur die Geschichte des Glaubens, sondern die europäische Kunst nachhaltig beeinflussen.

Der hl. Ignatius wird seit einem Gemälde des Peter Paul Rubens (um 1620) als Priester mit visionärem, zum Himmel erhobenem Blick dargestellt; auf der Kasel trägt er die Schrift »IHS«. Zahlreiche Graphiken haben sein wirkliches Portrait mit hoher Stirn, scharfer Nase und kleinem Schnurrbart verbreitet. Er gilt als Patron der Jesuiten, als General des Ordens auch der katholischen Soldaten, der Schwangeren und Kinder. Man ruft ihn zur Vertreibung von Zauberei und Fieber an. Von seiner außerordentlichen Fähigkeit, während des Gebets zu weinen, kommt der Brauch des »Ignatiuswassers«, dem wunderbare Wirkungen nachgesagt werden. Man weiht es auf Altären, an denen der hl. Ignatius verehrt wird.

Unter dem Eindruck der schnell um sich greifenden Reformation in Franken holte Fürstbischof Johann Gottfried von Aschhausen (1609–1622) die Jesuiten 1610 in das neue Priesterkollegium seiner Residenzstadt Bamberg. Bald übernahmen sie die Leitung des Seminars. Die kunstvolle Stiftungsurkunde vom 22. Februar 1612 wird im Staatsarchiv Bamberg aufbewahrt.

¶ In der 1686/1690 von Johann Leonhard Dientzenhofer errichteten Kirche zum Heiligsten Namen Jesu, heute Stadtpfarrkirche St. Martin auf dem Grünen Markt, stoßen wir auf viele Zeugnisse der Ignatius-Verehrung. In der mächtigen Fassade steht seine überlebensgroße Sandsteinfigur als Priester mit aufgeschlagenem Buch neben dem Mittelportal. Die 1718 entstandene Ignatius-Kapelle zeigt einen Zyklus mit Szenen aus seinem ·Leben, die sich um das Hauptbild der Verklärung reihen: die Heilung eines Besessenen, die Genehmigung der Gesellschaft Jesu durch den Papst, Ignatius legt vor einer Erscheinung der Muttergottes seine Rüstung ab, Ignatius schreibt die Exerzitien nieder. In die Stuckdecke sind Embleme und Putti mit seinen Attributen eingearbeitet. Bereits 1711 hatte ein Stifter die überlebensgroße, weiß gefaßte Holzfigur anfertigen lassen, die noch heute im Chor steht.

Weniger bekannt mag sein, daß es neben der großen Bamberger Kollegiatskirche auch in Sambach (Lkr. Bamberg) eine Niederlassung der Jesuiten gab. Der Orden hatte hier 1638/39 die Seelsorge übernommen und ab 1664 den Wiederaufbau der im 30jährigen Krieg zerstörten Kirche betrieben. Auf dem linken Seitenaltar wird der Ordensgründer Ignatius von Loyola verehrt, der hl. Franz Xaver ist ihm wie in der Bamberger Kirche zugeordnet. – Aus einer Jesuitenkirche soll der barocke Hochaltar stammen, der heute die Kirche St. Sebastian in Peulendorf ziert. Skulpturen von Ignatius und Franz Xaver nehmen den hl. Sebastian in ihre Mitte.

Januar
Februar
März
April
Mai
Juni
Juli
August
September
Oktober
November
Dezember

1. August
Sel. Petrus Faber
(1506–1546)

2. August
Hl. Eusebius
(um 283–371)

3. August
Hl. Lydia
(1. Jh.)

4. August
Hl. Johannes Vianney
(1786–1859)

5. August
Hl. Oswald
Märtyrer
(um 604–642)

Oswald von Northumbrien (England) mußte nach dem Tod seines Vaters nach Schottland fliehen. Dort ließ er sich taufen, bevor er sein Königreich zurückeroberte und das Christentum einführte. Er verteidigte im Jahr 634 sein Land erfolgreich gegen die heidnischen Bretonen und bekehrte auch seinen Schwiegervater, den König von Essex, und dessen Untertanen. Mit großer Kraft, von Missionaren unterstützt, soll Oswald fast die ganze britische Insel christianisiert haben. Viele Kirchen und Klöster gehen auf sein Wirken zurück, tugendsam und vorbildlich kümmerte er sich um die Armen. Dennoch fand er durch Heiden den Tod: Am 5. August 642 fiel er in der Schlacht bei Maserfield gegen König Penda. Der grausame Sieger ließ Oswald Kopf und Hände abschlagen und an Pfähle nageln. Der Leichnam konnte aber gerettet und in Lindisfarne beigesetzt werden. Zahlreiche Krankenheilungen an seinem Grab sind überliefert. Wandernde angelsächsische Mönche verbreiteten bald den Kult des hl. Oswald auf dem Kontinent. Im 14. Jahrhundert sorgten die Heldenlieder seiner abenteuerlichen Brautwerbung für zusätzliche Popularität. In manchen Gegenden, nicht aber im Bistum Bamberg, rechnet man ihn den Nothelfern zu.

Der hl. Oswald erscheint als Fürst oder Ritter, sein Attribut ist ein Rabe. Die Legende berichtet, daß am Krönungstag Oswalds das Fläschchen mit dem Salböl zerbrach und ein Rabe ein neues, mit Chrisam gefülltes Gefäß brachte. Oswald hielt den weisen Raben bei Hof in Ehren und benutzte ihn für seine Brautwerbung. Er schrieb der Tochter des gefährlichen Heidenkönigs Gaudon die christliche Botschaft in einem Brieflein, legte einen Ring dazu und ließ ihr dies durch den Raben überbringen. Sie war begeistert, bekehrte sich und gab dem Vogel ihre Antwort: Mit zweiundsiebzig Schiffen, jedes mit 1000 tapferen Rittern besetzt, solle Oswald sie heimführen, denn sie habe niemanden lieber zum Gemahl. Im fremden Land angekommen, gelang es Oswald mit einer List, den feindlich gesinnten Brautvater abzulenken. Pia, die Braut, floh als Mann verkleidet in sein Lager. Nach einem Zweikampf mit dem Schwiegervater und einem Quellwunder kehrte endlich Frieden ein. Gaudon gab sich geschlagen und ließ sich mitsamt seinen Leuten taufen. Einer anderer Überlieferung nach soll Oswald sieben Goldschmiede auf seine Reise mitgenommen haben, um als Kaufmann getarnt die Prinzessin auf sein Schiff zu locken. So-

bald sie an Bord war, legte es ab, und der Hochzeit stand nichts mehr im Wege. Als »Brautwerber« trägt der Rabe einen Ring im Schnabel. Der adelige Oswald wurde zu einem der Kreuzfahrerpatrone, von dem man gutes Wetter erbittet.

Heinrich II. ließ 1012 eine Reliquie des Heiligen in einen der Altäre des Bamberger Doms einlegen. Den Altar im Ostchor, der zu Ehren der hll. Philippus, Jakobus und Oswald geweiht war, brach man jedoch 1649 ab. Der hl. Otto [→ 30. September] schätzte den angelsächsischen Heiligen und weihte ihm 1117 eine Kapelle über dem Tor des Klosters Michelsberg in Bamberg. Gotteshäuser, die dem hl. Oswald geweiht sind, stammen jedoch meistens aus der Zeit vor der Gründung unseres Bistums; sie hängen mit dem Wirken iroschottischer Wandermönche zusammen. Dazu gehörten die heute evangelische Kirche und Urpfarrei Lonnerstadt sowie das Gotteshaus in Möhrendorf. In Trockau wird man an die ritterlichen Tugenden des hl. Oswald gedacht haben, als man ihn zum Patron der mittelalterlichen Schloßkapelle machte.

¶ Den hl. Oswald finden wir im Bistum auf dem Nikolaus-Altar der Nürnberger Lorenz-Kirche, für den Hans Suess von Kulmbach nach 1500 einen wahrhaft königlichen Heiligen im roten Mantel, mit Krone, Szepter und ringtragendem Raben gemalt hat, sowie in der Bamberger Kirche St. Getreu. Rund hundert Jahre nach Hans Suess schuf ein unbekannter Maler 1611 ein Tafelbild des ritterlichen »Sanctus Oswaldus Rex et Mart« für ein Altärchen, das man aus der Oswald-Kapelle des Klosters Michelsberg in dessen Propstei übertragen hat.

Oswald-Kirchen

Großwalbur (Lkr. Coburg), evang. Kirche, ehem. St. Oswald
Lonnerstadt (Lkr. Erlangen-Höchstadt), evang. Kirche, ehem. St. Oswald
Möhrendorf (Lkr. Erlangen-Höchstadt), evang. Kirche, ehem. St. Oswald
Trockau (Lkr. Bayreuth), kath. Schloßkapelle

6. August
Hl. Sixtus II.
Märtyrer
(gest. 258)

Der zweite Papst mit Namen Sixtus lebte während der römischen Christenverfolgungen. Seine Legende ist von der des hl. Laurentius [→ 10. August], mit dem ihn eine enge Freundschaft verband, kaum zu trennen. Er soll während eines Gottesdienstes in der Calixtus-Katakombe durch die Henker Kaiser Valerians ermordet worden sein. Seine Weggefährten haben ihn dort begraben; an der Via Appia steht die älteste ihm geweihte Kirche. Nach 784 brachte der Missionar Liudger Reliquien nach Deutschland, so daß manche Urpfarrei dem hl. Sixtus geweiht ist.

¶ Sixtus wird als Papst in Pluviale mit Tiara und Kreuzstab dargestellt, meist mit einem Geldbeutel in der Hand, da er vor seinem Martyrium dem hl. Laurentius den Kirchenschatz anvertraute, damit ihn dieser unter die Armen Roms verteile. Sixtus gilt als Patron für das gute Gedeihen der Trauben und Bohnen sowie der Schwangeren. Er wird gegen Hals- und Rückenschmerzen angerufen.

¶ Das berühmteste Bild des heiligen Papstes hängt seit 1754 in Dresden und ist heute durch eine geschickte Werbekampagne in aller Augen: Raffaels 1515/1519 entstandene »Sixtinische Madonna« ist nach dem hl. Sixtus benannt, der neben der hl. Barbara vor der Madonna kniet. Die beiden putzigen Engelsköpfe am unteren Bildrand dürften aus anderem, meist leicht verkitschtem Zusammenhang weit bekannt sein.

¶ Die Verehrung des frühchristlichen Papstes ist im Bistum Bamberg stets hinter der des volkstümlichen Diakons Laurentius zurückgeblieben. Drei Kirchen hat man ihm geweiht; sie liegen alle im Südwesten der Diözese. Faulenberg und Stierhöfstetten wurden nach der Reformation evangelisch. Allein in Büchenbach verehrt man Sixtus oder Xystus noch, und zwar gemeinsam mit Laurentius. In den wohl karolingischen Königshof »Buochinebach« hinein gründete man eine Urpfarrei. Beide

sind 996 erstmals urkundlich erwähnt, doch das Patrozinium spricht für eine Entstehung gegen Ende des 8. Jahrhunderts. Im spätmittelalterlichen Gotteshaus, hinter einer hohen, malerischen Kirchhofmauer ge- und verborgen vor den wuchernden Neubaugebieten der Stadt, überrascht eine reich stuckierte barocke Decke. Sie enthält drei großformatige, etwas naive Gemälde aus dem Jahr 1726, die jeweils das Martyrium der beiden Schutzpatrone schildern. Das dritte Bild zeigt, nicht ganz der Legende entsprechend, die Gefangennahme des Sixtus durch eine römische Reiterschar vor einem antiken Götzenbild, dem zu opfern er sich geweigert hatte. Der hinter ihm stehende Diakon ist der hl. Laurentius. Auch der neugotische Hochaltar der Kirche von 1873 erinnert an die beiden Schutzpatrone. Sie stehen in maßwerkverzierten Nischen neben einer spätgotischen Skulptur des Auferstandenen Christus.

Auch der 1758 entstandene Hochaltar der Kirche St. Laurentius in Buchbach und der rechte Seitenaltar der Pfarrkirche in Staffelstein vergegenwärtigen die enge Verbindung zwischen Sixtus und Laurentius. Ob die spätgotische Skulptur eines Mönchs(!) mit Buch, die sich im Flügelaltar (um 1480) der Sixtus-Kirche von Stierhöfstetten befindet, wirklich deren Schutzpatron darstellt, muß bezweifelt werden. Das Bildprogramm scheint vielmehr ganz auf Johannes d.T. abgestimmt; seiner Figur stehen der hl. Petrus und wohl der hl. Paulus zur Seite. Auf dem um 1435 entstandenen Nothelfer-Altar der Nürnberger Kirche Heiligkreuz hat man den hl. Dionysius zu Gunsten des hl. Sixtus ausgetauscht. Das Retabel ist heute in der Friedenskirche zu sehen.

Sixtus-Kirchen und -Darstellungen

Buchbach (Lkr. Kronach), kath. Kirche St. Laurentius, Figur
Büchenbach (Stadt Erlangen), kath. Pfarrkirche
Faulenberg (Lkr. Ansbach), evang. Kirche, ehem. St. Sixtus
Staffelstein (Lkr. Lichtenfels), kath. Pfarrkirche St. Kilian, Seitenaltar
Stierhöfstetten (Lkr. Neustadt/Aisch), evang. Kirche, ehem. St. Sixtus

7. August
Hl. Afra von Augsburg
Märtyrerin
(gest. um 304)

Wenig bekannt ist über das Leben der hl. Afra. Der Legende nach soll sie eine Königstochter aus Zypern gewesen sein. Ihr Name und ihre Legende sind eng mit der Stadt Augsburg verknüpft. In dieser römischen Siedlung verdiente sie ihren Unterhalt als Dirne. Eine zufällige Begegnung mit Bischof Narzissus [→ 29. Oktober] hat sie bekehrt und sich reumütig von ihrem leichtfertigen Lebenswandel abwenden lassen. Standhaft verweigerte sie nun den verlangten Götzendienst, nicht einmal die angedrohte öffentliche Verbrennung schreckte sie. »Über nichts bin ich bestürzt, außer über meine Sünden«, betonte Afra bei ihrer Festnahme; sie wurde von den Schergen des Statthalters bei lebendigem Leib verbrannt.

¶ Ihre Mutter Hilaria [→ 12. August] soll der Tochter in den Märtyrertod gefolgt sein. Wahrscheinlich geschah dies al-

les im Jahr 304, während der Christenverfolgungen unter Diocletian. Über Afras Grab errichtete man eine Kapelle, die im Laufe der Zeit verfiel. Schon im 6. Jahrhundert ist aber im süddeutsch-schwäbischen Raum ihre Verehrung bezeugt, die ihre Reliquien im Mittelalter begehrt machten. Der Augsburger Bischof Ulrich [→ 4. Juli] ließ die Afra-Kirche schließlich erneuern und hier sogar sein eigenes Grab anlegen. Afra wurde neben ihm zur Patronin des Bistums, beiden ist die bedeutende Kirche St. Ulrich und Afra geweiht.

¶ Die modische Afra trägt das Haar als Büßerin mit einem Schleier oder Barett bedeckt. Eine Krone verweist auf ihre legendäre Herkunft aus königlichem Haus. Sie steht oder liegt auf einem brennenden Holzstoß oder ist an einen Baum gefesselt. Die Patronin der Dirnen und Büßerinnen nimmt auch die Armen und die Heilkräuter unter ihren Schutz. Wegen ihres Martyriums ruft man sie bei Feuersnot an.

¶ Im Bistum Bamberg genoß die hl. Afra wenig Aufmerksamkeit. Erst im Rahmen der neugotischen Umgestaltung zog sie 1837 als bayerische Heilige in den Dom ein, und zwar als Nischenfigur des heute aus konservatorischen Gründen verkleideten Hochaltars im Georgenchor. In der mittelalterlichen Heiligenwelt der Nürnberger Lorenz-Kirche gehört sie zu den Jungfrauen auf der Predella des um 1420 entstandenen Imhoff-Altars.

7. August

Hl. Kajetan

(1480–1547)

Kajetan kam als Sohn einer Adelsfamilie nahe Vicenza (Italien) zur Welt. Aus dem tugendsamen, gottesfürchtigen Kind wurde nach einem Studium der Rechtswissenschaften der Geheimsekretär Papst Julius II. Erst dann ließ er sich 1516 zum Priester weihen. Neben seinen offiziellen Aufgaben waren ihm die Reform des Klerus und die Werke der Nächstenliebe das wichtigste Anliegen. Gemeinsam mit Gianpietro Caraffa, dem Bischof von Theate, gründete er die

Kongregation der »regulierten Kleriker«, auch Theatiner genannt. 1527 aus Rom vertrieben, siedelte sich der Orden in Venedig an und wurde über Italien hinaus neben den Jesuiten die beherrschende Kraft der Kirchenreform. Am 7. August 1547 starb Kajetan in Neapel, 1671 wurde er heiliggesprochen. Die süddeutsche Verehrung des hl. Kajetan fand in der Münchner Theatinerkirche ihren Höhepunkt, der Kleriker wurde zu einem der Patrone Bayerns.

¶ Auch in unserem Bistum ist er kein Unbekannter. Um 1750 wurde in der Bamberger Kirche Obere Pfarre ein Altar zu seinen Ehren aufgestellt. Er zeigt auf dem Gemälde das Weihnachtswunder, das sich 1517 zugetragen haben soll: Im Stall von Bethlehem legt die Muttergottes dem andächtig knienden Priester im dunklen Gewand das Christkind in den Arm. Vier kleine Medaillons mit Szenen aus dem Leben Kajetans umrahmen den Altar. Ein Votivbild in dieser Kirche, datiert 1753, dankt dem hl. Kajetan für Erhörung in einem verzweifelten Fall. Zu sehen ist der Heilige im Gebet, sein geflügeltes Herz fliegt zum Himmel. Vielleicht könnte dieses naive Bild erzählen, was zur Stiftung des Altars mit dem schönen Gemälde Johann Joseph Scheubels d. J. geführt hat.

7. August
Hl. Albert
(1212–1306/07)

Albert, ein vornehmer Florentiner, trat in den Karmeliterorden ein. Durch sein tapferes Wirken soll er 1301 die Stadt Messina (Italien) vor einer Hungersnot gerettet haben. Er starb am 7. August 1306 oder 1307. Der Kult innerhalb des eigenen Ordens wurde 1476 von Papst Sixtus IV. erlaubt.

¶ Albert hilft gegen Besessenheit und Erdbeben, man ruft ihn auch in Geburtsnöten an.

¶ Als Patron seines Ordens fand er einen Ehrenplatz in der Bamberger Karmelitenkirche. Am 3. Juli 1703 wurde seine Sandsteinfigur in eine Nische der neuen Fassade von St. Theodor gewuchtet. Neueste Forschungen legen nahe, daß Johann Caspar Metzner, der Bildhauer des »Gabelmanns« am Grünen Markt, den hl. Albert schuf. Der Karmelitenpater trägt Buch und Schale, sein Blick ruht vertraut auf einem Kruzifix in seinem linken Arm.

8. August
Hl. Cyriakus
Märtyrer
(gest. 309)

Der römische Diakon Cyriakus, sein Name bedeutet im Griechischen »der dem Herrn Gehörige«, hatte sich der christlichen Zwangsarbeiter am Bau der Thermen angenommen. Heimlich brachte er ihnen Lebensmittel, wurde aber entdeckt und in den Kerker geworfen. Hier gelang es ihm, Blinde im Namen Gottes zu heilen. Als Kaiser Diocletian davon hörte, ließ er den Diakon in den Palast kommen, um seine Tochter Artemia von einem bösen Geist zu befreien. Cyriakus befahl dem Teufel, aus dem Mädchen zu weichen. Höhnisch soll dieser geantwortet haben: »Wenn Du mich hier vertreibst, mußt du nach Babylon kommen«. Nicht viel später – die Kaisertochter war gesund und Cy-

riakus vom dankbaren Vater mit einem Haus belohnt – rief tatsächlich der König von Babylon um Hilfe, dessen Tochter ebenfalls besessen war. Cyriakus trat die lange Reise an, heilte das Mädchen und bekehrte die Familie zum Christentum. Nach Rom zurückgekehrt, mußte er die Mißgunst des neuen Kaisers Maximinian erfahren. Da er den Götzendienst verweigerte, ließ der Kaiser ihn nackt vor seinen Wagen spannen und nach grausamer Fahrt enthaupten. Die anschließende Feier überlebten die Römer nicht; im heißen Dampfbad ereilte sie ein schneller und rätselhafter Tod. Die Ortschaft Altdorf im Elsaß besitzt Reliquien des Heiligen, die Nachricht einer nach Bamberg verbrachten Armreliquie läßt sich nicht bestätigen.

Als Diakon und Exorzist hat Cyriakus einen gefesselten Teufel oder Drachen und das Mädchen Artemia zu seinen Füßen. Man ruft ihn bei schweren Arbeiten und Besessenheit an. Wegen der vielen Wunder, die auf ihn zurückgeführt werden, zählt er zu den Vierzehn Nothelfern.

¶ Der hl. Cyriakus gehört zwar zu den schon 1012 im Bamberger Dom verehrten Heiligen, wurde aber selten zum Kirchenpatron ernannt: Die alte Siedlung Staffelbach im Maintal ist eine Gründung aus vorbambergischer Zeit und wird erstmals 953 urkundlich erwähnt. Ihre Kirche steht unter dem Schutz des Cyriakus, dem neben dem Hochaltar noch zwei weitere spätbarocke Figuren gewidmet sind. Der »dienstälteste« Cyriakus des Bistums dürfte auf einem kleinen spätgotischen Relief abgebildet sein, das über der Sakristeitür der Kirche von Kersbach hängt. Es stammt vermutlich von einem Hausaltärchen. In der einheitlich spätgotischen Kirche von Wässerndorf hat sich eine bauzeitliche Glasmalerei des Heiligen erhalten.

¶ Wir treffen überall da auf Cyriakus, wo die Gläubigen ihre Ängste und Sorgen den Vierzehn Nothelfern anvertrauen. So etwa 1611 in der Wallfahrtskirche auf dem Gügel (Lkr. Bamberg), 1763 am Gnadenaltar in Vierzehnheiligen (Lkr. Lichtenfels) sowie um 1780 auf den sehr ähnlichen, originellen Seitenaltären der Nothelfer in Burgkunstadt (Lkr. Lichtenfels) und Pinzberg (Lkr. Forchheim) von Johann Bernhard Kamm.

Cyriakus-Kirchen und -Abbildungen

Dottenheim (Lkr. Neustadt/Aisch), evang. Kirche, ehem. St. Cyriakus
Kersbach (Lkr. Forchheim), kath. Pfarrkirche St. Ottilie, Relief
Staffelbach (Lkr. Bamberg), kath. Kirche
Wässerndorf (Lkr. Kitzingen), kath. Kirche

8. August
Hl. Dominikus
(um 1170–1221)

Um 1170 kam in Kastilien (Spanien) Domingo de Guzmán zur Welt. Der Sohn einer angesehenen Familie ging von seinem Heimatort an die Domschule nach Valencia und wurde 1195 Mitglied des Domstifts in Osma. Die Begegnung mit der Irrlehre der Albigenser ließ ihn die Notwendigkeit erkennen, das Volk durch Predigten und religiösen Unterricht wieder dem rechten Glauben zuzuführen. Dazu gründete er eine Priestergemeinschaft, deren Mitglieder eine gründliche Ausbildung durchlaufen mußten, bevor sie sich, nur von Almosen lebend, ihrer Aufgabe stellten. Papst Honorius III. bestätigte 1216 den neuen Orden, der besondere Rechte zur Abnahme der Beichte und zu öffentlicher Predigt erhielt. Die Mönche lebten nach den Regeln des hl. Augustinus [→ 28. August], ihr Wirkungskreis beschränkte sich zunächst auf Südfrankreich und Norditalien. Am 6. August 1221 starb Dominikus in Bologna und wurde in der Ordenskirche bestattet. 1234 fand seine Heiligsprechung statt. Seit 1972 wird sein Andenken am 8. und nicht mehr am 4. oder 5. August begangen.

¶ Der hl. Dominikus trägt einen dunklen Kapuzenmantel über dem weißen Habit seines Ordens, der sich bald nach dem Gründer benannte. Aus dem Wort »Dominikaner« leiteten die Zeitgenos-

sen die Attribute des Heiligen ab, denn es beinhaltet die lateinischen Worte *dominus* = Herr und *canes* = Hunde. Wegen der Schärfe ihres Vorgehens gegen Ketzer schätzte der Orden dieses Wortspiel sehr und bezeichnete sich als »Hunde des Herrn«. Ein Hund ist daher häufig neben dem hl. Dominikus zu sehen, meist hat er eine Fackel im Maul. Auch Buch, Lilie, Taube und Stein sind seine Attribute, aber vor allem der Rosenkranz, den die Muttergottes ihm selbst überreicht haben soll. Er ist Patron der Stadt Bologna sowie des Berufstandes der Schneider und wird gegen Fieber angerufen.

In Bamberg trafen die ersten Dominikaner nach 1304 unter Fürstbischof Wulfing von Stubenberg ein, der dem Orden selbst angehörte. Am Fuße des Dombergs errichteten sie ihre erste, nach einem Brand zwischen 1320 und 1340 eine zweite, später wiederholt umgebaute Kirche. Sie überstand zusammen mit den barocken Klostergebäuden die Säkularisation und wurde einer profanen Nutzung, zuletzt als Konzertsaal, zugeführt. Im Schlußstein des Chors finden wir den »ältesten« Dominikus unseres Bistums. Das Aussehen des prachtvollen barocken Hochaltars von 1718, von Klosterschreiner Vinzenz Politius geschaffen, ist nur noch auf einem Stich von Salomon Kleiner überliefert. Er wurde 1803 entfernt und ist seither verschwunden. Sein Altarblatt zeigte die Rosenkranzspende an den hl. Dominikus.

¶ Mit der Einführung der Rosenkranzandacht verbreitete sich der Kult des Heiligen seit der Spätgotik über ganz Europa; 1464 hatte der Dominikaner Alanus de Rupe die Vision, die Muttergottes selbst habe 1213 dem hl. Dominikus das Rosenkranzgebet offenbart. Wenige Jahre später wurden bereits 40 Tage Ablaß dafür gewährt, die auch den armen Seelen im Fegfeuer zugedacht werden konnten. Bald bildeten sich Rosenkranz-Bruderschaften, in Bamberg ab spätestens 1603. Das »Rosenkranzbild«, auf dem die in Wolken thronende Muttergottes – manchmal zusammen mit der hl. Katharina von Siena [→ 29. April] – Dominikus den Rosenkranz reicht, wird nun die beliebteste Darstellung des Ordensgründers.

¶ Wir finden es auf einem Gemälde der Kapelle von Weidenhüll genauso wie auf einem Votivbild von 1647 in der Wallfahrtskirche von Unterrodach, dem südlichen Seitenaltar der Pfarrkirche von Iphofen und der Kilians-Kirche in Hallstadt. Es fehlt auch nicht in den barocken Ausstattungen der Klöster von Kronach und Michelfeld.

Balthasar Esterbauer entwarf 1721 den Rosenkranzaltar der ehemaligen Klosterkirche von Banz. Das Gemälde von Christoph Albrecht Meuser verbindet Dominikus und die Muttergottes mit einer langen Kette weiß-roter Rosen, die zu halten sich auch einige Putten bemühen. Am unteren Bildrand sind die Seelen im Fegefeuer zu sehen, denen die Gebete zugute kommen sollen. Fünfzehn silberne Medaillons mit kleinen Darstellungen der Rosenkranzgeheimnisse umrahmen das Retabel, das seine geistliche Wurzel in einer Gebetsverbrüderung der Benediktinermönche mit den Dominikanern hat. An jedem 1. Sonntag im Oktober wird hier das Rosenkranzfest feierlich begangen.

Selten begegnet uns Dominikus – wie auf dem »Dreikönigsaltar« im Germanischen Nationalmuseum – als Einzelfigur. Der Flügelaltar entstand um 1465 für die Nürnberger Dominikanerkirche und stellt auf einer Tafel den Ordensgründer dem hl. Thomas von Aquin [→ 28. Januar] gegenüber, dem er sich über sein aufgeschlagenes Buch hinweg zuwendet. Beide stehen vor einem kostbaren Brokatvorhang auf einer Blumenwiese, der strenge, bartlose Dominikus hält eine Lilie in der Hand.

Dominikus-Abbildungen

Banz (Lkr. Lichtenfels), ehem. Klosterkirche, Rosenkranzaltar
Hallstadt (Lkr. Bamberg), kath. Pfarrkirche St. Kilian, Seitenaltar
Iphofen (Lkr. Kitzingen), Stadtpfarrkirche, Altar
Kronach, ehem. Franziskanerkloster, jetzt Oblatenkirche, Gemälde
Nürnberg, Germanisches Nationalmuseum, Tafelbild
Michelfeld (Lkr. Amberg-Sulzbach), ehem. Klosterkirche
Unterrodach (Lkr. Kronach), Wallfahrtskirche
Weidenhüll (Lkr. Bayreuth), Kapelle, Gemälde

9. August
Hl. Edith Stein
(1891–1942)

Die 1891 geborene Edith Stein wuchs in einer strenggläubigen und geistig regen jüdischen Familie auf. Nach der Promotion in Philosophie trat sie 1922 zur katholischen Kirche über und wurde 1933 bei den Kölner Karmelitinnen aufgenommen. Die Judenverfolgungen ließen sie nach Echt (Niederlande) fliehen, wo sie ihre wissenschaftlichen Arbeiten über die Scholastik und die Mystik des Johannes vom Kreuz [→ 14. Dezember] fortsetzte. Selbst hier erreichte sie der lange Arm der Nationalsozialisten. Am 9. August 1942 brachte man Edith Stein in den Gaskammern von Auschwitz um.

¶ Am 11. Oktober 1998 wurde die intellektuelle Nonne heiliggesprochen. Am gleichen Tag enthüllte man in der Nürnberger Frauenkirche eine lebensgroße Skulptur aus rotem Sandstein, von Prof. Wilhelm Uhlig geschaffen. Dies dürfte das erste Kunstwerk zur Verehrung von Edith Stein im Erzbistum Bamberg sein. Der christliche Glaube verbindet sie in der Frauenkirche mit den Heiligenskulpturen des 14. Jahrhunderts, denn er kennt keine zeitlichen Grenzen.

10. August
Hl. Laurentius
Märtyrer
(gest. 258)
auch Lorenz, Lenz

Aus Spanien stammte Laurentius, zu deutsch »der mit Lorbeer Geschmückte«, den Papst Sixtus II. [→ 6. August] zum Erzdiakon ernannte. Die Männer verband eine tiefe Freundschaft. Vor seinem eigenen Martyrium übergab Sixtus dem Jüngeren den Kirchenschatz zur Verteilung unter die Armen und sagte auch ihm den Tod voraus. Als die Schergen Kaiser Valerians von dem Geld hörten, ergriffen sie Laurentius. Statt der erhofften Münzen führte dieser dem Kaiser den wahren Schatz der Kirche vor: den Glauben in den Herzen der Menschen, vor allem der Ausgestoßenen und Verachteten. Wütend ordnete Valerian seine Ermordung an, er wurde auf einen glühenden Rost gebunden und lebendig verbrannt. Christen bargen die Reste des Leichnams und bestatteten ihn auf dem Campus Veranus.

Schon 330 ließ Kaiser Konstantin über dem Grab die Basilika S. Lorenzo fuori le mura errichten, in deren Krypta ein antiker Sarkophag die Gebeine des Heiligen birgt. Seither wird sein Gedenktag am 10. August begangen – nach dem Fest für St. Peter und Paul am 29. Juni das größte der römischen Liturgie. Laurentius ist neben dem hl. Stephan [→ 26. Dezember] der meistverehrte unter den frühchristlichen Märtyrern und war schon den Kirchenlehrern Ambrosius [→ 7. Dezember] und Augustinus [→ 28. August] bekannt. Einen außerordentlichen Auftrieb fand die Verbreitung seines Kults, nachdem Kaiser Otto I. am Laurentius-Tag des Jahres 955 die Schlacht auf dem Lechfeld bei Augsburg gegen die Ungarn gewann und den Erzmärtyrer als seinen besonderen Schutzherrn ansah. Viele Kirchengründungen des 10. und 11. Jahrhunderts gehen darauf zurück.

¶ Der junge, bartlose Diakon Laurentius hält einen rechteckigen Rost in der Hand. Auch Märtyrerpalme und Kreuz sind seine Attribute, eine Geldbörse erinnert an die Verteilung des Kirchenschatzes. Wegen seines Martyriums haben ihn viele »Feuer-Berufe« zum Patron: Köche, Bäcker, Köhler, Glasbläser und Bierbrauer. Er beschützt darüber hinaus die Armen, Studenten und Bibliothekare. Man ruft ihn gegen Brandwunden, Fieber, Rückenschmerzen und Feuer an, ja sogar vor dem Fegfeuer soll er schützen. Da in der römischen Kirche S. Lorenzo fuori le mura auch der hl. Stephanus begraben ist, sind die Märtyrer oft zusammen abgebildet.

**Ist's hell
am Laurenz-Tag,
viel Früchte dies
versprechen mag.**

Die große Zahl von Laurentius-Kirchen im Bamberger Land kann wohl kaum mit dem rund 150 Jahre vor der Bistumsgründung liegenden Sieg Ottos I. in Verbindung gebracht werden. Die Urpfarrei Altenbanz soll zwar schon eine Gründung des 9. Jahrhunderts sein, belegt ist ihr Laurentius-Patrozinium jedoch erst für das Spätmittelalter. Kaiser Heinrich II. pflegte selbst eine besondere Verehrung für den römischen Erzmärtyrer und stellte das wiedererrichtete Bistum Merseburg unter dessen Schutz. Die Überlieferung berichtet, daß Laurentius nach dem Tod Heinrichs einen goldenen Krug zu Gunsten des Kaisers auf die Seelenwaage des Erzengels Michael legte, was auf dem Hochgrab Tilman Riemenschneiders im Bamberger Dom und auf dem spätgotischen Hertnid-Altar zu sehen ist, der 1480 für die Michaelskirche in Hof gestiftet wurde und heute in der dortigen Laurentius-Kirche aufgestellt ist.

¶ Das Ansehen, das der Heilige im Bistum genoß, trat 1012 bei der Weihe des Bamberger Doms zutage, als er gemeinsam mit den Märtyrern und »Königsheiligen« Dionysius [→ 9. Oktober] und Vitus [→ 15. Juni] das Patrozinium eines Altars im nördlichen Querhaus erhielt. Um 1360 errichtete Bischof Lupold von Bebenburg einen Laurentius-Altar im südlichen Langhaus, an dem er sich bestatten ließ. Erst nach dem 30jährigen Krieg erhielt der Altar ein Retabel, das Fürstbischof Melchior Otto Voit von Salzburg (1642–1653) stiftete. Der berühmte Frankfurter Maler Matthäus Merian d. J. schuf 1648 das Gemälde, auf dem das Martyrium des Laurentius als nächtliche Szene inszeniert und von einer Fackel dramatisch beleuchtet ist. Das Bild hängt heute im Diözesanmuseum Bamberg.

In vielen Landkirchen, von denen manche nach der Reformation evangelisch geworden sind, hat man spätgotische Figuren des Schutzpatrons Laurentius aufbewahrt, so in Flachslanden, Hetzles, Mörlbach, Roßtal und Walsdorf. Stets halten die unterlebensgroßen Skulpturen im Gewand eines Diakons einen rechteckigen Rost in der Hand.

Den Höhepunkt der Laurentius-Verehrung stellt in Franken die in diesem Buch wegen ihrer wunderbaren Architektur und des Reichtums ihrer Kunstschätze schon viel zitierte Nürnberger Kirche St. Lorenz dar. Sie leitet ihr Patrozinium wahrscheinlich von dem Königshof ab, der auf dem südlichen Pegnitzufer seit dem 10. Jahrhundert nachgewiesen ist und ursprünglich zur Pfarrei Fürth gehörte. Die heutige Pfarrkirche entstand zwischen 1270 und 1477 und wurde von den wohlhabenden, weltläufigen und frommen Bürgern der Freien Reichsstadt mit Skulpturen, Gemälden, Altären und Epitaphien aufs Kostbarste ausgestattet. Obwohl Nürnberg als eine der ersten Städte 1525 die Reformation einführte, blieben die meist von Patriziern gestifteten Kunstwerke erhalten, einen Bildersturm hat es hier nie gegeben. Eine

Wandmalerei der Zeit um 1400 in einer der nördlichen Kapellen dürfte die älteste Darstellung des Laurentius in dieser Kirche sein. Um 1450/60 wurden eine Sitzfigur und ein stehender Laurentius geschaffen, dessen Rost verloren ist. Die Standfigur an einem Pfeiler des nördlichen Langhauses betont die Jugendlichkeit des Märtyrers mit der (damals sehr modischen) hohen Stirn unter lockigem Haar und dem Schwung seiner biegsamen Gestalt. Neben der Sakristeitür stehen sich die Skulpturen der hll. Laurentius und Stephanus gegenüber, wohl aus der Werkstatt des Veit Stoß und um 1510 datiert. Der Besucher, wegen der Kunst und der vielen Heiligendarstellungen nach Nürnberg gereist, wird bei seinem Rundgang allerdings einen dem hl. Laurentius geweihten Altar vermissen.

Eine ältere, um 1360 entstandene Steinskulptur des hl. Laurentius ließ Kaiser Karl IV. in die Vorhalle der Nürnberger Frauenkirche einfügen, wo er neben seinem Konkurrenten, dem hl. Sebald [→ 19. August], steht. Ein spätgotischer Wandelaltar mit einer Skulptur des hl. Laurentius und zwei Flügeln mit Tafelbildern zu seinem Leben hat sich anscheinend nur in der Sakristei der Kirche von Wonsees erhalten. Zu sehen sind: Laurentius, der dem Kaiser den wahren Kirchenschatz statt des Geldes vorführt; die Geißelung des Laurentius; der Ritter Romanus, der einen die Wunden des Laurentius pflegenden Engel beobachtet und sich bekehrt; schließlich der Tod des Heiligen auf dem Rost.

¶ In der Pfarrkirche von Büchenbach (Stadt Erlangen) wurde die Decke 1726 mit drei großformatigen Gemälden zum Martyrium der hll. Laurentius und Sixtus bemalt. Die Decke der 1688 wegen Baufälligkeit weitgehend erneuerten Laurentius-Kirche in Altenbanz erhielt 1784/85 ein Gemälde mit dem Martyrium des Titelheiligen. Für den Auszug des Hochaltars schuf Sebastian Degler um 1700 eine Skulptur.

**Laurentius kommt in finstrer Nacht
ganz sicher mit
Sternschnuppenpracht.**

In Oberleiterbach wurde der Laurentius-Altar 1684/86 durch Samuel Koch erneuert. Als der Altar 1795 endlich einen Tabernakel bekam, verdeckte dieser teilweise die Nische der ursprünglichen Figur. Man ließ daraufhin von Friedrich Theiler eine kleinere, zierliche Rokoko-Skulptur des Kirchenpatrons anfertigen und brachte den »alten« Laurentius kurzerhand über dem südlichen Portal unter – nicht ohne ihm seine altmodisch gewordene, hölzerne Lockenpracht abzuschneiden.

¶ Auch auf die barocken Hochaltäre der Kirchen von Hohenpölz und Neufang (1770) hat man eine Figur des Märtyrers gestellt. Die 1714 von Johann Michael Doser geschnitzte Figur des Heiligen für den Hochaltar der Kirche in Obertrubach ist heute leider beziehungslos an die Wand gehängt. Um 1800 entstand das Altargemälde im Hochaltar der Kirche von Oberwarmensteinach.

¶ Ein schreckliches Schicksal war der Laurentius-Kirche von Strullendorf beschieden; sie wurde zusammen mit dem ganzen Dorf im 30jährigen Krieg und nochmals 1796 beim Rückzug der französischen Truppen vollständig niedergebrannt; der tapfere Pfarrer verbrannte dabei in seinem Gotteshaus. Die 1805 von Lorenz Fink erbaute, schlichte Sandsteinkirche erhielt 1881 eine neue historistische Ausstattung, die man nach dem Zweiten Weltkrieg weitgehend entfernte. Da mittlerweile für die steigende Zahl der Gläubigen ein modernes Gotteshaus errichtet war, wurde schon ein Käufer für die alte Kirche gesucht. Einem engagierten Pfarrer und seiner Gemeinde ist es zu verdanken, daß seit einer gelungenen Restaurierung vor wenigen Jahren die ehrwürdige Laurentius-Kirche wieder fest in das Leben der Dorfes eingebunden ist.

¶ Als Patron der Bierbrauer begegnen wir dem hl. Laurentius auch außerhalb unserer Gotteshäuser. Dies können wir in Scheßlitz (Lkr. Bamberg) studieren. An der Hauptstraße erbaute der berühmte unterfränkische Zimmermeister Jörg Hofmann 1692 das Zunfthaus der Brauer mit eigenwilligem Zierfachwerk und weit vorspringendem Erker. Über der Brüstung aus kuriosen Blattmasken und hölzernen Fabeltieren steht in einer kleinen Nische eine Figur des römischen Diakons Laurentius, der heute etwas verwundert auf den tosenden Verkehr herunterschaut.

Katholische Laurentius-Kirchen

Aisch (Lkr. Erlangen-Höchstadt), Kuratiekirche
Altenbanz (Lkr. Lichtenfels), Pfarrkirche
Bamberg, Laurenzikapelle auf dem Kaulberg
Bellershausen (Lkr. Ansbach), Kuratiekirche
Büchenbach (Stadt Erlangen), Pfarrkirche St. Sixtus und Laurentius
Dornheim (Lkr. Kitzingen), Pfarrkirche
Drosendorf (Lkr. Bayreuth), Kirche
Elsendorf (Lkr. Bamberg), Kuratiekirche
Gebsattel (Lkr. Ansbach), Pfarrkirche
Hannberg (Lkr. Bayreuth), Schloßkapelle
Hetzles (Lkr. Forchheim), Pfarrkirche
Hohenpölz (Lkr. Bamberg), Filialkirche
Lettenreuth (Lkr. Lichtenfels), Pfarrkirche
Neufang (Lkr. Kronach), Pfarrkirche
Neuzirkendorf (Lkr. Neustadt/Waldnaab), Wallfahrtskirche St. Laurentius
Oberbrunn (Lkr. Lichtenfels), Filialkirche
Oberleiterbach (Lkr. Bamberg), Filialkirche
Obertrubach (Lkr. Forchheim), Pfarrkirche
Oberwarmensteinach (Lkr. Bayreuth), Kuratiekirche
Rothenberg (Lkr. Coburg), Filialkirche
Strullendorf (Lkr. Bamberg), kath. Kirche
Waischenfeld (Lkr. Bayreuth), Stadtkapelle St. Michael und Laurentius
Weißenbrunn (Lkr. Amberg-Sulzbach), Wallfahrtskapelle der abgegangenen Ortschaft Puzmans

Evangelische Laurentius-Kirchen

Elpersdorf (Stadt Ansbach); Flachslanden (Lkr. Ansbach); Großgründlach (Stadt Nürnberg); Hof; Meeder (Lkr. Coburg); Mörlbach (Lkr. Neustadt/Aisch); Muggendorf (Lkr. Forchheim); Neunkirchen am Main (Lkr. Bayreuth); Nürnberg; Oberasbach (Lkr. Fürth); Roßtal (Lkr. Fürth); Schmölz (Lkr. Kronach); Thurnau (Lkr. Kulmbach); Walsdorf (Lkr. Bamberg) und Wonsees (Lkr. Kulmbach)

11. August
Hl. Clara von Assisi
(1194–1253)

Clara, Tochter der vornehmen Familie dei Sciffi, hörte eine Predigt des hl. Franziskus [→ 4. Oktober] und beschloß auf der Stelle, sich ihm anzuschließen. Heimlich verließ sie vor dem Palmsonntag des Jahres 1212 das behütete Elternhaus und begab sich in ein Kloster der

Benediktinerinnen. Franziskus war von ihrer Ernsthaftigkeit beeindruckt und soll ihr selbst das lange Haar geschnitten und sie in ein Bußkleid gehüllt haben; auf sein Geheiß bettelte sie für die Armen der Stadt. Zum Ärger der Familie folgte ihr auch die jüngere Schwester Agnes. Um sie vor dem Zorn der Verwandten zu schützen, brachte Franziskus die jungen Frauen nach San Damiano bei Assisi und legte damit den Grundstein für das erste Frauenkloster der Franziskaner. Trotz der ständigen schweren Krankheit Claras wuchs die junge Ordensgemeinschaft, die sich später nach ihrer Gründerin »Clarissen« nannten. Schon 1228 gab es 23 Klöster, die ihren Regeln vor allem der unbedingten Liebe zur Armut folgten. Clara setzte schließlich beim Papst die Bestätigung dieses ungewöhnlichen Privilegs durch: Niemand durfte die Clarissen zwingen, Eigentum anzunehmen.

Clara lebte den Nonnen eine strenge, ihre Gesundheit überfordernde Askese vor, so daß Franziskus selbst wiederholt zur Mäßigung gemahnt haben soll. Überliefert wird, daß Clara einst durch ihr Erscheinen mit einer Monstranz sarazenische Söldner vertrieb, die selbst vor den Klostermauern San Damianos nicht haltgemacht hatten. Das letzte Weihnachtsfest vor ihrem Tod soll Clara in einer übernatürlichen Vision nicht an ihrem tatsächlichen Aufenthaltsort im Kloster, sondern in Assisi bei Franziskus verbracht haben. Am 11. August 1253 starb sie in San Damiano, ihr Leichnam ruht in der Kirche St. Chiara in Assisi. Bereits zwei Jahre später wurde sie heiliggesprochen. Ihr kleines Kloster gibt es noch heute, im Refektorium steht immer ein Blumenstrauß an ihrem Platz bei Tisch.

¶ Clara, zu deutsch »die Reine, die Glänzende«, wird im dunklen, wollenen Ordensgewand abgebildet, Kreuz, Lilie, Regelbuch und Äbtissinnenstab sind ihr beigegeben. Sie ist Patronin der Glaser, Stricker und Vergolder. Ihre Fürbitte gilt der Gesundheit des Augenlichts, wofür das Clara-Wasser gesegnet wird. Pius XII. ernannte sie 1958 wegen ihrer übersinnlichen Teilnahme am Weihnachtsfest in Assisi zur Patronin des Fernsehens.

Drei Clarissenklöster wurden in unserem Bistum gegründet. 1279 schloß sich der Nürnberger Konvent der Magdalenerinnen den Clarissen an. 1339 errichtete der Orden vor dem inneren Frauentor eine neue Kirche. Seine bedeutendste Äbtissin ist zweifellos Caritas Pirckheimer (1467–1532), die Schwester des Nürnberger Humanisten Willibald Pirckheimer, eine der gebildetsten Frauen des ausgehenden Mittelalters, die mit Klarheit und Mut die geistigen Unruhen der ersten Reformationszeit in Nürnberg ertrug. Nach dem Tod der letzten Nonne richtete die Stadt Nürnberg im verwaisten Kloster ein Leihhaus ein. Seit 1857 ist die ehemalige Klosterkirche St. Clara wieder ein katholisches Gotteshaus. Trotz der schweren Beschädigungen im Zweiten Weltkrieg wagte man den Wiederaufbau. Das angeschlossene Caritas-Pirckheimer-Haus beherbergt seit 1979 nicht nur den Konvent der Jesuiten, sondern auch eine zentrale Anlaufstelle der Nürnberger Jugend-Seelsorge.

¶ Eine aus der Bauzeit der Kirche stammende, stark beschädigte Steinplastik der hl. Clara steht jetzt im Germanischen Nationalmuseum. Hier können auch die Fragmente des ehemaligen Hochaltars

bewundert werden, der um 1360 entstand. Liebevoll sind in Tafelbildern die Stationen ihres Lebens erzählt, wobei der fein ziselierte Goldgrund den Betrachter in das Überirdische und Strahlende der Heiligenlegende hineinversetzt.

Einige Szenen, wie die schwangere Hortulana, die Mutter Claras, im Gebet für eine gute Geburt, befinden sich im Historischen Museum Bamberg; die Übergabe eines Palmzweigs an Clara durch den Bischof von Assisi (köstlich im Hintergrund der hl. Franziskus, der schon mit einer großen Schere bereitsteht, dem Mädchen vor dem Eintritt ins Kloster die langen Haare abzuschneiden!) ist auf abenteuerlichen Wegen in das Metropolitan-Museum nach New York gelangt.

¶ Von Nürnberg aus erfolgte die Gründung des Bamberger Clarissenkonvents, den die wohlhabenden Patrizierfamilien der Katharina Zollner und der Kunigunde Hutwan außerhalb der Stadtmauern im Zinkenwörth 1340 stifteten. Die erste Äbtissin und acht Nonnen kamen aus Nürnberg, die dritte Äbtissin wurde Katharina Zollner, deren Grabmal im Historischen Museum Bamberg noch besichtigt werden kann. Die enge Verbindung bestand bis zur Auflösung des zuletzt recht wohlhabenden Bamberger Klosters in der Säkularisation, als zwanzig Nonnen am 13. August 1803 den Konvent verlassen mußten. Ein großer Brand im Jahr 1876 und 1939 schließlich der Abbruch der Kirche unter den Nationalsozialisten für – der hl. Clara sei Dank! – nie verwirklichte monumentale Repräsentationsgebäude machten das Clarissen-Kloster dem Erdboden gleich. Nur noch der Straßenname »Nonnenbrücke« erinnert an das Leben der frommen Frauen in franziskanischer Armut.

¶ Zur Ausstattung dieser spätgotischen Kirche gehörte ein zwischen 1460 und 1470 entstandener Wandelaltar, der das Leben der hl. Clara in Tafelbildern schilderte. Acht von ihnen sind gerettet und heute in der Galerie der Neuen Residenz Bamberg zu sehen. Sie erzählen folgende

Szenen: die hl. Hortulana im Gebet; die Unterrichtung Claras durch Franziskus; Clara empfängt den Palmzweig; die Einkleidung Claras; Erhalt der Ordensregel; Erscheinung des Christkinds; der Tod Claras und die Stigmatisierung des Franziskus. Diese Tafelbilder, die zu den seltenen Zeugnissen der Bamberger Malerei der Spätgotik gehören, könnte der mit dem Kloster eng verbundene Maler Conrad Pleydenwurff gemalt haben.

¶ Das barocke Hochaltarbild der hl. Clara ist seit der Säkularisation verschwunden. 1810 konnte die Kirchenstiftung Trunstadt für 60 Gulden den Hochaltar der Bamberger Franziskaner-Kirche kaufen. Auf dem Gesims des hochbarocken Retabels von 1700 steht die hl. Clara und hält mit beiden Händen eine goldene Monstranz. – Das 1348 in Hof gegründete Clarissen-Kloster wurde 1525 im Bauernkrieg verwüstet und nicht mehr aufgebaut.

Weitere Darstellungen der hl. Clara

Forchheim, ehem. Franziskanerklosterkirche, rechter Seitenaltar, barocke Figur

Klosterdorf (Lkr. Neustadt/Aisch), kath. Kirche, Hochaltar, Figur um 1764

Trunstadt (Lkr. Bamberg), kath. Pfarrkirche St. Marzellinus und Petrus, Figur am barocken Hochaltar

11. August
Hl. Susanna von Rom
Märtyrerin
(gest. um 304)

Susanna gehört zur Gruppe der römischen Märtyrerinnen aus der Frühzeit des Christentums. Der Legende nach soll sich die Tochter des Presbyters Gabinus, des Bruders von Papst Cajus, in christlicher Keuschheit geweigert haben, den Sohn Kaiser Diocletians zu heiraten. Sie wurde daraufhin in ihrem Haus enthauptet, konnte vorher aber noch ihre Onkel Maximus und Claudius sowie deren Familien zum Glauben bekehren. Sie erlitten mit ihr das Martyrium. Die Reliquien befinden sich in der römischen Kirche S. Susanna.

¶ Das Gedenken an Susanna, deren Name im Hebräischen »Lilie« bedeutet, wird bisweilen mit dem anderer frommer Frauen gleichen Namens vermischt. Alle sind wohl nach der Susanna aus dem Alten Testament benannt, die als Bild christlicher Keuschheit, deren Symbol die Lilie sein kann, Vorgängerinnen Marias sind (Buch Daniel, Kapitel 13). Als »Susanna im Bade«, von zwei lüsternen Greisen belauscht und später verleumdet, kennen wir sie von vielen Bildern. Die Susanna nach der Zeitenwende wird mit Schwert und Krone dargestellt. Sie schützt vor Regen, Unglück und Verleumdungen.

¶ Obwohl der schöne Name sich seit vielen Jahrhunderten großer Beliebtheit erfreut, war der hl. Susanna im Bistum Bamberg nur ein einziges Mal eine Kirche geweiht und zwar in Plech (Lkr. Bayreuth). Nach dem Einzug der Reformation erinnert in dem schlichten klassizistischen Bau von 1782 nichts mehr an die römische Märtyrerin.

12. August
Hl. Hilaria
(gest. 304)

13. August
Hl. Cassianus
(gest. um 305)

14. August
Hl. Maximilian Kolbe
(1894–1941)

15. August
Mariae Himmelfahrt

Der oströmische Kaiser Mauritius legte das Fest der Himmelfahrt Mariens zu Beginn des 7. Jahrhunderts auf den 15. August, Papst Sergius nahm es in den römischen Festkalender auf. Die leibliche Aufnahme der Muttergottes in den Himmel gehört zu den kirchlichen Hochfesten, die die Gläubigen mit zahlreichen Festgottesdiensten und Prozessionen feierlich begehen. In manchen Kirchen werden an diesem Tag noch immer die während des Sommers gesammelten Kräuter und Heilpflanzen gesegnet.

¶ In der Kirche auf dem Gügel bei Scheßlitz (Lkr. Bamberg) findet an diesem Tag eine große Trachtenwallfahrt zum Gottesdienst mit anschließender Kräuterweihe statt. Auch der obligatorische Biergartenbesuch kann hier absolviert werden. Nachdem die unter Bischof Gottfried von Aschhausen (1609–1622) dem hl. Pankratius [→ 13. Mai] geweihte Kirche 1610/18 wieder restauriert war, krönte er diese Maßnahme mit einem frühbarocken Altarretabel, für das um 1620/23 Hofmaler Wolf Fugkher die Himmelfahrt Mariens in Anlehnung an ein Gemälde Tizians schuf. Im Hintergrund sind ganz klein die Gügelkirche und die Stadt Bamberg zu sehen.

16. August
Hl. Rochus
Märtyrer
(1295–1327)

Zuverlässige Nachrichten über das Leben des hl. Rochus sind nicht bekannt; erst im 15. Jahrhundert schrieb man seine Legende auf, nach der er um 1295 in Montpellier (Frankreich) geboren wurde. Der fromme Mann gab sein Vermögen den Armen und pilgerte nach Rom, wo er hingebungsvoll Pestkranke pflegte. Es kann sich damals jedoch noch nicht um die große, ganz Europa verheerende Pestwelle gehandelt haben, die Seeleute ja erst 1347 auslösten. Im Mittelalter hieß jede epidemieartige Krankheit Pest. Rochus steckte sich auf dem Rückweg in Piacenza selbst an und wurde wie durch ein Wunder geheilt. Ein Engel pflegte den in einem Wald versteckten Pilger, der Jagdhund eines Edelmannes brachte ihm Verpflegung. Unerkannt und gesund kehrte er zwar in seine Heimatstadt zurück, wurde hier aber als Spion verdächtigt und in den Kerker geworfen, was er nicht überlebte. Im Jahr 1327 soll er in Montpellier an Entkräftung gestorben sein.

Seine Verehrung verbreitete sich im 15. Jahrhundert, nachdem das Konzil von Konstanz (1414 bis 1418) den Kult bestätigt hatte. Eine Generation später entstanden die ersten legendenhaften Biographien, die 1479 in Mailand, 1482 in Wien und 1484 in Nürnberg gedruckt wurden. Als 1485 ein Teil seiner Reliquien nach Venedig gelangte, das sich wegen der vielen Schiffe und fremden Besatzungen stets vor Epidemien schützen mußte, trat »San Rocco« seinen

Ruhm als volkstümlicher Pestheiliger an. Die teils abergläubische Verehrung des Heiligen veranlaßte den berühmten Humanisten Erasmus von Rotterdam, sich 1501 öffentlich gegen den Rochus-Kult auszusprechen.

Wir begegnen dem hl. Rochus als Pilger, der sein Gewand hebt und eine große Pestbeule am Oberschenkel zeigt. Manchmal begleitet ihn ein Engel mit Arzneibüchse oder ein kleiner Hund, der ein Brot im Maul trägt. Neben dem Pestpatronat gilt er wegen seiner unschuldigen Haft als Heiliger der Gefangenen, wegen seiner aufopfernden Pflege auch der Kranken, Ärzte und Totengräber. Die Kunsthändler und Schreiner sollen ihn ebenfalls verehren. Er wird bei allen Seuchen und Beinleiden, Unglück und Tollwut angerufen. Seitdem sich der Ruf des Heiligen verbreitet hatte, traten viele Bruderschaften in seinem Namen zusammen, Bittgänge wurden ihm zu Ehren abgehalten, in manchen Gegenden zählt er zu den Nothelfern. Rochus wird oft gemeinsam mit dem älteren Pestheiligen Sebastian [→ 20. Januar] abgebildet.

Im Bistum Bamberg führte der Nürnberger Patrizier Peter Imhoff um 1485 den Rochuskult ein, den er als international tätiger Gewürzhändler in Venedig kennengelernt haben muß. Die verheerenden Pestwellen, die 1483 in Nürnberg 4500 und 1494 sogar 9700 Tote gefordert (und die Familie Imhoff verschont) hatten, mögen den weitgereisten, wohlhabenden Händler um 1490 veranlaßt haben, in die Lorenz-Kirche einen großartigen Rochus-Altar zu stiften. Stilistische Gründe legen nahe, daß dieser außergewöhnliche Flügelaltar in einer Bamberger Werkstatt entstand. In 17 Haupt- und Nebenszenen wird das Leben des Heiligen sowie ein allgemeines Pestprogramm gezeigt. In der Mitte stehen unter einem Baldachin die lebensgroßen Figuren des hl. Rochus und des Verkündigungsengels, dessen Verheißung Rochus zum Nothelfer werden ließ. Es ist unklar, wo sich Imhoff und die von ihm beauftragten Künstler inspirieren ließen, denn eine ausgeprägte Ikonographie des hl. Rochus gab es damals noch nicht, er wird auch in der *Legenda aurea* nicht genannt.

Die Familie Imhoff gedachte des Heiligen mit einem Rochus-Fest und zahlreichen, bald allgemein beliebten Messen, aus denen die große Angst der Menschen vor weiteren Seuchen abzulesen ist. Diese Familie, deren Gewürzhandel wegen der Pestwellen florierte, galten doch manche Gewürze als einzig wirksame Arznei, stiftete später in Nürnberg noch die Rochus-Kapelle im Friedhof außerhalb der Stadtmauern (heute Stadtteil Gostenhof). Der Altar von 1521 zeigt ein ähnliches Programm wie der bedeutende Vorgänger in der Lorenz-Kirche.

¶ Von Nürnberg ausgehend entstand 1488 eine Meßstiftung des hl. Rochus in der Friedhofskapelle von Neunkirchen am Brand (Lkr. Forchheim); 1498 gibt es einen hl. Rochus in der Kirche von Kalchreuth (Lkr. Erlangen-Höchstadt). In dieser Zeit wurde auch die heute evangelische Pfarrkirche von Obersteinbach dem hl. Rochus geweiht, deren spätgotischer Altar Figuren des

Pestpatrons und des hl. Sebastian zeigte. Er ist seit 1802 verschollen. Noch vor der Reformation entstand die Rochus-Kapelle in Trebgast, die lange Zeit als Beinhaus diente. Ein spätgotisches Wandfresko des Titelheiligen aus der Erbauungszeit hat alle späteren Nutzungen überdauert, Zweifel an der Identität des dargestellten Pilgers unter einem gemalten, grünen Baldachin räumt ein Schriftband des Namens aus. In der Kirche von Mühlendorf (Lkr. Bamberg) steht eine Figur des hl. Rochus aus der Werkstatt Tilman Riemenschneiders, um 1490 entstanden, deren Pendant des hl. Sebastian heute im Bayerischen Nationalmuseum München zu sehen ist.

Abt Hölein von Ebrach ließ 1594 außerhalb des Klosters auf einer Steigerwaldhöhe für die zahlreichen Pestkranken jener Zeit ein Siechenhaus errichten, das 1612 eine Kapelle erhielt. Sie wurde unter den Schutz der hll. Rochus und Sebastian gestellt und schon bald das Ziel kleinerer Wallfahrten. Beide Heilige sind zu Füßen der von den Zisterziensern besonders verehrten Muttergottes dargestellt, deren Himmelfahrt [→ 15. August] auf dem 1779 gemalten Hochaltarbild zu sehen ist. Die beiden Skulpturen der Heiligen mußten leider aus Sicherheitsgründen aus der einsamen, meist verschlossenen Kapelle in das Museum des ehemaligen Klosters in Ebrach verbracht werden. Die kleine Ansiedlung um das frühere Siechenhaus trägt den Ortsnamen St. Rochus; wer die Kirche besuchen möchte, sollte sich im Pfarramt anmelden.

¶ Während der Pestepidcmien im 30-jährigen Krieg kam der Kult des hl. Rochus zu neuer Blüte. Nun stand auch im Bamberger Dom für eine kurze, nicht genau einzugrenzende Zeit ein Rochus-Altar, der schon 1656 einem Katharinen-Altar weichen mußte. Aus einer 1634 gelobten Pestkapelle entwickelte sich die Wallfahrtskirche Hl. Kreuz in Unterrodach (Lkr. Kronach), zu deren Figurenbestand ein hl. Rochus gehört. Ein barockes Figurenpaar der Pestpatrone Rochus und Sebastian schuf Johann Michael Doser 1715 für den Hochaltar der Kirche Untertrubach (Lkr. Forchheim), und Georg Joseph Mutschele 1790 für die Antonius-Kapelle der Klosterkirche in Kronach.

¶ In der Bamberger Jakobs-Kirche steht eine Rochus-Figur, die der berühmte Hofbildhauer Ferdinand Tietz 1750/53 schuf; ein treuer Hund ist ihr zur Seite gestellt. Das Gewand wird der flotten Art des Bildhauers entsprechend nicht nur seitlich gerafft, sondern von einem Windstoß erfaßt. »Laßt uns St. Rochus rufen an / vor Krankheit er uns hüten kann« verspricht die Darstellung des Heiligen an der Empore der Adelgundis-Kapelle auf dem Staffelberg (Lkr. Lichtenfels).

Rochus-Kirchen

Nürnberg, Friedhofskapelle St. Rochus
Obersteinbach (Lkr. Neustadt/Aisch), evang. Kirche, ehem. St. Rochus
St. Rochus (Lkr. Bamberg), kath. Wallfahrtskirche
Trebgast (Lkr. Kulmbach), Kapelle

17. August
Hl. Amor
(gest. um 777)

18. August

Hl. Helena

(um 255–329)

auch Helene, Ellen, Lena

Die Gastwirtin Helena war die Geliebte des römischen Offiziers und späteren Mit-Kaisers Constantius Chlorus und hatte mit ihm einen Sohn namens Konstantin [→ 21. Mai]. Als dieser 306 trotz seiner unstandesgemäßen Geburt an die Macht gelangte, nahm er seine vom Vater aus politischen Gründen verstoßene Mutter an den Hof. Münzportraits belegen die Macht der »ersten Dame des Reiches«. In der Schlacht an der Milvischen Brücke bei Rom im Jahr 312 besiegte Konstantin den Gegenkaiser Maxentius im Zeichen des Kreuzes und versprach Toleranz gegenüber den Christen. Helena ließ sich taufen und reiste im Jahr 326 zu den Stätten der Bibel ins Heilige Land. Hier veranlaßte sie den Bau der Geburts- und Grabeskirche in Jerusalem. Auch die Gründung von Kirchen in den Provinzstädten Trier, Bonn, Xanten und Köln sowie in Rom schreiben die Legenden ihr zu. Nachdem Konstantin zum Alleinherrscher aufgestiegen war, erhielt Helena den ehrenvollen Titel einer *augusta*. Sie starb am 18. August des Jahres 329 in Nikodemia (Türkei). Beigesetzt wurde sie in Rom, später überführte man ihre Gebeine nach Hautevillers (Frankreich), ihre Kopfreliquie gelangte nach Trier.

¶ Der Name und das Andenken Helenas sind in der christlichen Kirche unauslöschlich mit dem Heiligen Kreuz verbunden, das auf ihr Drängen hin gefunden und zum wichtigsten Symbol des Christentums wurde. Der Tag der Kreuzauffindung ist ein eigenes kirchliches Fest, das am 3. Mai begangen wird.

¶ Der Legende zufolge rief Helena in Jerusalem die Weisen der Juden zusammen und fragte nach dem Versteck des Kreuzes, an dem Christus den Tod gefunden hatte. Ein Mann namens Judas (sic!) kannte zwar den Ort, wollte ihn aber nicht verraten. Helena ließ ihn kurzerhand – offenbar noch ganz den heidnischen Herrschaftsmethoden verbunden – in einen trockenen Brunnen werfen und so lange hungern, bis er die Stelle zeigte. Sie verweilte dort in innigem Gebet, als sich die Erde bewegte. Eilfertig begann Judas zu graben, bis tatsächlich drei Kreuze zum Vorschein kamen. Helena befahl, sie in die Stadt zu tragen, öffentlich auszustellen und auf einen Fingerzeig Gottes zu warten. Dieser offenbarte sich, als ein toter Jüngling vorübergetragen und das dritte Kreuz auf die Bahre gelegt wurde. Der Tote wurde lebendig, stand auf und lobte Gott. Judas bekehrte sich sofort, empfing die Taufe und soll später als Quiriacus sogar Bischof von Jerusalem geworden sein. Helena brachte das Kreuz nach Konstantinopel und gab es vor ihrem Tod in drei Teilen den Söhnen Konstantins als Symbol für die zu erhaltende Einheit des Reiches. Diese Reliquien werden in der römischen Kirche S. Croce in Gerusaleme aufbewahrt, andere Kirchen erhielten davon Partikel.

Helena erscheint als stolze Kaiserin in zeittypischer Kleidung, mit Krone und großem Kreuz. Bisweilen hält sie auch ein Kirchenmodell und einen Nagel in der Hand. Sie ist die Patronin der Färber und Nagelschmiede. Ihre Fürbitte hilft bei Blitz, Feuer und der Entdeckung von Diebstählen.

Im Bistum Bamberg hatte man der hl. Helena zwei Wallfahrtskirchen geweiht. Während die in Emtmannsberg heute nicht mehr nachweisbar ist, hat sich um die Kapelle St. Helena in der Fränkischen Schweiz eine idyllische kleine Ortschaft gebildet, die den Namen der Heiligen übernommen hat. Im Mittelalter gab es hierher viele Wallfahrten, denen das heute evangelische Gotteshaus seinen spätgotischen Flügelaltar verdankt. Dieser »liest« sich mit seinen Reliefs und wunderbar naiven Tafelgemälden (von denen leider zwei verschwunden sind) wie eine Bildergeschichte und erzählt ausführlich die oben beschriebenen Stationen der Kreuzauffindung. In der Mitte des Schreins steht selbstbewußt Kaiserin Helena neben ihrem Sohn Konstantin und Kaiser Heraklius von Byzanz, der 628 das von den Persern geraubte Kreuz wieder zurückeroberte. Man meint fast, ein wenig lächelnde Genugtuung über den Fund in ihrem feinen Gesicht unter der riesigen Krone erkennen zu können. Helena ist prächtig und modisch gekleidet, mit der rechten Hand umfaßt sie ein großes Kreuz, in der linken hält sie ein Szepter.

¶ Auf Nürnberger Flügelaltären der Spätgotik ist Helena wiederholt abgebildet, so auf dem Krellschen Altar (um 1483) und dem Katharinen-Altar (um 1485) in der Lorenz-Kirche sowie dem Hagelsheimer Altar der Kirche St. Jakob. In der Marien-Wallfahrtskirche von Watzendorf konnte ein spätgotisches Fresko der hl. Helena zusammen mit anderen Heiligen freigelegt werden.

¶ Eine Szene der Kreuzauffindung weist die evangelische Kirche von Ickelheim auf. Der linke Flügel des spätgotischen Kreuzaltars zeigt den Augenblick, als durch die Erweckung des toten Jünglings das wahre Kreuz Christi erkannt werden konnte; rechts steht Kaiser Heraklius barfuß und im Hemd, voll Demut das Kreuz zurückbringend. Über den Kreuzaltar der ehemaligen Klosterkirche Banz freskierte Melchior Steidl um 1716 eine barocke Version der Kreuzauffindung in leuchtenden Farben.

Meist müssen sich die Kirchen mit einer Figur der Heiligen begnügen, die ein großes Kreuz umarmt. Die älteste Helena dürfte in der Weltgerichtspforte der Nürnberger Sebaldus-Kirche stehen, die um 1309/15 entstand. Die Sandsteinfigur hält ein großes Kreuz und bei genauerem Hinsehen einige Nägel in der Hand und ist ohne Zeichen weltlicher Herrschaft ausgebildet, ganz im Gegensatz zur späteren Figur im Innern der Kirche. In Ampferbach ist die Kirche der Kreuzauffindung geweiht, eine spätgotische Figur der Helena verweist also auch auf das hohe Alter von Kirche und Ortschaft, in der übrigens im Jahr 1103 Bischof Otto [→ 30. September] erstmals Bamberger Territorium betreten hatte.

¶ Barocke Helenen-Skulpturen gibt es in Rattelsdorf und Unterweilersbach. Eine besonders prachtvolle Statue der Heiligen schuf Johann Michael Doser um 1721 für die Mittelnische des Hochaltars der Helenen-Kirche in Auerbach, deren Bildprogramm ganz im Zeichen des Kreuzes steht. Es soll auch auf die Skulptur der hl. Helena verwiesen werden, die als Pendant zur hl. Veronika [→ 4. Februar] auf dem Gebälk des Kreuzaltars der ehemaligen Klosterkirche von Weißenohe sitzt.

¶ Seit der Mitte des 18. Jahrhunderts besitzt jede katholische Kirche einen meist gemalten Kreuzweg, so daß sich Darstellungen der heiligen Kaiserin nun häufen. Als 15. Station ergänzt die Kreuzauffindung viele Passionsreihen.

¶ In den Bamberger Dom, in dem die heilige Kaiserin Kunigunde [→ 3. März] ihr Grab hat, zog die hl. Helena erst 1926 ein. Damals wurden wertvolle spätgotische Skulpturen, Reliefs und Gemälde, teils aus dem Kunsthandel, teils aus Stiftungen, zu einem Heinrichs-Altar zusammenkomponiert. Auf einem der Reliefs ist Helena neben Maria Magdalena abgebildet.

Helenen-Kirchen und -Darstellungen

Ampferbach (Lkr. Bamberg), kath. Kuratiekirche, Kreuzauffindung, spätgotische Figur

Auerbach (Lkr. Amberg-Sulzbach), Friedhofskirche St. Helena

Banz (Lkr. Lichtenfels), ehem. Klosterkirche St. Dionysius, Fresko

Emtmannsberg (Lkr. Bayreuth), abgegangene Kapelle St. Helena

Ickelheim (Lkr. Neustadt/Aisch), evang. Kirche, Flügelaltar

Nürnberg, evang. Kirche St. Sebald, Skulpturen

Rattelsdorf (Lkr. Bamberg), kath. Pfarrkirche St. Peter und Paul, Figur

St. Helena (Lkr. Nürnberger Land), evang. Kirche, ehem. St. Helena

Unterweilersbach (Lkr. Forchheim), kath. Wallfahrtskirche St. Anna, Figur

Watzendorf (Lkr. Coburg), evang. Kirche, ehem. St. Maria, Fresko

Weißenohe (Lkr. Forchheim), ehem. Klosterkirche, barocke Figur

19. August
Hl. Sebald
(wohl 11. Jh.)

Keine schriftliche Quelle gibt es zur historischen Person des hl. Sebald, der doch als Nürnberger Stadtpatron für die Geschichte Frankens von so großer Bedeutung ist. Aus dem Althochdeutschen übersetzt, bedeutet sein Name »der Sieg-Kühne« oder der »See-Starke«. Mundartforscher schließen daraus, daß er aus dem Norden, vielleicht aus Dänemark, gekommen sei. Die mehr als zwanzig Legendenversionen, die sich um den geheimnisvollen Pilger ranken, gehen auf zwei Stränge zurück. Nach der einen Überlieferung soll Sebald ein Weggefährte der angelsächsischen Missionare Willibald, des späteren Bischofs von Eichstätt [→ 7. Juli], und seines Bruders Wunibald [→ 15. Dezember] gewesen sein und mit ihnen im 8. Jahrhundert die Christianisierung Mittelfrankens vorangebracht haben. Die andere Legende berichtet von einem gottesfürchtigen Einsiedler, der zu Beginn des 11. Jahrhunderts der eitlen Welt entsagte und in dem Waldgebiet lebte, aus dem wenig später die Handelsstadt Nürnberg wurde.

An seinem Grab in der Peters-Kapelle auf der südlichen Terrasse unter dem Burgfelsen (es gehörte zur bambergischen Pfarrei Poppenreuth) häuften sich die Wunder und es wurde ab 1070 von vielen Pilgern und Wallfahrern besucht. Unter ihnen befand sich auch der Bamberger Bischof Gunther. Um diese Kirche entwickelt sich im Schatten der Burg der älteste Siedlungskern Nürnbergs, der sich unter den Schutz Sebalds stellte und ihm dankbar seinen raschen wirtschaftlichen Aufstieg zuschrieb. Der vermeintliche Todestag am 19. August wird zum Hochfest der jungen Stadt. Ab 1240 beginnt die wohlhabende Bürgerschaft mit dem Bau einer neuen, Sebald geweihten Kirche im spätromanisch-frühgotischen Stil. 1308 wird St. Sebald zur selbständigen Pfarrei. 1361 schenkt die Reichsstadt ihrem großen Förderer Karl IV. Reliquien des Heiligen und beginnt mit dem Bau des berühmten hochgotischen Hallenchors. Als die Stadt kurz darauf die Unabhängigkeit vom Burggrafen erlangen kann und zur Freien Reichsstadt aufsteigt, versuchen die Bürger die offizielle Heiligsprechung ihres Patrons zu erreichen. Trotz mancher Widersprüche in den übersandten Texten wird Sebald am 26. März 1425 kanonisiert. Seither prägte man sein Bild auf den Nürnberger Gulden, 1518 nahm ihn Kaiser Maximilian in die Ahnenreihe der Habsburger auf.

Für den kostbaren, silberbeschlagenen Sarkophag, der schon vor der offiziellen Heiligsprechung 1391/97 für seine Gebeine angefertigt und bei Prozessionen durch die Stadt getragen wurde, schuf Peter Vischer mit seinen Söhnen 1507/19 ein gußeisernes Baldachingehäuse. Es ist ein Meisterwerk der Technik und der frühen Renaissancekunst in Deutschland, das seine spätgotischen Wurzeln nicht verleugnet. Hier finden wir vier Reliefs mit Szenen aus dem legendären Leben des Heiligen. Neben dem »Weinwunder« gibt es die Darstellung des Spötters, den die Erde verschluckt, und die Heilung eines Geblendeten, dem Sebald die Augäpfel wieder einsetzt. Besonders bekannt ist das »Eiszapfen-Wunder«: Sebald war frierend bei einem geizigen Bauern eingekehrt und heizte, als dieser den Kamin nicht schüren wollte, mit Eiszapfen.

¶ Nicht unerwähnt bleiben darf schließlich die Legende zum Bau der Sebaldus-Kirche, denn nach dem Tod des frommen Einsiedlers blieben Ochsen, die den Wagen mit dem Leichnam zogen, an genau der Stelle stehen, an der wir heute eine der schönsten gotischen Kirchen Frankens bewundern können –

sicherlich ein Wunder, das der hl. Sebald vollbrachte.

¶ Nürnberg blieb seinem Stadtpatron auch nach Einführung der Reformation treu und dankbar verbunden, zahlreiche evangelische Pfarrer feierten das Sebaldus-Fest. Da es hier nicht zu einem Bildersturm gekommen ist, finden wir die meisten Skulpturen und Abbildungen des Heiligen naturgemäß noch immer in »seiner« Kirche, aber auch vielerorts entlang der Handelsstraßen, auf denen Nürnberger Kaufleute reisten. Sie oder die Nürnberger Steinmetzen der Frauenkirche dürften es gewesen sein, die einen hl. Sebald um 1400 nach Bayreuth brachten, wo er im Reigen von 30 Sandsteinfiguren am Untergeschoß eines Turms der Stadtpfarrkirche Aufstellung fand. – Im Chor der Kirche St. Veit in Iphofen hat sich ein farbiges gotisches Glasfenster (um 1430) erhalten, auf dem mehrere Szenen der Sebald-Legende zu sehen sind: das Brotwunder, das Weinwunder sowie sein Begräbnis und die Auffindung des Sarkophags, der von Engeln an seinen ursprünglichen Bestattungsort zurückgetragen wird; alles vor dem Hintergrund einer romantischen, baumbestandenen Landschaft.

¶ Die älteste Darstellung des Heiligen ist eine um 1330 entstandene Steinfigur in der Kirche St. Sebald. Schon damals erschien er als Pilger mit dem charakteristischen, muschelbesetzten Hut, weitem Umhang und Wanderstab und ist daher leicht mit dem traditionellen Pilgerheiligen Jakobus d. Ä. [→ 25. Juli] zu verwechseln. Oft trägt er ein Kirchenmodell auf dem Arm. Wegen des »Eiszapfen-Wunders« ruft man ihn gegen allzu große Kälte an.

Sebaldus-Kirchen und -Darstellungen

Bayreuth, evang. Stadtpfarrkirche, ehem. St. Maria Magdalena, Steinfigur

Bruck (Stadt Erlangen), evang. Kirche, ehem. St. Peter und Paul, Relief im spätgotischen Flügelaltar

Hersbruck (Lkr. Nürnberger Land), evang. Spitalkirche St. Elisabeth, Predella das Kreuzigungsaltars um 1500

Iphofen (Lkr. Kitzingen), kath. Pfarrkirche St. Veit, Glasgemälde
Kalchreuth (Lkr. Erlangen-Höchstadt), evang. Kirche, ehem. St. Andreas, Tafelbild um 1500
Neunkirchen am Brand (Lkr. Forchheim), ehem. Augustinerchorherrn-Kirche St. Michael, spätgotisches Fresko
Nürnberg, evang. Stadtpfarrkirche St. Sebald
Nürnberg, Germanisches Nationalmuseum: Hier wird ein Fragment des Bildteppichs (um 1400) aufbewahrt, der einst den Sarkophag schmückte.

20. August
Hl. Bernhard von Clairvaux
(1090–1153)
auch Berndt

Einer der bedeutendsten mönchischen Heiligen des Abendlandes ist Bernhard von Clairvaux. Dem burgundischen Ritter Tescelin und seiner Frau Aleth wurde 1090 in Fontaines bei Dijon (Frankreich) der dritte Sohn geboren. Sie nannten ihn Bernhard, den »Bärenkühnen«. Nach einer für seine Zeit außerordentlich gründlichen Ausbildung entschloß er sich, 1112 dem asketischen Reformkloster Cîteaux beizutreten. Das Kloster war 1098 von Robert von Molesme und Alberich [→ 26. Januar] mit dem Ziel gegründet worden, die Ordensregeln des hl. Benedikt [→ 11. Juli] in ihrem strengen ursprünglichen Sinn zu befolgen.

¶ Damit begann die heftig geführte Auseinandersetzung mit den traditionellen Cluniazensern. Die engagierten jungen Mönche um Bernhard machten bald die Gründung weiterer Zisterzienserabteien in einsamen Tälern möglich: Le Ferté, Potigny, Morimond und 1115 schließlich Clairvaux (zu deutsch: das helle Tal). Im Alter von 25 Jahren wurde Bernhard Abt von Clairvaux, weshalb er gerne »Zweiter Gründer« der Zisterzienser genannt wird. Bis zu seinem Tod konnten allein von hier aus 28 weitere Tochterklöster in ganz Europa besiedelt werden.

¶ Bernhard selbst ist nicht nur durch seine Auseinandersetzung mit Abt Petrus

von Cluny und dessen »verweichlichtem« Klosterleben berühmt geworden, sondern durch seine mystischen Schriften, die die mittelalterliche Kirche wachrüttelten und mit neuem religiösen Eifer erfüllten. Rasch wurde der kranke, asketische, aber außerordentlich charismatische Abt von Clairvaux zum Berater von Päpsten und Herrschern, politisch wirkte er mit seinen Predigten für einen zweiten Kreuzzug gegen die Ungläubigen im Heiligen Land. 1124 lernte er in Foigny Norbert von Xanten [→ 6. Juni], den Gründer der Prämonstratenser, eines zweiten Reformordens, kennen, mit dem ihn eine enge Seelenverwandtschaft verband. Im Jahr 1135 soll Bernhard im Bamberger Dom gepredigt haben.

Trotzdem nahmen die bußfertige Zurückgezogenheit seines Klosters sowie die kontemplative Beschäftigung mit Gott und den Heiligen Schriften den größten Raum in seinem Wirken ein. »Honigfließender Lehrer« nannten ihn seine späteren Schüler. Innig verehrte er die Gottesmutter, die er, der jung seine leibliche Mutter verloren hatte, als seine geistige Mutter betrachtete. Die mittelalterliche Marienverehrung erhielt damit wichtige Impulse.

Viele Menschen zog Bernhard in seinen Bann, wenn er, der ein Leben lang an Magengeschwüren und ständigem Brechreiz litt, Kranke und Besessene, die in Scharen zu ihm kamen, heilte. Bernhard, schon zu Lebzeiten wie ein Heiliger verehrt, starb am 20. August 1153 in seinem Kloster. 1174 sprach ihn Papst Alexander III. heilig.

¶ Dargestellt wird Bernhard in weißgrauer oder versilberter Kutte, mit den Leidenswerkzeugen Christi, einem Bienenkorb oder Buch. Er ist nicht nur Patron der Zisterzienser und seiner Heimat Burgund, sondern auch der Imker und Wachszieher.

Noch heute finden wir im Bistum Bamberg eine besondere Verehrung für den hl. Bernhard, wo der Zisterzienserorden gewirkt hat: in Ebrach (Lkr. Bamberg), das 1127 von Morimond aus gegründet worden war, und in Klosterlangheim (Lkr. Lichtenfels). Die Klöster wurden 1803 aufgelöst, ihr Inventar teilweise verschleudert.

¶ Die bedeutende frühgotische, von 1200 bis 1285 errichtete Kirche in Ebrach blieb erhalten. 1621 hatte Abt Johannes Dressel einen Altar zu Ehren des hl. Bernhard bei dem protestantischen, in Nürnberg lebenden Bildhauer Veit Dümpel in Auftrag gegeben. Das riesige Retabel aus Alabaster und Sandstein vergegenwärtigt in seinen Reliefs die Vita des Heiligen nach Kupferstichen des italienischen Künstlers Antonio Tempesta 1587: Traum des jungen Bernhard; Bernhard mit den Leidenswerkzeugen Christi; Christus beugt sich vom Kreuz herab zu Bernhard; die Gottesmutter nährt Bernhard mit ihrer Milch. Der kostbar schimmernde Werkstoff Alabaster, einst noch in Teilen vergoldet, gibt den Szenen eine überirdische Transzendenz. Die Ebracher Mönche haben diesen Altar immer besonders geschätzt, mehrfach restauriert, ja sogar modernisiert. Das Renaissance-Kunstwerk steht heute an der Stirnwand des nördlichen Querschiffs, in die klassizistische Dekoration integriert. – Die Vision des hl. Bernhard, daß nämlich Christus vom Kreuz sich zu ihm herunterbeugt, hat Michael Trautmann 1773 als plastische Gruppe für die

Fassade des »Alten Ebracher Hofs« (heute Vorderer Bach 5), des Quartiers der Äbte in Bamberg, nachempfunden. Die originale Sandsteingruppe befindet sich im Historischen Museum Bamberg und ist durch eine Kopie ersetzt.

¶ Auch Ortschaften im Besitz der Klöster pflegten ihre zisterziensischen Wurzeln. So steht auf dem barocken Hochaltar in Altenkunstadt neben dem sel. Alberich [→ 26. Januar] eine lebensgroße Statue des hl. Bernhard mit den Leidenswerkzeugen Christi. Figuren aus dieser Zeit besitzen auch die Kirchen von Autenhausen – der Altar der Schloßkirche von Tambach wurde hierher versetzt, als der Sommersitz der Langheimer Äbte 1806 in evangelische Hände kam – und die Mistelfelder Kirche. Zum Kloster Ebrach gehörte der Ort Burgwindheim, in dessen Kirche wir die »Marienminne des hl. Bernhard« als dramatische barocke Szene auf dem Kanzelkorpus finden; Engel tragen die Leidenswerkzeuge Christi und den Abtshut Bernhards. Die Benediktiner in Banz ehrten den großen Zisterzienserabt mit einem Fresko von Melchior Steidl (1716) an der Emporendecke ihrer Klosterkirche: der gekreuzigte Heiland umarmt den hl. Bernhard.

Bernhard-Darstellungen

Altenkunstadt (Lkr. Lichtenfels), kath. Pfarrkirche Mariae Geburt, Altarfigur
Autenhausen (Lkr. Coburg), kath. Kirche St. Sebastian, Altarfigur
Bamberg, Hinterer Bach, Alter Ebracher Hof, Hausfigur
Burgwindheim (Lkr. Bamberg), kath. Pfarrkirche St. Jakobus, Kanzel
Ebrach (Lkr. Bamberg), ehem. Zisterzienserklosterkirche, Bernhard-Altar
Mistelfeld (Lkr. Lichtenfels), kath. Pfarrkirche St. Andreas, Figur

21. August
Hl. Pius X.
(1835–1914)

22. August
Hl. Philippus Benitus
(1233–1285)

23. August
Hl. Rosa von Lima
(1586–1617)

In Peru wurde am 20. April 1586 ein Mädchen namens Isabella Flores geboren, das mit dem Namen Rosa 1606 als Terziarin in den Dominikanerorden eintrat. Mystische Gnadenerweise verklärten das Leben der von körperlichen Leiden gezeichneten Nonne. Sie starb am 24. August 1617 in Lima, wo sie in der Kirche ihres Ordens begraben ist. 1671 erfolgte die Kanonisation.

¶ Die junge, schöne Dominikanerin trägt ihr Ordenshabit und auf dem Kopf einen Kranz stacheliger Rosen in Erinnerung an die Dornenkrone Christi. Auch das Jesuskind, eine Nachtigall oder Hasen können die Attribute der Patronin Perus und Limas sein. Sie wird bei Verletzungen und Streit angerufen.

Die Bamberger Dominikaner errichteten 1672 in ihrer Kirche einen Altar zu Ehren der hl. Rosa von Lima, dessen Patrozinium später auf den hl. Thomas von Aquin [→ 28. Januar] übertragen wurde. Das Auszugsbild von 1757 erinnert an die hl. Rosa von Lima und ist heute in der Stadtpfarrkirche von Hollfeld (Lkr. Bayreuth) zu sehen, wohin der Altar 1804 gelangte. Es zeigt die Heilige, die vom Jesuskind mit einem Kranz aus Rosen gekrönt wird. Das schöne Gemälde kann von unten gesehen kaum in seiner ganzen malerischen Qualität erfaßt werden. Es stammt von Johann Anwander, dem wir auch die Fresken am Alten Bamberger Rathaus verdanken.

24. August
Hl. Bartholomäus
Apostel
Märtyrer

auch Bertel, Barth, Mebus, Möbius, Mies

Jesus soll Bartholomäus, aus dem Aramäischen übersetzt »den Sohn des Tolmai«, mit den Worten begrüßt haben: »Seht, ein echter Israelit, in dem kein Falsch ist« (Jo 1,45-50). Er nahm den Mann, der vorher Nathanael hieß und aus Kana in Galilea stammte, unter die Apostel auf. Nach der Himmelfahrt Christi soll Bartholomäus in Armenien, aber auch in Syrien, Persien und Indien viele Menschen geheilt und bekehrt haben. Ungewiß ist die Art seines Martyriums, wobei die Überlieferungen von Steinigung und Verbrennung, Kreuzigung kopfüber, Versenken im Meer bis zur Schindung reichen. Letztere soll er erlitten haben, weil er sich allzu heftig gegen die heidnischen Götter wandte und in Armenien einen Tempel zerstörte. König Astygages ließ ihn deshalb in Albanopolis ergreifen und bei lebendigem Leib häuten. Anderen Berichten zufolge soll man seinen Körper in einen Bleisarg gelegt und ins Meer geworfen haben. Auf wunderbare Weise ging er nicht unter, sondern schwamm bis zur italienischen Insel Lipari, wo man ihn ehrenvoll bestattete.

¶ Nachdem die Sarazenen 838 die Insel verwüstet hatten, erschien der Apostel einem Mönch und hieß ihn, seine verstreuten Gebeine wieder einzusammeln; er könne sie an ihrem Leuchten in der Nacht erkennen. Diese Reliquien gelangten später nach Benevent (Italien) und von hier 983 durch Kaiser Otto II. nach Rom, die Hirnschale befindet sich seit 1238 in Frankfurt am Main.

Das grausame Martyrium hat dem Apostel zu seinem ebenso grausamen Attribut verholfen: Er trägt seine abgezogene Haut, mit dem Gesicht nach vorne, über dem Arm. Darin gleicht er dem antiken Gott Marsyas, der nach einem Wettstreit mit Apollo ebenfalls gehäutet wurde. Ein beliebtes Studienobjekt für Künstler wurde die Darstellung des gehäuteten Bartholomäus als anatomischer Muskelmann. In milderer Form wird er nur mit einem Messer in der Hand abgebildet. Seltener sind die anderen Foltern des Apostels zum Motiv geworden.

Bartholomäus ist Patron der Stadt Frankfurt, und – etwas makaber – der Fellhändler, Gerber, Handschuhmacher und Metzger. Auch die Buchbinder und Schneider verehren ihn. Den Sündern steht er besonders nah. Man ruft ihn gegen Nervenkrankheiten und Zuckungen an.

¶ Im bäuerlichen Jahr beginnt am Tag des hl. Bartholomäus die Hafer- und Obsternte, und vom Wetter an diesem Lostag hängt das Gelingen der Krauternte und des Winterroggens ab. Mit vielen Regeln begleitet Bartholomäus den letzten Abschnitt des Sommers. Wie sich der allseits bekannte Spruch »Der

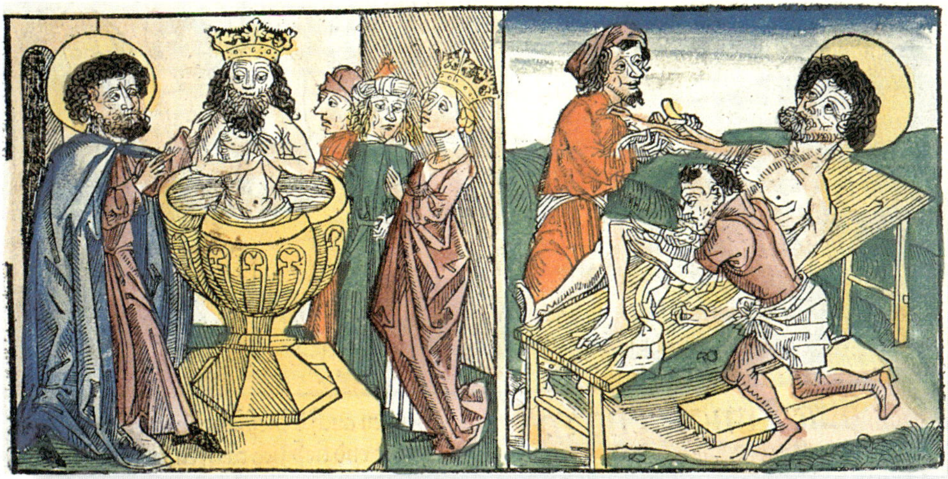

weiß, wo der Barthel den Most holt« ergeben hat, weiß vermutlich nur der Heilige selbst so ganz genau.

¶ Der Apostel Bartholomäus gehört nicht zu den Heiligen, die im Dom Heinrichs II. und seinem Nachfolgebau verehrt wurden. Erst 1352 stiftet die Ritterfamilie von Rotenhan einen Bartholomäus-Altar in die Sepultur des Doms, direkt unter dem Fenster, durch das man in die Andreas-Kapelle im Kreuzgang blicken kann.

St. Bartholomä
braucht Sonnenschein,
soll's geben einen
guten Wein.

Seit dem 12. Jahrhundert gibt es im Bistum die ersten Bartholomäus-Kirchen, denn der Heilige erfreute sich auch außerhalb der Apostelgemeinschaft einer eigenen Verehrung. Die Urpfarrei Bindlach stammt allerdings schon aus würzburgischer Zeit. Buttenheim, Pottenstein, Mistelbach und Kirchehrenbach sind die Gotteshäuser, zu denen Weihenachrichten oder Schenkungsurkunden aus der Zeit Bischof Ottos I. erhalten sind. Einer unbestätigten Theorie zufolge soll Bartholomäus im Bamberger Land gerne dort zum Patron erwählt worden sein, wo der Boden »geschunden« wurde, d. h. wo eine Rodungssiedlung vorliegt.

¶ Das älteste Kunstwerk der Bartholomäus-Verehrung außerhalb der bekannten Apostelzyklen großer Kirchen finden wir im fränkischen Raum nicht in einer Kirche, die dem Apostel geweiht ist, sondern in der ehemaligen Zisterzienserinnenkirche von Himmelkron (Lkr. Kulmbach). Im mittleren Chorfenster leuchtet hinter dem Kanzelaltar eine gotische Glasmalerei des frühen 15. Jahrhunderts. Sie zeigt den hl. Bartholomäus mit Buch und Messer neben der Muttergottes. Spätgotische

Figuren und Reliefs haben sich in den Kirchen von Pottenstein, Oberreichenbach und Ermreuth (Lkr. Forchheim) erhalten. Letztere gehörte offenbar zu einem Apostelprogramm.

Vom barocken Kult zeugen die Gemälde der Hochaltäre von Rothenkirchen (1710/20) und Pottenstein. Mit aller Grausamkeit wird hier gezeigt, wie ein Scherge beginnt, dem Heiligen, einem nahezu nackten Greis, die Haut abzuziehen. In der Bartholomäus-Kirche von Oberhaid erinnert nur eine kleine Nebenszene an das Martyrium, hier steht der verklärte Heilige im Mittelpunkt. Er trägt seine Haut elegant über dem Arm und hält ein Schindmesser in der anderen Hand, während ein Engel ihm Krone und Märtyrerpalme bringt. Hier gibt es darüber hinaus ein künstlerisch wenig anspruchsvolles barockes Deckenbild, das die Aufnahme des Heiligen in den Himmel zeigt. Seine abgezogene Haut mit dem breiten Gesicht zum Betrachter liegt – erst auf den zweiten Blick erkennbar – auf einer Wolke, von Engeln umringt.

In der Kirche von Willersdorf haben sich aus allen Epochen Beispiele des Bartholomäus-Kultes erhalten: Neben dem naiven Gemälde des 19. Jahrhunderts im Hochaltar vor allem an der Kanzel. Ihr Korpus ist in der Art einer kleinen Renaissance-Architektur in Bögen und Tempel gegliedert. In die Brüstungsfelder legte der Schreiner Hans Specht 1610 schlichte Furnierarbeiten der Apostelfürsten und des hl. Bartholomäus ein, eine kleine spätgotische Figur des Heiligen steht auf dem Schalldeckel. Nur die verwitterte Sandsteinfigur in der Turmfassade, die im barocken Beschwörungsgestus die Hand auf die Brust legt, trägt ihre abgezogene Haut mit sich, die anderen Darstellungen begnügen sich mit dem Schindmesser als Attribut.

¶ Am Fuße der keltischen Siedlung auf der Ehrenbürg und am Haupteingangstor zur Fränkischen Schweiz liegen Kirchehrenbach und seine Bartholomäus-Kirche, deren erster Bau für das 12. Jahrhundert bezeugt ist. Die ältesten künstlerischen Hinweise auf den Schutzpatron geben hier die Glocken von 1639 und 1663. Leider gehört heute ein wenig ansprechendes Gemälde des 19. Jahrhunderts zum mächtigen Hochaltar, den die Werkstatt des Bildhauers Mutschele 1772 geliefert hatte. Eine lebensgroße Figur des Schutzheiligen von Friedrich Theiler (1816) verliert ihre klassizistische Eleganz durch eine allzu farbenfrohe Fassung.

¶ In Hollfeld wurde 1464 außerhalb der Stadtmauern ein Spital mit Kapelle zu Ehren des hl. Bartholomäus und für arme Leute gegründet. Eine barocke Figur erinnert hier an den Schutzpatron. In diese Zeit datiert auch eine Zunftstange der Gerber in der Kirche von Geiselwind (Lkr. Kitzingen).

Katholische Bartholomäus-Kirchen

Buttenheim (Lkr. Bamberg), Pfarrkirche
Hollfeld (Lkr. Bayreuth), Spitalkirche
Kirchehrenbach (Lkr. Forchheim), Pfarrkirche
Ludwigschorgast (Lkr. Kulmbach), Pfarrkirche
Marktleugast (Lkr. Kulmbach), Filialkirche, ehem. St. Martin
Nordhalben (Lkr. Kronach), Kirche
Oberhaid (Lkr. Bamberg), Pfarrkirche
Pottenstein (Lkr. Bayreuth), Pfarrkirche
Priesendorf (Lkr. Bamberg), Pfarrkirche
Rabeneck (Lkr. Bayreuth), Burgkapelle

Rothenkirchen (Lkr. Kronach), Pfarrkirche
Thüngfeld (Lkr. Bamberg), Filialkirche
Wartenfels (Lkr. Kulmbach), Pfarrkirche
Willersdorf (Lkr. Forchheim), Pfarrkirche
Wöhrd (Stadt Nürnberg), Kirche

Evangelische Bartholomäus-Kirchen

Adelhofen (Lkr. Neustadt/Aisch); Bindlach (Lkr. Bayreuth); Emtmannsberg (Lkr. Bayreuth); Eschenau (Lkr. Erlangen-Höchstadt); Marktredwitz (Lkr. Wunsiedel); Mistelbach (Lkr. Bayreuth); Mistelgau (Lkr. Bayreuth); Oberreichenbach (Lkr. Erlangen-Höchstadt); Oberdachstetten (Lkr. Ansbach); Schauenstein (Lkr. Hof); Stübach (Lkr. Neustadt/Aisch); Unternesselbach (Lkr. Neustadt/Aisch); Urfersheim (Lkr. Neustadt/Aisch)

25. August
Hl. Ludwig IX.
(1214–1270)

Schon mit zwölf Jahren wurde Ludwig IX. zum König von Frankreich gekrönt. Sein Vater Ludwig VIII. aus dem Geschlecht der Kapetinger war 1226 nach kurzer, aber fruchtbarer Regierungszeit gestorben, seine strenge Mutter Blanche von Kastilien führte während seiner Minderjährigkeit die Staatsgeschäfte und erzog ihren Erstgeborenen zu einem gottesfürchtigen Herrscher. Als er selbst an die Macht kam, zeichnete er sich durch Umsicht, Klugheit und Gerechtigkeit aus. Er ordnete das Gerichts- und Gewerbewesen seines Landes, begünstigte die jungen Universitäten und stärkte den Handelsfleiß der bürgerlichen Städte.

¶ Seine Frömmigkeit verließ ihn bei allem Erfolg im politischen Handeln nie, er schritt energisch gegen Mißstände in der Kirche und die Irrlehren der Albigenser ein und sorgte fürsorglich für alle Bedürftigen. Die beiden neuen Bettelorden, Franziskaner und Dominikaner, konnten seines besonderen Schutzes gewiß sein; es wird sogar überliefert, daß Ludwig unter seinem Ornat selbst die Kutte oder den Gürtel der Franziskaner getragen haben soll. Aus Konstantinopel erwarb er die einst von Kaiserin Helena [→ 18. August] gerettete Dor-

nenkrone Christi, für die er 1243/48 die Sainte Chapelle in Paris erbauen ließ. Mit ihrer kühnen, maßwerkdurchbrochenen Architektur und den farbigen Glasfenstern wirkt sie wie ein kostbarer gotischer Reliquienschrein.

Ludwig verteidigte in zwei Kreuzzügen das Christentum gegen den Islam. 1250 konnte er sich nur gegen ein hohes Lösegeld aus der Gefangenschaft freikaufen und nach Frankreich zurückkehren. Die zweite Reise nach Nordafrika überlebte er nicht. Am 25. August 1270 starb er nach der Eroberung Karthagos (heute Carthage/Tunesien) an einer Seuche. Ludwig IX., das Idealbild eines mittelalterlichen Herrschers, wurde wie fast alle französischen Könige in der Abteikirche von St. Denis begraben; sein Haupt liegt in der Sainte Chapelle, nahe der Dornenkrone. 1297 erfolgte die Heiligsprechung, mit der sich der Kult Ludwigs in Frankreich ausbreitete.

¶ Im königlichen Ornat mit Lilienszepter sehen die Künstler den hl. Ludwig. Die Dornenkrone und drei Nägel in der Hand erinnern an die erworbenen wertvollen Reliquien. Er ist Patron der Wissenschaft, der Blinden, aller Reisenden und der Berufe, die am Bau arbeiten, aber auch der Buchbinder und Friseure.

¶ Die Verehrung des französischen Heiligen ist im Bistum Bamberg nicht nachzuweisen, bis 1773 in Ansbach eine Kuratie unter sein Patronat gestellt wurde. 1834/40 erbaute Leonhard Schmidtner dafür ein Gotteshaus im Stil der klassizistischen Münchner Schule. In Nürnberg machte man den hl. Ludwig zum Schutzpatron einer bereits 1913 geplanten Kriegergedächtniskirche, die unter der Schutzherrschaft des bayerischen Regenten König Ludwigs III. stehen sollte. Erst 1923/26 konnte der Bau verwirklicht werden, allerdings nach einem bescheideneren Entwurf von Otto Schulz im pseudoromanischen Backsteinstil mit zwei Westtürmen. 1962 entstand ein farbiges Emailbild des frommen und demütigen Königs, der bekrönt, aber barfuß, eine Dornenkrone in der Hand, an den französischen Patron der Kirche erinnert.

¶ In Bamberg schließlich wird seit dem 19. Jahrhundert in St. Jakob des Heiligen gedacht, als man dort im südlichen Querhaus einen Altar mit franziskanischen Heiligen aufstellte. Als Patron des Dritten Ordens der Franziskaner steht der hl. Ludwig zwischen der hl. Clara [→ 11. August] und dem hl. Franziskus [→ 4. Oktober].

Ludwigs-Kirchen und -Darstellungen

Ansbach, kath. Kirche St. Ludwig
Bamberg, St. Jakob, Franziskaner-Altar
Nürnberg, kath. Kirche St. Ludwig

26. August
Hl. Gregor von Utrecht
(gest. um 777)

27. August
Hl. Monika
(332–387)

Monika, zu deutsch »die Ermahnerin«, entstammte einer christlichen Familie und verlebte ihre Jugend an der nordafrikanischen Küste. Ihre Ehe mit dem leichtsinnigen, heidnischen Patricius war nicht einfach, aber mit Geduld und Demut überzeugte sie ihren Mann schließlich doch; er ließ sich taufen und entsagte allen Ausschweifungen. Bald darauf starb er und die junge Witwe widmete sich ihren Kindern, von denen ihr der kluge, aber eigensinnige Augustinus [→ 28. August] besonders am Herzen lag. Viele Jahre litt sie unter seiner Begeisterung für die Manichäer, deretwegen der begabte Rhetoriker nach Mailand umsiedelte. Heimlich folgte Monika ihm und abermals gelang ihr – gemeinsam mit Bischof Ambrosius [→ 7. Dezember] – eine Bekehrung, denn Augustinus ließ sich für den rechten Glauben zurückgewinnen. Nach einer kurzen schweren Krankheit starb Monika in Ostia auf der gemeinsamen Heimreise nach Nordafrika. Augustinus hat in den »Bekenntnissen« seiner Mutter ein inniges Denkmal seiner Dankbarkeit gesetzt und ihre Biographie überliefert.

¶ Monika wird als ältere Frau mit Schleier, Rosenkranz und Buch dargestellt, manchmal auch als Augustinernonne und fast immer zusammen mit ihrem Sohn. Eigenständige Monika-Zyklen gibt es kaum. Sie gilt als Patronin der Mütter. Ihr Name erfreut sich auch in unserer Zeit großer Beliebtheit.

Vergeblich suchen wir eine der hl. Monika geweihte Kirche im Bistum Bamberg, auch Einzeldarstellungen sind selten. Auf einem gotischen Fresko in der ehemaligen Augustinerchorherrn-Kirche in Neunkirchen am Brand assistiert sie betend dem hl. Ambrosius bei der Taufe ihres Sohnes, vor einem leuchtend roten Hintergrund. Da beide in die Komplementärfarbe Grün gekleidet sind, wirkt das Bild sehr plastisch und erzählerisch. Sie nehmen einen kelchartigen Taufstein in ihre Mitte, aus dem der Oberkörper des nackten Augustinus mit Bischofsmitra auf dem Kopf herausschaut. Lateinische Spruchbänder erläutern die Szene für die gebildeten Chorherrn. Monika werden die – hier übersetzten – Worte in den Mund gelegt: »... Mein Sohn, in diesem Leben erfreut mich nichts so sehr, wie dich als Christ und Diener Christi zu sehen.«

Als Pendant zu ihrem Sohn finden wir sie in der Kirche Mariae Geburt in Altenkunstadt. Die Statuen gehören zum Maria-Trost-Altar der seit Anfang des 18. Jahrhunderts am Ort bestehenden gleichnamigen Bruderschaft, deren Patrone Augustinus und Monika sind. Der Bamberger Bildhauer Sebastian Degler schuf um 1720 die würdige, aber kummervolle Figur der hl. Monika. Ihr gegürtetes Gewand einer Augustinerin spiegelt die Kleidung der Muttergottes auf dem Altarbild und die Satzung der Bruderschaft wider, deren Mitglieder sich zum Tragen eines solchen Gürtels verpflichtet hatten, gemäß Lukas 12,35: »Eure Lenden seien umgürtet und eure Lampen brennend.«

Monika-Darstellungen

Altenkunstadt (Lkr. Lichtenfels), kath. Pfarrkirche Mariae Geburt, Seitenaltar
Neunkirchen am Brand (Lkr. Forchheim), ehem. Augustinerchorherrn-Kirche St. Michael, Fresko
Nürnberg, Unsere Liebe Frau, Tucheraltar

28. August

Hl. Augustinus

(354–430)

auch August

Am 13. November 354 kam in der nordafrikanischen Stadt Tagaste (heute Souk Ahras/Algerien) Aurelius Augustinus, der bedeutendste der vier abendländischen Kirchenlehrer, zur Welt. Sein nicht immer heiligmäßiges Leben und seine Irrwege hat er in seiner Autobiographie, den *confessiones*, mit großer Offenheit beschrieben. Die literarisch eindrucksvollen Bekenntnisse gehören zur Weltliteratur und legen ausführlich Rechenschaft ab über seinen Werdegang.

¶ Augustinus wurde von seiner Mutter, der hl. Monika [→ 27. August], einer überzeugten Christin, erzogen, aber nicht getauft. Bis zum Tod des Vaters studierte der begabte Sohn an den besten Schulen Nordafrikas Rhetorik. Sein Lebenswandel unterschied sich nicht von den Vergnügungen anderer junger Männer in der Endphase des dem Untergang geweihten römischen Weltreichs. Bald lebte er in wilder Ehe mit einer Frau, die ihm einen Sohn namens Adeodatus gebar. Augustinus schloß sich den Manichäern an, einer christlichen Sekte, die in etwa mit den heutigen Theosophen verglichen werden kann. 383 siedelte er heimlich nach Rom über, von da empfahl man den Gelehrten an den kaiserlichen Hof in Mailand. Monika folgte ihrem damit sicher nicht ganz einverstandenen Sohn, so daß beide ab 384 in Mailand lebten.

¶ Hier sollte eine Wende in seinem Leben eintreten. Die Lektüre des antiken Philosophen Plato, dessen Gedanken über die Unsterblichkeit der Seele und das Leben nach dem Tod, sowie die Begegnung mit dem Bischof Ambrosius [→ 7. Dezember] brachten sein Weltbild ins Wanken. Er besuchte Predigten und begann ein Studium der bisher von ihm wegen ihrer Alltagssprache vernachlässigten Bibel. Schließlich lernte er die Paulus-Briefe kennen, hörte auch von Antonius, dem großen Eremiten [→ 17. Januar] und seinen Mönchen.

¶ Die Umkehr soll endlich ein Kind bewirkt haben; Augustinus hörte es im Garten singen und glaubte zu verstehen: *Tolle, lege*, zu deutsch: »nimm und lies«. Er nahm spontan ein Buch des Paulus und stieß auf die Textstelle: »Nicht in Schmausereien und Trinkgelagen, nicht in Ausschweifungen, nicht in Zank und Streit sucht euer Heil. Sondern ziehet an den Herrn Jesus Christus und pflegt das Fleisch nicht zur Erregung eurer Lüste« (Paulus, Römerbrief 13,13). Augustinus las und begriff.

Er begann ein neues Leben und entsagte den weltlichen Freuden. Am Ostersamstag des Jahres 387 erhielt er aus der Hand seines Freundes Ambrosius die Taufe und widmete sich fortan dem Gebet und dem theologischen Studium. Schließlich machte er sich auf die Heimreise. In Tagaste verkaufte er seinen Besitz und gründete eine klösterliche Gemeinschaft, aus der sich später die Augustinerchorherrn und -Eremiten entwickeln sollten. Beschauliches Klosterleben war Augustinus indessen nicht gegönnt. Bischof Valerius von Hippo (Algerien) erteilte ihm die Priesterweihe und machte ihn zu seinem Nachfolger.

Fast vierzig Jahre stand der Hochgebildete dem Bistum vor und lernte weitere, volkstümlichere Facetten des Christentums kennen. Neben seinen vielfältigen Aufgaben als Bischof widmete sich Augustinus weiterhin der Wissenschaft. In zahlreichen Schriften, Briefen und Predigten formulierte und vereinigte er das theologische Wissen seiner Zeit und seine persönlichen Erfahrungen in einer Welt der Katastrophen und des Umbruchs. An seiner bedeutendsten Schöpfung, dem »Gottesstaat«, hat er 22 Jahre gearbeitet. Damit wurde Augustinus zu einem der führenden Köpfe, ja zum Mitgestalter der abendländischen Kultur und zum Bewahrer des antiken Erbes. Am 28. August 430 starb er in Hippo. Flüchtende Christen brachten seine Asche 496 nach Sardinien, von da gelangte sie nach Pavia (Italien), wo sie in der Kirche San Pietro in Ciel d'oro beigesetzt ist.

¶ In der abendländischen Kunst erscheint Augustinus als Bischof in zeittypischer Pontifikalkleidung und nicht in der hellen Toga, die er wahrscheinlich zu Lebzeiten getragen hat. Zwei Attribute kennzeichnen ihn: das von Pfeilen durchbohrte oder brennende Herz. Es geht auf seine *confessiones* zurück: »Du hast unser Herz mit Deiner Liebe getroffen, und wie Pfeile, die im Herzen haften, tragen wir Deine Worte in uns«. Das Kind zu seinen Füßen erzählt von einer legendären Begegnung am Meeresstrand. Der über das Wesen Gottes meditierende Augustinus fand es, mit einer Muschel das Meer ausschöpfend. »Meinst Du, es wird Dir gelingen?« fragte er freundlich. »Eher gewiß, als es Dir gelingen wird, das Wesen Gottes zu erfassen«, antwortete das Kind ernsthaft. Zahlreiche Abbildungen des Heiligen erinnern in unseren Kirchen an diese weise Antwort. Augustinus ist der Patron der Theologen, Buchdrucker und – weil beides Durst macht – der Bierbrauer.

¶ Angesichts der grundlegenden Bedeutung, die dem hl. Augustinus für das

Christentum und die katholische Kirche zukommt, darf die große Zahl von Kunstwerken nicht wundern, die an ihn erinnern. Meist wird er mit den Kirchenlehrern dargestellt. Sie boten sich seit dem Spätmittelalter als beliebter Figurenschmuck der Kanzeln an: in unserem Bistum z. B. in der Forchheimer Kirche St. Martin, in der Oberen Pfarre in Bamberg sowie in einigen Dorfkirchen, u. a. in Pinzberg (Lkr. Forchheim). Um diesen Standort müssen sie allerdings mit den vier Evangelisten »konkurrieren«. Ähnlich verhält es sich mit der Deckenmalerei. In der Gotik hat man die Gewölbezwickel des Chors oder der Sakristei gerne mit den Evangelisten bemalt, bisweilen aber auch den Kirchenvätern diesen bevorzugten Platz eingeräumt, so in Effeltrich (Lkr. Forchheim) und in Schönbrunn (Lkr. Wunsiedel). Ähnliches gilt für die barocke Deckenmalerei.

Auch auf Altären begegnen wir den großen Kirchenlehrern. So auf spätmittelalterlichen Flügelaltären, von denen der des Tiroler Malers und Bildschnitzers Michael Pacher in der Alten Pinakothek München (1483) der berühmteste sein dürfte. Schlichter erscheinen sie auf der Predella des 1511 entstandenen Choraltars der heute evangelischen Kirche von Gutenstetten, barock und dramatisch bewegt 1729 in der Wallfahrtskirche Schlüsselau, wo die überlebensgroßen Figuren von Franz Anton Schlott ein älteres Gemälde des Gnadenstuhls in ihre Mitte nehmen.

¶ Eigene Augustinus-Zyklen dürfen wir schließlich in allen Kirchen erwarten, die von Augustinermönchen betreut oder gegründet wurden. Die umfangreichsten und schönsten Darstellungen sind in Neunkirchen am Brand zu bewundern. Das vom Bamberger Bischof Wulfing (1304–1318) im Jahr 1314 gegründete Chorherrn-Stift bestand bis 1555 als überregionales Kulturzentrum. Das Chörlein des Kapitelsaals – heute die Werktagskirche – wurde im frühen 15. Jahrhundert mit Fresken der Augustinus-Vita bemalt, die nach der Anmeldung im Pfarramt besichtigt werden können. Gut zu erkennen sind die Szene der Übergabe der Regeln an die Chorherrn durch den hl. Augustinus und dessen Taufe. In Anwesenheit von Monika vollzieht Ambrosius seine Aufnahme in die Gemeinschaft der Christen. Augustinus sitzt dabei in dem nach einem Meßkelch geformten Taufstein. Die Mitra, die der Täufling trägt und ein Spruchband über seinem Kopf weisen auf die künftige Bischofswürde hin: »Dich Herr bekennen wir, dich Gott loben wir«, steht hier auf Lateinisch und in gotischer Schrift. Eine barocke Skulptur des Kirchenvaters gehörte zum 1741 entstandenen Hochaltar. Die lebensgroße spätgotische Figur des Heiligen, die in der Schatzkammer aufbewahrt wird, ist von überragender bildhauerischer Qualität.

Vom aufgelösten Konvent der Nürnberger Augustiner-Eremiten hat sich ein spätgotischer Flügelaltar erhalten. Auf dem inneren, linken Seitenflügel ist, neben seiner Mutter Monika, der hl. Augustinus abgebildet. Ein Engel mit Spruchband schwebt zwischen ihnen auf dem reich ornamentierten Goldgrund. Das Tafelbild mit der »Vision des Hl. Augustinus von der hl. Dreifaltigkeit« gibt einen genauen Einblick in eine mittelalterliche Gelehrtenstube. Der Kirchenvater sitzt im engen Schreibpult vor einem mit Büchern, Schreibgeräten, Zetteln und anderen Accessoires des Wissenschaftlers prall gefüllten Wandschränkchen. Neben der Sanduhr wird dem wißbegierigen Betrachter eine Brille auffallen, wohl eine der frühesten Abbildungen der damals kaum erschwinglichen Sehhilfe. Der nach 1440 entstandene »Tucheraltar« kam nach der Säkularisation in die Nürnberger Frauenkirche, wo er nun als Hochaltar in die Liturgie integriert ist.

Erst 1822 hat man im Bistum eine Kirche unter den Schutz des Kirchenlehrers gestellt. Die neugotische Kirche St. Augustin (1855–60) entstand im protestantischen Herzogtum Coburg für den kleinen katholischen Bevölkerungsanteil und den katholischen Zweig des Herzogshauses. Ein farbiges Glasfenster der Jahrhundertwende und eine moderne Figur unserer Zeit auf dem rechten Seitenaltar versuchen, in der Sprache der Kunst ein Bild von diesem bedeutenden Gelehrten und Kirchenvater zu entwerfen.

¶ Aus der Bamberger Dominikanerinnen-Kirche Hl. Grab wanderte eine barocke Figur des hl. Augustinus nach der Säkularisation über Strullendorf nach Burgebrach. Für den gleichen Orden war die Skulptur des hl. Augustinus geschaffen worden, die durch den Verkauf des Valentin-Altars aus der Bamberger Dominikanerkirche nach Hollfeld gelangte.

¶ Der Name Augustin, mit dem sich schon römische Kaiser schmückten, ist leider ganz aus der Mode gekommen, wahrscheinlich durch die Namensgleichheit mit der beliebten Zirkusfigur.

Einige Augustinus-Darstellungen

Altenkunstadt (Lkr. Lichtenfels), kath. Pfarrkirche, Figur am Maria-Trost-Altar,
Bamberg, St. Getreu, Dreifaltigkeitsaltar
Burgebrach (Lkr. Bamberg), kath. Pfarrkirche St. Veit, Kanzel
Coburg, kath. Pfarrkirche St. Augustin
Gräfenberg (Lkr. Forchheim), evang. Kirche, Holztafel des hl. Augustinus
Gutenstetten (Lkr. Neustadt/Aisch), evang. Kirche, spätgotischer Altar
Hollfeld (Lkr. Bayreuth), kath. Stadtpfarrkirche Mariae Himmelfahrt, Hochaltar
Neunkirchen am Brand (Lkr. Forchheim), ehem. Augustinerchorherrn-Kirche St. Michael, Skulpturen, Fresko
Nürnberg, Unsere Liebe Frau, Tucheraltar
Schlüsselau (Lkr. Bamberg), ehem. Zisterzienserinnenkirche, Hochaltar

29. August
Hl. Sabina
Märtyrerin
(gest. um 126)

30. August
Hll. Felix und Adauctus
Märtyrer
(um 300)

31. August
Hl. Paulin von Trier
(gest. 358)

Januar

Februar

März

April

Mai

Juni

Juli

August

September

Oktober

November

Dezember

1. September
Hl. Aegidius
(640 – um 720)
auch Egid, Gilgen

Einer der volkstümlichsten Heiligen ist Ägidius. Im Griechischen bedeutet sein Name »der Schildträger«. Über sein Leben ist wenig bekannt, aber die Legenden haben ihm eine im Kern glaubwürdige Biographie geschrieben. Er soll aus Athen stammen und adeliger Herkunft gewesen sein. Weltlicher Macht zog er ein Leben in Gottesliebe und Einsamkeit vor, verschenkte nach dem Tod der Eltern allen Besitz und ging nach Gallien. Wohl zu Beginn des 8. Jahrhunderts lebte er als Eremit an der Rhone-Mündung in einer Höhle. Wilde Kräuter an einer Quelle ernährten ihn, eine zahme Hirschkuh bot ihm mit ihrer Milch eine willkommene Stärkung. Eines Tages soll sich der Westgotenkönig Wamba auf der Jagd in das abgelegene Waldgebiet verirrt haben, wo seine Leute alsbald auf das schöne Tier stießen. Die Hindin flüchtete zu Ägidius und beide wurden schließlich aufgespürt.

Aus dieser Begegnung erwuchs eine Freundschaft, der König errichtete ein Kloster und konnte den Einsiedler überreden, dessen erster Abt zu werden. Die Klosterkirche St. Gilles (Frankreich) gibt es heute noch, sie ist Kunsthistorikern wegen der frühen romanischen Portalskulptur bekannt. Die *Legenda aurea* liefert dazu eine weitere Geschichte: Als Ägidius einmal beim Papst in Rom weilte, machte dieser ihm zwei kostbare alte Türflügel zum Geschenk. Bescheiden wollte er ablehnen und warf die Türen ins Meer, weil er sein Kloster nicht mit Wertgegenständen belasten wollte. Doch als er in Südfrankreich ankam, fand er sie bereits an Land gespült – eine Fügung Gottes, die Ägidius einfach nicht mehr zurückweisen konnte. Um 720 starb der erste Abt von St. Gilles; das Kloster hat im 11. Jahrhundert schließlich den Namen seines heiliggesprochenen Gründers angenommen.

**Ägidius' Regen
kommt ungelegen.**

Viele Wallfahrten hierher sind überliefert, denn das Grab des hl. Ägidius war ein wichtiger Ausgangs- und Sammelpunkt am Weg nach Santiago de Compostela (Spanien). Die Päpste Clemens IV., Urban II. und Gelasius II. machten das Kloster zu einem Zentrum des Kampfes gegen die Ketzer des Mittelalters. Während der Sarkophag in der weiträumigen Krypta zu sehen ist, ruhen seine Gebeine seit langer Zeit in Toulouse, Saint Sernin.

Zum Attribut des Ägidius wurde die zahme Hirschkuh. Der Heilige im schlichten Habit eines Benediktinerabtes ist Patron der Bettler, Bogenschützen und Pferdehändler sowie der stillenden Mütter. Ferner stehen das Vieh und der Wald unter seinem Schutz. Er hilft gegen Aussatz, Krebs, Epilepsie, eheliche Unfruchtbarkeit, Dürre und Feuersgefahr. Da er der Legende nach Kaiser Karl dem Großen geholfen haben soll, eine unaussprechbar große Sünde zu beichten, kann man von Ägidius auch eine gute Beichte erbitten. Seit dem Spätmittelalter gehört er als einziger Nicht-Märtyrer zu den Nothelfern, sein Gedenktag markiert im bäuerlichen Jahr den Beginn des Herbstes.

Die Verehrung des Ägidius beginnt in unserer Heimat lange vor der Gründung des Bistums Bamberg. Die ältesten Ägidius-Kirchen in Melkendorf und Amlingstadt wurden auf Geheiß Karls des Großen um 800 zur Christianisierung der Slawen im östlichen Franken errichtet. Archäologische Grabungen geben Auskunft über die Holzkirche, die in Amlingstadt schon im 9. Jahrhundert stand und vielleicht zunächst Johannes d. T. [→ 24. Juni] geweiht war. Heute zeigt hier ein barockes Hochaltarbild den hl. Ägidius in der Glorie, die spätgotische Monstranz mit einem silbernen Figürchen des Kirchenpatrons wird im Tresor aufbewahrt. Melkendorf ist seit 1527 evangelisch, Hinweise auf den Schutzpatron fehlen in der spätgotischen Wehrkirche, in der eindrucksvolle romanische Kapitelle des Vorgängerbaus gefunden wurden. Auch das Gotteshaus von Kirchaich wurde in vorbambergischer Zeit gegründet, und zwar vom hl. Gumbertus [→ 15. Juli]. Es gelangte erst 1828 zur Diözese Bamberg und hat sich im Kern über Jahrhunderte sein archaisches Aussehen mit den kleinen romanischen Schlitzfenstern bewahrt. Vor einigen Jahren war eine moderne Erweiterung nötig; der Charme des Anbaus läßt allerdings die Zeiten vergessen, als Wallfahrer noch zu Fuß nach Südfrankreich aufbrachen, um am Grab des hl. Ägidius zu beten.

Bischof Otto I. [→ 30. September] hat während seiner Amtszeit die Verehrung des hl. Ägidius besonders gefördert. Er stiftete 1112 in Bamberg eine Spitalkapelle für Reisende, die er unter den Schutz des Heiligen stellte. (Das Kirchlein auf dem Gelände

des Aufseesianums wurde 1803 abgebrochen.) Ein Bamberger Kanoniker aus dem Stift St. Jakob namens Wicbodo brachte um 1120 von seiner Wallfahrt nach St. Gilles eine Reliquie mit, die Otto in den Altar dieser Kapelle einlegte. Sie löste eine Welle der Ägidius-Verehrung im Bistum aus.

¶ Eine Vorliebe für den Benediktinerabt Ägidius ist in Kirchen abzulesen, die vom Benediktinerkloster Banz (Lkr. Lichtenfels) abhängig waren. Neben der Ägidius-Kapelle im Kloster selbst ist hier besonders Frauendorf zu nennen, eine der schönsten barokken Landkirchen in unserem Bistum, 1757/58 von Thomas Nißler erbaut. Von der heiteren Sandsteinfassade schaut eine Figur (1784) des Abtes mit seiner Hirschkuh auf den Gläubigen herab. Im Hochaltar von 1763 wurde das originale Gemälde leider durch ein blutleeres Nazarenerbild von 1860 ersetzt.

Eine besonders reiche, barocke Ausstattung mit Fresken ihres Schutzheiligen hat die Kirche St. Ägidius in Lahm. Die leider stark übermalten Bilder von Paul Klier in der Bandelwerkstuckdecke entstanden um 1725. Sie zeigen den Einsiedler in seiner Höhle, beim Austreiben eines bösen Geistes und der Heilung eines Kranken mit seinem Gewand. Auch auf dem Nothelfer-Bild der Kirche ist er zu sehen. 1427 wurde die Kirche St. Ägidius in Stöckach zur Pfarrei erhoben und der heute noch bestehende Chor erbaut. Eine für diese Kirche geschaffene Skulptur des Schutzpatrons aus der Erbauungszeit wurde um 1730 in den barocken Hochaltar übernommen. Nicht als Abt, sondern als Bischof steht uns der Heilige hier gegenüber.

Kaiser Konrad III. und seine Gemahlin übergaben 1140 einem iroschottischen Mönch namens Deocarus die Ägidienkapelle unterhalb der Nürnberger Burg. Bald entstand neben der neuen Kirche ein größerer Konvent, Schottenkloster genannt. Es wurde zwar 1542 aufgelöst, aber 1711/18 nach einem verheerenden Brand an seiner Stelle ein evangelisches Gotteshaus gebaut. Das romanische Querhaus und der gotische Chor wurden bei allen späteren Baumaßnahmen respektiert und erhalten. Am 2. Januar 1945 mit der Altstadt von Nürnberg durch Bomben zerstört, steht die Kirche nach dem Aufbau seit 1959 wieder.

¶ Eine Besonderheit ist der »Ägidien-Stein« in einem Acker bei Eltersdorf (Stadt Erlangen). 1396 entstanden, zeigt das niedrige Marterl aus Sandstein, dem man den Umriß eines Kleeblatts gegeben hat, das flache, verwitterte Relief eines Bischofs, in dem offenbar der hl. Ägidius gesehen wird.

Seit dem Spätmittelalter ist die Verehrung des Heiligen kaum vom Kult um die Vierzehn Nothelfer zu trennen. In Franken hat er seinen Mittelpunkt in der Wallfahrtskirche Vierzehnheiligen (Lkr. Lichtenfels), nach deren Vorbild es auch in vielen kleinen Gotteshäusern zur Aufstellung von Nothelfer-Altären kam. So muß man nie lange suchen, um eine Abbildung oder Figur des beliebten hl. Ägidius zu finden. Egid (!) Quirin Asam hat sich besondere Mühe gegeben, als er um 1720 für den Nothelfer-Zyklus der Klosterkirche Michelfeld eine Figur seines Namenspatrons schuf. Neben den bekannten Zyklen sei auf die besonders originelle Zusammenstellung der Nothelfer in der Kirche von Zeyern (Lkr. Kronach) verwiesen. Eine 1735 gestiftete Votivtafel versammelt die Heiligenfigürchen auf einem Treppenpodest um das ganz oben angebrachte Christkind.

Wer Korn schon um Ägidi säht, nächstes Jahr viel Frucht abmäht.

Katholische Ägidius-Kirchen

Amlingstadt (Lkr. Bamberg), Pfarrkirche
Frauendorf (Lkr. Lichtenfels), Pfarrkirche
Gremsdorf (Lkr. Erlangen-Höchstadt), Kirche
Gunzendorf (Lkr. Amberg-Sulzbach), Kirche
Kirchaich (Lkr. Haßberge), Kirche
Lahm (Lkr. Kronach), Pfarrkirche
Mönchherrnsdorf (Lkr. Bamberg), Filialkirche
Stöckach (Lkr. Forchheim), Pfarrkirche

Evangelische Ägidius-Kirchen

Bischofsgrün (Lkr. Bayreuth); Burghaslach (Lkr. Neustadt/Aisch); Eckersdorf (Lkr. Bayreuth); Melkendorf (Stadt Kulmbach); Nürnberg, Kirche des ehem. Schottenklosters; Pegnitz (Lkr. Bayreuth), Friedhofskirche; Redwitz (Lkr. Lichtenfels)

2. September
Hl. Nonnosus
(gest. um 550)

3. September
Hl. Gregor der Große
(um 540–604)

Einer römischen Senatorenfamilie entstammt Gregor, der zunächst eine glänzende politische Karriere als Präfekt einschlug. Nach dem Tod des Vaters 575 wurde er Mönch und richtete im elterlichen Palast ein Kloster ein, das er unter den Schutz des hl. Andreas [→ 30. November] stellte. Hier lebte er mit zwölf anderen Mönchen nach den Regeln der Benediktiner. Sechs Jahre verbrachte er als päpstlicher Gesandter in Konstantinopel, bevor er am 3. September 590 zum Papst gewählt wurde. Als Jurist und Organisationsgenie bemühte er sich besonders um die Armenpflege, aber auch um Liturgie und Kirchenmusik, in die er den nach ihm benannten Gregorianischen Gesang einführte.

¶ Als Kirchenlehrer hat er weitreichende Schriften für die Theologie und den Volksglauben verfaßt. Für den Kirchenstaat waren seine diplomatischen Beziehungen zu den umliegenden Herrschaftsgebieten sehr wichtig, sie sicherten den Bestand Roms. Aus dieser Machtstellung heraus konnte er mit der Christianisierung der germanischen Völker beginnen. Er starb am 12. März 604 und wurde in Rom, St. Peter, beigesetzt. Seit dem 8. Jahrhundert ist der Tag seiner Wahl zum Papst als Gedenktag in den kirchlichen Festkalender aufgenommen. Gregor ist der einzige Papst, den auch die Ostkirche verehrt.

¶ Der hl. Gregor erscheint als Papst mit Tiara und Kreuzstab, meist schreibend und mit einer Taube auf der Schulter

oder am Ohr, in der sein Sekretär den Heiligen Geist erkannte. Gregor wurde zum Patron der Musiker und Gelehrten, der Schüler und Studenten. Da er selbst an der Gicht litt, soll seine Fürsprache bei dieser Krankheit helfen. Gemessen an seiner außerordentlichen Bedeutung für die christliche Kirche sind Darstellungen aus seinem Leben selten. Meist erscheint er in der Gruppe der vier Kirchenlehrer. Als eigenes Bildthema hat sich nur die »Gregoriusmesse« entwickelt.

Das Bistum Bamberg hat den hl. Gregor bereits im ersten Dom gewürdigt und ihm gemeinsam mit den hll. Silvester [→ 31. Dezember] und Ambrosius [→ 7. Dezember] einen Altar im südlichen Querhaus geweiht, er wurde später allerdings von einem Marien-Patrozinium verdrängt. Keine Kirche steht unter dem Schutz des hl. Gregor.

¶ Wir finden den wortgewaltigen Theologen seit dem 16. Jahrhundert als Kanzelschmuck, hierin mit den Evangelisten wetteifernd. Barocke Figuren sitzen vor den Brüstungen der Kanzeln der Michaelskirche in Bamberg sowie in Forchheim, St. Martin, Pinzberg (Lkr. Forchheim) und Rattelsdorf (Lkr. Bamberg).

¶ Auf Altären sind die Kirchenlehrer seit der Spätgotik zu finden, so im Hersbrucker Altar (Lkr. Nürnberger Land) oder auf der Predella des 1511 entstandenen Flügelaltars der heute evangelischen Kirche von Gutenstetten (Lkr. Neustadt/Aisch) und als überlebensgroße Skulpturen der Barockzeit am Hochaltar der Wallfahrtskirche Schlüsselau (Lkr. Bamberg). Mit dem hl. Augustinus steht Gregor als goldgefaßte Figur auf dem Dreifaltigkeitsaltar der Bamberger Kirche St. Getreu.

¶ Das verbreitete Thema der Gregoriusmesse findet sich im Spätmittelalter auch im Bistum Bamberg. Es geht auf jene Messe des Papstes in der römischen Kirche S. Croce zurück, als ihm bei der Elevation der Hostie der Schmerzensmann mit den Arma Christi leibhaftig erschienen sein soll. Eine literarische Quelle zu dieser Vision ist bislang nicht entdeckt worden. Als Tafelbild wurde sie um 1447 auf das Epitaph von Konrad Zingel gemalt, das in der Nürnberger Egidienkirche hängt. Es ist optisch auf der komplementären Farbigkeit der kräftigen roten und grünen Gewänder aufgebaut; sie betonen das Visionäre der Erscheinung Christi, der nur mit einem Lendenschurz und erhobenen Händen dem hl. Gregor seine Wundmale zeigt.

Als Fresko kennen wir das Motiv aus dem späten 15. Jahrhundert an der Ostwand der heute evangelischen Kirche in Weißdorf (Lkr. Hof). Der betende Heilige kniet mit zahlreichem Gefolge vor einem Altar, auf dem sich ihm der Schmerzensmann nähert. Er hat die Hände mit den Wundmalen vor dem Leib gekreuzt. Hinter ihm sind die Leidenswerkzeuge aufgereiht.

¶ Auch das Epitaph für Heinrich Wolf zu Wolfsthal, ursprünglich um 1500 der Nürnberger Katharinen-Kirche gestiftet, hat die Gregoriusmesse zum Inhalt. Die im Mittelalter beliebten »Gregorianischen Messen«, bei denen an fünf bis dreißig aufeinanderfolgenden Tagen Messen für die Seelen eines Verstorbenen gelesen wurden, mag die Häufigkeit dieser Darstellung auf Epitaphien gefördert haben.

Weitere Darstellungen der Gregoriusmesse

Bamberg, Obere Pfarre, Epitaph für Heinrich von Schaumberg, 1501

Kraftshof (Stadt Nürnberg), evang. Kirche, ehem. St. Georg, Steinrelief über dem Südportal, um 1476

4. September
Hl. Suitbert
(gest. 713)
auch Swithbert

Suitbert gehört zu den englischen Wanderbischöfen, die um 690 mit dem hl. Willibrord [→ 7. November] nach Deutschland kamen. Nach ersten Erfolgen bei der Bekehrung am Niederrhein mußte er vor den heidnischen Sachsen fliehen und rettete sich auf die Insel Kaiserswerth bei Düsseldorf, wo er 710 ein Kloster errichtete und viele Missionare ausbildete. Unermüdlich setzte er sich für die Christianisierung des Landes ein. Im März 713 starb Suitbert, der als einer der Apostel Deutschlands gilt. Seine Reliquien werden am Gedenktag in einem kostbaren Schrein durch Kaiserswerth getragen.

¶ Der Legende nach sollen durch die Anbetung des Heiligen das ertrunkene Töchterchen eines Rheinschiffers und andere vom Tode erweckt worden sein. Abgebildet wird er als Bischof mit Stab und Stern, da ein Stern seine Mutter auf die große Bestimmung ihres Kindes hingewiesen habe. Häufiges Thema ist die Totenerweckung.

¶ Im Bistum Bamberg findet sich Suitbert nur in der ungewöhnlichen Gruppe von 16 Nothelfern, die nach der barocken Restaurierung in der Adelgundis-Kapelle auf dem Staffelberg (Lkr. Lichtenfels) verehrt werden sollten. Der Vers unter dem einfachen Gemälde auf der Empore lautet: »St. Swibert mit sein Bischofsstab / von uns groß Übel wendet ab.«

5. September
Roswinda von Gandersheim
(um 935 – um 1000)
auch Roswitha

Die Tochter aus altem sächsischen Adel wurde Chorfrau im für seine Bildung berühmten Reichsstift Gandersheim (bei Braunschweig). Dort hat sie als erste deutsche Frau lateinische Dichtungen verfaßt, die uns erhalten sind. Roswitha starb hier um die Jahrtausendwende. Sie wird als Nonne mit Kreuz, Buch und Schreibfeder abgebildet.

¶ Die Kirche in Schornweisach (Lkr. Neustadt/Aisch) ist, wie sich jüngst ergeben hat, vermutlich nicht Roswinda von Gandersheim geweiht, sondern der Hl. Roswinda (auch Regiswinda) von Lauffen, der am 15. Juli gedacht wird.

6. September
Hl. Magnus
(um 683–756?)
auch Maginold, im Volksmund St. Mang

Magnus (Abb. S. 261), zu deutsch »der Große«, war nach der um 1067 durch den Regensburger Mönch Otloh aufgeschriebenen Vita ein Schüler des hl. Gallus [→ 16. Oktober] und als dessen Nachfolger der zweite Abt von St. Gallen. Heute läßt sich das nicht aufrechterhalten, denn Gallus starb in der Mitte des 7. Jahrhunderts, Magnus nachweislich einhundert Jahre später. Magnus war Mönch in St. Gallen und wurde vom Augsburger Bischof zur Missionierung des oberen Lechtals und der wilden Allgäuer Bergstämme entsandt.

¶ Legenden ranken sich um seine abenteuerliche Fahrt. Er soll einen wilden Bären davon abgehalten haben, Früchte zu essen, was die kleine Reisegesellschaft vor großem Hunger bewahrte. Später zeigte ihm ein Bär die Fundstelle von Eisenadern, die noch immer ausgebeutet werden. Eine giftige Schlange vertrieb er zusammen mit anderem Gewürm, was ihm die Bewunderung der Bevölkerung genauso eintrug wie die Heilung eines Blinden.

Auf den Resten einer römischen Siedlung gründete Magnus in Füssen ein Kloster. Hier starb er um 756 nach einem entbehrungsreichen Leben und wurde in dem von ihm selbst errichteten Oratorium beigesetzt. 829 fand sich in dem geöffneten Grab der vollkommen unversehrte Leichnam, dessen Berührung manche Wunder bewirkt haben soll. Seit dem 10. Jahrhundert sind seine Gebeine aber verschollen.

¶ Dargestellt wird St. Mang als Mönch oder Abt mit Stab und Drachen, dem er ein Kreuz entgegenhält. Oft hat er wilde Tiere, meist Bären, Sinnbilder der nicht christianisierten Welt, um sich versammelt. Er ist Patron gegen Mäuse, Raupen und anderes Ungeziefer.

¶ Obwohl sich im ersten Bamberger Dom bereits Reliquien des Heiligen befunden haben, läßt sich im Bistum keine besondere Verehrung nachweisen. Nur in Kasendorf (Lkr. Kulmbach) soll eine dem hl. Magnus geweihte Kapelle gestanden haben. Auf dem »Magnusberg« erhebt sich heute noch der »Magnusturm«, wohl der Bergfried einer mittelalterlichen Burg, deren Anfänge bis in

die karolingische Zeit zurückgehen sollen. Ein nahes Flurstück mit dem Namen »Kapellenäcker« bezeugt die untergegangene Kirche. Die landschaftlich eindrucksvolle Anlage gehört zu den bedeutendsten archäologischen Denkmälern Oberfrankens. Unerwartet finden wir eine Figur des Heiligen im Gesprenge des spätgotischen Choraltars der ehemaligen Kirche St. Andreas von Kalchreuth (Lkr. Erlangen-Höchstadt), deren vorreformatorische Ausstattung in einer seltenen Vollständigkeit erhalten ist.

7. September
Hl. Regina
Märtyrerin
(gest. um 250)

Obwohl der Name Regina, zu deutsch »Königin«, recht beliebt ist, kennt man die hl. Regina (Abb. S. 262) in Süddeutschland kaum. Es fehlen auch historische Nachrichten zu ihrer Vita, die der der hl. Margareta [→ 20. Juli] recht ähnlich ist. Eine Amme hatte die Tochter des römischen Präfekten in Alesia (heute Alise, Frankreich) aufgezogen und zum Christentum bekehrt. Sie vermählte sich heimlich mit Christus und lehnte die weltliche Ehe mit einem Heiden entschieden ab. Dafür mußte sie mit ihrem Leben bezahlen. Nach grausamen Martern starb sie um 250 auf Befehl ihres Vaters. Eine andere Überlieferung macht dafür den abgewiesenen Verehrer verantwortlich, der sie enthaupten ließ. In der Nacht vor ihrem Tod erblickte Regina im Gefängnis ein hellstrahlendes riesiges Kreuz und eine weiße Taube. »Hab Mut, geliebte Braut Jesu Christi! Dein Kreuz ist eine Leiter zum Himmel, dein Leiden wird dir die Krone bringen« ließ sich gleichzeitig eine Stimme verlauten. Noch während des Todeskampfes bekehrte sie 800 Menschen.

¶ Schon zu Beginn des 7. Jahrhunderts ist der Kult in ihrer Heimat nachweisbar, die Ketten ihrer Gefangenschaft

und ihr Sarkophag werden heute noch gezeigt. Seit im 17. Jahrhundert Reliquien der hl. Regina nach Osnabrück gelangten, kennt man sie auch im deutschsprachigen Raum, in die beliebte Gruppe der heiligen Jungfrauen nahm man sie jedoch nicht auf.

¶ Die Heilige wird als gekrönte Jungfrau mit offenem Haar oder als Hirtin dargestellt. Die Ketten, mit denen sie in einem Käfig gefangen gehalten wurde, und ein Schwert sind neben der Märtyrerpalme ihre Attribute. Sie gilt als Patronin der Zimmerleute, man ruft sie auch gegen Krätze und Geschlechtskrankheiten an.

¶ Erst eine fromme Stiftung, scheint es, hat dem Bistum Bamberg eine Abbildung der Heiligen gebracht. Im Jahr 1834 stiftete Baronesse von Adelsheim der Kirche St. Getreu ein Leinwandbild, auf dem die hl. Regina und die hl. Barbara [→ 4. Dezember] zu sehen sind. Über ihre Beweggründe schweigen die Quellen, die Inschrift lautet: »St. Regina – Fürbitterin für die Sterbenden«.

8. September
Mariae Geburt

Schon im 6. Jahrhundert feierte die Ostkirche das Fest der Geburt Mariens, das Papst Sergius I. um 700 auch für Rom anordnete. Seit dem 10. und 11. Jahrhundert begeht die gesamte Kirche die Geburt der Muttergottes durch die hl. Anna [→ 26. Juli] als Festtag. Besonders im Spätmittelalter hat man die Geburtsszene zur Darstellung des intimen zeitgenössischen Alltags gemacht. Ein besonders detailreiches Relief aus einem verlorenen Flügelaltar finden wir in der Kirche von Dormitz (Lkr. Forchheim), das um 1523 entstanden ist und der Werkstatt des Veit Stoß zugerechnet wird.

Um Maria Geburt
fliegen die Schwalben furt.

9. September
Hl. Gorgonius
Märtyrer
(gest. um 304)

10. September
Hl. Theodard
Märtyrer
(613 – um 670)

11. September
Maternus
(Anfang 4. Jh.)

Maternus hieß der erste geschichtlich nachweisbare Bischof von Köln. Über ihn ist wenig mehr bekannt als seine Teilnahme an den Synoden in Rom (314) und Arles (315), die ihn als Vertrauten Kaiser Konstantins [→ 21. Mai] sahen. Er soll gleichzeitig auch Bischof in Tongern und Trier gewesen sein, was in den Anfängen des Christentums nördlich der Alpen durchaus möglich erscheint. Seine Reliquien ruhen in Trier.

¶ Eine erst im 9. Jahrhundert entstandene Legende, die sich hartnäckig bis in die Barockzeit hielt, machte Maternus zum Sohn der Witwe von Naim, den Jesus vom Tode erweckt hatte. Er sei dann als Schüler des Apostels Petrus von diesem zusammen mit den hll. Valerius und Eucharius [→ 9. Dezember] zur Missionierung an den Rhein entsandt worden. Auf dem Weg dahin starb Maternus im Elsaß.

¶ Seine Gefährten überbrachten Petrus die traurige Nachricht. Er gab ihnen seinen Hirtenstab und den Auftrag, das Begonnene fortzusetzen und Maternus »aufzuwecken«. Zurückgekehrt fanden sie den Leichnam unversehrt und holten ihn durch Auflegen des Bischofstabs tatsächlich ins Leben zurück. So stand der erfolgreichen Mission nichts mehr im Weg. Der Stab des Petrus ruht seither im Kölner Dom, seine kostbare Hülle in Trier.

¶ Maternus wird wegen seines dreifachen Pontifikats als Bischof mit drei Mitren oder dem Modell einer dreitürmigen Kirche dargestellt. Er gilt als Patron gegen ansteckende Krankheiten und Fieber. Die größte Verehrung findet er im Rheinland.

Im Bistum Bamberg sind dem hl. Maternus zwei Kirchen geweiht. Von manchen Forschern wird die Maternkapelle am Fuße des Dombergs irrtümlich als die älteste Bamberger Kirche bezeichnet. Wahrscheinlicher ist jedoch, daß ein mit Trier verbundener Geistlicher die Kapelle gründete. Dies könnte Dompropst Poppo gewesen sein, den Kaiser Heinrich II. 1016 in Trier zum Bischof einsetzte. Er blieb Bamberg auch fern der Heimat verbunden, so manche Schenkung ist bezeugt. 1030 weihte Bischof Eberhard (1007–1040) die Maternkapelle zu Ehren des ersten Bischofs von Köln. Sie ist in ihren Grundformen erhalten und vor allem durch die Krippenschau in der Weihnachtszeit bekannt.

Der Ort Motschenbach (Lkr. Kulmbach) besitzt eine sehr alte, dem hl. Maternus geweihte Chorturmkirche. (Sie wurde erst 1809 selbständige Pfarrei.) Wahrscheinlich stellt eine der beiden spätgotischen Bischofsskulpturen, deren Attribute verlorengegangen sind, den Schutzheiligen dar.

12. September
Hl. Guido von Anderlecht
(gest. 1012)

13. September
Hl. Johannes Chrysostomus
(354–407)

Johannes (Abb. unten), der größte Prediger der Ostkirche war seit 397 Bischof von Konstantinopel und ein vorbildlicher Seelsorger, der sich besonders um die Armen kümmerte. Der Ruf seiner mitreißenden Predigten verschaffte ihm den Beinamen »Chrysostomus« = Goldmund. Als er das Luxusleben der Adeligen anprangerte, zog er sich den Unmut des Kaisers zu und wurde in eine abgelegene Gegend der Schwarzmeerküste verbannt, von wo aus er über Briefe mit seinen Anhängern in Verbindung blieb. Im Exil starb er am 14. September 407. Seine Gebeine ruhen aber in Rom.

¶ Er wird als Bischof mit Buch, Taube, Engel und Bienenkorb oder als Eremit dargestellt und gilt als der Patron der Prediger.

¶ Im Bistum Bamberg finden wir eine Darstellung des hl. Johannes Chrysostomus im Chorgewölbe der ehemaligen Benediktiner-Klosterkirche Weißenohe (Lkr. Forchheim), die barocken Fresken sind heute leider stark übermalt.

14. September
Notburga von Rattenberg
(um 1265–1313)

Die fromme Tochter eines Hutmachers aus Rattenberg (Österreich) im Inntal mußte ihren Lebensunterhalt als Magd verdienen. Dabei zeichnete sie sich durch ihre Sorge für die aus, die noch weniger hatten als sie selbst, die Bettler, Kranken und Almosenempfänger. Trotz ihres Fleißes waren ihr die Gebetsstunden heilig. An einem

Sonnabend zur Erntezeit verweigerte sie ihrem Dienstherrn die Feldarbeit, da es schon zur Vesper geläutet hatte. Auf seinen Ärger antwortete Notburga: »So soll die Sichel entscheiden!« Sie hielt diese empor, zog die Hand zurück und – siehe da: Die Sichel schwebte frei in der Luft, die Magd konnte ungestört in die Kirche gehen. 1313 starb die selbstlose Dienerin nach schwerer Krankheit. Zwei führerlose Ochsen brachten den aufgebahrten Leichnam über einen steilen und gefährlichen Weg nach Eben am Achensee vor das Rupertus-Kirchlein. Nachdem sich hier zahlreiche Wunder zutrugen und Wallfahrer aus Tirol und Bayern Notburgas Segen erflehten, stellte man 1434 eine neue Kirche unter ihren Schutz. Obwohl die offizielle Kanonisation erst 1735 erfolgte, wurde sie schon im späten Mittelalter als Patronin Tirols und Fürsprecherin der Bauern und Mägde verehrt, in manchen Gegenden als Nothelferin.

Lange bevor im 17. und 18. Jahrhundert ihr Andenken mit zahlreichen Votivbildern lebendig gehalten wurde, errichtete man der Schutzherrin der Dienstmägde bei der Kirche von Pfaffendorf einen Bildstock als Durchkriechsäule. Dies ist wahrscheinlich die älteste Notburga-Darstellung überhaupt. Auf einem Sandsteinbogen erhebt sich eine laternenartige Marter, deren spätgotischer Aufsatz das naive Relief einer betenden Magd zeigt. Sie kniet vor einem Abendmahlkelch, aus dem eine Hostie herausschaut. Eine schwebende Sichel erinnert an Notburgas »Arbeitsverweigerung« nach dem Abendläuten. Vor der Kirche, auf freiem Feld, im Schatten hoher Bäume und über einer uralten Brunnenstube steht heute eine Kopie dieses Bildstocks, das Original wurde in die Kirche gebracht.

¶ Ein Visitationsprotokoll von 1611 erzählt, wie es zur Errichtung der Säule kam: Räuber hätten in der Pfarrkirche einen Kelch mit Hostien gestohlen, später aber weggeworfen. Ein Mädchen fand ihn und wartete betend auf den Priester, der den Kelch zurückbringen sollte. Alle, die später an dieser Stelle vorbeigingen, knieten wie die Magd zu einem kurzen Sühnegebet für die Schändung des Sakraments nieder. Dies gab Anlaß, außerhalb der Ortschaft die kleine Kirche zu errichten; ihre idyllische Ruhe fordert auch heute zu äußerer und vor allem innerer Einkehr auf.

Eine barock heitere Figur der hl. Notburga hat Friedrich Theiler nach 1715 für die Kirche von Drosendorf geschaffen. Mit ihrem Pendant, dem Schutzpatron der Schäfer und Hirten Wendelin [→ 20. Oktober], verkörpert sie die Heiligen der bäuerlichen Welt, Fürsprecher der Gläubigen bei der Muttergottes, der Schutzpatronin dieser Kirche. Auf dem klassizistischen Seitenaltar der Kirche von Hochstahl hat Notburga mit Isidor dem Bauern [→ 10. Mai], den ein goldener Pflug kennzeichnet, einen weiteren Heiligen der Landbevölkerung zum Gegenüber.

Notburga-Darstellungen

Drosendorf (Lkr. Forchheim), kath. Pfarrkirche, Altarfigur
Hochstahl (Lkr. Bayreuth), kath. Pfarrkirche, Altarfigur
Pfaffendorf (Lkr. Lichtenfels), Bildstock

15. September
Hl. Ludmilla
Märtyrerin
(gest. 921)

Die hl. Ludmilla gehört zu den vier wichtigsten Patronen Böhmens. Sie, deren Namen im Slawischen »die vom Volk Geliebte« heißt, ist als Großmutter des hl. Wenzel [→ 28. September] zu einer besonders volkstümlichen Heiligen geworden. Sie ließ sich von einem Einsiedler bekehren und gemeinsam mit ihrem Gatten taufen, wurde also zur ersten christlichen Herzogin Böhmens. Ihr großer Einfluß machte aus dem Thronerben Wenzel, ihrem Enkel, einen christlichen Fürsten, den der heidnische Adel fürchtete.

¶ Als sie nach dem frühen Tod ihres Sohnes die Regentschaft für Wenzel übernahm, kannte der Haß ihrer Schwiegertochter Drahomira keine Grenzen: Sie ließ die hochangesehene Ludmilla mit dem eigenen Schleier erdrosseln. Dies soll am 15. September 921 geschehen sein. Nach dem Mord strahlte über dem Grab beständig ein Licht, das selbst dann noch leuchtete, als Drahomira eine Kirche darüber errichtete. Später ließ König Wenzel den unversehrten Leichnam seiner Großmutter in die St. Georgs-Kirche der Prager Burg übertragen.

Wegen ihres Martyriums wird die heilige Ludmilla mit den Attributen Schleier oder Strick um den Hals dargestellt. Sie gilt als die Patronin der Erzieher.

¶ Im Bistum Bamberg wurden seit der Zeit Bischofs Friedrich I. von Hohenlohe (1345 bis 1352) enge Kontakte zu Böhmen gepflegt. Lamprecht von Brunn (1374 bis 1399) gilt sogar als einer der Berater Kaiser Karls IV. So nimmt es nicht wunder, daß wir in Nürnberg, das dem Kaiser als Reichsstadt besonders am Herzen lag, Abbildungen der böhmischen Heiligen finden. Sie begegnet uns auf einem Sandsteinrelief aus der Werkstatt des Adam Kraft an einem Pfeiler des südlichen Langhauses der Lorenz-Kirche. Der Patrizier Hans Imhoff stiftete das Kunstwerk, auf dem ein grausamer Scherge die mit gefesselten Händen vor ihm sitzende Ludmilla mit einem Tuch erdrosselt. Ein weiterer Henker hat die Hände erhoben, als ob er die wehrlose Frau auch noch schlagen wollte.

Eine überlebensgroße Steinskulptur im Chor der Nürnberger Frauenkirche neben der des hl. Wenzel könnte ebenfalls die hl. Ludmilla darstellen, ihre Attribute sind leider verloren. Da der Bau der Frauenkirche auf dem Platz des zerstörten jüdischen Ghettos unmittelbar auf Karl IV. zurückgeht, ist die Erinnerung an die Nationalheilige verständlich. Selbst der Kalender der Nürnberger Finanzbehörde, der Losungsstube, vergißt im 15. Jahrhundert nicht, an Ludmilla zu erinnern.

16. September
Hl. Kornelius
(gest. 253)

17. September
Hl. Hildegard von Bingen
(gest. 1179)

18. September
Hl. Lambertus
Märtyrer
(um 670 – um 705)

auch Landebert, Lantpert, Lampert, Lamprecht, Lanz

In der zweiten Hälfte des 7. Jahrhunderts lebte in Maastricht (Niederlande) Bischof Lambertus, dessen ursprüngliche Namensform Landebert »der im Lande Glänzende« bedeutet. Als Kirchenfürst war der Sohn eines Grafen in die politischen Unruhen der Merowingerzeit verwickelt. Nach dem Tod König Childerichs II. flüchtete er in das Benediktinerkloster Stablo, bevor er unter Pippin II. zurückkehren durfte. Gemeinsam mit Willibrord [→ 7. November] kümmerte er sich um die Missionierung der Friesen. Beim Versuch, gestohlenes Kirchengut zu retten, sollen Anhänger Lamberts zwei Männer getötet haben. Deren Familie übte daraufhin die im frühen Mittelalter noch verbreitete Blutrache und ermordete den Bischof, der sich gerade im nahen Lüttich (Belgien) aufhielt. Nach einer anderen Überlieferung soll Pippin den Mord angestiftet haben, verärgert über die moralischen Vorhaltungen, die ihm wegen seines Privatlebens gemacht wurden.

Man begrub Lambert zunächst in Maastricht, 717 brachte sein Nachfolger Hubertus [→ 3. November] die Gebeine nach Lüttich. Am Ort des Martyriums entstand nicht nur eine Basilika, man verlegte schließlich sogar den Bischofssitz hierher. Innerhalb kurzer Zeit erlebte die bedeutungslose Siedlung einen ungeahnten Aufstieg. Als Mitglied des fränkischen Hochadels erfuhr Lambert von dieser Seite eine stete Verehrung. Zahlreiche Familien förderten und pflegten seinen Kult, der sich rasch über das christliche Abendland verbreitete. Schwerpunkt blieben der Niederrhein, das Münsterland und Freiburg, wo viele Volksbräuche rund um seinen Namen und ein

Festtag, der am Ende der Erntezeit und am Anfang der langen Winterabende liegt, an ihn erinnern.

Trocken wird das Frühjahr sein, ist St. Lambert klar und rein.

Lambert wird meist als bartloser Bischof mit Buch dargestellt, im Gebet von einer Lanze durchbohrt. Eine Lampe als Attribut spielt auf seinen Namen an. Auch sein Patronat über die Lahmen wird davon abgeleitet. Darüber hinaus haben die Diözese Lüttich und die Holzschnitzer von Antwerpen ihn zu ihrem Schutzheiligen ernannt. Seine Fürbitte hilft bei Epilepsie, Augen- und Geburtsleiden.

Im Ostchor des Heinrichs-Doms weihte am 6. Mai 1012 der Magdeburger Erzbischof einen Nebenaltar zu Ehren der hll. Blasius [→ 3. Februar], Lambertus und des Märtyrers Stephan [→ 26. Dezember]. Die engen Beziehungen des jungen Bistums zu Lüttich kommen auch in der Wahl des ersten Domscholasters Durandas zum Ausdruck, den Heinrich II. von dort nach Bamberg holte. Die Kurie St. Lambert in der Domgasse 5 und ihre vor 1200 bezeugte Hauskapelle mögen ebenfalls in diesem Zusammenhang stehen.

¶ Eine volkstümliche Verehrung des Heiligen gibt es in Franken freilich nicht. Nur zwei Kirchen im Südwesten des Bistums hat man unter seinen Schutz gestellt; in den evangelisch gewordenen Orten Baudenbach (Lkr. Neustadt/Aisch) und Eyb (Stadt Ansbach) erinnerten die ehemaligen Patrozinien an den Märtyrer vom Niederrhein. Häufiger als Abbildungen des hl. Lambert begegnet uns in Franken sein Name: die Familiennamen Lambrecht und Lanz gehen auf ihn zurück.

19. September
Hl. Januarius
Märtyrer
(gest. 305)

20. September
Hl. Eustachius
Märtyrer
(gest. um 118?)

Eine romanhafte Legende rankt sich um das Leben des hl. Eustachius, der bei seiner Geburt den Namen Placidus erhalten hatte. Der oberste Feldherr Kaiser Trajans liebte die Jagd und stellte eines Tages einem besonders großen Hirsch nach. Als er ihn auf einer Lichtung vor sich hatte, bemerkte er in dessen Geweih ein leuchtendes Kreuz. »Placidus, warum verfolgst Du mich«, soll das Tier gefragt haben, »ich bin Christus, dem du unwissend bereits dienst. Darum habe ich dich erjagt in dieses Hirsches Gestalt, auf daß du dich taufen lassest auf meinen Namen. Wisse, ich bin der Jäger und du das Wild.« Noch in dieser Nacht soll Placidus tiefbewegt einen Bischof aufgesucht und die Taufe empfangen haben. Auch seine Frau Theopista und die Söhne bekehrten sich, er selbst nahm den Namen »Eustachius«, der »Fruchtbare« an.

Der frommen Familie stand jedoch eine schwere Prüfung bevor: Ihr Besitz wurde zerstört, mittellos mußte sie mit dem Schiff nach Ägypten fliehen, um ein neues Leben zu beginnen. Da sie die Überfahrt nicht bezahlen konnte, behielt der Kapitän Theopista als Sklavin; wilde Tiere raubten schließlich die beiden Söhne. Gramgebeugt fügte sich der einst so mächtige Krieger in sein Schicksal und lebte in einem Dorf als armer Knecht. Jahre später ließ der Kaiser vor einer drohenden Schlacht nach seinem einstigen Waffengefährten suchen und erkannte ihn an einer alten Narbe.

¶ Eustachius übernahm erneut eine hohe Stellung im Heer und stieß bei der Musterung junger Soldaten unerwartet auf seine Söhne. Diese wiederum begegneten in einer Herberge ihrer Mutter, so daß die Familie nach bitterer Zeit wieder glücklich vereint war. Als Feldherr überaus erfolgreich, kehrte Eustachius im Triumphzug nach Rom zurück, wo inzwischen der christenfeindliche Kaiser Hadrian regierte. Da er sich bei der großen Siegesfeier standhaft weigerte, den Götzen zu opfern, ließ der Kaiser ihn und seine Familie den wilden Tieren der Arena vorwerfen und befahl, sie anschließend in einem Stier aus glühendem Metall zu töten, denn die Bestien waren ihnen – mit Ehrfurcht – ferngeblieben. Eustachius und die Seinen fanden auf diese Weise zwar den Märtyrertod, ihre Körper blieben jedoch unversehrt.

Ob in dieser Legende, die wahrscheinlich aus dem indischen Kulturkreis kommt, ein wahrer Kern steckt, ist ungewiß. Seit dem 4. Jahrhundert ist der Kult des hl. Eustachius nachweisbar, sein trauriges, in Demut ertragenes Familienschicksal hat ihn zum christlichen Hiob gemacht. Verehrt wird er als Patron der Jäger und Förster, außerdem der Tuchhändler; man ruft ihn in verzweifelten Familiennöten an; im Spätmittelalter wurde er

zu einem der beliebten Nothelfer. Spätere Legenden haben die Geschichte des hl. Eustachius auf Hubertus [→ 3. November], den Bischof von Lüttich, übertragen.

Eustachius wird meist als Krieger in jeweils modischer Rüstung und selten als Jäger dargestellt; der Hirsch mit einem Kruzifix im Geweih ist sein Attribut. Die umfangreichsten Zyklen zu seiner Geschichte entstanden in der gotischen Kunst Frankreichs, so in den berühmten Glasfenstern der Kathedrale von Chartres.

¶ Trotz seiner Verehrung im Kreise der Nothelfer sind Eustachius-Patrozinien selten. Im Bamberger Dom wird 1464 ein Eustachius-Altar in der Sepultur erwähnt, aber kaum 100 Jahre später durch ein Dreifaltigkeits-Patrozinium ersetzt. Die Spitalkirche von Lauf (Lkr. Nürnberger Land) erhielt 1382, etwa gleichzeitig das Nürnberger Heiliggeist-Spital und 1464 der Frühmeßaltar der Bamberger Kirche St. Martin Reliquien des Heiligen.

Zu den wenigen bekannten Darstellungen gehört die verwitterte Sandsteinfigur, an der Rüstung um 1380 datiert, am Westportal der Forchheimer Pfarrkirche St. Martin; sie könnte mit der Familie von Stiebar in Verbindung gebracht werden, die in dieser Zeit den Amtmann der Stadt stellte. Eine barocke Skulptur steht auf dem 1714 gestifteten Seitenaltar der Kirche von Unterleiterbach. Als Pendant ist Eustachius, den der Volksmund hier beharrlich als Hubertus benennt, der hl. Ägidius [→ 1. September] zugeordnet, den eine Hirschkuh begleitet.

¶ Darüber hinaus finden wir Eustachius in allen Nothelfer-Zyklen, so schon um 1440 auf der Werktagsseite des Barbara-Altars in Veitsbronn, wo er eine Brokat-Tunika über der Rüstung trägt und erst auf den zweiten Blick als Ritter erkennbar ist. Der Nothelfer-Altar der Kirche von Regensberg ist wie ein Rebstock ausgebildet, auf dessen seitlichen Ästen die Heiligen um das Jesuskind stehen, über dem Retabel wacht Gottvater. Ganz rechts befindet sich Eustachius, neben einem Hirsch mit dem roten Kreuz auf dem Kopf.

Die volkstümliche Verehrung des Eustachius kommt sowohl in Kunstwerken von europäischem Rang, wie den Stuckfiguren Johann Michael Feichtmayrs von 1763 für den Gnadenaltar der Wallfahrtskirche Vierzehnheiligen, als auch in den krippenhaften Statuetten zum Ausdruck, die man 1735 für eine Votivtafel der Kirche in Zeyern und 1852 für den neugotischen Altar der Kirche von Tiefenhöchstadt geschaffen hat.

Einige Eustachius-Darstellungen

Forchheim, Stadtpfarrkirche St. Martin, Portal

Gügel (Lkr. Bamberg), Wallfahrtskirche St. Pankratius, Figur

Regensberg (Lkr. Forchheim), kath. Kirche St. Margareta, Nothelfer-Altar

Tiefenhöchstadt (Lkr. Bamberg), kath. Kapelle Hl. Kreuz, Hochaltar

Unterleiterbach (Lkr. Bamberg), kath. Pfarrkirche St. Maria Magdalena, Seitenaltar

Veitsbronn (Lkr. Fürth), evang. Kirche, Barbara-Altar

Vierzehnheiligen (Lkr. Lichtenfels), Wallfahrtskirche, Gnadenaltar

Zeyern (Lkr. Kronach), kath. Pfarrkirche St. Leonhard, Votivtafel

21. September
Hl. Matthäus
Apostel, Evangelist
(gest. um 69)

»Komm – folge mir nach« (Mk 2,14) sprach Jesus zu Levi, dem vom Volk verachteten Zöllner aus Kapharnaum. Dieser ließ alles liegen und lud den, der ihn nicht – wie alle anderen – gering achtete, zu einem großen Festmahl ein. Levi wurde ein Jünger und nahm den Namen Matthäus, d. h. »Geschenk Gottes« an. Viel mehr berichtet die Heilige Schrift nicht über das Leben dieses Hebräers.

¶ Seine Zeit kam, als er um das Jahr 40 begann, in seiner Muttersprache Aramäisch über Jesus zu schreiben: das erste Evangelium. Klar, pedantisch, ja fast ein wenig unpersönlich, wie es der Stoffsammlung eines Zöllners und Buchhalters schon damals entsprechen mochte, zeichnet Matthäus als zuverlässiger Zeuge auf, was er über die Kindheit und Jugend Christi gehört und vor allem, was er selbst seit seiner Berufung im Kreise der Apostel erlebt hat. Er gibt der Nachwelt viele Predigten wieder, offenbar recht wortgetreu. Als Jude schreibt er für bekehrte Juden, viele Details lassen das erkennen, denn er bindet in seine Texte Jesus als den erwarteten Messias in die Prophezeiungen des Alten Bundes ein und bezeugt den Einklang zwischen Altem und Neuem Testament: Christus ist der neue David.

¶ Missioniert haben soll Matthäus in Persien und Äthiopien, wo er nach der einen Überlieferung um 69 n. Chr. eines friedlichen Todes starb, anderen zufolge das Martyrium durch Verbrennen, Steinigen oder einen Dolchstoß am Altar erlitten haben soll. Seine Gebeine ruhen seit 954 im normannischen Dom San Matteo von Salerno (Italien), der seit dem Mittelalter Ziel volkreicher Pilgerströme ist. Der 21. September, der Tag an dem nach alter Überlieferung seiner gedacht wird, ist im bäuerlichen Leben ein wichtiger Lostag für das Wetter der kommenden Herbst- und Winterzeit, der mit mancherlei Brauchtum gefeiert wird.

Wie die anderen Apostel erscheint Matthäus als antiker Schriftsteller, bärtig, in eine Tunika gehüllt. Seine Attribute sind Buch, Lanze, Dolch, Schwert, Geldbeutel oder das Zahlbrett des Zöllners. Sein schönstes und geistvollstes Attribut aber ist der Engel. Sinnfällig und dennoch voller geheimnisvoller Gesten haben im Barock Künstler beider Konfessionen wie der Katholik Caravaggio (1602/03) oder der Protestant Rembrandt (1661) verdeutlicht, wie ein Engel Matthäus die Hand führte und inspirierte, als er, von übernatürlichen Kräften geleitet, sein Evangelium schrieb.

**Matthäus macht
Tag und Nacht gleich,
und der Honig
fließt nicht mehr.**

Es verwundert nicht, daß sich die auch heute nicht überall beliebten Finanz- und Zollbeamten sowie die Geldwechsler den Evangelisten zum Patron genommen haben. Man ruft ihn auch gegen Trunksucht an.

Wahrscheinlich schon vor der Gründung des Bistums Bamberg bestand in Markt Einersheim eine dem hl. Matthäus geweihte Kirche, die 1297 Pfarrei wurde. Nach der Reformation ist der Evangelist hier nur noch auf der Renaissance-Kanzel zu sehen. Zur Diözese Eichstätt gehörte ursprünglich die 1059 erstmals erwähnte Matthäus-Kirche von Vach, die heute evangelisch ist. Nachdem man im Bamberger Dom 1012 bei der Weihe der Altäre auf Reliquien des Evangelisten verzichten mußte, blieb die Zahl der unter seinem Schutz stehenden Kirchen im Bistum Bamberg auf einige wenige beschränkt. In Kühlenfels wird 1340 erstmals eine dem Heiligen geweihte Kirche erwähnt, zwei barocke Matthäus-Skulpturen haben sich hier erhalten.

Tritt Matthäus ein, muß die Saat beendet sein.

Aus einer im 30jährigen Krieg erweiterten Kapelle ging die Kirche von Neuhaus hervor, die 1826 in klassizistischem Stil erbaut wurde und ihre Ausstattung aus Ützing (Lkr. Lichtenfels) erhielt. Ein Matthäus steht hier – allerdings nur als Nebenfigur – auf dem Hochaltar; auf der Kanzel findet sich der Kirchenpatron mit den anderen Evangelisten wieder. Nur mit der notwendigen Portion Glück bekommt man das Relief des Evangelisten zu sehen, das auf eine der Glocken gegossen wurde.

Als ein Mittelpunkt der Verehrung des Matthäus im Bistum kann die Pfarrkirche von Wiesenthau angesehen werden, die wohl aus der Schloßkapelle hervorging. Die jetzige Kirche ist weitgehend im historisierenden Stil erbaut. In den barocken Hochaltar wurde eine spätgotische Figur des hl. Matthäus übernommen, die von einem Flügelaltar stammt; selbstverständlich finden wir den Heiligen auf der Kanzel im Kreis der Evangelisten. Eine weitere spätgotische Figur auf dem Schalldeckel verdeutlicht darüber hinaus seine Schutzfunktion als Kirchenpatron.

¶ Ein hl. Matthäus gehört zum Valentins-Altar der Kirche in Burk (Lkr. Forchheim); ein kleiner Engel zu seinen Füßen charakterisiert den Evangelisten, dem der Apostel Thomas [→ 3. Juli] gegenübersteht. Die Hintergründe dieser Zusammenstellung konnten noch nicht ermittelt werden.

Zahlreich sind Matthäus-Darstellungen, die zu den schon oft zitierten Zyklen der Evangelisten oder Apostel gehören. Eindrucksvoll war einst die farbenfrohe, barocke Emporenbemalung von 1762 in der Kirche von Obernsees (Lkr. Bayreuth). Von den ursprünglich 33 Bildern sind nur wenige erhalten; daß der hl. Matthäus dazugehörte, belegt die Inschrift auf dem Rahmen. Schon etwas früher erhielt die katholische Kirche von Steinbach am Wald (Lkr. Kronach) eine ähnliche Reihung von portraithaften Brüstungsgemälden; zu der (heute unvollständigen) Apostelreihe gehört ein Idealportrait des Matthäus.

In den Kanzelkorpus von Willersdorf (Lkr. Forchheim) hat ein Forchheimer Schreiner 1610 ein ungewöhnliches Bildprogramm als Intarsienarbeit eingelegt: Der hl. Matthäus findet sich hier neben den hll. Petrus [→ 29. Juni] und dem Kirchenpatron Bartholomäus [→ 24. August] sowie einer Kreuzigungsgruppe. Den Kanzelkorb der Kirche in Amlingstadt (Lkr. Bamberg) hat man um 1710 mit gemalten Evangelistenportraits versehen.

Bilder aus dem Leben des hl. Matthäus sind selten und meist in protestantischen Zyklen zu finden. Seine Berufung durch Jesus wurde 1711 auf die Emporenbrüstung der evangelischen Kirche von Pilgramsreuth (Lkr. Hof) und etwa gleichzeitig auf die Decke der Kirche von Regnitzlosau (Lkr. Hof) gemalt. Zu seinem Martyrium fand sich leider noch keine Abbildung.

Matthäus-Kirchen

Hambühl (Lkr. Neustadt/Aisch), evang. Kirche, ehem. St. Matthäus
Hiltpoltstein (Lkr. Forchheim), evang. Pfarrkirche, ehem. St. Matthäus
Kühlenfels (Lkr. Bayreuth), kath. Filialkirche
Markt Einersheim (Lkr. Kitzingen), evang. Kirche, ehem. St. Matthäus
Neuhaus (Lkr. Bayreuth), kath. Pfarrkirche
Stockau (Lkr. Bayreuth), evang. Pfarrkirche, ehem. St. Matthäus
Uttenhofen (Lkr. Neustadt/Aisch), evang. Pfarrkirche, ehem. St. Matthäus
Vach (Stadt Fürth), evang. Pfarrkirche, ehem. St. Matthäus
Wiesenthau (Lkr. Forchheim), kath. Pfarrkirche

Tritt Matthäus stürmisch ein, wird's bis Ostern Winter sein.

22. September
Hl. Mauritius und die Thebäische Legion
Märtyrer
(gest. zwischen 280 und 303)
auch Moritz

Mauritius hieß der Anführer einer römischen Legion aus Theben (Ägypten), der im Heer Kaiser Maximians über die Alpen nach Germanien zog. An der alten Fernstraße über den Großen St. Bernhard-Paß schlug sie bei Aganaum (heute St. Moritz/Schweiz) ihr Lager auf. Da sie selbst getauft waren, weigerten sich Mauritius und seine Mannschaft – der Legende nach 6 600 Soldaten – an den angeordneten Christenverfolgungen teilzunehmen. Zur Disziplinierung ließ der Kaiser die Legion dezimieren, aber selbst der Tod ihrer Kameraden konnte die christlichen Soldaten nicht umstimmen. Sie hielten tapfer stand und ließen sich widerstandslos niedermetzeln.

¶ Um 380 fand Bischof Theodor ihre Gebeine und ließ an der Stelle ihres Martyriums eine Kirche bauen. Der burgundische König Sigismund [→ 1. Mai] gründete hier um 515 ein Kloster, das er mit reichen Schenkungen ausstattete, und richtete zu Ehren der Ermordeten einen immerwährenden Chorgesang ein. Nach dem Übergang seines Reichs im Jahr 534 an die Franken steigerte sich der Kult des hl. Mauritius, der unter den Merowingern zum Nationalheiligen wurde. Karl der Große hat das Kloster selbst besucht und errichtete vermutlich im Aachener Münster jene Mauritius-Kapelle, in der zukünftig seine Nachfolger die Nacht vor der Krönung im Gebet zu verbringen hatten. Unter den Saliern wurde die Salbung der deutschen Kaiser in Rom vor den Mauritius-Altar des Petersdoms verlegt: Der Märtyrer war nun Patron des Reiches.

¶ Seitdem verband sich die Verehrung des hl. Mauritius fest mit dem Herrscherkult und übertrug sich deshalb auf die Ritterschaft, die den Heiligen bei ihrer Schildweihe anrief. Die Lage seiner Grabstätte am Schnittpunkt wichtiger europäischer Straßen hat viel zur Verbreitung des Mauritius-Kults beigetragen, denn jeder Rompilger, jedes Heer, das sich über die Alpen bewegte, legte hier eine Rast ein. Als Kaiser Karl IV. 1365 auf der Rückkehr von einem Besuch Papst Urbans V. in Avignon nach St. Moritz kam, gaben die Mönche dem leidenschaftlichen und gefürchteten Reliquiensammler einen Arm des hl. Mauritius als Geschenk. Die Bedeutung des Klosters ist im übrigen daran zu erkennen, daß seinen Äbten 1782 der Grafentitel und seit 1933 bischöfliche Rechte verliehen wurden.

Seit dem 7. Jahrhundert hatte sich der Kult des Mauritius im fränkischen Reich ausgebreitet. Ein Zentrum war in Köln entstanden, das Reliquien erwarb und Mauritius neben den hl. Gereon [→ 10. Oktober] stellte. In Bayern wurde im Kloster Niederaltaich (Lkr. Deggendorf) 741 die erste Mauritius-Kirche errichtet. 961 überführte Kaiser Otto der Große persönlich Gebeine des Heiligen in das Erzbistum Magdeburg, dessen Keimzelle er bereits 937 mit einem Mauritius-Kloster begründet hatte. Im Jahr 955 führte er die Lanze des hl. Mauritius als Hilfe im Kampf gegen die Ungarn mit.

¶ Als Nordafrikaner hat man sich Mauritius im späten Mittelalter dunkelhäutig vorgestellt, denn sein Name kommt von »mauron« und heißt übersetzt »der Mohr«; Moritz ist die beliebte Kurzform seines Namens geworden. In einer der jeweiligen Mode angepaßten Rüstung, mit Schild und Lanze bewaffnet, sowie einer phantasievollen, exotischen Kopfbedeckung, bilden ihn die Künstler seither ab. Den Patron der Soldaten, Waffenschmiede, Kaufleute, Hutmacher und Glasmaler ruft man im Krieg, aber auch gegen Besessenheit, Gicht und Ohrenleiden an.

Heinrich II. hat schon vor seiner Krönung dem hl. Mauritius in besonderer Weise gehuldigt. Er machte reiche Schenkungen an das Kloster Niederaltaich und förderte in Hildesheim und Magdeburg die Verbreitung des Kultes durch die Übertragung von Reliquien. In Magdeburg trat er sogar selbst in die Bruderschaft des Domstifts ein und erbat die Hilfe des heiligen Ritters für den Kampf gegen Boleslav von Polen. Reliquien des Heiligen und des hl. Sigismund wurden 1012 im Kreuzaltar des Bamberger Doms beigesetzt, dessen westliche Unterkirche unter dem Schutz des Ritterheiligen stand. Auch Bischof Otto I. verehrte Mauritius und weihte ihm mehrere Altäre: 1122 in Bamberg, St. Jakob, 1123 in der Kranken- und 1125 in der Andreas-Kapelle von Prüfening, 1125 in Hempur.

¶ Das für Bamberg bedeutende Geschlecht der Andechs-Meranier, aus dem unter anderem die Bischöfe Otto II. (1177–1196), Ekbert (1203–1237) und Poppo (1237–1242) hervorgegangen sind, entwickelte eine besondere Beziehung zu Mauritius. In den Jahren 1204 bis 1220 befand sich in den Händen dieser Familie eine kostbare Reliquie des Heiligen, nämlich die Schädeldecke, die 1204 in Konstantinopel »sichergestellt«, d.h. geraubt worden war. Über den Deutschen Orden gelangte sie an Otto VII. von Andechs-Meranien, der sie 1220 auf Bitten Kaiser Friedrichs II. dem Magdeburger Dom schenkte. Bis dahin war sie im Zisterzienserkloster Langheim (Lkr. Lichtenfels), der Grablege des Geschlechts, verwahrt. Vielleicht steht der im 13. Jahrhundert nachgewiesene Mauritius-Altar vor dem Westchor des Bamberger Doms mit dem Einfluß dieser Herrscherfamilie in Verbindung. Jüngere Forschungen sind – vergeblich – der Frage nachgegangen, ob der Bamberger Stadtritter, bisher stets als hl. Georg [→ 23. April] angesehen, vielleicht ursprünglich doch ein hl. Mauritius war.

Die älteste Moritz-Kirche unserer Diözese steht in Coburg; sie wurde in vorbambergischer Zeit und wahrscheinlich unter Magdeburger Einfluß errichtet. Seit der Reformation erinnert in der evangelischen Kirche nur noch eine gotische Fassadenfigur an den Schutzpatron. – Nach 1007 wurden im Bamberger Land mehrere Moritz-Kirchen oder Kapellen geweiht, von denen zwei besonders erwähnenswert sind: Im romanischen Turm der Kirche der alten Ortschaft Kästel (von Kastell?) im Aischgrund hat man 1936 Wandmalereien der Zeit um 1420 freigelegt, auf denen an der südlichen Chorwand Einzelheiten der Mauritius-Legende zu sehen sind. Auf der Hinrichtungsszene (der Offizier wird gerädert und enthauptet) erkennt man, wie die Seele des Märtyrers als kleine Figur in den Himmel aufsteigt. Mauritius ist hier noch kein Mohr, sondern mit heller Haut abgebildet. Bemerkenswert ist der untere Bildstreifen der Hll. Drei Könige, die der Maler auf Kamelen anreisen läßt. Da er die Tiere sicher nur vom Hörensagen gekannt hat, sind sie entsprechend originell ausgefallen. Weil das Kirchlein immer verschlossen ist, sollte man seinen lohnenswerten Besuch anmelden.

Unberührt inmitten der Landschaft mit Blick auf die Ehrenbürg und in einem ummauerten Bergfriedhof liegt die Moritz-Kapelle bei Leutenbach, einst eine bedeutende Wallfahrtsstätte. Die gotische Kirche steht wohl über der ehemaligen Burg der Herren von Leutenbach, die schon um 1100 erwähnt werden. Auf dem Hochaltar hat eine frühbarocke Skulptur des Ritterheiligen ihren Platz. Ein Gemälde aus dem 18. Jahrhundert zeigt Mauritius im antikischen Panzer mit kurzem Röckchen und Turnierhelm zu Füßen, dem Engel den Lorbeerkranz reichen. Klein ist im Hintergrund sein Martyrium zu sehen.

Knapp hundert Meter hinter der Kapelle liegt ein Brunnenhäuschen mit anspruchsvollem barocken Giebel, das wegen der hier aufgestellten schlichten Figur »Moritzbrunnen« genannt wird und um den sich manche Geschichte als »weissagende Quelle« und Orakelbrunnen rankt. Möglicherweise geht die Verehrung des hl. Mauritius in Leutenbach auf den berühmten Translationszug Kaiser Karls IV. im Jahr 1365 zurück, der dem Bistum Bamberg nicht nur den Kult des hl. Sigismund in Seußling (Lkr. Bamberg), sondern auch der hl. Ottilie [→ 13. Dezember] in Kersbach (Lkr. Forchheim) brachte. Könnte der Kaiser nicht auch eine Reliquie des hl. Mauritius zurückgelassen haben?

¶ Aus der abgegangenen Burgkapelle von Arnstein (Lkr. Lichtenfels) stammt die spätgotische Figur eines hl. Mauritius, die heute in der Kirche des nahen Dorfes Eichig aufbewahrt wird. Als 1929 in Sassanfahrt eine Mauritius-Kirche errichtet wurde, hat man sie zu Ehren Mauritia von Plummerns, der Gattin des damaligen Gutsherrn, unter den Schutz des etwas aus der Mode gekommenen Märtyrers Mauritius gestellt.

Mauritius-Kirchen und -Darstellungen

Coburg, evang. Stadtpfarrkirche
Deutenheim (Lkr. Neustadt/Aisch), evang. Kirche
Gleizendorf (Lkr. Ansbach), evang. Kirche
Kästel (Lkr. Neustadt/Aisch), evang. Kirche
Kirchrimbach (Lkr. Neustadt/Aisch), evang. Kirche
Leutenbach (Lkr. Forchheim), kath. Wallfahrtskirche
Nürnberg, Mauritius-Kapelle im Kirchhof St. Sebald
Reutles (Stadt Nürnberg), evang. Kapelle, ehem. St. Felizitas, Figur
Röttenbach (Lkr. Erlangen-Höchstadt), kath. Pfarrkirche
Sassanfahrt (Lkr. Bamberg), kath. Pfarrkirche

23. September
Hl. Thekla
Märtyrerin
(1. Jh. n. Chr.)

Thekla hieß eine Schülerin des hl. Paulus [→ 29. Juni], die sich bekehren ließ und ein Leben in Jungfräulichkeit gelobte. Ihre erboste Familie, vor allem der Bräutigam, wollte dies nicht hinnehmen und verklagte sie. Zum Tod auf dem Scheiterhaufen verurteilt, geschah das erste Wunder: Das Feuer erlosch. Thekla wird freigelassen und folgt Paulus auf seinen Missionsreisen in den Nahen Osten. Ein weiterer Versuch ihres abgewiesenen Verehrers, sie in der Arena von Antiochia (Türkei) durch wilde Tiere töten zu lassen, scheitert ebenfalls. In einen Graben voller Schlangen und Untiere geworfen, tauft Thekla sich selbst und überlebt abermals. Nun läßt man sie in Ruhe, sie kann sogar noch ihre eigene Mutter zum Christentum bekehren und stirbt schließlich hoch ange-

sehen eines natürlichen Todes in Seleukia (Irak). Um 180 n. Chr. entstanden die romanhaften Thekla-Akten, die ihr Leben erzählen.

¶ Die früheste Verehrung kann im Vorderen Orient nachgewiesen werden, aber bald hinterläßt ihr Kult auch in Italien und dem frühchristlichen Rheinland (Köln) seine Spuren. Im deutschsprachigen Raum wird sie bis in den Barock hinein besonders in Altbayern verehrt, wo noch immer Mädchen auf ihren Namen getauft werden. Die Attribute Theklas verweisen auf ihr Martyrium: Scheiterhaufen, Löwen und Schlangen. Da sie aus dreifacher Folter unversehrt hervorging, wurde die hl. Thekla 1568 in das Sterbegebet aufgenommen und zur Patronin einer guten Sterbestunde.

¶ Es scheint, als haben die Augustinerchorherrn von Birklingen die hl. Thekla in ihrer Kirche besonders verehrt. In der zum Kloster gehörenden Pfarrei Geiselwind steht sie auf dem linken Seitenaltar von 1766/67, ein kleiner Löwe zu ihren Füßen; ein Gemälde in Birklingen zeigt sie als vornehme Dame im kostbaren modischen Gewand, der eine Schlange und ein Löwe beigegeben sind.

24. September
Hl. Rupert von Salzburg

(gest. 718)

auch Robert, Ruprecht

Wir wissen wenig über die Herkunft Ruperts (Abb. S. 279) oder Hruodperths, auf althochdeutsch »der Ruhmglänzende«, des ersten Bischofs von Salzburg. Er soll mit den Merowingern, aber auch den Herzögen von Irland verwandt gewesen sein. Neue Forschungen vermuten eine Herkunft vom Oberrhein, wo es im 7. Jahrhundert ein Geschlecht der Rupertiner gab. Wahrscheinlich war er Bischof von Worms, bevor er den bayrischen Herzog Theodo in Regensburg bekehrte. Von hier wanderte Rupert missionierend die Donau entlang nach Süden, wo er sich besonders der verwüsteten römischen Siedlung Juvavia, dem heutigen Salzburg, annahm. Er ließ sich den verwahrlosten Landstrich schenken und gründete das Kloster St. Peter, von dem erhebliche kulturelle Impulse für den südbayerischen Raum ausgingen. Mit Hilfe von Siedlern und Priestern verwandelte er die Ödnis wieder in fruchtbares Land. Rupert starb wahrscheinlich am 27. März 718, seit 774 wird er im Salzburger Dom und in Oberbayern verehrt. Nicht zufällig nennt man das Land westlich von Salzburg den »Ruperti-Winkel«, wo dem Heiligen 125 Kirchen geweiht sind.

Rupert gilt als Schutzpatron der Stadt Salzburg und des Salzbergbaus, wird aber auch gegen tollwütige Hunde und Rotlauf angerufen, da man aus seinem Namen das Wort »rot« heraushören kann. Dargestellt ist er als Bischof mit einem Salzkübel. Im Laufe der Jahrhunderte hat man seinen Namen auf Knecht Rupprecht, den strengen, rauhbeinigen Begleiter des hl. Nikolaus [→ 6. Dezember] übertragen, woher sich die Begriffe »Rüpel« oder »ruppig« für einen ungehobelten Zeitgenossen entwickelten. Allmählich hat die Variante »Robert« den mittelalterlichen Namen »Rupert« ersetzt.

Ist an Ruprecht
der Himmel rein,
so wird er's auch
im Juli sein.

Obwohl Rupert zu den im Georgschor des ersten Bamberger Doms an prominenter Stelle verehrten Heiligen gehörte, ist ihm im Bistum nur eine Kapelle geweiht. Sie liegt an der Straße von Obernsees (Lkr. Bayreuth) nach Bayreuth, außerhalb des Ortes. Die erste Kirche an dieser Stelle ließ Bischof Rupert von Bamberg (1075–1102) seinem Namenspatron im Jahr 1080 errichten. Der Chor des heutigen Gotteshauses datiert in das Jahr 1479 und war mit Fresken bemalt, vielleicht sogar mit dem Heiligen. Das Gewölbe hat einfache Konsolen, die auf den Schultern kleiner, wappenhaltender Halbfiguren ruhen. Darunter finden wir zwei Bischöfe mit Mitra und Krummstab, die wohl für den Erbauer und den Namenspatron der Kapelle stehen. Nach der Reformation wurde 1710 ein Langhaus angebaut. Es hat weitere Spuren der Verehrung des Salzburger Heiligen verwischt, seine Skulptur wurde vor wenigen Jahren gestohlen.

¶ Ganz unvermutet stoßen wir in Neunkirchen am Brand (Lkr. Forchheim) auf den hl. Rupert: 1504 hat Rupprecht Gotzmann von der Bürg ein Votivbild in die damalige Augustinerchorherrn-Kirche gestiftet, auf dem er mit seiner Familie zwischen seinem Namenspatron und der hl. Kunigunde, der Patronin seiner Ehefrau, zu sehen ist. Die lange, schmale Holztafel, ehedem vielleicht die Predella eines spätgotischen Altars, wird heute in der Schatzkammer der Kirche aufbewahrt.

25. September
Hl. Firmin
Märtyrer
(gest. um 290)

26. September
Hll. Kosmas und Damian
Märtyrer
(gest. um 303)

Die Zwillingsbrüder Kosmas und Damian waren der Legende nach christliche Ärzte im Vorderen Orient, vielleicht in Kilikien (Türkei), und behandelten zur Ehre Gottes Menschen und Tiere unentgeltlich. So fanden sie Zugang zum Volk und wirkten segensreich bei getauften wie ungetauften Kranken. Viele konnten sie durch ihr selbstloses Tun überzeugen und zum Christentum bekehren. Neidische und wahrscheinlich erfolglose Kollegen zeigten die beiden wegen ihres Glaubens an. Vor Gericht weigerten sie sich, den Götzen zu dienen, und nahmen das bevorstehende Martyrium tapfer an. Nachdem ihnen eine Folterung mit Feuer nicht schaden konnte, wurden sie enthauptet. Die *Legenda aurea* berichtet, daß sie am Kreuz hängend von Pfeilen getötet werden sollten, die Pfeile sich aber wunderbarerweise umkehrten und die Schützen trafen.

¶ Die beiden Heiligen treten gewöhnlich gemeinsam in zeittypischer Kleidung auf und tragen die Attribute der Ärzte, also Urinflasche, Salbgefäß und chirurgische Instrumente. Erst die Barockzeit betont mit orientalischen Gewändern die Herkunft der arabischen Brüder. Erwähnung verdient die kuriose und deshalb gern illustrierte Geschichte der Beinübertragung: Ein frommer Mann, dessen Bein schon ganz vom Krebs zerfressen war, berichtet von seinem Traum. Die hll. Kosmas und Damian heilten ihn, indem sie das zerstörte Bein amputierten und dem Kranken stattdessen den Unterschenkel eines gerade beerdigten Mohren annähten.

Kosmas und Damian gelten als Patrone der Ärzte, Apotheker und Bader, auch der Wachszieher und Zuckerbäcker. Man ruft sie gegen Drüsenkrankheiten und Geschwüre an. Ihr Kult verbreitete sich von ihrer

Grabstätte in Kyrros (Syrien) aus, wo zahlreiche Wallfahrer schon um 500 die Vergrößerung der dortigen Kirche nötig machten. Gleichzeitig ließ Papst Symmachus in Rom die heute wegen ihrer Apsismosaiken berühmte Kirche SS. Cosma e Damiano am Forum Romanum errichten. Bald gehörten auch im übrigen Europa die Zwillingsbrüder zu den volkstümlichen Heiligen.

Obwohl Schädelreliquien dieser Heiligen zu den Heiltümern des Bamberger Doms gehörten, hat man sich in Franken bei Krankheiten offenbar doch lieber auf andere Heilige verlassen, den »fremden Ärzten« vielleicht sogar mißtraut. Denn man muß lange suchen, bis man auf eine Abbildung der Brüder trifft, denen keine Kirche, kein Altar geweiht ist. In der Nürnberger Lorenzkirche werden wir fündig, denn sie hat wie keine andere in unserem Bistum die Vielfalt der mittelalterlichen Heiligenverehrung bewahrt.

¶ Nach 1500 malte Hans Suess von Kulmbach die Ärzte auf die Standflügel des Nikolaus-Altars. Mit Uringlas und Salbgefäß weisen sich die bartlosen jungen Männer mit modischer Kopfbedeckung aus. Daß sie der Überlieferung nach Zwillinge waren, hat der Maler nicht gewußt, oder wegen der bestellten (?) Portraithaftigkeit der Gesichtszüge nicht berücksichtigt. Die beeindruckenden, lebensgroßen Tafelbilder sind heute als Leihgabe im Germanischen Nationalmuseum zu sehen. Der Altar ist eine Stiftung des wohlhabenden Nürnbergers Jörg Koeler, der darauf das Programm eines älteren Familienaltars genau hatte kopieren lassen. Dieses Retabel steht in der Nürnberger Peters-Kapelle.

27. September

Hl. Vinzenz von Paul

(1581–1660)

Der französische Priester Vinzenz von Paul gründete eine Vereinigung von Frauen, die sich vor allem um die Betreuung armer und alleinstehender Kranker kümmerte. Gemeinsam mit Luise de Marillac [→ 15. März] gründete er außerdem die Vinzentinerinnen, die sich ohne Profeß und Klausur als Laien den Werken der christlichen Nächstenliebe widmen. Mit dieser direkten Seelsorge konnte Vinzenz das kirchliche Leben Frankreichs erneuern. Er starb am 27. September 1660 in Paris, sein Herz ist in der Kathedrale von Lyon beigesetzt. 1737 erfolgte die Heiligsprechung.

¶ Seit 1865 betreuen die Barmherzigen Schwestern vom Hl. Vinzenz von Paul die Senioren Bambergs im Bürgerspital auf dem Michelsberg. Daneben ist ihnen die Pflege der Michaelskirche ein besonderes Anliegen.

28. September

Hl. Wenzeslaus Märtyrer

(um 905–929)

auch Wenzel, Werner

Um 905 wurde der erste Sohn des böhmischen Herzogs Wratislaw auf den Namen Wenzeslaus, d. h. der »Ruhmgekrönte«, getauft. Seine fromme Großmutter Ludmilla [→ 15. September] erzog ihn zum Christen, was seiner ungetauften Mutter Drahomira ein Dorn im Auge war. Die früh verwitwete Re-

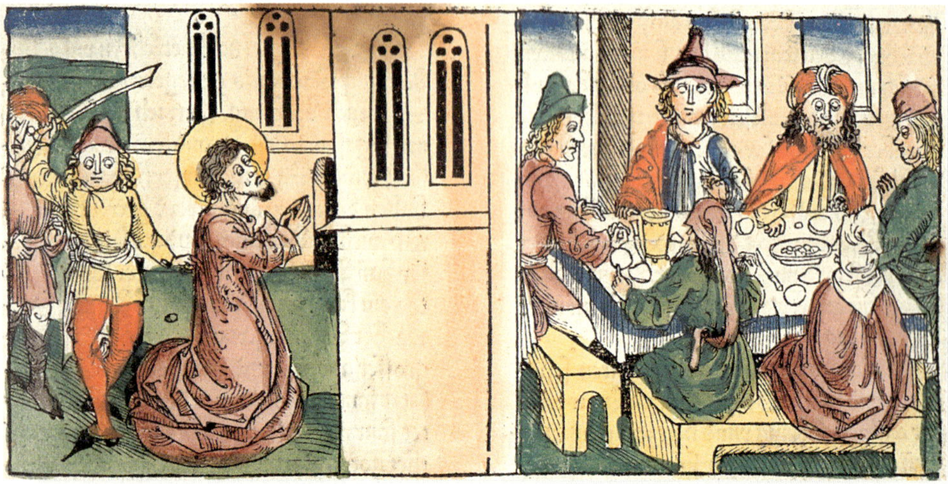

gentin verbot ihm ein christliches Leben, ließ seine geliebte Großmutter ermorden und übte eine wahre Schreckensherrschaft aus. Ein Volksaufstand setzte Drahomira im Jahr 922 schließlich ab und machte den gerade mündig gewordenen Wenzel zum Herzog. Er vollendete in enger Anlehnung an die deutsche Kirche und König Heinrich I. die Missionierung seiner Länder.

In ungewöhnlicher Weise zeichnete sich sein Leben durch christliche Nächstenliebe aus. Er hat den Bau des ersten Veitsdoms in Prag und vieler anderer Kirchen veranlaßt. Brot und Wein für das Meßopfer soll er selbst bereitet haben. Diese Frömmigkeit, vor allem aber seine dem Deutschen Reich zugewandte Politik – er stand als treuer Vasall beim Kaiser in hoher Gunst –, schürte das Mißtrauen der alten slawischen Familien. Unter einem Vorwand lockte ihn Drahomira nach Altbunzlau in die Burg seines Bruders Boleslav, der Wenzel am 28. September 929 eigenhändig vor dem Kirchenportal tötete.

¶ Unmittelbar nach dem Mord begann das Volk Wenzel als Märtyrer zu verehren. Als sich an seinem Grab die Wunder mehrten, sah sich sogar der Bruder gezwungen, die Gebeine zu erheben und feierlich im Prager Veitsdom beizusetzen. Wenzel wurde zum Nationalheiligen der Böhmen.

¶ Wenzel ist als junger Ritter mit der Herzogskrone auf dem langen Haar dargestellt, die Amtszeichen der deutschen Herzöge, die bewimpelte Lanze in der Rechten, den Adlerschild in der Linken.

¶ Im Bistum Bamberg wurde der hl. Wenzel schon 1012 als Konpatron eines Altars im Ostchor des Heinrichs-Doms verehrt. Eine weitere Reliquie wurde 1414 in den Altar der Andreas-Kapelle gelegt. Die vier dem hl. Wenzel geweihten Kirchen des Bistums dürften erst in der zweiten Hälfte des 14. Jahrhunderts entstanden ein, als die deutschen Kaiser – Karl IV., Wenzel und Sigismund – aus Böhmen kamen und Prag eine der wichtigsten Städte Europas geworden war. Bamberger Bischöfe wie Lamprecht von Brunn (1374–1399) waren ihnen sehr gewogen, galten sogar als Berater des Kaisers. Zwischen Prag und der freien Reichsstadt Nürnberg, die die besondere Gunst dieser Herrscher genoß, bestanden enge wirtschaftliche Beziehungen.

Die Wenzels-Kirchen in Hohenstadt und Weißenkirchberg sind heute evangelisch, die in Rothenberg bei Schnaittach ist nicht mehr nachweisbar. Nur in Litzendorf hat sich unter dem Schutz des hl. Wenzel ein katholisches Gotteshaus erhalten. 1406 richtete Bischof Albrecht von Wertheim (1398–1421) hier eine selbständige Pfarrei ein, vorher war die Kapelle des Ortes von der Urpfarrei Amlingstadt betreut worden. Ein einfaches Relief des hl. Wenzel mit Lanze und Schild aus dieser Zeit, in den Formen des internationalen »Schönen Stils« gehalten, dürfte aus der ersten Kirche stammen und schmückt heute die Fassade des benachbarten Rathauses. Der in Prag ausgebildete Hofbaumeister Johann Dientzenhofer errichtete 1715/18 ein neues, breiteres Langhaus und verhalf dem Ort damit zur schönsten barocken Landkirche auf fränkischem Boden. Weit ins Tal leuchtet der goldgelbe Sandstein, gleich mächtigen Triumphtoren ist die doppelt geschweifte West-, mehr noch die Südfassade zum Dorf hin ausgebildet. 1721 errichtete der Bamberger Schreiner Franz Jörg den mächtigen Hochaltar; Leonhard Gollwitzer schuf dessen lebensgroße Figuren. Das dazugehörende Altarbild des hl. Wenzel ist nicht mehr erhalten, es wurde 1892/93 durch ein blasses Gemälde im Nazarener-Stil ersetzt, das den Empfang des böhmischen Herzogs auf dem Deutschen Reichstag zeigt. Sieben Stationen seines Lebens erzählen die barocken, detailreich gemalten Medaillons, die kostbar gerahmt am Altar und im Chor aufgehängt sind. Sie zeigen Wenzel, in rotem, hermelinbesetztem Mantel unschwer als König zu erkennen, bei der Sorge um den Glauben und seine Untertanen sowie seine Ermordung. Für die Westfassade schuf Leonhard Gollwitzer eine überlebensgroße Skulptur Wenzels in der Pose des barocken Fürsten.

Wenzels-Kirchen und -Darstellungen

Dietenhofen (Lkr. Ansbach), evang. Kirche, Tafelbild auf dem Flügelaltar
Hohenstadt (Lkr. Nürnberger Land), evang. Kirche, ehem. St. Wenzeslaus, Figur
Litzendorf (Lkr. Bamberg), kath. Pfarrkirche
Nürnberg, Frauenkirche, Figur im Chor, um 1360
Weißenkirchberg (Lkr. Ansbach), evang. Kirche, ehem. St. Wenzel

29. September
Die Erzengel
Michael – Gabriel – Raphael

Seit 1969 gemeinsamer
Festtag aller Erzengel

Michael

Kein Heiliger im engeren Sinne des Wortes, aber eine heilige Erscheinung von größter Bedeutung für das Christentum ist der Erzengel Michael, im Alten Testament »großer Fürst der himmlischen Heerscharen« und Schutzherr Israels genannt; erst das Neue Testament erwähnt seinen Namen in der Offenbarung des Johannes und berichtet vom Krieg des Erzengels mit dem Teufel der Unkenntnis. Später haben die Kirchenväter dieses Bild vom kriegerischen Michael weiter ausgeschmückt. Im Hebräischen bedeutet sein Name »Wer ist wie Gott?«.

Michael besiegt im Kampf den Engel Luzifer und beschützt die Gläubigen vor den Mächten der Finsternis. Er steht zur Rechten des Altars, wo er auf Bitten den Weihrauch segnet und als Opfergabe vor Gottes Thron trägt. Sein Platz ist aber auch beim Jüngsten Gericht, wo er die Seelen der Menschen zu wägen weiß, bevor er sie ins Jenseits geleitet.

¶ Über die Judenchristen Kleinasiens fand Michael bereits im 4. Jahrhundert Eingang in das koptische und byzantinische Christentum, wo man ihn auch als himmlischen Arzt und Heiler ansah. Als erster der oströmischen Kaiser förderte Konstantin [→ 21. Mai] den Michaels-Kult und ließ dem Erzengel bei Konstantinopel das »Michaelion« erbauen. Zwischen 490 und 495 soll der Erzengel dreimal auf dem Monte Gargano, einem Gebirgszug nahe der abgelegenen Ortschaft Siponto in Süditalien, erschienen sein und den Bau eines Heiligtums in einer Höhle gefordert haben. Der Bitte wurde entsprochen und dort über einem heidnischen Heiligtum die erste Michaelskapelle in der Grotte errichtet. Die daneben entstandene Ortschaft Monte Sant'Angelo wurde zu einem der geistigen Zentren des Mittelalters. Diese geheimnisvolle Kirche diente zum Vorbild weiterer Bauten, von denen die Kirche Mont St. Michel in der Normandie wohl die bekannteste ist und dreimal Ziel deutscher Kinderwallfahrten wurde.

Der Erzengel erscheint als edler Jüngling, die wallenden Locken von einem Diadem zurückgehalten, seine Züge sind im Spätmittelalter fast mädchenhaft. Als göttlicher Bote trägt er liturgische Gewandung, seine Flügel sind weiß oder aus Pfauenfedern. Erst die Kunst der Gegenreformation gibt ihm eine männlich-kräftige Gestalt. Als Überwinder des Unglaubens und der Ketzer kommt ihm eine kämpferische Aufgabe zu; er ist nun in einen antikischen Panzer gekleidet und stürzt sich mit Flammenschwert und Schild auf Luzifer, dem meist die Gestalt eines Drachens gegeben wird. Wichtigstes Attribut des Erzengels im Mittelalter ist die Doppelwaage, auf der die Seelen der Menschen nach dem Tode gewogen werden. Ein Symbol der ausgleichenden Gerechtigkeit ohne Ansehen der Person im Jenseits, das es schon im ägyptischen Totenkult gibt.

Karl der Große machte den hl. Michael zum Schutzpatron des Deutschen Reichs. Mit der zipfelmützigen Karikatur des »Deutschen Michel« besteht kein Zusammenhang. (Der Begriff geht auf eine militärische Person des 30jährigen Krieges zurück: Michael Obertraut.) Selbst Kaiser Wilhelm II. ließ den Erzengel als stolzen Ritter noch 1913 in das Denkmal der Völkerschlacht von Leipzig integrieren. Er galt als aufrechter Streiter für die gerechte Sache, als Kämpfer gegen Falschheit und Hinterlist, dessen Wesenszüge man bedenkenlos von den religiösen Inhalten auf politische Zusammenhänge übertragen zu können glaubte. St. Michael gilt darüber hinaus als Schutzheiliger der Bäcker, Drechsler, Glaser, Maler und Schneider, der Soldaten und Sterbenden. Man ruft ihn – vor allem in Italien – gegen die Pest und Gewitter an sowie für einen guten Tod. Aus vielen Ländern sind recht unterschiedliche Bräuche zum Michaelstag überliefert.

¶ Der Erzengel Michael hat das Bistum Bamberg von Anfang an begleitet; 1012 wurde ihm im ersten Dom gemeinsam mit der Muttergottes und dem hl. Georg [→ 23. April] der Altar des Ostchors geweiht, 1015 das nördlich des Doms gegründete Benediktinerkloster unter seinen Schutz gestellt. Auf seinem dritten Romzug besuchte Kaiser Heinrich II. 1021 selbst die Grotte des hl. Michael auf dem Monte Gargano, wo ihm der Erzengel in einer wunderbaren Messe

selbst erschienen sein soll. Bischof Otto [→ 30. September] stellte seine Kirchengründungen gern unter den Schutz des Erzengels; die heute evangelische Michaels-Kirche von Buchau hat er selbst im Jahr 1138 geweiht, die von Mainroth für das Domstift erworben.

Der erste fertiggestellte Teil der Zisterzienserkirche in Ebrach war 1207 die Michaels-Kapelle, in der die frühgotische Formensprache des Ekbert-Doms vorweggenommen ist und sich ohne die Überformungen des Klassizismus erhalten hat; eine Skulptur des Engels sucht man in der schmuckfeindlichen Frühzeit des Reformordens jedoch vergebens.

¶ Aus vorbambergischer Zeit stammt die Michaels-Kirche in Hohnsberg, die schon 823 bestätigt wird. Nach der Bistumsgründung entstanden die ältesten Michaels-Kirchen in Stadtsteinach und Kirchenlamitz. Sein Patronat finden wir wie in Iphofen (Lkr. Kitzingen) und einst in Burgebrach (Lkr. Bamberg) auf Friedhöfen, da Michael die Seelen der Verstorbenen an den Ort der Verheißung leitet. In den germanischen Ländern hat er nämlich die Rolle Wotans als Führer der toten Seelen übernommen, eine heidnische Gottheit also verdrängt. In Erinnerung an den Monte Gargano hat man auf einsamen Hügeln gerne in Kapellen des Erzengels gedacht, so bei Gräfenberg und Hersbruck.

Aus allen Kunstepochen finden sich im Bistum Abbildungen des Erzengels, die seinen verschiedenen himmlischen Aufgaben zugeordnet sind. Im Mittelalter sah man ihn vor allem als Seelenwäger. 1314 wurde das neugegründete Augustinerchorherrn-Stift Neunkirchen am Brand unter seinen Schutz gestellt; hier gibt es eine der schönsten Skulpturen des Erzengels. Sie gehörte zum spätgotischen Flügelaltar und steht heute auf der Brüstung der Westempore. Mit der Rechten schwingt Michael sein Schwert weit ausholend über dem Kopf. In der linken Hand hält er gleichzeitig eine große Doppelwaage. In einer Schale sitzt der Teufel, der aber einen Kelch, gleichbedeutend mit dem Erlösungstod Christi, nicht aufwiegen kann. Die wilden Wirbel des goldenen Mantels, den der Erzengel über einer schlichten Albe trägt, unterstreichen die Dramatik dieses Vorgangs. Die Plastik entstand wohl um 1515 in einer Nürnberger Werkstatt.

Eine Künstlergeneration früher war der Michael entstanden, der in der Nürnberger Lorenz-Kirche an das Jüngste Gericht erinnert. Man möchte in der eigenwilligen Figur ein Frühwerk des Veit Stoß erkennen. Der Mantel umgibt den streitbaren Erzengel wie ein schützender Panzer, aus dem heraus er das Richtschwert über die Menschen führt. (Seine Seelenwaage ist ihm leider verloren gegangen.) Eine ähnliche Skulptur barg der spätgotische Flügelaltar der heute evangelischen Kirche von Trumsdorf. Um 1900 verkauft, erhielt er nun im Museum der Veste Kronach einen Ehrenplatz und wurde in seiner Heimatkirche durch eine Kopie ersetzt. In der uralten Kirche von Hohnsberg ist ein spätgotisches Steinrelief des Kirchenpatrons symbolträchtig über den Chorbogen eingelassen.

¶ Selbstverständlich gibt es auch in Bamberg Darstellungen der Seelenwaage. So am Kaisergrab, das Tilman Riemenschneider zwischen 1499 und 1513 für die Bistumsgründer Heinrich und Kunigunde geschaffen hat. Das Relief illustriert die *Legenda aurea*, in der Jakobus von Voragine den Flug der Teufel zum Gericht über den toten Kaiser Heinrich II. [→ 13. Juli] beschreibt. Bangend und klein steht er geleitet von seinem persönlichen Schutzpatron, dem hl. Laurentius [→ 10. August], vor dem großen Erzengel; Teufelchen mit bösen Gesichtern versuchen, eine Waagschale herunterzudrücken, aber ein goldenes Gefäß, der sog. Merseburger Kelch, den der Kaiser der dortigen Laurentius-Kirche vermacht hatte wiegt schwerer. Eine barocke Seelenwaage befindet sich auf der Kanzel der Kirche von Hohenmirsberg (Lkr. Bayreuth).

Mit der Gegenreformation drängt die Aufgabe des Erzengels als Verteidiger des Glaubens gegen die Ketzer immer mehr in den Vordergrund. Allerdings ist dieses Thema auch schon früher aktuell gewesen, denn die älteste Darstellung im Bistum dürfte das zwischen 1230 und 1240 entstandene Relief an den Chorschranken nächst der Adamspforte des Bamberger Doms sein. Der engelhafte Michael ist noch ohne Rüstung, aber mit Schwert und Schild gewappnet, als er dem Ungeheuer den Kreuzstab in den Rachen stößt.

¶ Später stürzt er sich als jugendlicher Ritter mit seinem Kampfruf »Wer ist wie Gott« auf Luzifer, den er stellvertretend für alle Ungläubigen – in der Gegenreformation sind das die Protestanten – zu vertreiben hofft. Zahlreiche barocke Figuren mit allem zeitgemäßen Pathos zeigen ihn so auf Altären und Kanzeln, nicht nur in seiner ureigensten Bamberger Kirche auf dem Michelsberg; das Kloster führt den geflügelten Arm mit Kranz sogar in seinem Wappen. Eine überlebensgroße Sandsteinfigur des hl. Michael mit vergoldeten Flügeln krönt die nach 1696 von Leonhard Dientzenhofer erbaute Westfassade. Als triumphierender Sieger über das Ketzertum ist er 1751 auf dem Schalldeckel der barocken Kanzel, einer der schönsten Frankens, zu sehen.

Regnet's sanft
am Michelstag,
folgt ein
milder Winter nach.

Ferdinand Tietz schnitzte für die Kirche St. Michael in Neunkirchen am Brand einen kleinen Drachentöter als Aufsatz einer Prozessionsstange. Auch den barocken Hochaltar beherrscht dort diese Darstellung des Erzengels: auf dem Gemälde Johann Joseph Scheubels (1741) schreitet Michael mit erhobenem Flammenschwert kämpferisch über den Satan hinweg. Einen »modernen« Michael als Drachenbezwinger finden wir als Glasgemälde in der 1965/66 erbauten Michaelskirche von Gräfenberg.

¶ Daß die protestantisch gewordenen Gotteshäuser sich ihrer ursprünglichen Schutzheiligen nicht immer »entledigten«, beweisen einige Michaels-Kirchen, die sich noch immer nach ihm benennen. In Heiligenstadt, dessen Kirche unter dem Schutz der hll. Veit und Michael stand, ist der Erzengel 1718 zwischen alttestamentliche Szenen auf die Brüstung der unteren Empore gemalt worden und in unserer Zeit zum Wappen der Marktgemeinde geworden.

Michaels-Kirchen und -Darstellungen

Gräfenberg (Lkr. Forchheim), kath. Kirche
Heroldsbach (Lkr. Forchheim), Pfarrkirche
Hochstahl (Lkr. Bayreuth), kath. Pfarrkirche St. Johannes d. T., linker Seitenaltar
Leutenbach (Lkr. Forchheim), Kapelle St. Moritz, barocke Figur
Mainroth (Lkr. Lichtenfels), Pfarrkirche
Nankendorf (Lkr. Bayreuth), kath. Kirche St. Jakob und Martin, Figur
Neunkirchen am Brand (Lkr. Forchheim), ehem. Augustinerchorherrn-Kirche
Nurn (Lkr. Kronach), Kuratiekirche
Pottenstein (Lkr. Bayreuth), kath. Pfarrkirche St. Bartholomäus, rechter Seitenaltar
Waischenfeld (Lkr. Bayreuth), kath. Stadtkapelle St. Laurentius und Michael
Wiesenthau (Lkr. Forchheim), kath. Pfarrkirche St. Matthäus, spätgotische Figur

Evangelische Michaels-Kirchen

Buchau (Lkr. Kulmbach); Fürth, Stadtpfarrkirche; Gattenhofen (Lkr. Ansbach); Heiligenstadt (Lkr. Bamberg); Herbolzheim (Lkr. Neustadt/Aisch); Heroldsbach (Lkr. Forchheim); Hof; Hohnsberg (Lkr. Kitzingen); Kirchahorn (Lkr. Bayreuth); Kirchenlamitz (Lkr. Wunsiedel); Ludwigsstadt (Lkr. Kronach); Simmershofen (Lkr. Neustadt/Aisch); Trumsdorf (Lkr. Kulmbach); Unterrodach (Lkr. Kronach); Weidenberg (Lkr. Bayreuth)

Gabriel

Gabriel ist als der Engel bekannt, der im Alten Testament die Visionen Daniels vom Erscheinen Christi deutet. Im Neuen Testament überbringt er, dessen Name »die Kraft Gottes« bedeutet, den Menschen die Botschaften des Schöpfers. Er war es, der sich der Jungfrau Maria nahte und ihr mit den Worten »Ave Maria, gratia plena« die bevorstehende Empfängnis des Erlösers verkündete. Ihn schickte Gott, als Joseph [→ 19. März] an der Treue Mariens zweifelte.

¶ Gabriel wird wie alle Engel mit mädchenhaftem Gesicht, lang wallendem Haar und in einem weißen, liturgischen Gewand abgebildet. Viel Phantasie verwenden die Künstler auf die Gestalt seiner aus schillernden Pfauenfedern bestehenden Flügel. Als Attribut sind ihm ein Botenstab sowie eine Lilie oder ein Palmzweig beigegeben. Gabriel wurde zum Patron der Boten und wird gegen eheliche Unfruchtbarkeit angerufen. Vor 1969 gedachte man seiner am 25. März, dem Tag Mariae Verkündigung.

In der bildenden Kunst ist das Bild Gabriels mit der »Verkündigung an Maria« verknüpft. Ein frühgotisches Relief an der Nordseite der Chorschranken des Ostchors im Bamberger Dom dürfte als Pendant zum hl. Michael auf der Südseite die älteste Darstellung dieses Themas im Bistum sein. In dem engen Bildfeld treten sich Gabriel und die Jungfrau stehend gegenüber. Wie eine Königin trägt Maria Schleier und Krone, über beiden schwebt die Heiliggeist-Taube. Ihre Begegnung findet im leeren Raum und nicht in der intimen, von zahlreichen Details des täglichen Lebens gefüllten Stube statt, die seit die Spätgotik die Verkündigungsszene zu einem genrehaften Einblick in den Alltag der Menschen machte.

Auf zahlreichen Flügelaltären ist um 1500 dieses Thema abgebildet, z. B. auf den Marienaltären der Kirchen von Aschbach, Unterleiterbach (beide Lkr. Bamberg) und Dormitz (Lkr. Forchheim). Im Barock haben sich evangelische wie katholische Bildprogramme um diese Darstellung bemüht. In der evangelischen Spitalkirche von Hof bemalte Heinrich Lohe 1688 die Kassettendecke mit Szenen des Neuen Testaments, zu denen selbstverständlich die Verkündigung gehört. Eine katholisch barocke Interpretation schuf der Maler Johann Schnell 1752 für den Seitenaltar der Kirche in Kaltenbrunn (Lkr. Coburg). Hier ist es das Licht im Bild, das von dem bevorstehenden Wunder erzählt.

Raphael

Raphael, dessen Name »Gott heilt« bedeutet, stellt sich als Erzengel zum Schutz der Menschen bereit. Dies kommt besonders in der Geschichte des Tobias zum Ausdruck, die das Alte Testament erzählt. Tobit, ein blinder Jude, lebte während des Exils in Ninive. Er wollte seinen Sohn Tobias aussenden, um einen zurückgelassenen Schatz bei entfernten Verwandten zu holen, fürchtete aber in den unruhigen Zeiten um dessen Sicherheit. Tobias suchte einen Begleiter und fand ihn in Gestalt des Azarias, hinter der sich der Engel Raphael verbarg. Dieser wird zum Freund und Berater des unerfahrenen Jünglings, der ihm bedingungslos folgt. Beim Baden rettet der Engel ihn vor einem gefährlichen Fisch; sie fangen und braten das Untier. Auf Raphaels Geheiß und mit seiner Hilfe heiratet Tobias die schöne Sara, der ein Dämon bereits sieben Verlobte im Brautgemach getötet hatte, so daß sie als Mörderin verschrien war und nicht mehr leben wollte. Azarias zog allein weiter, um den Auftrag des alten Tobit auszuführen, und kehrte mit dem Schatz zu den Neuvermählten zurück. Zu dritt gelangten sie reich beladen wieder nach Ninive, wo der Engel Tobias aufforderte, mit der Galle des erbeuteten Fisches die blinden Augen des Vaters zu bestreichen – und ihn wieder sehend machte. Nun gab sich Raphael zu erkennen und entschwand, als die Erschreckten ihm danken wollten.

Der Erzengel hat wie die anderen langes Haar, trägt jedoch wie ein Pilger Reisekleidung mit Kürbisflasche und Stab. An der Hand führt er den kleinen Tobias, der einen übergroßen Fisch dabei hat. Raphael schützt die Reisenden, aber auch die Eheleute, Apotheker, Schiffer und Dachdecker.

¶ Im Barock hat sich das Thema des Schutzengels verselbständigt. Wir finden die anmutige Gruppe von Raphael und Tobias auf Altären, in Rattelsdorf (Lkr. Bamberg) auf dem Beichtstuhl und eine besonders lebendige in Memmelsdorf (Lkr. Bamberg) auf der Kirchhofmauer. Ferdinand Tietz, der mit dem Figurenschmuck des nahen Schloßparks von Seehof eines der bedeutendsten Kunstwerke des fränkischen Rokoko hinterlassen hat, liegt hinter dieser Mauer begraben und stiftete 1772 selbst den stupsnasigen Engel mit dem zögerlichen Kind an der Hand. (Das

Original ist in Schloß Seehof ausgestellt.)

¶ Häufig finden wir zwei oder drei Erzengel in einem kirchlichen Bildprogramm. So gehört zur Ausstattung der Kirche St. Michael in Neunkirchen am Brand ein zweiflügeliges Altarretabel von 1610, das in geöffnetem Zustand die Krönung Mariens zeigt. Auf den Flügeln sind die Erzengel Michael als Drachentöter und Gabriel mit dem Schriftband der Verkündigung zu sehen. Dieses Erzengelpaar findet sich auch auf den historistischen Glasfenstern von 1903 neben dem Hochaltar der Stadtpfarrkirche von Hollfeld (Lkr. Bayreuth).

Michael und Raphael stehen als barocke Figuren auf Altären in Gößweinstein (Lkr. Forchheim) und Gunzendorf (Lkr. Bamberg). An die Erzengel erinnert das Programm der ehemaligen Klosterkirche von Michelfeld (Lkr. Amberg-Sulzbach). Nach ihrem Wiederaufbau erhielt Kosmas Damian Asam 1717 den Auftrag zur Freskierung der Decken. Die der Sakristei malte er mit den Erzengeln in drei gleich großen Bildfeldern aus: In der Mitte stürzt der hl. Michael als Teufelsbezwinger aus den Wolken hervor, daneben stehen Gabriel mit Lilienstab als Botschafter der Verkündigung und Raphael, der als Schutzengel Tobias mit dem Fisch an der Hand führt. Auch die barocke Kirche St. Michael in Nurn hatte ein Engelprogramm, von dem sich nach dem verheerenden Brand in der Silvesternacht 1954 nur die Holzfiguren der Erzengel Michael, Raphael und Gabriel vom ursprünglichen Hochaltar erhalten haben.

30. September

Hl. Otto

(um 1060–1139)

Als Otto, der Kanzler des Deutschen Reichs, in der Weihnachtszeit des Jahres 1102 von Kaiser Heinrich IV. zum achten Bischof von Bamberg ernannt wurde, hätte er sich nicht träumen lassen, daß die Menschen dieser Stadt sein Andenken noch nach 900 Jahren in höchsten Ehren halten. Der knapp Vierzigjährige aus schwäbischem Rittergeschlecht hatte schon eine erstaunliche Laufbahn hinter sich, als er am Lichtmeß-Tag des Jahres 1103 barfuß, auf der alten Landstraße von Mainz über Würzburg und Ampferbach (Lkr. Bamberg) kommend, in sein Bistum einzog, dessen Geschicke er für 37 Jahre, also länger als jeder andere Bischof nach ihm, lenken und leiten sollte.

¶ Über seine Kindheit wissen wir wenig; die Priesterweihe erhielt er in Regensburg. Hier wurde er mit Judith, der Schwester Kaiser Heinrichs IV. und Gemahlin des polnischen Herzogs, bekannt. Er folgte ihr nach Gnesen (Polen), diente aber nicht nur als Seelsorger, sondern war auch mit politischen Gesandtschaften an den kaiserlichen Hof betraut. Wohl nach 1097 wird ihm als Vertrautem Heinrichs die Leitung der Bauhütte am Dom zu Speyer, der Grablege der salischen Herrscher, übertragen. Der Kaiser macht ihn zum Hofkaplan, später zum Kanzler seines im Investiturstreit vom Konflikt mit den Päpsten gezeichneten Reiches. Mit der Ernennung zum Bischof von Bamberg ehrt er 1102 einen besonders loyalen Mitarbeiter.

¶ Diese Wahl setzt ein Zeichen des Friedens und Ausgleichs; 1106 erhält Otto in Anagni bei Rom am Tag des in seinem Bistum hochverehrten hl. Gangolf [→ 11. Mai], die offizielle Weihe durch Papst Paschalis II. Otto nimmt in den Jahren 1110/1111 am Romzug Heinrichs V. und seiner vom Papst erzwungenen Kaiserkrönung teil. Die Reichspolitik ließ ihn nicht los, er vermittelte zwischen beiden Seiten, wofür ihn der Papst am 15. April 1111 das Pallium verlieh.

In und für Bamberg ist Otto mehr als ein Seelenhirte, denn als Landesherr treibt er eine aktive Wirtschaftspolitik. Nicht nur im Hungerjahr 1125 galt den Armen und Kranken seine besondere Liebe und ernsthafte Fürsorge, von der die Überlieferungen berichten. In der Bistumsstadt wartet viel Arbeit auf den tatkräftigen Otto: Als Bauherr schon in Speyer erfolgreich, restauriert er den nach einem Brand 1081 zerstörten Dom und vollendet die Jakobskirche. Dem Benediktinerkloster auf dem Michelsberg gilt seine besondere Aufmerksamkeit: Er vergrößert die nach einem Erdbeben 1117 ruinöse Kirche und versorgt die erweiterten Konventsgebäude mit einer eigenen, schon damals gerühmten Wasserleitung. Das mönchische Leben reformiert er ab 1112 mit der Einführung der nach dem Kloster Hirsau benannten strengen Regel und führt damit eine neue geistige Blüte herbei. Fünfzehn weitere Klöster und Kirchen gehen auf Otto I. zurück, darunter die Abtei Michelfeld in der Oberpfalz; für die Weihe der Klosterkirche am 6. Mai 1119 bestimmte er den Tag der Domweihe. Die Verehrung einiger Heiliger, wie der hl. Fides [→ 6. Oktober], des hl. Leonhard [→ 6. November] oder des hl. Ägidius [→ 1. September] hat Otto besonders gefördert.

Schließlich bricht Otto, der die große Politik bei aller Sorge um sein Bistum nie aus den Augen ließ, 1124 zur Ostgrenze des Reiches auf. Der polnische Herzog Boleslaus III. hatte ihn nach seinem militärischen Sieg über die Pommern zur Missionierung der unterworfenen Stämme gerufen. Mit dem Prunk eines Fürsten, nicht in der Armut iroschottischer Wandermönche, trat der sonst so bescheidene Otto hier auf – der slawischen Sprache mächtig, eindrucksvoll und überzeugend. Zehntausende konnte er in Pyritz, Kammin und Stettin taufen, bevor er zum Osterfest 1125 wieder in Bamberg eintraf.

¶ Der erste missionarische Erfolg war allerdings nicht von langer Dauer: Die slawische Priesterschicht war einfach noch zu mächtig, um sich bekehren und auflösen zu lassen; so fiel Stettin wieder vom Glauben ab. 1128 macht sich Otto daher, fast 70jährig, noch einmal auf die beschwerliche und gefährliche Reise nach Pommern und gelangt bis zur Insel Usedom. Diesmal kommt er als Gesandter Kaiser Lothars III.; seine Missionierung ist mit politischen Aufgaben verbunden. Es gelingt ihm, Frieden zwischen den Herzögen von Polen und Pommern zu stiften und vor allem, Stettin für den Glauben zurückzugewinnen. Ein Bistum konnte in Pommern allerdings erst nach seinem Tod gegründet werden. In Bamberg starb Otto I. nach qualvoller Krankheit am 30. Juni 1139.

Auf eigenen Wunsch wurde er am 13. Juli nicht im Dom, sondern in der Klosterkirche auf dem Michelsberg, seinem »liebsten Ruheort«, begraben.

Hier begann alsbald eine von den Mönchen und dem Volksglauben getragene Verehrung des großen Bischofs. Wunder und Gebetserhörungen veranlaßten Bischof Otto II. (1177–1196) und Abt Wolfram daraufhin die Kanonisation einzuleiten. Papst Clemens III. ließ sie nach vielen Schwierigkeiten und Verzögerungen am Würzburger Hoftag, dem 10. August 1189, in Anwesenheit König Heinrichs VI. feierlich verkünden.

¶ Die Translation der Gebeine fand am 30. September, dem Tag nach dem Fest des Klosterpatrons St. Michael, in der Michaels-Kirche statt und wurde im Bamberger Eigenkalender zu *dem* Hochfest Bischof Ottos, an dem die Fürstbischöfe persönlich teilnahmen. Das Grab zog bald Scharen von Pilgern an, und machte die Kirche zu einem Gegenpol des Doms mit dem Grab Kaiser Heinrichs. Kurz nach Ottos Tod hielten drei Mönche die Biographie dieses außerordentlichen Bischofs und heiligmäßigen Apostels der Pommern fest: Wolfger von Prüfening, Ebo und Herbord, der Leiter der Michelsberger Klosterschule.

Meist wird der hl. Otto als jüngerer bartloser Bischof mit Pallium, Mitra und Stab dargestellt. Er trägt ein Kirchenmodell in der Hand, manchmal liegt ein Löwe zu seinen Füßen. Er ist Schutzheiliger von Bamberg und hilft gegen Fieber und Tollwut.

¶ Die Verehrung des hl. Otto hat im Bistum Bamberg ihr Zentrum und ihren Ausgangspunkt am Hochgrab der Michaels-Kirche. Spätestens um 1330 wurde die Deckplatte des Sarkophags mit einer Liegefigur des Heiligen geschaffen, die heute in die Ostwand der Otto-Krypta eingelassen ist. Die naturalistisch gefaßte Skulptur in kostbarem Gewand kennzeichnet trotz aller Zeichen bischöflicher Würde ein liebenswürdiges Gesicht mit knappem Bart unter dunklen Locken. Um ein realistisches Portrait handelt es sich freilich nicht.

Die jüngere Otto-Tumba ist eine Stiftung des Abts Johann I. Fuchs und um 1440 entstanden. Sie ist durch den jedem Bamberger bekannten Durchschlupf gekennzeichnet, der es den Gläubigen ermöglicht, dem hl. Otto möglichst nahe zu sein, und der – als sportliche Übung – gegen Gicht und Rheuma helfen soll. Die Reliefs der Muttergottes, des hl. Michael als Kirchenpatron, der Bistumsgründer Heinrich und Kunigunde, der beiden Johannes sowie der Erzmärtyrer Laurentius und Stephanus auf den Seitenwänden sollen verdeutlichen, wem sich Bischof Otto besonders nah fühlte. In unmittelbarer Nähe des Heiligen sind Mitra, Stab und Kasel ausgestellt, die nach der Überlieferung dem heiligen Bischof gehörten. Leider können dies neuere Forschungen für keines der wertvollen Kunstobjekte bestätigen.

¶ Wie durch ein Wunder blieben Grab und Reliquien von dem verheerenden Brand verschont, der die Kirche 1610 beinahe vollständig vernichtete. Aus der Zeit nach dem Wiederaufbau stammt die Serie von 28 Tafelbildern mit 60 Szenen der Otto-Vita, die 1628 als Schmuck des Otto-Grabes angefertigt wurden und heute unter der Orgelempore der Klosterkirche hängen.

¶ Im Bamberger Dom ist ein Otto-Altar erst seit dem frühen 15. Jahrhundert nachzuweisen. Das Patrozinium teilte er sich bis 1624 mit dem hl. Erasmus [→ 2. Juni] und den 11 000 Jungfrauen. In jenem Jahr stiftete Dompropst Johann Christoph Neustetter ein neues Retabel, dessen Gemälde die Huldigung des bekehrten Pommernherzogs Boleslav vor Otto I. zum Inhalt hat. Als Zeichen seiner Unterwerfung überreicht er dem Bischof, dessen strahlende Albe das Zentrum des Bildes beherrscht, sein Schwert.

Im Bistum wurden nur wenige Kirchen unter den Schutz des heiligen Bischofs gestellt. Die älteste dürfte die von Mengersdorf sein, die schon 1398 bestand und seit 1608 als evangelisches Gotteshaus dient.

¶ 1616 weihte Bischof Johann Gottfried von Aschhausen (1609–1622) die erste Kirche der Ortschaft Reundorf, die damals noch zur würzburgischen Pfarrei Burgebrach gehörte. Nach einer Pestepidemie hatten die Einwohner darum gebeten, ein eigenes Gotteshaus mit Friedhof anlegen zu dürfen. Dieser Bitte gab der Bischof statt und bestimmte den hl. Otto zum Haupt-, den traditionellen Pestheiligen Sebastian [→ 20. Januar] zum Nebenpatron. Zur Konsekration erhielt er aus dem Kloster Michelsberg als Reliquie einen Splitter vom Arm des Heiligen, für die ein kostbares silbernes Armreliquiar angefertigt wurde. Reundorf ist neben dem Kloster zu einem zweiten Zentrum der Verehrung des hl. Otto geworden. Auch das Altarbild macht diese Verbindung deutlich: Für die 1782 erweiterte Reundorfer Kirche schuf Andreas Mattenheimer 1783 ein Hochaltargemälde des hl. Otto als Krankenheiler, das ein älteres Bild aus dem Gnadenaltar vor dem Otto-Grab von St. Michael kopiert. Otto und Sebastian stehen als überlebensgroße Schutzheilige aus Stein in der Fassade der Kirche.

Mit dem Ziel, für die Seelsorge der stark angewachsenen Bevölkerung im Osten der Bistumsstadt eine weitere Kirche zu errichten, wurde 1902 im Gärtner-Viertel Bambergs der »Kirchenbauverein St. Otto« gegründet. Der 1914 konsekrierte Bau des Architekten Otho Orlando Kurz mit seinem charakteristischen Rundturm ist von der romanischen Baukunst Bambergs inspiriert und schnell zu einem Wahrzeichen des Gärtnerviertels geworden. Im Kirchenraum suchen wir eine Darstellung des Kirchenpatrons vergebens. Erst 1973 schuf Hermann Leitherer eine überlebensgroße Steinfigur des hl. Otto für den Kirchplatz.

¶ Der Stadtmagistrat von Bamberg beschloß 1885, unterhalb des Dombergs einen Platz nach dem hl. Otto zu benennen, nachdem hier drei Jahre zuvor eine historistische Figur des Bildhauers Philipp Dorsch aufgestellt worden war. Nach dem Zweiten Weltkrieg hat die Zahl der Otto-Patrozinien zugenommen, als in vielen vorher hauptsächlich evangelischen Ortschaften für die zugezogenen Flüchtlinge neue katholische Gotteshäuser geschaffen wurden.

¶ Die Verehrung des hl. Otto stand im Bistum trotz seiner großen Verdienste immer etwas hinter den Bistumsgründern zurück. Nur zweimal findet er sich deshalb in den figurenreichen Wandelaltären der Spätgotik. Neben der Muttergottes und dem hl. Veit [→ 15. Juni] steht er im Schrein des 1503 geschaffenen Lindenhardter Altars (Lkr. Bayreuth), lesend, mit einem aufgeschlagenen Buch in der Linken; sein Bischofsstab in der rechten Hand ist verloren. Eine spätgotische Plastik befand sich auch in Burgebrach (Lkr. Bamberg), sie ist heute im Besitz des Mainfränkischen Museums Würzburg.

Erst Bischof Johann Gottfried von Aschhausen, der gegenreformatorisch gesinnt war, förderte den Kult des hl. Otto, dem wir deshalb in barocken Altären öfter begegnen. Den Anfang machte der 1650 von Fürstbischof Melchior Otto(!) Voit von Salzburg (1642–1653) gestiftete Hochaltar für den Georgenchor des Doms, den der Frankfurter Bildhauer Julius Glesker nach dem Vorbild des Tabernakels von Lorenzo Bernini im Petersdom (1633) gestaltete. Der Auftraggeber konnte die Vollendung 1653 nicht mehr erleben. Auf dem Baldachin stand eine Figur des hl. Otto, dessen Gesichtszüge unzweifelhaft das Portrait des modisch frisierten Fürstbischofs wiedergeben. 1835 wurde der Altar aus dem Dom entfernt, auf Umwegen gelangte ein immer noch beeindruckend lebendiges Fragment in Form einer hölzernen Büste des Heiligen in das Historische Museum der Stadt Frankfurt.

Für den Hochaltar in Kirchröttenbach schuf Johann Michael Doser um 1720 eine bärtige Skulptur des hl. Otto; er hat seine Mitra abgenommen, die ein kleiner Putto zu bewachen scheint. Die Kirche von Pinzberg (Lkr. Forchheim) ist zwar dem hl. Nikolaus [→ 6. Dezember] geweiht, zum Programm des Hochaltars von 1780 gehören aber auch die hll. Bischöfe Otto und Martin [→ 11. November] sowie die Bistumsgründer. Weniger deutlich ist der Zusammenhang auf dem etwa zeitgleichen Hochaltar von Steinbach am Wald (Lkr. Kronach), wo eine Skulptur Ottos neben den hll. Lucia [→ 13. Dezember], Apollonia [→ 9. Februar] und Katharina [→ 25. November] den in der Mitte stehenden Johannes den Täufer [→ 24. Juni] flankiert.

Bei der Restaurierung des Klosters Michelfeld hat man sich um 1720 des Gründers und Förderers erinnert. So steht nicht nur eine von Egid Quirin Asam um 1720 geschaffene Figur des hl. Otto über der Sakristeitür, man hat diesem auch eine eigene Kapelle geweiht. Das ikonographisch aufschlußreiche Altarbild stellt die Übergabe des Klosterplans durch Graf Berengar an den in einen kostbaren blauen Chorrock gekleideten Bischof Otto dar. Er kniet vor einem Altar des Evangelisten Johannes, dem er die Klosterkirche geweiht hatte.

¶ In Kloster Banz gedachte man beim Neubau der barocken Klosterkirche ab 1710 zweimal des hl. Otto, dessen umfassende Reformierung der Benediktinerabtei einer Neugründung gleichgekommen war, mit überlebensgroßen Statuen des Würzburger Bildhauers Balthasar Esterbauer. Im Langhaus steht er gemeinsam mit anderen Heiligen, die sich um den Benediktinerorden verdient gemacht haben. Aus seiner Nische in der atemberaubend geschwungenen Westfassade der Kirche aus goldgelbem Sandstein schaut er gütig und ernsthaft in das liebliche Maintal hinunter. Wenn es die Nöte und die Verkehrspolitik erfordern, gar Gefahr im Verzug ist, verständigt er sich wohl auch einmal mit den vierzehn Nothelfern von Frankenthal auf der anderen Seite des Flusses.

Otto-Kirchen und -Darstellungen

Bad Berneck (Lkr. Bayreuth), kath. Pfarrkirche
Bamberg, kath. Pfarrkirche St. Otto
Cadolzburg (Lkr. Fürth), kath. Pfarrkirche
Ebersdorf (Lkr. Coburg), kath. Pfarrkirche
Eichenbirkig (Lkr. Bayreuth), kath. Pfarrkirche
Effeltrich (Lkr. Forchheim), kath. Kirche St. Georg, barocke Figur
Gößweinstein (Lkr. Forchheim), Wallfahrtskirche, Figur im Auszug des Johann Nepomuk-Altars
Grasmannsdorf (Lkr. Bamberg), Cles-Brücke, Figur von 1734
Hof, kath. Pfarrkirche
Kirchröttenbach (Lkr. Nürnberger Land), kath. Pfarrkirche St. Walburgis, Figur des Hochaltars
Lauf (Lkr. Nürnberger Land), kath. Filialkirche
Laufamholz (Stadt Nürnberg), kath. Kirche
Leutenbach (Lkr. Forchheim), kath. Moritz-Kapelle, barocke Figur
Mengersdorf (Lkr. Bayreuth), evang. Kirche, ehem. St. Otto
Michelfeld (Lkr. Amberg-Sulzbach), ehem. Klosterkirche, Otto-Kapelle
Pegnitz (Lkr. Bayreuth), kath. Filialkirche Mariae Geburt, Seitenaltar
Reundorf (Lkr. Bamberg), kath. Pfarrkirche
Schnabelwaid (Lkr. Bayreuth), kath. Kirche
Schneckenlohe (Lkr. Lichtenfels), kath. Kirche

30. September
Hl. Hieronymus
(um 347–420)

Hieronymus, aus dem griechischen übersetzt »der mit heiligem Namen«, zog als junger Mann aus seiner Heimat Stridon, einer untergegangenen Stadt in Dalmatien, zum Studium der Rhetorik und Philosophie nach Rom. Neben der Wissenschaft schlugen ihn die Verlockungen der Weltstadt und der schönen Römerinnen in ihren Bann. Trotzdem beendete er seine Ausbildung und hörte sich in den Gerichtssälen bei den besten Advokaten um. Das Elend der Welt, das sich hier offenbarte, veranlaßte ihn, seine Studien außerhalb Roms fortzusetzen; er reiste um 367 nach Trier. Die antiken Schriftsteller und Philosophen hatten es dem wissensdurstigen christlichen Gelehrten besonders angetan. Eines Tages erschien ihm Gott mit dem Vorwurf, ein Anhänger Ciceros zu sein: »Denn wo dein Schatz ist, da ist auch dein Herz« rief er zornig und schlug Hieronymus so heftig ins Gesicht, daß die Spuren noch am nächsten Tag zu sehen waren. Wie verwandelt, beschloß er sein Leben völlig der Religion zu widmen.

Um 372/74 pilgerte er zu den heiligen Stätten Kleinasiens, wo er bei einem längeren Aufenthalt in Antiochia (Türkei) mit den syrischen Mönchen in Berührung kam. Er zog selbst mit einigen Gleichgesinnten in die Wüste, um mit strenger Askese seine Sinnlichkeit abzutöten. Unter sengender Sonne und schweren Bußübungen überstand er in zermürbenden inneren Kämpfen alle Anfechtungen und

Erinnerungen an seine »wilden« römischen Jahre. Trotz des einsamen Eremitenlebens korrespondierte Hieronymus mit den Gelehrten seiner Zeit, z. B. mit dem hl. Augustinus [→ 28. August], lernte Hebräisch und äußerte sich voll Eifer in seinen Schriften und »asketischen Briefen« zu den theologischen Problemen der Zeit. In die Welt zurückgekehrt, ließ er sich zum Priester weihen und begegnete in Konstantinopel Gregor von Nazianz [→ 2. Januar], der ihm zeitlebens ein Freund und Lehrer blieb.

In den Jahren 382 bis 385 finden wir Hieronymus wieder in Rom, diesmal als Sekretär von Papst Damasus. Sein gelehrter Umgang mit einem Kreis frommer, geistig aktiver Frauen brachte ihm bittere Verleumdungen ein, so daß er sich nach dem Tod des Papstes in das Heilige Land zurückzog. In Bethlehem vollendete er in vierunddreißig Jahren sein noch im päpstlichen Auftrag begonnenes Lebenswerk, die Übersetzung des Alten Testaments aus dem Hebräischen ins Lateinische und die Verbesserung des bereits übertragenen Neuen Testaments. Ein Heer von Schreibern soll er damit beschäftigt haben, vor allem nachdem er in hohem Alter erblindete. Die *Vulgata* galt der katholischen Kirche lange als einzige autorisierte Fassung der Bibel. Hieronymus starb am 30. September 420 in seinem Kloster.

¶ Die Gebeine des hochbetagten Gelehrten übertrug man von Bethlehem nach Rom, wo sie in S. Maria Maggiore aufbewahrt werden. Obwohl die große Bedeutung seiner Werke immer unbestritten war, gab es keine offizielle Heiligsprechung. Ein volkstümlicher Kult, der Hieronymus aus der Gruppe der Kirchenväter heraushob, ist erst seit 1343 nachweisbar, als der Rechtsgelehrte Giovanni d'Andrea seine Abhandlung *Hieronymianum* veröffentlichte. Die Zeit nach der großen Pest war für die Vorstellungen des Kirchenvaters über ein bußfertiges, asketisches Leben geradezu prädestiniert, sahen doch die mittelalterlichen Menschen Epidemien und Naturkatastrophen als göttliches Strafgericht an. Unter den wohlhabenden Kaufleuten entstanden im 14. Jahrhundert Büßerorden im Namen des hl. Hieronymus.

Hieronymus hat nie die offizielle Würde eines Kardinals erlangt, ist aber im Kreis der heiligen Kirchenlehrer Augustinus, Ambrosius [→ 7. Dezember] und Gregor [→ 3. September] seit dem 13. Jahrhundert meist mit dem kreisrunden, roten Kardinalshut abgebildet. Diese posthume »Beförderung« geht wahrscheinlich auf die Initiative des Dominikanerordens zurück, der Hieronymus wegen seiner Gelehrsamkeit besonders verehrte. Die italienischen Künstler der Gotik haben den Theologen und Übersetzer als »Gelehrten im Gehäus« gesehen und die Welt des Wissenschaftlers Hieronymus in eine mittelalterliche Schreibstube versetzt und diese mit zahlreichen liebenswerten Utensilien ausgestattet.

Als einzelner Kirchenlehrer kann er der Muttergottes zugesellt sein, der er viele seiner Schriften gewidmet hat. Ein Abbildungstypus ist seinem Asketenleben gewidmet: als büßender Eremit in der Wüste, der sich leidenschaftlich mit einem Stein an die nackte Brust schlägt, um die Versuchungen des Lebens abzutöten. Die Präsenta-

tion eines nackten oder zerlumpten Heiligen muß bei den zeitgenössischen Betrachtern eine starke Wirkung hinterlassen haben und hebt sich von den prunkvoll gekleideten Heiligen des Spätmittelalters stark ab. Buch und Totenschädel sind seine Attribute, ein zahmer Löwe, dem er einen Dorn aus dem Fuß gezogen haben soll, ist sein Begleiter. Der hl. Hieronymus ist Patron der Asketen, Gelehrten, Studenten und Theologen, die Fürbitte des im Alter erblindeten Gelehrten hilft bei Augenleiden.

¶ Im Bistum Bamberg findet sich keine Kirche mehr, die dem hl. Hieronymus geweiht ist. Das Augustinerchorherrn-Stift Birklingen hatte ihn 1458 neben der Muttergottes zum Patron der Wallfahrtskirche erhoben; nach der Zerstörung der Gnadenstätte durch die Iphöfer Bürger 1525 und dem Wiederaufbau des Gotteshauses ist Maria die alleinige Schutzpatronin. Der hl. Hieronymus begegnet uns meist gemeinsam mit den Kirchenvätern: In den Gewölben gotischer Kirchen, wie in Kästel um 1420, kommen sie genauso vor wie auf den Predellen zahlreicher Flügelaltäre. Ob die um 1470 entstandene Sitzfigur eines hl. Hieronymus der evangelischen Spitalkirche von Bad Windsheim zu einem Kirchenlehrer-Zyklus gehörte oder immer eine einzelne Skulptur war, wissen wir nicht.

Seit der Renaissance machen die Kirchenlehrer den Platz auf den Kanzeln den wortgewaltigen Evangelisten streitig. Selten sind – wie in der ehemaligen Klosterkirche St. Michael, Bamberg, und der davon abhängigen Dorfkirche von Rattelsdorf – alle acht Gelehrten vereint. Für die Kanzel der Kirche von Motschenbach fertigte der Kunsttischler Endres Erhardt 1620 Holzintarsien der Kirchenväter. – Zum barocken Hochaltar von Schlüsselau gehören die lebensgroßen Skulpturen der Kirchenväter, die der Trinität auf dem mittleren Tafelbild ihre Verehrung erweisen. Franz Anton Schlott hat 1729 den hl. Hieronymus im Büßergewand neben die in feierliche Pontifikalgewänder gekleideten hll. Augustinus, Ambrosius und Gregor gestellt. Er schwingt die Feder temperamentvoll in der linken (!) Hand, zahm und gelockt wie ein Lämmchen liegt ein Löwe zu seinen nackten Füßen.

Einen büßenden Hieronymus gab es auch im Bamberger Dom. Er gehörte zum Großen Marienaltar, den die Werkstatt des Zacharias Juncker 1650 schuf. Einer der Stifter, Dompropst Hieronymus (!) von Würtzburg, sorgte dafür, daß sein Namenspatron im Bildprogramm erschien. Das zu einer Büste zurechtgeschnittene, abgelaugte Fragment dieser eindrucksvollen bärtigen Figur mit nacktem Oberkörper hatte seit der Versteigerung des Altars 1836 ein lange Odyssee hinter sich, bevor es 1962 in das Historische Museum der Stadt Frankfurt am Main gelangte.

Unklarheit herrscht über das in düsteren Farben gemalte Altarbild eines büßenden Hieronymus im Langhaus der ehemaligen Zisterzienserklosterkirche Ebrach, deren Gemäldebestand nach der Säkularisation und der Umwidmung zur Pfarrkirche durcheinander geriet und nicht mehr mit dem ursprünglichen Bildprogramm identisch ist. Möglicherweise handelt es sich bei dem büßenden Asketen sogar um einen hl. Markus [→ 25. April], der wiederum von einer italienischen Vorlage kopiert wurde.

¶ Auf gelehrte Stifter gehen zwei Hieronymus-Patrozinien zurück. 1472 vermachte in Nürnberg Pfarrer Konrad Konhofer der Lorenz-Kirche einen Kirchenväter-Altar, der im Sprachgebrauch Hieronymus-Altar hieß und 1639 entfernt wurde. Sein Verbleib ist ungewiß. Wenig später stiftete der Kanoniker Johann Medlinger eine Hieronymus-Kapelle für St. Gumbertus in Ansbach; sie fiel 1595 dem Neubau der markgräflichen Kanzlei zum Opfer. Hieronymus Kreß ließ 1476 eine Statue seines Namenspatrons für den Leonhard-Altar der Kirche von Kraftshof anfertigen.

¶ Es scheint trotzdem, als wäre im geselligen Bamberger Land dem Einzelgänger Hieronymus ohne die anderen Kirchenväter nur wenig Aufmerksamkeit beschieden.

Einige Darstellungen des hl. Hieronymus

Bad Windsheim (Lkr. Neustadt/Aisch), evang. Spitalkirche, Sitzfigur
Bamberg, St. Michael, Kanzel
Kästel (Lkr. Neustadt/Aisch), evang. Kirche, ehem. St. Mauritius, Fresko
Kraftshof (Stadt Nürnberg), evang. Kirche, ehem. St. Georg, spätgotische Figur
Motschenbach (Lkr. Kulmbach), kath. Pfarrkirche St. Maternus, Kanzel
Rattelsdorf (Lkr. Bamberg), kath. Pfarrkirche St. Peter und Paul, Kanzel
Schlüsselau (Lkr. Bamberg), Wallfahrtskirche, Hochaltarfigur

Januar
Februar
März
April
Mai
Juni
Juli
August
September
Oktober
November
Dezember

1. Oktober
Hl. Remigius
(um 436–533)

Remigius wurde 458 zum Bischof von Reims (Frankreich) ernannt. Nachdem er am Weihnachtsfest des Jahres 498 oder 499 den merowingischen König Chlodwig taufen konnte, stand der Christianisierung der Franken nichts mehr im Weg. Remigius gründete vier neue Bistümer im Herzen Frankreichs. Nach einem erfüllten Leben als Seelsorger und Missionar starb er am 13. Januar 533. Seine Gebeine wurden 1049 in die nach ihm benannte Abtei St. Remi in Reims übertragen, deren frühgotische Kirche die Ampulle mit dem Tauföl Chlodwigs verwahrte und damit zu einem der wichtigsten Heiligtümer des Landes aufstieg. Von hier wurde diese kostbare Reliquie bei Bedarf in die Kathedrale von Reims gebracht, den ausschließlichen Krönungsort der französischen Könige bis zur Revolution. Zentrum des Remigius-Kults ist Frankreich, wo er nach und neben dem hl. Dionysius [→ 9. Oktober] als Nationalheiliger gilt. Von hier gelangte er in das Rheinland und in das östliche Frankenreich, wo ihn aber im Laufe des Mittelalters andere Königsheilige verdrängten. Die kirchenpolitische Tragweite seiner Bekehrung ist trotzdem unvergessen. Mancherorts wird statt des Translationstags am 1. Oktober der Todestag des Heiligen gefeiert.

¶ Remigius wird als Bischof zusammen mit der Taube dargestellt, die das Ölfläschchen für die Königstaufe gebracht haben soll; beliebt ist die Taufszene König Chlodwigs. Der Bischof schützt vor Schlangenbiß, Fieber, Versuchungen und Halskrankheiten.

¶ Im Bistum Bamberg wußte man um die Bedeutung des hl. Remigius für die fränkische Geschichte und legte 1012 Reliquien in den Altar vor der Ostkrypta des Doms ein. Auf einem Kunstwerk begegnen wir ihm nur einmal, und zwar in einer der ältesten, karolingischen Kirchengründungen in Iphofen. Der roman-

tische Ort rückt 741 erstmals in das Licht der Geschichte, als Karlmann dem neugegründeten Bistum Würzburg hier eine Taufkirche schenkte. Die Stadtpfarrkirche steht heute unter dem Schutz des hl. Veit [→ 15. Juni]. Der nördliche Seitenaltar ist dem hl. Remigius geweiht, das um 1720 entstandene Gemälde zeigt den demütig knienden Bischof im festlichen Ornat – die Mitra hat er abgelegt –, der die Stadt Iphofen dem Schutz der Heiligsten Dreifaltigkeit empfiehlt. Der Maler Johann Paul Codomann hat es signiert.

1. Oktober
Hl. Theresia von Lisieux
(1873–1897)

In der Normandie kam die Nonne Theresa von Lisieux, auch Theresia vom Kinde Jesu genannt, zur Welt. Die junge Karmelitin hat ihre Lehre in dem Buch »Geschichte einer Seele« zusammengefaßt und betont darin die uneingeschränkte Liebe zu Gott und den Menschen. Sie starb am 30. September 1897 im Karmel von Lisieux und wurde 1944 zur zweiten Patronin Frankreichs ernannt, der alle Anliegen vorgetragen werden können.

¶ Kleine, schlichte Figuren der rosengeschmückten Nonne erinnern in den Kirchen von Kersbach, Pinzberg (beide Lkr. Forchheim) und Kleukheim (Lkr. Lichtenfels) an die jung gestorbene Karmelitin, die wegen ihrer mystischen Visionen 1925 heiliggesprochen wurde.

2. Oktober
Hl. Beregis
(gest. 725)

3. Oktober
Hl. Leodegar Märtyrer
(um 616–679)

4. Oktober
Hl. Franziskus von Assisi
(um 1181–1226)

Als Sohn des reichen Tuchhändlers Pietro Bernadone wurde Franziskus 1182 in Assisi (Italien) geboren. Er erhielt den Taufnamen Johannes, der Vater nannte ihn aber Franziscus – d. h. das Französlein. Seine lebenslustige Jugend beendete eine Krankheit, die ihn im Kerker von Perugia befiel. Erfüllt von Liebe zu Gott und den Menschen, beschloß er auf einer Pilgerfahrt nach Rom, seine Tage künftig in Armut und im Gebet zu verbringen. Zurückgekehrt lebte er in einem verfallenen Kloster, das er selbst wieder aufbaute. Er bettelte um seinen Lebensunterhalt und kümmerte sich hingebungsvoll um die Armen – sehr zum Leidwesen seiner einflußreichen Familie.

¶ Die Konsequenz der Abkehr vom bürgerlichen Reichtum war für Franziskus der öffentliche Verzicht auf sein Erbe; er nannte Gott seinen einzigen Vater. Nun zog er unbeschwert, predigend und bettelnd durch die Welt, barfuß und in der rauhen Kutte der Berghirten. Für seine Gefährten fand er eine Regel des Zusammenlebens, die sich von der bis dahin beinahe ausschließlich geltenden der Benediktiner unterschied: äußerste Armut, strengster Gehorsam, Demut, kindlicher Glaube und hingebungsvolle Liebe zu allen Lebewesen, Mensch und Tier; auch den Vögeln soll Franziskus gepredigt haben.

Papst Innozenz III. bestätigte die Regel nach anfänglichem Zögern im Frühjahr 1209. Der Orden der Minderbrüder verbreitete sich schnell, schon 1212 gründete die hl. Clara [→ 11. August], der Franziskus selbst die Haare abgeschnitten hatte, einen weiblichen Ordenszweig. 1221 schloß sich der »Dritte Orden«, eine weltliche Bußbruderschaft, an. Franziskus blieb immer Diakon, die Priesterweihe erstrebte er nicht. Wichtiger waren ihm seine charismatischen Missions- und Predigtreisen im Mittelmeerraum. Nachdem seine idealistische Gemeinschaft zur festen Organisation geworden war, zog er sich wieder in die Einsamkeit zurück. 1224 besiegelte die Stigmatisation seine enge Verbindung zu Christus. Der hl. Bonaventura [→ 15. Juli], ein Gefährte des Heiligen und sein Biograph, war Augenzeuge dieses Wunders auf dem Berg Alverna am Tag des Festes der Kreuzerhöhung. Schon von schwerer Krankheit und Malaria gezeichnet, stimmte Franziskus seinen berühmten Sonnengesang an, eine einzigartige Hymne auf unseren Schöpfer. Schließlich starb der seraphische Heilige erblindet und gelähmt am 3. Oktober 1226 in seiner Zelle in Portiunkula bei Assisi, wo seine Gebeine in der Kirche ruhen. Zahlreiche Wunder am Grab veranlaßten Papst Gregor IX. schon am 16. Juli 1228, Franziskus heiligzusprechen.

¶ Franziskus wurde alsbald einer der populärsten Heiligen, um dessen Darstellung sich schon die Künstler seines Jahrhunderts bemühten. Zu den schönsten Kunstwerken der Welt zählt die Ausmalung der Kirche San Francesco in Assisi, die u. a. ab 1288 der Florentiner Maler Giotto di Bondone in bahnbrechender Weise mit der Lebensgeschichte des Heiligen in vielen Einzelszenen bemalt hat. – Franziskus erscheint als Franziskaner im Habit, gezeichnet von den Wundmalen Christi, eine Erdkugel zu Füßen, mit Totenkopf, Kruzifix, Geißel und Rosenkranz; die liebenswertesten Bilder sind seiner Predigt an die Vögel gewidmet; seine Zuneigung für Tiere und Pflanzen muß für den mittelalterlichen Menschen eine ganz ungewöhnliche Erfahrung gewesen sein. Franziskus ist Patron seines Ordens, der Kaufleute und aller Berufe, die mit Stoffen zu tun haben. Man ruft ihn gegen Kopfweh an. Seit 1939 ist er Hauptpatron Italiens.

Im Jahr 1223 ließen sich die Franziskaner in Bamberg nieder, ihre Kirche an der Schranne am Fuß des Kaulbergs war 1273 fertiggestellt. 1806 wurde das Kloster aufgehoben, 1812 die gotische, der hl. Anna geweihte Kirche abgerissen und das Inventar verkauft. Der barocke Hochaltar kam ohne sein Gemälde in die Kirche von Trunstadt, seine Skulpturen verweisen auf die ursprüngliche Bestimmung. Neben dem Ordensgründer, dessen Wundmale an den Händen zu erkennen sind, stehen mit dem hl. Antonius von Padua [→ 13. Juni] und der hl. Clara weitere Franziskaner.

¶ Erst nach dem 30jährigen Krieg lassen sich die Minderbrüder in Kronach (1649) und Forchheim nieder, ihre Klö-

ster werden heute von anderen Orden betreut. 1766 entstand in Kronach der Franziskus-Altar mit einer lebensgroßen, vergoldeten Figur des Titelheiligen, der ein Kruzifix in der Hand hält. Ab 1700 wurde nahe Scheinfeld ein Franziskanerkloster neben einer Wallfahrtskapelle errichtet. Der Ort heißt heute Kloster(!)dorf, die Konventsgebäude bestehen noch und wurden nach einem verheerenden Brand 1960 wieder aufgebaut. Um 1765 hatte man dort dem Ordensgründer einen Seitenaltar geweiht. Als Pendant zum hl. Antonius steht Franziskus auf dem Johann-Nepomuk-Altar der Wallfahrtskirche Glosberg, womit der Kronacher Franziskaner gedacht wird, die das Gotteshaus seit 1732 seelsorgerisch betreuten. Schließlich stoßen wir auch in der Schloßkapelle von Pommersfelden auf einen hl. Franziskus: Der Erbauer, Fürstbischof Lothar Franz (!) von Schönborn, hat sich um 1718 mit der überlebensgroßen Statue seines Namenspatrons ein Denkmal gesetzt. Wer 1772 die Skulptur des hl. Franziskus auf der Kirchhofmauer von Memmelsdorf stiftete, von Ferdinand Tietz meisterlich ausgeführt, wissen wir nicht. Auch die Figuren von Franziskus und Antonius auf dem rechten Seitenaltar des Gotteshauses in Kirchehrenbach, der um 1776 entstand, deuten auf einen Stifter hin. Sie gelten als Werke des Bildhauers Franz Martin Mutschele.

Darstellungen des Franziskus

Glosberg (Lkr. Kronach), Wallfahrtskirche, Figur

Klosterdorf (Lkr. Neustadt/Aisch), Franziskanerklosterkirche Mariae Geburt, Altar

Kirchehrenbach (Lkr. Forchheim), kath. Pfarrkirche St. Bartholomäus, Figur

Kronach, ehem. Franziskaner-, jetzt Oblatenklosterkirche, Seitenaltar

Memmelsdorf (Lkr. Bamberg), Figur auf der Kirchhofmauer

Pommersfelden (Lkr. Bamberg), Schloß Weißenstein, Kapelle

Trunstadt (Lkr. Bamberg), kath. Pfarrkirche St. Marzellinus und Petrus, Figur am Hochaltar

5. Oktober
Hl. Placidus
Märtyrer?
(6. Jh.)

Placidus, der Sohn eines römischen Patriziers, wurde durch den hl. Maurus [→ 15. Januar] in die Regeln des Benediktinerordens eingeführt. Beide waren Schüler des hl. Benedikt [→ 11. Juli] und blieben ihm auch als Äbte bis zu seinem Tod eng verbunden. Placidus, dessen Name »der Sanfte, Friedliche« bedeutet, wird seit dem 8. Jahrhundert verehrt, ab dem 12. Jahrhundert wird er mit der hl. Flavia zum Märtyrer stilisiert, denn der Legende nach soll Benedikt ihn zur Missionsarbeit nach Sizilien geschickt haben, wo er von Piraten überfallen wurde und nach schrecklichen Martern starb.

Der im Volksglauben unbekannte Placidus erscheint im Bistum Bamberg nur in Verbindung mit barocken Bildprogrammen des hl. Benedikt und seines Ordens, so in den Klosterkirchen von Banz (Lkr. Lichtenfels), Weißenohe (Lkr. Forchheim) und auf dem Michelsberg in Bamberg. Der Heilige ist im Ordenshabit in weitärmeliger Flocke mit Kapuze wiedergegeben, ein Abtsstab kennzeichnet seinen Rang. Meist hat Placidus den hl. Maurus zum Gegenüber, der sogar über das Wasser gelaufen sein soll, um seinen jüngeren Mitbruder vor dem Ertrinken zu retten. In Banz begegnet uns Placidus mehrfach: In die Bekrönung des Hochaltars, der dem hl. Dionysius [→ 9. Oktober] geweiht ist, fügte der Würzburger Bildhauer Balthasar Esterbauer 1714 ein Reliefmedaillon mit dem Idealportrait des Heiligen ein. In dieser Werkstatt wurde 1721 auch seine Figur am Benediktus-Altar geschaffen. In der Klosterkirche St. Michael hat der Bamberger Kunstschreiner Servatius Brickard 1730 Placidus zusammen mit anderen Benediktinerheiligen in einer Furnierarbeit im Chorgestühl verewigt. In Weißenohe bezeugen die Skulpturen von Placidus und Maurus den Tod des hl. Benedikt, der während einer Messe starb. Die lebensgroße, vergoldete Figur ist etwas steif geraten, die Gesichtszüge des Placidus lassen nicht erkennen, daß der Bildhauer die Bedeutung seines Namens kannte.

6. Oktober
St. Fides
Märtyrerin
(gest. 303)

Fides, deren lateinischer Name »der Glaube« bedeutet, kam in Agen (Frankreich) zur Welt. Die keusche Christin wurde 303 vom römischen Statthalter Dacian wegen ihres Glaubens zusammen mit Bischof Caprasius auf dem Rost gefoltert und später enthauptet. Nachdem ihre Gebeine vor 883 nach Conques gelangt waren, breitete sich ihr Kult schnell aus, denn dieser Ort war eine wichtige Station auf dem Pilgerweg nach Santiago de Compostela. Um 1080 übertrug Abt Ulrich Reliquien der hl. Fides nach St. Gallen (Schweiz); später wurde ihr im elsässischen Schlettstadt das erste Kloster im deutschsprachigen Raum geweiht, das der staufische Kaiser Friedrich Barbarossa reich beschenkte.

¶ Die Patronin der ehelichen Fruchtbarkeit wird mit Märtyrerpalme, Krone und

Rost dargestellt, meist trägt sie ein langes Kleid. Warum die Kunsttischler die hl. Fides zu ihrer Schutzpatronin erhoben, ist der Legende nicht zu entnehmen. Kunsthistorikern dürfte vor allem die hochromanische Abteikirche in Conque und ihr Skulpturenschmuck ein Begriff sein, auch die Sitzstatue der hl. Fides, eine archaische Holzfigur aus dem 9. Jahrhundert, die mit Gold, Silberblech und Edelsteinen kostbar beschlagen ist.

In unserem Bistum ist der in Frankreich so beliebten Heiligen nur ein Gotteshaus geweiht: die Kirche St. Getreu in Bamberg. Am 24. Mai 1124 kurz vor seiner Pommernreise stellte Bischof Otto [→ 30. September] eine hoch über der Stadt erbaute Kapelle unter den Schutz Christi und der heiligen Jungfrau Fides, im Deutschen St. Getreu genannt. Von Speyer aus hatte er um 1102 das Kloster im nahen Schlettstadt besucht. Dort lernte er wohl auch die architektonische Verbindung eines Kirchenbaus mit der Grabkirche von Jerusalem kennen. Dies könnte die ungewöhnliche Verbindung des Heilig-Grab-Kultes und der Verehrung der hl. Fides erklären, wie sie uns in Bamberg begegnet. Noch im Jahr 1124 schenkte Otto das zur Kapelle gehörende Kloster den Mönchen vom Michelsberg. Unter Abt Anselm Geisendörfer erhielt die Kirche nach 1724 eine prunkvolle Ausstattung. Dazu gehört der hochbarocke Fides-Altar vor dem Chor in einer Abseite des nördlichen Langhauses. Seine Mitte nimmt ein Leinwandgemälde mit dem Martyrium der Heiligen ein. Im Vordergrund steht ihre Enthauptung durch einen martialischen Henker, im Hintergrund ist die Folter auf dem glühenden Rost sowie eine Säule mit Götzenbild zu erkennen. Während das Bild wohl von einem älteren Altar übernommen wurde und sein Maler unbekannt ist, gab der Abt die Altararchitektur aus feinem Nußbaumfurnier bei Servatius Brickard, einem der besten fränkischen Kunsttischler seiner Zeit, in Auftrag. Erhalten hat sich hier außerdem ein barockes Gemälde, das die Heilige in einem hermelinverbrämten Kleid zeigt, ein riesiges Rost neben sich.

Nicht zuletzt die wunderbaren Kunstschreinerarbeiten der aufwendig furnierten Altäre, alle wohl aus der Werkstatt Brickards stammend, halten das Andenken an die Heilige und Patronin der Kunsttischler in Bamberg hoch. Nach der begonnenen Restaurierung wird bald wieder zu sehen sein, wie der Glaube das Kunsthandwerk beflügeln kann.

¶ Die hl. Fides von Agen gehört nicht zu den drei Töchtern Fides, Spes und Caritas der römischen Witwe Sophie, deren Martyrium am 15. Mai gedacht wird. Sie wurden in der Regierungszeit Kaiser Hadrians ermordet, ihre Reliquien verwahrt das Frauenkloster Eschau im Elsaß.

7. Oktober
Hl. Justina von Padua
Märtyrerin
(gest. um 304)

8. Oktober
Hl. Benedikta
Märtyrerin
(gest. um 360)

9. Oktober
Hl. Dionysius
Märtyrer
(gest. um 285)
auch Denis

In der Mitte des 3. Jahrhunderts entsandte Papst Fabian [→ 20. Januar] mehrere Bischöfe zur Mission nach Gallien. Zu ihnen gehörte Dionysius, der mit seinen Gefährten Rusticus und Eleutherius in der Gegend von Paris viele Heiden bekehrte. Er soll die erste christliche Kirche auf der Seine-Insel errichtet haben. Heidnische Priester zeigten ihn schließlich an und übergaben ihn der römischen Verwaltung. Nach dem Auspeitschen versuchte man den Missionar auf einem glühenden Rost zu töten. Auch den wilden Tieren warf man ihn zur öffentlichen Belustigung in der Arena vor. Den Tod fand er schließlich durch Enthaupten, setzte aber auch hierbei seine Umwelt in Erstaunen: Er stand vom Richtblock auf und soll seinen eigenen Kopf noch zwei Stunden getragen haben. Erst als er einer frommen Matrone begegnete, brach er zusammen und wurde an dieser Stelle beigesetzt. Zu seinen Ehren errichtete der merowingische König Dagobert 624 über dem Grab die Kirche und Abtei St. Denis, das größte Heiligtum Frankreichs, in dem seit 639 fast alle französischen Könige die letzte Ruhe fanden. Karl Martell machte den hl. Dionysius zum Patron der Karolinger; mit den fränkischen Eroberungen gelangte sein Kult auch in unsere Heimat.

¶ Der hl. Dionysius wird als Bischof dargestellt, der seinen Kopf vor der Brust trägt. Man darf ihn nicht mit dem hl. Alban von Mainz [→ 21. Juni] verwechseln, der ebenfalls enthauptet wurde und seinen Kopf selbst zum Begräbnisplatz getragen haben soll. Dionysius ist der Nationalpatron von Frankreich. Er hilft im Kriegsfall, gegen Kopfweh und Tollwut. Er gehört zu den Nothelfern. Der Name Dionysius stammt von Dionysos, dem Gott des Weins, ab und man darf sich zu Recht fragen, ob ein Zusammenhang zwischen dem Heiligen, seinem Festtag und der Anfang Oktober beginnenden Weinlese besteht.

¶ Die Bedeutung, die Heinrich II. dem Heiligen beimaß, bezeugt der Altar im nördlichen Querhaus des Bamberger Doms, den er 1012 zu Ehren der Märtyrer und Königsheiligen Dionysius, Laurentius und Vitus errichten ließ. Sein Andenken erhielt im Bistum besondere Bedeutung als Todestag des Bamberger Bischofs Suidger (1040–1047), der unter dem Namen Clemens II. von 24. Dezember 1046 bis 9. Oktober 1047 den päpstlichen Thron innehatte. Papst Leo IX. bestimmte das auf diesen Tag fallende Fest des hl. Dionysius 1053 zum Feiertag des Bistums.

Für den Ekbert-Dom hat zwischen 1230 und 1240 ein unbekannter Bildhauer eine eindrucksvolle frühgotische Sandsteinstatue des Königsheiligen geschaffen, sicher auch im Hinblick auf die Doppelbedeutung des Gedenktags. Würdevoll trägt er sein Haupt mit dem lockigen Bart und den schon gebrochenen, toten Augen in feingliedrigen Händen, der »lachende Engel« war ihm wohl zugeordnet und reichte ihm die Märtyrerkrone.

¶ Als Kirchenpatron tritt Dionysius im Gebiet des Bistums nur zweimal auf. Das Benediktinerkloster Banz, um 1070 von Alberada, der Tochter des Markgrafen

von Schweinfurt, und ihrem Gemahl gestiftet, hat ihn seit 1126 zum alleinigen Patron und spätestens seit 1147 einen Dionysius-Altar. 1714 malte Sebastian Reinhard die Enthauptung des Heiligen für den Choraltar der von Johann Dientzenhofer zwischen 1710 und 1719 erbauten barocken Klosterkirche. Es zeigt den seinen Kopf tragenden, weiß gekleideten Bischof, der von Engeln geleitet im Himmel schon von Petrus mit Palmzweig und Lorbeerkranz erwartet wird. Die Gefährten Rusticus und Eleutherius sind im Hintergrund zu erkennen, die Witwe Catulla nimmt den Kopf entgegen. Auch in der weit über das Maintal blickenden Schaufassade der Kirche hat man dem Kirchenpatron einen Platz, besser gesagt eine Nische, für eine überlebensgroße Sandsteinfigur von Balthasar Esterbauer eingeräumt. Im nahen Altenbanz, einer würzburgischen Urpfarrei, zollte man dem mächtigen Kloster und seinem Patron Respekt, indem man eine Figur des hl. Dionysius auf das Gebälk des Hochaltars stellte.

¶ Das Dionysius-Patrozinium der erst 1915 errichteten Kirche von Virnsberg ist zusammen mit der barocken Ausstattung vom dortigen Deutschordensschloß übernommen worden. Wie die einzelne gotische Figur des hl. Dionysius in die Kirche Mariae Geburt nach Lohndorf gelangen konnte, wissen wir nicht. Denkbar wäre eine private Stiftung zum Dank für erwiesene Hilfe des Nothelfers Dionysius. In deren Kreis finden sich im Bistum in vielen Kirchen Skulpturen oder Bilder des Heiligen. Auch in »seiner« Klosterkirche von Banz ist er auf dem Gemälde des Nothelfer-Altars von 1740 ein zweites Mal in diesem jüngeren Kult-Zusammenhang zu sehen.

Dionysius-Kirchen und -Darstellungen

Altenbanz (Lkr. Lichtenfels), kath. Pfarrkirche St. Laurentius, Figur
Bamberg, Dom, Figur
Banz (Lkr. Lichtenfels), ehem. Benediktinerklosterkirche
Lohndorf (Lkr. Bamberg), kath. Pfarrkirche Mariae Geburt, Figur
Virnsberg (Lkr. Ansbach), kath. Kirche

10. Oktober
Hl. Gereon
Märtyrer
(gest. 318)

Der römische Offizier Gereon war Mitglied der berühmten Thebäischen Legion, die unter ihrem Anführer Mauritius [→ 22. September] in Aganaum für den christlichen Glauben das Martyrium erlitt. Mit einer maurischen Kohorte soll Gereon 318 nach Köln gekommen sein. Die Weigerung, den Göttern zu opfern bevor das Heer zur Belagerung Xantens aufbrach, brachte ihm und seinen Gefährten den widerstandslosen Tod durch Enthauptung. Die eigenen, heidnisch gebliebenen Kameraden mußten das Urteil vollstrecken und die Leichname in einen Brunnen werfen. Kaiserin Helena [→ 18. August] soll später die Gebeine entdeckt und zu ihren Ehren eine Kirche errichtet haben. Gereon wurde zu einem der beliebten Heiligen von Köln, seine Kirche »zu den goldenen Märtyrern« jedoch wiederholt zerstört. Der von Erzbischof Anno [→ 5. Dezember] im 11. Jahrhundert errichtete Zentralbau gehört zu den bedeutendsten und geheimnisvollsten Kirchen der deutschen Romanik.

¶ Der hl. Gereon, meist als jugendlicher Krieger mit Kreuz auf dem Panzer, Schwert und Kreuzfahne abgebildet, wird gegen Kopfweh angerufen.

¶ Die Verehrung des Märtyrers hat ihren Mittelpunkt in Köln und den Rheinlanden. Im Bistum Bamberg stand lediglich eine Kapelle in Forchheim unter seinem Schutz. Der 1521 erstmals erwähnte spätgotische Sandsteinbau, heute Nürnberger Straße 1, ist seit 1896 profaniert. Die Wahl des Kölner Schutzheiligen könnte in der Familiengeschichte des Stifters Georg Wolrab begründet sein. Gereon-Reliquien enthält der Johannes-Altar im Chor der Nürnberger Stadtpfarrkirche St. Lorenz, um 1520 gestiftet von der wohlhabenden Patrizierfamilie Imhoff. Sie sind in der offenen, nur mit einem Gitter verschlossenen Mittelnische zwischen den Skulpturen der Altarpatrone geborgen. Den

Ritterheiligen selbst hat ein unbekannter Künstler als bärtigen Landsknecht in modischer Uniform, eine Fahne haltend auf den Flügel der Predella in Grisaillefarben gemalt – so wirkt Gereon vor dem kräftig rot marmorierten Hintergrund besonders kämpferisch.

11. Oktober
Hl. Bruno von Köln
(925–965)

12. Oktober
Hl. Maximilian von Lorch Märtyrer
(gest. um 284)

13. Oktober
Coloman Märtyrer
(gest. 1012)

Coloman (Abb. unten), der Ire, hatte seine Frau verlassen, um in das Heilige Land zu pilgern. Wegen seines fremdartigen Aussehens wurde er in Österreich als Spion aufgegriffen und von mißtrauischen Bürgern in Stockau an einem Baum erhängt, wahrscheinlich am 17. Juli 1012. Der unverweste Leichnam wurde am 13. Oktober 1014 in das Stift Melk überführt. Obwohl nie offiziell heiliggesprochen, war er bis 1663 Landespatron von Österreich, dessen man mit vielerlei Brauchtum gedachte.

14. Oktober
Hl. Burkard von Würzburg
(742–753)

auch Burghard, Burchard

Zu den tatkräftigen angelsächsischen Missionaren, die Bonifatius [→ 5. Juni] nach Germanien berief, gehörte auch Burkard, zu deutsch »die starke Burg«. Als historische Person wird der Benediktiner aus dem Südwesten Englands erstmals 740 greifbar. 742 weiht ihn Bonifatius zum Bischof des neugegründeten Bistums Würzburg, das 743

aus Rom bestätigt wird und am Main die Bildung eines dauerhaft christlichen Frankenlandes einleitet. Burkard schuf auf den Grundlagen der Missionsarbeit des hl. Kilian [→ 8. Juli] die kirchliche Organisation, die im Bistum Würzburg bis heute Bestand hat. Auf dem Marienberg richtete er die erste Domkirche ein, zu der am Fuß des Berges das Stift St. Andreas gehörte. 748 und wieder 750/51 fährt Burkard als Botschafter und Repräsentant der fränkischen Herrscher nach Rom.

Ziel der zweiten Reise war eine politische Entscheidung von außerordentlicher Tragweite, da sie die Zustimmung von Papst Zacharias zur Ablösung des alten, aber schwach und machtlos gewordenen Herrschergeschlechts der Merowinger einholte, an dessen Stelle mit Pippin dem Jüngeren die Karolinger traten. Zurück in Würzburg, steht 752 ein weiterer Höhepunkt in Burkards Leben bevor, nämlich die feierliche Erhebung der Gebeine des hl. Kilian und seiner Gefährten. Die wachsende Verehrung der Würzburger Märtyrer erhielt dadurch nicht nur einen äußeren Mittelpunkt, sondern ein inhaltliches Zentrum, mit dem die weitere kulturelle Entwicklung Frankens erst so richtig begann. Kurz darauf starb Burkard, dessen Bedeutung für das Volk stets hinter der seines Vorgängers Kilian zurückblieb, eines natürlichen Todes. Später rankten sich historisch nicht haltbare Legenden um seine letzten Lebensjahre als Einsiedler im Spessart. Am 14. Oktober 986 wurden die Gebeine des ersten Würzburger Bischofs aus dem neuen Salvator-Dom in die ältere Andreas-Kirche am linken Mainufer übertragen, die seither seinen Namen trägt.

¶ Der hl. Burkard wird als Bischof mit Buch und Kirchenmodell abgebildet, erst in der Barockzeit auch mit Herzogshut. Da er schon zu Lebzeiten die Gabe besessen haben soll, Rheumatismus und Steinleiden zu heilen, ruft man ihn bei diesen Krankheiten an.

Der guten Ordnung halber hat man 1012 Reliquien des hl. Burkard auch in den Dom des jungen Bistums Bamberg eingebracht; seine Verehrung steht hier jedoch im Schatten des Papstes Calixtus, dessen am gleichen Tag gedacht wird. Man kann immer eine würzburgische Gründung voraussetzen, wenn man in Bamberger Kirchen auf den hl. Burkard trifft. So in Geiselwind, wo wahrscheinlich schon 825 eine dem Heiligen geweihte Kirche stand. Ein Schlußstein im Gewölbe des gotischen Chors stellt ihn dar; auf dem Hochaltar steht eine neugotische Figur von Matthäus Schiestl (1899). Auch das im östlichen Oberfranken gelegene Oberailsfeld war zunächst würzburgisch und zahlte seinen Zehnt erst ab 1260 an das Bamberger Domkapitel. Da Burkard kein grausiges Martyrium erlitten hat, das die Phantasie eines barocken Malers und der Kirchengemeinde beflügelt hätte, wählte Andreas Mattenheimer 1796 für das Gemälde des strengen, klassizistischen Hochaltars eine recht stille Darstellung: Von Putti umgeben sitzt der hl. Burkard im Bischofsornat auf Wolken. Daneben stehen Skulpturen unserer Bistumsgründer Heinrich und Kunigunde. Man kann lange darüber nachdenken, ob sie dem ersten Bischof des älteren Bistums

Würzburg huldigen oder aber zeigen wollen, daß Oberailsfeld eben doch zu Bamberg gehört.

Unbehelligt von solchen Gedanken bleibt eine Figur des hl. Burkard auf dem Laurentius-Altar der Pfarrkirche von Staffelstein; sie erzählt zusammen mit deren Schutzpatron, dem hl. Kilian, davon, daß im oberen Maintal die ersten Gotteshäuser vom Bistum Würzburg gegründet wurden. Deshalb steht auch eine barocke Figur des Heiligen auf der Kanzel der Kirche von Unterhaid.

Burkards-Kirchen und -Darstellungen

Geiselwind (Lkr. Kitzingen), kath. Pfarrkirche St. Burkard
Oberailsfeld (Lkr. Bayreuth), kath. Pfarrkirche St. Burkard
Staffelstein (Lkr. Lichtenfels), kath. Pfarrkirche St. Georg und Kilian
Unterhaid (Lkr. Bamberg), kath. Kirche St. Barbara, Figur

14. Oktober
Hildegund von Münchaurach
(gest. um 1120?)

Im Raum Höchstadt/Aisch wird an diesem Tag einer besonderen Persönlichkeit gedacht: Hildegund, der Tochter (oder Verwandten) des Grafen Goswin. Sie sollte nach dem Wunsch ihrer Eltern eine standesgemäße Ehe eingehen, hatte aber schon als Kind ewige Jungfräulichkeit gelobt. Zur Heirat gezwungen, besuchte sie nach dem Hochzeitsmahl noch einmal die Peters-Kirche von Aurach und starb hier im Gebet und jungfräulich an einem 14. Oktober. Über ihrem Grab errichtete der tief betroffene Vater um 1125, nachdem ihm auch der Sohn ums Leben gekommen war, das Benediktinerkloster St. Peter und Paul in Münchaurach (Lkr. Erlangen-Höchstadt), das Bischof Otto I. [→ 30. September] mit Mönchen aus Hirsau besetzte. Der für den Rangau bedeutende Konvent überstand Bauernkrieg und Reformation nicht, er wurde 1532 aufgelöst. Die romanische Säulenbasilika dient heute der evangelischen Gemeinde als Gotteshaus. Das Grab der Hildegund ging verloren.

¶ Vom Volk und im Kloster wird Hildegund wie eine Heilige verehrt. Ein 1933 verfaßtes Weihespiel und der immer noch geläufige Name Hildegund erinnern im Rangau an sie. Im Oktober 1997 ließen gläubige Christen der frommen jungen Frau, die indirekt zur Gründung des Klosters beigetragen hat, eine eindrucksvolle, moderne Sandsteinfigur am Chor der Kirche St. Georg in Höchstadt aufstellen. Auch in Rom hat man an Hildegund erinnert – und hofft auf eine positive Entscheidung im noch ausstehenden Kanonisationsverfahren.

15. Oktober
Hl. Theresa von Avila
(1515–1582)

Theresa von Avila selbst gibt uns durch ihre Autobiographie über ihr Leben Auskunft. Sie trat im Alter von 20 Jahren in den Karmel von Avila (Spanien) ein, den sie wegen einer schweren Krankheit später wieder verlassen mußte. Auf dem Krankenlager widmete sie sich dem Gebet. Visionen und Ekstasen begleiteten ihre mystische Bekehrung zu einem asketischen, ganz auf Gott ausgerichteten klösterlichen Leben. Ihr damit verbundenes Vollkommenheitsgelübde führte zur Reform des Karmeliterordens. Unterstützt von Petrus von Alcántara [→ 19. Oktober] und dem Wohlwollen König Philipps II. von Spanien führte sie seit 1562 in ganz Spanien die »Unbeschuhten Karmeliter« ein. Ihre visionären Gotteserlebnisse verbreitete sie in zahlreichen Schriften, die sie zu einer charismatischen Kämpferin der Gegenreformation werden ließen. Sie starb am 4. Oktober 1582 in Alba de Tormes. Nach der Seligsprechung 1614 folgte 1622 die Kanonisation.

Theresa trägt stets die Tracht der Karmelitinnen, ein dunkles Unterkleid und einen hellen Mantel. In der Hand hält sie ein Kreuz. Taube, Buch und ein pfeildurchbohrtes Herz können ihre Attribute sein. Sie ist die Patronin Spaniens sowie der Bortenwirker und steht für die Gnade, beten zu können. Auch als Fürbitterin der Armen Seelen im Fegfeuer ruft man sie an. Seit 1970 gehört sie zu den Kirchenlehrern.

Viele berühmte Künstler haben sich nach Theresas Tod bemüht, ihr Leben, vor allem aber ihre mystischen Ekstasen zu vergegenwärtigen, so Peter Paul Rubens und Lorenzo Bernini; letzterer mit seiner aufwühlenden Skulpturengruppe der hl. Theresa, der, in Ohnmacht dahingesunken, ein süß lächelnder Engel das Herz mit einem Pfeil zu durchbohren sich anschickt (1646). Wenig von der Dramatik und Inbrunst dieser Visionen ist den Skulpturen der Heiligen anzumerken, die in unserem Bistum an die Ordensfrau erinnern. Hier muß zuerst die Skulptur an der 1675 erneuerten Bibliotheksfassade des Bamberger Karmelitenklosters genannt werden, die dem Bildhauer etwas starr geraten ist. Der Theresa-Altar in der Klosterkirche wurde 1905 nach dem verkauften historischen Vorbild erneuert. Auch andere Orden verehren die hl. Theresa. Das Deckengemälde im Chor der ehemaligen Franziskanerkirche in Kronach aus dem 18. Jahrhundert zeigt sie gemeinsam mit Petrus von Alcántara. In Klosterdorf (Lkr. Neustadt/Aisch) steht ihre Skulptur auf dem wohl 1764 entstandenen Hochaltar der Kirche; die hl. Clara [→ 11. August] ist ihr Gegenüber.

16. Oktober
Hl. Gallus
(um 550 – um 640)

Der irische Mönch Kallech aus dem Kloster Bangor war ein Schüler des hl. Kolumban und folgte ihm auf eine erfolglose Missionsreise nach Gallien. (Die Menschen hier verwandelten seinen keltischen Namen in »Gallus«.) Von dort zogen sie weiter an den Bodensee und versuchten unter großen Widerständen, die Helvetier zu bekehren. Sein ungestümes Temperament soll Gallus dabei manche Schwierigkeit gebracht haben, z. B. dann, wenn er Götzensymbole in den See warf. Als Kolumban nach Italien reiste, ließ er seinen Gefährten krank zurück. Gallus gesundete und errichtete um das Jahr 612 an der Quelle des Flüßchens Steinach eine

Einsiedelei, von der sich weitere Mönche angezogen fühlten. Sie lebten zurückgezogen im Einklang mit der Natur. Legenden berichten sogar von zutraulichen wilden Tieren, die den Brüdern beim Bau ihrer einfachen Hütten geholfen haben sollen.

Erst mit der hier gefundenen Ruhe stellte sich Erfolg ein, viele Menschen ließen sich taufen. Gallus liebte die Einsamkeit seines Klosters und lehnte ehrenvolle Anträge, Bischof von Konstanz oder Abt eines größeren Klosters zu werden, ab. Im hohen Alter von 95 Jahren starb er um 640 an einem 16. Oktober und wurde in seiner Klause bestattet.

¶ Aus ihr entwickelte sich die berühmte Abtei St. Gallen (Schweiz), ein bedeutendes Zentrum christlicher Kultur und Wissenschaft. 1529 wurden die Reliquien des hl. Gallus vernichtet. Der Kult dauerte trotzdem fort und ist hauptsächlich in der Schweiz und in Süddeutschland verbreitet, wo es zahlreiche Gallus-Patrozinien gibt. Sein Festtag im Herbst ist ein wichtiger Abschnitt im bäuerlichen Jahr, nun muß die Ernte eingeholt sein, denn der Winter wird erwartet.

St. Gall
ernt' die Rüben all.

Der hl. Gallus wird als Einsiedler mit Pilgerstab dargestellt; der zahme Bär, dem er ein Brot reicht, gehört zu seinen Attributen. Er ist Schutzheiliger von St. Gallen. Sein Name Gallus (= Hahn) machte ihn zum Patron des Geflügels.

¶ Reliquien des hl. Gallus wurden 1012 bei der Weihe des Bamberger Doms zusammen mit Partikeln der hll. Kolumban und Otmar [→ 16.November] im rechten Seitenaltar des Ostchors beigesetzt. Seine Verehrung im Bistum könnte von Benediktinerklöstern beeinflußt sein oder auf die guten Beziehungen zwischen Bamberg und dem Kloster St. Gallen zurückgehen, dessen Privilegien Kaiser Heinrich II. bestätigt hatte.

Ist St. Gall' trocken, so folgt ein Sommer mit nassen Socken.

Das Gallus-Patrozinium der Urpfarrei in Lanzendorf ist eine vorbambergische Gründung. Bei der Umgestaltung zur evangelischen Markgrafenkirche blieben zwar die spätgotischen Figuren der zwölf Apostel erhalten, einen Hinweis auf den ehemaligen Schutzheiligen suchen wir aber vergeblich. Auch die Gallus-Kirchen in Erzberg und Zell wurden protestantisch.

¶ Nur in der Kirche von Oberscheinfeld wird der hl. Gallus noch verehrt. Der gewaltige Chorturm mit seinen Fresken stammt aus dem Mittelalter; unter den freigelegten Heiligen findet sich der Kirchenpatron leider nicht. Das Langhaus hat man in unserem Jahrhundert vollkommen erneuert, die barocke Ausstattung darin wieder aufgestellt. Das Ölgemälde des Schutzheiligen im Hochaltar dürfte das einzige im Bistum sein.

Gallus-Kirchen

Erzberg (Lkr. Ansbach), evang. Kirche, ehem. St. Gallus
Lanzendorf (Lkr. Kulmbach), evang. Pfarrkirche, ehem. St. Gallus
Oberscheinfeld (Lkr. Neustadt/Aisch), kath. Pfarrkirche St. Gallus
Zell (Lkr. Hof), evang. Pfarrkirche, ehem. St. Gallus

16. Oktober
Hl. Hedwig von Schlesien
(1174–1243)

Hedwig kam 1174 als Tochter Herzog Bertholds IV. von Andechs-Meranien und seiner Frau Agnes von Rochlitz wohl auf der Burg Andechs zur Welt. Sie gehörte damit zum einflußreichsten Geschlecht Frankens im 12. und 13. Jahrhundert, das die politischen Geschicke des Landes lenkte und in dieser Zeit unsere Kultur- und Stadtlandschaft prägte. Wahrscheinlich veranlaßte ihr Onkel, der Bamberger Bischof Otto II. (1177–1196), eine standesgemäße Erziehung im Kitzinger Benediktinerinnenkloster. Wie damals üblich, wurde Hedwig im Alter von 13 Jahren aus dynastischen Gründen verheiratet.

¶ In ihrer langen, glücklichen Ehe mit dem Piastenherzog Heinrich von Schlesien gebar Hedwig sieben Kinder und unterstützte ihren Mann tatkräftig, das Christentum in seinem Land zu vertiefen und den kulturellen Stand zu heben. Dazu förderten sie 1203 die Gründung des Zisterzienserinnenklosters in Trebnitz (Schlesien), die wohl Bischof Ekbert (1203–1237), der Bruder Hedwigs, und der Bamberger Dompropst Poppo angeregt hatten; die ersten Nonnen wurden aus dem Mutterkloster St. Theodor nach Trebnitz entsandt. 1238 verwitwet, zog Hedwig sich hierher zurück. Schon während ihrer Ehe hatte sie nicht nur ein frommes Leben geführt, sondern in Bescheidenheit den Kranken und Armen gedient – hierin ihrer leiblichen Tante, der hl. Elisabeth von Thüringen [→ 19. November] folgend. So trug sie nur auf Befehl ihres Beichtvaters Schuhe, um bei Hof nicht unangenehm aufzufallen. Im Kloster unterwarf sie sich den strengen Regeln, ohne das Gelübde abzulegen. Am 15. Oktober 1243 starb Hedwig, deren Namen in unserem Sprachsinn »die starke Kämpferin« bedeutet, in Trebnitz, von wo aus sich ihre Verehrung, durch die Zisterzienser getragen, schnell in Schlesien und Süddeutschland ausbreitete. Bereits 1267 wird Hedwig heiliggesprochen. Ihren Kult hat die Herrscherfamilie der Piasten aus politischen Gründen unterstützt und auch in späteren Jahrhunderten gefördert. Verwandtschaftliche Beziehungen zu Kaiser Karl IV. gaben dazu im ausgehenden 14. Jahrhundert neue Impulse.

Im Sommer 1998 hat das Historische Museum der Stadt Bamberg in einer großangelegten Ausstellung das Geschlecht der Andechs-Meranier ausführlich gewürdigt. Zum Leben und Kult der heiligen Frauen dieser Familie, Elisabeth und Hedwig, waren wertvolle Kunstschätze zu sehen, die ihre volkstümliche Verehrung widerspiegelten: darunter ein »Hedwigsbecher«, ein dickwandiges Trinkgefäß aus geschliffenem Glas mit erhabenen Motiven. Der wohl aus dem arabischen Kulturkreis stammende, gläserne Becher erhielt im 13. Jahrhundert eine kelchartige, gotische Fassung mit Deckel. Angeblich soll das zunächst in Breslau aufbewahrte Gefäß, in dem sich Wasser in Wein verwandelte, der Heiligen gehört haben. Das ausgestellte Stück war über mehrere Stationen in das Frauenkloster Namur (Frankreich) gelangt.

¶ Hedwig, die gottesfürchtige Herzogin, ist als verheiratete Frau mit Schleier und Krone dargestellt und trägt ein Modell ihrer Klostergründung Trebnitz. Die Marienstatuette auf dem Arm soll sie immer bei sich getragen haben. Die Nationalheilige Böhmens wurde nach dem Zweiten Weltkrieg zur Schutzpatronin der Heimatvertriebenen.

Erst im 20. Jahrhundert hat im Bistum Bamberg die Verehrung der Heiligen, die hinter der beliebteren Elisabeth von Thüringen zurückstand, zu Kirchengründungen geführt. Während 1909 das Patronat der Hedwigs-Kapelle auf dem Friedhof von Buttenheim noch auf den Namen der Stifterin Hedwig von Seefried zurückgeht, hat ihre Wahl zur Patronin der Kirche von Kulmbach andere Gründe. Als katholische Flüchtlinge und Vertriebene aus Schlesien und Böhmen nach 1945 im evangelischen Kulmbach eine neue Heimat fanden, brachten sie mit der hl. Hedwig eine Erinnerung an ihre alte Heimat mit. Die Schutzheilige des 1961 erbauten Gotteshauses von Paul Becker schlägt gleichzeitig eine Brücke zur Geschichte dieser Stadt, denn Kulmbach ist eine Gründung der Andechs-Meranier. Einem modernen Bronzerelief in der Kirche gelingt es, die Würde und den tiefempfundenen Glauben der schlesischen Herzogin in die Kunstsprache unserer Zeit zu übertragen. Auch in Bayreuth hat man nach 1945 die junge katholische Gemeinde unter ihren Schutz gestellt.

Hedwigs-Kirchen

Bayreuth, kath. Pfarrkirche
Buttenheim (Lkr. Bamberg), Friedhofskapelle
Kulmbach, kath. Pfarrkirche

17. Oktober
Hl. Ignatius von Antiochien
(gest. um 117)

18. Oktober
Hl. Lukas
(gest. 63 n. Chr.)

Die biographischen Nachrichten über Lukas, einen hochgebildeten jüdischen Arzt aus dem syrischen Antiochia (Türkei), sind so spärlich, daß sich über den Mann, dem wir das dritte Evangelium verdanken, kaum Legenden bilden konnten. Er soll von Paulus [→ 29. Juni] bekehrt worden sein, begleitete ihn auf die zweite Reise nach Rom und stand ihm während der Gefangenschaft als Sekretär bei. Über seine Fahrten nach dessen Tod gibt es keine eindeutige Überlieferung. Er mag im (heute griechischen) Achaia oder Böothien das Evangelium und die Apostelgeschichte verfaßt haben. Vielleicht war er auch Bischof von Theben, denn hier starb er hochbetagt, wahrscheinlich im Jahr 63 n. Chr., eines natürlichen Todes.

¶ Andere Quellen berichten dagegen von einem Martyrium; er soll enthauptet und ins Meer versenkt worden sein. 356 wurden seine Gebeine zusammen mit denen des Andreas [→ 30. November] in der Apostelkirche von Konstantinopel beigesetzt.

Ist St. Lukas mild und warm, kommt ein Winter, daß Gott erbarm.

Der Name Lukas kommt vom lateinischen *lux*, zu deutsch das Licht. Der Evangelist schien erleuchtet und ein Licht für die Menschen in der Welt. Er wird als jugendlicher Schriftgelehrter abgebildet, Schreibutensilien, die Hei-

liggeisttaube, eine Madonnenstatuette und ein Stier sind seine Attribute. Die Mediziner und Notare nahmen ihn zum Schutzpatron, vor allem aber die Künstler, vornehmlich die Maler, denn seit dem 6. Jahrhundert erzählte man sich die Geschichte von Lukas, dem Madonnen-Maler. Dies geht auf seine ausführliche und liebevolle Lebensbeschreibung der Muttergottes und der Kindheit Jesu zurück. Der Stier, sein wichtigstes Attribut, gehört zu den »vier mächtigen Wesen« der Apokalypse. Es hat die Metzger und die früher mit Rindsleder arbeitenden Buchbinder veranlaßt, Lukas zu ihrem Patron zu wählen. Sogenannte »Lukas-Zettel« legten die Ärzte früher Schwerkranken auf den Leib und die Bauern ihrem Vieh ins Futter. Heute gehört Lukas zu den beliebtesten Jungennamen.

¶ Die Bedeutung des Evangelisten Lukas als Kirchenpatron ist im Bistum Bamberg gering. Nur das 1426 gestiftete Gotteshaus in Kunreuth stand unter seinem Schutz; es hat nach der Reformation jede künstlerische Erinnerung an den Heiligen verloren.

Wer auf die Suche nach dem hl. Lukas gehen will, wird schnell überall dort fündig, wo die vier Evangelisten abgebildet sind: Im Chorgewölbe gotischer Kirchen wie in Grafengehaig, wo man sich oft nur auf die Attribute beschränkt hat, oder auf unzähligen Kanzeln, einem Standort, auf den die wortgewaltigen Evangelisten beinahe ein natürliches Anrecht haben, so in Kersbach oder Kleukheim. Auch Emporenbrüstungen katholischer wie evangelischer Kirchen hat man im Barock gerne mit Evangelistenportraits geschmückt, so in Steinbach am Wald, wo Lukas neben den Resten eines Apostelzyklus zu finden ist.

Länger dauert es, Lukas als Madonnenmaler aufzuspüren, der Gang ins Museum bleibt uns nicht erspart: Im Germanischen Nationalmuseum Nürnberg befinden sich die Flügel des einst riesigen Veit-Altars, den sich die Nürnberger Augustiner-Eremiten 1487 für ihre Klosterkirche malen ließen. Der namentlich nicht bekannte Maler, der offenbar in den Niederlanden geschult war, schuf ein zauberhaftes »Bild im Bild«. Der Betrachter beobachtet, wie Lukas, in einem schön gefliesten Raum sitzend, die Palette über den Daumen der linken Hand gesteckt, letzte Hand an ein Tafelbild der Madonna auf seiner Staffelei legt. Er sieht aber auch das Modell des Malers im Nebenraum, dessen Tür für den Maler weit geöffnet wurde: Zärtlich wendet sich die Muttergottes ihrem verspielten Kind zu, gemütlich hat sie ihren Lehnstuhl an den offenen Kamin gerückt.

Lukas-Kirchen und -Abbildungen

Grafengehaig (Lkr. Kulmbach), evang. Kirche Hl. Geist, Fresko

Kersbach (Lkr. Forchheim), kath. Pfarrkirche St. Ottilie, Kanzel

Kleukheim (Lkr. Lichtenfels), kath. Pfarrkirche St. Wolfgang, Kanzel

Kunreuth (Lkr. Forchheim), evang. Kirche, ehem. St. Lukas

Langenbach (Lkr. Hof), evang. Kirche St. Lukas

Steinbach am Wald (Lkr. Kronach), kath. Filialkirche St. Johannes d. T., Empore

19. Oktober
Hl. Petrus von Alcántara
(1499–1562)

Als einer der wichtigsten Reformer des 1221 gegründeten Franziskanerordens ist Petrus von Alcántara (Spanien) bekannt geworden. Der Mönch adeliger Abstammung war mit 16 Jahren in ein Kloster eingetreten und zeichnete sich bald durch die besondere Strenge seiner Bußfertigkeit und Armutsliebe aus. Papst Paul IV. gab 1555 sein Einverständnis zur Gründung einer von Petrus geführten Reformkongregation, deren selbst für damalige Verhältnisse ungewöhnlich harte Askese leibliche Begierden völlig abtötete. Petrus soll sich außer strengem Fasten und Barfußgehen auch im Winter mit einem Hemd aus Blech gegeißelt und nie länger als eineinhalb Stunden geschlafen haben. Dieses Leben irdischer Entsagungen wurde von mystischen Gnadenbeweisen belohnt. Petrus verfaßte ein Gebetbuch, das 200 Auflagen erzielte, und zahlreiche religiöse Schriften; die Verbreitung der Kreuzwegandacht geht auf ihn zurück. Mit der Tiefe und Eindeutigkeit seines Glaubens beeinflußte er in der Reformationszeit alle Gesellschaftsschichten; die Förderung der hl. Theresa von Avila [→ 15. Oktober], seiner geistigen Gefährtin, und ihrer Reform des Karmeliterordens war ihm ein großes Anliegen. Petrus von Alcántara starb am 18. Oktober, dem Tag des Evangelisten Lukas, im Jahre 1562 und wurde 1669 heiliggesprochen.

¶ Der Heilige wird stets im Franziskanerhabit mit Geißel, Buch und Kreuz, gern in Gesellschaft der hl. Theresa dargestellt. Da er mit wenig Schlaf auskam, machten ihn die Nachtwächter zu ihrem Patron. Er wird bei bösartigem Fieber angerufen.

¶ 1223 war im Bistum Bamberg das erste Franziskanerkloster gegründet worden. Nach dem 30jährigen Krieg wurden 1649 zwei Brüder zur Seelsorge nach Kronach entsandt, aber es sollte noch bis 1670 dauern, bevor sie mit dem Bau eines eigenen Klosters (seit 1927 von Oblatenmissionaren bewohnt) vor den Toren der befestigten Stadt beginnen durften. 1682 wurde ihre neue Kirche zur Ehre des hl. Petrus von Alcántara geweiht. Rund 100 Jahre später schuf die Bamberger Bildhauer-Werkstatt der Mutschele dafür einen neuen Hochaltar, in dessen Mitte eine lebensgroße Figur des Heiligen steht. Die Leichtigkeit der Rokokoskulptur kann Unwissende über die asketische Strenge des Franziskaners hinwegtäuschen: Sie war kurz vor dem Ende des Alten Reiches und im Zeitalter der Aufklärung vielleicht schon etwas in Vergessenheit geraten. Das Deckenbild im Chor zeigt die Aufnahme des Heiligen in den Himmel, während die hl. Theresa, die ihren Lehrer um 20 Jahre überlebte, für ihn betet. Auch zum 1775 entstandenen Hochaltar der ehemaligen Forchheimer Franziskanerkirche St. Antonius gehört eine Figur des Heiligen.

20. Oktober
Hl. Wendelin
(gest. um 617)

Der iroschottische Prinz Wendelin lebte als frommer Einsiedler in den Wäldern der Vogesen (Frankreich), wo er um 617 starb. Seine erst im 14. Jahrhundert aufgeschriebene Legende berichtet, er habe Heimat, Eltern und nicht zuletzt

das in Aussicht stehende Erbe eines Königreichs verlassen, um als armer Pilger durch England und über das Meer bis zu den Gräbern der Apostel in Rom zu reisen. Nichts anderes nämlich bedeutet sein Name: Wendelin heißt althoch »der Wanderer, der Pilger«; unser Wort »wandeln« erinnert noch daran.

Schließlich ließ er sich zur Zeit des Bischofs Magnerich (gest. 596) in der Nähe von Trier nieder, wo er von Almosen lebte. Den Vorwurf, er solle wenigstens die Schweine hüten, verstand Wendelin als Wink Gottes. Er pflegte fortan die Herden eines Gutsherrn, die unter seiner Obhut wohl gediehen. Dennoch bat er Gott sehnsüchtig, in seine Klause zurückkehren zu dürfen. Dort stieß er seinen Stab in die Erde, und ein Brunnen tat sich auf, der die Herden tränken konnte. Auch nachdem sein Herr ihn als Heiligen erkannte und er wieder ohne Verpflichtungen leben durfte, kamen die Bauern mit ihren Sorgen und kranken Tieren zu ihm.

¶ Wegen seines gottgefälligen Lebens erwählten ihn die Mönche des nahen Klosters Tholey zu ihrem Abt, ein Amt, das er 20 Jahre lang ausüben sollte. Die Mönche begruben ihn in seiner armseligen Klause, wo sich bald Gebetserhörungen häuften. 1360 wurden seine Gebeine in die zu seinen Ehren geweihte Kirche übertragen. Der hier entstandene Wallfahrtsort im Saarland erhielt das Stadtrecht und den Namen »Sankt Wendel«.

¶ Der hl. Wendelin wird stets in Gesellschaft von Tieren dargestellt, meist Schafen und Kühen, die er als einfach gekleideter, jugendlicher Hirte mit großem Schlapphut, Umhängetasche und Stab hütet; im Mittelalter auch als Mönch oder Pilger mit Rosenkranz. Er war zuerst ein Pestpatron und gilt heute als Schutzheiliger des Viehs und der Bauern, besonders der Hirten und Schäfer, den man bei Viehseuchen sowie für eine gute Ernte anruft.

¶ Im Saarland ist sein Kult schon seit dem Mittelalter belegt. Seine Beliebtheit macht ihn aber überall, vor allem in ländlichen Gebieten, zu einem volkstümlichen Heiligen. Es gibt kaum eine Kirche, die dem hl. Wendelin im 18. Jahrhundert nicht eine Figur weihte. Der höfische Schäferkult der Rokoko-Zeit gab dem ausgeprägten Brauchtum um den Hirten weitere romantische Impulse.

Den ältesten Hinweis auf den Kult des hl. Wendelin liefert im Bistum Bamberg wieder einmal die mittelalterliche Weltstadt Nürnberg: In der Lorenz-Kirche entstand um 1430 sein Fresko. Sonst verehrte ihn vor allem die Landbevölkerung. Im Geisfelder Forst (Lkr. Bamberg) wird seit kurzem ein umgestürzter Eichenstamm eigens ausgeschildert, an dem Wendelin selbst gepredigt haben soll. Obwohl Experten dem gewaltigen Baumriesen ein hohes Alter zwischen 900 und 1500 Jahren bescheinigen, dürfte es recht unwahrscheinlich sein, daß der Eremit aus dem Saarland bis nach Franken gekommen ist.

¶ Es sind hauptsächlich Kapellen, die unter den Schutz des Heiligen gestellt wurden, so in Kötsch, Failshof und Zeckern. Aus der kleinen klassizistischen Kirche von Tütschengereuth von 1788 machten Anbauten ein größeres Gotteshaus, auf dessen Hochaltar der hl. Wendelin als Abt zu sehen ist. Die Filialkirche St. Wendelin in Mittelehrenbach entstand erst 1925. Im Raum Ansbach sind die im 13. Jahrhundert nachgewiesenen Wendelin-Kapellen von Bettenfeld und Buch zu Pfarrkirchen und seit der Reformation evangelisch geworden.

¶ Am liebenswertesten kommt die Verehrung des bäuerlichen Hirten Wendelin in den zahlreichen Rokoko-Skulpturen zum Ausdruck, die seit Mitte des 18. Jahrhunderts in unsere Kirchen Eingang gefunden haben. Der aus Ebermannstadt stammende Bildhauer Friedrich Theiler hat sich dabei vor allem in der Schilderung des jugendlichen Viehpatrons ausgezeichnet und unser Bild des Heiligen geprägt. Mit Kniebundhosen, hellen Strümpfen, langem, hochgeschlossenem Rock und einem weitkrempigen Schlapphut trägt der elegante Jüngling die Kleidung, die gelegentlich als »fränkische Tracht« bezeichnet wird. Den Hirtenstab in der rechten Hand, legt er die linke in Demut auf sein Herz, unterscheidet sich gleichwohl aber durch seine modische und edle Erscheinung von allen anderen Heiligen. Kuh und Schaf liegen friedlich zu seinen Füßen. Gerade diese idyllische, theaterhafte Darstellung des eher einem höfischen Schäferspiel, denn der harten bäuerlichen Lebenswelt entsprungenen Wendelin mag für seine Beliebtheit gesorgt haben.

Zierliche Figuren von ihm finden wir u. a. in den Kirchen von Pretzfeld, Kirchröttenbach und Ludwag. In Drosendorf steht dem Schutzheiligen der Schäfer eine hl. Notburga [→ 14. September] gegenüber, die ebenfalls das Vieh beschützt und von den Bauern besonders verehrt wird; zusammen bilden sie ein anmutiges Pärchen des Volksglaubens, eine fromme Variante des höfischen Spiels. In der Kirche von Poppendorf sitzt der hl. Wendelin ganz locker auf einer Kuh.

¶ Der für mich schönste Wendelin-Altar steht in Pfaffendorf. Außerhalb des Ortes an einer alten Quellfassung liegt diese idyllische Kirche, für die Bernhard Kamm um 1776 die Seitenaltäre herstellte. Die beschwingte Figur des Heiligen, der andächtig betend die Hände um seinen Hirtenstab gelegt hat, paßt so recht in die heitere Landschaft. Aus der himmelblau gefaßten Altarnische schauen ein Lamm und eine Kuh neugierig in die »heile Welt«. Vor der Kirche steht der berühmte spätgotische Bildstock mit der frühesten Darstellung der hl. Notburga.

Wendelin-Kirchen und -Darstellungen

Bettenfeld (Lkr. Ansbach), evang. Kirche, ehem. St. Wendelin
Buch (Lkr. Ansbach), evang. Kirche, ehem. St. Wendelin
Drosendorf (Lkr. Forchheim), kath. Pfarrkirche Mariae Heimsuchung, Figur
Kirchröttenbach (Lkr. Nürnberger Land), kath. Pfarrkirche St. Walburgis, Figur
Kötsch (Lkr. Bamberg), Kapelle
Ludwag (Lkr. Bamberg), kath. Pfarrkirche St. Johannes d. T., Figur
Mittelehrenbach (Lkr. Forchheim), kath. Filialkirche
Pfaffendorf (Lkr. Lichtenfels), kath. Filialkirche St. Georg, Seitenaltar
Poppendorf (Lkr. Bayreuth), kath. Pfarrkirche St. Ulrich, Figur
Pretzfeld (Lkr. Forchheim), St. Kilian, Figur
Tütschengereuth (Lkr. Bamberg), Kapelle
Failshof (Lkr. Bamberg), Kapelle

21. Oktober
Hl. Ursula und die elftausend Jungfrauen Märtyrerinnen
(gest. um 238, 386 oder 453)

Ursula, eine schöne und kluge Fürstentochter aus der Bretagne, war längst getaufte Christin, als ein heidnischer König sie zur Frau für seinen Sohn begehrte. Sie stimmte scheinbar in die Ehe ein, stellte aber Bedingungen. So sollte der künftige Bräutigam ihr tausend Mägde geben und zehn Hofdamen, von denen jede wiederum tausend Zofen mitbrächte. Während der dreijährigen Verlobungszeit müsse der Prinz sich außerdem taufen lassen. Er willigte ein und schickte aus allen Ländern Jungfrauen an ihren Hof. Mit ihnen brach Ursula auf. Sie segelten, einer Vision folgend, durch Gallien nach Köln und stromaufwärts nach Basel. Von hier pilgerten sie über die Alpen und wurden in Rom vom Heiligen Vater gesegnet. Ja, er soll sogar die Rückreise mit ihnen angetreten haben: Ein Traum habe ihn dazu bewegt, damit er mit den Jungfrauen den Märtyrertod erleide.

Als Ursula mit ihren Schiffen wieder an Köln vorbeikam, fand sie die Stadt von Hunnen belagert. Sie stürzten sich sofort auf die Frauen, die dem anschließenden Gemetzel sämtlich zum Opfer fielen. Nur Ursula blieb zunächst verschont und beeindruckte den Fürsten der Barbaren so sehr, daß er um ihre Hand anhielt. Als sie ablehnte, wurde auch sie mit einem Pfeil erschossen. Ein plötzlicher Schrecken überkam danach die wilde Horde, fluchtartig ritt sie davon. Die Kölner Bürger begruben die Leichname der frommen Jungfrauen und errichteten an dieser Stelle eine Kirche.

¶ Ob diese Legende einen wahren Kern hat, läßt sich nicht belegen. Andere Deutungen sprechen angesichts der aufgefundenen Schädel ermordeter Frauen von einem nach Köln geflohenen Nonnenkonvent, den die Hunnen niedergemetzelt haben, oder von den Familien der in Köln hingerichteten thebanischen

Legion des hl. Gereon [→ 10. Oktober]. Aus diesen Gründen schwanken auch die Angaben über Ursulas Todesjahr.

Ursula trägt als gekrönte Jungfrau mit offenem Haar einen Pfeil in der Hand. Beliebt sind Bilder, die sie mit dem Papst und ihrem schönen Gefolge in einem Schiff zeigen, dem unablässigen Pfeilhagel hilflos ausgesetzt. Sie ist die Patronin der Stadt Köln, des Ursulinen-Ordens, der Jugend sowie des Ehestands, der Lehrerinnen und Tuchhändler. Ihre Fürbitte gilt einer günstigen Heirat, gegen Kinderkrankheiten, Kriegsnöte und die Qualen des Fegefeuers.

¶ Zu den Reliquien des Katharinen-Altars im Bamberger Dom, der seit Beginn des 14. Jahrhunderts nachweisbar ist, gehörten auch Partikel der Jungfrauen Ursulas. Der dortige »Riemenschneider-Altar« enthält ein Flachrelief der Heiligen, das zusammen mit den anderen Figuren erst um 1900 aus Würzburg erworben wurde und daher keine Auskunft zur historischen Verehrung der Heiligen im Bistum gibt.

¶ Unter ihrem Schutz standen hier vier Kirchen, von denen drei ganz im Südwesten des Bistums liegen und wohl aus vorbambergischer Zeit stammen. Colmberg, Ergersheim und Pfahlenheim sind seit der Reformation evangelisch. Allein eine Büste der hl. Ursula, um 1400 im »weichen Stil« für Ergersheim geschaffen, erinnert hier noch an die fromme Jungfrau.

Nur das kleine, mittlerweile schon zweimal erweiterte Gotteshaus in Dörfleins steht heute noch unter dem Schutz seiner Patronin Ursula. Der an strategisch wichtiger Stelle am Mainufer und am Aufgang der Altstraße »Rennweg« über die Haßberge gelegene Ort wird erstmals 824 als »Turphilin« erwähnt. Ob es reisende Kaufleute waren, die die Kölner Stadtpatronin mitbrachten, bleibt ein Geheimnis der frühen Geschichte. Die kleine Figur der Heiligen im barocken

Hochaltar kann allerdings die Dramatik mittelalterlicher Ursula-Bilder nicht mehr vermitteln. Die Ursula-Statue auf dem barocken Seitenaltar der Pfarrkirche im nahen Hallstadt mag mit der Patronin der Filialkirche Dörfleins zusammenhängen.

Ein spätgotisches Tafelbild der hl. Ursula besitzt die Schloßkapelle von Aufseß. Unter geblähten Segeln sitzt sie mit ihrer Begleitung wie in einer Nußschale zusammengedrängt; phantasievoll gekleidete Barbaren metzeln die Reisegruppe hin. Der Maler hat sich dabei Anleihen bei Albrecht Dürers Holzschnitt der »Marter der Zehntausend« (um 1497) geholt. Eine spätgotische Figur der hl. Ursula gehört zum 1498 entstandenen Schrein der Kirche von Kalchreuth.

St. Ursulas Beginn zeigt auf den Winter hin.

Ursula-Kirchen und -Darstellungen

Aufseß (Lkr. Bayreuth), evang. Schloßkapelle, Tafelbild
Colmberg (Lkr. Ansbach), evang. Kirche, ehem. St. Ursula
Dörfleins (Lkr. Bamberg), kath. Filialkirche St. Ursula
Ergersheim (Lkr. Neustadt/Aisch), evang. Kirche, ehem. St. Ursula
Hallstadt (Lkr. Bamberg), kath. Pfarrkirche St. Kilian, Figur
Kalchreuth (Lkr. Erlangen-Höchstadt), evang. Kirche, ehem. St. Andreas, Figur
Pfahlenheim (Lkr. Neustadt/Aisch), evang. Kirche St. Ursula

22. Oktober
Hl. Kordula
Märtyrerin
(gest. um 304?)

23. Oktober
Hl. Johannes von Capistrano
(1386–1456)

24. Oktober
Hl. Evergislus
(gest. vor 594)

25. Oktober
Hll. Krispin und Krispinian
Märtyrer
(gest. um 287)

Zwei vornehme, getaufte Römer namens Krispin und Krispinian zogen nach Soissons (Frankreich), wo sie ihren kärglichen Lebensunterhalt als Schuhmacher verdienten und das Christentum predigten. Ihre Nächstenliebe ging soweit, daß sie noch nachts aufopfernd und kostenlos für die Armen Schuhe fertigten. In der Regierungszeit Kaiser Maximinians gerieten sie in die Christenverfolgungen und fanden als römische Bürger nach vielen Martern um 287 den Tod durch Enthauptung. Sie sind in Soissons begraben, Teile der Reliquien gelangten nach Osnabrück und verbreiteten von da ihren Kult.

¶ Im Spätmittelalter begegnen wir Krispin und Krispinian häufig als Zunftpatrone der Schuster, Gerber, Sattler und Handschuhmacher, wobei Krispin als der ältere einen Bart trägt.

¶ Im Bistum Bamberg ist ihre Verehrung spätestens seit 1507 nachweisbar, als die

Altmacher, d.h. die Flickschuster, ihre Zunft unter die geschickten Hände der beiden heiligen Schuster stellten. (Die Schuhmacher, die neue Schuhe anfertigten, verehrten übrigens den hl. Markus [→ 25. April].) In der heutigen Martins-Kirche werden die barocken Zunftfiguren der Altmacher aufbewahrt. Die beiden ungefähr 120 Zentimeter großen Skulpturen sind mit Schwert, Palme und heiliger Schrift ausgestattet; wer genau hinschaut, erkennt die besondere Sorgfalt, die der Bildhauer auf die Details ihrer modischen Stiefel gelegt hat. Übrigens soll sich der noch immer weit verbreitete fränkische Ausdruck »Grischperla« für einen kleinen, dünnen und leicht nervösen Mann vom Namen der rastlos arbeitenden heiligen Schuhmacher ableiten.

26. Oktober
Hl. Amandus
(gest. um 355)

27. Oktober
Hl. Wolfhard
(gest. um 1127)

28. Oktober
Hll. Judas Thaddäus und Simon Zelotes Apostel, Märtyrer

Hl. Judas Thaddäus

Der Zimmermann Judas Thaddäus, zu deutsch der »Gepriesene«, war wohl ein Bruder von Jakobus d.J. [→ 3. Mai] und Sohn des Alphäus, der wiederum ein leiblicher Bruder von Joseph [→ 19. März], dem Ziehvater Jesu, gewesen sein soll. Jesus berief ihn als letzten unter die Jünger. Nur wenige Hinweise im Neuen Testament nennen seinen Namen. Johannes überliefert, daß »Judas, nicht der Ischariot«, während des Letzten Abendmahls fragte »Herr, was ist's, daß du uns willst offenbaren, und nicht der Welt?« (Jo 14, 22). Judas zeichnete sich der Legende nach durch große Ähnlichkeit zu Christus, mit dem er ja verwandt war, aus.

Nach dem Pfingstfest schrieb er den an die Christengemeinde gerichteten »Judasbrief«, der in die Heilige Schrift aufgenommen ist. Als die Apostel auseinandergingen, wandte er sich nach Mesopotamien und Persien, um dort gemeinsam mit Simon Zelotes zu missionieren. Durch die Weissagung seines bevorstehenden Sieges über die Inder soll Judas Thaddäus den persischen König Baraduch bekehrt haben, was ihm den folgenschweren Neid der heidnischen Priester einbrachte; sie erschlugen ihn um 70 n. Chr. mit einer Keule. Seine Reliquien werden im Petersdom aufbewahrt.

**Simon und Judä
hängt an die Stauden
Schnee.**

Nachdem Judas Thaddäus in den frühen Apostelfolgen oft von Paulus [→ 29. Juni] verdrängt oder nur mit seinem Bruder Simon dargestellt wurde, dauerte es lange, bis sich in Verehrung und Kunst ein eigenes Bild des Jüngers entwickelte. Erst die hl. Birgitta von

Schweden [→ 23. Juli] hat sich in ihren Schriften mit dem vergessenen Apostel beschäftigt. Als Patron für besonders ausweglose Situationen erfährt er seit dem 18. Jahrhundert eine außerordentliche Beliebtheit, so daß in vielen Kirchen eine Skulptur oder ein Gemälde des Heiligen aufgestellt wurde. Nördlich der Alpen setzte sich schließlich das Bild eines bärtigen Mannes in mittlerem Alter durch, der wie alle Apostel ein Buch hält, sich auf eine gewaltige Keule stützt und ein großes Portraitmedaillon Christi trägt. Es spielt auf die ähnlichen Gesichtszüge an. Bisweilen hat Judas auch ein Winkelmaß bei sich.

Außerhalb der Apostelfolgen, z. B. der im Mittelschiff der Oberen Pfarre, Bamberg, von 1480, finden sich nur barocke Skulpturen des Judas Thaddäus in den Kirchen unseres Bistums. Mit anderen Heiligen steht er in der Pfarrkirche Burk seit 1732 und in der Elisabethen-Kapelle Scheßlitz seit 1766 auf dem Hochaltar. Seine Präsenz auf dem Kreuzaltar der Kirche von Pettstadt, den Bernhard Kamm 1774 schuf, könnte auf das Bildprogramm der heiligen Sippe, aber auch auf seine große Beliebtheit im 18. Jahrhundert zurückgehen. Seit dem Spätmittelalter hat man Judas Thaddäus gemeinsam mit Simon Zelotes dargestellt, so 1516 auf den Predellenflügeln des Hagelsheimer Altars in der Nürnberger Jakobs-Kirche und auf vielen barocken Altären.

Hl. Simon Zelotes

Der Färber und Apostel Simon hatte den Beinamen »Zelotes«, zu deutsch »Eiferer«, weil er vor seiner Berufung fanatisch für das jüdische Gesetz eingetreten war. Als Bruder von Judas Thaddäus und Jakobus d. J. [→ 3. Mai] gehört er zur »Heiligen Sippe« und war mit Christus verwandt. Die Überlieferung, er sei im Jahr 42 n. Chr. wegen seines furchtlosen Auftretens zum Nachfolger des ermordeten Jakobus bestimmt worden und habe als zweiter Bischof die Kirche von Jerusalem geleitet, ist nach neueren Forschungen nicht mehr haltbar. Hochbetagt soll er unter Prokonsul Atticus wahrscheinlich im Jahr 107 das Martyrium am Kreuz erlitten haben. Nach einer anderen Überlieferung starb er auf einer gemeinsamen Missionsreise mit seinem Bruder Judas Thaddäus, als ihn heidnische Priester zersägten. Seine Reliquien befinden sich in Rom, Köln und Hersfeld.

¶ Der hl. Simon wird nur in Apostelzyklen oder gemeinsam mit Judas Thaddäus abgebildet. Wegen seines Martyriums ist die Säge sein Attribut, daneben wird ihm als Apostel ein Buch oder eine Schriftrolle zugeordnet. Darstellungen seiner Lebens- und Sterbensgeschichte beschränken sich auf die grausame Ausschmückung seiner Foltern. Sein Beruf macht ihn zum Patron der Gerber und Färber.

Im Bistum Bamberg muß bereits um 1158 die Kirche von Altheim bestanden haben, die man unter den Schutz der beiden Heiligen und der Muttergottes stellte. Das gleiche Patronat hatte das Gotteshaus von Hohenberg an der Eger, dessen Ausstattung 1945 völlig zerstört wurde. Seit 1322 gab es in Issigau eine Kapelle, die den beiden Aposteln geweiht war. In Marlesreuth hat man das evangelisch gewordene Gotteshaus um 1746 zwar mit einem ausführlichen biblischen Bilderzyklus bemalt, an die einstigen Patrone der 1440 erstmals erwähnten Kirche wollte man dabei aber nicht erinnern.

¶ 1363 stiftete Domvikar Hermann von Kranach einen Altar in den Bamberger Dom, den er zu Ehren des Erzengels Michael sowie des Apostelpaares Simon und Judas weihen ließ. Die Patrone zeigte eine Wandmalerei auf dem Pfeiler hinter dem Altar; sie wurde 1829 bei der Domrestaurierung wieder entdeckt. Als spätgotisches Figurenpaar stehen die beiden Heiligen im Flügelaltar der Schwanenritterkapelle von St. Gumbertus in Ansbach, als barocke Figuren (um 1744) auf dem Hochaltar der von Balthasar Neumann errichteten Wallfahrtskirche von Glosberg.

Darstellungen des Judas Thaddäus

Burgwindheim (Lkr. Bamberg), kath. Pfarrkirche St. Jakobus, Figur um 1750
Burk (Lkr. Forchheim), kath. Pfarrkirche Hll. Drei Könige, Figur
Hollfeld (Lkr. Bayreuth), kath. Pfarrkirche Mariae Himmelfahrt, Figur
Pettstadt (Lkr. Bamberg), kath. Pfarrkirche Mariae Geburt, Altarfigur
Scheßlitz (Lkr. Bamberg), Elisabeth-Kapelle, Figur

Kirchen und Darstellungen von Simon und Judas Thaddäus

Ansbach, evang. Stadtpfarrkirche St. Gumbertus, Schwanenritterkapelle, Figuren
Altheim (Lkr. Neustadt/Aisch), evang. Kirche
Glosberg (Lkr. Kronach), kath. Wallfahrtskirche, rechter Seitenaltar
Hohenberg a. d. Eger (Lkr. Wunsiedel), evang. Kirche, 1945 zerstört
Issigau (Lkr. Hof), evang. Kirche
Marlesreuth (Lkr. Hof), evang. Kirche
Nürnberg, evang. Kirche St. Jakob, Hagelsheimer Altar

29. Oktober
Hl. Narzissus von Gerona
Märtyrer
(gest. nach 212)
(Abb. oben)

30. Oktober
Hl. Theodgar
(gest. um 1065)
auch Dietger

31. Oktober
Hl. Wolfgang
(um 924–994)

Kurz nach seinem Tod wurde das Leben des hl. Wolfgang aufgezeichnet, so daß wir über den Werdegang dieses bedeutenden Regensburger Bischofs, Zeitgenossen und Lehrer Heinrichs II. [→ 13. Juli], gut unterrichtet sind. Er stammt aus dem schwäbischen Pfullingen. Die Eltern übergaben ihn schon als Kind einem Kleriker zur Ausbildung, von da kam er in die berühmte Klosterschule auf der Insel Reichenau im Bodensee. Er soll sich durch außergewöhnliche Begabung, großen Lerneifer und ein hervorragendes Gedächtnis ausgezeichnet haben. Über Würzburg kommt er im Gefolge seines Freundes Heinrich von Babenberg nach Trier, wo er die Ausbildung des Klerus übernimmt. Hier lernt er die von Lothringen ausgehende Klosterreform kennen, die er bald zu seiner eigenen Sache macht. Kaiser Otto I. nahm ihn in seine Kanzlei auf, als dessen Gönner Heinrich starb. Doch das lebhafte Treiben bei Hof mißfiel dem asketischen Mann.

¶ Er trat in das Benediktinerkloster Einsiedeln (Schweiz) ein, um ein abgeschiedenes Leben in Demut und Gottesliebe zu führen. Es sollte ihm in dieser weltabgewandten Form aber nicht gegönnt sein. Wolfgang lernte Bischof Ulrich von Augsburg [→ 4. Juli] kennen, der ihn zum Priester weihte und zur – wenig erfolgreichen – Missionierung der Ungarn überredete. Dadurch wurde wiederum der Passauer Bischof auf Wolfgang aufmerksam und empfahl ihn Kaiser Otto II. als Bischof von Regensburg. Nach einem unruhigen Wanderleben ließ sich Wolfgang 972 in der Donaustadt nieder – eine glückliche Entscheidung. In dem ausgedehnten Bistum konnte er Reformen verwirklichen und auch den jungen Herzog Heinrich von Bayern sowie dessen Schwester Gisela [→ 7. Mai], die spätere Gemahlin des ungarischen Königs Stephan, dafür begeistern. Wolfgang brachte das Bistum Regensburg und das ihm direkt unterstellte Kloster St. Emmeram nach einer Zeit der äußeren Bedrohung durch die Ungarneinfälle und der inneren Verwahrlosung zu ungeahnter kultureller Blüte. 973 gründete er das Bistum Prag. Am 31. Oktober 995 starb der kluge, umsichtige und gegen die Armen stets großzügige Bischof auf einer Reise in der St. Otmars-Kapelle von Pupping bei Linz. Beigesetzt hat man ihn in St. Emmeram. Schon 1052 erfolgte in Anwesenheit Kaiser Heinrichs III. die Erhebung seiner Gebeine in der romanischen Krypta. Das Bistum Regensburg hat den hl. Wolfgang zu seinem Hauptpatron ernannt.

Ein volkstümlicher Kult entstand damit noch nicht. Erst gegen Ende des 13. Jahrhunderts wird von Wallfahrten in das kleine Kloster St. Johannes der Täufer am Abersee berichtet, einer regensburgischen Besitzung im Salzburger Land, in die Wolfgang sich während des Aufstands von Heinrich dem Zänker gegen den Kaiser 976 geflüchtet hatte. Seine dort aufgestellte Skulptur ließ eine Wallfahrt entstehen, die zeitweilig zu einer der größten im mittleren Europa wurde; den See benannte man in Wolfgangsee um. Für diese Kirche schufen Michael und Friedrich Pacher 1475 den berühmten Flügelaltar mit Szenen der Wolfgangs-Legende. Zahlreiche Wunder ereigneten sich und verbreiteten phantasievolle Legenden über den Bischof, dessen Lebenslauf schon seine Zeitgenossen fasziniert hatte.

¶ Der hl. Wolfgang ist an seiner Pontifikalkleidung mit Mitra, Bischofsstab und Buch zu erkennen, seine Attribute sind ein Kirchenmodell, denn er soll die Kir-

che am Abersee erbaut haben, sowie Axt oder Beil, das Wolfgangi-Hackl, das eigentlich aus dem Petrus-Schlüssel im Regensburger Stadtwappen umgeformt wurde. Wolfgang ist der Patron der Bauern, Schiffer, Hirten, Köhler, Zimmerleute und Bildhauer. Der »Wunder-Mann des Teutschland«, wie ihn eine barocke Litanei nennt, hilft gegen Schlaganfall, Gicht und Lähmung, Fußleiden und Augenentzündungen. Auch um gutes Wetter bittet man ihn.

¶ Da Wolfgang zu Lebzeiten Kaiser Heinrichs II. noch nicht heiliggesprochen war, setzt im Bistum die Verehrung erst zu Zeiten der beliebten Wallfahrten an den Wolfgangsee ein. Im Bamberger Dom weihte man ihm 1663 einen Altar. Früher schon wurden einige Kapellen unter seinen Schutz gestellt, aus denen sich Pfarreien entwickelten. Die erste gotische Kirche von Hausen erbaute 1468 der Nürnberger Patrizier Peter Haller auf eigene Kosten. Genau fünfhundert Jahre später wurde das Gotteshaus durch einen nüchternen modernen Anbau erweitert, in dem die historische Ausstattung etwas verloren wirkt. Zwei spätgotische Skulpturen und der barocke Wolfgang von Bernhard Kamm am Hochaltar erinnern an den Patron.

In das Barockzeitalter weisen die Figur des hl. Wolfgang unter der Kreuzigung des Hochaltars von Kaltenbrunn und das Altarbild von Andreas Mattenheimer in der Kleukheimer Kirche. Die Verbindung der Handelsstadt Nürnberg mit Regensburg macht der spätgotische Wolfgangs-Altar deutlich, der seit 1460 in der Lorenz-Kirche steht. Am schönsten kommt die Verehrung des Heiligen in Nürnberg aber wohl in der Wolfgangs-Kapelle der Egidienkirche des ehemaligen Schottenklosters zum Ausdruck. Um 1437 schuf man anstelle einer älteren Sixtus-Kapelle [→ 6. August] für das südliche Querhaus einen Anbau. Er zeichnet sich durch ein steinernes Netzrippengewölbe und eine Arkadenempore aus und diente den Mönchen wohl als Wohnraum. Einen Hinweis auf den einstigen Patron suchen wir vergebens.

Die evangelisch gewordene Wolfgangs-Kirche von Puschendorf hat ihre spätgotische Architektur von 1489/91 genauso bewahrt wie einen Teil ihrer vorreformatorischen Ausstattung. Der Flügelaltar zeigt im geöffneten Schrein eine lebensgroße Figur des Schutzpatrons, die mit Johannes d. T. die Muttergottes umrahmt. Wolfgang hat ein asketisches Gesicht und trägt ein Kirchenmodell auf dem linken Arm. Auch auf der bemalten Werktagsseite steht Wolfgang neben der Gottesmutter. Die Krypta unter der Kirche und die Wolfgangs-Quelle im nahen Wald legen nahe, daß Puschendorf einst eine besondere Wallfahrtsstätte seines Kults war. Zu den schönsten Wolfgangs-Figuren des Bistums dürfte die spätgotische Skulptur im frühbarocken Hochaltar der Kirche von Altenkunstadt gehören, die aus einem verlorenen Flügelaltar stammt.

¶ Im Barock werden die Darstellungen des Heiligen offenbar seltener, in Fraundorf steht der Regensburger Bischof aber als Nebenfigur auf dem Hochaltar; sein Attribut, ein Kirchenmodell hält ein kleiner Putto. Eine mächtige Sandsteinfigur des Heiligen steht auf der Grasmannsdorfer Brücke an der alten Straße von Würzburg nach Bamberg. Es scheint, als habe man Kaiser Heinrich II. mit seinem Regensburger Lehrer und dem hl. Otto [→ 30. September] bewußt zwei Bischöfe zur Seite gestellt, um dem Schutzpatron des Würzburger Bistums, dem hl. Kilian [→ 8. Juli], standesgemäß zu begegnen.

Wolfgangs-Kirchen und -Darstellungen

Altenkunstadt (Lkr. Lichtenfels), kath. Pfarrkirche Mariae Geburt, Figur
Dormitz (Lkr. Forchheim), Kath. Kirche, spätgotisches Relief von einem Flügelaltar
Forchheim, kath. Stadtpfarrkirche St. Martin, spätgotische Figur in der Krypta
Hausen (Lkr. Forchheim), kath. Pfarrkirche
Hirschneuses (Lkr. Ansbach), evang. Kirche, Tafelbild auf der Predella des Choraltars, um 1510
Kalchreuth (Lkr. Erlangen-Höchstadt), evang. Kirche, ehem. St. Andreas, spätgotische Figur im Choraltar
Kaltenbrunn (Lkr. Coburg), kath. Kirche
Kleukheim (Lkr. Lichtenfels), kath. Kirche
Marlesreuth (Lkr. Hof), evang. Kirche St. Judas und Thaddäus, spätgotischer Altarflügel
Nürnberg, evang. Kirche St. Egidien, Wolfgangs-Kapelle
Puschendorf (Lkr. Fürth), evang. Kirche, ehem. St. Wolfgang, Flügelaltar
Rothenburg o. d. T. (Lkr. Ansbach), evang. Schäferkirche, ehem. St. Wolfgang

31. Oktober
Hl. Quintin
Märtyrer
(gest. um 300)
auch Quentin

Unter Kaiser Maximian soll Quintin, der dem Senatorenstand angehörte, in Amiens (Frankreich) das Martyrium erlitten haben. Als römischer Bürger hatte er zwar das Recht enthauptet zu werden, aber diesem vergleichsweise schnellen Tod gingen grausame Martern voraus. Der kopflose Leib wurde schließlich in die Somme geworfen, aus der ihn die fromme Eusebia

nach dem Hinweis eines Engels wieder herausholte. Die über den Gebeinen errichtete mittelalterliche Kirche St. Quentin wurde das Ziel bedeutender Wallfahrten für Pilger aus Nordfrankreich, Belgien und dem Rheinland.

¶ Der hl. Quintin wird als vornehmer junger Mann dargestellt, seine Attribute sind Rad, Schwert, Ketten und Nägel, denn letztere sollen ihm in die Schultern und unter die Fingernägel getrieben worden sein. Er schützt die Schlosser, Schneider, Ärzte und Kapläne und hilft bei Wassersucht, aber auch bei Erkältungen. Darauf bezieht sich wohl auch die Bitte, die wir unter seinem Bild auf der Emporenbrüstung in der Adelgundis-Kapelle auf dem Staffelberg (Lkr. Lichtenfels) finden: »St. Quintin heller Tugend Schein / wollst von uns wenden Hauptespein«.

Januar

Februar

März

April

Mai

Juni

Juli

August

September

Oktober

November

Dezember

1. November
Allerheiligen

Seit dem 9. Jahrhundert wird in der abendländischen Kirche am 1. November das Allerheiligenfest gefeiert. Seine Verbreitung erfolgte wohl auf Anregung des karolingischen Königs Ludwig des Frommen von Frankreich aus, der damit einer Bitte Papst Gregors IV. nachkam.

1. November
Hl. Rupert Mayer
(1876–1945)

2. November
Hl. Willibold
(gest. 1230)

3. November
Hl. Hubertus
(um 655–727)
auch Hugbert

Nur wenig Biographisches ist über Hubertus, einen Adeligen aus den Ardennen, bekannt, die *Legenda aurea* erwähnt ihn nicht. Aus dem 12. Jahrhundert stammt die Überlieferung vom Jäger und Schützen Hubertus, die unsere Vorstellung des Heiligen prägt. Wie seine Standesgenossen soll der am Hof Pippins lebende Pfalzgraf die Jagd geliebt haben, wozu ihm die Wälder seiner Heimat reichlich Gelegenheit boten. An einem Sonntag versäumte er die Heilige Messe und ritt zur Jagd. Erschütterung löste ein stolzer Hirsch aus, der ein strahlendes Kreuz zwischen dem Geweih trug, während eine Stimme zur Buße aufrief. Hubertus, dessen Name im Althochdeutschen »der durch seinen Geist Glänzende« bedeutet, ritt zurück, holte den Gottesdienst nach und offenbarte sich Bischof Lambertus von Maastricht [→ 18. September]. Sieben Jahre soll er dann in Einsamkeit und Gebet verbracht haben, bis ihn ein Engel zur Pilgerfahrt nach Rom rief. Hier wurde er vom Papst freundlich empfangen, dem im Traum beschieden war, den fremden Eremiten zum Nachfolger des verstorbenen Bischofs Lambertus zu ernennen. Bei der Einkleidung sorgte ein Engel für die fehlende Stola. Zurückgekehrt, verlegte Hubertus nach einer übernatürlichen Eingebung den Bischofssitz an den unbedeutenden Ort Lüttich (Belgien), wo sein Vorgänger ermordet worden war. Er selbst starb am 30. Mai 727 in Tervueren bei Brüssel, seine Gebeine wurden am 3. November 744 erhoben und im Jahr 825 in das von ihm gegründete Kloster Andage übertragen. Zu seinen Ehren nannte man es später St. Hubert. Nach den Hugenotteneinfällen von 1568 sind die Reliquien nicht mehr nachweisbar.

Obwohl Hubertus als Bischof wirkte, beherrscht seine Jagdliebe seit der Spätgotik unser Bild. Wahrscheinlich haben ihn, der in Wirklichkeit lieber gefischt als gejagt haben soll, die Jäger wegen seiner wunderbaren Heilungen bei Tollwut, einer in den Ardennen damals weit verbreiteten Krankheit, zu ihrem Patron gemacht. Daß er sich zu Lebzeiten gegenüber dem heidnischen Kult der Jagdgöttin Diana großzügig gezeigt und diesen christianisiert hatte, stellt eine weitere Verbindung her. Später wurde die Legende des römischen Märtyrers Eustachius [→ 20. September] auf ihn übertragen.

Hubertus wird gewöhnlich als Bischof, von Hunden oder einem Hirsch begleitet, dargestellt, welcher ein Kreuz zwischen den Geweihstangen trägt. Die Jäger verehren ihn seit dem 9. Jahrhundert, und gewiß nicht zufällig wird an seinem Festtag die Jagd auf Rotwild eröffnet. Herzog Gerhard von Jülich-Berg stiftete 1444 für einen am 3. November errungenen Sieg den Ritterorden vom hl. Hubertus. Durch seine Nachfolger nach Bayern übertragen, wurde die Auszeichnung bis 1918 als Hausorden der Wittelsbacher verliehen. Hubertus ist auch Patron der Schützen, Förster und Hunde, auch der Drucker und Mathematiker. Der Legende nach sollen seine golddurchwirkte Stola und der »Hubertus-Schlüssel« gegen die gefährliche Hundetollwut und Bißwunden helfen. Die Mönche von St. Hubertus waren für ihre Zucht edler Jagdhunde an allen Fürstenhöfen berühmt. Im Rheinland zählt Hubertus mit Antonius [→ 17. Januar], Quirinus [→ 30. April] und Kornelius [→ 16. September] zu den vier heiligen Marschällen.

Der Hubertus-Kult ist dem des römischen Märtyrers und Nothelfers Eustachius sehr ähnlich, dessen Gedenktag in den ältesten Martyrologien der 2. oder 3. November war. Auch im Bistum Bamberg steht der hl. Hubertus im Schatten des Nothelfers Eustachius. Seit kurzem ist dem Schutzpatron der Jäger bei Treunitz (Lkr. Bamberg) eine eigene Kapelle mitten im Wald geweiht; ein dankbarer Waidmann hat sie gestiftet. Ob der weltlich gekleidete Jäger mit Hirsch als Pendant des hl. Ägidius [→ 1. September] auf dem Seitenaltar der Kirche von Unterleiterbach (Lkr. Bamberg) den hl. Hubertus oder doch den hl. Eustachius darstellt, ist selbst vor Ort nicht bekannt. Tradition hingegen hat seine Verehrung in der Adelgundis-Kapelle auf dem Staffelberg (Lkr. Lichtenfels). Als »Gegenheiliger« zu dem in Vierzehnheiligen angerufenem Nothelfer Eustachius finden wir den Lütticher Bischof auf der barock bemalten Emporenbrüstung mit folgender Fürbitte: »St. Hubertus dein Kraft ist bekannt / halt uns bei Sinnen und Verstand.«

4. November

Karl Borromäus
(1538–1584)

Eine historische Persönlichkeit und ein Heiliger der Gegenreformation ist Karl Borromäus, der 1538 in Norditalien zur Welt kam. Schon als Kind der geistlichen Laufbahn verpflichtet, studierte er Jura, bevor ihn Papst Pius IV., der Bruder seiner Mutter, 1560 nach Rom rief, mit hohen kirchlichen Ämtern betraute und wenig später zum Kardinal ernannte. Nach dem Tod seines Bruders ließ Karl sich zum Priester und dann zum Erzbischof von Mailand weihen. Hier ist der tapfere persönliche Einsatz während der Pest überliefert, was seine große Beliebtheit und das Vertrauen seiner Untertanen erklärt. Karl Borromäus verbesserte zunächst die Spitäler und sicherte die Versorgung der Menschen, bevor er barfuß und mit einem Kreuz in der Hand Bittgänge durch die Stadt unternahm. Besonders lagen ihm die Beschlüsse des Konzils von Trient am Herzen. Er bemühte sich, sie nachdrücklich umzusetzen, um die von der Reformation zerrissene katholische Kirche wieder zusammenzubringen und zu stärken. Nach seinem Tod am 3. November 1584 breitete sich der Kult des beliebten Kardinals schnell aus; schon 1610 wurde er heiliggesprochen.

Das Bild, das die süddeutschen Künstler der Barockzeit von Karl Borromäus weitergaben, orientiert sich an der erhaltenen Totenmaske. Von einem engagierten und asketisch geführten Leben gezeichnet, tritt er uns mit scharfen Zügen, hoher Stirn, großer Nase und feurigen Augen gegenüber. Der strenge Heilige in Kardinalskleidung mit dem Doppelkreuzstab der Erzbischöfe und einem Kruzifix im Arm wurde zum Patron der Seelsorger und Priesterseminare. Wegen seiner tatkräftigen Bekämpfung der Pest wird er in Italien auch gegen Seuchen angerufen.
¶ Im Bistum Bamberg hat man dem Heiligen der Gegenreformation nur eine Kirche unterstellt: das 1926/27 in moderner Architektur von Fritz Fuchsenberger erbaute Gotteshaus von Mögeldorf. Die Wahl des Patroziniums ehrt Karl Borromäus Weiner, den großen Wohltäter der Pfarrei. Daß für den barocken Heiligen keine neubarocke Kirche errichtet wurde, setzte der Architekt gegen den Wunsch der Gemeinde durch. An der Fassade befindet sich ein zeitgenössisches Mosaik des Heiligen.
¶ Den Kult des hl. Karl Borromäus führte Weihbischof Friedrich Förner um 1600 im Bistum ein, der die vorhandene Literatur zum Leben des Heiligen besaß und ihm 1628 seine Hauskapelle weihte. Später förderte Johann Georg Ringer, Dekan am Bamberger Stift St. Gangolf, die Verehrung und stellte 1678 einen Altar der Stiftskirche unter seinen Schutz. Bonaventura Joseph Mutschele schuf hier um 1745 einen Seitenaltar, auf dem eine Schar von Putten den im täglichen Leben so streng gewesenen Heiligen munter umschwirrt. Erst auf den zweiten Blick erkennt man das Buch mit dem täuschend echten Totenschädel in seiner Rechten, schwärmerisch blickt er auf das Kruzifix in seiner linken Hand und scheint gar nicht zu merken, daß sich ein vorwitziger Putto den Kardinalshut gerade selbst aufsetzen will. Die weiß gefaßte Figur steht heute erhöht über den Nebenpatronen, dem hl. Otto [→ 30. September] und dem hl. Philippus Neri [→ 26. Mai].

In kirchlichen Bildprogrammen wird der hl. Karl Borromäus gerne dem hl. Johann Nepomuk [→ 16. Mai] oder einem anderen heiligen Kleriker gegenübergestellt, z. B. 1732 am Hochaltar der Kirche in Burk, um 1750 in Kaltenbrunn und 1760 am linken Seitenaltar von Trunstadt, dort als Pendant zum Kirchenvater Augustinus [→ 28. August]. Als Pestheiliger konnte sich Karl Borromäus in Franken nicht durchsetzen; nur zwei Altäre erinnern an seine heldenhaften Bemühungen in Mailand. In der Sebastiani-Kapelle der ehemaligen Franziskanerklosterkirche von Forchheim stehen alle drei Pestheiligen, nämlich Sebastian [→ 20. Januar], Rochus [→ 16. August] und Karl Borromäus auf dem Altar von 1690.

1770 gibt Karl Ludwig von Trockau die fast makabre Darstellung seines Namenspatrons für seine Schloßkapelle in Auftrag. Am Marienaltar steht dem heiligen Kardinal ein ausgezehrter Pestkranker gegenüber.

Die interessanteste Skulptur des Karl Borromäus dürfte allerdings in der Wallfahrtskirche von Gößweinstein (Lkr. Forchheim) stehen. Im Gnadenaltar hatte sich Fürstbischof Friedrich Karl von Schönborn (1708–1746) in der Figur des hl. Friedrich [→ 18. Juli] von Bildhauer Johann Peter Benkert portraitieren lassen. Ihm gegenüber steht eine Statue des hl. Karl Borromäus, des zweiten Namenspatrons des großen Bauherrn. Dieser imposanten Stuckfigur sind die markanten Gesichtszüge von Johann Eberhard Dippold gegeben, des tatkräftigen Pfarrers von Gößweinstein, der zusammen mit dem Fürstbischof den Neubau der Wallfahrtskirche betrieb.

Karl-Borromäus-Kirchen und -Darstellungen

Bamberg, St. Gangolf, Seitenaltar
Bamberg, Institutskirche der Englischen Fräulein, Deckenbild von 1906
Bamberg, Untere Brücke, Sandsteinfigur von Johann Peter Benkert, 1745, abgegangen
Burk (Lkr. Forchheim), kath. Pfarrkirche Hll. Drei Könige, Altarfigur
Gößweinstein (Lkr. Forchheim), Wallfahrtskirche, Figur am Hochaltar
Kaltenbrunn (Lkr. Coburg), kath. Pfarrkirche St. Wolfgang, Seitenaltar
Mögeldorf (Stadt Nürnberg), kath. Pfarrkirche St. Karl Borromäus
Trockau (Lkr. Bayreuth), Schloßkapelle St. Oswald, Marienaltar
Trunstadt (Lkr. Bamberg), kath. Pfarrkirche St. Marzellinus und Petrus, Seitenaltar

5. November
Hll. Elisabeth und Zacharias

Nicht alle Heiligenkalender erwähnen Zacharias, den Vater Johannes des Täufers [→ 24. Juni], verheiratet mit Elisabeth, einer Base der Maria. Das Lukas-Evangelium berichtet von den Eltern des Vorgängers Christi und ihrer unfruchtbaren Ehe. Zacharias, der Hohe Priester, wollte es nicht glauben, als ihm eines Tages der Erzengel Gabriel erschien und die Geburt eines Sohnes ankündigte, den er Johannes nennen sollte. Wegen seines Zweifels mußte er verstummen und konnte erst wieder sprechen, nachdem er den Jungen auf den Namen Johannes getauft hatte. Er pries Gott und wußte, daß sein ersehnter Sohn ein Prophet und der Wegbereiter des Herrn sein würde.

Elisabeth gebar Johannes sechs Monate bevor Maria mit dem Jesusknaben niederkam. Die Freundschaft der beiden Frauen war groß; auf Geheiß des Engels verbrachte Maria die erste Zeit ihrer Schwangerschaft bei Elisabeth, die sie liebevoll aufnahm. Nach Lukas hat Elisabeth den Gruß Mariens mit den prophetischen Worten »Gebenedeit bist du unter den Weibern und gebenedeit ist die Frucht deines Leibes« beantwortet. Über das weitere Leben und den Tod Elisabeths und ihres Gatten schweigen die Evangelien. Eine spätere Tradition überliefert, daß Zacharias auf Befehl des Königs Herodes im Tempel ermordet wurde.

¶ Die aufgefundenen Reliquien gelangten im Jahr 415 nach Konstantinopel,

Teile seines Hauptes nach Rom in die Lateranbasilika. Seit 498 verzeichnet der römische Festkalender seinen Gedenktag am 5. November.

Hl. Elisabeth

Elisabeth wird meist als Matrone in langem Mantel und mit bedecktem Haupt abgebildet, sie gilt als Patronin der Brettschneider. Ihre Begegnung mit Maria, die »Heimsuchung«, ist aus der christlichen Kunst nicht wegzudenken und ein eigener Feiertag, der am 2. Juli begangen wird. Die Begrüßung der schwangeren Frauen, die um die Bedeutung ihrer ungeborenen Kinder wissen, hat zu allen Zeiten die Künstler angeregt. Die frühgotische Figurengruppe im Bamberger Dom vermittelt stellvertretend für viele andere das Geheimnis um das Wunder der Geburt Christi. Meisterlich hat der Bildhauer die gegensätzlichen Gesichter der Frauen herausgearbeitet, der älteren Elisabeth die strengen Züge einer Prophetin, Maria dagegen ein weiches Gesicht voll mütterlicher Wärme gegeben. Viele spätgotische Marienaltäre haben die Heimsuchung in das Bildprogramm aufgenommen und die beiden Frauen in phantasievolle Landschaften eingebettet.

¶ Auch auf Johannes-Altären dieser Zeit finden sich Darstellungen der Mutter des Propheten, wobei die Geburtsszene sich äußerlich kaum von der Niederkunft der hl. Anna unterscheidet. Die nicht mehr junge Mutter mit neugeborenem, straff gewickeltem Kind im hohen, mit einem Baldachin überfangenen Bett, wie sie auf den Altarfragmenten im Frankfurter Liebig-Haus oder auf dem Altar in Gutenstetten zu sehen ist, könnte ebenso von der Geburt Mariens erzählen. Als Teil eines Figurenprogramms der Heiligen Sippe finden wir eine barocke Figur der hl. Elisabeth auf dem rechten Seitenaltar der Kirche in Pettstadt; sie ist der hl. Anna [→ 26. Juli] zugeordnet und entstand 1774.

Hl. Zacharias

Zacharias wird nur mit seinem Sohn abgebildet; eine Kirche hat man ihm nicht geweiht. Für den vielbildrigen, spätgotischen Johannes-Altar in Gutenstetten malte Hanns Peheim aus Nürnberg 1511 die Geburt des Kirchenpatrons. Das Tafelbild zeigt den Besuch Mariens bei Elisabeth, die noch erschöpft im Wochenbett liegt. Während die schwangere Maria im Kreis der Frauen das fest gewickelte Kind auf ihren Armen hält, kauert ein bärtiger Greis vor einer Truhe. Mühevoll schreibt er den Namen »Johannes« auf einen Zettel – es ist der stumme Zacharias.

¶ Im Barock werden Zacharias und Elisabeth häufig gemeinsam als Skulpturen auf Johannes-Altären abgebildet. In dem Johannes dem Täufer geweihten Gotteshaus von Kirchschletten, wohl eine der auf Veranlassung Karls des Großen gegründeten Slawenkirchen, wird nach der klassizistischen Umgestaltung von 1799 der Schutzpatron auf dem rechten Seitenaltar verehrt. Das Gemälde der Taufe Christi ergänzte Friedrich Theiler mit zwei Skulpturen, Elisabeth und Zacharias. Sie ist als würdige Matrone mit Buch, er als alttestamentlicher Priester dargestellt, der eine hohe, gehörnte Mitra und ein Meßgewand mit Pektorale trägt. Auch für die Johannes-Kirche von Ludwag schuf Theiler 1814 dieses Figurenpaar. Zum Annen-Altar der Nürnberger Lorenz-Kirche gehört ein Außenflügel, auf dem das greise Elternpaar zu sehen ist. Elisabeth bleibt im Hintergrund, während ihr Mann als Zeichen seiner priesterlichen Würde ein Rauchfaß in der Hand hält. Unverständlich bleibt allerdings das Bildprogramm der Matthäus-Kirche in Kühlenfels; die spätgotische Muttergottes des Hochaltars umrahmen heute die barocken Figuren der Elisabeth und des Zacharias.

Darstellungen von Elisabeth und Zacharias

Gutenstetten (Lkr. Neustadt/Aisch), evang. Kirche, ehem. St. Johannes d. T., Flügelaltar
Kirchschletten (Lkr. Bamberg), kath. Pfarrkirche St. Johannes d. T., Figuren
Kühlenfels (Lkr. Bayreuth), kath. Pfarrkirche St. Matthäus, Figuren
Ludwag (Lkr. Bamberg), kath. Pfarrkirche Johannes d. T., Figuren
Nürnberg, evang. Pfarrkirche St. Lorenz, Annen-Altar
Pettstadt (Lkr. Bamberg), Kath. Kirche, Figur der Elisabeth

6. November
Hl. Leonhard
(gest. um 559)
auch Linhard

Aus einem vornehmen, fränkischen Geschlecht entstammt Leonhard, den Bischof Remigius [→ 1. Oktober] erzog und taufte. Dem angebotenem Amt bei Hof zog er ein Leben als Einsiedler und Missionar vor. Nach seiner Fürbitte kam die Königin von Lothringen glücklich nieder, und König Theodebert schenkte ihm ein Stück Land. Hier gründete Leonhard die Klosterzelle Nobiliacum (heute Noblac bei Limoges/Frankreich), die nicht nur als bedeutender geistlicher Konvent bekannt wurde, sondern auch als Zufluchtsort für Verfolgte. Leonhard kümmerte sich besonders um die Gefangenen, unter denen es in den Zeiten der unsicheren mittelalterlichen Rechtsprechung viele zu Unrecht Bestrafte gab. Er starb am 6. November 559 in seinem Kloster.

Kranke, schwangere Frauen, Arme und Notleidende hörten nicht auf, an seinem Grab Hilfe zu erbitten: Noblac wurde eine wichtige Station auf dem Pilgerweg nach Santiago de Compostela in Spanien, und der Kult des hl. Leonhard verbreitete sich, unterstützt von den Zisterziensern, auch nach Deutschland. Folgendes Wunder soll sich im 14. Jahrhundert zugetragen haben: Ein französischer Ritter war mit zwei Gefährten in türkische Gefangenschaft geraten, ihre Hinrichtung drohte. In seiner Not bat er den hl. Leonhard um Hilfe und fand sich am nächsten Tag unversehrt, die Ketten des Kerkers noch an Händen und Füßen, in seiner Heimat wieder.

¶ Als dunkel gekleideter Eremit und Abt mit übergroßen Ketten in der Hand ist Leonhard leicht zu erkennen. Als die Kreuzzüge längst Vergangenheit waren, erinnerten die einst mit ehrfürchtigem Schauer bestaunten Gefangenenketten der heimgekehrten Ritter an jene Ketten, mit denen das Vieh angebunden ist. So wird der hl. Leonhard zum Stallheiligen und Patron des Viehs, dem man erst lebende, später symbolische Tiere opferte, um seinen Schutz zu erbitten. Im Alpen-

raum gibt es Leonhards-Kirchen, die von einer eisernen Kette umringt sind. Aus altgermanischen Bräuchen rund um das Weiheroß entwickelte sich die Roßweihe, zu der der »Leonhardi-Ritt« gehört. Noch heute können Stadtmenschen in ländlichen, vorwiegend altbayrischen Gegenden am 6. November prächtige berittene Prozessionen bestaunen. Auch zu Ehren der hll. Georg [→ 23. April] und Stephan [→ 26. Dezember] haben sich ähnliche Bräuche erhalten. Der hl. Leonhard ist Patron der Gefangenen, Bauern und Stallknechte, der Schlosser, Schmiede und Geisteskranken. Man ruft ihn auch bei Kopfschmerzen, Kinderkrankheiten, Syphilis oder Tierseuchen an.

¶ Schon Kaiser Heinrich II. verehrte den hl. Leonhard, dem er den Bau einer Kirche in Kundl bei Innsbruck gelobt hatte; auf seiner Reise nach Bamberg weihte Papst Benedikt VIII. im Jahr 1020 dieses Gotteshaus. In die Bamberger Sakrallandschaft führte Bischof Otto I. [→ 30. September] den hl. Leonhard ein, als er ihm am 6. November 1121 die Pfarrkirche der Ortschaft Michelfeld (Lkr. Amberg-Sulzbach) weihte, wo er zwei Jahre zuvor ein Benediktinerkloster gegründet hatte. Nach der Plünderung (1567) und Brandschatzung (1634) des Gotteshauses entstand um 1730 ein schlichter Neubau, dessen Choraltar von 1732 mit einem Gemälde der Verklärung an seinen Titelheiligen erinnert. 1122 weihte Otto I. eine Kapelle zu Ehren des hl. Leonhard auf dem Friedhof von St. Jakob in Bamberg. Erst 1382 wird Leonhard Nebenpatron des Erhard-Altars in der Ostkrypta des Doms.

Der Patron des Viehs genoß auf dem Land natürlich die größte Verehrung, zahlreiche Kirchen und Kapellen stehen unter seinem Schutz. Manche sind heute evangelisch oder profaniert, von den kleineren, oft privaten Stiftungen sind viele nicht mal mehr als Bauwerk auszumachen. Lebendig blieb die Verehrung des Heiligen in den Pfarrkirchen von Breitengüßbach,

Zeyern und vor allem in Zentbechhofen. Der zum Kloster Michelsberg und zum Stift St. Jakob gehörende Ort hieß nach seinem Kirchenpatron ursprünglich sogar »Linhardsbechhofen«. Er bewahrt ein Paar Ketten als Votivgabe auf. Sie sollen von einem der glücklich aus dem Kreuzzug von 1248 und der sarazenischen Gefangenschaft heimgekehrten Herren von Stiebar stammen, der zum Dank dafür die gotische Kirchenerweiterung gestiftet hat. Da die Kirche im Spätmittelalter dem nahen Zisterzienserinnenkloster Schlüsselau (Lkr. Bamberg) unterstellt war, verschob sich unter der Äbtissin Katharina von Aisch das Patrozinium allmählich auf die hl. Katharina [→ 25. November], mit der Leonhard nun gemeinsam Schutz gewährt. Der Hochaltar von 1736 blieb ihm dabei vorbehalten, hier finden wir sein barockes Gemälde. Auf dem gewaltigen, illusionistischen Deckenbild, das die Heiligste Dreifaltigkeit in Anlehnung an das Schlüsselauer Gnadenbild zeigt, sehen wir ihn gemeinsam mit der hl. Katharina. Ein mächtiges eisernes Gewicht aus Zentbechhofen, der »Würdiger«, wohl eine uralte Votivgabe, bewahrt jetzt das Diözesanmuseum in Bamberg auf.

¶ Behaupten konnte sich der hl. Leonhard auch in der modernen Kirche von Breitengüßbach, die an den alten Chor mit dem Leonhards-Altar von 1729 angebaut ist. Der Altar stammt von Bamberger Künstlern um den vielbeschäftigten Schreiner Martin Walter. In Zeyern wird gleich dreimal an den Patron der Kirche erinnert: von der Fassade und der Kirchhofmauer schauen barocke Figuren auf uns herab, auf dem Hochaltarbild ist schließlich seine Verklärung zu sehen.

Spätgotische Darstellungen des Heiligen finden wir in der evangelischen Kirche von Limbach, wo Leonhard mit anderen Heiligen auf dem Flügelaltar abgebildet ist. Unter den hier versammelten Ritterheiligen wird Leonhard sicher als Patron der Gefangenen aufgeführt und erinnert an die Kreuzzüge. Auch die Kirche von Götteldorf bewahrt eine Skulptur ihres ehemaligen Leonhard-Altar auf. In der mittelalterlichen Wehrkirche von Kraftshof bei Nürnberg ist man stolz auf den 1476 gestifteten spätgotischen Leonhard-Altar in Form eines Triptychons, der eine Figur des strengen Heiligen mit Abtsstab und Buch im Mittelschrein birgt.

Auch in der Kirche von Burggrub, einst dem hl. Laurentius [→ 10. August] geweiht, war dem hl. Leonhard ein eigener Altar gewidmet. Im geöffneten Schrein steht der Heilige mit Buch und Kette neben den heiligen Madln Katharina [→ 25. November] und Margareta [→ 20. Juli]. Die Reliefs der geöffneten Flügel illustrieren seine Legende und zeigen seine Predigt, seine Hilfe bei der Niederkunft der Königin, die umringt von ihren Mägden und dem hilflosen König bereits am Boden liegt, den Tod des Heiligen und wie der hl. Leonhard dem Gefangenen im Kerker erscheint. Sein Besuch im Kerker ist auf der Predella dargestellt. Daß der Altar zu Beginn des 16. Jahrhunderts in einer Bamberger Werkstatt entstand, belegen außer stilgeschichtlichen Details die hll. Heinrich und Kunigunde, die auf die Außenflügel des Altars gemalt sind. Als einzigem spätmittelalterlichen Altar dieser Gegend kommt dem Kunstwerk eine besondere Bedeutung zu.

¶ In der 1473 erbauten Coburger Spitalkapelle St. Nikolaus zeigt ein Fresko an der Chorwand Leonhard im schwarzen Habit der Benediktiner mit einer übergroßen Kette in der rechten Hand. – Das älteste Bild des Heiligen gehört zum »Tucheraltar«, der um 1440 für die Klosterkirche der Nürnberger Augustiner-Eremiten entstand und heute als Hochaltar der Frauenkirche dient. Auf der Emporenbrüstung der Adelgundis-Kapelle auf dem Staffelberg (Lkr. Lichtenfels) finden wir ein Gemälde des Heiligen mit der Bitte: »St. Leonhard, dein Tugend groß / von Band und Ketten mach uns los.«

Darstellungen des hl. Leonhard

Burggrub (Lkr. Kronach), evang. Kirche, ehem. St. Laurentius, spätgotischer Altar
Coburg, Spitalkapelle St. Nikolaus, Fresko
Kraftshof (Stadt Nürnberg), evang. Kirche, ehem. St. Andreas, spätgotischer Altar
Limbach (Lkr. Bamberg), evang. Kirche, ehem. St. Peter und Paul, Flügelaltar
Nürnberg, kath. Pfarrkirche Unsere Liebe Frau, Tucheraltar

Katholische Leonhard-Kirchen

Breitengüßbach (Lkr. Bamberg), Pfarrkirche
Michelfeld (Lkr. Amberg-Sulzbach), Pfarrkirche
Zeyern (Lkr. Kronach), Pfarrkirche
Zentbechhofen (Lkr. Erlangen-Höchstadt), Pfarrkirche

Evangelische Leonhard-Kirchen

Bullenheim (Lkr. Kitzingen); Götteldorf (Lkr. Ansbach); Köditz (Lkr. Hof); Leutershausen (Lkr. Ansbach), ehem. Kapelle St. Leonhard, heute Gemeindehaus; Rothenburg o. d. T. (Lkr. Ansbach), Kirche und Siechhaus außerhalb der Stadt

7. November
Hl. Willibrord
(658–739)
auch Wilbert, Wilfert

Willibrord (Abb. unten), der Apostel der Friesen, wird im Bistum Bamberg nicht verehrt; es gibt weder ein Patrozinium noch ein Kunstwerk zu seinen Ehren. Der iroschottische Bischof

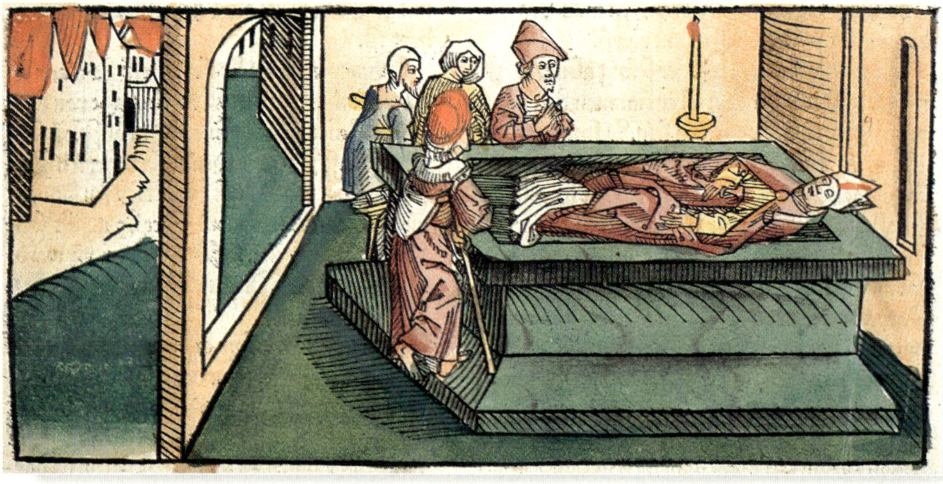

missionierte ab 690 von Utrecht (Niederlande) aus das westliche Norddeutschland. 695 wurde er zum Erzbischof der Friesen ernannt. Unterstützt vom fränkischen Adel gründete er das bedeutende Kloster Echternach. Hier starb Willibrord am 7. November 739.

¶ Aus der Schar seiner Schüler gingen bedeutende Heilige wie Bonifatius [→ 5. Juni] sowie die Geschwister Willibald [→ 7. Juni], Wunibald [→ 15. Dezember] und Walburga [→ 25. Februar] hervor, die maßgeblich die Christianisierung unserer Heimat betrieben haben. Sie sind am Hochaltar der ehemaligen Benediktinerklosterkirche in Weißenohe (Lkr. Forchheim) zu sehen und erinnern indirekt auch an den Missionar aus dem hohen Norden, der erheblichen Einfluß auf die Geschicke Frankens hatte.

8. November

Hl. Gottfried von Amiens

(um 1065–1115)

9. November

Hl. Theodor Tiro
Märtyrer

(gest. um 306)

auch Theo, Ted, Dietrich

Zu den Ritterheiligen gehört der Märtyrer Theodor, dessen Fest seit dem 9. Jahrhundert gefeiert wird. Theodor war ein römischer Soldat syrischer Herkunft, der unter Kaiser Maximian um 306 für seinen Glauben sterben mußte. Die überlieferte Leidensgeschichte gehört jedoch der Legende an, die aus dem einfachen Soldaten einen Offizier, und schließlich einen Drachentöter machte. Dies bedeutet im übertragenen Sinn, daß Theodor den Teufel überwunden hat. Er soll den verlangten Götzendienst nicht nur verweigert, sondern einen Tempel der kleinasiatischen Göttermutter Kybele in der Stadt Amaseia (Türkei) in Brand gesetzt haben. Im Kerker erschienen ihm nach der Folter ein helles Licht und weiß gekleidete Männer, die ihn mit Psalmen trösteten und auf den Märtyrertod vorbereiteten. Am nächsten Tag wurde Theodor auf einem Scheiterhaufen verbrannt.

Für den stetig zunehmenden Pilgerstrom errichtete man über seinem Grab im nahen Euchaita eine Wallfahrtskirche. Die Kreuzfahrer brachten die Reliquien Theodors, des Schutzheiligen des byzantinischen Heeres, nach Konstantinopel und von da nach Venedig. Einen Höhepunkt der Verehrung im westlichen Christentum stellt die frühgotische Kirche von Chartres (Frankreich) dar, in der Theodor 38 Bilder eines Glasfensters und am Südportal ein Relief gewidmet sind.

¶ Theodor wird als jugendlicher, dunkelhaariger Ritter dargestellt. Lanze, lodernde Fackel, brennender Tempel oder Scheiterhaufen sowie ein Krokodil sind neben der Märtyrerpalme seine Attribute. Er gilt als Patron der Soldaten, der in Kämpfen und bei Sturm um Beistand gebeten wird.

¶ Seit dem 14. Jahrhundert sind im Bamberger Domschatz Reliquien des hl. Theodor nachgewiesen, die zu den »heiligen Leibern« gerechnet werden. Manches spricht dafür, daß sie schon zum Bestand des Heinrichs-Doms gehörten. Unter Bischof Otto I. entstand zu Beginn des 12. Jahrhunderts auf dem Kaulberg ein Spital, dessen Kapelle unter den Schutz des hl. Theodor gestellt wurde. Als Zisterzienserinnen aus dem Kloster Wechterswinkel (Lkr. Rhön-Grabfeld) um 1157 die Krankenpflege übernahmen, behielt man den Märtyrer als Patron bei. Die Kirche aus dem frühen 13. Jahrhundert ist heute vor allem durch ihren symbolträchtigen Kreuzgang bekannt – dank des steilen Anstiegs zum Kaulberg immer noch ein heiliger Ort der Ruhe nicht nur für Gläubige, sondern auch für Touristen im hektisch gewordenen Getriebe des Weltkulturerbes. Nach der Auflösung des Spitals 1554 übertrug das Domkapitel 1589 Kirche und Klostergebäude dem Karmelitenorden, der seine Gebäude in der Inselstadt für das neue Priesterkollegium und die Jesuitenkirche räumen mußte.

Damit setzte eine neue Welle der Verehrung des hl. Theodor in Bamberg ein, die Priesterbruderschaft machte ihn zusammen mit der hl. Anna um 1600 zum Patron ihres Altars in der Sepultur des Doms. Schon 1663 löst allerdings der hl. Andreas [→ 30. November] dieses Patrozinium ab. Als römischer Soldat steht Theodor in der Fassade der zwischen 1692 und 1707 unter Leonhard Dientzenhofer erneuerten Karmeliten-Kirche, deren Chor nun nach Westen ausgerichtet ist. Johann Caspar Metzner schuf um 1703 die überlebensgroße Sandsteinfigur des Heiligen.

¶ Erst seit 1909 gibt es in der Kirche St. Maria und Theodor wieder ein Altargemälde des hl. Theodor, denn die ursprüngliche Ausstattung war nach der Säkularisation 1803 verkauft oder profaniert worden. Nachdem die Gebäude 1902 in den Besitz der Karmeliten zurückgekommen waren, begann man die verlorenen Altäre zu ersetzen; die Bilder dazu schuf Waldemar Kolmsberger. Ein großes barockes Leinwandbild mit dem Martyrium des hl. Theodor, der unbekleidet und an einen Pfahl gebunden verbrannt wird, besitzt die Obere Pfarre in Bamberg. Sebastian Reinhard soll es um 1700 gemalt haben.

Bisweilen sind die Ritterheiligen nicht genau zu identifizieren, mancher könnte ein hl. Theodor sein, so auf einer Tafel am spätgotischen Flügelaltar der heute evangelischen Kirche von Limbach (Lkr. Bamberg). Eine frühbarocke Statue im Chor der Pfarrkirche St. Kilian in Scheßlitz (Lkr. Bamberg) stellt ihn oder aber den hl. Pankratius [→ 12. Mai] dar, der in der nahegelegenen Wallfahrtskirche auf dem Gügel verehrt wird.

10. November
Hl. Leo der Große
(gest. 461)

11. November
Hl. Martin
(um 316–397)

Als Sohn eines römischen Tribuns aus Pannonien (Ungarn) kam Martin um 316 in Sabaria zur Welt; sein Name ist vom Kriegsgott Mars abgeleitet und bedeutet »der Kämpfer«. Jung trat er in den Dienst der kaiserlichen Garde und kam in die Provinz Gallien, wo er sich in der Stadt Amiens

(Frankreich) bekehrte; noch bevor er getauft war, teilte er hier aus Barmherzigkeit seinen Mantel mit einem frierenden Bettler. Danach wandte er dem Heer den Rücken und schloß sich Bischof Hilarius [→ 13. Januar] an. Als dieser verbannt wurde, reiste er in seine Heimat und versuchte seine Eltern zu bekehren. Hier hatte sich jedoch das von Kaiser Konstantin [→ 21. Mai] unterstützte arianische Christentum ausgebreitet. Martin mußte daher wieder fliehen und gelangte auf eine kleine Insel im Golf von Genua (Italien), wo er fünf Jahre als Einsiedler lebte, bevor er nach Gallien zurückkehrte. Hier gründete er zusammen mit Hilarius in Ligugé ein Kloster und wurde 371 zum Bischof der Stadt Tours gewählt. Er wollte diese ehrenvolle Aufgabe aus Bescheidenheit zunächst nicht annehmen und soll sich sogar in einem Gänsestall versteckt haben. Die Gänse verrieten ihn aber mit ihrem Geschnatter, er wurde gefunden und mußte die Wahl *nolens volens* annehmen.

**Wolken am Martinstag –
der Winter
unbeständig werden mag.**

Dem mönchischen Ideal verpflichtet, errichtete Martin das berühmte Kloster Marmoutier an der Loire, eine einflußreiche Priesterschule. Größtes Anliegen war ihm die Seelsorge in dem wenn überhaupt nur oberflächlich christianisierten Land. Ein untadeliges, asketisches Leben, sein Gerechtigkeitssinn, Mitleid für die Armen und schließlich seine Wunder verschafften Bischof Martin großes Ansehen, jedoch auch viele Feinde. Noch bevor sie ihm etwas anhaben konnten, verstarb er auf einer Reise durch seine Diözese in Candes am 8. November 397. Tausende kamen zu seinem Begräbnis in Tours.

¶ Über dem Grab erhob sich später die Abtei St. Martin, seit dem 5. Jahrhundert Ziel zahlreicher Pilger und später wichtige Station auf dem Weg nach Santiago de Compostela. Der merowingische König Chlodwig machte Martin zum Schutzheiligen der Franken, als Reichsreliquie begleitete sein Mantel die Könige auf ihren Heerzügen. In Tours bewahrte man den Mantel, lateinisch *cappa*, in einem kleinen, geweihten Raum auf, den man *capella* nannte; das Wort Kapelle hat hier seinen Ursprung.

Das häufigste Bild zeigt den hl. Martin als Reitersoldat, der vom Pferd herab seinen Mantel teilt und zur Hälfte einem Bettler überläßt. Als Einzelfigur begegnet er uns in bischöflichen Gewändern, bisweilen sogar mit einer Gans als Attribut. Martin ist der Patron des Bistums Mainz sowie der Reisenden, Bettler, Flüchtlinge und Gefangenen. Auch die Soldaten und Reiter, Gerber, Weber, Tuchhändler, Schneider, Müller und Gastwirte fühlen sich von ihm beschützt. Er behütet unsere Haustiere, allen voran die Pferde und Gänse. Gegen Blähungen, Blattern und Schlangenbiß, auch für die Fruchtbarkeit der Felder, kann man seinen Segen erbitten. Seit dem Mittelalter rankt sich ein reiches, winterliches Brauchtum um den Martinstag: Die Martinsgans wird gebraten, die Martinsminne getrunken, und am Vorabend des Festtags ziehen die Kinder mit bunten Lampions zu seinen Ehren und unter seinem Schutz durch die finstere Winternacht.

Nachdem der hl. Martin zum Nationalheiligen der Merowinger und ihrer Nachfolger erhoben war, gehören Martins-Kirchen in Franken zu den frühesten Zeugnissen der Christianisierung. Sie sind in oder bei Königshöfen zu finden und weisen in das 8. Jahrhundert, also weit in die Zeit vor der Gründung des Bistums Bamberg. Karten mit eingetragenen Martins-Kirchen geben recht genau die Ausdehnung des fränkischen Reiches wieder. Nicht weniger als dreizehn solcher Gotteshäuser hat Karlmann 741 zur Ausstattung des jungen Bistums Würzburg aus seinem Besitz gelöst. Zu ihnen gehören die Kirchen der Pfalz Forchheim sowie deren Filialen Eggolsheim und Erlangen. Die erste Kirche von Fürth und die frühen Gotteshäuser des Aisch- und Zenngrundes stehen unter dem Schutz des hl. Martin. »Dorrestat«, heute Döringstadt, ist eine der ältesten Siedlungen am Obermain und erstmals 797 urkundlich erwähnt. Auch hier gibt es eine Martins-Kirche.

Ist die Martinsgans am
Brustbein braun,
wird man mehr Schnee
als Kälte schaun;
ist sie aber weiß,
so kommt weniger Schnee
als Eis.

Martin war also im Gebiet unserer Diözese schon lange heimisch, als Heinrich II. 1007 sein Bistum gründete. Auch in seiner Lieblingsstadt Bamberg gab es bereits eine dem fränkischen Heiligen geweihte Kirche, die außerhalb der befestigten Stadt – *extra muros civitatis* – auf der besiedelten Insel zwischen den Regnitzarmen lag. Martins-Reliquien wurden zwar 1012 in den neuen Dom eingebracht, der Heilige blieb aber nur Nebenpatron des Erhard-Altars.

Die Kirche St. Martin, vielleicht die älteste der Stadt, blieb bis heute das Zentrum seines Kults. Sein Patronat wurde auf die ehemalige Jesuitenkirche übertragen. Eine Steinfigur, um 1380/90 entstanden, dürfte das früheste zu seinen Ehren geschaffene Kunstwerk in Bamberg sein. Der nicht gerade militärisch wirkende Reiter auf dem unbeholfenen Pferdchen (als hätte es den Bamberger Reiter noch nicht gegeben) teilt mit seinem Schwert den weiten Mantel für den verkrüppelten Bettler zu seinen Füßen. Auf abenteuerlichen Umwegen gelangte die Skulptur von Alt-St. Martin nach Höfen (Lkr. Bamberg), dann über Burg Kreuzenstein bei Wien 1967 in das Bamberger Diözesanmuseum. Andere Kunstschätze, vor allem das barocke Altarblatt von Sebastian Reinhardt (1712), verbrachte man in die Jesuitenkirche, die zur neuen Heimat der Pfarrei St. Martin wurde. Die seltene Darstellung des hl. Martin, der vor seinem Tod als Bischof Abschied von der Gemeinde nimmt, wurde dort in den Hochaltar der Jesuiten eingesetzt, obwohl es dafür beträchtlich verkürzt

werden mußte. Im Eingangsbereich der Kirche hängt das prächtige Silberrelief von 1750, das den hl. Martin wie gewohnt als Reiter zeigt, der seinen weiten Mantel teilt.

¶ Spätmittelalterliche Kunstwerke der Martins-Verehrung sind vor allem in der Forchheimer Stadtpfarrkirche erhalten. Aus der Werkstatt des Bamberger Malers Wolfgang Katzheimer dürften die Tafeln der Martins-Legende stammen, die um 1480/85 für den Choraltar geschaffen wurden. Sie stellen folgende Begebenheiten dar: Martin liest die hl. Messe; er beschwört eine besessene Kuh; er belebt ein totes Kind; er umarmt einen Aussätzigen; er läßt ein Götzenbild fällen; er umarmt einen Gerichteten; schließlich sein Begräbnis. Auf der Vorderseite zeigen die farbenfrohen Altarflügel einen Passionszyklus. Sie sind nun an den Pfeilern des Langhauses befestigt und beide Seiten sichtbar.

¶ Spätgotische Figuren Martins finden wir in Ailersbach und in Steinfeld, Wandmalereien dieser Zeit in Weißdorf und im vollständig ausgemalten Chor der Kirche von Harsdorf.

Nach der Gegenreformation hat St. Martin nichts von seiner Beliebtheit eingebüßt. Sebastian Reinhard malte 1698 für den barocken Hochaltar in Forchheim die Mantelspende und um 1720 für den furnierten Hochaltar der Kirche von Weichenwasserlos den hl. Martin, Kranke heilend. In Steinfeld hat auf dem Hochaltar das Bild des Heiligen gewechselt: War er im mittelalterlichen Altarschrein noch der Reiter mit geschwungenem Schwert, steht er seit 1745 als vornehmer Bischof im barocken Ornat vor uns. In Amlingstadt sind dem hl. Ägidius [→ 1. September] auf dem Hochaltar zwei heilige Reiter zugeordnet: Georg im Kampf gegen den Drachen [→ 23. April] und Martin, der den Mantel teilt. Wahrscheinlich hat Veit Grauppensberger um 1750 die dynamischen Figuren geschaffen.

Eine Figur seines Namenspatrons aus Sandstein stiftete Martin Müllig aus Merkendorf für die Kirchhofmauer von Memmelsdorf. Die großzügige Spende ließ 1772 nicht nur ein heiteres Kunstwerk des Ferdinand Tietz entstehen, sie hält den Namen des Mäzens für immer in den Geschichtsbüchern fest. (Das Original ist aus konservatorischen Gründen in Schloß Seehof aufgestellt, somit den Abgaswolken des Verkehrs entzogen.) Eine eigenwillige Darstellung finden wir in Hohenmirsberg, wo Christus mit dem Mantel des hl. Martin als vollplastische Skulptur von Johann Georg Stöhr (1688/87) auf dem Altar steht.

¶ Noch in unserem Jahrhundert haben sich wiederholt Künstler mit dem fränkischen Heiligen beschäftigt, wobei die moderne Figur aus Lindenholz in der Kirche von Hausen auf historische Formen zurückgreift. In Eggolsheim und Döringstadt bemalte man 1929 die Decken im Langhaus der Kirchen mit etwas schwerblütig geratenen, modernen Szenen aus der Legende des Schutzheiligen. Es ist jammerschade, daß gerade diese uralten Martins-Kirchen keine nennenswerten Bilder oder Skulpturen ihres Namenspatrons mehr aufweisen können.

Das eindrucksvollste Kunstwerk, das in unserer Zeit im Andenken an den Bischof von Tours geschaffen wurde, erscheint mir der Altar *versus populum* von Paul Schinner (1984) in der Bamberger Kirche St. Martin: Aus Stein gearbeitet, stellt er den weiten Mantel des Heiligen dar, über den Altar gebreitet, mit einer kostbaren Schließe als Reliquiengrab. Denn der Bettler, mit dem der noch nicht getaufte römische Soldat Martin ohne Zögern seinen Mantel geteilt hatte, war Christus.

Katholische Martins-Kirchen

Ailersbach (Lkr. Erlangen-Höchstadt), Filialkirche
Bamberg, Alt-St. Martin 1804/05 abgebrochen, Patrozinium auf die ehemalige Jesuitenkirche übertragen
Döringstadt (Lkr. Lichtenfels), Pfarrkirche
Eggolsheim (Lkr. Forchheim), Pfarrkirche
Forchheim, Stadtpfarrkirche
Hohenmirsberg (Lkr. Bayreuth), Pfarrkirche
Kronach, Martinskapelle, profaniert
Martin(!)lamitz (Lkr. Hof), Filialkirche
Nankendorf (Lkr. Forchheim), Kirche St. Jakob und St. Martin
Roßstadt (Lkr. Haßberge), Filialkirche
Steinfeld (Lkr. Bamberg), Pfarrkirche
Tiefenpölz (Lkr. Bamberg), Pfarrkirche
Troschenreuth (Lkr. Bayreuth), Pfarrkirche
Weichenwasserlos (Lkr. Bamberg), Pfarrkirche
Weismain (Lkr. Lichtenfels), Pfarrkirche
Willanzheim (Lkr. Kitzingen), Pfarrkirche

Evangelische Martins-Kirchen

Ahornberg (Lkr. Hof); Geißlingen (Lkr. Neustadt/Aisch); Gutenstetten (Lkr. Neustadt/Aisch), ehem. Kapelle, heute evang. Pfarrstadel; Kautendorf (Lkr. Hof); Kleinhaslach (Lkr. Ansbach); Rossendorf (Lkr. Fürth); Töpen (Lkr. Hof); Weißdorf (Lkr. Hof); Wilhermsdorf (Lkr. Fürth)

Martins-Darstellungen

Amlingstadt (Lkr. Bamberg), kath. Pfarrkirche St. Ägidius, Figur
Memmelsdorf (Lkr. Bamberg), Figur auf der Kirchhofmauer
Harsdorf (Lkr. Kulmbach), evang. Kirche, ehem. St. Laurentius, Fresko
Hausen (Lkr. Forchheim), kath. Pfarrkirche St. Wolfgang, Figur

12. November
Hl. Kunibert
(gest. um 663)

13. November
Hl. Stanislaus Kostka
(1550–1568)

Wie früher üblich begann der Sohn polnischer Adeliger, der 1550 in Rostkow geboren wurde, bereits im Alter von 14 Jahren ein Studium in Wien. Gegen den Willen des Vaters brach er seine Ausbildung vorzeitig ab und floh, um in die Gesellschaft Jesu aufgenommen zu werden. Über Petrus Canisius [→ 27. April] in Dillingen machte er sich auf den Weg nach Rom, wo Franz Borgia sich seiner annahm und ihn zum Novizen des Jesuitenordens machte. Von den Strapazen der Flucht geschwächt, starb er hier am 15. August 1568, wegen der Reinheit seines Glaubens viel bewundert. Seine Seligsprechung erfolgte 1670, die Kanonisation 1726.

¶ Stanislaus Kostkas Zugehörigkeit zu den Jesuiten erkennt man an seiner Kleidung, denn er trägt gewöhnlich den Talar, einen breiten Gürtel und den charakteristischen Mantel mit hochgeschlagenem Kragen. Seine sprichwörtliche Reinheit soll eine Lilie, seine Gottesliebe ein Jesuskind auf den Armen symbolisieren. Er wurde zum Patron Polens und Warschaus, trotz seines aufgegebenen Studiums auch Patron der studierenden Jugend. Man ruft ihn gegen Fieber, Augenleiden und Gliederbrüche an.

¶ Der Heilige läßt sich nur in jesuitischen Bildprogrammen finden. Mit dem ebenfalls jung verstorbenen hl. Aloysius [→ 21. Juni] vertritt er das Frömmigkeitsideal der Gegenreformation, das man zum Vorbild der Jugend erkor. Für den Marienaltar der Bamberger Jesuitenkirche entstand um 1765 eine lebensgroße, weiß gefaßte Figur des hl. Stanislaus Kostka, der das Jesuskind auf seinen Armen andächtig betrachtet. Sie wurde als Pendant zum hl. Aloysius auf dem Kreuzaltar wohl von Franz Martin Mutschele geschaffen, beide Figuren stehen heute in der Josephs-Kapelle von St. Jakob in Bamberg. Schon 1714, also vor der offiziellen Heiligsprechung, hatte die Gesellschaft Jesu eine Skulptur des Heiligen für das Langhaus der neuen Kirche in Auftrag gegeben.

14. November
Hl. Alberich von Utrecht
(um 710–784)

15. November
Hl. Albertus Magnus
(um 1200–1280)

16. November
Hl. Otmar
(um 689 – gest. 770)

Otmar (Abb. S. 350), der Alemanne, war in Chur (Schweiz) Priester, bevor er 719 die Leitung jener Mönche übernahm, die sich am Grab des hl. Gallus [→ 16. Oktober] niedergelassen hatten. Er führte die Regel der Benediktiner ein und baute das erste Leprosenspital der Schweiz. Weil er die Rechte des Klosters gegen die gräflichen Grundbesitzer verteidigte, wurde er verbannt und starb am 16. November 770 auf der Insel Werd im Bodensee. 867 wurden seine Gebeine in der Otmar-Basilika in St. Gallen beigesetzt.

¶ Der Abt ist am Habit der Benediktiner zu erkennen und führt manchmal ein Weinfäßchen mit sich, weil ein solches bei der Überführung seines Leichnams auf dem See praktischerweise nicht leer geworden sein soll. Man ruft ihn gegen Fußleiden an. Warum der Mönch als Patron der Kinder gilt, wissen wir nicht.

Im Jahr 1012 wurden Reliquien der hll. Otmar und Gallus im Seitenaltar des Ostchors im Bamberger Dom beigesetzt. Wenig später erhielt Otmar das Patrozinium für die Kapelle des Burggrafen auf der Nürnberger Burg, die ab 1039 unter Heinrich III. erbaut wurde. Seit 1267 betreute sie der Abt des nahen Ägidienklosters, 1427 ging sie an den Nürnberger Rat über und mußte sich das Patrozinium mit der heiligen Benediktinerin Walburga [→ 25. Februar] teilen. Dies mag damit zusammenhängen, daß die Kirchweih der Kapelle seit alters her am 1. Mai, damals noch der Festtag der hl. Walburga, gefeiert wurde. Der noch 1528 erwähnte Otmar-Altar, der mit Bildern seines Patrons geschmückt war, ist nicht mehr vorhanden.

17. November
Gertrud von Helfta
(1256–1302)

Mehr als 600 Jahre trennen das Leben und Wirken zweier großer Äbtissinnen mit dem germanischen Namen Gertrud. 626 wurde Gertrud, die Äbtissin von Nivelles (Frankreich) geboren [→ 17. März], 1256 kam in Thüringen ein Mädchen gleichen Namens zur Welt. Seit ihrer Kindheit im Kloster Helfta aufgewachsen, wurde Gertrud hier mit 26 Jahren Äbtissin. In engem Anschluß an die kirchliche Liturgie führte sie, körperlich von Krankheiten gezeichnet, in der Abgeschiedenheit ihrer Zelle ein reiches mystisches Leben. Ihre Schriften, die *revelationes*, erlangten großen Einfluß auf die barocke Herz-Jesu-Mystik. Gertrud starb 1302. Das Kloster in der Nähe von Halle, in dem sie und drei andere heilige Frauen wirkten, wurde in der Reformationszeit zerstört. Erst 1677 wurde Gertrud in den römischen Kalender aufgenommen; eine Heiligsprechung erfolgte nie. Ihr Kult verbreitete sich in Süddeutschland, und mit der Christianisierung der Neuen Welt bis nach Südamerika.

¶ Die Äbtissin ist die Patronin von Peru. Man erkennt sie an ihren Attributen, einem flammenden Herzen und einem Buch.

Im Zusammenhang mit der Herz-Jesu-Verehrung fand die Mystikerin ihren Platz auf dem Altar der hl. Fides [→ 6. Oktober] in der Bamberger Kirche St. Getreu. Die vergoldete Skulptur trägt auf der Brust ein geöffnetes Herz, in dessen Innerem ein Figürchen des Jesuskindes zum Vorschein kommt. Im Auszug des Altars faßt eine Wolkenglorie den Sinngehalt der unten bildlich gemachten Aussagen zur Dreiheit der katholischen Tugenden zusammen: Das brennende Herz mit eingeschriebenem Kreuz und Anker steht für Glaube (*fides*) – Liebe (*caritas*) – Hoffnung (*spes*), wobei der Glaube durch ein geistreiches Wortspiel mit dem Namen der Altarpatronin symbolisiert wird. Die sel. Mechthild [→ 19. November], ebenfalls eine bedeutende Mystikerin und die Lehrerin Gertruds, steht als Pendant gegenüber.

18. November
Hl. Odo von Cluny
(um 878–942)

19. November
Hl. Elisabeth
(1207–1231)

auch Elsbeth, Isabella, Ilse

Schon als Kleinkind verlobten Andreas II., der König von Ungarn, und seine Gemahlin, die später ermordete Gertrud von Andechs-Meranien, ihre 1207 geborene Tochter Elisabeth mit Ludwig, dem späteren Landgrafen von Thüringen. 1221 wurde die Ehe auf der Wartburg geschlossen, wo Elisabeth von ihrer künftigen Schwiegermutter erzogen worden war. Dem offenbar glücklich verheirateten jungen Paar wurden drei Kinder geboren. Elisabeth zeichnete sich als Landesmutter durch große Frömmigkeit und Freigebigkeit gegen die Bedürftigen aus. Konrad von Marburg, der päpstliche Kreuzzugsprediger, unterstützte sie darin als einflußreicher Beichtvater. Die Landgräfin war wohl an der Gründung des Spitals in Gotha beteiligt und trat 1225 mit den Franziskanern in Thüringen in Verbindung; dieser Schritt sollte ihr weiteres Leben nachdrücklich beeinflussen.

Während ihr Gemahl 1226 am Kreuzzug des staufischen Kaisers Friedrich II. teilnahm, gründete sie zum Ärger ihrer Familie unterhalb der Wartburg ein weiteres Spital für Bedürftige. Als Ludwig 1227 vor der Einschiffung in das Heilige Land in Otranto starb, wurde sie mit 20 Jahren Witwe und ihres Wittums beraubt; man vertrieb sie von der Wartburg. Als Flüchtling auf der bischöflich-bambergischen Burg Pottenstein (Lkr. Bayreuth) blieb sie zunächst in der Obhut ihrer Familie. Im April 1228 empfing sie auf Drängen ihres Onkels Bischof Ekberts (1203–1237) die sterblichen Überreste ihres Mannes, die mit einem Geleitzug aus Italien zurückkamen.

Die junge Witwe war keineswegs bereit, wieder zu heiraten; sie hatte ihrem Beichtvater schon den Verzicht auf die Ehe versprochen und wollte in ein Kloster eintreten. Mit der vom thüringischen Hof nach zähen Verhandlungen erhaltenen Abfindung stiftete sie in Marburg ein weiteres Hospital, das sie dem hl. Franziskus [→ 4. Oktober] weihte. Im Frühjahr 1228/29 zog sie das graue Gewand einer Franziskaner-Terziarin an und widmete ihr Leben den Armen, Kranken und Aussätzigen. Was in dieser Zeit mit ihren noch recht kleinen Kindern geschah, verzeichnen die Legenden nicht.

¶ Schon vor ihrem Tod galt Elisabeth als heilig. Am 17. November 1231 starb sie völlig entkräftet nach einem kurzen Leben, das ihr Glanz, Reichtum und eine erfüllte Ehe beschert, aber auch Demütigung und Flucht gebracht hatte und sich schließlich im Dienst am Nächsten erfüllte. Am 19. November wurde sie in der Kapelle ihres Spitals beigesetzt. Ihr Beichtvater Konrad betrieb die Heiligsprechung, die Papst Gregor IX. am 27. Mai 1235 vornahm. An der feierlichen Erhebung ihrer Gebeine am 1. Mai 1236 nahmen im Rahmen eines komplizierten politischen Kräftespiels der staufische Kaiser Friedrich II., der Großmeister Hermann von Salza des Deutschen Ordens und viele Bischöfe teil.

¶ Die ab 1235 über ihrem Grab errichtete und 1283 geweihte Kirche gehört zu den frühen Beispielen gotischer Kathedralarchitektur in Deutschland, der überreiche plastische Schmuck aus Rosen und Weinranken am Westportal gilt einer verehrten Frau, die sich wie kaum eine andere für ihre Mitmenschen eingesetzt hat. Von Marburg aus verbreitete sich ihr Kult über die Bettelorden und die aufblühenden Frauengemeinschaften des Mittelalters. In Andechs, dem Stammkloster der Andechs-Meranier, nimmt sie neben Maria und dem hl. Nikolaus [→ 6. Dezember] den Rang einer Hauptheiligen ein.

Elisabeth wird als adelige Frau dargestellt, die unter ihrem Gewand Brot und eine Kanne mit Wein aus der Burg herausschmuggelt, um beides unter die Armen zu verteilen. Das Brot soll sich einmal auf Nachfrage ihres mißtrauischen Mannes in Rosen verwandelt haben; die Freizügigkeit Elisabeths sah man am thüringischen Hof nicht gern. Die »Kanne der Elisabeth« wird heute in Schloß Braunfels verwahrt. Ob diese mittelalterliche Silberkanne tatsächlich der Heiligen gehört hat, ist umstritten. Die Tatsache, daß sie in Kloster Altenburg aufbewahrt wurde, dem Elisabeths jüngste Tochter Gertrud als Äbtissin vorstand, mag dafür sprechen. Elisabeth ist Patronin Thüringens und Hessens sowie des Deutschen Ordens und der Caritasverbände, außerdem der Bäcker, Witwen, Waisen und aller Notleidenden.

Nach der Kanonisation führte der Deutsche Orden im Bistum Bamberg die Verehrung der hl. Elisabeth ein und errichtete noch vor 1281 in seinem Nürnberger Spital eine Elisabeth-Kapelle. Seit 1785 steht hier die katholi-

sche Pfarrkirche St. Elisabeth. Der bedeutende Zentralbau mit seiner weit sichtbaren Kuppel geht auf Entwürfe von Franz Ignaz Neumann, den Sohn des berühmten fürstbischöflichen Baumeisters Balthasar Neumann, zurück, hat aber keine historische Ausstattung mehr.

Auch andere Spitäler machten die außerordentlich beliebte Heilige zur Patronin, so in Bamberg, Hersbruck und Scheßlitz. 1328 stiftete der Bamberger Bürger Konrad Esler ein Spital im Sand, das bis 1738 benutzt wurde. Aus dem zunächst gemeinsamen Patronat konnte die Landgräfin den Heiligen Geist um 1400 verdrängen. 1821 schloß man die gotische Kirche mit dem steilen Dach und verkaufte ihre Ausstattung. Ab 1877 fanden wieder Gottesdienste in der ehrwürdigen Kirche statt, wovon eine zeitgemäße neugotische Ausstattung zeugt. Die spätgotische Figur der hl. Elisabeth, die einst über dem Portal stand, bekam einen Platz auf dem Hochaltar.

¶ 1407 stifteten Bürger das Hersbrucker Spital für sechzehn bedürftige Personen. In seiner spätgotischen Kirche ist die hl. Elisabeth auch nach der Reformation allgegenwärtig: Der spätgotische Hochaltar wurde nur ein wenig zur Seite gerückt. In geschlossenem Zustand zeigen die Flügel acht Gemälde zum Leben der Patronin, wahrscheinlich hat der berühmte Nürnberger Künstler Veit Stoß die farbenfrohen Bilder gemalt. Sie zeigen die Werke der Barmherzigkeit, die Elisabeth anderen zugute kommen läßt.

¶ Das letzte Gemälde ist das eindrucksvollste. Es erzählt eine Legende: Neben einem üppigen gotischen Bett steht die hl. Elisabeth, auf der anderen Seite ihr bärtiger Mann. Fragend dreht er sich zu einem Jüngling um, das Gestenspiel der Hände unterstreicht ihren Dialog. Was war geschehen? Elisabeth hatte aus Barmherzigkeit einen kranken Bettler aufgenommen und in ihrem Bett schlafen lassen. Als der Landgraf von der Jagd heimkommt, trägt ihm die empörte Hofgesellschaft das Geschehene und ein bißchen mehr zu. Er will sofort das Bett sehen, doch darin liegt statt des erwarteten Bettlers ein Kruzifix. Die Kraft dieses ungewöhnlichen Bildes bringt uns den Lebensinhalt der Heiligen besonders nahe.

Für das Spital von Scheßlitz baute Johann Michael Küchel 1766 eine neue, prächtig ausgestattete Kirche mit geschwungenem Giebel; eine lebensgroße Sandsteinfigur der Heiligen, die einen Bettler versorgt, setzte die Werkstatt der Mutschele in eine Nische über dem Portal. Diese Bildhauerfamilie schuf auch die Skulpturen und die ausschwingende Architektur des den gesamten Chorraum ausfüllenden Hochaltars, in den Lorenz Kaim leider 1850 ein Gemälde der Heiligen im süßlichen Nazarenerstil einsetzte. Die bewegte plastische Gruppe mit Elisabeth, die einem Bettler gerade ein Brot reicht, hängt heute etwas bezugslos an der Wand. In ununterbrochener Tradition blieb das Spital in Scheßlitz seit der Gründung durch Bischof Lambert von Brun (1374–1399) im Jahr 1395 seiner Aufgabe treu: Der 1773 erneuerte Bau bietet noch heute bedürftigen älteren Menschen ein Heim und soll diese Aufgabe nach einer vorgesehenen Renovierung noch lange wahrnehmen.

¶ Die evangelische Kirche in Steinbach an der Heide war wohl schon 1250 der Landgräfin geweiht worden; unter den ab 1963 freigelegten gotischen Fresken im Chor sucht man leider vergeblich nach einer Darstellung der hl. Elisabeth. Ihr Patrozinium, das nach der Reformation beibehalten wurde, läßt sich wahrscheinlich mit der geographische Nähe zu Thüringen und der Herrschaft der Herren von Orlamünde erklären.

¶ Die älteste Darstellung der hl. Elisabeth findet sich im Bistum in der Bamberger Kirche St. Jakob. Hier gibt es ein Wandfresko aus der 2. Hälfte des 14. Jahrhunderts. Neben den barocken Skulpturen, die sich in den Spitalkirchen von Lichtenfels und Kronach erhalten haben, erinnern auch Figuren in den Kirchen von Gosberg und Kühlenfels an die fürsorgliche hl. Elisabeth. Ihre Skulptur in der Kirche von Priesendorf schuf Bernhard Kamm ursprünglich für das Bamberger Katharinen-Spital.

¶ Daß die Kapelle der Plassenburg in Kulmbach, einer andechs-meranischen Stadtgründung, der hl. Elisabeth geweiht wurde, erscheint fast selbstverständlich. Als Patronin wird sie hier aber erst 1399 genannt. In Pottenstein gedenkt man der vertriebenen Landgräfin, die hier einige bittere Wochen ihres Lebens verbrachte, nicht nur als Patronin des Spitals. Auch ein Brunnen von 1927 und ein Zimmer in der Burg halten die Erinnerung an ihren kummervollen Aufenthalt im April des Jahres 1228 wach.

Mit der Andechs-Meranier-Ausstellung von 1998 wurde erstmals ein eigenwilliges Historiengemälde des Bamberger Malers Pius Ferdinand Messerschmitt von 1888 ins Licht der Öffentlichkeit gerückt: Es zeigt die junge, schwarz verschleierte Witwe Elisabeth, die vor den Toren Bambergs die sterblichen Überreste ihres Gemahls entgegennimmt.

Elisabeth-Kirchen und -Darstellungen

Bamberg, ehem. Spitalkirche St. Elisabeth
Forchheim, Katharinen-Spital, spätgotisches Tafelbild
Gosberg (Lkr. Forchheim), Wallfahrtskirche
Hersbruck (Lkr. Nürnberger Land), evang. Spitalkirche St. Elisabeth, Altar
Kühlenfels (Lkr. Bayreuth), kath. Filialkirche St. Matthäus und Eberhard, Figur
Kulmbach, Plassenburg, Kapelle
Lichtenfels, kath. Spitalkirche, barocke Figur
Nürnberg, kath. Stadtpfarrkirche St. Elisabeth
Pottenstein (Lkr. Bayreuth), Elisabethspital
Priesendorf (Lkr. Bamberg), kath. Pfarrkirche St. Bartholomäus, Figur
Scheßlitz (Lkr. Bamberg), Spitalkirche
Steinbach an der Heide (Lkr. Kronach), evang. Kirche, ehem. St. Elisabeth

19. November
Sel. Mechthild von Hackeborn
(1241–1299)
auch Mathilde

Schon als Kind wurde Mechthild, im althochdeutschen »die mächtige Kämpferin«, in dem zum Bistum Halberstadt gehörenden Kloster Rodersdorf erzogen. 1258 siedelte sie mit dem Konvent in das Zisterzienserinnenkloster Helfta bei Halle über. Hier erfuhr sie mystische Erleuchtungen zur Herrlichkeit Gottes, vor allem aber über die Herzen Jesu und Mariens. Ihre Schülerin, Gertrud von Helfta [→ 17. November], schrieb Mechthilds Erfahrungen auf und erhielt sie als *Liber specialis gratiae* (Buch der besonderen Gnade) der Nachwelt. Mechthild, eine der bedeutendsten Mystikerinnen des Mittelalters, hat die Herz-Jesu-Verehrung vertieft und weit über Süddeutschland hinaus verbreitet. Sie starb am Festtag der hl. Elisabeth, am 19. November 1299.

¶ Mechthild wird zusammen mit Gertrud verehrt und als Zisterzienserin dargestellt, mit einem brennenden Herz oder einem Buch, auf dem eine Taube sitzt. Sie gilt als Helferin gegen Blindheit.

In unserem Bistum hat der Bildhauer Franz Anton Schlott sie 1725 auf dem Altar der hl. Fides [→ 6. Oktober] in der Bamberger Kirche St. Getreu als Pendant ihrer Schülerin Gertrud verewigt. Sie wendet sich dem Altargemälde zu und scheint Fides ein Herz reichen zu wollen. Flammen der göttlichen Liebe schlagen aus ihrem Leib. Vielleicht ist das Attribut der Taube auf dem Buch, das Mechthild mit der linken Hand hält, verloren gegangen.

20. November
Hl. Korbinian
(680 – zwischen 724 und 730)

Arbeo, der dritte Bischof von Freising, hat um 770 die Lebensgeschichte Korbinians aufgezeichnet. Dieser kam wahrscheinlich aus dem kleinen französischen Ort Arpajon bei Paris, vielleicht aber auch im Gefolge iroschottischer Missionare nach Bayern. Seine Mutter Corbiniana hatte nach dem Tod ihres Gatten den Sohn allein erzogen. Der eigenwillige junge Mann versagte sich der Welt und lebte als Einsiedler, jedoch mit Dienern in einem ansehnlichen, von vielen Gläubigen besuchten Haus. Schließlich begab er sich auf eine Pilgerfahrt nach Rom und traf Papst Gregor II., der ihn zur Missionierung seiner Heimat zurückgeschickt haben soll. Auf einer zweiten Romfahrt gelangte er in das Land nördlich der Alpen, wo die Bajuwaren siedelten und sich Herzog Theodo aus dem Geschlecht der Agilolfinger um die Festigung des Christentums bemühte. Er bat Korbinian – zunächst vergeblich – zu bleiben. Der Papst sandte ihn aber genau dorthin zurück, nachdem Korbinian zum Bischof geweiht war. Auf dem Weg nach Norden kam er nach Mais bei Meran (Italien) zum Grab des hl. Valentin von Passau. Hier wollte er sich niederlassen und gründete unweit davon im abgelegenen Kuens ein Kloster.

Dann folgte er doch dem Ruf des bayerischen Herzogs und zog um 715 oder 723/24 nach Freising. Hier traf er auf Anfänge des Christentums, das er in den folgenden Jahren mit Temperament und Durchsetzungsvermögen zu einer ersten Blüte brachte. Dabei macht er sich nicht nur Freunde, galt es doch überall Reste heidnischen Aberglaubens und Brauchtums zu beseitigen. Herzog Grimoald wurde von Korbinians Eifer nicht ausgeschlossen, der dessen Ehe mit der Frau seines verstorbenen Bruders heftig kritisierte. Der Bischof siedelte sich daher lieber in Weihenstephan bei Freising an und entging einem Mordanschlag der abgesetzten Herzogin nur knapp. Korbinian starb an einem 8. September zwischen 724 und 730.

¶ Den Wunsch, in seinem Kloster in Mais begraben zu werden, erfüllten ihm die Freisinger erst, nachdem es 30 Tage lang ununterbrochen geregnet hatte. 765 holte Bischof Arbeo die Gebeine Korbinians dann wieder zurück ins Bistum. Obwohl der temperamentvolle Heilige nicht zu den großen Gestalten der bayerischen Kirchengeschichte gehört, blieben die Gläubigen ihrem Bischof sehr verbunden. Selbst die Tatsache, daß Bonifatius [→ 5. Juni] erst 739 das kanonische Bistum Freising einrichtete, änderte daran nichts. Seit der Translation seiner Gebeine im Jahr 768 ist sein Gedenktag der 20. November.

Zusammen mit dem hl. Sigismund [→ 1. Mai] ist der hl. Korbinian Patron der Diözese Freising. Sein Name bedeutet »Freund im Kummer, Befreier von Sorgen«. Eine Legende berichtet, er habe im Vertrauen auf Gott seinem Diener befohlen, einen wilden Bären zu fangen, und so wurde dieses Tier zu seinem Attribut. Es soll ihm zahm gefolgt, ja sogar sein Gepäck getragen haben.

¶ Es dauerte lange, bis Korbinian Einlaß in das Bistum Bamberg gewährt wurde. Dies geschah erst und wohl nicht ganz freiwillig, nachdem Bamberg an Bayern gekommen war. Im Winter 1835 erstellte Dompropst Freiherr von Lerchenfeld aus verschiedenen Lexika ein Bildprogramm für den neuen Altar im Ostchor des Doms und wählte dafür Heilige aus, »die dem bayerischen Scepter unterworfen waren.« Heute ist der historistische Korbinian mit seinem Bär hinter einer Verschalung verborgen.

21. November
Hl. Gelasius I.
(gest. 496)

22. November
Hl. Cäcilia
Märtyrerin
(3. Jh.)

Cäcilia Metella war eine zum Christentum übergetretene vornehme Römerin, die auch ihren Gatten Valerian und später dessen Bruder Tiburtius bekehrte. Ihre Weigerung, den heidnischen Göttern zu opfern, mußten erst Valerian und Tiburtius, später Cäcilia selbst mit dem Martertod büßen. Auf Befehl des römischen Richters wollte man sie im Caldarium (Dampfbad) ihres Hauses ersticken. Sie überstand diese Folter und selbst die Schwerthiebe ihrer Enthauptung töteten sie nicht sofort, sie lebte noch drei Tage lang. Ihren Besitz vermachte sie der Kirche. Schon kurz nach ihrem Tod genoß Cäcilia in Rom große Verehrung. 821 wurde sie kanonisiert. Nach 1599 erlebte ihr Kult einen erneuten Aufschwung, als man ihren Leichnam unversehrt in der nach ihr benannten römischen Kirche auffand.

¶ Die Märtyrerakten geben nur wenige Einzelheiten über ihr Leben preis. Am Tag ihrer Hochzeit, während Musik erklang, soll sie Christus gebeten haben, ihr Herz und ihre Seele unbefleckt zu lassen. So erklärt sich – um die Ecke gedacht –, daß Cäcilia seit dem Spätmittelalter zur Patronin der Musik und der Instrumentenbauer wurde. So manche Orgel oder Orgelbrüstung ist, wie in der Forchheimer Klosterkirche, mit ihrem Bild verziert, viele Gesangsvereine finden sich in ihrem Namen zusammen.

Sie wird gern in höfischer Kleidung dargestellt, bisweilen mit Blumenkranz im Haar, als Attribut eine Orgel, oft selbst am Instrument sitzend. Amüsiert wird man zur Kenntnis nehmen, daß die Bamberger Symphoniker jahrzehntelang in einem Raum auftraten, der das gotische Fresko einer hl. Cäcilia – selbstverständlich aus rein konservatorischen Gründen – hinter einem schrecklichen Vorhang verbarg: in der Bamberger Dominikaner-Kirche. In

Cadolzburg stand übrigens die einzige Cäcilienkirche des Bistums. Das vor 1371 errichtete Gotteshaus wurde im 18. Jahrhundert nach den Erfordernissen des evangelischen Kults umgebaut.

Weitere Cäcilien-Darstellungen

Heroldsbach (Lkr. Forchheim), kath. Pfarrkirche St. Michael, neugotische Figur
Hetzles (Lkr. Forchheim), kath. Pfarrkirche St. Laurentius, neugotische Figur

23. November
Hl. Clemens Romanus
(gest. 101 n. Chr.)

Clemens war der dritte Bischof von Rom und möglicherweise noch ein direkter Schüler des hl. Paulus [→ 29. Juni]. Er verfaßte einen erhalten gebliebenen Brief an die christliche Gemeinde in Korinth, in dem er zu Eintracht und Frieden aufruft. Historisch ist nicht belegt, daß er tatsächlich das Martyrium erlitten hat, in dem man ihn mit einem Anker um den Hals im Schwarzen Meer versenkte. Seine Reliquien gelangten im 9. Jahrhundert zurück nach Rom.

¶ Der hl. Clemens erscheint im päpstlichen Ornat und hat einen Anker oder Brunnen, auch ein Lämmchen zum Attribut. Die Seeleute und Steinmetzen haben ihn zum Patron. Auch bei Stürmen und Wassergefahren wird er angerufen.

¶ In Zirndorf (Lkr. Fürth), einer würzburgischen Gründung, war eine Kirche unter den Schutz des hl. Clemens gestellt, bevor der Pestheilige Rochus [→ 16. August] um 1500 das Patronat übernahm. Heute dient es der evangelischen Gemeinde; an die vorreformatorische Ausstattung erinnert nichts mehr.

¶ Wie alt die Wallfahrtskirche zum hl. Clemens in Neudorf (Lkr. Lichtenfels) bei Modschiedel ist, weiß man nicht. Der Ort gehörte zu Kloster Langheim und besaß schon 1520 eine Kapelle, die Johannes dem Täufer und dem hl. Clemens geweiht war. Sie wurde 1734 von Johann Vogel erneuert. Der hl. Clemens grüßt hier in Gestalt einer einfachen Sandsteinfigur von

der Fassade, im Innern finden wir den seltenen Schutzheiligen auf dem Gemälde des Hochaltars (um 1740) und als Figur mit übergroßem Anker. 1765 hat man die winterliche Wallfahrt zum hl. Clemens abgeschafft; viele Gläubige kommen seither am Wendelins-Tag, dem 20. Oktober.

23. November
Hl. Felizitas und ihre sieben Söhne
Märtyrer
(gest. um 162)

Felizitas, zu deutsch »die Glückselige«, gehört zu den frühen römischen Märtyrern. Die Legende der Mutter von Januarius, Felix, Philipp, Silvanus, Alexander, Vitalis und Martial ist unter Historikern umstritten, sie soll um 162 n. Chr. unter Kaiser Marc Aurel wegen ihres Glaubens enthauptet worden sein. Mit ihrem Sohn Silvanus begrub man sie zunächst in der Katakombe des Maximus. Papst Leo III. ließ um 800 ihre Gebeine endgültig in die Kirche der hl. Susanna [→ 11. August] in Rom übertragen. Ihr Kult ist seit dem 5. Jahrhundert belegt.

¶ Sie wird als Matrone dargestellt, im Spätmittelalter gerne mit Mantel und Kopftuch, das auch den Hals verdeckt. In den Händen hält sie Buch, Schwert und Märtyrerpalme. Oft ist sie von ihren Kindern umgeben. Sie gilt als Patronin für die Geburt von Söhnen.

¶ In Franken liegt der Schwerpunkt ihrer Verehrung im Benediktinerkloster Münsterschwarzach (Lkr. Kitzingen). Hier wurde ihr am 9. September 1073 der Hochaltar geweiht, nachdem das Kloster eine kostbare Schädelreliquie erhalten hatte. (Im Bauernkrieg ging dieser wichtige Besitz 1525 verloren.) Über Kontakte Bischof Hermanns (1065–1075), der nach seiner Absetzung in diesem unterfränkischen Kloster lebte, mag der Kult nach Bamberg gekommen sein. Otto. I. [→ 30. September] legte in den Hochaltar der Klosterkirche von Michelfeld (Lkr. Amberg-Sulzbach) 1121 sechs Reliquien der hl. Felizitas ein. In Untertrubach (Lkr. Forchheim) hat man sie im 13. Jahrhundert zur Patronin einer kleinen Kirche gemacht. Für den Hochaltar fertigte Johann Michael Doser 1715 ihre Figur; die im Maßstab verkleinerten Söhne wurden erst eine Generation später dazugestiftet. Seit einer Modernisierung des Gotteshauses sind die barocken Kunstwerke beziehungslos an die Wand geheftet.

Mehr über die hl. Felizitas erfährt, wer sich in den Süden der Diözese Bamberg aufmacht und die evangelische Kirche von Reutles (Stadt Nürnberg) besucht. Das Gotteshaus, das sich sein spätmittelalterliches Aussehen bewahrt hat, birgt einen Flügelaltar, der dem Nürnberger Valentin Wolgemut zugeschrieben wird. Auf den Tafeln der geschlossenen Werktagsseite sind vier Szenen zum Martyrium der Söhne Felix, Vitalis, Philippus und Martialis zu sehen, die Feiertagsseite ist weniger grausam und zeigt bei geöffnetem Schrein Szenen aus dem Leben der Felizitas. In Puschendorf (Lkr. Fürth) begegnen wir ihr, wenn die Flügeltüren der Predella eines gotischen Marienaltärchens geöffnet sind. Vor einem tiefblauen, sternenübersähten Himmel steht sie im (blut-)roten Gewand und hält – makaber genug – ein Schwert mit den abgeschlagenen Häuptern ihrer Söhne vor sich.

¶ Die römische Felizitas darf nicht mit der hl. Felicitas von Karthago verwechselt werden, der am 6. März gedacht wird und von der es eine Reliquie im Michaelsaltar des Bamberger Doms gibt.

24. November
Hl. Modestus
(gest. 772)

25. November
Hl. Katharina von Alexandria
Märtyrerin
(gest. um 310)

auch Karin, Käthe, Kitty

Eine legendenhafte Persönlichkeit ist Katharina von Alexandria (Ägypten), zu deutsch »die Reine«. Der Überlieferung nach soll die Muttergottes die kluge, wohlhabende Christin aus vornehmer Familie im Traum zur Taufe aufgefordert haben. Nach einem anderen Bericht verlobte sie sich mit dem Jesusknaben, fand tatsächlich einen Ring an ihrem Finger und versprach daraufhin ewige Jungfräulichkeit. Die überzeugte Christin wagte es, Kaiser Maxentius wegen seines Götzendienstes zu schelten, und wurde zur öffentlichen Diskussion mit fünfzig heidnischen Gelehrten aufgefordert. Mit den Waffen ihres scharfen Verstandes und der Kraft ihres Glaubens besiegte und bekehrte sie die antiken Philosophen.

Wie St. Kathrein wird's auch an Neujahr sein.

Das war schon damals für die auf ihren Rang bedachte Männerwelt und besonders für einen römischen Kaiser unverzeihbar. Maxentius ordnete den Tod Katharinas an, nicht ohne die in seinen Augen wankelmütigen Gelehrten vorher verbrennen zu lassen. Nachdem wie durch ein Wunder das mit Nägeln beschlagene Rad, das Katharina zerfleischen sollte, zerbrach, verurteilte man sie zum Tod durch Enthauptung. Engel sollen ihren Leichnam auf den Berg Sinai getragen haben. Hier ließ Kaiser Justinian um 557 ein Kloster über ihrem Grab erbauen.

¶ Im Abendland ist die Verehrung der Heiligen schon im 8. Jahrhundert nachweisbar, nach dem römischen Meßbuch ist ihr Festtag seit dem 11. Jahrhundert der 25. November. Die schnelle Verbreitung ihres Kults mag mit der Fürsprache zusammenhängen, die Katharina vor ihrer Ermordung für alle, die ihren Namen anrufen, bei Gott erwirkt hat. Im 14. Jahrhundert wurde sie deshalb in den Kreis der Nothelfer aufgenommen und als weibliche Heilige neben der Muttergottes am häufigsten abgebildet.

Katharina erscheint als vornehme Jungfrau mit offenem Haar; Schwert und Rad sind ihre Attribute. Auch ein Buch oder Kreuz können ihr neben der Märtyrerpalme beigegeben sein. Bisweilen liegt ihr der besiegte Kaiser zu Füßen. Wegen ihrer Klugheit stellten sich die Gelehrten, Philosophen, Bibliotheken, Buchdrucker, Lehrer, Studenten und Schüler unter ihren Schutz. Sie ist aber auch Patronin der Tuchhändler, Gerber und Schuhmacher, Müller, Friseure und Schiffer. Sie hilft gegen Migräne und wegen ihrer Beredsamkeit gegen Krankheiten der Zunge. Man erbittet ihre Hilfe bei der Auffindung Ertrunkener. Heiratswillige Mädchen rufen die hl. Jungfrau Katharina an, wenn sich noch kein Bräutigam finden ließ.

¶ Häufig wird Katharina zusammen mit der hl. Margareta [→ 20. Juli] und der hl. Barbara [→ 4. Dezember] dargestellt. Sie werden vom Volksmund »Die drei heiligen Madln« genannt. Ihre mystische Verlobung mit dem Jesusknaben hat eine eigene Bildtradition begründet.

Wann die Verehrung der hl. Katharina im Bistum Bamberg begann, ist nicht durch konkrete Zeitangaben festzulegen. Im Dom dürfte seit 1300 ein Katharinen-Altar gestanden haben. Gleichzeitig wurde wohl auch die Katharinen-Kapelle über der Thomas-Kapelle [→ 3. Juli] in der mittelalterlichen Residenz des Bischofs errichtet. Wenig später schuf ein unbekannter Bildhauer die gotische Steinfigur der streitbaren Christin für die Kirche St. Sebald in Nürnberg. Die Anmut und das überirdische Strahlen ihrer jugendlichen Gesichtszüge haben sogar nach Beschädigung und Verlust der Attribute nichts von ihrer Faszination verloren. Um 1370 entstand die Steinfigur der hl. Katharina mit Rad für die Obere Pfarre in Bamberg, die heute im Diözesanmuseum steht.

¶ Es scheint, als hätten die gebildeten Nonnen des Dominikanerordens der wortgewaltigen Heiligen gern ihre Kirchen unterstellt, denn dies ist für die Niederlassungen in Nürnberg (1295) und Rothenburg (1270) bezeugt. (Diese Klöster wurden nach der Reformation aufgehoben.) Das 1356 nach einem Hostienwunder gegründete Dominikanerinnenkloster »Zum Heiligen Grab« in Bamberg hat nach seiner Aufhebung bei der Säkularisation und der Wiedergründung im Jahr 1926 noch heute Bestand;

der Patrizier Franz Münzmeister stiftete es zu Ehren der Gottesmutter, des hl. Jobst [→ 13. Dezember] und der hl. Katharina.

Häufig bestimmte man Katharina zur Patronin von Spitalkirchen. In Forchheim hat sich seit 1328 aus einer älteren Niederlassung des Antoniter-Ordens [→ 17. Januar] das Katharinen-Spital an der Regnitz entwickelt, das im Stadtbild durch seine reiche Fachwerkfassade auffällt. Die Kirche birgt zahlreiche Kunstschätze der Katharinen-Verehrung, so die Flügel eines spätgotischen Altars, auf denen die Disputation mit den Gelehrten und die anschließende Räderung der Heiligen sowie ihre Enthauptung und Bestattung zu sehen sind; auch die Figur des verlorenen Schreins ist erhalten. Auf dem um 1774 entstandenen barocken Hochaltar von Bernhard Kamm steht die Kirchenpatronin in Gesellschaft der anderen heiligen Madln Barbara und Margareta.

Das zwischen 1302 und 1327 gegründete Katharinen-Spital von Kupferberg ist heute ein repräsentativer Barockbau von 1740, in dessen Mitteltrakt sich die Kirche befindet. Eine Steinskulptur zeigt die Patronin über dem Portal. Den Hochaltar führte der Bamberger Kunstschreiner Martin Walter nach Entwürfen Johann Michael Küchels aus, Johann Philipp Stahl malte das Altarbild. Kunstwerke der Gründungszeit sind nicht erhalten.

¶ Das Spätmittelalter hat die umfangreichsten und phantasievollsten Zeugnisse des Katharinen-Kultes hervorgebracht. Dazu gehören die großen Katharinen-Altäre, von denen noch einige zu bestaunen sind und die außerordentliche Beliebtheit dieser Heiligen zum Ausdruck bringen. Vier besonders vollständige finden wir in evangelischen Kirchen Mittelfrankens; sie dürften alle aus Nürnberger Werkstätten stammen.

In den beiden Nürnberger Stadtpfarrkirchen wurde die Heilige besonders verehrt. St. Sebald besaß neben der oben erwähnten Steinfigur seit 1462 einen Katharinen-Altar, den der Patrizier Wilhelm Löffelholz im Andenken an seine verstorbene Frau gestiftet hatte. Er ist heute in einzelne Tafeln zerlegt. Meisterlich hat es der unbekannte Maler verstanden, die intellektuelle Überlegenheit der christlichen Jungfrau gegenüber den heidnischen Gelehrten herauszuarbeiten. Auch der Kaiser wirkt trotz seines goldenen Szepters nicht überzeugend.

¶ In der Lorenz-Kirche gab es seit 1392 einen Katharinen-Altar. 1485/86 ließ der Kaufmann Levinus Memminger das Retabel (zu Ehren der Namenspatronin seiner Ehefrau Katharina) erneuern und bestellte bei Michael Wolgemut die Enthauptung der Heiligen, der die Enthauptung seines Namenspatrons, des heiligen Bischofs Levinus gegenübergestellt werden mußte. Auf der Innenseite ist die mystische Verlobung zu sehen, die im Kreis der vierzehn Nothelfer stattfindet. Neugierig drängen sich vor allem die heiligen Madln um die Muttergottes, auf deren Schoß der nackte Jesusknabe sitzt und der knienden Katharina einen Ring an den Zeigefinger der rechten Hand steckt. – Für die Wallfahrtskirche von

Veitsbronn entstand um 1505 ein Katharinen-Altar, dessen Mittelschrein ein Relief mit dem Martyrium der Heiligen durch einen schnurrbärtigen Scharfrichter enthält. Trotzig sieht der Kaiser zu. Im Hintergrund sind die vergebliche Räderung und eine zweite, kleine und in der Landschaft kniende Katharina zu erkennen. Mit verrenkten Gliedern liegen die ermordeten Philosophen am Boden. Auf den geschlossenen Flügeln ist Katharina schließlich in Anbetung der Muttergottes zu sehen.

Nicht weit entfernt von Veitsbronn liegt Seukendorf, in dessen Kirche ein weiterer Katharinen-Altar die Reformation überdauert hat. Vermutlich stammt dieser, wie auch der zuvor beschriebene, von dem namentlich nicht bekannten Nürnberger Bildschnitzer, der den Martha-Altar [→ 29. Juli] in der Nürnberger Kirche St. Lorenz geschaffen hat. Im geöffneten Mittelschrein sehen wir eine spätgotische Figur der Heiligen, von den Apostelfürsten Petrus und Paulus [→ 29. Juni] begleitet.

Zu den Besonderheiten des Katharinen-Kults gehört ein Glasfenster der evangelischen Kirche von Markt Erlbach. Für den Chor des einst dem hl. Kilian geweihten Gotteshauses wurde um 1380 ein farbiges Glasfenster mit der Lebensgeschichte der Heiligen geschaffen. Zu sehen sind die Szenen ihrer Bekehrung, der Taufe und der mystischen Verlobung sowie die Folter unter dem Rad.

¶ Zahlreich und hier nur in einigen Exemplaren anzudeuten sind die spätgotischen Figuren, die zu Flügelaltären gehörten, so in Effeltrich, Oberwarmensteinach und Hirschfeld. Katharina ist als eine der wenigen weiblichen Märtyrer auch männlichen Heiligen zugeordnet, so dem hl. Petrus im Patrozinium der Kirche von Stadelhofen, dem Erzengel Michael [→ 29. September] sowie dem Apostel Jakobus d. Ä. [→ 25. Juli] im Altar der Kirche von Trumsdorf.

¶ Obwohl Katharina nach der Reformationszeit ihre große Beliebtheit keineswegs einbüßt hat und weiterhin auf vielen Altären zu finden ist, gelingt es nur noch wenigen Künstlern, eine beeindruckende Vorstellung der Märtyrerin zu entwerfen. Sie unterscheidet sich als gekrönte Jungfrau nur noch in ihren Attributen von anderen weiblichen Heiligen. Meist wird sie nun als Nothelferin in einem der Zyklen dargestellt; Szenen aus ihrem Leben gibt es kaum noch. Auf dem rechten Seitenaltar der Kirche von Pinzberg gruppierte Johann Bernhard Kamm 1780 die Nothelfer um eine Figur der hl. Katharina, der Altarpatronin. Nur noch die Kopie eines italienischen Gemäldes der Heiligen hängt in der Kirche von Burgellern, die barocke Fassadenfigur ist etwas steif geraten. In Oberküps wurde um 1800 ein neuer, klassizistischer Altar für die Kirche entworfen, in den man vorsichtshalber eine barocke Skulptur übernahm.

**St. Katharinenschnee
tut dem Kohl
und Samen weh.**

Eine besondere Nähe zur hl. Katharina kann erleben, wer sich von Wallersberg auf den Weg zur außerhalb der Ortschaft und über dem Kleinziegenfelder Tal gelegenen Wallfahrtskapelle macht; sie soll schon 1325 erbaut worden sein, wurde aber mehrfach erneuert und umgebaut. Im archaischen Innenraum mit hölzerner Kassettendecke fällt das »1702« datierte Hochaltarbild der Heiligen sofort auf. Nachdem eine Figur der Patronin gestohlen wurde, bleibt das Gotteshaus verschlossen, der Gang zum Mesner bleibt keinem Besucher erspart.

¶ Die hl. Katharina von Alexandria darf nicht mit Katharina von Siena [→ 29. April] verwechselt werden.

Katholische Katharinen-Kirchen

Auerbach (Lkr. Amberg-Sulzbach), Spitalkirche
Bamberg, Klosterkirche zum Hl. Grab
Burgellern (Lkr. Bamberg), Filialkirche St. Katharina und Maria Magdalena
Forchheim, Spitalkirche
Kupferberg (Lkr. Kulmbach), Spitalkirche
Neukenroth (Lkr. Kronach), Pfarrkirche
Oberküps (Lkr. Lichtenfels), Filialkirche
Stadelhofen (Lkr. Bamberg), Pfarrkirche St. Petrus und Katharina
Wallersberg (Lkr. Lichtenfels), Wallfahrtskirche

Evangelische Katharinen-Kirchen

Alfalter (Lkr. Nürnberger Land); Bechhofen (Lkr. Ansbach); Forst (Lkr. Neustadt/Aisch); Haag (Lkr. Bayreuth); Pretzdorf (Lkr. Erlangen-Höchstadt); Schauerheim (Lkr. Neustadt/Aisch); Seukendorf (Lkr. Fürth); Thuisbrunn (Lkr. Forchheim)

Katharinen-Darstellungen

Effeltrich (Lkr. Forchheim), kath. Pfarrkirche St. Georg, Figur
Hirschfeld (Lkr. Kronach), kath. Filialkirche Mariae Heimsuchung, Figur
Nürnberg, St. Sebald, Steinfigur um 1320
Markt Erlbach (Lkr. Neustadt/Aisch), evang. Pfarrkirche, ehem. St. Kilian, Glasfenster
Oberwarmensteinach (Lkr. Bayreuth), kath. Kuratiekirche St. Laurentius, Figur
Pinzberg (Lkr. Forchheim), kath. Pfarrkirche St. Nikolaus, Seitenaltar
Trumsdorf (Lkr. Kulmbach), evang. Kirche, ehem. St. Michael, Figur
Veitsbronn (Lkr. Fürth), evang. Kirche, ehem. St. Veit, Katharinen-Altar

26. November
Hl. Konrad von Konstanz
(gest. 976)

Aus dem berühmten Geschlecht der Welfen stammt Konrad, der nach einer Ausbildung in St. Gallen seit 934 Bischof von Konstanz war. Der Freund Ulrichs von Augsburg [→ 4. Juli] verwaltete sein Bistum sorgfältig und war ein eifriger Pilger, der dreimal die gefährliche Reise in das Heilige Land auf sich nahm. Bekannt machte ihn ein Spinnenwunder: Er soll aus Ehrfurcht vor dem Blut Christi eine in den Meßkelch gefallene Giftspinne getrunken haben, ohne davon krank zu werden. Konrad starb am 26. November 976 in Konstanz, für die 1123 erfolgte Kanonisation ließ einer seiner Nachfolger eine Biographie verfassen, die von zahlreichen Wundern an seinem Grab berichtet. Während der Reformation wurden seine Gebeine verbrannt und die Asche in den Bodensee geworfen. Nur das Haupt konnte gerettet werden, es gehört heute zum Münsterschatz.

¶ Konrad wird als Bischof mit Kelch oder mit Buch abgebildet, selten ist die Spinne direkt zu sehen. Er wird vor allem im südwestdeutschen Raum verehrt, in den Bistümern Konstanz, Augsburg, Basel und Freiburg.

Es scheint, als sei der hl. Konrad im Bistum Bamberg immer nur von Männern verehrt worden, die seinen Namen trugen. Auf seinen Spuren ist eine Reise in die Lorenz-Kirche nach Nürnberg unvermeidlich. Der Lorenzer Pfarrer und Regensburger Dompropst Konrad Konhofer stiftete 1446 einen Altar für seinen Namenspatron in den neuen Hallenchor der Kirche, an dessen Errichtung er maßgeblich beteiligt war. Der Altar ist einer der wenigen, die die Reformation nicht überstanden haben. Erhalten hat sich in dieser Kirche jedoch ein spätgotischer Wolfgangs-Altar [→ 31. Oktober], auf dem Konrad das Pen-

dant zu dem Regensburger Bischof bildet. Die beiden inneren Altarflügel umrahmen mit den lebensgroßen, kostbar gekleideten Bischöfen vor leuchtendem Goldgrund die Auferstehung Christi im Mittelschrein. Wahrscheinlich sollte mit der Abbildung Konrads an jenen Kunz (volkstümlich für Konrad) Keßler erinnert werden, der 1416 den Altar gestiftet hatte. Das Retabel selbst entstand um 1460.

Konrad erfuhr im Bamberger Raum besondere Verehrung durch die Familie von Stadion. Dompropst Franz Konrad von Stadion (gest. 1685) stiftete einen Marienaltar für den Bamberger Dom, dessen Weihe erst 1698 erfolgte. Der Weihezettel erwähnt Konrad als Altarheiligen. 1753 ließ Fürstbischof Franz Konrad von Stadion (1753–1757) eine Figur seines Namenspatrons, des hl. Konrad, in der Reihe der überlebensgroßen Sandsteinskulpturen auf der barocken Cles-Brücke bei Grasmannsdorf aufstellen. Schon 1788 gab es sie dort nicht mehr.

27. November
Hl. Bilhildis
(gest. um 734)

28. November
Jakobus de Marchia
(um 1400–1476)

29. November
Hl. Saturnin
Märtyrer
(gest. um 250)

auch Sernin

30. November
Hl. Andreas
Apostel
Märtyrer
(gest. 60 oder 62 n. Chr.)

In Karphanaum am See Genezareth lebte der Fischer Andreas, gebürtig aus Bethsaida in Galiläa. Andreas, zu deutsch »der Tapfere, der Mannhafte«, hatte sich schon Johannes dem Täufer [→ 24. Juni] angeschlossen, als Jesus ihn zum ersten der Jünger ernannte. »Kommt her, folgt mir nach! Ich werde euch zu Menschenfischern machen« (Mk 1, 16-20), rief er ihm und seinem jüngeren Bruder Simon, der später Petrus [→ 29. Juni] genannt wurde, zu. Nach der Himmelfahrt Christi zerstreuten sich die Apostel in alle Welt. Andreas wandte sich nach Griechenland und an das Schwarze Meer, auch der Balkan wird als Ziel seiner Missionsreisen genannt. Als sein schriftlicher Nachlaß gelten die apokryphen Schriften der »Andreas-Akten«. Am 30. November des Jahres 60 oder 62 erlitt er in Patras (Griechenland) das Martyrium: Aegeas, der Statthalter, befahl die Hinrichtung, nachdem der Apostel seine Ehefrau Maximilla geheilt, zum Christentum bekehrt und zur ehelichen Enthaltsamkeit angehalten hatte. Nach der Auspeitschung band man Andreas an ein X-förmiges Kreuz, an dem er trotz seiner Qualen noch zwei Tage gepredigt haben soll.

Der Apostel wird in antiker Kleidung und mit seinem Attribut, dem X-förmigen Kreuz, dargestellt, selten ist ihm ein Fisch beigegeben. Szenen aus seinem Leben beschränken sich auf das Martyrium, das ihn kämpferisch und predigend bis zum letzten Atemzug zeigt. Der hl. Andreas ist Schutzpatron Deutschlands und des Herzogtums Burgund; Philipp der Gute stellte 1429 den berühmten Orden vom Goldenen Vlies unter seinen Schutz. Dieser wird auch den einfachen Menschen, den Fischern, Bergleuten, Metzgern und Seilern zuteil. Alte Jungfern schließlich können ihn – wenn sie das Bedürfnis haben – am Vorabend seines Gedenktages um einen Mann bitten. Der Andreas-Tag markiert ja im Kirchenkalender den Beginn des Jahres, so daß abergläubische und einsame Menschen besonders gern an ein neues Glück glauben wollen. Andreas hilft gegen Gicht, Halsweh und eheliche Unfruchtbarkeit.

Seit dem 4. Jahrhundert wird der 30. November als Todestag des Heiligen begangen. Als im Jahr 357 seine Reliquien nach Konstantinopel gelangten, breitete sich der Kult des erstberufenen Jüngers in der Ostkirche schnell und volkstümlich aus; er wird dort sogar den westlichen Apostelfürsten Petrus und Paulus vorgezogen. Seine Verehrung im Westen geht auf den Kirchenlehrer Gregor den Großen [→ 3. September] zurück, der ein Andreas-Kloster gründete, in das er selbst eintrat. Bei der Eroberung Konstantinopels raubten Kreuzritter 1204 die Gebeine des Heiligen und brachten sie nach Amalfi (Italien). Nach der Zerstörung des oströmischen Reichs durch die moslemischen Türken (1453), gelangte die Schädelreliquie des hl. Andreas 1462 nach Rom. Sie wurde hier zwischen 1629 und 1640 in einem Pfeiler des Neubaus von St. Peter beigesetzt, um symbolisch die Kuppel über dem Grab des Petrus zu tragen. 1964 gab Papst Paul VI. in einem feierlichen Akt von großer ökumenischer Bedeutung die kostbare Reliquie feierlich an die Ostkirche zurück, sie ruht jetzt wieder in der Kathedrale von Patras.

¶ Die Karolinger förderten die Erinnerung an den Apostel mit einem nach ihm benannten Kloster, und der hl. Bonifatius [→ 5. Juni] wurde nicht zufällig im Jahr 722 am Andreas-Tag zum Bischof geweiht. Die große Bedeutung, die der Apostel für Mainfranken, seine Gläubigen und Bischöfe gleichermaßen, seit früher Zeit inne hatte, wird nirgends deutlicher als in dem Kloster, das Burkard [→ 14. Oktober], der erste Bischof von Würzburg, ihm um 750 am Fuße des Marienbergs weihte.

Schau in der Andreasnacht,
was für Gesicht das Wetter macht:
So wie es ausschaut,
glaub's fürwahr, bringt's gutes oder schlechtes Jahr.

Das Bistum Bamberg setzte die Verehrung des hl. Andreas fort, er gehört hier zu den hochrangigen Heiligen. Eine Reliquie wurde 1012 in den Hochaltar des ersten Doms eingelegt, Heinrich II. ließ ihm auch die achteckige Kaiserkapelle in der Alten Hofhaltung weihen. Am schmalen Durchgang zwischen Dom und Domgasse kann man noch immer Reste des Mauerwerks dieser ehrwürdigen Kapelle sehen, die 1777 teilweise abgebrochen wurde. Der volkstümlichen Überlieferung nach hatte dort die hl. Kunigunde [→ 3. März] die Feuerprobe zu bestehen. Auf seinem bekannten Aquarell hat der Bamberger Maler Wolfgang Katzheimer nach 1500 das Aussehen dieses damals schon archaischen Baus festgehalten. 1412 stiftete Bischof Albert von Wertheim (1398–1421) im Dom die Andreas-Kapelle über dem Kreuzgang; ein wunderschönes farbiges Glasfenster des Heiligen aus dieser Zeit hat alle Zeitläufe überdauert. Auch das Zisterzienserkloster Langheim (Lkr. Lichtenfels) besaß Andreas-Reliquien. Der Heilige wurde deshalb Patron der Gründungen Mistelfeld und Weiden. In letzterer blieb eine spätgotische Figur des Apostels erhalten.

Zahlreiche Kirchen und Kunstwerke bezeugen heute noch das Ansehen und die Beliebtheit des Heiligen in unserem Bistum. Ein Zentrum dieser Verehrung war zweifellos die Kirche in Kalchreuth, deren spätmittelalterliche Ausstattung selbst weitgereiste Kunstfreunde immer wieder erstaunt. Der hl. Andreas steht hier als einzelne Skulptur neben der Muttergottes im Schrein des Choraltars, ist aber auch als einer der aus Ton im »weichen Stil« geformten Apostel (um 1380) zugegen.

¶ 1124 hatte Bischof Otto I. [→ 30. September] den Ort Unterschlauersbach und seine Andreas-Kirche dem Bamberger Kloster St. Getreu geschenkt. Hier erhielt sich über die Reformation hinaus ein bedeutender spätgotischer Andreas-Altar. Der dreiseitig vorspringende Schrein birgt eine Sitzfigur des Heiligen, dessen Lebensgeschichte auf den vier eindrucksvollen Tafelbildern der Werktagsseite des Wandelaltars zu sehen ist. Sie zeigen, wie Andreas den Götzendienst verweigert und eine Frau (Maximilla?) tauft, sowie den Heiligen im Gebet und schließlich an ein Kreuz gebunden, aber leidenschaftlich predigend.

Mit einer mächtigen, überlebensgroßen Figur aus Lindenholz hat uns der Nürnberger Bildhauer Veit Stoß um 1503 sein Bild vom hl. Andreas überliefert. Als bärtiger älterer Mann, in einen sich weit und kunstvoll bauschenden Mantel gehüllt, hält er geradezu lässig das seitlich neben ihm stehende Kreuz im rechten Arm, der ausdrucksvoll gearbeitete Zeigefinger deutet auf ein aufgeschlagenes Büchlein, wohl die Heilige Schrift. Wahrscheinlich hat Andreas (!) Tucher, der Baumeister der Stadt Nürnberg, diese Skulptur für die Kartäuserkirche gestiftet; heute steht sie im Ostchor der Sebaldus-Kirche.

Andreasschnee bleibt hundert Tage liegen.

Andreas Harsdörfer stiftete zu Ehren seines Namenspatrons um 1495/98 einen Flügelaltar für die Katharinen-Kirche in Nürnberg. Dort stand er bis 1805, als die mittelalterliche Ausstattung in alle Welt zerstreut wurde. Einige Tafelbilder sind heute in der Nürnberger Lorenz-Kirche zu sehen; sie entstanden in der Werkstatt Michael Wolge-

muts. Andreas ist hier in der Reihe der Apostel zusammen mit dem hl. Bartholomäus [→ 24. August] dargestellt. Darüber hinaus hat er ein eigenes Bildfeld bekommen, auf dem sein Martyrium zu sehen ist. Sein weiter, vom Wind und der Heftigkeit seiner Predigt gebauschter Mantel lassen kaum das Kreuz erkennen, an das man ihn gebunden hat. Er ist von Gläubigen umringt, von denen einige etwas müde wirken – schließlich hat Andreas ja noch zwei Tage lang gepredigt.

¶ Auch die Barockzeit hat im Bistum bedeutende Kunstwerke des Andreas-Kults hervorgebracht. Im Friedhof von Lohndorf stehen hinter der Kirche drei Kapellen, von denen die mittlere und größere unter dem Schutz des hl. Andreas steht. Ein Fuhrmann soll sie in einer Notlage gestiftet haben. Sie wurde schon 1467, noch vor dem Bau der Pfarrkirche, geweiht. 1734 hat man mit einem Neubau den Kult wieder belebt und im Jahr darauf einen neuen Andreas-Altar aufgestellt. Johann Joseph Scheubel d. Ä. malte dafür den Märtyrer als älteren Mann von sehniger Gestalt und im Lendenschurz. Heute ist das Altarbild leider übermalt.

Fast gleichzeitig hat man auch in Würgau die Andreas-Kirche völlig erneuert. Zu ihrer Ausstattung gehört nicht nur eine Glorie des Heiligen auf dem Hochaltar, sondern auch die seltene Darstellung, wie Andreas auf das X-förmige Kreuz gebunden wird. In der Dreifaltigkeitskirche von Gosberg ist ein Seitenaltar dem hl. Andreas geweiht; sein Bruder Petrus und sein erster Lehrer, Johannes der Täufer, sind der lebensgroßen Figur mit dem mächtigen Andreas-Kreuz als kleinere Nebenskulpturen zugeordnet. Zu den sehenswerten barocken Skulpturen des Heiligen gehört auch die überlebensgroße Figur, die Johann Peter Benkert um 1741 für die Kirche in Höchstadt schuf. Die hochbarocke Ausstattung der Kirche von Wiesen verbannt ihren Schutzpatron in den Auszug des Hochaltars, die mittlere Nische nimmt nun eine Darstellung der Heimsuchung ein.

¶ Nicht unerwähnt bleiben sollen die Apostelzyklen aus allen Epochen, in denen der »Erstberufene« abgebildet ist. Manche sind untergegangen, viele haben sich ganz oder in Fragmenten erhalten, wie in der evangelischen Kirche Ermreuth; die spätgotischen Reliefs der hll. Andreas und Bartholomäus lassen vermuten, daß hier einst alle Jünger Christi versammelt waren. Auch in Kautendorf wurden die spätgotischen Figuren eines Apostel(?)-Altars erhalten und in die protestantische Ausstattung des 18. Jahrhunderts integriert, darunter ein hl. Andreas.

Andreas-Kirchen und -Darstellungen

Ermreuth (Lkr. Forchheim), evang. Kirche, ehem. St. Peter und Paul, Relief
Gosberg (Lkr. Forchheim), Filialkirche Heiligste Dreifaltigkeit, Seitenaltar
Kautendorf (Lkr. Wunsiedel), evang. Kirche, ehem. St. Martin, Figur
Lohndorf (Lkr. Bamberg), Andreas-Kapelle
Mistelfeld (Lkr. Lichtenfels), Pfarrkirche
Weiden (Lkr. Lichtenfels), Filialkirche
Wiesen (Lkr. Lichtenfels), Filialkirche
Würgau (Lkr. Bamberg), Filialkirche

Evangelische Andreas-Kirchen

Dietenhofen (Lkr. Ansbach); Kalchreuth (Lkr. Erlangen-Höchstadt), Leuzenbronn (Lkr. Ansbach); Seibelsdorf (Lkr. Kronach); Selb; Unterschlauersbach (Lkr. Fürth)

Januar
Februar
März
April
Mai
Juni
Juli
August
September
Oktober
November
Dezember

1. Dezember
Hl. Eligius
(um 588–660)

2. Dezember
Hl. Bibiana
Märtyrerin
(gest. um 360)

3. Dezember
Hl. Franz Xaver
(1506–1552)

Francisco de Xavier, Sohn aus adeligem Haus, geboren 1506 in der Nähe von Navarra (Spanien), studierte Philosophie in Paris und schloß sich hier der »Gesellschaft Jesu« des Ignatius von Loyola [→ 31. Juli] an. 1534 legte er mit anderen begeisterten Männern die Gelübde ab und empfing 1537 die Priesterweihe. Als Missionar zog es ihn in den Fernen Osten, nach Indien und Japan. 1542 verkündet er in Goa, der portugiesischen Kolonie in Indien, das Christentum. Unter körperlichen Strapazen schiffte er sich von hier in das neu entdeckte Japan ein, wo er in kurzer Zeit 400 000 Menschen getauft haben soll. Schon vorab pflegte er sein Missionsgebiet zu studieren, um sich besser in die Gedanken der Menschen einfühlen zu können. 1552 brach er nach China auf und starb nach schwerer Krankheit am 3. Dezember auf der Insel Sancian bei Kanton. Sein Leichnam ruht in Goa, nur der rechte Arm gelangte als Reliquie nach Rom. 1619 wurde er seliggesprochen, 1622 gemeinsam mit Ignatius kanonisiert.

¶ Franz Xaver ist im Chorhemd abgebildet, das Kreuz in der erhobenen Rechten kennzeichnet ihn als Missionar, das flammende Herz steht für seine opferbereite Liebe zu Gott. Gerne verweisen die Künstler mit exotisch gewandeten »Indern« auf seine erfolgreiche Bekehrungsarbeit. Seit 1747 ist er der Schutzheilige Ostindiens. In der barocken Altarkunst wird Franz Xaver oft dem hl. Ignatius oder Johannes Nepomuk [→ 16. Mai] gegenübergestellt. Neben den malerischen Taufszenen ist das Krebswunder eine häufige Szene seiner Vita: Ein Krebs soll der Legende nach das im Meer verlorene Kreuz des Missionars zurückgebracht haben. Franz Xaver ist wegen seiner vielen Schiffsreisen Patron der Seefahrer, seit 1952 schützt er deshalb auch den (Kreuzfahrt?-)Tourismus. Man bittet Franz Xaver um einen guten Tod.

Im Bistum Bamberg begegnen wir dem hl. Franz Xaver überall dort, wo die Jesuiten wirkten, die Fürstbischof Johann Gottfried von Aschhausen (1575–1622) in sein neues Priesterkollegium berief. 1686 wurde der Grundstein ihrer prächtigen Kirche (heute St. Martin) am Grünen Markt gelegt. Bis 1690 erstand nach Plänen des Baumeisters Johann Leonhard Dientzenhofer der Neubau. Der Verehrung Franz Xavers dient eine reich stuckierte und ausgestattete Kapelle neben dem Chor. Putti mit Federkronen weisen dem Gläubigen den Weg. Auch zum Schmuck der mächtigen Kirchenfassade gehört eine Skulptur des Heiligen. 1639 stattete Fürstbischof Franz von Hatzfeld (1633–1642) die Jesuiten mit mehreren Gütern und Ortschaften aus. Auf dem Gelände des einsamen Sandhofs bei Oberhaid steht eine dem hl. Franz Xaver geweihte Kapelle

(1755). Sie ist nicht mehr zugänglich, aber eine Steinfigur des Heiligen grüßt an der Fassade den vorbeikommenden Wanderer. Auch den verwüsteten Ort Sambach erhielten die Bamberger Jesuiten und bauten ab 1664 Dorf und Kirche wieder auf. 1681 konnten die Altäre geweiht werden, von denen der linke unter dem Schutz der beiden Jesuitenheiligen Ignatius und Franz Xaver steht. Sie werden von zwei barocken Skulpturen repräsentiert.

Kirchen und Darstellungen Franz Xavers

Bamberg, St. Martin, Kapelle
Frauendorf (Lkr. Lichtenfels), kath. Kirche St. Ägidius, Figur von 1775
Peulendorf (Lkr. Bamberg), kath. Kirche St. Sebastian, Figur am Hochaltar
Sambach (Lkr. Bamberg), kath. Pfarrkirche St. Antonius, Figur
Sandhof (Lkr. Bamberg), Kapelle
Scheßlitz (Lkr. Bamberg), kath. Stadtpfarrkirche St. Kilian, Figur am Johann-Nepomuk-Altar, um 1752

4. Dezember
Hl. Barbara
Märtyrerin
(gest. um 306)

auch Babette, Bärbel, Betty

Eine romanhafte Legende berichtet von Barbara, einer Christin aus Nikomedien (Türkei), die in der Zeit des römischen Kaisers Maximinus Daja das Martyrium erlitt. Sie soll von ihrem reichen heidnischen Vater, der eifersüchtig über ihre Tugend wachte, in einen Turm gesperrt worden sein. Als er verreiste, ließ sie drei Fenster als Bild der Dreifaltigkeit in die Wand brechen. Vergebens suchte der Vater sie vom Glauben abzubringen und zu verheiraten. Auf wunderbare Weise von einem Engel gestärkt, blieb Barbara standhaft und floh. Ein Felsen öffnete sich und schützte das Mädchen, bis ein Hirte sie verriet. Das Martyrium war nun unausweichlich, sie wurde vor Gericht gebracht. Bei der Folter schnitt man ihr die Brüste ab. Der Vater selbst soll seine geschändete Tochter enthauptet haben; er büßte dafür, als ihn kurz darauf ein Blitz erschlug.

¶ Der Barbara-Kult entstand in der oströmischen Kirche und erlangte im Westen erst eine volkstümliche Verbreitung, als um die Jahrtausendwende Reliquien nach Venedig gelangten. Seit dem 12. Jahrhundert feiert die Christenheit ihr Andenken am 4. Dezember mit Mysterienspielen und Wundererzählungen.

Die hl. Barbara bildet seit dem späteren Mittelalter mit Katharina [→ 25. November] und Margareta [→ 20. Juli] die Gruppe der »heiligen drei Madln« und erscheint wie diese als Jungfrau oft mit offenem Haar. Als persönliches Attribut hat sie einen Turm mit drei Fenstern, einen Kelch sowie Schwert und Palme bei sich. Aus ihrem Martyrium leiten zahlreiche Berufsstände ihren Schutz ab, so die Architekten und Bauhandwerker, die Artillerie, der Bergbau, die Gefangenen, Hutmacher, Köche und Totengräber. Als Nothelferin führt Barbara die Seelen der Toten vor den Thron Gottes und bewahrt vor Gewitter, Feuer und Pest. Kirschzweige, die man an ihrem Tag in die Vase stellt, blühen zu Weihnachten.

¶ Erst im 14. Jahrhundert zog die hl. Barbara in den Bamberger Dom ein, wo ihr Bischof Friedrich von Hohenlohe (1345–1352) einen Altar stiftete, vor dem er sich begraben ließ. Bis 1730 wurde am Vorabend des Barbara-Festes hierher eine Prozession gehalten, obwohl das Patrozinium 1677 auf die Bistumsgründer Heinrich und Kunigunde übergegangen war. In der Bamberger Klosterkirche St. Theodor gab es seit 1441 einen Barbara-Altar, 1704 wurde hier eine eigene Bruderschaft gegründet.

**Auf Barbara die Sonne weicht,
auf Luzia sie wieder herschleicht.**

Der großen Zahl von Skulpturen der Heiligen stehen nur zwei Kirchenpatronate gegenüber; beide liegen im Landkreis Bamberg. Unterhaid, das einst zum Bistum Würzburg gehörte, hatte seit spätestens 1367 eine Barbara-Kapelle, 1471 zur Pfarrkirche erhoben. Heute steht hier ein barocker Bau, von dessen Fassade die Schutzpatronin auf die Gläubigen herunterschaut. Ihr Hochaltargemälde von 1703 ergänzen Skulpturen der hll. Katharina und Margareta, die an ihren Attributen zu erkennen sind. Der rechte Seitenaltar ist den Nothelfern geweiht, in deren Kreis die hl. Barbara als Kirchenpatronin ganz oben und etwas deutlicher gemalt ist. Die zweite Barbara-Kirche liegt in Wattendorf, einem Ort im Jura, den die Truhendinger 1274 dem Kloster Langheim schenkten. Die Kirche, deren Chorturm auf das 14. Jahrhundert zurückgeht, überrascht den Besucher mit einer feinen Rokoko-Ausstattung, die die Heimatkunde gern, aber zu unrecht, der Bamberger Bildhauerwerkstatt Mutschele zuschreibt. Die Skulptur der Titelheiligen ist sehenswert – gleich welcher Künstler sie schuf.

Die »dienstälteste« Barbara der Diözese Bamberg dürfte in Forchheim zu finden sein, wo eine kleine Sandsteinfigur der Zeit um 1360 auf einer Laubwerkkonsole über dem Hauptportal der Stadtpfarrkirche steht. Der »Dreijungfrauenstein« der Nürnberger Lorenz-Kirche stellt Barbara um 1410 dar, das kindliche Gesicht wird von einer riesigen Krone fast erdrückt. In der Linken hält sie den Kelch, neben ihr stehen die hll. Katharina und Agnes [→ 21. Januar]. Die leichte Melancholie, die das Kunstwerk ausstrahlt, die naive Unbefangenheit und vor allem die fließenden Kaskadenfalten der Gewänder ordnen es dem »weichen Stil« zu. Wenig später entstand die Ausmalung des Chorturms von St. Georg in Laubendorf, auf der die hl. Barbara genauso zu erkennen ist wie auf dem Fresko in der Bamberger Jakobs-Kirche.

In Veitsbronn hat sich ein spätgotischer Barbara-Altar von 1440/50 erhalten. Im Mittelschrein steht die Heilige wie in einem kostbaren überwölbten Gehäuse, das mit gemalten Brokatstoffen ausgeschlagen und mit einem Maßwerkvorhang geschmückt ist. Eine schwere Krone auf dem mädchenhaften Gesicht und von einem goldenen Mantel verhüllt, balanciert Barbara mühelos auf der linken Hand ihre Attribute, Turm und Kelch. Das vollständige Bildprogramm

läßt erkennen, daß dieser Altar den Nothelfern gewidmet ist, die sich um die hl. Barbara scharen.

Weitere Werke der Spätgotik finden sich unter anderem in Hirschfeld, wo Barbara in einem Flügelaltar gemeinsam mit der hl. Kunigunde [→ 3. März] dargestellt war. (Der Schrein ist verloren.) Die Friedhofskirche von Weidenberg bewahrt ein Relief der Heiligen aus dieser Zeit auf, das ebenfalls zu einem Altar gehört haben dürfte. In Effeltrich hat man 1980 die Einzelfiguren der Muttergottes sowie der hll. Katharina und Barbara wieder in einem ansprechenden Gehäuse zusammengefaßt; diese sind deutlich flacher geschnitzt als die Muttergottes und waren wohl um 1500 auf die Seitenflügel des ursprünglichen Altars montiert. In Aschbach ist die Predella des Marien-Altars mit einem gemalten Idealportrait der hl. Barbara geschmückt.

¶ Daß in der Barockzeit die Beliebtheit der Nothelferin nicht nachläßt, beweisen zahlreiche Skulpturen, die dem jeweiligen Altarpatron zugeordnet sind. So am Hochaltar der Kirchen in Birnbaum und Büchenbach (1726) sowie am linken Seitenaltar in Kirchehrenbach, für den Friedrich Theiler um 1772 eine anmutige Barbara im festlichen Rokokogewand entwarf. Zu ihren Füßen steht ein Turm mit drei überdeutlichen Fenstern, in den Händen hält sie Kelch und Dolch. In der barocken Kirche von Steinwiesen war ein Seitenaltar der hl. Barbara geweiht, das Altarbild dieser Zeit hängt im neugotischen Gotteshaus verloren an der Wand. Eine modernere Barbara sehen wir im 1913 entstandenen Glasfenster der Kirche von Hochstahl.

¶ Zahlreicher als die einzelnen Altarfiguren der Heiligen sind ihre Darstellungen in Nothelfer-Zyklen. Hier kann auf die rotgewandete Barbara der Emporenbrüstung von Gaiganz (um 1600) und den ungewöhnlichen Nothelfer-Altar der Kirche von Regensberg (Lkr. Forchheim) verwiesen werden. Er wurde nach dem Vorbild des frühbarocken

Altars von Vierzehnheiligen 1684 als Baum gestaltet, auf dessen Ästen kleine Figuren der vierzehn angerufenen Heiligen stehen. Ganz oben ist die hl. Barbara zu erkennen: Turm, Schwert und Kelch zeichnen sie aus.

Barbara-Kirchen und -Darstellungen

Aschbach (Lkr. Bamberg), evang. Kirche, spätgotischer Marien-Altar
Auerbach (Lkr. Amberg-Sulzbach), kath. Pfarrkirche St. Johannes d.T., spätgotische Figur
Birnbaum (Lkr. Kronach), kath. Kirche St. Stephan, Hochaltar
Büchenbach (Lkr. Bayreuth), kath. Kirche St. Veit, Hochaltar
Effeltrich (Lkr. Forchheim), kath. Kirche, spätgotische Altarfigur
Forchheim, Stadtpfarrkirche St. Martin, Fassadenfigur
Gaiganz (Lkr. Forchheim), kath. Filialkirche St. Veit, Empore
Hirschfeld (Lkr. Kronach), kath. Kirche Mariae Heimsuchung, spätgotische Figur
Hochstahl (Lkr. Bayreuth), kath. Pfarrkirche St. Johannes d.T., Glasfenster
Kirchehrenbach (Lkr. Forchheim), kath. Kirche St. Bartholomäus
Laubendorf (Lkr. Fürth), evang. Kirche St. Georg, Fresko
Regensberg (Lkr. Forchheim), kath. Filialkirche St. Margaretha, Nothelfer-Altar
Steinwiesen (Lkr. Kronach), kath. Kirche, ehem. Seitenaltarbild
Unternbibert (Lkr. Ansbach), evang. Kirche, ehem. St. Bartholomäus und Barbara
Unterhaid (Lkr. Bamberg), kath. Filialkirche St. Barbara
Wattendorf (Lkr. Bamberg), kath. Pfarrkirche St. Barbara
Weidenberg (Lkr. Bayreuth), evang. Friedhofskirche, ehem. St. Stephan, spätgotisches Relief

5. Dezember
Anno von Köln
(um 1010–1075)

6. Dezember
Hl. Nikolaus
(gest. um 345)
auch Klaus, Kles, Nicol, Nicolai, Colin

Als spätgeborener Sohn wohlhabender Eltern kam Nikolaus, dessen Name »Sieg des Volkes« bedeutet, in Patras (Türkei) zur Welt. Schon als Knabe widmete er sich dem Studium der Heiligen Schriften, später wurde er von seinem Onkel, dem Bischof von Myra, zum Priester geweiht. Großzügig verteilte er sein Erbe unter den Bedürftigen. Ungern ließ er sich zum Abt eines Klosters wählen und unternahm kurz darauf eine Wallfahrt ins Heilige Land. Am Tag seiner Rückkehr soll er der Legende nach zum Bischof ernannt worden sein; die Wahl fiel auf ihn, weil er morgens als erster Priester die Kirche betreten hatte. Auf dieses ungewöhnliche Vorgehen hatte man sich verständigt, nachdem vorher keine Einigung über den richtigen Kandidaten erzielt werden konnte. Noch in den letzten Jahren der Christenverfolgungen berufen, füllte Nikolaus sein schweres Amt mit Geschick und Klugheit aus. Kerkerhaft und Verhöre blieben ihm nicht erspart, bis sich das Christentum unter Kaiser Konstantin [→ 21. Mai] frei entfalten konnte. Um 345 starb Nikolaus hochbetagt in Myra, wo sein Kult schon seit dem 6. Jahrhundert nachweisbar ist.

¶ In der Ostkirche überstrahlt Nikolaus alle anderen Heiligen und steht neben der Muttergottes. Im Westen finden sich erst gegen Ende des 10. Jahrhunderts Zeugnisse seines Kults und Nikolaus-Patrozinien. Dies geht auf Theophanu, die einflußreiche byzantinische Gemahlin

Kaiser Ottos II., zurück. Gegen Ende des Jahrtausends verbreitete der Eichstätter Bischof Reginold die Nikolaus-Geschichte. 1087 brachten Kaufleute die Gebeine des Heiligen nach Bari (Italien). Dort steht in der Krypta der Basilika San Nicola sein Sarkophag, aus dem eine balsamartige, heilende Flüssigkeit – Manna genannt – fließt. Die Kreuzfahrer, die sich hier seit 1096 vor der Überfahrt ins Heilige Land sammelten, verbreiteten seinen Kult im Abendland.

Viele Geschichten ranken sich um die Hilfsbereitschaft und die Großzügigkeit des hl. Nikolaus. Am bekanntesten ist wohl die Hilfe, die er drei armen Mädchen zukommen ließ. Ihr verzweifelter Vater wollte sie zur Prostitution zwingen, um die große Familie vor dem Hungertod zu retten. Doch Nikolaus hörte davon und schob jeder heimlich durchs Fenster der Schlafkammer einen Goldklumpen als Mitgift zu, so daß ihnen ein schreckliches Schicksal erspart blieb. Eine andere Geschichte erzählt von drei unschuldig Gefangenen, die im Kerker des Kaisers auf die Todesstrafe warteten. Sie erflehten die Hilfe des Bischofs von Myra und wurden tatsächlich am nächsten Tag entlassen. Dem Kaiser war nämlich im Traum ein älterer Mann erschienen, der ihm ein Strafgericht für den Tod Unschuldiger androhte. Diese Legende entwickelte sich im Mittelalter weiter: Ein Metzger hatte drei fahrende Schüler getötet und in einem Faß gepökelt. Der hl. Nikolaus erweckte sie wieder zum Leben. Auch aus einem schrecklichen Sturm soll er Gläubige, die seinen Namen anriefen, gerettet haben.

Während sich die frühen Bilder des Heiligen an strengen byzantinischen Vorbildern orientieren, sieht ihn das Mittelalter als würdigen Bischof mit Mitra, Stab und Buch. Drei Goldklumpen oder Kugeln kennzeichnen ihn als Beschützer der Jungfrauen, drei Knaben in einem Faß erinnern an die Rettung der Schüler.

Über zahlreiche Bruderschaften und Berufe hält Nikolaus seine schützende Hand: Fährleute, Böttcher, Kaufleute, Matrosen, Müller, Notare, Wachszieher, Weber, Weinhändler, Schüler und Gefangene. Als Heiliger der Reisenden und Pilger lag es nahe, ihn auch zum Patron der Straßen und der Brücken zu machen. Man ruft ihn gegen irrige Urteile, Gefahren des Wassers und zur Wiedererlangung gestohlenen Eigentums an.

Der Festtag des Heiligen ist seit dem Mittelalter wegen der Geschenke für die Kinder besonders beliebt und hat sich in den Klosterschulen entwickelt. In Nordeuropa (nicht in Italien) haben sich zahlreiche Bräuche erhalten, in deren Mittelpunkt Nikolaus als Patron der Schüler steht. Er kehrt persönlich bei den Menschen ein, verteilt großzügige Gaben an brave Kinder, ermahnt die unartigen und zieht in krassen Fällen seinen wilden Knecht Rupprecht [→ 24. September] oder Krampus zur Bestrafung bei. Kommt er heimlich, z. B. durch den Kamin, finden sich seine Gaben in Schuhen, Strümpfen oder kleinen Papierschiffen. Die protestantische Kultur machte aus dem hl. Nikolaus den Weihnachtsmann.

¶ Im Bistum Bamberg wurde die Verehrung des Heiligen von Heinrich II. eingeführt. Er hatte den Nikolaus-Kult 1005 im gleichnamigen Kollegiatsstift in Aachen, einer ottonischen Gründung, kennengelernt und machte Nikolaus 1012 zum Patron eines Nebenaltars im Ostchor des Bamberger Doms. Im Ekbert-Dom gab es seit 1220 einen Nikolaus-Altar im Südost-Turm über dem Adamsportal. Das Zisterzienserkloster Ebrach ernannte den Bischof von Myra 1134 zum Nebenpatron und behielt das Patrozinium unverändert bei, so daß seine überlebensgroße Skulptur 1778/80 zum klassizistischen Hochaltar von Johann Peter Wagner gehört. Deutlich sind die Goldkugeln auf seinem Buch zu erkennen.

**Regnet's an St. Nikolaus,
wird der Winter
streng und graus.**

Zu den überlieferten Nikolausbräuchen zählt das Fest des für einen Tag gewählten Knabenbischofs in der Stiftsschule St. Stephan, der als Bischof verkleidet in die Kirche einzog und Lebensruten aus Rosmarin und Wacholder verteilte. Diese fröhliche Feier ist allerdings nur für das 16. Jahrhundert bezeugt; unbekannt ist, wie lange sie sich erhalten hat.

Zahlreiche Kirchen und Kapellen hat man im Bistum unter den Schutz dieses Heiligen gestellt; sie alle vorzustellen ist hier nicht möglich. Die älteste von ihnen ist die heute evangelische Pfarrkirche von Baiersdorf, die schon 1062 erwähnt wird. In Henfenfeld läßt sich die »dienstälteste« Nikolaus-Darstellung finden: Bischof Otto [→ 30. September] hatte Ort und Kirche 1119 dem Kloster Michelfeld (Lkr. Amberg-Sulzbach) geschenkt; als in der Mitte des 13. Jahrhunderts die Kirche erneuert wurde, erhielten die

Maßwerkfenster im Chor farbige Glasgemälde, die den Titelheiligen und den Erzengel Michael [→ 29. September] zeigen.

¶ Rund hundert Jahre jünger ist die um 1350 entstandene, leicht beschädigte Steinfigur mit hoher Mitra, strähnigem Bart und melancholischem Blick, die zur gotischen Nikolaus-Kapelle von Arnstein gehörte. Nach dem barocken Neubau vorübergehend in die Kirchhofmauer versetzt, hat sie 1968 einen vom Wetter geschützten Standort in der Kirche gefunden. Deren barockes Hochaltargemälde (um 1735) zeigt die Verklärung des Schutzheiligen, der nun ein schimmerndes zeitgemäßes Ornat trägt und sich gütig einem verspielten Putto zuwendet. In der Kirchenfassade ersetzt eine neugotische Skulptur die wohl zerstörte barocke.

Um 1200 gründete das Geschlecht der Andechs-Meranier hoch auf dem Jura die Siedlung Herzogenreuth und wählte den hl. Nikolaus zum Patron des Gotteshauses. Der archaische dicke Turm aus der Erbauungszeit beherrscht noch heute die karge, windumtoste Landschaft. Einem großzügigen Testament verdankt das Kirchlein seine barocke Ausstattung, und mit Staunen wurde jüngst festgestellt, daß kein Geringerer als der Pommersfeldener Hofmaler und Galeriedirektor Johann Rudolph Byss 1722 das Altarblatt des Bischofs von Myra schuf. Er gab dem hl. Nikolaus die Züge des Bamberger Domherrn von Ostein – als Dankeschön an den Stifter.

¶ Einen idyllischen Pfarrhof aus längst vergangener Zeit betritt in Pinzberg, wer das schwere, abweisende Tor an der Straße überwunden hat. Buckliges Pflaster führt zum Seitenportal der Kirche, deren Nikolaus-Patrozinium einst schon von weitem am ausgeschnittenen Bischof der Wetterfahne erkennbar war. Die heute verrußten und übermalten Deckenfresken von Johann Jakob Gebhardt (1738) führen uns das Wirken des Schutzheiligen vor Augen, der Hochaltar birgt seine wunderschöne Rokoko-Figur.

Nicht vergessen dürfen wir die große Bedeutung, die Nikolaus als Schutzpatron der Fährleute gewann. Als Vorläufer des erst 1729 kanonisierten Johann Nepomuk [→ 16. Mai] schützte er Brücken, Furten und die zahlreichen Flöße sowie die am Wasser lebenden und arbeitenden Menschen. Deshalb gab man im Mittelalter die »Cles-Brücke« unter seine Obhut, die bei Grasmannsdorf die Fernstraße von Bamberg nach Würzburg über die Rauhe Ebrach führt. Er war nach damaligem Verständnis Rechtsträger der Brücke und ihres Besitzes, dem Spenden für ihren Unterhalt zustanden. Als im 18. Jahrhundert eine kleine Summe zusammengekommen war, plante man zunächst den Bau einer Kapelle. Ausgeführt wurden dann sieben überlebensgroße Sandsteinfiguren auf hohen Sockeln, die der Brücke noch heute ihr Gepräge geben; sie traten anstelle einer älteren Nikolaus-Figur. 1714 schuf der Coburger Bildhauer Johann Nikolaus Resch die Figur des alten, im Jahr darauf die des »neuen« Brückenpatrons Johann Nepomuk.

¶ Auch die Nikolaus-Kapelle am Ortsrand von Breitengüßbach dürfte dem

Wasserpatron geweiht sein, denn der Ort liegt am Zusammenfluß von Itz und Main, wo bis in die heutige Zeit häufige Überschwemmungen im Frühjahr den Verkehr behinderten. Für die 1696 an Stelle eines älteren Baus errichtete Sandsteinkirche erwarb man aus dem Bamberger Karmelitenkloster eine der schönsten spätgotischen Nikolaus-Figuren der Diözese: Auf dem furnierten barocken Hochaltar thront seither der Bischof von Myra, an seine Knie schmiegen sich vertrauensvoll die geretteten Mädchen. Stolz und erleichtert halten sie ihre goldene Mitgift in der Hand.

¶ Die Fürsorge, die der Heilige ihnen zuwendet, kommt innig auch auf einem spätgotischen Tafelbild aus der Werkstatt des Hans Schäuffelein zum Ausdruck; es gehört zum 1515 entstandenen Nikolaus-Altar der heute evangelischen Kirche in Wiebelsheim: Ein Fenster gibt den Blick auf die Schwestern frei, die in einem breiten Bett selig nebeneinander schlummern. Vor dem Fenster steht der jugendliche Bischof und will gerade die letzte goldene Kugel auf die rote Bettdecke legen, als der vergrämte Vater aufblickt und den Retter erkennt.

»St. Nikolaus der heilig Mann / zu Land und Wasser helfen kann« versprechen Bild und Inschrift auf der hier zum letzten Mal im Jahreskreislauf zitierten Empore der Adelgundis-Kapelle auf dem Staffelberg (Lkr. Lichtenfels).

Katholische Nikolaus-Kirchen und -Darstellungen

Arnstein (Lkr. Lichtenfels), Pfarrkirche
Breitengüßbach (Lkr. Bamberg), Kapelle
Ebermannstadt (Lkr. Forchheim), Pfarrkirche
Grasmannsdorf (Lkr. Bamberg), Cles-Brücke
Gunzendorf (Lkr. Bamberg), Filialkirche
Herzogenreuth (Lkr. Bamberg), Filialkirche
Kronach, Nikolaus-Kapelle
Oberelldorf (Lkr. Coburg), Filialkirche
Pinzberg (Lkr. Forchheim), Pfarrkirche
Stublang (Lkr. Lichtenfels), Kirche
Reifenberg (Lkr. Forchheim), Kapelle
Windheim (Lkr. Kronach), Pfarrkirche

Evangelische Nikolaus-Kirchen

Bad Berneck (Lkr. Bayreuth); Baiersdorf (Lkr. Erlangen-Höchstadt); Henfenfeld (Lkr. Nürnberger Land); Krassolzheim (Lkr. Neustadt/Aisch); Lauenstein (Lkr. Kronach); Münchsteinach (Lkr. Neustadt/Aisch), ehem. Klosterkirche; Oberhöchstadt (Lkr. Neustadt/Aisch), Pfaffenhofen (Lkr. Neustadt/Aisch), Schalkhausen (Lkr. Ansbach); Stettberg (Lkr. Ansbach); Wiebelsheim (Lkr. Neustadt/Aisch)

7. Dezember

Hl. Ambrosius

(um 340–397)

Ambrosius war der Sohn des römischen Präfekten in Trier. Schon als Kind prophezeite ihm der eigene Vater eine große Zukunft und er sollte Recht behalten: Ambrosius, dessen griechischer Name »der Göttliche« bedeutet, wurde 374 Erzbischof von Mailand und Berater dreier Kaiser. Seine Laufbahn begann nach dem Studium der Rechtswissenschaften als *advocatus* bei Gericht. Später zog er nach Rom, von wo er als Konsul nach Mailand geschickt wurde. Als Staatsbeamter mußte Ambrosius dienstlich den Streit um die Wahl des neuen Bischofs schlichten, der zwischen Arianern und Katholiken entbrannt war. Einer Eingebung folgend, ernannten beide Parteien den Vermittler zum Oberhaupt der mailändischen Kir-

che, und das, obwohl Ambrosius noch nicht einmal getauft war. Dies holte er schnell nach, und am 7. Dezember wurde er mit Zustimmung des Kaisers geweiht.

¶ Ambrosius ist es zu verdanken, daß sich das junge Christentum scharf gegen Irrlehren abgrenzte. Mit der Taufe des Augustinus [→ 28. August] gelang es ihm, einen bekannten Manichäer zum Christentum zu bekehren. Ambrosius machte sich durch seine Großzügigkeit für die Armen und sein untadeliges Leben beim Volk sehr beliebt. Als Seelsorger bemühte er sich um den Gottesdienst, dem er wichtige Impulse durch den Hymnengesang zu geben verstand und an dem er die Gläubigen stärker beteiligte. Er schrieb selbst zwölf herrliche Hymnen. Noch heute wird in Mailand die Liturgie in der ambrosianischen Form gelesen.

¶ Ohne Angst trat der Erzbischof, der mit der Sprachgewalt seiner Predigten selbst den kritischen Augustinus begeistert hatte, offen für die Unabhängigkeit der Kirche vom Staat ein – und ließ dies sogar Kaiser Theodosius spüren, den nach dem Blutbad in Thessaloniki (Griechenland) die öffentliche Kirchenbuße traf. Die Auffindung der Gebeine der Mailänder Märtyrer Gervasius und Protasius (sie sind bei uns kaum bekannt) festigte seine Beliebtheit. Er starb am 4. April 397 in Mailand und wurde in der Basilika, die später seinen Namen tragen sollte, beigesetzt. Als sein Festtag gilt der Tag seiner Bischofsweihe.

Ambrosius, der älteste unter den vier abendländischen Kirchenlehrern, wird zumeist im erzbischöflichen Ornat dargestellt und ist in der Schar heiliger Bischöfe an einem Bienenkorb zu erkennen. Dies geht auf eine Überlieferung aus seiner Kindheit zurück: Der kleine Ambrosius lag unbewacht im Garten, als sein Vater einen wilden Bienenschwarm bemerkte, der sich in seinem Mund niedergelassen hatte, ohne dem Kind zu schaden. Die summenden, fleißigen Bienen gelten als Sinnbild seiner legendären Beredsamkeit und Überzeugungskraft. Diese Geschichte machte ihn zum Schutzpatron der Imker, Wachszieher und Lebküchner, aber auch der Bienen und Haustiere. Schutzpatron der Stadt Mailand wurde er erst 1338, nachdem seine Erscheinung die Belagerer mit einer Geisel in die Flucht geschlagen haben soll. Meist wird Ambrosius zusammen mit den anderen Kirchenlehrern, seinem Schüler Augustinus, Hieronymus [→ 30. September] und Papst Gregor [→ 3. September] abgebildet.

¶ Ambrosius gehört zu den Heiligen, die bereits 1012 im Bamberger Heinrichs-Dom verehrt wurden, denn im südlichen Querhaus weihte man ihm einen Altar gemeinsam mit den hll. Gregor und Silvester [→ 31. Dezember]. Ein Kirchenpatronat hat er nicht übernommen. Er ist jedoch überall dort zu sehen, wo an die lateinischen Kirchenlehrer erinnert werden soll. So an vielen Kanzeln, z. B. in Pinzberg und der Forchheimer Stadtpfarrkirche. In Gremsdorf ist die Frage, ob die Evangelisten oder die Kirchenlehrer die Bedeutung der Kanzel unterstreichen sollen, salomonisch gelöst: hier hat man die Kirchenlehrer als Skulpturen, die Evangelisten als Reliefs am Korpus gemeinsam angebracht.

¶ Die schönste Kanzel, auf der Evangelisten und Kirchenväter gleichzeitig zu sehen sind und den Prediger unterstützen, findet sich seit 1751/52 in der ehemaligen Klosterkirche St. Michael in Bamberg. Sie werden hier in ihrem Kampf für das Christentum noch vom Erzengel Michael unterstützt, der den Unglauben von der Kanzel stößt. Ambrosius sitzt gelassen auf dem breiten Schalldeckel, Putti kümmern sich um seine Attribute.

¶ Die gotische Tradition, die Gewölbesegel des Chores mit den Kirchenvätern zu bemalen, wie in Effeltrich zu sehen, hat man in barocken Deckenfresken wieder aufgegriffen, so in Zentbechhofen, Zeyern und vielen anderen Gotteshäusern.

¶ Als Skulptur oder Tafelbild kann Ambrosius uns auch auf Altären begegnen. Am bekanntesten dürfte der spätgotische Hochaltar der Kirche von Hersbruck sein, der um 1490 entstand und einer der größten in Franken ist. Die Muttergottes steht zwischen den lebensgroßen Holzfiguren der Kirchenväter, die mehrere, namentlich nicht bekannte Bildschnitzer in einer Bamberger Werkstatt fertigten. Die Skulpturen scheinen auf ihren Blattkonsolen fast zu schweben: Ambrosius mit ernsthaftem Gesicht, lesend neben dem hl. Hieronymus. Eine barocke Variation des Themas gibt es auf dem Hochaltar der Kirche von Schlüsselau; Franz Anton Schlott fertigte 1729 die Skulpturen, ein unübersehbarer Bienenkorb kennzeichnet Ambrosius.

¶ Von der sehr engen menschlichen und kirchengeschichtlichen Verbindung zwischen Ambrosius und Augustinus erzählt auch das gotische Tauffresko in der Augustinus-Kapelle des ehemaligen Chorherrnstifts Neunkirchen am Brand. »Dich Herr bekennen wir, Dich Gott loben wir« steht in lateinischen Worten auf dem Schriftband über dem Kirchenlehrer.

Darstellungen des Ambrosius

Bamberg, ehem. Klosterkirche St. Michael, Kanzel
Effeltrich (Lkr. Forchheim), kath. Pfarrkirche St. Georg, Fresko
Gremsdorf (Lkr. Erlangen-Höchstadt), kath. Pfarrkirche St. Ägidius, Kanzel
Hersbruck (Lkr. Nürnberger Land), evang. Pfarrkirche, Flügelaltar
Neunkirchen am Brand (Lkr. Forchheim), ehem. Augustinerchorherrn-Kirche St. Michael, Augustinuskapelle
Pinzberg (Lkr. Forchheim), kath. Pfarrkirche St. Nikolaus, Kanzel
Rattelsdorf (Lkr. Bamberg), kath. Pfarrkirche St. Peter und Paul, Kanzel
Schlüsselau (Lkr. Bamberg), Wallfahrtskirche Heiligste Dreifaltigkeit, Figur
Zentbechhofen (Lkr. Erlangen-Höchstadt), kath. Pfarrkirche St. Leonhard, Fresko
Zeyern (Lkr. Kronach), kath. Pfarrkirche St. Leonhard, Fresko

8. Dezember
Mariae Unbefleckte Empfängnis

Das Hochfest der ohne den Makel der Erbsünde empfangenen Muttergottes feierten die Franziskaner schon seit 1263; Papst Clemens XI. führte es 1708 verbindlich ein. Seit 1854 ist die Lehre von der Unbefleckten Empfängnis ein Glaubenssatz der katholischen Kirche.

9. Dezember
Hl. Eucharius
(3. Jh.)

Gemeinsam mit Maternus [→ 11. September] und Valerius (siehe Abb. S. 384) kam der aus Lyon stammende Eucharius ins Rheinland. Er war der erste namentlich bekannte Bischof der römischen Provinzhauptstadt Trier. Spätere Legenden machten ihn zu einem Schüler des Apostelfürsten Petrus [→ 29. Juni]. Als Überwinder des Heidentums hat Bischof Eucharius einen Drachen oder Teufel zum Attribut.

¶ In Bamberg hat man zwar 1012 Reliquien des hl. Eucharius in den Dom eingebracht, eine Verehrung ist aber nur für Nürnberg nachzuweisen. Zum Komplex des Schottenklosters St. Egidien gehört seit 1120/30 eine Kapelle, die Eucharius geweiht ist. Sie soll schon vor der Klostergründung bestanden haben.

10. Dezember
Hl. Eulalia
Märtyrerin
(gest. 304)

11. Dezember
Hl. Damasus
(um 305–384)

12. Dezember
Hl. Johanna Franziska von Chantal
(1572–1641)

13. Dezember
Hl. Luzia von Syracus Märtyrerin
(gest. um 300)

Erst lange nach ihrem Tod schrieb man die romanhafte Leidensgeschichte der hl. Luzia auf, die mit der Auffindung der Luzia-Katakombe in Syrakus (Sizilien) zur historischen Gestalt wurde. Über ihrem vermeintlichen Grab wurde bereits in byzantinischer Zeit eine Kirche errichtet. Die Legende überliefert, daß Luzia, wie viele Christinnen jener Zeit, schon als Kind heimlich ein Keuschheitsgelübde ablegte und trotz der von den Eltern arrangierten Verlobung die Ehe verweigerte. Sie riß sich die Augen heraus und schickte sie ihrem Verehrer in einer Schale, der sich daraufhin in die Augen verliebte. Das bevorstehende Martyrium wurde ihr von der hl. Agatha [→ 5. Februar] angekündigt. Der Bräutigam klagte sie an und wollte sie in ein Bordell bringen. Sie blieb standhaft, verharrte einfach auf der Stelle, und selbst zwei Ochsen konnten sie nicht wegbringen. Schließlich töteten die Schergen des Christenhassers Diocletian das Mädchen nach grausamen Martern durch einen Schwertstich in den Hals.

¶ Das früheste Zeugnis ihrer Verehrung ist eine Grabinschrift der Zeit um 400 auf dem Friedhof S. Giovanni in Syrakus. Ihre Gebeine gelangten nach Konstantinopel und 1204 nach Venedig. Schon im Jahr 970 waren durch die Vermittlung Kaiser Ottos des Großen einige Reliquien nach Metz (Frankreich) gekommen, von wo aus sich ihr Kult über Mittel- und Nordeuropa aus-

breitete, anfänglich vermischt mit dem der germanischen Göttin Berchta. Luzia, »die Leuchtende«, wird auch »die Spinnerin« genannt.

¶ Den Festtag der hl. Luzia, deren Name vom Lateinischen *lux* = Licht abgeleitet wird, feiert vor allem der Norden mit festlichem Brauchtum. So heißt in Schweden das schönste Mädchen Luzia-Braut und verteilt – mit einem Lichterkranz geschmückt – kleine Geschenke an den dunkelsten Tagen des Jahres.

Kommt die heilige Luzia, findet sie schon Kälte da.

Luzia erscheint als schöne Jungfrau mit langem Haar. Palme und Schwert verweisen neben einer klaffenden Halswunde auf ihr Martyrium. Manchmal trägt sie Augen auf einem Teller oder eine Lampe. Gerne hat man sie zusammen mit der hl. Agatha dargestellt. Luzia ist Patronin der Armen, Blinden, reuigen Dirnen, Glaser, Weber, Schneider, Notare und Schreiber, außerdem der kranken Kinder. Weil sie Licht bringt, erbittet man ihre Hilfe gegen Augenleiden, wegen ihres Martyriums bei Halsweh. Ihre Fürsprache erhofft man bei Ruhr und Blutfluß.

¶ Obwohl im ersten Bamberger Dom 1012 Reliquien der hl. Luzia im Hochaltar des Ostchors eingelegt wurden, ist es im Bistum nicht zu einer besonderen Verehrung gekommen. Sie erscheint erstmals 1440/50 auf den inneren Predellenflügeln des Barbara-Altars von Veitsbronn und 1513 auf dem spätgotischen Jungfrauen-Altar der von Bischof Otto I. [→ 30. September] gegründeten Zisterzienserklosterkirche von Heilsbronn. 1483 ließ Jobst Krell die hl. Luzia auf die Predella des von ihm gestifteten Bartholomäus-Altars der Nürnberger Lorenz-Kirche malen. Sie hält ein großes Schwert und zeigt deutlich ihre tödliche Wunde. Im Barock ist sie als Patronin der Augenkranken fast ganz von Ottilie verdrängt. In der Kirche von Steinbach am Wald umrahmt Luzia mit Apollonia [→ 9. Februar], der Schutzheiligen gegen Zahnschmerzen, Johannes den Täufer auf dem Hochaltar, der um 1740 entstand.

Darstellungen der hl. Luzia

Heilsbronn (Lkr. Ansbach), ehem. Klosterkirche, Jungfrauen-Altar
Nürnberg, evang. Stadtpfarrkirche St. Lorenz, Bartholomäus-Altar
Steinbach am Wald (Lkr. Kronach), kath. Pfarrkirche St. Johannes d. T., Figur
Veitsbronn (Lkr. Fürth), evang. Kirche, ehem. St. Veit, Barbara-Altar

13. Dezember
Hl. Ottilie von Hohenburg
(gest. 720)
auch Odilia

Der elsässische Herzog Eticho (auch Adalrich) soll seine blind geborene Tochter Odilia (von althochdeutsch Odila = Edelfräulein?) verstoßen haben. Heimlich wurde sie in einem Kloster erzogen und erlangte dort nach der Taufe durch den Missionsbischof Erhard [→ 8. Januar] unerwartet ihr Augenlicht zurück. Erst kurz vor seinem Tod versöhnte sich der Vater mit seiner frommen Tochter, die lange für ihn gebetet hatte und ihn damit vor dem Fegefeuer rettete. Zum späten Dank übertrug er ihr als Äbtissin das Kloster auf der Hohenburg. Sie selbst gründete dann das Kloster Niedermünster mit der Martins-Kirche am Fuße des später nach ihr benannten Odilienberges. Als Ottilie am 13. Dezember 720 ohne geistlichen Beistand starb, riefen die Nonnen ihre Seele zurück, damit sich die Äbtissin selbst das Sterbesakrament spenden konnte, bevor sie endgültig entschlief. An ihrem Grab in der Johannes-Kapelle des Klosters entstand ein lebhafter, bis heute blühender Kult.

Ein Paar Augäpfel auf einem Buch wurde zum Symbol der stets im dunklen Habit gekleideten hl. Ottilie. Es ging aus den Votivgaben hervor, die man ihr zum Dank für Augenheilungen weihte. Die Äbtissin wurde zur Schutzpatronin des Elsaß. In einer Zeit rauchiger Stuben, offener Kamine und unbeschreiblicher hygienischer Verhältnisse war das Augenlicht, vor allem der in den »schwarzen Küchen« wirtschaftenden Frauen, ständig gefährdet. Die Verbindung einer reinen Quelle mit dem volkstümlichen Ottilien-Kult geht jedoch nicht, wie mancher vermuten mag, auf die reinigende und heilende Wirkung klaren Wassers für die Augen zurück. Sie entstand vielmehr aus dem Wunsch der Wallfahrer, zu Hause die Situation auf dem Odilienberg zu kopieren, wo Ottilie mit ihrem Stab eine Quelle geöffnet haben soll.

¶ Lediglich der Rittersporn, den sie besonders liebte, galt in alten Gesundheitsbüchern als Heilpflanze für die Augen. Da eine medizinische Wirkung nicht beweisbar ist, könnte das kräftige Blau der Blüten mit dem leuchtenden Blau strahlender, gesunder Augen in Verbindung gebracht worden sein. Man nennt die Pflanze daher auch »Odilienkraut«. Ottilie gehört zu den vier *virgines capitales*, den volkstümlichen weiblichen Heiligen. Ihr Kult wurde von den

Augustinerchorherrn und Prämonstratensern besonders verbreitet.

¶ Schon im Laufe des Mittelalters hat sie die ältere römische Märtyrerin Luzia, deren Fest ja am gleichen Tag begangen wird, an Beliebtheit weit überflügelt. Und das, obwohl auch diese vor Augenkrankheiten schützen soll.

Trotz ihrer Volkstümlichkeit, die von der ständigen Sorge der Menschen um ihr Augenlicht zeugt, gehört Ottilie nicht zu den Heiligen, die im Dom Kaiser Heinrichs verehrt wurden. Erst im 15. Jahrhundert gab es einen Ottilien-Altar in der Krypta unter dem Georgenchor des Bamberger Doms, den wahrscheinlich die Familie von Redwitz gestiftet hatte und neben dem des hl. Johannes Evangelist [→ 27. Dezember] aufstellen konnte.

¶ Nur wenige Kirchen stehen im Bistum Bamberg unter Ottilies Schutz. Neben einer Kapelle im Kreuzgang des (1525 aufgelösten) Nürnberger Karmeliterklosters weihte man ihr die Kirchen in Hesselberg und Schweinsdorf. 1930 kommt im protestantischen Neustadt bei Coburg eine weitere dazu. Das Patronat erinnert hier an die abgegangene mittelalterliche Wallfahrtskirche auf dem nahen Muppberg, von der symbolisch einige Steine in den Neubau übertragen wurden.

¶ Groß ist hingegen die Zahl der Ottilien-Altäre, -Skulpturen und -Gemälde, die vom späten Mittelalter bis in die Barockzeit in unsere Kirchen gestiftet wurden: Das wichtigste Gnadenbild der hl. Ottilie steht in Kersbach, wo es schon in vorbambergischer Zeit eine Kirche gab, die Johannes dem Täufer geweiht war. Ab 1464 erwähnen die Urkunden plötzlich das Nebenpatronat der hl. Ottilie, das mit einer Wallfahrt verbunden ist. Es könnte sein, daß Karl IV. auf seinem Reliquienzug von St. Maurice (Schweiz) nach Prag nicht nur Gebeine des hl. Sigismund [→ 1. Mai], sondern auch der hl. Ottilie mitführte. Der reliquienbesessene Kaiser hatte sich im Mai 1354 auf dem Odilienberg im Elsaß aufgehalten und aus dem Grab der Äbtissin den rechten Unterarm entnommen. Vielleicht hat der feierliche Zug auf seinem Weg durch das Regnitztal nach Seußling auch in Kersbach haltgemacht und dort einen Partikel der Ottilienreliquie zurückgelassen. Als die Kirche 1417 zur Pfarrei erhoben wurde, dürfte die Skulptur der hl. Ottilie entstanden sein, die heute in einer Nische des Langhauses steht. Daß die mittelalterliche Ottilien-Wallfahrt in Kersbach noch im 19. Jahrhundert lebendig war, beweisen die barocke Figur des Hochaltars und die silbernen Votivgaben in Augenform, die in pyramidenförmigen Rahmen zusammengefaßt die Wand schmücken. Erst mit der Aufklärung sind Ottilien-Kult und Wallfahrt zurückgegangen.

Viele andere Kirchen im Bistum haben durch Figuren oder Bilder den Gläubigen die Möglichkeit geschaffen, ihre Fürbitten und ihren Dank an die hl. Ottilie zu richten. Spätgotische Ottilien-Figuren besitzen die Kirchen von Sondernau und Wiesenthau. Im Barock hat man der Heiligen in Amlingstadt, Döringstadt und Kaltenbrunn Skulpturen gewidmet, und ein besonders anmutiges Exemplar schuf Bernhard Kamm 1766 für die Wallfahrtskirche von Gößweinstein.

¶ Einen sehr persönlichen Grund zur Darstellung der hl. Ottilie hatte der Nürnberger Vikar Jodokus Krell. Er stiftete um 1480 einen Bartholomäus-Altar in den 1477 vollendeten Chor »seiner« Lorenz-Kirche. In die Predella hat er die beiden weiblichen Heiligen seines Namenstags malen lassen: Luzia und Ottilie; sein Namenspatron, der hl. Jodokus, ist auf je einer Tafel des geschlossenen wie des geöffneten Altarschreins zu sehen.

Ottilien-Kirchen und -Darstellungen

Bamberg, kath. Pfarrkirche St. Martin, ehem. Jesuitenkirche, Ottilienaltar 1712
Bamberg, Dominikanerinnenkloster Hl. Grab, Skulptur
Gößweinstein (Lkr. Forchheim), Wallfahrtskirche, barocke Skulptur 1766
Hesselberg (Lkr. Erlangen-Höchstadt), Kapelle St. Ottilie
Kersbach (Lkr. Forchheim), kath. Pfarrkirche St. Johannes d. T. und St. Ottilie
Kirchehrenbach (Lkr. Forchheim), kath. Pfarrkirche St. Bartholomäus, Seitenaltar, Figur 1772/73
Neustadt bei Coburg (Lkr. Coburg), kath. Pfarrkirche St. Ottilie
Schweinsdorf (Lkr. Ansbach), evang. Kirche, ehem. St. Ottilie
Sondernohe (Lkr. Ansbach), kath. Kirche Mariae Himmelfahrt, spätgotische Figur
Weismain (Lkr. Lichtenfels), kath. Pfarrkirche, Relief am gotischen Taufstein
Wiesenthau (Lkr. Forchheim), kath. Pfarrkirche St. Matthäus, je eine spätgotische und eine spätbarocke Figur

13. Dezember
Hl. Jodokus
(gest. um 669)
auch Jobst, Jost, Judok

Eine legendenhafte Gestalt ist der bretonische Prinz Jodokus. Er wollte seine Erbschaft nicht antreten und verließ seine Heimat, um Priester zu werden. Als Einsiedler lebte er an verschiedenen Orten, bis er nach Rom pilgerte. Nach dieser Fahrt soll er am 13. Dezember des Jahres 669 gestorben sein. 977 entdeckte man seine Reliquien in

Ruinac (Frankreich) und übertrug sie in das nach ihm benannte Benediktinerkloster St. Josse-sur-mer. Neben Jakobus dem Älteren [→ 25. Juli] und dem hl. Sebald [→ 19. August] galt er dem Spätmittelalter als Pilgerpatron, sein Kult hatte sich über angelsächsische Missionare, Romfahrer und Benediktinermönche verbreitet. Neben der Wallfahrt zu seiner Klause in St. Josse gehört die Kirche St. Jodok in Straubing zu den wichtigsten Stätten seiner Verehrung.

Der hl. Jodokus erscheint als Pilger, dem manchmal die zurückgewiesene Fürstenkrone zum Attribut gegeben wird. Die Schiffer, Bäcker, Blinden und Siechenhäuser haben ihn zum Patron, er schützt vor Feuer und Pest, im bäuerlichen Leben sorgt er für eine gute Ernte und die Gesundheit des Viehs.

¶ Im Bistum Bamberg sind dem hl. Jodokus nur wenige Kirchen geweiht, so in Jobst(!)greuth und Rehau. In der Bamberger Klosterkirche Hl. Grab ist er Nebenpatron. Sein Patronat über die Friedhofskapellen in Scheinfeld und Uffenheim dürfte auf die Pest zurückgehen, denn sie entstanden nach der großen Epidemie von 1347 bezeichnenderweise auf dem Gottesacker. Zur Kirche St. Jobst in Allersdorf hatte sich eine Wallfahrt entwickelt, die während des Bauernkriegs und der Reformation 1529 vollständig zum Erliegen kam. In Erlenstegen stiftete Hermann von Stein, Pfarrer von St. Sebald, 1308 ein Siechenhaus für »arme und verlebte Weibspersonen« und stellte dessen Kapelle unter den Schutz des hl. Jodokus. Die heute evangelische Kirche besitzt eine Fensterscheibe von 1507, die den einstigen Patron zeigt. Jodokus-Altäre besaßen die Kirche des Augustinerchorherrn-Stifts Birklingen und St. Jakobus in Rothenburg o. d. T.

¶ In der Nürnberger Lorenz-Kirche tritt uns der heilige Pilger Jodokus auf dem bereits beschriebenen Bartholomäus-Altar gegenüber, den Jodokus

Krell um 1480 gestiftet hatte. Er trägt den großkrempigen Pilgerhut mit Jakobsmuschel und einen soliden Wanderstab, über seinem Reisegewand liegt ein heller Überwurf, ein dickes Buch hat er sich unter den Arm geklemmt. Der unbekannte Künstler malte Jodokus in der ausschreitenden Bewegung des Wanderers. Der Innenflügel des Altars, der den Heiligen in ähnlicher Weise auch am geöffneten Schrein zeigt, befindet sich in Privatbesitz. Der Kirche erhalten blieb dafür die mittlere Tafel, auf der in einer weiten offenen Halle die hll. Bartholomäus [→ 24. August] und Barbara [→ 4. Dezember] neben der Muttergottes stehen. Winzig klein kniet Magister Krell als Stifter in Gebetshaltung vor ihnen. Neben dem Altar hing seit dem Tod Krells im Jahr 1483 sein Epitaph. Es wiederholt dichtgedrängt die Heiligen des Altars; die handwerklichen Details ihrer kostbaren Brokatgewänder ermöglichen die genaue Zuordnung an die Werkstatt des Michael Wolgemut. Die Heiligen stehen auf einem blumenbestreuten Dielenboden vor einem tiefen Goldgrund; Jodokus ist zwar fürstlich gewandet, aber barfuß. Das Epitaph, von Fachleuten als »eines der schönsten Alten Gemälde in Nürnberg« bezeichnet, kann heute im Germanischen Nationalmuseum bewundert werden.

Jodokus-Kirchen und -Darstellungen

Erlenstegen (Stadt Nürnberg), evang. Kirche, ehem. Jodokus-Kapelle des Siechenhauses
Jobstgreuth (Lkr. Neustadt/Aisch), evang. Kirche, ehem. St. Jobst
Nürnberg, evang. Stadtpfarrkirche St. Lorenz, Bartholomäus-Altar
Nürnberg, Germanisches Nationalmuseum, Krellsches Epitaph
Rehau (Lkr. Hof), evang. Kirche, ehem. St. Jobst
Scheinfeld (Lkr. Neustadt/Aisch), Friedhofskapelle
Uffenheim (Lkr. Neustadt/Aisch), Friedhofskapelle

14. Dezember
Hl. Johannes vom Kreuz
(1542–1591)

15. Dezember
Hl. Wunibald
(701–761)

Der hl. Wunibald entstammt einer frommen englischen Adelsfamilie, die 720 zum Kontinent reiste. Der hochbetagte Vater, der legendenhafte hl. Richard [→ 7. Februar], starb auf der Pilgerfahrt; Wunibald und sein älterer Bruder Willibald [→ 7. Juli] zogen weiter nach Rom. Hier trennten sich ihre Wege: Während Willibald in das Heilige Land aufbrach, blieb Wunibald zum Studium. 739 schloß er sich dem hl. Bonifatius [→ 5. Juni] an und wirkte als Missionar in Thüringen, Bayern und wohl auch in der Oberpfalz, den Glauben der bereits oberflächlich christianisierten Bevölkerung zu vertiefen.

¶ Nach einem kurzen Aufenthalt in Mainz schloß er sich seinem Bruder, inzwischen Bischof der Diözese Eichstätt, an und gründete mit ihm 752 das Benediktinerkloster Heidenheim (Lkr. Weißenburg-Gunzenhausen), wo er am 18. Dezember 761 eines friedlichen Todes starb. Seine jüngere Schwester Walburga [→ 25. Februar] folgte

ihm in der Leitung des Klosters. Die Nonne Hugeburc hat in den Lebenserinnerungen Willibalds auch zahlreiche Details über Wunibald berichtet und Wunder aufgezählt, die sofort nach dem Tod geschahen. 776 errichtete Bischof Willibald eine Kirche über dem Grab seines Bruders in Heidenheim.

Mit dem zeitweiligen Zusammenbringen ihrer Gebeine würdigte die Nachwelt die innige Verbundenheit der Geschwister zu Lebzeiten. Als man die sterblichen Überreste Walburgas 870 von Heidenheim nach Eichstätt brachte, nahmen die Gebeine Wunibalds an der Reise teil und wurden drei Tage später in sein Grab zurückgelegt. Auch bei der feierlichen Erhebung der Gebeine des hl. Willibald 1256 im Eichstätter Dom gesellte man die seiner Geschwister dazu.

¶ Der hl. Wunibald trägt stets das schlichte Habit der Benediktiner, Abtsstab und Buch sind seine Attribute. Eine Maurerkelle verweist auf den Bau des Klosters. Seit 1969 feiert man den Gedenktag des Heiligen nicht mehr an seinem Todestag, dem 18. Dezember, sondern am 15. Dezember.

Wunibald-Patrozinien sind allein im Umkreis von Heidenheim bekannt. Im Bistum Bamberg begegnet er uns nur mit seiner Sippe, Einzeldarstellungen sind nicht bekannt. In der dem hl. Bonifatius geweihten ehemaligen Benediktinerkirche von Weißenohe (Lkr. Forchheim) hat er eine doppelte Berechtigung für seine Anwesenheit an der Fassade und am Hochaltar: Als Benediktinermönch sowie als Neffe des hl. Bonifatius gehört er zum Skulpturenprogramm, das Johann Michael Doser 1721 ausführte. Er steht im lang fließenden, schlichten Ordenshabit auf der linken äußeren Konsole neben seinem Vater Richard, den Abtsstab hält er in der Hand, die Mitra hat er aus Ehrfurcht vor seinem Lehrer Bonifatius abgenommen.

16. Dezember
Hl. Adelheid
(931–999)

17. Dezember
Hl. Lazarus von Bethanien

Lazarus ist eine Gestalt des Neuen Testaments. Der Bruder von Maria Magdalena [→ 22. Juli] und Martha [→ 29. Juli] war mit Jesus befreundet, der oft in ihrem gemeinsamen Haus einkehrte. Das Johannes-Evangelium berichtet, wie Jesus seinen gestorbenen Freund vier Tage nach dem Tod wieder auferweckte (Jo 11,1-45). In Bethanien wird seit dem 4. Jahrhundert das vermeintliche Grab gezeigt. Aus dem Mittelalter stammt die Legende, die von der Überfahrt der Geschwister nach Südfrankreich erzählt, wo es in der römischen Provinzstadt Marsilia (heute Marseille) eine große jüdische Gemeinde gab. Hier soll Lazarus der erste christliche Bischof geworden sein, aber auch die Stadt Autun beansprucht dies für ihre Geschichte.

¶ Die häufigste Darstellung des Lazarus betrifft das Wunder seiner Auferweckung und zeigt ihn, noch mit den traditionellen orientalischen Tüchern umwickelt, aus dem Grab steigen. Er ist Patron der Totengräber, Aussätzigen und Leprosenhäuser; das Wort »Lazarett« dokumentiert das noch in unserem Sprachgebrauch.

¶ Die Auferstehung des Lazarus zeigt der fragmentarisch erhaltene Altar der Geschwister von Bethanien (er stammt wohl aus dem Nürnberger Martha-Spital und ist heute im Germanischen Nationalmuseum Nürnberg aufbewahrt) um 1360. Der Tote liegt vollkommen bandagiert in einem offenen Sarg, ängstlich sehen seine Schwestern zu, wie Christus ihm befiehlt: »Lazarus, komm heraus!« Wolf Traut hat 1517 dieses Wunder für den Martha-Altar, der heute in der Nürnberger Lorenz-Kirche steht, wiederholt. Unmißverständlich ist auch hier die Geste, mit der Jesus auf den Toten deutet.

18. Dezember
Hl. Gatianus von Tours
(gest. 301)

19. Dezember
Sel. Urban V.
(um 1310–1370)

20. Dezember
Hl. Dominikus von Silos
(um 1010–1073)

21. Dezember
Sel. Peter Friedhofen
(1819–1860)

22. Dezember
Hl. Franziska Cabrini
(1850–1917)

23. Dezember
Hl. Dagobert Märtyrer
(um 652–679)

24. Dezember
Adam und Eva

Unserer biblischen Stammeltern wird am Vortag des Weihnachtsfests gedacht. Gott formte Adam nach seinem Bild und machte ihm aus seiner Rippe eine Gefährtin. Nackt und voll Scham aus dem Paradies vertrieben, weil Eva sich vom Teufel verführen ließ, einen Apfel vom Baum der Erkenntnis zu pflücken, bevölkerten sie nach dem Sündenfall mit ihren Nachkommen die Erde.

¶ Adam und Eva gaben also den Künstlern die Möglichkeit, einen nackten Körper darzustellen: Sie werden in einem Garten gezeigt, neben einem Baum, aus dem heraus der Teufel in Schlangengestalt Eva den Apfel der Versuchung reicht. Sie gelten als Patrone der Gärtner und Schneider – die Gründe dafür dürften auf der Hand liegen.

Je dicker das Eis
um Weihnacht liegt,
je zeitiger der Bauer
Frühling kriegt.

Das ergiebige Thema der aus dem Paradies vertriebenen Menschen ist natürlich auch in der Kunst des jungen Bistums Bamberg zu finden. Der unter Bischof Ekbert (1203–1237) nach dem Brand von 1185 neu errichtete Dom besaß im Untergeschoß des Südturms die Adamspforte (vermutlich gab es eine entsprechende Tür schon im ersten Dom). Hier fand am Aschermittwoch die »Adamsaustreibung«, eine mittelalterliche Bußliturgie, statt. Später hielt hier der Domdekan Gericht. Zwischen 1225 und 1230 wurden in das ursprünglich ohne Figurenschmuck entworfene normannische Zackenportal Skulpturen eingesetzt. Dazu gehörten die Figuren von Adam und Eva, die ersten nackten Gestalten der monumentalen Kunst Deutschlands. Der Bildhauer hat die Werke der Kathedrale in Reims (Frankreich) gekannt und wohl auch den Reiter im Dom geschaffen. Die schmalen Körper, noch ohne jeden sinnlichen Reiz, sprechen uns durch die feinen, melancholischen Gesichtszüge an. Dem Künstler scheint es gelungen, die

Verantwortung Adams und Evas für das ganze Menschengeschlecht zum Ausdruck zu bringen. (Aus konservatorischen Gründen sind die Skulpturen heute im Diözesanmuseum aufgestellt.) Seit der Mitte des 14. Jahrhunderts sind späte Nachfahren der Bamberger Stammeltern auch am Westportal der Coburger Moritz-Kirche zu sehen.

25. Dezember
Weihnachten

Das Weihnachtsfest als Feier der Geburt Christi begehen die Christen nachweisbar seit dem Jahr 354. Das Fest zur Wintersonnenwende löste in der germanischen Welt den »unbesiegten Sonnengott« und in der römischantiken das des Sonnengottes Mitras ab.

26. Dezember
Hl. Stephanus
Märtyrer
(gest. 34 n. Chr.)

Stephan, ein gebildeter Grieche, war einer der sieben Diakone der christlichen Urgemeinde in Jerusalem. Sein untadeliger Lebenswandel, seine Sorge um die Armen und seine Begabung als Redner verschafften ihm überall Respekt und Erfolg, wenn er das Evangelium verkündete. Im Verhör vor dem Hohen Rat der Juden hielt er eine glänzende Verteidigungsrede, die das siebte Kapitel der Apostelgeschichte überliefert. Darüber erbost, begann der jüdische Mob ohne Urteil mit seiner Steinigung. Stephan ist der erste unter den Heiligen, die für Christus den Tod auf sich nahmen. Vor seinem Tod soll er gebetet haben: »Herr, rechne ihnen dies nicht zur Sünde an.« Die Mitwirkenden des Blutgerichts legten ihre Kleider ab vor einem gewissen Saulus, den später bekehrten Apostel Paulus [→ 29. Juni]. Die Gläubigen sammelten die von Blut geröteten Steine und bestatteten den Leichnam Stephans. Danach mußten sie Jerusalem verlassen und sich in der Umgebung eine neue Heimat suchen.

¶ Das Fest des Erzmärtyrers Stephan wurde 380 am zweiten Weihnachtstag eingeführt, lange bevor man im Jahr 415 seine Gebeine fand. Sie gelangten über Konstantinopel nach Rom, wo sie neben denen des hl. Laurentius [→ 10. August] in der Kirche S. Lorenzo fuori de mura begraben sind. Deswegen stellt man die beiden Heiligen gern miteinander dar. Die Reliquien, die nach Aachen gelangten, wurden bei der Königskrönung in einem besonders kostbaren Reliquiar, der Stephansburse, ausgestellt. Der Kult des Heiligen verbreitete sich besonders im Süden Deutschlands und im Donauraum.

¶ Der hl. Stephan, dessen Name im Griechischen »der Bekränzte« bedeutet, wird als jugendlicher Diakon dargestellt, dem ein Buch und einige Steine neben dem Palmwedel der Märtyrer zum Attribut wurden. Er ist Patron von Bayern, Frankreich und Lothringen sowie vieler Städte. Die Maurer, Schneider und Steinmetzen, aber auch die Zimmerleute und Pferdeknechte haben ihn zum Schutzheiligen. Stephan beschützt die Tiere, besonders die Pferde, deren ältester Patron er ist. Im Stephani-Ritt wird ihnen noch heute in einigen Landstrichen sein Segen erteilt; bis vor weni-

gen Jahrzehnten ließen die Bauern am Stephans-Tag die Pferde zur Ader. Man kann den Märtyrer gegen Steinleiden, Kopfweh und Besessenheit anrufen und um einen guten Tod bitten.

Heinrich II. hat die Verehrung des hl. Stephan in seinem Bistum sehr gefördert und sicher schon in Regensburg kennengelernt. Damit würdigte er außerdem König Stephan von Ungarn, den Gemahl seiner Schwester Gisela [→ 7. Mai], der sein Reich zum Christentum geführt hatte. Bei der Weihe des Bamberger Doms im Jahr 1012 wurde deshalb ein Altar unter den Schutz des hl. Kreuzes und des Märtyrers Stephan gestellt. Im Ekbert-Dom stand dieser Altar vor den Stufen des Ostchors, also an ausgezeichneter Stelle, und wurde ständig genutzt, bis man das Kaisergrab 1649 dorthin versetzte. Der hl. Stephan gehört auch zum Skulpturenschmuck des gotischen Doms. Seine lebensgroße Statue wurde zusammen mit denen der hll. Heinrich [→ 13. Juli] und Kunigunde [→ 3. März] zwischen 1225 und 1230 nachträglich in das rechte Gewände der Adams-Pforte eingefügt. In unserer Zeit mußte die Figur aus konservatorischen Gründen im Kreuzgang des Doms, der Teil des Diözesanmuseum ist, aufgestellt werden. Ein Lächeln liegt über Stephans rundlichem, jungen Gesicht unter den kurzen Locken; mit beiden Händen hält er die Steine, die ihm den Tod gebracht haben.

**Scheint am Stephanstag
die Sonne,
so gerät der Flachs
zur Wonne.**

Die Verehrung des Kaiserpaars für den Erzmärtyrer hat ihn zum Schutzheiligen des Kollegiatsstifts St. Stephan auf dem südlich des Doms gelegenen Hügel bestimmt. Da Kunigunde dazu einen Teil ihrer Morgengabe bereitstellte, gilt sie als eigentliche Gründerin; die Legende vom gerechten Lohn der Bauleute von St. Stephan ist zu einem Sinnbild ihrer Güte geworden. Zwischen 1007 und 1009 gegründet, konnte die Kirche schon am Weißen Sonntag 1020 von Papst Benedikt VIII. persönlich geweiht werden. Die Überlieferung berichtet, daß 72 Bischöfe an diesem Fest teilnahmen. Die Kirche, nach dem Umbau (ab 1677) durch den fürstbischöflichen Baumeister Antonio Petrini ein eigenwilliger Zentralbau mit vier nahezu gleichlangen Flügeln, gehört zu den wichtigsten Baudenkmälern Bambergs.

Um die Stiftsgebäude bildete sich ein eigenes Stadtviertel, der Stephansberg. Die prächtige barocke Ausstattung des Gotteshauses ist nach der Säkularisation 1803 weitgehend verkauft worden, als die Kirche den evangelischen Christen Bambergs zum Gottesdienst überlassen wurde. Erhalten blieb die Stuckdekoration. In die stuckierten Rippen des Chors ist ein großer Schlußstein eingearbeitet, der im Relief ein vergoldetes Brustbild des Kirchenpatrons zeigt. Über der Vierung vergegenwärtigte der Bamberger Stukkateur Johann Jakob Vogel 1688 das Martyrium des Heiligen als umfangreiche Szene mit vielen Einzelfiguren. Das Gemälde des Hochaltars von Johann Joseph Scheubel d. Ä. stellt das gleiche Thema dar; es verblieb in der Kirche und gilt als beste Arbeit des Hofmalers. Die 1695 entstandene, reich geschnitzte Kanzel kam in die Kirche von Frensdorf und ist von einer lebensgroßen Statue des Märtyrers bekrönt. Stephan trägt das Gewand eines Diakons, das als teure Arbeit des Faßmalers die liturgische Kleidung und kostbaren Paramentenstoffe der Barockzeit nachahmt.

Dem Stift St. Stephan gehörte der Ort Moggast, was sich unter anderem in der Übernahme des herrschaftlichen Schutzpatrons für die Dorfkirche zeigt. Hier finden wir eine spätgotische Figur des Heiligen, jedoch ohne das bekannte Attribut der Steine, denn es handelte sich wohl einst um einen hl. Laurentius. Auf dem Hochaltar steht eine Figur des hl. Stephan von 1684.

¶ In Moggast wird noch – einmalig in Franken – der Stephani-Ritt durchgeführt. Der Brauch ging aus dem germanischen Pferdeopfer hervor, das zum Jul-Fest, der winterlichen Sonnenwende, dargebracht wurde. Pferde, vor allem Schimmel, galten als »Mitwisser der Götter«, Umritte auf ihrem Rücken als segensbringend und unheilabwehrend. Die Übertragung dieses Brauchs auf den christlichen Erzmärtyrer Stephan ist in der kalendarischen Nähe zur Sonnenwende begründet und bereitete dem kultischen Schlachten der Tiere ein Ende. In Moggast hat man 1930 den feierlichen Umritt auf geschmückten Pferden wieder belebt, führt ihn aber seit einigen Jahren mit Rücksicht auf die Tiere im Sommer am Sonntag nach Johanni, dem Kirchweihsonntag, durch.

¶ Die Pfarrkirche von Birnbaum soll von Bischof Otto I. [→ 30. September] geweiht worden sein, der den Heiligen sehr schätzte. Im Hochaltar steht heute eine Figur des Stephanus im vergoldeten Gewand zwischen den Bistumspatronen Heinrich und Kunigunde. Sie ist ein wenig zu groß für die Nische des um 1680 geschaffenen Retabels.

¶ Als schon im Neuen Testament genannter Erzmärtyrer blieb Stephan auch der protestantischen Kunst erhalten. Davon zeugen verschiedene Kirchenausstattungen mit breit angelegten, belehrenden Bilderzyklen. Um 1600 entstanden die farbigen Stuckreliefs der Kirche in Oeslau, 1688 die Deckenmalereien der Hospitalkirche von Hof, auf denen die Steinigung Stephans in die Reihe biblischer Geschehnisse aufgenommen ist.

Stephans-Kirchen und -Darstellungen

Adelsdorf (Lkr. Erlangen-Höchstadt), Pfarrkirche
Bamberg, Dom, Adamsportal
Bamberg, evang. Kirche, ehem. St. Stephan
Birnbaum (Lkr. Kronach), Pfarrkirche
Frensdorf (Lkr. Bamberg), kath. Pfarrkirche St. Johannes d. T., Kanzelfigur
Hof, evang. Spitalkirche, Deckenmalerei
Moggast (Lkr. Forchheim), Pfarrkirche
Oeslau (Lkr. Coburg), evang. Kirche, ehem. St. Johannes d. T., Empore
Weidenberg (Lkr. Bayreuth), evang. Friedhofskirche St. Stephan

27. Dezember

Hl. Johannes Apostel, Evangelist

(gest. um 100)

auch Johann, Hans, Hannes, Henning, Jan, Jens

Johannes, der jüngste der zwölf Auserwählten, ist der Jünger, den Jesus besonders lieb hatte. Der Bruder des älteren Jakobus [→ 25. Juli] und Sohn des wohlhabenden Fischers Zebedäus aus Bethsaida war schon Johannes dem Täufer [→ 24. Juni] begegnet, als er berufen wurde. Stets findet er sich in der Nähe von Christus. Johannes wurde mit Petrus und Jakobus Zeuge der Verklärung auf dem Berg Tabor und ruhte während des Letzten Abendmahls wie ein Kind an der Brust des Herrn. Später wird er ihn auf den Berg Gethsemane begleiten, aber wie die anderen einschlafen vor Müdigkeit und Trauer. Neben Maria steht er unter dem Kreuz; er hilft ihr auch bei der Abnahme des Leichnams. Als erster neben Petrus eilt er nach der Auferstehung zum leeren Grab und nimmt wie ein Sohn die Muttergottes bei sich auf, als sich die Apostel in alle Welt zerstreuen. Der Jüngste und Liebenswerteste unter ihnen war an allen ihren Entscheidungen maßgeblich beteiligt. Dreimal wurde er deswegen in diesen Jahren verhaftet, einmal sogar gefoltert.

Als Verkünder der Frohen Botschaft ging Johannes um 66 n. Chr. nach Kleinasien, um von Ephesus (Türkei) aus neue Gemeinden zu gründen. Seine Sendschreiben sind uns überliefert. Während der ersten Christenverfolgungen unter Kaiser Domitian wollte man den eifrigen Prediger zum Schweigen bringen. Da der Versuch, ihn mit siedendem Öl zu verbrennen, scheiterte, wurde Johannes auf die Insel Patmos (Griechenland) verbannt. Hier schrieb er die apokalyptische Vision seiner »Geheimen Offenbarung«, deren rätselhafte Wortgewalt seither immer wieder zu weiterer Ausdeutung anregt. Unter Kaiser Nerva konnte Johannes dann nach Ephesus zurückkehren, wo er sein Evangelium niederschrieb. Die in eigenwillig suggestiver Sprache gekleidete Erzählung der letzten Wochen Christi, gekennzeichnet durch kurze Sätze und die für Johannes typischen Wiederholungen einprägsamer Worte und Bilder, gehört zu den ergreifendsten Texten des Christentums. Wir hören sie noch immer in der täglichen Liturgie: »Im Anfang war das Wort, und das Wort war bei Gott, und Gott war das Wort ...«. Sein an das Ende des Neuen Testaments gestelltes Evangelium ist kein kämpferischer Text mehr, sondern einer, der von der Vollendung weiß. Hochbetagt starb um 100 n. Chr. Johannes, der »Theolog«, der alle anderen Apostel überlebt hatte, in Ephesus eines natürlichen Todes. Seine Gebeine wurden später nach Konstantinopel übertragen.

Die christliche Kunst hat es verstanden, den vielen Gesichtern des Johannes Rechnung zu tragen und für sein Leben – vom bekehrten Jüngling bis zum betagten Evangelienschreiber – einprägsame Bilder gefunden. Fast immer ist er dabei in die Farben grün und rot gekleidet. Als Lieblingsjünger mit kindlichen Zügen ruht er auf den Bildern des Abendmahls an der Brust Christi.

¶ In der Zeit der Mystik löste man diese Szene aus dem Zusammenhang heraus; vor allem in Nonnenklöstern wurde die innige Gruppe von Christus und Johannes als Skulptur nachempfunden. Äußerlich nur wenig verändert, aber im Schlaf zusammengekauert, zeigen die Ölberg-Szenen Johannes im Gegensatz zum mit sich ringenden Christus. Unter dem Kreuz neben der Muttergottes stehend, ist er ein schöner Jüngling mit langem Haar, weinend, trauernd. Die Verbannung nach Patmos traf, wenn man den Künstlern folgt, den jugendlichen Johannes. Schreibend sitzt er auf einem Felsen, ein Adler, sein Symbol, hält ganz geduldig das Tintenfaß, während die Visionen des »apokalyptischen Weibs« am Himmel erscheinen. Ähnlich sieht man ihn aber auch als Evangelisten im hohen Alter.

Sein Attribut des Kelchs mit der züngelnden Schlange geht auf eine Legende zurück. Ein heidnischer Priester soll ihn mit den Worten versucht haben: »Willst du, daß ich an deinen Gott glaube, so gib uns ein Zeichen deiner Stärke. Ich will dir einen Gifttrank bereiten. Trinkst du ihn ohne Schaden, so soll dein Gott auch der meine sein.« Ohne Zögern nahm Johannes den Becher, schlug das Kreuzzeichen darüber, trank ihn aus, und das Gift blieb ohne Wirkung.

Johannes gilt als Patron der Künstler sowie aller Berufe, die mit der Buchherstellung zu tun haben. Auch Spiegelmacher, Theologen und Weingärtner stehen unter seinem Schutz. Man ruft ihn bei Epilepsie, Fußleiden und Vergiftungen an oder um eine Freundschaft zu erhalten. An seinem Gedenktag wird der Johanneswein gesegnet und getrunken, ein Brauch zur Jahreswende, der ein heidnisches Vorbild hat; nach Meinung mancher Forscher hat Johannes die Aufgaben des germanischen Lichtgottes Fro übernommen, dessen rauschendes Fest zur Zeit der Wintersonnenwende gefeiert wurde. Der Wein gilt als Heiltrunk gegen Zauberei und Vergiftung, er soll Schönheit und eine glückliche Ehe gewähren. Da Johannes auch als Herr über das Wetter gilt, können sich die Anfangsworte seines Evangeliums auf der Wetterglocke finden.

¶ Im Bistum Bamberg steht die Verehrung des Evangelisten Johannes hinter der Johannes des Täufers zurück, dem als Taufpatron von alters her besondere Bedeutung zukam. Er wird jedoch 1134 neben der Muttergottes und dem hl. Nikolaus [→ 6. Dezember] zu einem der Patrone des Hochaltars in der ersten Zisterzienserkirche Ebrach und behält diese Aufgabe unverändert bei, so daß der Würzburger Hofbildhauer Johann Peter Wagner 1778/80 seine überlebensgroße Skulptur auf den klassizistischen Hochaltar stellte. Johannes ist darüber hinaus eine eigene Kapelle im nördlichen Querhaus geweiht. Er ist als Evangelist abgebildet und sitzt schreibend auf einem Felsen. Ein riesiges Buch liegt aufgeschlagen auf seinen Knien, neben ihm wartet der Adler. Im Auszug ist das apokalyptische Weib zu sehen. Der Altar wurde 1693 für 312 Gulden bei dem Stuckator Franz Brenno in Auftrag gegeben. In der Sepultur des Bamberger Doms wird erst 1693 ein Altar zu seinen Ehren geweiht und 1674 durch einen barocken ersetzt; das Altarbild von Oswald Onghers mit dem selten dargestellten Martyrium des Johannes in einem Kessel siedenden Öls hängt seit 1840 in der Pfarrkirche von Bärnau.

Zum Kirchenpatron wurde der Evangelist im Bistum nur zweimal. Sicher war es Bischof Otto I. [→ 30. September] selbst, der ihn zum Patron seiner Klostergründung in Michelfeld erwählte und die Weihe der ersten Kirche am 6. Mai 1119 persönlich vornahm. Als Wolfgang Dientzenhofer ab 1695 das barocke Gotteshaus errichtete, behielt man das Patrozinium bei. Im Hochaltarbild des berühmten bayerischen Freskanten Cosmas Damian Asam werden 1712 die in einer dunklen Architekturkulisse zum Letzten Abendmahl versammelten Apostel in ungewöhnlicher Weise gesehen. Unschwer ist ihre Betroffenheit über den bevorstehenden Verrat des Judas zu erkennen; unberührt von dieser Dramatik liegt dagegen Johannes, ruhig ausgestreckt, an der Brust Christi, der den Arm um seinen Lieblingsjünger legt. Ein Engel weist mit ausgestrecktem Finger auf den hell erleuchteten Johannes und versinnbildlicht die lateinischen Worte der Altarkartusche *Ecce hic est dilectus discipulus Christi.* Wie weit entfernt ist dieses großartige Gemälde von der braven Reihung spätgotischer Abendmahlszenen, die nur die Vertrautheit von Johannes und Christus, nicht aber die spannungsgeladene Atmosphäre jener Stunden vermitteln.

¶ Die zweite Kirche unter dem Schutz des Johannes steht in Posseck; sie wurde spätestens 1460 Pfarrei, ist aber eine ältere, vielleicht zisterziensische Gründung. Ein Kelch mit Schlange im Scheitelstein des Chorbogen deutet das Patrozinium an. Die gotische Ausstattung ist verlorengegangen; Pankraz Fries hat um 1770 einen barocken Johannes geschaffen, der in der Mittelnische des Hochaltars steht. Auf der Kanzel, traditionell auch andernorts mit Figuren der Evangelisten besetzt, nimmt Johannes als Patron hier einen Ehrenplatz auf dem Schalldeckel ein.

Zahlreich sind die Darstellungen des Johannes mit der Muttergottes unter dem Kreuz oder im Kreis der Evangelisten und Apostel. Oft hat man ihn Johannes dem Täufer gegenübergestellt, so in den barocken Skulpturen am linken Seitenaltar der Kirche von Kaltenbrunn und 1621 in Sitzfiguren aus feingeädertem Alabaster am Bernhards-Altar der ehemaligen Klosterkirche Ebrach.

¶ Der Evangelist Johannes mit dem Kelch gehört zum Figurenprogramm des spätgotischen Marien-Altars des ehemaligen Augustinerchorherrn-Stifts von Langenzenn. Und gleich dreimal findet ihn der genaue Betrachter auf dem 1715 entstandenen Kanzelaltar der evangelischen Kirche von Krögelstein: als Statuette im Kreis der zwölf Apostel, auf den Bildern des Abendmahls und schließlich in der Kreuzigungsszene der Bekrönung.

Seit dem 15. Jahrhundert gibt es in Franken viele Ölberg-Kapellen, die sich meist – wie in Dormitz, Mistendorf oder Forchheim – an einen Kirchenbau anlehnen. Vorläufer waren Reliefs aus Sandstein, die das einsame Gebet Christi neben den schlafenden Jüngern vergegenwärtigen. In die Fassade gesetzt, sollten sie den Besuchern der damals noch um die Kirche angelegten Friedhöfe zur Andacht dienen. Ein eigenständiger Typus ist die freistehende Kapelle mit Schieferdach und steinerner Brüstung auf dem Kirchplatz von Burgebrach.

¶ Eine Vorstellung von Johannes, der auf Patmos sein Evangelium schreibt, gab Johann Joseph Scheubel d. Ä. auf einem Altarblatt, der Bamberger Kirche St. Stephan. Es wurde nach der Säkularisation in die Kirche von Oberküps verkauft.

Johannes-Kirchen und -Darstellungen

Bärnau (Lkr. Tirschenreuth), kath. Kirche St. Nikolaus, Altarblatt

Burgebrach (Lkr. Bamberg), Ölberg auf dem Kirchplatz

Dormitz (Lkr. Forchheim), kath. Pfarrkirche, Ölberg

Ebrach (Lkr. Bamberg), ehem. Zisterzienserklosterkirche St. Maria, Nikolaus und Johannes Ev.

Kaltenbrunn (Lkr. Coburg), kath. Pfarrkirche St. Wolfgang, Figur

Krögelstein (Lkr. Bayreuth), evang. Kirche
Langenzenn (Lkr. Fürth), evang. Kirche, ehem. Augustinerchorherrn-Stift, Figur
Michelfeld (Lkr. Amberg-Sulzbach), ehem. Benediktinerklosterkirche St. Johannes Ev.
Mistendorf (Lkr. Bamberg), kath. Pfarrkirche Mariae Himmelfahrt, Ölberg
Oberküps (Lkr. Lichtenfels), kath. Filialkirche St. Katharina, Altarbild
Posseck (Lkr. Kronach), kath. Pfarrkirche

28. Dezember
Hl. Kaspar del Bufalo
(1786–1837)

29. Dezember
Hl. Thomas Becket
Märtyrer
(1118–1170)

Der Erzbischof von Canterbury gehört zu den beeindruckendsten Kirchenpersönlichkeiten des Mittelalters und wird in den Bamberger Kalendern seit dem 13. Jahrhundert genannt. Eine künstlerisch sichtbare Verehrung des ermordeten Heiligen, zu dessen Grab eine beliebte Wallfahrt führte, ist bei uns nicht zu verzeichnen.

30. Dezember
Hl. Felix I.
(gest. 273/274)

31. Dezember
Hl. Silvester
(gest. 335)

Nur wenige Quellen berichten über Silvester, den Bischof von Rom in der Regierungszeit Kaiser Konstantins des Großen [→ 21. Mai]. Gemeinsam ebneten sie dem offiziellen Christentum den Weg und leiteten das Konzil von Nicäa, auf dem zum ersten Mal die Lehrautorität des Papstes festgelegt wurde. Vom Zusammentreffen dieser beiden Männer berichtet die Legende, vor allem aber die »Constantinische Schenkung«, eine folgenschwere Urkundenfälschung des 8. Jahrhunderts, die 754 in der Kanzlei Papst Stephans II. entstand. Sie will belegen, daß Konstantin aus Dankbarkeit für alle Zeit und beginnend mit Silvester den Papst kaisergleich neben den oströmischen Imperator stellte, ihm also kaiserliche Herrschergewalt zubilligt. Damit beginnt die Geschichte des politischen Kirchenstaats, den Silvester selbst nicht erlebt hat. Die *Legenda aurea* erzählt vom Diskurs der Gelehrten Kaiser Konstantins mit denen seiner Mutter Helena [→ 18. August], den der hl. Silvester für das Christentum entschied.

¶ Die Bedeutung dieses Papstes blieb im wesentlichen auf Rom beschränkt, wo er viele Kirchen errichten ließ, u. a. den Petersdom über dem Grab des Apostels und die Lateranbasilika, deren Palast ihm und seinen Nachfolgern wirklich von Konstantin überlassen worden war. In seiner zwanzigjährigen Amtszeit erließ er viele Gesetze, die die junge Kirche stabilisierten und organisierten – eine Zeit des Friedens begann. Silvester starb am 31. Dezember 335 und wurde in der Priscilla-Katakombe bestattet.

¶ Silvester wird als weißhaariger, bärtiger Papst mit Tiara und Papstkreuz dargestellt, von Engeln begleitet und mit einem Buch in der Hand. Ein Ölzweig kündet vom Frieden, den er der Kirche brachte. Ein Stier verweist auf die Legende, er habe das von einem Zauberer getötete Tier wieder zum Leben erweckt, um die Macht Christi über alle

Götzen zu beweisen. Einen Drachen, der auf dem Forum Romanum hauste, soll er allein mit seinem Kreuzstab besiegt haben. Von Silvester, dem Patron der Haustiere, erbittet man eine gute Futterernte.

Wind in St. Silvesters Nacht hat nie Wein und Korn gebracht.

Der Festtag des heiligen Papstes ist für uns zugleich das Ende des Kalenderjahres; deshalb läßt das Wort »Silvester« die meisten Menschen zuallererst an die letzte Nacht des Jahres mit dem üblich gewordenen Trubel denken. Nur wenige werden noch des Papstes gedenken, der dem Christentum nach unvorstellbar grausamen Jahren der Unterdrückung endlich den Frieden brachte.

¶ Bei der Domweihe in Bamberg am 6. Mai des Jahres 1012 stellte Erzbischof Megingaud von Trier den Altar des südlichen Querhauses unter den Schutz des hl. Silvester und der Kirchenlehrer Ambrosius [→ 12. Dezember] und Gregor [→ 3. September]. Im Ekbert-Dom »verdrängte« der Marienaltar 1229 diese heiligen Bekenner. 1109 weihte Otto I. dem hl. Silvester einen Seitenaltar in der Bamberger Stiftskirche St. Jakob. Ein Kirchenpatronat übertrug man Silvester nicht. Man muß überhaupt lange suchen, bevor man ihn in unserem Bistum findet. Auf dem »Kaiserfenster« von 1576/77 in der Nürnberger Lorenz-Kirche sind Papst Silvester und Kaiser Konstantin im Zeichen des Kreuzes vereint. Fraglich ist, ob es sich bei der spätgotischen Figur eines Papstes in der Kirche St. Peter und Paul von Langensendelbach (Lkr. Forchheim) um den hl. Silvester handelt; wir haben hier wohl eine der seltenen Darstellungen des hl. Petrus [→ 29. Juni] als Papst vor uns.

Register der Patronate für Berufsstände, gegen Krankheiten, Unheil und Bedrängnis

der Glaser: Clara, Luzia, Markus,
Michael
der Glasmaler: Clara, Mauritius
Gliederbrüche: Stanislaus Kostka
Gliederkrankheiten: Philipp Neri

H

Häresie: Petrus Märtyrer
Hagel: Barnabas
Halskrankheiten: Andreas, **Blasius**, Luzia,
Remigius, Sixtus
der Handschuhmacher: Bartholomäus,
Krispin und Krispinian
der Hausfrauen: Afra, Anna, Martha
der Haustiere: Ambrosius, Antonius
(Eremit), Martin, Silvester, Veit
Hautkrankheiten: Quirin
der Heilkräuter: Afra
der Heimatvertriebenen: Hedwig
für eine günstige Heirat: Katharina von
Alexandria, Ursula, Valentin
Heuschrecken: Pantaleon
der Hirten: Johannes d. T., Wendelin,
Wolfgang
der katholischen Hochschulen: Thomas von
Aquin
der Höhlenforscher: Benedikt
der Holzhauer: Joseph, Lambertus
der Humoristen: Philipp Neri
der Hunde: Hubertus
Husten: Walburga
der Hutmacher: Barbara, Jakobus d. Ä.,
Jakobus d. J., Mauritius, Philippus

I

der Imker: Ambrosius, Bernhard von
Clairvaux
der Ingenieure: Joseph
der Instrumentenbauer: Cäcilia

J

der Jäger: Ägidius, Eustachius, Hubertus
der Jugend: Aloysius, Joseph, Ursula, Veit
der Jungfrauen: Agnes, Katharina von
Alexandria
der alten Jungfern: Andreas

K

große Kälte: Sebald
bei Kämpfen: Mauritius, Theodor
der Kaminkehrer: Florian, Johannes d. T.
der Kapläne: Quintin
der Kaufleute: Franz von Assisi,
Jakobus d. J., Nikolaus, Philippus
der Kesselschmiede: Veit
Ketzerei: Georg, Sebastian
der Keuschheit: Agnes, Joseph, Veit
der Kinder: Antonius von Padua,
Bonaventura, Ignatius von Loyola,
Otmar
der außerehelichen Kinder: Brigida
der kranken Kinder: Kunigunde, Luzia
Kinderkrankheiten: Clemens, Leonhard,
Ursula
der Köche: Barbara, Laurentius, **Martha**
der Köhler: Laurentius, Maurus, Wolfgang
Kopfleiden: Alban, Dionysius, Franz von
Assisi, Gereon, Johannes d. T.,
Leonhard, Katharina von Siena, Petrus
Märtyrer, Stephan, Vinzenz von Ferrer
der Korbflechter: Paulus von Theben
der Krämer: Franz von Assisi, Jakobus d. J.,
Nikolaus, Philippus
Krämpfe: Pankratius, Paulus
Krätze: Markus, Regina
der Kranken: Achatius, Aldegunde,
Antonius (Eremit), Erhard, Florian,
Irene, Katharina von Alexandria,
Maternus, Rochus
Krebs: Ägidius, Aldegunde
der Kreuzfahrer: Georg, Oswald
Krieg: Dionysius, Georg, Mauritius,
Ursula
der Küfer: Barnabas
der Kunsthändler: Rochus
der Künstler: Johannes Ev., Lukas
der Kunsttischler: Fides
der Kupferschmiede: Maurus

L

Lähmungen: Wolfgang
der Lahmen: Lambertus, Veit
der Lebküchner: Ambrosius
der Lehrer: Benedikt, Katharina von
Alexandria
der Leinenweber: Veronika
der Leprosenhäuser: Lazarus
der Liebenden: Antonius von Padua
geschwollene Lymphknoten: Domitian

M

der heiratswilligen Mädchen: Katharina
von Alexandria, Rosa
der Mägde: Notburga

Mäuse: Brigida, Magnus, Ulrich
der Maler: **Lukas**, Michael
der Mathematiker: Hubertus
der Matrosen und Seeleute: Christina, Clemens, **Erasmus**, Franz Xaver, **Nikolaus**
der Maurer: Johannes d. T., Markus, Petrus, Stephan, Thomas
der Metzger: Andreas, Antonius (Eremit), **Bartholomäus**, Lukas
Migräne: Katharina von Alexandria
der Müller: **Christina**, Florian, Katharina von Alexandria, Martin, Nikolaus
der Mütter: Ägidius, Anna, Ignatius von Loyola, Monika, Sixtus
der Musik: Cäcilia, Gregor der Große

N
der Nachtwächter: Petrus von Alcántara
der Nadler: Sebastian
der Nagelschmiede: Helena
der Nervenkrankheiten: Bartholomäus
Nierensteine: Benedikt
der Notare: Ivo Helory, Luzia, Lukas, Markus, Nikolaus
aller Notleidenden: Elisabeth von Thüringen, Konrad von Parzham

O
Ohrenleiden: Mauritius, Paulus

P
Pest und Seuchen: Aloysius, Antonius (Eremit), Aquilinus, Barbara, Benno, **Fabian**, Genovefa, Jodokus, Karl Borromäus, Martha, Michael, **Rochus**, **Sebastian**, Valentin, Walburga
der Pferde: **Georg**, Leonhard, Martin, Stephan
der Pferdehändler: Ägidius
der Pferdeknechte: Stephan
der Pförtner: Konrad von Parzham
der Philosophen: Katharina von Alexandria
der Pilger: Hll. Drei Könige, Birgitta, Gertrud von Nivelles, **Jakobus d. Ä.**, Nikolaus, Sebald
der Prediger: Johannes Chrysostomus
der Prieserseminare: Karl Borromäus

Q
der Quellen: Gangolf

R
Raupen: Magnus
für Regen: Florian, Scholastika
Regen: Susanna
der Reisenden: Antonius von Padua, Hll. Drei Könige, Ludwig, Martin, Nikolaus, Raphael, Ulrich
für die »Letzte Reise« der Verstorbenen: Gertrud von Nivelles
der Reiter: Georg, Martin, Stephan
Religionsfeinde: Sebastian
Rheumatismus: Burkard von Würzburg, Jakobus d. Ä., Kilian
der Ritter: Antonius (Eremit), Georg, Michael
Rotlauf: Rupert
Rückenschmerzen: Laurentius, Sixtus, Thomas
Ruhr: Luzia, Wolfgang

S
der Sattler: Georg, Krispin und Krispinian, Paulus
der Schäferinnen: Genovefa, Wendelin
der Schauspieler: Veit
der Schiffer: Christophorus, **Erasmus**, Jodokus, Johannes Nepomuk, Petrus, Wolfgang
Schlaflosigkeit: Siebenschläfer
Schlaganfall: Wolfgang
Schlangenbiß: Martin, Petrus, Remigius
der Schlosser: **Leonhard**, Petrus, Quintin, Servatius
der Schmiede: Erhard, Florian, Georg, Leonhard, Petrus
der Schneider: Adam und Eva, Bartholomäus, Dominikus, Johannes d. T., Luzia, Martin, Michael, Quintin, Stephan
der Schreiber: Luzia, Markus
der Schreiner: Joachim, Joseph, Rochus
der Schüler: Gregor der Große, Katharina von Alexandria, **Nikolaus**
der Schützen: Ägidius, Hubertus, Sebastian
der Schuhmacher: Erhard, Gangolf, Krispin und Krispinian
der Schulen: Katharina von Alexandria
der Schulkinder: Benedikt, Stephan
für die Einhaltung von Schwüren: Pankratius
der Seelsorger: Karl Borromäus
der Seiler: Andreas, Paulus

der Siechenhäuser: Jodokus
der Soldaten: Ignatius von Loyola, Martin, Mauritius, Michael, Sebastian, Theodor
der fraulichen Sorge: Anna, Wilgefortis
der Spiegelmacher: Johannes Ev.
der Spielkartenhersteller: Hll. Drei Könige
der Spitäler: Antonius, Elisabeth, Katharina, Martha
der Steinhauer und Steinmetzen: Clemens, Petrus, Stephan
Steinleiden: Apollinaris, Liborius, Stephan, Thomas
der Sterbenden: Anna, Katharina von Siena, Martha, Michael
für eine gute Sterbestunde: Birgitta, Franz Xaver, Joseph, Markus, Michael, Stephan, Thekla, Veronika, Vinzenz von Ferrer
der Straßen: Nikolaus
der Stricker: Clara
der Strumpfwirker: Eustachius
der Studenten: Aloysius, Gregor der Große, Hieronymus, Katharina von Alexandria, Laurentius, Stanislaus Kostka, Thomas von Aquin
Stürme: Clemens, **Erasmus**, Petrus Märtyrer, Theodor
der Sünder: Bartholomäus
Sumpffieber: Sigismund
Syphilis: Leonhard

T
der Tauben: Veit
der Theologen: Augustinus, Bonaventura, Hieronymus, Johannes Ev., Paulus
der Tiere: Stephan
Tierseuchen: Leonhard
der Tischler: Servatius
jähen, unbußfertigen Tod: Christophorus
der zum Tod Verurteilten: Erhard
bei Todesangst: Achatius
bei Todesgefahr: Aldegunde
der Töpfer: Fabian, Florian
Tollwut: Dionysius, Otto, Rochus, Rupert, Veit, Walburga
der Toten: Barbara
der Totengräber: Barbara, Lazarus, Rochus
des Tourismus: Franz Xaver
Trockenheit: Benno
Trunkenheit: Matthäus, Urban
der Tuchhändler: Eustachius, Franz von Assisi, Katharina von Alexandria, Martin, Ursula
der Tuchmacher: Benno, Jakobus d. J., Petrus, Philippus

U
Überschwemmungen: Margareta von Ungarn, Ulrich
Ungeziefer: Magnus
Unglauben: Liborius, Thomas
Unglück: Rochus, Susanna
Unwetter: Agatha, Georg, Markus, Paulus, Scholastika, Thomas von Aquin, Veit
eheliche Unfruchtbarkeit: Ägidius, Andreas, Gabriel, Matthias, Philipp Neri
irrige Urteile: Nikolaus

V
Veitstanz: Johannes d. T., Veit
der Verbannten: Joseph
der zu Unrecht Verdächtigten: Antonius von Padua, Susanna
der Verführten: Maria Magdalena
Vergiftung: Benedikt, Johannes Ev.
der Vergolder: Clara, Michael
bei Verletzungen: Rosa von Lima, Veronika
Versuchungen: Georg, Remigius
in Verzweiflung: Joseph
des Viehs: Ägidius, Brigida, Erhard, Georg, Jodokus, **Leonhard**, Quirin, **Wendelin**
Vulkanausbrüche: Agatha
bei verlorenen Dingen: Antonius von Padua

W
der Wachszieher: Ambrosius, Bernhard von Clairvaux, Blasius, Genovefa, Kosmas und Damian, Nikolaus
der Wäscherinnen: Katharina von Siena, Veronika
der Waffenschmiede: Georg, Mauritius
der Wagner: Joseph
der Waisen: Elisabeth von Thüringen, Joseph
des Waldes: Ägidius
bei Wassergefahren: Clemens, Nikolaus
Wassersucht: Quintin
der Weber: Barnabas, Luzia, Magdalena, Martin, Nikolaus, Paulus, Ulrich
der Weinhändler: Nikolaus
der Weinstöcke: Johannes d. T., Sixtus
des Wetters: Petrus

für gutes Wetter: Johannes Ev., Oswald, Wolfgang
der Winzer: Johannes d. T., Kilian, Maria Magdalena, **Urban**, Veit
der Wissenschaft: Ludwig
der Witwen: Anna, Elisabeth von Thüringen, Sophia
der Wöchnerinnen: Dorothea, Margareta, Norbert, Petrus Märtyrer
der Wollhändler: Blasius
Wunden: Margareta, Christophorus

Z
der Zahnärzte: Apollonia
Zauberei: Benedikt, Hll. Drei Könige, Ignatius von Loyola
der Zimmerleute: Barbara, **Joseph**, Matthias, Regina, Stephan, **Thomas**, Wolfgang
der Zinngießer: Sebastian
der Zisterzienser: Bernhard von Clairvaux
der Zollbeamten: Matthäus
der Zuckerbäcker: Kosmas und Damian, Matthias
Zuckungen: Bartholomäus
der Zunge: Katharina von Alexandria

Apostel
Andreas
Bartholomäus
Jakobus Major
Jakobus Minor
Johannes Evangelist
Judas Thaddäus
Matthäus
Matthias
Petrus
Philippus
Simon Zelotes
Thomas

Vier Evangelisten
Johannes
Lukas
Markus
Matthäus

Vier Kirchenväter
Ambrosius
Augustinus
Gregor der Große
Hieronymus

Die Eisheiligen
Bonifatius
Pankratius
Servatius
(Kalte) Sophie

Die Vierzehn Nothelfer
Achatius
Ägidius
Barbara
Blasius
Christophorus
Cyriakus
Dionysos
Erasmus
Eustachius
Georg
Katharina
Margareta
Pankratius
Pantaleon

Ortsregister

Mit diesem Register – das selbstverständlich keinen Anspruch auf Vollständigkeit erheben kann – bekommen Sie die Möglichkeit in die Hand, sich gezielt auf Spurensuche über die Verehrung von Heiligen zu informieren. Hinter den Ortsnamen sind dafür die Heiligen aufgeführt, die Ihnen in Städten, Dörfern und auf dem Land als Kirchenpatrone oder mit ihren Darstellungen begegnen.

Nehmen Sie sich die Muße für Begegnungen und Entdeckungen. So können Sie auf Wanderschaft gehen, begleitet von Ihrem eigenen Namenspatron oder einem Heiligen, der Sie besonders interessiert.

Um Text und Register übersichtlicher zu gestalten, haben wir die spaltenfüllende Landkreisbezeichnung »Neustadt a. d. Aisch-Bad Windsheim« abgekürzt. Wir hoffen auf Ihr Verständnis.

Wir haben zwar die für die Buchherstellung zuständigen Heiligen Thomas von Aquin und Augustinus um Beistand gebeten, aber bei der Fülle des hier verarbeiteten Materials könnte auch der Druckfehlerteufel seinen Tribut gefordert haben. Wir bitten um Nachsicht.

Hohenberg a. d. Eger (Lkr. Wunsiedel): Judas Thaddäus und Simon Zelotes [28.10.]
Hohenmirsberg (Lkr. Bayreuth): Michael [29.9.], Martin [11.11.]
Hohenpölz (Lkr. Bamberg): Laurentius [10.8.]
Hohenstadt (Lkr. Nürnberger Land): Wenzeslaus [28.9.]
Hohlach (Lkr. Neustadt/Aisch): Georg [23.4.]
Hohnsberg (Lkr. Kitzingen): Michael [29.9.]
Hollfeld (Lkr. Bayreuth) Kath. Pfarrkirche: Thomas von Aquin [28.1.], Blasius [3.2.], Apollonia [9.2.], Valentin [14.2.], Vinzenz von Ferrer [5.4.], Florian [4.5.], Rosa [23.8.], Bartholomäus [24.8.], Augustinus [28.8.], Michael und Gabriel [29.9.], Judas Thaddäus [28.10.]
Hollfeld (Lkr. Bayreuth): St. Gangolf, profaniert
Hopfenohe (Lkr. Amberg-Sulzbach): Petrus und Paulus [29.6.]
Hüttenheim (Lkr. Kitzingen): Johannes d. T. [24.6.]
Hutschdorf (Lkr. Kulmbach): Johannes d. T. [24.6.]

Ickelheim (Lkr. Neustadt/Aisch): Georg [23.4.], Helena [18.8.]
Iffigheim (Lkr. Kitzingen): Johannes d. T. [24.6.]
Igensdorf (Lkr. Forchheim): Georg [23.4.]
Insingen (Lkr. Ansbach): Ulrich [4.7.]
Iphofen (Lkr. Kitzingen): Veit [15.6.], Johannes d. T. [24.6.], Dominikus [8.8.], Sebald [19.8.], Michael [29.9.], Remigius [1,10.]
Ipsheim (lkr. Neustadt/Aisch): Johannes d. T. [24.6.]
Isling (Lkr. Lichtenfels): Johannes d. T. [24.6.]
Issigau (Lkr. Hof): Judas Thaddäus und Simon Zelotes [28.10.]

Jobstgreuth (Lkr. Neustadt/Aisch): Jodokus [13.12.]

Kästel (Lkr. Neustadt/Aisch): Mauritius [22.9.], Hieronymus [30.9.]
Kalchreuth (Lkr. Erlangen-Höchstadt): Sebastian [20.1.], Rochus [16.8.], Sebald [19.8.], Magnus [6.9.], Ursula [21.10.], Wolfgang [31.10.], Andreas [30.11.]
Kaltenbrunn (Lkr. Coburg): Aquilinus [29.1.], Gabriel [29.9.], Wolfgang [31.10.], Karl Borromäus [4.11.], Ottilie [13.12.], Johannes Ev. [27.12.]
Kasendorf (Lkr. Kulmbach): Johannes d. T. [24.6.], Magnus [6.9.]
Kautendorf (Lkr. Hof): Martin [11.11.], Andreas [30.11.]
Kemmern (Lkr. Bamberg): Urban [25.5.], Petrus und Paulus [29.6.]
Kersbach (Lkr. Forchheim): Johannes d. T. [24.6.], Cyriakus [8.8.], Theresia [1.10.], Lukas [18.10.], Ottilie [13.12.]
Kirchahorn (Lkr. Bayreuth): Michael [29.9.]
Kirchaich (Lkr. Haßberge): Ägidius [1.9.]
Kirchehrenbach (Lkr. Forchheim): Urban [25.5.], Bartholomäus [24.8.], Franziskus [4.10.], Barbara [4.12.], Ottilie [13.12.]
Kirchenbirkig (Lkr. Bayreuth): Johannes d. T. [24.6.]
Kirchenlaibach (Lkr. Bayreuth): Norbert [6.6.]
Kirchenlamitz (Lkr. Wunsiedel): Michael [29.9.]
Kirchenpingarten (Lkr. Bayreuth), St. Jakobus d. Ä.: Joseph [19.3.], Quirin [30.4.]
Kirchensittenbach (Lkr. Nürnberger Land): Sebastian [20.1.]
Kirchfarrnbach (Lkr. Fürth): Petrus und Paulus [29.6.]
Kirchgattendorf (Lkr. Hof): Thomas [3.7.], Christophorus [24.7.]
Kirchleus (Lkr. Kulmbach): Magdalena [22.7.]
Kirchrimbach (Lkr. Neustadt/Aisch): Mauritius [22.9.]
Kirchröttenbach (Lkr. Nürnberger Land): Dorothea [6.2.], Walburga [25.2.], Benno [16.6.], Johannes d. T. [24.6.], Otto [30.9.], Wendelin [20.10.]
Kirchrüsselbach (Lkr. Forchheim): Jakobus d. Ä. [25.7.]
Kirchschletten (Lkr. Bamberg): Joseph [19.3.], Johannes d. T. [24.6], Elisabeth und Zacharias [5.11.],
Kleinhaslach (Lkr. Ansbach): Martin [11.11.]
Kleukheim (Lkr. Lichtenfels): Theresia [1.10.], Lukas [18.10.]

Karte des Erzbistums Bamberg

Zum Einzugsgebiet des Erzbistums Bamberg gehören die Landkreise Amberg-Sulzbach, Ansbach, Bamberg, Bayreuth, Coburg, Erlangen-Höchstadt, Forchheim, Fürth, Haßberge, Hof, Kitzingen, Kronach, Kulmbach, Lichtenfels, Neustadt/Aisch und Nürnberger Land. Die in der Karte berücksichtigten Landkreisgrenzen beziehen sich nur auf das Gebiet innerhalb des Erzbistums Bamberg, d. h. die äußeren Linien zeigen ausschließlich die Bistumsgrenze.

Vorlage: Erzbischöfliches Ordinariat Bamberg/Bauamt. Bearbeitung: Walter Hanschkow

Glossar

Akanthus Beliebtes Ornament in Form eines stilisierten Blattes nach dem Vorbild eines stacheligen Gewächses in den Mittelmeerländern

Albe Weißes liturgisches Untergewand der katholischen Geistlichen

Antependium Verkleidung des Altarunterbaus aus Stoff, Vorsatztafel, aus Holz oder Edelmetall

Apsis Halbrunder oder vieleckiger, überwölbter Abschluß des Chores in einer Kirche, meistens auch der Standort des Hochaltares

Arma Christi Leidenswerkzeuge Christi wie Geißelsäule, Geißel, Kreuz, Dornenkrone, Lanze, Schwamm mit Stab u. a.

Birett Viereckige Kopfbedeckung katholischer Geistlicher, die sich aus dem Barett entwickelt hat

Bozzetto Bildhauer-Modell in verkleinertem Maßstab, als Vorstudie für die Form und Gestaltung einer Skulptur

Chrisam Geweihtes Salböl, das in der katholischen Kirche bei der Taufe, Firmung, Bischofs- und Priesterweihe verwendet wird

Epitaph Grabschrift oder Gedenktafel für einen Verstorbenen, oft an einer Mauer oder an einer Säule in der Kirche angebracht

Filiation Verhältnis von Mutter- und Tochterkloster im Ordenswesen des Mittelalters; Filialkirche bedeutet eine von der Pfarrkirche abhängige Kirche

Kanonisation Heiligsprechung

Kapitell Oberer Abschluß einer Säule oder eines Pilasters, der das Gebälk trägt; häufig schmuckvoll mit plastischen Ornamenten, im Mittelalter auch figürlich ausgestaltet

Kasel Liturgisches Gewand, das über der Albe getragen wird

Konsekration Liturgische Weihe; z. B. Bischofs-, Priester-, Altar- und Kirchenweihe, aber auch die Speisenweihe

Krypta Unterkirche eines Gotteshauses, häufig der Grabesraum eines Heiligen, über dem eine Kirche errichtet wurde

Legenda aurea Erbauungsbuch des Mittelalters nach der Legendensammlung des Jacobus de Voragine

Oratorium Betsaal oder kleine Kapelle in Klöstern und kirchlichen Gebäuden

Pallium Schulterschmuck des Papstes und der Erzbischöfe in Form einer weißen Schulterbinde mit sechs schwarzen Kreuzen als Amtszeichen

Passio Das Leiden und die Leidensgeschichte Christi, auch die Lebens- und Leidensgeschichte eines Heiligen

Pektorale Brustkreuz katholischer geistlicher Würdenträger

Pluviale Liturgisches Obergewand des katholischen Geistlichen für feierliche Gottesdienste außerhalb der Messe, z. B. bei Prozessionen; offener Überwurf katholischer Priester

Predella Auf dem Altartisch aufsitzender Sockel für einen Altaraufsatz, z. B. eine Altartafel oder einen Flügelaltar; häufig in Schreinform mit verschließbaren kleineren Flügeln

Rationale Schulterkleid beim Bischofsgewand

Rekonziliation Wiederherstellung, Versöhnung; Wiederaufnahme eines aus der katholischen Kirchengemeinschaft oder einer ihrer Ordnungen Ausgeschlossenen

Retabel Schreinartiger Altaraufsatz, z. B. kastenförmiger Flügelaltar mit schließbaren Seitenflügeln

Rochett Spitzenbesetztes Chorhemd der höheren katholischen Geistlichen

Sarkophag Steinsarg, der häufig ornamental und mit Figuren reich verziert ist

Sepultur Begräbnisraum für Äbte, Prälaten, Bischöfe und Fürsten innerhalb von Klöstern oder Stiften

Seraphischer Heiliger Seraph bedeutet einen Engel des Alten Testaments mit sechs Flügeln; engelgleicher Heiliger, zu den Engeln gehörend

Stigmatisation Auftreten der fünf Wundmale des gekreuzigten Christus bei einem Menschen

Tiara Papstkrone, eine mit drei Kronen geschmückte Mitra

Translation Überführung von Gebeinen oder Reliquien an einen neuen Aufbewahrungsort, z. B. in eine Kirche oder in einen Altar

Tumba Sarkophagartiges Grabmal; monumentaler Aufbau über einer Begräbnisstätte

Tympanon Mit Reliefs geschmücktes Giebelfeld und Bogenfeld über Portalen, Türen und Fenstern

Volute Schneckenförmig gerolltes Architekturelement, z. B. die spiralförmige Einrollung bei der ionischen Säulenordnung am Kapitell

Literaturverzeichnis

Abkürzung: BHVB = Bericht des Historischen Vereins Bamberg

allgemein

Renate Baumgärtel-Fleischmann, Die Altäre des Bamberger Domes von 1012 bis zur Gegenwart, Bamberg 1987

Wilhelm Deinhardt, Frühmittelalterliche Kirchenpatrozinien in Franken, Erlangen 1933

Wilhelm Deinhardt, Dedicationes Bambergenses, Weihenotizen und -urkunden aus dem mittelalterlichen Bistum Bamberg, Freiburg 1936

Josef Fersch, Heilige des Zisterzienserordens, Grevenbroich 1996

Walter Folger, Wallfahrtsstätten im Erzbistum Bamberg, Bamberg 1994

Ferdinand Geldner, Nothelferverehrung vor, neben und gegen Vierzehnheiligen, in: BHVB 1949

Dieter Graff, Weinheilige und Rebenpatrone, Saarbrücken 1988

Walter Haas, Die mittelalterliche Altaranordnung in der Nürnberger Lorenzkirche, in: 500 Jahre Hallenchor St. Lorenz 1477–1977

F. Hiller, Die Kirchenpatrozinien des Erzbistums Bamberg, Diss. Erlangen 1930

Rudolf Hindringer, Weiheroß und Roßweihe, München 1932

Josef Imbach, Der Heiligen Schein, Würzburg 1999

Anton Legner, Reliquien in Kunst und Kult zwischen Antike und Aufklärung, Darmstadt 1995

Johann Looshorn, Die Geschichte des Bistums Bamberg, Bd. 1–7, Bamberg 1886–1907

Erna und Hans Mechers, Das große Buch der Heiligen, München 1978

Neundorfer, Bruno, Zur Entstehung von Wallfahrten und Wallfahrtspatrozinien im mittelalterlichen Bistum Bamberg, in: BHVB 1963

Jean Paillard, Vier Evangelisten – vier Welten, Frankfurt 1961

Adelheid Richter, Die Bamberger Fassadenskulpturen von 1690 bis 1720 und ihrer Bildhauer, Bamberg 1997

Elisabeth Roth, Gotische Wandmalerei in Oberfranken, Würzburg 1982

Elisabeth Roth, Volkskultur in Franken, Mainfränkische Studien 49/1, Bamberg 1990

Werner Scharrer, Laienbruderschaften in der Stadt Bamberg vom Mittelalter bis zum Ende des Alten Reiches, in: BHVB 1991

Christian Schmidt, Wenn Kirchen vom Glauben erzählen, Rothenburg 1993

Georg Schreiber, Die Vierzehn Nothelfer in Volksfrömmigkeit und Sakralkultur, Innsbruck 1959

Georg Schwaiger (Hrsg.), Bavaria Sancta, Zeugen christlichen Glaubens in Bayern, 3 Bände, Regensburg 1970

Jakob Torsy, Der große Namenstagskalender, aktualisierte und erweiterte Neuausgabe, hrsg. von Hans-Joachim Kracht, Freiburg 1975

Matthias Zender, Räume und Schichten mittelalterlicher Heiligenverehrung in ihrer Bedeutung für die Volkskunde, Düsseldorf 1959

Gerd Zimmermann, Vom Symbolgehalt der Bamberger Domweihe (6. Mai 1012), in: Fränkische Blätter 1951

Gerd Zimmermann, Patrozinienwahl und Frömmigkeitswandel im Mittelalter, in: Würzburger Diözesangeschichtsblätter 1958 und 1959

Gerd Zimmermann, Die Verehrung der böhmischen Heiligen im mittelalterlichen Bistum Bamberg, in: BHVB 1964

300 Jahre Jesuitenkirche St. Martin in Bamberg, Ausstellungskatalog Bamberg 1993

Handwörterbuch des deutschen Aberglaubens, (Hrsg.) Hanns Bächtold-Stäubli, Berlin 1987

Volkstümliche Heilige in Franken. Georg, Anna, Nothelfer, hrsg. von Hermann Ammon und Klaus Guth, Forchheim 1994

Heiligenliteratur alphabetisch

Otto Dittrich, **St. Aldegundis**, eine Heilige der Franken, Kevelaer 1975

Franz und Margarita Machilek, Die **Adelgundis**kapelle auf dem Staffelberg, in: Der Staffelberg, Bd. I, Lichtenfels 1992

Günter Dippold, »Durch **Aldegundis** hülft und macht / Wird Staffelberg so hoch geacht«. Zur Adelgundis-Verehrung auf dem Staffelberg, wie oben

Wilm Sanders (Hrsg.), **Andreas**, Apostel der Ökumene zwischen Ost und West, Köln 1985

Johannes Emminghaus, **Andreas**, Recklinghausen 1969

Beda Kleinschmidt, Die heilige **Anna**, Düsseldorf 1930

Angelika Dörfler-Dierken, Die Verehrung der heiligen **Anna** in Spätmittelalter und früher Neuzeit, Göttingen 1992

Hans Hanakam, **Antonius** der Große, Stern der Wüste, 1989

Beda Kleinschmidt, **Antonius von Padua** in Leben und Kunst, Kult und Volkstum, Düsseldorf 1931

Wilhelm Bulk, St. **Apollonia**, Patronin der Zahnkranken. Ihr Kult und Bild im Wandel der Zeit, Bielefeld 1967

Ernst Dassman, **Augustinus** – Heiliger und Kirchenlehrer, Stuttgart 1993

Benedictus – Symbol abendländischer Kultur, Antwerpen 1980

Johannes Kirsch, Beiträge zur Geschichte des hl. **Benno**, Bamberg 1904

Iris Visosky, Der St.-**Bernhardus**-Altar in der ehemaligen Zisterzienser-Abteikirche Ebrach, in: Heimat Bamberger Land 2/1990

Peter Dinzelbacher, **Bernhard** von Clairvaux, Darmstadt 1998

Tore Nyberg, Dokumente und Untersuchungen zur inneren Geschichte der drei **Birgitten**klöster Bayerns 1420–1570, München 1974

Birge Tetzner, »In domo mea debet esse omnis humilitas«, Zur Klosterkirche Gnadenberg in der Oberpfalz und zum Bautypus der **Birgitten**kirchen, in: Beiträge zur fränkischen Kunstgeschichte 2/1998, S. 109–131

Dietrich Steinwede, **Bonifatius** – Apostel, Reformer, Märtyrer, Fulda 1989

Paul-Werner Scheele, **Bruno** von Würzburg – Freund Gottes und der Welt, Würzburg 1985

F. Mecke, Die heilige **Caecilia** in der Kunst, in: Musica Sacra 77, 1957

Sophia Becker, Die heilige **Caecilia**, Saarbrücken 1954

Hans-Friedrich Rosenfeld, Der hl. **Christophorus**, Helsingfors 1937

Otto Meyer, St. **Clara** und ihr Kloster in Bamberg, in: Varia Franconiae Historica, Band I, Würzburg 1981, S. 296–301

Corine Schleif, Bild- und Schriftquellen zur Verehrung des hl. **Deocarus** in Nürnberg, in: BHVB 1983, S. 9–24

Heinz Stafski, Der Zwölfboten – **Deocarus**-altar in der St. Lorenzkirche zu Nürnberg, in: Anzeiger des Germanischen National Museums, 1992

Vinzenz Ludwig, Die Heilige **Dorothea**, Wien 1928

Lotte Busse, Die Legende der heiligen **Dorothea** im deutschen Mittelalter, Greifswald 1930

Achthundert Jahre Verehrung der **Heiligen Drei Könige** in Köln 1164–1964, Köln 1964

Die **Heiligen Drei Könige** – Darstellung und Verehrung, Ausstellungskatalog, Köln 1982

Die **Elisabeth**kirche – Architektur in der Geschichte, ein Handbuch zur Ausstellung ..., Marburg 1983

Gisela Koschwitz, Der Hl. Bischof **Erhard** von Regensburg. Legende, Kult, Ikonographie, Diss. Würzburg 1972

Lambert Dörr, Zur Verehrung der hl. **Felizitas** in der mittelalterlichen Abtei Münsterschwarzach, in: Mainfränkisches Jahrbuch für Geschichte und Kunst, Bd. 17, 1965

Friederike Tschochner, Heiliger Sankt **Florian**, München 1981

Heribert Roggen, Die Lebensform des heiligen **Franziskus** von Assisi in ihrem Verhältnis zur feudalen und bürgerlichen Gesellschaft Italiens, Mechelen 1965

Johannes Duft, Die Lebensgeschichten der Heiligen **Gallus** und Otmar, Sigmaringen 1990

Gerd Zimmermann, Sankt **Gangolf**s Weg von Lothringen nach Bamberg, in: Jahrbuch für fränkische Landesforschung Bd. 22, 1962
Bernhard Bickel, Senftenberg und der **Georg**iritt, Erlangen 1995
Braunfels-Esche, Sigird, Sankt **Georg**, München 1976
St. **Georg**, Ritterheiliger, Nothelfer, Bamberger Dompatron, Ausstellung des historischen Museums Bamberg 1992
Klaus Dorsch, **Georg**szyklen des Mittelalters, Frankfurt 1983
Bernhard Schemmel, Sankt **Gertrud** in Franken, in: Würzburger Diözesangeschichtsblätter 1968
Gertrud in Franken, Ausstellung der Diözese Würzburg und der Pfarrei Karlburg 1991, Würzburg 1991
Adolf Bayer, S. **Gumbert**s Kloster und Stift in Ansbach, Würzburg 1948
Reinhard Maria Libor, St. **Hedwig** – Ein Hochbild des Adels, Kulmbach 1967
Renate Klauser, Der **Heinrich**s- und **Kunigunde**nkult im mittelalerlichen Bistum Bamberg, in: BHVB 1956
Klaus Guth, Die Heiligen **Heinrich** und **Kunigunde**, Bamberg 1986
Georg Beck, St. **Heinrich** und St. **Kunigunde**, Bamberg 1961
Johannes Hofmann, Kaiserin **Helena**. Christliche Mitgestalterin eines neuen Zeitalters, Regensburg 1995
Christiane Wiebel, Askese und Endlichkeitsdemut in der italienischen Renaissance, ikonologische Studien zum Bild des heiligen **Hieronymus**, Weinheim 1988
Arno Paffrath, Die **Hubertus**legende, Hamburg 1979
Klaus Herbers, Der **Jakob**sweg, Tübingen 1986
Klaus Kniffki (Hrsg.), **Jakob**us in Franken. Unterwegs im Zeichen der Muschel, Würzburg 1992
Fränkischer Albverein (Hrsg.), Auf dem **Jakob**sweg von Nürnberg ... nach Rothenburg o. d. T., Rothenburg o. d. T. 1997
Hans Preuß, **Johannes** in den Jahrhunderten, Gütersloh 1939
Oskar Thulin, **Johannes der Täufer** im geistlichen Schauspiel des Mittelalters und der Reformationszeit, Leipzig 1930
Johannes Hemleben, **Johannes** der Evangelist, Hamburg 1972
Johannes Emminghaus, **Johannes** der Evangelist, Recklinghausen 1966
Ausstellungskatalog: Der hl. **Johannes v. Nepomuk**, Passau 1971
Roland Graf, Die Verehrung des Heiligen **Johannes von Nepomuk**, dargestellt an den Flurdenkmalen des Frankenwaldes, in: Heimatkundliches Jahrbuch des Landkreises Kronach 15/1985
Johannes von Nepomuk – Variationen über ein Thema, München 1973
Elisabeth Roth, **Karl Borromäus** in der fränkischen Kultlandschaft, in: Kunst um Karl Borromäus, Luzern 1980
Joseph Clauß, Der heilige **Konrad**, Bischof von Konstanz, Freiburg 1947
Johann Albert Aich, **Leonhard** – der große Patron des Volkes, Wien 1928
Eduard Stakemeier, **Liborius**, Geschichte und Legende, Paderborn 1952
Johannes Emminghaus, **Lukas**, Recklinghausen 1966
Marga Janßen, **Maria Magdalena** in der abendländischen Kunst, Freiburg 1961
Festschrift zum 1200jährigen Jubiläum des hl. **Magnus**, Füssen 1950
G. Spahr, Der hl. **Magnus** – Leben, Legende, Verehrung, Köln 1970
Josepha Weitzmann-Fiedler, Zur Illustration der **Margareten**-Legende, in: Münchner Jahrbuch der bildenden Kunst, Bd. 3, 1966
Jürgen Schultze, **Markus**, Recklinghausen 1966
Adalbert Herzberg, Der Heilige **Mauritius**, Düsseldorf 1981
Leopold Kretzenbacher, Die Seelenwaage, Klagenfurt 1958 (hl. **Michael**)
Johannes Rohland, Der Erzengel **Michael** – Arzt und Feldherr, Leiden 1977
Paul Mai, Sankt **Michael** in Bayern, München 1979
Alfons Rosenberg, **Michael** und der Drache, Olten 1956
Karl Meißen, **Nikolaus**kult und Nikolausbrauch im Abendlande, Düsseldorf 1931
Walter Scherzer, Die Cles(**Nikolaus**)-Brücke bei Grasmannsdorf, in: BHVB 1981
Kaspar Elm, **Norbert** von Xanten, Adliger, Ordensstifter, Kirchenfürst, Köln 1984

Alfons Zak, der heilige **Norbert**, Wien 1930
Der heilige **Norbert** von Xanten und die Prämonstratenser, Duisburg 1989
Wolfgang von Pfaudler, Sankt **Notburga** – eine Heilige aus Tirol, Wien 1962
Medard Barth, Die heilige **Odilia**, Straßburg 1938
Bischof **Otto I.** von Bamberg. Reformer, Apostel der Pommern, Heiliger, Gedenkschrift zum Otto-Jubiläum 1989, BHVB 1989
Alida Huisman, Die Verehrung des hl. **Pancratius** in West- und Mitteleuropa, Haarlem 1939
Angela Michel, **St. Pankratius** auf dem Gügel, in: Heimat Bamberger Land 1/1997
Gerhard Lohfink, **Paulus** vor Damaskus, Stuttgart 1967
Theodor Zwölfer, Sankt **Peter** – Apostelfürst und Himmelspförtner, Stuttgart 1929
Oscar Cullmann, **Petrus** – Jünger, Apostel, Märtyrer, Stuttgart 1960
Matthias Zender, Die Verehrung des hl. **Quirinus** in Kirche und Volk, Neuss am Rhein 1967
Heinrich Dormeier, Die Pest und die Imhoffs in Nürnberg vor und während der Reformation, in: Anzeiger des Germanischen Nationalmuseums (**St. Rochus**), Nürnberg 1985
W. Haupthaler, Die dem Hl. **Rupert**, Apostel von Bayern, geweihten Kirchen und Kapellen, Salzburg 1885
Der heilige **Sebald**, seine Kirche und seine Stadt, Ausstellung des Landeskirchlichen Archivs, Nürnberg 1979
Sebastianikapelle Bamberg, Gedenkschrift zum Abschluß der Renovierung, September 1984, Hg. vom Verein Gärtner- und Häckermuseum e.V., Bamberg 1984
G. Beck, Die **Siebenschläfer** in Bayern und Franken, in: Unser Bayern (20), 1971
Stephan Randlinger, Die Verehrung des heiligen **Sigismund**, des zweiten Diözesanpatrons, in Freising. In: Wissenschaftliche Festgabe zum zwölfhundertjährigen Jubiläum des hl. Korbinian, München 1924, S. 351 ff.
Ernst Stückelberg, S. **Sigismund**, König und Märtyrer. Zur Centenar-Feier 524 bis 1924, Basel 1924
Aquilas Rohner, Die Pfarrpatrone St. **Stephanus** und St. Wendelinus in Moggast, Moggast 1956
Alfons Väth, Der hl. **Thomas** – der Apostel Indiens, Aachen 1925
Werner Lühmann, St. **Urban**, Würzburg 1968
Kristin Ehrlich, Die Verehrung des hl. **Urban** in der Oberen Pfarre zu Bamberg, Bamberg 1981
Frank Günter Zehnder, Sankt **Ursula** – Legende, Verehrung, Bilderwelt, Köln 1985
Heinrich Königs, Der hl. **Vitus** und seine Verehrung, Münster 1939
Hermann Holzbauer, Mittelalterliche Heiligenverehrung – Heilige **Walpurgis**, Kevelaer 1972
Alois Selzer, St. **Wendelin** in Kult und Kunst, Saarbrücken 1936
August Naegle, Der heilige **Wenzel**, der Landespatron Böhmens, Warnsdorf 1928
Barbara Kirsten, Die Pfarrkirche St. **Wenzeslaus** in Litzendorf von Johann Dientzenhofer, Magisterarbeit Universität Bamberg 1996/97
St. **Wolfgang** – 1000 Jahre Bischof von Regensburg, Ausstellung im Kapitelhaus Regensburg, Regensburg 1972
Der hl. **Wolfgang** in Geschichte, Kunst und Kult, Ausstellung des Landes Oberösterreich, ehemaliges Priorat des Klosters Mondsee, Linz 1976
Hl. **Willibald** 787–1987 – Künder des Glaubens, Ausstellungskatalog, Eichstätt 1987
Franz Xaver Buchner, St. **Wunibald**, Kallmünz 1951